纪念东吴大学法学院百年华诞

本书为江苏高校优势学科建设工程资助项目（PAPD）

本书属苏州大学公法研究中心研究成果

东|吴|法|学|文|丛·东吴法学先贤文录

东吴法学先贤文录

·法律史卷·

方 潇◎主 编

中国政法大学出版社

2015·北京

图书在版编目（ＣＩＰ）数据

东吴法学先贤文录.法律史卷/方潇主编. —北京:中国政法大学出版社,2015.8
ISBN 978-7-5620-6275-2

Ⅰ. ①东… Ⅱ. ①方… Ⅲ. ①法学－文集②法制史－文集 Ⅳ. ①D90-53②
D909.9-53

中国版本图书馆 CIP 数据核字(2015)第 196658 号

出 版 者　　中国政法大学出版社
地　　址　　北京市海淀区西土城路 25 号
邮寄地址　　北京 100088 信箱 8034 分箱　　邮编 100088
网　　址　　http://www.cuplpress.com（网络实名：中国政法大学出版社）
电　　话　　010-58908586(编辑部)　58908334(邮购部)
编辑邮箱　　zhengfadch@126.com
承　　印　　保定市中画美凯印刷有限公司
开　　本　　720mm × 960mm　　1/16
印　　张　　32.25
字　　数　　520 千字
版　　次　　2015 年 8 月第 1 版
印　　次　　2015 年 8 月第 1 次印刷
定　　价　　78.00 元

东吴法学先贤文录总序

胡玉鸿

光阴荏苒，岁月流金；薪火不熄，学脉永继。自 1915 年 9 月美籍律师查尔斯·兰金创办东吴大学法科以来，时光已一世纪，然东吴之辉煌、法学之昌盛，至今仍为世人津津乐道；东吴大学法学院于中国法制改革、法学教育史上之地位，亦可谓震古烁今，高山仰止。国内现代法学大师中，王宠惠、刘世芳、董康、戴修瓒、郑天锡、郭卫、章任堪、赵琛、凌其翰、徐传保、徐砥平、张志让、俞颂华、向哲浚、曹杰、张慰慈、吴芝芳、王效文、章士钊、朱通九、梅仲协、魏文翰、张企泰、范扬、俞叔平（以上为东吴教授，以到校任职先后为序）；王士洲、吴经熊、陈霆锐、何世桢、狄侃、李中道、盛振为、金兰荪、梁鋆立、端木恺、丘汉平、桂裕、孙晓楼、陶天南、张季忻、陈文藻、黄应荣、杨兆龙、李浩培、姚启胤、倪征噢、鄂森、何任清、查良鉴、费青、郑竞毅、卢峻、王伯琦、郑保华、魏文达、裘邵恒、陈晓、丘日庆、王健、徐开墅、潘汉典、高文彬、杨铁樑、王绍堉、浦增元、庄咏文（以上为东吴学子，以毕业届次为序），或执教东吴哺育莘莘学子，或出身东吴终成法学名宿，人人握灵蛇之珠，家家抱荆山之玉。合璧中西，形成"比较法"之特色；戮力同心，铸就"南东吴"之美誉。

但前人之辉煌，非仅为后辈称道而已。诸先贤之呕心力作，亟待结集；比较法之教学特质，仍需寻绎。前者在集拢大师文字，归并成皇皇巨作，嘉惠后人；后者则总结教育成就，细究其方法之长，服务现世。沧海桑田，白驹过隙。东吴法学之先贤，或天不假年，已驾鹤西行；或虽尚健在，然精力不济。精研法理之书文，多将散佚不存；服务国家之良策，亦恐湮没无息。是以今日学子之任务，在搜寻先贤文字，重版印行；总结东吴之成就，使传于世。

苏州大学王健法学院系承继东吴大学法学院而来。前辈业绩，自然庇荫今人，但全院师生，在以先贤为荣之余，更感使命重大，无一日或敢息息。同仁深知：既为东吴之传人，自应熟悉先辈思想，了解学院历史。为此经讨论决定，近年内学院将完成三大浩繁工程：一为出版"东吴法学先贤文丛"，汇集大师之作，使珠玑文字，重见天日；二是编辑"东吴法学先贤文录"，以学科分类，归并单篇之作，以为研究之资；三则撰写《东吴法学教育史》，探讨东吴法学教育沿革之始末，总结比较法教学如何适应于今世。前者已有王宠惠、杨兆龙、李浩培、倪征燠、潘汉典诸先生文集面世，后续之举，已列议题；今则辑录先贤文字，以学科归类，分八册出版，以纪念百年东吴，使尘封妙文，重见当世。至于教育史之编撰，待档案解密、人员齐备之后，再行商议。

自 2012 年以来，本人即开始遍访东吴法学先贤于民国时期之文章，下载、翻拍、扫描、复制，虽卷帙浩繁，搜寻不易，然淘书之乐，无时或已。所幸者科技时代，诸多志存高远之士，将民国文献辑成电子文本，使今人更为便捷得识先贤文字。但遗憾者年代久远，资料多有散佚，有时"上篇"已得，但"下篇"难觅；有"二、三"者，却缺"一、四"。至于错漏、脱讹而至无法辨识之处，更是不足为奇。即便如此，学院同仁及广大学生，仍深感使命重大，不畏艰难，共襄盛事。文字录入工作，主要由在校研究生完成，论文选择编排，则请各卷主编担纲。资料浩繁，校对费时，自知多有遗漏，所录者不及万一；完善修正之举，仍需假以时日。敬请学界同仁，多加指正；如有资料提供，不胜感激！

是为序。

2015 年 7 月

目录
Contents

中国的法律思想及其制度*

郭　卫**

　　我国从来是对于法律之观念，专指刑法而言，其范围甚狭隘。所谓法即刑法也，以为出乎礼即入乎刑，违法者即应当受刑事制裁。纵实际上偶有受民事制裁或行政制裁者，未尝以违法论。唯受刑事制裁者，始称犯法。且儒家言德不言法，几视习法为异端，故道及申韩之术者，宿儒不欲闻也。孔子谓："道之以政，齐之以刑，民免而无耻；道之以德，齐之以礼，必有耻有格。"是主以道德为本，政刑为用。《左传》谓："德以柔中国，刑以威四夷。"唯不能德化者，始用刑。中土之人能以德柔，故不以刑威。四夷之人，只能以刑威，故不能以德化。盖谓以德柔之，能使其心悦而诚服；以刑威之，不过强使不敢轻动耳，其心未服也。心犹不服，终难期长治久安之效也。其时四夷之人，不知礼义，非以刑威不为功，故尚刑。中土之人，能知礼义，以德柔当有效，故尚德。其实道德亦法律之一部，广义法律可包含道德。道德为广义法律中之不附有形制裁者耳。狭义法律，为广义法律中附有刑制裁者。世人所成为法律者，仅指附有有形制裁之狭义法律，故以之与道德相对峙。我国之广义法律，不外孝悌忠信礼义廉耻，违反此八字者，有附有刑制裁者，如遗弃父母者须处以处罚是；亦有附有无形制裁者，如不孝父母者为亲友所唾弃是。前者为狭义法律，后者为道德，合此两者乃为广义法律。

　　* 本文原刊于《文化建设》（第 1 卷）1934 年第 1 期。原文未采用现代标点符号，文中标点为编者所加。

　　** 郭卫（1892～1958 年），又名郭元觉，湖南常宁人，著名法学家，毕业于北洋大学法科，获哥伦比亚大学法学博士。曾任大理院推事，位及司法部秘书长。1925 年与友人共创上海政法大学，并兼任包括东吴大学法学院在内的多所大学教授。与友人创办上海法学编译社，出任社长，编译了许多外国法学著作，并于 1931 年在上海创办《现代法学》期刊，为民国法律作了许多奠基工作。

上古之时，未有三纲六纪，民人但知有母，不知有父。卧以法法，起之吁吁，饥即求食，饱即弃余茹毛饮血，衣仅皮革。是时五伦未立，德义莫讲，及伏羲制嫁娶，别男女，为制法之始。自是而后次第进展，父子有恩，君臣有义，长幼有序，朋友有信。至周公作礼乐，其制略备。但对于道德与法律，尚无严格区分。违反法律者，得予以制裁，而违反道德者，亦得予同等之制裁，与近来学者所谓擅断主义相似。故君主治民之方针，以使其心悦诚服为主。为民所心而悦诚服者，即为其君。如舜避尧之子于海滨，而人民不讴歌尧之子而讴歌舜，不知尧之子而知舜，即以其明证。是唐虞之盛，尚人治而不尚法治，《中庸》所谓"人存则政举，人亡则政熄"，殆斯之谓欤。唯舜并非全恃德治，以跻治平之域。试观《尧典》中关于法律之记载，亦颇秩然有序。如谓"象以典刑，流宥五刑，鞭作官刑，扑作教刑，金作赎刑，即舜之法治也。又舜"流共工于幽州，放驩兜于崇山，窜三苗于三危，殛鲧于羽山，四罪而天下咸服。"即舜对于法治之运用也。前者陈典刑以告天下之民，是犹立法；后者依法施行，是犹司法，不过用刑少而慎耳。当时之政策，主宽缓，并实行预防，故明刑弼教以期无刑。且有"宥过无大，刑故无小，罪疑惟轻，功疑惟重，与其杀不辜，宁失不经"之训，其对于法律之思想，于此可见一斑。此后，夏禹商汤以及于周，皆代有制作。禹承舜禅，本与尧舜同其治世之策，后因夏者乱政而作者刑，商有乱政而作汤刑，虽宽严有所不同，要系因时制宜耳。汤为整饬吏治，后作官刑，举三风十愆，以儆于有位，其旨在止贪污，禁淫乱。故曰："敢有恒舞于宫、酣歌于室，时谓巫风；敢有殉于货色、恒于游畋，时谓淫风；敢有侮圣言、逆忠直、远耆德、比顽童，时为乱风。"周初刑法，载于《周官》。大司寇以五刑纠万民，有野刑、军刑、乡刑、官刑、围刑之分。刑者法也，纠即督察之意也。皆不可犯也。野刑上功纠力，军刑上命纠守，乡刑上德纠孝，官刑上能纠职，国刑上愿纠暴。司刑掌五刑之法，丽万民之罪，有墨、劓、宫刖、大辟之别。如后世之有主刑，而鞭扑为从刑矣。小司寇以五年声讼狱，求民情也。一曰辞听，闻其出言，不直则烦也；二曰色听，观其颜色，不直则赧也；三曰气听，观其气息，不直则喘也；四曰耳听，观其听聆，不直则惑也；五曰目听，观其眸子，不直则眊也。此即今审判官采用自由心证之意。害人者置之圜原土而施职事，即今监狱之制。置之圜土，欲其困而悔，悔而改也。其能改者，置之乡里，三年不许列于平民。上罪三年而舍，中罪二年而舍，下罪一年而舍。其不能改而先行逃亡者，则杀之。

是时之法制，仅如上述，虽不得其详，但其精神与主义，颇多与现代最新刑事政策相吻合者，不过兼采威吓主义耳。其实现代刑法，亦不能全然脱离威吓主义，盖全用改善主义，虽为理论所宗，而为事实所不通也。威吓主义之长，在能惩一以儆百。古之所谓"辟以止辟"，即威吓主义之所本。盖辟一人而于慑刑威不敢犯者，不止百人也。若必待其已犯而后图改善，社会蒙其害者，何所取尝耶。唯全恃威吓主义，而不求改善之策，则恶性未除，罪根不灭，终难免有累犯之虞耳。若能够舍于两者之间，互相利用，则其效易睹。古昔圜土之置，置诸圜土者尔施职事，即改善之意。不能改而逃亡者杀之，则不仅与威吓主义相合，直是采用了隔离社会主义矣。三年不许列于平民，与今褫夺公权无异。古今立法之旨，将无同乎？

三代以前，混法律与道德为一途，采感化主义，以德治民，不能感化者，始服以刑罚。刑罚仅为感化之后盾耳，其用意至善。夏商以后，用刑渐滥，已渐失其本意。君主与官吏皆借刑罚为个人威吓人民之具，刑罚之本意全失，故孔子不主法治也。魏文侯师李悝作《法经》六篇，江集群法，成为专集，为后世律书之鼻祖。《法经》首列盗法，以为王者为政，莫急于盗贼也。次列困法辅法，以盗贼须劾辅也。又将轻狡博戏假借不廉淫侈逾制各系江杂法一篇，殿以适用之例曰具法，具法即冷刑不告奸者腰斩，告奸者与斩敌同赏，匿奸者与降敌同罚，禁私斗，犯者各以轻重被刑大小。令既具，徙木以示信，刑太子傅以示威。居三年，道不拾遗，山无盗贼，家给人足，勇于公战，怯于私斗，秦人大治而大悦。未始非威吓主义之效果也。然强制抑勒，如蓄弹性，幸未暴发。及始皇帝兼并六国，下令焚书，坑杀儒生，严刑峻法，有加无矣，强抑之极，弹性终获回复，遂至不可收拾。斯秦之所以兴，亦秦之所以败也。高帝入关，约法三章，人民骤释桎梏，未茹德义，不徒未睹宽缓之效，而秩序已先失其维系，反疑刑罚之不可或宽矣。故不旋踵，即觉三章之法不足御奸，卒令萧何撼拾秦法，作律九章，六篇之外，更有所增。至文帝除肉刑，废同坐，刑罚大省，而严刑并未被全去。孝武即位，外事四夷之功，内盛耳目之好，征发频数，百姓贫耗，酷吏系断，奸宄日多，于是招进张汤、赵禹之属，条定法律，作知故纵之，纵深故之罪，急纵出之诛。其后奸猾巧法，转相比况，禁网浸密，犹如牛毛。律令凡三百五十九条，大辟四百零九条，千八百八十二事，死罪决事比万三千四百七十二事。文书盈于几阁，典者不能遍观，是以承用，或罪同而论异，奸宄因缘为市。所欲活，则傅生议；所欲陷，则与死比。暴戾宽滥，于斯为极。孔子谓："古之知法能省刑，本也。今之知法者，不失有罪，末矣。"孰知至斯时求其末而不可得！盖斯时之治狱者，不察其罪之有无，但期其死之有无，但期其死之多耳。是以网密而奸不塞，刑审而民愈嫚。盖立法在为民除害，今司法反以害民。不徒已戾立法之本旨，且以法为乱国殃民之具。后世儒家之轻谈法律，职是之故。儒家既不轻谈法律，国家乃以之属诸胥吏，胥吏职卑位贱，德学具缺，以之操法习律，自以舞弄为能事，故我国法律终无进展，有由来也。

我国法律，嬗递之情形已如上述。自汉以后，既不使其入于径途，只在狭长之岔道中，随朝代而前进。历代虽然迭有增损，毫无发展，虽云至唐集其大成，亦不过从立法技术中求进展。其立法精神未尝随时代而演进，固无足述。唯刑罚制度，代有变迁，虽自战国后皆本乎一贯的威吓主义，然可于刑罚制度之变迁中，一睹其立法之旨趣焉。兹依朝代之先后，就辑考所不，胪述如下〔1〕：

（一）唐虞三代之刑罚制度

此时无成文法规可言，其刑罚制度之大要，仅能于《尚书》、《周官》中窥见一斑，约有下列各种，此即为发轫时期也。

墨刑——墨为五刑之一，伤其面而以墨涂之，使之别于良民也，故又谓之黥面。

劓刑——劓亦为五刑之一，削其鼻也。

剕刑——剕亦五刑之一，刖其胫也，故又谓之刖刑。

宫刑——宫亦五刑之一，男子去其势，妇女予以幽闭也。惟幽闭之说有二：一谓幽闭于宫，不使遇男子；一谓月木槌击妇女胸背，即有一物坠而掩其牝，能溺而不能人道。男子去势又谓为腐刑，因初时恐中风，应置之密室，有如温蚕，因又谓之下蚕室。

大辟——大辟亦五刑之一，即死刑也。

流刑——流即放逐也。舜流共工于幽州，放观兜于崇山，皆流也。《舜典》有《流宥五刑》之语，谓应处以五刑者，如有宽宥之情节，即不执行五刑，而放之远方。

---

〔1〕 "如下"原文作"如左"，现据今日通常用法改正。——校勘者注。

鞭刑——《舜典》中有"鞭作官刑"之语，谓以鞭为治官之刑也。

扑刑——《舜典》中有"扑作教刑"之语，谓不勤于业者则扑挞之也。

赎刑——《舜典》中有"金作赎刑"之语，谓情有可原而法不能免于刑者，即可纳金以赎。即易科罚金之谓也。

圜土——圜土与今之监狱相似。置之圜土欲其困其悔，悔而改也。其能改者置之乡里，三年不许列于平民，又上罪三年而舍，中罪二年而舍，下罪一年而舍。其不能改而先行逃亡者，则杀之。

炮烙——炮烙系置火于金属之珠中，及发红而使犯人抱持之也，此乃一种残暴的之手段，不能谓之正式之刑罚。

醢脯——醢脯系以酱盐之属制人为脯也。亦为一种残暴手段，不能谓之正式刑罚。

考三苗之君，习蚩尤之恶，不用善化民，而制以重刑，作五虐以事杀戮，刵耳劓鼻，椓阴黥面，以加无辜，故尧舜惜之，代以流放，而黥劓之文乃不载之唐虞之籍矣。禹承舜禅，治等唐虞，惟后因镇乱而作禹刑，商亦乱而作汤刑，大抵不尚残酷也。

殆周道中衰，刑书渐弛，穆王因命吕侯作刑，世称《吕刑》。墨罚之属千，劓罚之属千，剕罚之属五百，宫刑之属三百，大辟之属二百五，五刑之属已三千矣。其后于五刑之外，加流赎鞭扑，称为《九刑》。

（二）秦汉之刑罚制度

刑罚至秦汉而大备，后代多相沿袭。

（甲）秦商鞅相秦，奉李悝之《法经》六篇为变法之基。所谓《法经》六篇者，即盗法、贼法、囚法、捕法、杂法、具法是也。及始皇灭六国，专任刑罚，断狱理书，昕夕不辍，乃于六法中所规定之刑罚外，增加下列[1]诸种：

凿订——凿订谓以凿挖其头顶也。

抽胁——抽胁谓将胁部之筋抽出之也。

镬烹——镬烹谓以锅煮水而烹之也。

车裂——车裂以五车分系人之四肢及头，各驾以牛马使之奔驰，则尸体分裂矣。

---

[1] "下列"原文作"左列"，现据今日通常用法改正。——校勘者注。

（乙）汉初除秦苛法，及萧何定律，仍多沿秦制，如夷三族、枭首、腰斩、弃市，及宫、刖、劓、黥、城旦、鬼薪诸刑，皆秦时所已有，汉代囚之而已。兹将汉代刑名分列于次：

枭首——枭首谓斩其首而悬之也。

腰斩——腰斩谓从腰际分斩为二也，大抵分令犯人裸伏于地而后斩之。

弃市——弃市谓以刃杀之而弃其尸于市，别于枭首者，不悬其首耳。

以上为死刑。

宫刑——见前（文帝除肉刑，或谓宫未除，或谓宫旋复）。

黥刑——见前（文帝除肉刑，易为笞三百）。

劓刑——见前（文帝废肉刑，易以髡钳为城旦舂）。

刖右——趾为刖其右足也。文帝除肉刑，易为弃市。

刖左——趾为刖其左足也。文帝除肉刑，易为笞五百。

以上为肉刑

髡钳为城旦——此为专科男子要刑。髡系薙其发，钳系以铁束其颈，城旦系专使其伺寇虏，夜使筑长城。盖始于秦也。其期为五岁。

髡钳为舂——此为专科妇女之刑，谓髡钳而使任舂。按舂：即舂米之类也。其期亦五岁。

完城旦——此即男子不去发而使之为城旦也。不去发，故曰完。其期四岁。

完舂——此即妇女但去其髡而完其发，使之任舂也。其期亦四岁。

以上为完刑，完其发而使之工作也。

鬼薪——此为科男子之刑，谓使采薪以供给宗庙之需也。其期三岁。

白粲——此为科妇女之刑，谓使舂白米也。其期亦三岁。

司寇作——司寇谓使司守备也。其期二岁。

罚作——男子使守边。其期一岁。

复作——女子软弱不任守边之职，令作于官。其期亦一岁。

以上为作刑，仅任劳役而已。

赎刑——此谓以金代刑也。古之赎罪皆用铜，汉始改用黄金，但轻其量，使于铜之值等。惟死刑亦能赎，纳金二斤半而已。

罚金——与今之所谓罚金略同。

夺爵除名——谓夺其爵位，或除其名也。

夷三族——谓将三族之人皆加刑也。惟三族之说有二：一谓父母兄弟妻子为三族，一谓父族母族妻族为三族。按，此本秦制也

徙边——谓徙其家于边地也。

鞭杖——仅施之郎官，与隋唐以鞭杖列为五刑者不同也。故明帝有引杖撞郎之举也。

顾山——谓女徒论罪已定，并放归家，不亲役之，但令每月出钱三百以雇人也。

禁锢——即监禁也。

（三）魏晋至南北朝之刑罚制度

自魏晋以至南北朝，虽代有变迁，然皆缘汉律而予以增删，不过大同小异。此时期因循秦汉之旧法，无大创作，可谓因循时期。兹略述之：

（甲）魏：

死刑三——枭、斩、弃市。

髡刑四——五岁、四岁、三岁、二岁。

完刑三——略与汉同。

作刑三——略与汉同。

赎金十一——（分赎何种罪、故有等，如赎死、赎髡之类）

罚金六

杂抵七——如除名、夺爵位之类。

夷三族——鞭扑禁锢。

鞭杖

禁锢

（乙）晋：

死刑三——枭、斩、弃市。

髡刑四——五岁、四岁、三岁、二岁。

赎金——一斤至二斤。

罚金——一两至十二两。

杂抵——除名、夺爵之类。

夷三族

徙边

禁锢

鞭杖

没官为奚奴

（丙）梁：

死刑二——枭首、弃市。

髡刑四——二岁至五岁。

赎金——一斤至二斤。

罚金——一两至十二两。

鞭杖——九等。

杖督——八等。

流刑

削爵除名

禁锢

（丁）陈：（与梁略同）

（戊）后魏：

死刑——（原四等，为轘、腰斩、殊死、弃市，后改为枭首、斩、绞三等）

流刑

徒刑

鞭杖

宫刑

禁锢

除名

籍殁

大枷

（己）北齐：

死刑四——轘、枭首、斩、绞。

流刑

五岁刑——（一岁至五岁并加鞭）

鞭杖

赎金——（但十恶重罪不赎。十恶即反逆、大逆、叛降、恶逆、不道、不敬、不孝、不睦、不义、内乱。）

宫刑

房诛——诛及一房。

（庚）后周：

死刑五——磬（即磔）、绞、斩、枭、裂。

徒刑五——一年至五年。

流刑五——（二千五百里至四千五百里）

鞭杖

赎金

枷锁

（四）隋唐至明清之刑罚制度

刑罚至隋唐加以整理，渐趋简略，故唐律号称完整。宋元以下多相因袭，不外笞、杖、徒、流、死而已。此为整理时期：

（甲）隋。隋代刑名并无繁琐之弊，特用法不当耳。

死刑二——绞、斩。

流刑三——一千里至二千里。

徒刑五——一年至三年。

杖五——六十至一百。

笞五——十至五十。

（乙）唐。唐律为后代所取则，高宗时期诏长孙无忌等撰《律疏》三十卷，即今之所谓《唐律疏议》，可资参考也。

死刑二——斩、绞。

流刑三——二千里至三千里。

徒刑五——一年至三年。

杖刑五——六十至一百

笞刑五——十至五十。

（丙）五代。五代之刑多因于唐。

（丁）宋。宋刑仍不外笞、杖、徒、流、死。

（戊）辽金。辽金大致相同，惟以辽为酷，且多刑制而任意为之者。

死刑——绞、斩、凌迟之外，任意所处者甚多，如辽之生埋、车裂、炮烙，金之击脑之类，名目甚多，但不能谓为正式刑制也。

流刑——辽为置之绝域，金则为二千里至三千里。

徒刑——辽分终身、五年、一年半，金为一年至五年。

杖刑——辽为五十至三百，金为六十至一百。

（己）元。元刑亦不过为笞、杖、徒、流、死而已，凌迟仍存宋制。

（庚）明。明刑多因于唐，法外所施者，虽有剁指、断足、挑筋，以及夷三族、九族之惨，非为原来之定制也。

（辛）清。清代刑罚又多因于明，但至清末复有现行刑律之制定耳。试举列之：

死刑——斩、绞、凌、迟外，复有戮尸之制。

流刑——二千里至三千里。

徒刑——一年至三年。

杖刑——六十至一百。

笞刑——十至五十。

充军——重于流，附近二千里，近边二千五百里，边远三千里，极边、烟瘴四千里。

发遣——重于军，有一定之地点，不计里程，如烟瘴、极边之处是。

以上为未修改前之《清律》。及清末改用现行刑律，将凌迟、枭首、戮尸及缘坐、刺字等项删除，流罪改为工作，军罪改为安置，笞杖酌改罚金，加以修订之后，改称《大清现行刑律》，旋又制定《新刑律》，未及实行而鼎革矣。

统观以上所述历代刑罚制度，完全以威吓为目的，一往直前，丝毫不变。及民国元年，旧《新刑律》删改为《暂行新刑律》，全以外国法为模型，则已大有改进，但不能谓中国固有之受罚制度耳。暂行律施行至民国十七年八月三十一日为止，至同年九月一日，国民政府就刑法改定第二次修正案加以增删，颁行《中华民国刑法》后即已废止。《中华民国刑法》，即现行刑法，虽其立法精神与内容稍异，而大致仍与《暂行新刑律》无多出入，其刑罚制度亦悉仍其旧，不过对于有期徒刑易等级制为年月制而已。兹就现行刑法所定刑名，列举如下[1]：

死刑——用绞，于狱内执行之。

无期徒刑——即终身监禁于监狱内，但执行逾十年后，得因其悛悔而

---

[1]　"如下"原文作"如左"，现据今日通常用法改正。——校勘者注。

改释。

有期徒刑——自二月起至十五年止，但得加至二十年，减至二月未满。

拘役——自一日至二月未满，但得加以至二月以上。

罚金——自一元以上，但得因犯贫减至五分之一。

以上为主刑，即得独立科处之刑。

褫夺公权——分有期及无期，褫夺各种公权。

没收——即系对于违禁物及因犯罪所得物与因犯罪所用之物，没收入官。

以上为从刑，除违禁物得单独科没收外，其余均须随主刑科处，不能专科从刑。

以上所述，悉为我国的刑罚制度，不过为法律制度中之一种。但我国从来只有刑法，而为无民商各法。关于民事事项，虽不无混合于刑罚中者，然非独立有所规定也，故只得就刑法言之。自国民政府立法院设立以后，始有民法及民刑事诉讼法、公司法、票据法、海商法、保险法、土地法等之公布，或已施行，或尚未施行。其立法旨趣，虽不无自行创设之处，唯大半仍系抄袭东西成法，本文略而不述。容后拟作《中国现行法律制度及其思想》一文，当详言之也。

我国法制观念之沿革*

王震生**

　　上古之时，最高之主权握之于天，以天为有人格之神灵，而执赏罚之柄。盖以民生之初，不明万物运行之理，人之生死，皆以为由天所主宰。天不可见，对于所尊之人，即以天目之。《易》曰"圣人与天合德"[1]，则是君即天也。古史所载，虽诞妄无稽，然实足征人民之心理。史言黄帝与蚩尤战于涿鹿之野，蚩尤作大雾，民士昏迷；又曰蚩尤兄弟八十一人，并铜头铁额食沙。《山海经》云，蚩尤作兵伐黄帝，黄帝乃命应龙攻之冀州之野。应龙畜水，蚩尤请风伯雨师，纵大风雨。其他包牺氏蛇身人首，神农氏人体牛头，以今日之眼光观之，鲜不目为荒谬不经之谈。而当时人民，确有此种心理，认君主为天神之化身，而古之帝王，又咸讬驱役鬼神之术，且能长生变形以登天。是君主亦以天神自居，君即天、天即君，则法命之由君出者，在人民视之，不啻由天也。是草昧时代法制根本上之观念，纯然在于天也。

　　迨后文化渐开，知识渐进，种种怪诞之神话虽稍杀，而对于天之观念仍坚仰。虽不视君即天，而以天为君之所自出。自尧舜以至文武，无不谓由天降者。首出之人，其生也有自来，其死也有自往，感天而生，号称天子。则法律之措施，王者不过代天布化耳。然积种种之经验，不能确认天为果有人格之神灵。于是始知所谓天者，不能耳提面命，左右人事，惟道之所在，当以天为本。由是不以天为神灵之天，而以天为道理之天。夫天心渺茫不可知，道理之天于何征之？当征之民心。民心实在可见，以民心验天心，民心遂为

---

　　* 本文原刊于《社会科学月刊》1939年第1期。原文未采用现代标点符号，文中标点为编者所加。

　　** 王震生，1933年毕业于东吴大学法学院（第16届），获法学学士学位。

　　〔1〕 语出《周易·文言传》。——校勘者注。

天心之代表。求之《尚书》，《皋陶谟》曰："天叙有典，敕我五典五惇哉。天秩有礼，自我五礼五庸哉。天命有德，五服五章哉。天讨有罪，五刑五用哉。"是伦叙、品秩、爵赏、刑罚，皆称天而行。又曰："天聪明自我民聪明，天明威自我民明威。"质言之，无所谓天，民即天也。则天叙天秩天命天讨，即谓之民叙民秩民命民讨亦可。不仅此也，唐虞以降，启之伐扈，汤之伐桀，武之伐纣，悉言受命于天，惟启数有扈氏之罪，曰"威侮五行"，而汤武数桀之罪，皆言民而不言天，不徒以民心代表天心，直以民心为天心。《泰誓》曰："民之所欲，天必从之。"是则君听于天，天听于民。由是以观，王者法律之措施，奉天命而行者。于实际考之，不啻奉民命而行也。是唐虞三代法制根本上之观念，名虽在于天，实则在于民也。

自秦以后，法制根本上之观念，乃由民移之于君。当时人民苦于六国之争，惟望统一邦国，脱民水火之惨，至于能否保民卫民，皆无暇深究。饥者不择食，渴者不择饮，秦以此得赖武力收并吞六国之功。惟当是时，民气尚盛，秦亦自知德不足以服之，于是厉行愚民政策。焚诗书于烈焰，严刑峻法，流唐漂虞，定偶语诗书之律、是古非今之刑，天下人民视其君，如雷电鬼神不可测。而君主之权，于是大张。法律措施，一惟君主之命令是从，而莫敢谁何。汉虽伐秦而兴，而尊君抑民，一遵秦旧。盖萧何定律命，韩信申军法，张苍定章程，叔孙通制朝仪，汉代制度，悉成于数人之手。而此数人者，或为秦狱史，或为秦御史，或为秦博士，或不学无术，其思想岂能出秦制之范围哉？目汉武罢黜百家，专采儒家尊君一派之学说，亦养成尊君之习惯。自汉迄清，愈演而愈失其本，误认君主为国家之主体，则法律当然由君主之命令制定。是秦汉后法制根本上之观念，纯在于君也。顾亭林曰："汉兴以来承用秦法，以至今日者多矣。"[1] 然则自秦汉以迄于清，虽谓法律衍秦可也。

民国成立，一变秦旧，法律思想，根本改革，视秦汉唐宋元明清之因袭者异矣。国以民主，法以民制。人民思想，不复君主之旧；法律目的，乃以社会为中心，不再拘泥于个人权利之保障。现行之民刑二法，基于三民主义之原则，于社会生活，极端顾及；于民权民生，保障更周。其他沄律源[2]本于平均地权之精意，则有土地法之规定，使达耕者有其田之目的。参照节

---

[1]　语出《日知录》卷十三。——校勘者注。
[2]　"原"原文作"源"，现据今日通常用法改正。——校勘者注。

制资本之理论，而有劳工法令之产生，以保一般经济弱者之利益。再如海商法、保险法、银行法、公司法等，无一不含社会思想之色彩，而以经济利益为调和。是所谓法律之社会化，法制根本上之观念，则遂倾向于社会利益矣。

综上所述，可知我国法制观念，由天权而至天意，由天意而至君主，由君主而趋于社会观念矣。

中国法学思想之国际地位[*]

高维廉[**]

　　世之论者，恒以法律思想落后一语，病东方之文化。国内治法律之徒，或不察更从而而附和其说。遂使谈古代法律者，群称罗马，崇为法源，而我国无闻焉。嗟夫！此固外国学者肤浅之谈，抑亦国人数典忘祖，有以致之耳。夷考史籍，旁征百家，固知中国法系，自有荣盛悠久之历史在，渊源极古，发达亦盛。以罗马较之，瞠乎其后。乃时至今日，竟以法律幼稚见鄙于世，抑何不幸耶！轩辕时代，罪罚轻重，有甲兵、斧钺、刀锯、钻凿、鞭扑之别，或陈原野，或致市朝，界限极严。唐虞盛世，象以典刑，流宥五刑，鞭作官刑，扑作教刑。更创金赎之制，使意善功恶者，得以自免，开后代财产罚之滥觞。其后典章数变，法令日繁。如夏之禹刑，商之汤刑，周之六典八成等，其名例之可征者，不胜枚举。法制至此渐备，而司法人才亦多。皋陶作士，惟明克允，实为黄金时代之盛事。三代以降，法家应运而兴，斯时法制已具规模之证。以近人法理学说别之，有李耳之自然法派、仲尼之人道派、商鞅之实证派、韩非之人性派，皆能探本穷源，后先发挥。以例今日之欧美，正不多让。至编纂法典之工作，亦有李悝《法经》，为之嚆矢。虽因当时社会情形尚未发达，致贻篇少罪漏、民刑混杂之讥，然而总论各论之分，已具端倪。后有作者，俱不能脱其窠臼。中世之后，法理学渐衰，而实用法律，仍锐进无已。刑名之外，又有春秋决狱之例。汉魏晋梁以迄于隋代，有新典。泊唐而大盛，为中国法系开花之期。《唐律疏义》一书，今犹存世。论者谓"刑禁

　　* 本文原刊于《法学季刊（上海）》（第 4 卷）1930 年第 3 期。原文未采用现代标点符号，文中标点为编者所加。

　　** 高维廉，1927 年毕业于东吴大学法学院（第 10 届），获法学学士学位。

一准乎礼，得古今之平"。盖最能代表东方文化精神之结晶也。历宋元明清，皆奉为圭臬，无甚更改。海外日本，受其陶化，亦世奉罔替。较之查士丁尼[1]大帝法典，及罗马五大法学家辑集，胜过多多。

然而盛极必衰，事所必尔。入宋以来，国事日非，重诗赋经义，而委律例于胥吏之手。风尚所趋，造成虚靡散涣之局，其遭遇与罗马法同惜。后无继者，不能中兴耳。上面所诉，拉杂简约，未足以尽古代法律之造诣，然而进化情状，已有可稽。今且续论近代之法律。

我国法律制度，因传递无人而中断者数百年。自与外强接触后，相形见绌，窘态毕露。于是国内有识之士，群倡维新之说。近代法律遂以产生，实三十年来事也，约可分为三期：

（一）学习时期。光绪廿七年和约[2]既成，国难日迫，朝野人士革政之谋益力，乃有修订法律馆之设。当代名宿，处预其事。六年间成法典五，改组后复续订草案九。进行之速，世无其匹。此外更立法律学堂，以训练人才。此时期之代表人物之著者，有沈家本、伍廷芳、董康等，其特征为尽量急进之吸收。至于质之方面，与适用与否之问题，则无遑过问矣。

（二）合作时期。改元后，吾国人士对于西方政法制度，已有充分了解认识，渐能自立门户，且向国界外发展，共同工作。此期代表作品，首推王亮畴[3]先生英译德国民法之伟大工作。世界学者至是亦认吾人为共同工作之伴侣。其后国际永久法庭成立，王氏被选为审判员之一，即合作时期中卓然高立之标记也。

（三）领袖时期。国人对于世界法学实际方面之贡献，至王氏而登峰造极，不能复加。惟法理方面，日无成绩可言。迨去年吴经熊先生之《法学论丛》出世，不数月而轰动欧美，跃居领袖之地位矣。

吴氏学说犹属初创，规模虽备，未臻完熟，吾人殊不能于此短文中论评之。惟其至要特征，即有数点，异于通常之法理学者。试简略述之于下[4]。

（甲）立场。世之法家每视法律为一独立之世界，而置己身于其中，故其观察限于己身之立场，不能解决全部。吴氏深知其弊，故能超越此界限，视

---

〔1〕 "查士丁尼"原文作"由士丁尼"，现据今日通常译法改正。——校勘者注。

〔2〕 指1901年签订的《辛丑条约》。——校勘者注。

〔3〕 即王宠惠。——校勘者注。

〔4〕 "于下"原文作"于左"，现据今日通常用法改正。——校勘者注。

法律为宇宙一部分〔1〕之表现。而能对于法律之运用，以及人生之关系，加以联络的整个的之考察。此其最优胜之特点也。

（乙）方法。因立场之不同，而解决之方法亦异。故吴氏不肯迷信一件工具，而遍取各家学说，以互相联络运用之。如施塔姆勒〔2〕之逻辑、庞德〔3〕之实验，霍姆斯〔4〕之内觉及经验等，及分析法、历史法、心理学法，以及各种科学方法，在吴氏手中皆成为研究法律之工具。

（丙）目标。今世法理学家，虽公认法律与人生有密切关系，然究亦不能合之为一。吴氏之见解则异是。彼意盖谓法律非人生外面之工具，而为整个人生之一方面营作（activity）及表示（Manifestation）。故法律自身之研究与解决，为人生之研究与解决之一道。

吴氏现尚未有肯定划一之学说公布。惟其立场目标，及取材之方法，已有极值得注意之价值，其将使后世法律思想发生根本之革命，可断言也。余故谓我国法学思想，已进入领袖地位。

三十年来我国法学，既有如许进步，则将来进展，尤无限量。其有可得而言者，即泰西〔5〕法制，究非尽善，余日疑其根本有错。至我国礼教虽成落伍，而其根本意义与方法，亦未可一概抹煞。西法重权利，肇启剧烈之竞争；礼教重义务，养成退缩之风尚。西法利实用，而缺高尚之目标；礼教持高论，而多空泛之弊病。各有短长，诚能选长弃短，调和而支配之，以造成一新文化之新法律，则人类之福也。

十一月二日

---

〔1〕 "一部分"原文作"一部份"，现据今日通常用法改正。——校勘者注。
〔2〕 "施塔姆勒"原文作"斯丹木纳"，现据今日通常译法改正。——校勘者注。
〔3〕 "庞德"原文作"滂特"，现据今日通常译法改正。——校勘者注。
〔4〕 "霍姆斯"原文作"阿尔姆氏"，现据今日通常译法改正。——校勘者注。
〔5〕 指欧洲等西方国家。——校勘者注。

读《中国法律思想史》后[*]

戚维新[**]

美国一位大法学家威格摩尔[1]曾说过："一切立法和司法的努力，要是没有理论作基础，会陷于无统治状态般的不确定中。"中国几千年来，遗下来的法典可也不少，在这许多法典的背后，说是没有法律思想作原动力，我是不能相信的；只是中国的旧书，素来缺少系统，找寻起来很不容易就是了。杨君鸿烈这部《中国法律思想史》，就是替一般人做了这找寻并且整理的可贵功夫。材料搜罗得既是十分完备，整理得又是很有系统，给予后来的学者以不少的方便。在这全国努力建设中国本位文化的当儿，实在是一部急不容缓的著作。

杨君这部书分上下两册。上册是起自殷周，迄乎秦世，叙述偏重纵的方面；下册包括汉以后"儒家独霸时代"，以及清末到现在"欧美法系侵入时代"。在前章里，著者就历代法制上各重要问题的争议为横的论列；在后章里，举凡清末改制的经过和挫折，国民政府立法上的努力和成就，都有极详尽的记载。全书中著者始终抱着"叙史"的态度，参人意见的地方很少，和他搜集各家言论的丰富恰成反比例。但在这搜集和选择中间，也足窥见著者的胸襟和怀抱，正合得上吴德生先生"选择得当就是创作，一切创作也无非是选择"的一句话了。

讲起中国的法律思想，儒家当然是代表。在秦汉以前，法家虽然放过极灿烂的异彩，但为时究属很暂，影响也很微小；至于清末以后的思想，更是

---

　*　本文原刊于《法学杂志（上海1931）》（第10卷）1937年第2期。《中国法律思想史》由杨鸿烈著，商务印书馆出版。原文未采用现代标点符号，文中标点为编者所加。

　**　戚维新，1931年毕业于东吴大学法学院（第14届），获法学学士学位。

　〔1〕"威格摩尔"原文作"韦格摩氏"，现据今日通常译法改正。——校勘者注。

外来的成分居多，不能算是纯粹的国产了。儒家是提倡人治的，在他们"德主刑辅"的思想下，法治处处受着摧残。《中国法律思想史》的作者，是受过现代法治观念熏陶过的，当然看不惯，所以对于儒家"刑不上大夫"、"法律应守秘密"、"父为子隐，兄为弟隐"等等主张，字里行间都表示不满。而于复仇行为的容许，更斥为"蛮性的遗留"。这种维护法治的态度是值得称颂的。尤其是在现在的中国，法典虽已逐渐完备，而守法的精神和习惯尚待养成的时候，提倡法治确是当务之急。但儒家的精神和主张，也并不是毫无可取的。现在且不说儒家对于许多问题曾经有过卓越的见解，列如崔述的《讼论》、柳宗元的《断刑论》、王安石的《复仇解》、李绅的《别籍异财议》等等，不容一概抹杀；就是他们精神之所寄，也很可以注目。读《中国法律思想史》，应该时刻地留意，不要因为重视法治的缘故，让先代遗下来许多芜地中间几块有数的沃壤，也白白地荒废过去。譬如说，儒家法律和道德界限的混同，确是法治思想所以不能发达的原因，是最可訾议的，然而也未始没有一部分的真理。美教授波仑说过："道德观念要是在民族信仰上有真实而永久之地位，成为该民族思想习惯之一部分的，必定会影响到法律。"足见法律与道德自有其密切的关系，就在实际法至今也有不少道德上的遗规。不过儒家对道德的见解欠正确，而主张法律与道德的一致，未免太过罢了。我相信在儒家能知道道德与法律的正确关系的人，必定也有。譬如，唐律《诈伪》门[1]有"诸诈病有所避者，杖一百；若故自伤残者，徒一年半"。"若故自伤残"，本是承上文而来，乃元沈仲纬[2]注谓："辄自毁伤，皆亏孝道。"这是法律、道德不分！然而宋傅霖[3]的话便不同了，他说："身自伤残者，无避亦等于有避。"使后段成为前段之加重，不必证明"有避"之特别故意，即可成立犯罪。这是正确的法律解释，傅氏真不愧是一位律学博士！再就经

〔1〕 唐律中对各部分称为"律"，故此处所称"诈伪门"当为"诈伪律"。至《宋刑统》将《唐律疏议》的条文按性质拆分为121门时，方有"诈伪门"。——校勘者注。

〔2〕 元惠宗至元年间沈仲纬著《刑统赋疏》一卷。《刑统赋疏》是对宋代傅霖所著《刑统赋》逐句进行疏解，并引证《唐律疏议》作比较质朴、简练的"直解"，并附以"通例"，即援引元代的案例及判牍加以印证。该书比其他《刑统赋》的注本都要详明。清代沈家本将其收入《枕碧楼丛书》之中。——校勘者注。

〔3〕 傅霖，宋代律博士，为齐、梁、陈、隋兵部尚书兼宏文馆学士傅荛之子。历官翰林学士、婺州太守。《宋刑统》颁行之后，为了便于记忆诵读，用韵文进行注释，著有《刑统赋》。——校勘者注。

义断狱一事而论，往往出入人罪，最悖于法治精神，然而试看董仲舒"春秋决狱"的几个例子：

（一）时有疑狱曰：甲无子，拾道旁弃儿乙，养之以为子。乙及长，有罪杀人，以状语甲，甲藏匿乙，甲当何论？仲舒断曰："甲无子振活养乙，虽非所生，谁与易之？诗云：'螟蛉有子，蜾蠃负之。'春秋之义，父为子隐，甲宜匿乙，而不当坐。"

（二）甲有子乙以乞丙，乙后长大，而丙所成育。甲因酒色谓乙曰："汝是我子。"乙怒杖甲二十。甲以乙本是其子，不胜其怒，自告县官。仲舒断曰："甲生乙不能长育以乞丙，于义已绝矣。虽杖甲，不应坐。"

（三）甲父乙与丙争言斗。丙以佩刀刺乙，甲即以杖击丙，误伤乙，甲当何论？或曰："殴父也，当枭首。"论曰："臣愚以父子至亲也，闻其斗，莫不有怵怅之心，扶杖而救之，非所以欲诟父也。《春秋》之义，许止父病进药于其父而卒。君子原心，赦而不诛。甲非律所谓殴父，不当坐。"

（四）甲夫乙将船，会海风盛，船没溺流死亡，不得葬。四月，甲母丙即嫁甲，欲皆何论？或曰："甲夫死未葬，法无许嫁，以为私人妻，当弃世。"议曰："臣愚以为《春秋》之义，言夫死无男，有更嫁之道也。妇人无专制擅恣之行，听从为顺，嫁之者归也，甲又遵者所嫁，无夫人归于齐，言淫行之心，非私为人妻也。明于决事，皆无罪名，不当坐。"

理由固然"牵强附会"，结果却是十分公允。明明是先有了判决，再去引经据典作根据的。大概当时的人，承法家的余绪，引用法律偏重文字上逻辑上的意义，往往失去了法律的真意。董氏有鉴于此，才施了这一套伎俩，来调和法律和正义的冲突。这在近代也是数见不鲜的。可惜法官不是人人董仲舒，此风一开，于是多舍法而以经义折狱，驯至妄施威福，罗织人罪，种种的流弊，都出来了。我们研究法律思想史的人，在这一件事上应得到二种不同的教训：第一，董仲舒折狱的精神，指出一切法律的适用是应以公平为依归的。在不违背法治精神的范围内，执法者应设法取得最大可能的公平。第二，经义折狱的失败，使我们对于法治的重要有更深的认识。人治是待人而治的。韩非说是："废势背法，以待尧舜，尧舜至乃治，是千世乱而一治"。[1]商鞅也说："释权衡而断轻重，废尺寸而意长短，虽察，商贾不用……不以法

---

〔1〕 语出《韩非子·难势》。——校勘者注。

论智能贤不肖者,惟尧,而世不尽为尧。"[1]所以人治是靠不住的。惟有法治,则"中程者赏,弗中程者诛"[2],这是"抱法处势,而待桀纣"[3],流弊就比较少得多了。

总之,研究中国法律思想史的人,应该如同沙里淘金一般地耐心寻求;同时也应该抱着批评的精神,借着近代欧西法学所给予的一点曙光,来估量中国先代法律思想对于今日中国的价值,如此方能造成中国本位的法律。我相信在儒家的思想下,造成法治的局面,比较的困难。但一旦造成了以后,倒不会陷于欧美"机械法学"的覆辙中,只要我们不忘了儒家的精神。末了,让我引一段著者的话来作结束:

"我们专攻'中国法系'的人,实在应该'采人之长,补我之短',将两千多年来陈旧的'德主刑辅'说,使之化'腐朽为神奇',然后始可希望有最适合国情的新法典出现。"

"化腐朽为神奇"!这应该是读《中国法律思想史》的人的责任了!

---

[1] 语出《商君书·修权》——校勘者注。
[2] 语出《韩非子·难一》。——校勘者注。
[3] 语出《韩非子·难势》。——校勘者注。

唐以前法律思想的发展[*]
——上海法政大学特别演讲

吴经熊[**]

蒙季龙先生不弃，屡次约兄弟到贵校来演讲。兄弟学问是很浅陋的，浅陋的实在不堪——怎么够得上在季龙先生面前来谈法学？这岂不是班门弄斧了吗？可是学问的东西本来是研究性质的，并不是独断的。诗经说的"如切如磋，如琢如磨"，正是为学问二个字写照。既然这样，我们也不妨把平素所心得的，时时和朋友们讨论讨论，以便互相发明，互相改正。

兄弟今天所要讨论的题目就是"唐以前法律思想的发展"。诸君先要认清题目。我不讲法律的发展，我讲法律思想的发展。法律的发展，是属于法制史的，现在不讲。今天的题目，乃是法律哲学的题目。还有一层我要预先声明的，就是"唐以前法律思想的发展"这个题目范围很大，在一个钟头里面一定不能详详细细地讲完，只可以讲到大致。

大致唐以前法律思想，可分作三个时期。现在为便利起见，用西历计算。

---

* 本文原刊于《法学季刊（上海）》（第 2 卷）1925 年第 3 期。原文未采用现代标点符号，文中标点为编者所加。原文标题为《唐以前法律思想底发展》，现据今日通常用法改正。下同。

** 吴经熊（1899～1986 年），字德生，浙江宁波人。享有国际声誉的法学家和法律教育家。1920年毕业于东吴大学法学院。1921 年毕业于美国密歇根大学法学院获博士学位（J. D.）。1921 年至 1924年，赴法国巴黎大学，德国柏林大学与美国哈佛大学从事研究工作。1924 年回国担任东吴大学法学院教授，1927 年选任为东吴大学法院院长，同年被任命为上海公共租界临时法院民事庭的法官，后曾短暂代理上海公共租界临时法院及上诉院院长。1929 年底赴美西北大学与哈佛大学从事教学与研究工作。1930 年回国后，进入立法院，担任宪法起草委员会副委员长，以个人名义公布宪法草案，即被后人称为《吴氏宪草》者。1939 年，被选为美国学术院名誉院士。1946 年，出任驻罗马教廷公使。1949 年后旅居海外，先在美国夏威夷大学任中国哲学与文学资深客座教授（1949～1966 年）。1966 年定居台湾，任中国文化学院哲学教授。其名誉学衔甚多，如波士顿大学、波特兰大学、圣若望大学法学博士，劳克赫斯大学、韩国岭南大学文学博士，韩国圆光大学哲学博士等。其著作等身，内容横跨法学、文学、哲学、宗教等，写作语言为中、英、法、德语。

第一时期——礼制思想——法律和道德混合时期（纪元前五世纪以前）。

第二时期——法治思想——法律和道德分离时期（前四世纪至前三世纪末）。

第三时期——礼法调和之思想——法律和道德重合时期（前二世纪至后七世纪）。

诸君要晓得，在思想史上定日期，是最困难的一件事。因为思想是活的东西，它的变迁不是骤然的。所谓履霜之渐，非一朝一夕之改。我们断乎不能说某年某月某日以前，人们信奉礼治思想，某年某月某日以后，忽然一变而为法治思想的时代。所以我们假定日期，不过为研究便利起见，断乎没有绝对的真确性的。

一、先讲第一时期

研究这个时期的法律思想，参考书固然不少，不过有几部书，考据家说是后人伪造的，所以很靠不住。好在《诗经》和《论语》是比较的可靠，礼治思想可以用这两部书来做代表。

这个时期的信条是：治国家用不着法律，只要用礼仪就行了。君王只要讲仁义道德，百姓就会受感化；君王只要以身作则，百姓也自然而然地会跟着做。人民好比米粉团一样，可以把君王随便搓的。君王搓的得当，那米粉团就成了一个整整齐齐、美美丽丽的东西。要是搓的不得法，那米粉团就弄糟了。诸君请听下面的引证，就可领会当时的思想了。

"季康子问政于孔子曰：'如杀无道，以就有道如何？'孔子对曰：'子为政焉用杀？子欲善，而民善矣。君子之德风，小人之德，草上之上风，必偃。'"（《论语·颜渊》）

"君子屡盟，乱是用长；君子信盗，乱是用暴。"（《诗经·小雅·巧言篇》）

"周道如砥，其直如矢：君子所履，小人所视。"（《小雅·大东篇》）

"弗躬弗亲，庶民弗信。"（《小雅·节南山篇》）

"君子如届，俾民心阕；君子如夷，恶怒是违。"（同上[1]）

这些都是根据着《洪范》说的，"天子作民父母，而为天下王"的意思。

---

[1] "同上"原文作"全上"，现据今日通常用法改正。——校勘者注。

父母和子女是最亲爱的，所以应该用感化的方法，使得子女改恶为善。如果不能化民成俗，反而从事于法律和刑法，此之谓下策。所以孔子说："道之以政，齐之以刑，民免而无耻；道之以德，齐之以礼，有耻且格。"（《论语·为政》）

礼治的根本，不外乎五伦：君臣、父子、兄弟、夫妇、朋友。礼治把天下的人分尊卑、贵贱、亲疏、厚薄，不用平等不偏的法律治之。《论语》上有一段很有趣的："叶公语孔子曰：'吾党有直躬者，其父攘羊，而子证之。'孔子曰：'吾党之直者异于是。父为子隐，子为父隐，直在其中矣。'，（《论语·子路》）

老实说，孔子这段话是个遁辞，其实这并不是直不直的问题。不过这样的"直"，和孔子的礼教冲突罢了。孔子根本不承认法律之必要。所以他说："听讼，吾犹人也必也使无讼乎？"

礼治思想的根本错误，照我看来有二点：（一）他的心理学未免太幼稚了。孔子根据着性善之说来讲政治法律，难怪他的结论是：在上者只要用"以身作则"的法子来感化下民，下民自然会"效法"（imitate），哪里用得着法律呢？"效法"（imitation）固然是社会上很重要的一种作用，但是治国家若专靠"效法"，哪里能够持久呢？司马谈批评儒家说："儒家博而寡要，劳而少功，事以其事难尽从。"正是一言破的。（二）礼治思想有抹杀人格的趋势。礼治是一个自相矛盾的概念。所贵乎道德者，莫非因为道德是自由意志的产品。假使把政治和道德混在一起，其结果是"强迫的道德"、"麻烦的政府"（fussy paternal government）。在"强迫的道德"和"麻烦的政府"之下，人民的人格永不会有发展的机会了！奴隶性质的道德，不如自由意志的不道德。我不说自由意志就是道德、但自由意志是一切道德，一切人格的生死关键和必备条件。

二、第二时期，乃是法治思想全盛时代

法治思想可算是对于礼治思想的一个大"反动"。礼治思想的出发点是亲疏厚薄贤不肖之分别，而法治思想的出发点是"无厚"。

邓析子说："天于人无厚也，君于民无厚也。……何以言之？天不能屏勃厉之气，全夭折之人，使为善之人必寿——此于人无厚也。凡民有穿窬为盗者，有诈伪相迷者，此皆生于不足，起于贪穷，而君必执法制之——此于民无厚也。"（《邓析子·无厚篇》）

慎子述主张法治的缘故如下："法虽不善，犹愈于无法，所以一人心也。夫投钩以分财，投策以分马，非钩策为均也，使得美者不知其所以美，得恶者不知其所以恶，此所以塞愿望也。"（《慎子·威德》）这段文字可称法律心理学。慎子又说："大君任法而弗躬，则事断于法矣，法之所加，各以其分，蒙其赏罚而无望于君，是以怨不生而上下和矣。"（《慎子·君人》）这和《诗经》"弗躬弗亲，庶民弗信"遥遥相对。

对于儒家以身作则的思想，韩非子有很厉害的攻击："释势委法，尧舜户说而人辩之，不能治三家。夫势之足用亦明矣！而曰必待贤，则亦不然矣！且夫百日不食以待粱肉，饿者不活。今待尧舜之贤乃治当世之民，是独待粱肉而救饿之说也。"（《韩非子·难势》）

我记得《诗经·衡门篇》有："岂其食鱼，必何之鲂？岂其娶妻必齐之姜？岂其食鱼，必河之鲤？岂其娶妻，必宋之子？"韩非子的意思好似说："岂其治国，必唐之尧？"

《韩非子·六反篇》驳"天子作民父母"说："今上下之接，无子父之泽，而欲以行义禁下，则交必有郄矣。且父母之于子也，产男则相贺，产女则杀之，此俱出父母之怀衽，然男子受贺，女子杀之者，虑其后便，计之长利也。故父母之于子也，犹用计算之心以相待也，而况无父母之泽乎？今学者之说人主也，皆去求利之心，出相爱之道，是求人主之过父母之亲也，此不熟于论恩，诈而诬也！故明主不受也。圣人之治也，审于法禁，法禁明著，则官治；必于赏罚，赏罚不阿，则民用。民用官治则国富，国富则兵强，而霸王之业成矣。"

法治思想是对于前章所述人治思想的一个大反动，所以他的议论多趋于极端。并且法治思想大有功利主义的彩色，把人类当作一部"计算的机器"（calculating machine）。可是人的心理是复杂的万分，不是单纯性的。比方计算之心固然有的，然而同情心也未始没有。法律不是特种心理的特产，却是各种心理调和的结果。法律正是理想界和实在界之交点！法律正是"公道"和"治安"的公仆！法律哪里是功利的走狗？法律那里是计较利害的算盘？司马谈批评法家，说他们"严而少恩"，却是不差！所以梁任公的批评："法家以道家之死的静的机械的唯物的人生观为立脚点，其政治论当然归宿于法治主义——即物治主义。"（《先秦政治思想史》二六二页）也不是完全没有根据的。不过我有一句话要特别声明的：谓法家的"法治主义"为"物治主义”则了可，若谓一切的法治主义都是物治主义，那么[1]我非大声竭呼的提出抗议不可！（不过我想梁任公并不说一切的法治主义乃是"物治主义"。）

三、第三时期的礼法调和之思想，可算是对于秦朝的刻薄寡恩的法律一个反动

"炎汉代兴，萧何草律，而叔孙通制礼，兼治与法治而一之；汉祚之永，未始不基于此。"（程树德《〈汉律考〉施愚序》）诸君请看汉高祖《约法三章》、文帝《除肉刑诏》、《除诽谤妖言罪诏》、《除相坐诏》，就可知道当时法律思想道德的趋向了。景帝《诏谳疑狱》最有研究的价值，诏曰："狱者人之大命，死者不可复生。朕甚悯之。诸狱疑若，虽文致于法。而于人心不厌者，辄谳之。"这是以法律为本，而承认其有例外。所以这个时期和第一时期有一个不大相同的地方，就是这个时期承认法律的必要，不过要把道德的观念运输到法律里面去——把"人情"灌注[2]到法律中间。这和罗马法的"ius honorarium"和英美法的"Equity"却是同一精神的。

《唐律疏议·名例疏》是长孙无忌做的。他论法律之必要说："夫三才肇位，万象斯分，禀气含灵，人为称首。莫不凭黎元而树司宰，因政教而施刑法。其有情恣庸愚，识沈愆戾。大则乱其区宇，小则睽其品式。不立制度，则未之前闻。"长孙无忌论道德和法律之关系说："德礼为政教之本，刑罚为政教之用。犹昏晓阳秋，相须而成者也。"

在这个时期，道德和法律的性质，固然已经辨清楚了，可惜"政治"和"宗教"还是混在一个机关。所以中国法律当中，民法成分和刑法成分，不能成一个相当的比率。

总之，"合法""不合法"的概念和"善""恶"的概念没有分清。凡是"合法的"总是"善的"，所以非赏不可；凡是"不合法的"，总是"恶的"，所以非罚不可。这种的观念实在是人治思想的遗毒呀！可怜我们中国人是地球上思想和道德最不解放的民族！如要解放我们拘拘束束、畏首畏尾的心理状况，就非鼓吹法律主义不可！现在法律学生的最重大的问题就是：如何能使法律主义通行，而同时免脱刻薄寡恩的流弊？

---

〔1〕"那么"原文作"那末"，现据今日同行用法改正。——校勘者注。
〔2〕"灌注"原文作"贯注"，现据今日通常用法改正。——校勘者注。

中国法律思想式微之原因[*]

陈振旸[**]

吾国在世界中，素称四大法系之一，则其法律思想之价值若何，盖可想见。如管、商、申、韩、尹文、慎到之侪，其注释法理，畅言法治，莫不持之有故，言之成理，固无以让于欧西之柏拉图、亚里士多德、霍布斯[1]、洛克、卢梭、孟德斯鸠等诸贤；而吾国法系之浩瀚纯正，未受外界之影响，以及其进化之早，则又可谓无与伦比。顾一则愈演而愈新，迈步前进；一则骤盛而莫继，瞠乎后落。至于今人则整齐严肃，井然有序；我则吾苟偷凌乱，庞杂无理。相形之下，吾汗颜矣！问当求其致此之由，盖六事焉：

一曰，厄于专制之政体也[2]

法家所主张者，为人人平等之原则，否认"礼不下庶人，刑不上大夫"[3]之阶级观念。质言之，即法律之于人也，一视同仁，无尊卑贵贱之分。故韩子曰："法不阿贵，绳不挠曲，法之所加，智者弗能辞，勇者弗敢争。"[4]尹子文曰："法行于世，则贫贱者不敢怨富贵，富贵者不敢陵贫贱；愚弱者不敢冀智勇，智勇者不敢鄙愚弱。"[5]商君亦曰："刑无等级，自卿相将军以至大

* 本文原刊于《法学杂志（上海1931）》（第 8 卷）1935 年第 2 期。原文未采用现代标点符号，文中标点为编者所加。

** 陈振旸，1935 年毕业于东吴大学法学院（第 18 届），获法学学士学位。

〔1〕 "霍布斯"原文作"霍布士"，现据今日通常译法改正。——校勘者注。

〔2〕 参考王振先：《中国古代法理学》，第 48 页。

〔3〕 见《礼记·曲礼》。

〔4〕《韩非·有度篇》。（此注释原文写作"有废篇"，经查，《韩非子》中无《有废篇》，且所引述内容实出自《有度》一篇，故改。——校勘者注。）

〔5〕《尹文子·大道篇》。

夫庶人，有不从王令、犯国禁、乱上制者，死罪不赦。"[1] 凡此，莫不使法为君臣之共操。[2] 自是"亲亲贵贵"政治之致命伤，而为诛赏予夺之君主所弗愿闻也。然则历代法家之所以难得志于时者，实因法治之与专制政体，本有冰炭难容、枘凿不入之势，绝非偶然也。

二曰，厄于儒家之一尊也

秦汉以后，儒家一尊，诸子学说，同遭罢黜。其横受摧残，有若风扫落叶，此匪特法律思想为然。推其原因，固非一端，而儒家学说之适于帝王驭民之用者，要实为其总因也。盖儒家严等差、贵秩序，其"君君、臣臣、父父、子子"，[3] 尊王正名之伦理政治，措而施之，莫不终结于君权。故霸者尝窥取而利用之，以为宰制天下之工具，巩固王室之护符。宋修《太平御览》以毂英雄，清开博学鸿词以戢反侧，皆因逆取顺守，道莫良于此矣。且吾国之学术思想，常随政治为转移，[4] 在上者既从其所好之儒学，提倡之，奖励之。反乎此者，则谓之邪说异端；出乎此者，则谓之非圣非法。风行草偃，在下者自惟唯之与阿，不敢步越雷池。于是言必称尧舜，道必尊孔孟，病法治为寡恩，[5] 讥法家以惨激。[6] 法律思想，遂因之黯然无色矣！

三曰，厄于权利思想之不发达也

权利之保障，厥恃法律，而法律之目的，亦在保证权利；是二者之间，实有唇亡齿寒之关系存焉。故权利思想不发达，则法律思想亦必随之消沉，[7] 盖为论理上之必然结果也。吾尝读英美判例，见彼之人民，辄因数片先令，竟不惜奋然抗争于法庭者，未尝不笑其大愚，而视其为锱铢是计之徒也。由今思之，始知彼所争者为权利问题，并非断断焉于区区之先令；且悟[8] 欧美诸国之法治精神，所以至于斯极者，实由此种原动力为之推进耳。

---

[1] 《商君·赏刑篇》。

[2] 《商君·修权篇》。

[3] 《论语·颜回篇》。

[4] 《饮冰室文集·先秦学术思想之大势》。

[5] 《史记·老子韩非传》。

[6] 《史记·老子韩非传》。

[7] "消沉"原文作"销沉"，现据今日通常用法改正。——校勘者注。

[8] "悟"原文作"惧"，现据今日通常用法改正。——校勘者注。

回视我国，则谦虚自命之伪君子，不曰"何必曰利"，[1]即曰"子罕言利"。[2]（孔孟所指之利，固为财货之利，但财货为权利之客体，故从广义借用之。）而怠惰恇怯之徒，更摭拾"以德报德，以直报怨"[3]之片言只字，藉以文其苟安之劣性，而饰其卑污之人格也。悲夫！唾面自干，世俗称美；然人之无耻，孰甚于此？要知"权利之目的在和平"，[4]必人人尊重其权利，而后庶可强者不致愈强，弱不致愈弱；盖强者有所忌惮，弱者亦无以讳其弱点也。杨朱曰："人人不损一毫，人人不利天下，天下治矣。"[5]其所谓人人不利天下，固之为公德之蟊贼，雅不愿世人之受其流毒，而其所谓不损一毫之理想，实为权利思想之充分表现。望吾曹起而实行之，发挥而光大之，以作吾国法律思想之哲学基础也可！

四曰，厄于息事宁人之人生观也[6]

"百忍成金"，非世俗之佳话乎？"让人为善"，非千古之圭臬乎？外人以"和平民族"誉我者，其为此也！吾人以"和平民族"自炫者，亦为此也！而吾国之所以积弱不振，任人宰割者，又正为此也！孔子一则曰："君子无所争。"[7]再则曰："听讼，吾犹人也，必也使无讼乎"[8]。而世人且以"讼则终凶"[9]之箴言，自相警惕，一若"争"也，"讼"也，为天下最不道德之事也。殊不知争由不公，讼出于不平。已不公矣，而曰可以不争；已不平矣，而曰可以不讼，则其不道德也，更有胜争与讼本身之千百倍焉。既有不平不公之现象，独复讳莫如深，欲于不争之讼中，以求粉饰和平，是独病者之忌疾讳医而求健康，其遗患孰甚于此？要之，欲不争，必先有争，所谓以矛攻盾；欲不讼，必先有讼，所谓以毒治毒。此盖与病者之求健康，必先以良药苦口也，同出一理。且法律所以去不平也，讼争所以辨是非也。可见，

［1］《孟子·梁惠王篇上》。
［2］《论语·子罕篇》。
［3］《论语·寡闻篇》
［4］Jhering, *The Battle of Right.*
［5］见《列子·杨朱篇》。
［6］参照吴德生博士著《法律哲学研究》，第二十一页至第二十六页。
［7］《论语·八佾篇》。
［8］《论语·颜渊篇》。
［9］《周易·讼》："终凶；讼不可成也。"——校勘者注。

去不平自法律始，辨是非由讼争终，盖"治乱决谬，绌羡齐非"，〔1〕莫如法也。不平既去，是非既辨，则直正、公道、和平，势必仍假手于法律与讼争而求之，实可断言。不图国人固步自封，久习成自然，以致息不可息之事，宁不可宁之人，影响所及，天下误尽，终使吾国之灿烂法律思想，一落千丈！噫！

五曰，厄于墨守旧制之传统思想也

"荣古辱今"，为吾国大夫阶级之通病；"敬天法祖"，为历代帝王驭世之法宝。此种现象，征诸史册，不胜枚举；而所谓"先王之道尽可师，祖宗之法不可废"者，盖又称为我国政治上之金科玉律矣。观夫商鞅变法，则有杜挚之"法古无过，循礼无邪"〔2〕之论，甘龙之"圣人不易民而教，知者不变法而治"〔3〕之议。安石革新，则有吕海疏论曰："唯在澄清，不宜挠浊"〔4〕；司马光更引老子之"我无为而民自化，我好静而民自正"以诚之〔5〕可知国人之传统思想为何如也！不图二公奋斗之结果，一则身遭裂刑，一则受尽世唾，而论者或毁之以刻薄，或罪之以执拗不已；且有谓"秦之亡由商鞅，宋之亡由安石"。〔6〕千古冤狱，莫此为甚！虽然如此苛刻不公之论，要皆蔽于儒家之说，囿于仁义之见，二公政绩之真实价值，固未尝因世人之罪毁而减色。然此种墨守旧制之传统思想，既已深入人心，牢不可破，其足以长迁者耻言法治之风实多，而有碍我国法律思想之发展者，岂浅显哉？

六曰，厄于政治思想之消极也

法律思想，譬犹树也；政治思想，譬犹根也。其根既掘，虽树之华叶蓊葱于一时，而必终归于槁亡。试观欧美法制进步，至于今日之盛者，未尝非其人民政治思想之发达使然也。吾中国人数千年来，不知政治之为何物，每

---

〔1〕 《韩非·有度篇》。
〔2〕 见《史记·商鞅列传》。
〔3〕 见《史记·商鞅列传》。
〔4〕 见《王安石评传》。
〔5〕 同上，见《司马光致王安石书》。
〔6〕 （明）杨慎：《丹铅录》。

惑于王权神授之观念，"天生民而立之君，使司牧之"〔1〕之学说；遂举政治之措施，尽听君主之喜怒，顾不必问其与本身之利害关系也。平时，则报束身寡过"好民自为之"之主义，所谓"天下有道，则庶人不议"；〔2〕乱时，则亦徒作"安得贤君相，庶拯我乎"之呻吟而已！所谓"位卑而言高，罪也"。〔3〕逆来顺受，视为当然；政治得失，归诸天命！间有一二有识之士，稍欲为不平之论者，彼曲十贱儒，动辄援"不在其位，不谋其政"〔4〕等偏义以攻击之，排挤之。谬种流传，习非胜是，而使吾国政治法律等思想，几归同于尽，宁非吾国学术之不幸耶？"一言以蔽之"，〔5〕吾国法律思想之迁缓不进者，实尽受儒家学说之影响也。

此于上列六端见之，可知便非诬矣。方今全国高倡法治之秋，复值上下复活孔学之时。"仇人相见，分外眼红"；"两虎相争，必有一伤"。吾人其祖左软？其偏右软？抑居间调停软？毫厘之失，千里之差，则吾人今日之举手措足，关系吾国法治前途，实至大且重，固未可等闲视之也！虽然，"礼""法"之争，非本篇范围所宜涉及，不愿置喙，然吾犹有不已于言者：即国人徒喜盲目媚外，而于本国学术，每不屑一措其意，以致吾国之固有法治之学，未克尽量开拓。虽间有一二专家之探讨，率皆挂一漏百，略而不详，究难认为伟大之贡献；是则吾人所应引为莫大之憾事者也！

---

〔1〕《左传·襄公十四年》。
〔2〕《论语·季氏篇》。
〔3〕《孟子·万章篇下》。
〔4〕《论语·秦伯篇》。
〔5〕《论语·为政篇》。

历代法典之嬗递及刑制之变迁[*]

郭 卫

三代以前，律无专籍。战国李悝始作《法经》六篇，为旧律之权舆。秦汉魏晋，代有损益，至唐而集其大成。宋元之律多因于唐，而明虽分部编辑，仅易其序耳。[1] 清亦因之，虽其间不无出入，然其立法精神及范围仍出一贯。故谈旧律者，莫不以唐为基业，以清为尾闾。盖旧律经历代之嬗递演进，凡数千年，自唐集其大成后，而总汇于清，至清则随其社稷而澌灭。但在未有成文法典以前，征诸古籍，关于法律之记载，亦有足述者。[2]

当义皇之世，文化初辟，礼教未兴，苗君[3]酋长，逞其凶残。蚩尤作恶，不用善化民，肆惨酷[4]以伸权威，作五虐[5]以事杀戮，刵耳劓鼻，黥面椓阴，任意施诸部民，无刑制与法典可言。或谓古代兵刑不分，大刑用甲兵，中刑用刀锯，薄刑用鞭扑。[6]是兵甲亦刑之一种，故黄帝惩蚩尤即施用甲兵。唐虞之际，侧重教化，虽越礼施刑，以惩凶暴，而制度初立，亦无专典。《舜典》称"象以典刑，流宥五刑，鞭作官刑，扑作教刑，金作赎刑，眚灾肆赦，怙终贼刑"，是流赎鞭扑皆其刑制。惟其时已有五刑之说，即墨、

---

 * 本文原刊于《中华法学杂志》（新编第 1 卷）1935 年第 3 期。原文未采用现代标点符号，文中标点为编者所加。

 〔1〕 洪武二十二年，朱元璋采纳刑部建议，在修订《大明律》时完全打破原仿《唐律》旧例的做法，按六部职掌分为吏、户、礼、兵、刑、工六律。——校勘者注。

 〔2〕 可参见《尚书·吕刑》。——校勘者注。

 〔3〕 即有苗，古国名。亦称三苗。尧、舜、禹时代我国南方较强大的部族，传说舜时被迁到三危。——校勘者注。

 〔4〕 "惨酷"原文作"惨醋"，现据今日通常用法改正。——校勘者注。

 〔5〕 指大辟、割鼻、断耳、宫、黥等五种酷刑。滥用五刑以残民故谓"五虐"。《尚书·吕刑》："苗民弗用灵，制以刑，惟作五虐之刑曰法。杀戮无辜，爰始淫为劓、刵、椓、黥。"——校勘者注。

 〔6〕 语出《国语·鲁语上》。——校勘者注。

劓、刖、宫、大辟是也。墨者黥其面，劓者割其鼻，刖者削其足，宫者去其势，大辟即死刑。益以流赎鞭扑，则为九刑矣。按墨劓刖宫，皆为肉刑，贼害肢体，迹近凶残。尧舜世称圣明，似不出此，当系袭诸旧习。所谓流风所至，圣人亦不免欤。然稽诸《尚书·大传》，谓唐虞象刑而民不犯，是虽有五刑之名，而实施者仍为象刑也。所谓象刑者，上刑赭衣不纯，中刑杂屦，下刑墨幪，使居州里，而民耻之。盖其时人尚德义，深明耻辱，犯刑者但易以衣屦，即自觉羞愧，不必实施其刑，而始知悔改。故有虞之诛，以幪巾代墨，以草缨代劓，以菲屦代刖，以艾鞸代宫，以布衣无领代大辟，五刑仅沿其名耳。或谓五刑原为惩治蛮夷而设，《舜典》载舜命皋陶曰："蛮夷猾夏，寇贼奸宄，汝作士，五刑有服。"更证以"德柔中国，刑威四夷"之说，则尤足信。余谓《舜典》已明载"流宥五刑"之说，是五刑虽有其制，而实以流代之。故舜"流共工于幽州，放欢兜于崇山，窜三苗于三危，殛鲧于羽山，四罪而天下咸服"，信赏必罚，故不在用刑之多也。

禹承舜禅，本与尧舜同其治世之策，后因平乱而作《禹刑》，即世所称《夏刑》三千。《汉书·刑法志》谓禹自以德衰而制肉刑，《尚书大传》谓夏后氏不杀不刑，死罪罚二千馔，是虽有肉刑之制，非以肉刑为本。唐虞之化，此犹未远也。商有《汤刑》，其制今无可考，所见诸载籍者，惟官刑耳。汤作官刑以儆有位曰："敢有恒舞于宫，酣歌于室，时谓巫风；敢有殉于货色，恒于游畋，时谓淫风；敢有侮圣言，逆忠直，远耆德，比顽童，时谓乱风。所谓三风十愆者，即此。"然此属罚则，而非刑制。及纣王无道，罪人以族，焚灵忠良，刳剔孕妇，为炮烙之刑，创醢脯之法，乃专制专主逞其残暴之行为，不能以刑法论也。

周以大司寇掌三典，以佐王刑邦国诘四方。所谓三典者，即轻典、重典、中典是也。谓刑新国用轻典，刑平国用中典，刑乱国用重典。其典为何[1]，今亦不可考。所谓轻典重典者，或释轻为宽，释重为严，或释轻为简，释重为繁。大抵新国已由乱转治，宜导之以渐，故刑宜宽缓；乱国人民正在秩序紊乱之中，欲图镇压，使就范围，以谋一时之安，故刑宜严重。而平国则已入于正轨，故用中典也。又以五刑纠万民，即野刑、军刑、乡刑、官刑、国刑是也；谓野刑上功纠力，军刑上命纠守，乡刑上德纠孝，官刑上能纠战，

---

[1] "为何"原文作"维何"，现据今日通常用法改正。——校勘者注。

国刑上愿纠暴。刑者法也，上者主也，纠即督察之意，斯为各刑立法之旨趣，亦即施刑之政策也。此外，小司寇以五声听狱讼，今之自由心证即其遗意。所谓以五声听者，一曰辞听，闻其出言，不直则烦也；二曰色听，观其颜色，不直则赧也；三曰气听，观其气息，不直则喘也；四曰耳听，听其听聆，不直则惑也；五曰目听，观其眸子，不直则眊也。他如害人者置之圜土而施职事，即今监狱之制。此皆为周代关于刑事规定之见于周官者。其时用法颇不平等，乃本乎亲亲贵贵之义。故有云"刑不上大夫"，"命夫命妇不躬坐狱"，"王之同族有罪不及市"，"杀亲者焚之，杀王之亲者辜之（磔也）"，"杀人者踣于市肆"，皆当时之法也。又受刑者各给以役，犹今之劳役。墨者使守门，无妨[1]于禁御也；劓者使守关，以貌丑而远远也；宫者使守内，以其人道绝也；刖者使守囿，以驱卫禽兽无急行也；髡者使守积，以其为王族也。

追周道中衰，刑书渐弛，穆王因命吕侯作刑，世称《吕刑》。墨罚之属千，劓罚之属千，剕罚之属五百，宫罚之属三百，大辟之属二百。流赎鞭扑外，五刑之属已三千矣；而斩杀、脯辜、车辗、焚戮，以及屋诛、髡磐之类，尤启秦汉酷刑之先河。大抵周道中衰，始有此制，非文武之城规也。孔子曰："大罪有五，而杀人为下。逆天地者罪及五代，诬鬼神者罪及四代，逆人伦者罪及三代，乱教化者罪及二代，手杀人者罪止其身。"严刑峻罚，于此已植其基，然于罪人不孥之义何有哉？

追战国之末，魏文侯师李悝著《法经》六篇，为吾国法律列为专籍之鼻祖。六法中首盗法，次贼法，以为"王者之政莫急于盗贼"也；次囚法、捕法，以盗贼须劾捕也；又将轻狡、博戏、假借、不廉、淫侈、逾制各条汇为杂法；殿以适用之例，曰具法。《法经》原文今已无存，但秦汉以下之律多因之，今于唐律中尚能窥得其大体，其内容悉为刑事，已甚显著。历代律法之不涉及民事者，未始非影响于此。在欧西方面，以罗马之《十二铜表法》为鼻祖。而铜表法[2]，一为提传，二为审问，三为执行，四为家长权，五为继承及监护，六为所有权及占有，七为不动产，八为私犯法，九为国法，十为宗教法，十一、十二为补遗。是不徒包括民刑事法典在内，而诉讼程序、国家组织，各种法规均网罗无疑。故嬗递至今，发扬光大，各类法典皆获平

---

〔1〕"无妨"原文作"无防"，现据今日通常用法改正。——校勘者注。
〔2〕"铜表法"原文作"铜标法"，现据今日通常用法改正。——校勘者注。

均发展，而无偏向之弊，有由来也。

商鞅相秦，首请变法，取《法经》六篇，更严其令，令人为什伍[1]而相收，司连坐，不告奸者腰斩，告奸者与斩敌首同赏，匿奸者与降敌同罚。禁私斗，犯者各以轻重被刑大小。令既具，徙木以示信，刑太子傅以示威。令之初作，临渭水刑七百余人，渭流尽赤。居三年，道不拾遗，山无盗贼，家给人足，勇于公战，怯于私斗，秦人大治而大悦。威吓主义，其效可睹，论者顾莫敢非之。但秦并六国后，焚毁载籍，坑杀儒生，严刑峻法，有加无已，于刑制更有凿顶、抽胁、镬烹、车裂各刑，残酷备至，戾气所钟，秦之澌灭亦于此肇其端。

然则镇压政策可悖而未可恃也。汉承秦后，初尚宽缓。高帝入关，除秦苛虐，约法三章："杀人者死，伤人及盗抵罪。"然大辟犹有三族之诛，惨刑亦未全去。旋以三章之法不足御奸，遂令萧何摭拾秦法，作律九章。六篇之外，更增户兴厩三篇。叔孙通又益《旁章》十八篇，其后张汤作《越宫律》二十七篇，赵禹作《朝律》六篇，合六十篇。至文帝废同坐，除肉刑，易笞杖，而刑罚大省。孝武即位，外事四夷之功，内盛耳目之好，征发频数，百姓贫耗，酷吏系断，奸宄日多。于是招张汤、赵禹之徒条定法令，作见知故纵之法，缓弥固之罪，急纵出之诛。其后奸猾巧法，转向比况，禁网浸密。律令至三百五十九章，大辟至四百零九条，千八百八十二事，死罪决事比万三千四百七十二事。文书盈于几阁，典者不能遍睹，是以承用者驳，或罪同而论易。奸吏因缘为市，所欲活则傅生议，所欲陷则与死比，暴戾冤滥，于斯为极。孔子曰："古之知法者能省刑，本也；今之有法者不失有罪，末矣。"孰知至斯求其末而不可得，盖斯时之治狱者，不察其罪之有无，但期其死之多耳。是以网密而奸不塞，刑蕃而民愈嫚也。至刑制之可考者，死刑凡三，为枭首、腰斩、弃市。肉刑四，为黥、劓、宫、刖。髡刑二，为髡钳为城旦及髡钳为舂。完刑二，为完城旦及完舂。作刑五，为鬼薪、白粲、罚作、复作及司寇。他如夺爵、除名、鞭杖、赎罚、顾山、禁锢，以及徙边、夷族。此皆当时之刑制也。自三代以来，刑制之繁多无过此时。其影响且及乎魏晋南北朝之间，遗害不綦深耶。

魏明帝定《魏律》十八篇，多仍秦汉之旧，惟将具律冠首，改为刑名，

[1] "什伍"原文作"什任"，现据《史记·商君列传》改正。——校勘者注。

较汉初之律已增九章，即劫杀、诈伪、毁亡、告劾、系讯、断狱、请赇、惊事、偿赃是也。此不过于汉律中任意损益之耳，别无主义足云。晋武帝命贾充等定法令，就汉九章增十一篇，计为二十篇。世轻世重，于旧律漩涡中以求变迁耳。南朝梁武帝定《梁律》二十篇，陈武帝定《陈律》三十篇，北朝后魏定《魏律》三百七十条。北齐定《齐律》十二篇，首篇曰名例，合刑名、法例而为一，为后世名例所自昉。后周定《大律》二十五篇，此于齐法，烦而不要，要皆沿袭前代之律，或并包〔1〕其类，或因革其名，不过损益之多寡不同耳，无足论也。

隋文帝初令高颎等定新律，以其严密，人多陷罪。开皇三年，敕苏威、牛宏等更制新律。除死罪流徒千余条，定留五百条。凡十二卷，一名例，二卫禁，三职制，四户婚，五厩库，六擅兴，七盗贼，八斗讼，九诈伪，十杂律，十一捕亡，十二断狱。史称其"刑网简要，疏而不失"。惟文帝燥暴成性，用刑多失当，每以文法绳下，盗一钱者亦死，后世颇病其利。炀帝即位，以尚嫌文帝禁网深密，又敕修律令，除十恶之条，三章新律成，亦为五百条。凡十六篇，即名例、卫宫、违制、请赇、户律、婚律、擅兴、告劾、贼律、盗律、斗律、捕亡、仓库、厩律、关律、杂律、诈伪、断狱是也。百姓久厌苛刻，至是共庆宽缓。但后此炀帝外征四夷，内穷嗜欲，兵革岁动，户敛繁滋，盗贼因而蜂起，事势所迫，又更为严刑。然政治失轨，国势既蹙，于法何与哉？刑制至隋，可谓陶冶时代。隋鉴于秦汉之繁琐，乃去芜存菁，分类为五，即笞、杖、徒、流、死是也。笞刑五，十至五十；杖刑五，六十至一百；徒刑五，一年至三年；流刑三，一千至二千里；死刑仅存绞斩二种。至此历代刑制乃获一大转变，继此以往，除辽金复施残暴而外，直至清代，皆以此为依归。

姬周而下，文物典章，莫备于唐。唐初撰律令，因隋之旧为十有二篇。太宗以宽仁为出治之本，复定律五百条，分为十二卷，即篇为卷。于隋代旧律减大辟入流九十二条，减入徒者七十一条；又定令千五百九十条，厘为三十卷。中书奏献，常三覆五覆而后报可，慎刑纵囚，世称美德。其不欲以法禁胜德化之意，曒然与今日刑事政策之特别预防，同符其旨。高宗时诏长孙无忌等撰律疏三十卷，即所传之《唐律疏议》。其后定令删格编式，各随世损

---

〔1〕 "包"原文作"苞"，现据今日通常用法改正。——校勘者注。

益。故唐之刑书有四矣。律令者，国家制度也；格者，百官有司所常行之事也；式者，其所守之法也。律之篇目与隋《开皇律》同（见前），而内容则多删削。论者谓唐代立经陈纪，迪德践猷，其律一准乎礼，以为出入，可谓集律法之大成，为旧律之基业。故宋元明清之律稽合唐制为多。然非常无古，非变无今，岂可尽唐而止，惟旧律之运至清而终。垂数千年而不能发扬光大，以与罗马、英美诸家法律并驾而驱，殆儒者不谈律之过。至唐之刑制，一准于隋，仅于流刑增为二千里至三千里耳。虽安史乱后，对达奚珣、韦恒皆要斩，为一时之特别处置，非唐制所有也。

五代除梁有《新律》外，无多创制。宋元之律亦多因于唐。有宋一代虽编纂敕令格式至数百种之多，然于律无新制。据《宋史·刑法志》、《大学衍义》等书所载，宋代系行用唐律令格式及条例，律所不载者则断之以敕。元初循用金律，曾自定至元新格，但非纯粹之刑律。因世徇时，威吓是尚，数代之间，如出一辙。求其轻缓，斯为善矣。至刑制由五代至宋，皆因于唐，仍为笞、杖、徒、流、死。虽宋代仁宗因荆湖杀人祭鬼，对首谋及加功者处以凌迟，非常之事乃用非常之法，实为刑制所无。辽金刑制大致相同，除杖徒流死外，辽有投崖、车辕、枭磔、生瘗、鬼箭、炮掷、肢解、砲烙、铁梳等刑。金有击脑、刺字之制。异族残暴为其固性，无足论也。元制乃本于唐，惟凌迟为常刑耳。

明太祖颇注意于律令，令刘惟谦等详定《大明律》，谓立法贵在简当，务使言直理明，人人易晓。苦条绪繁多，或一事而两端，可重可轻，使贪婪之吏，舞缘为奸，则所以禁残暴者，适足以贼养良，非良法也。并逐日与议律官及儒臣讲论，以求至当，书成至检阅者再，必去繁就简，减重从轻。累经更定，至洪武六年十一月，《大明律》始克告成。篇目一准于唐，采用旧律二百八十八条，续律一百二十八条，旧令改律三十六条，因事制律三十一条，辍唐律以补遗者一百二十三条，合六百有六条，分为三十篇。其间损益务合轻重之宜，每成一篇，必缮进揭于两楹之壁，亲加裁定。九年又厘正十三条，十六年又定诈伪律，二十二年复分类颁行，颇称完整，实为清律之张本。先是刑部奏言比年律条增损不一，在外理刑官及于入仕者不能尽知，致使断狱失当，请分类颁行，俾知遵守，遂命翰林院同刑部官取比年所增者参考折衷，以类编附。旧律各例附于断狱下，至是特载之篇首。凡三十卷四百六十条，计名例一卷；吏律二卷，内分职制与公式；户律七卷，内分户役、田宅、婚姻、仓库、课程、钱债、市廛；礼律二卷，内分祭祀、仪制；兵律五卷，内分宫卫、军政、关津、厩牧、邮驿；刑律十一卷，内分盗贼、人命、斗殴、骂詈、诉讼、受赃、诈伪、犯奸、杂犯、捕亡，断狱；工律二卷，内分营造、河防。按此律多本于唐律，芟繁削赘，因事续置，大抵比旧增多十之二三。以六曹分类，于擅兴厩户各篇分别裁定酌入。代背棰以臀杖，而断无过百；易黥面以刺臂，而法止贼盗；见知仅严于逃犯，故纵则弥于捕亡；收孥连坐之条，亦只限于叛逆及大不道者用之耳。他如圜土之制，嫌其太重，则贷之以轮作；嘉石之制，嫌其太轻，则罚之以荷杖；盗官藏受赃枉法罪皆死，亦嫌其太重。则著为杂犯之令，而听其赎锾与轮作；由杖徒一转而入大辟，则嫌于太疏，则定徙边、戍边、永戍之令。其冥顽不轨之民，或情罚不丽于法，复许所司比拟奏决以行。此皆类于今之加重减免，以及易科折换，且进而与科刑之标准为邻矣。孰能谓旧律悉无政策耶？至刑制亦因于唐，虽法外所施者有剁指、断足、挑筋以及夷三族九族之惨，但非常制。即凌迟十三条，亦不在五刑之列，专为处置大逆不道人犯耳。

清于顺治三年定《大清律》，仍袭用明律，至康熙十八年复加修订，定律文四百三十六条，并附以例。例凡一千零四十二条，雍正、乾隆代有修改，至嘉庆六年增定条例为一千五百七十余条，附于律之后。律以定罪，例以辅律，其断罪之法，有例者不引律，有单行章程者则不引例。清律篇目仍如明之分类，除名例外，计分吏、户、礼、兵、刑、工六律，犯罪有公罪私罪之别。官吏犯罪又别有处分则例，其见于吏律者，仅关于罪名之规定而已。户律为关于民事者，兵律为关于军事者，而刑律中之诉讼、捕亡、断狱等篇，又皆为关于诉讼事件。故自唐以来之律，可谓治民法、刑法、民刑诉讼法于一炉，未能分类详为规定，以致范围狭小，不克有所发展。至清代刑制亦为笞、杖、徒、流、死。死除斩绞外，亦有凌迟。惟流刑外复有充军、发遣之制。军重于流，附近充二千里，近边充二千五百里，边远充三千里，极边、烟瘴皆充四千里；而发遣又重于军，遣有一定之地，不计里程，如发往新疆、云南、两广极边烟瘴处是也。此外有枭首、戮尸、缘坐、刺字各条，于改定为现行刑律时，速同凌迟而删除矣。五刑之中皆有等级，死刑三，绞斩为常制，凌迟为例外。斩绞又分立决与监候。罪重者立决，即时执行；监候者，须候秋审、朝审时，分情实、缓决、矜疑、奏请定夺。流刑三，为二千里至三千里，以五百里为一级。徒刑五，为一年至三年，以半年为一级。杖刑三，为六十至一百，以十数为一级。笞刑五，为十至五十。笞杖之别，不仅在责打之数，而笞为小竹板，杖则重于笞，为大竹板。盖笞所以薄惩示辱，若罪重于笞，则从乎杖矣。

建设一个中国法系*

高维廉

　　编订法律的工作，在光绪末叶才着手进行，到了今日已经有《民商律草案》、《暂行新刑律》、《公司条例》、《商人条例》、《民刑诉讼条例》、《法院编制法》……几种。总可算是很有成绩的了。但是从内容上、实质上看来，还有许多不满人意的地方。这是我们应当承认、应当改良的。

　　考察清末一般的法学家，大半是日本留学的（那时候起草民律还是日本人），所以就完全的倾向着大陆派的法制。鼎革以后〔1〕，许多受过英美法学思想洗礼的法学者，回到中国来，就表示他们不满意大陆派的态度，而主张采纳英美制。大陆派的势力虽然是根深蒂固的，但是英美派的影响也很不小，于是我国的法学界就显然分成不并立的两派。各派都尽力张扬己派的长处，而指摘对方的弱点。另外又产生一派折中主义者，专取调和主义，以为物权，债权两部应当采取大陆制，其他各部应当采取英美法。这种论调，现在附和的人也很多，尤其是研究过比较法律的学生。从表面上看来，这种蓬蓬勃勃的现状确是佳征。不过他们的争执都是斤斤于枝节问题，对于根本问题的解决，还没有相当注意。

　　怎么说呢？我们目前的问题，并不是对于全部或局部的英美法和大陆法优劣的比较。我们最当考虑的，是要设备能合于我国的法制。今日的大陆制，是欧洲几十世纪所养育的产生品；英美法，也是英美几百年来无数的法官及法家的思想和人民的习惯、观念所融化的结晶。各系有各系的背景〔2〕——

---

　　* 本文原刊于《法学季刊（上海）》（第 2 卷）1926 年第 8 期。原文未采用现代标点符号，文中标点为编者所加。

　　〔1〕 指辛亥革命以后。——校勘者注。

　　〔2〕 "背景"原文作"背境"，现据今日通常用法改正。——校勘者注。

风俗习惯思想、环境等——正如美丽芬香的花草和地土、气候的关系，我们虽然可以借用某系的结晶品，但若要输入他们的背景，是绝对不可能的事。那么那结晶品能有什么用呢？董康先生说："从前司法采用大陆，久蒙削趾就履之诮，改弦易辙，今其时矣！"[1]这个批评确是中肯。不过我以为不但采用大陆制，即采用英美制，也是"削趾就履"的。董博士也是承认这句话的。他说："论吾国法系，基于东方之种族，暨历代之因革，除涉及国际诸端，应采大同外，余未可强我从人。"[2]

现在我所主张的不要步武大陆派的后尘，也不是要采取英美制，因为我们终不能得到他们的菁华的。我所主张是建设一个独立的中国法系。我国的文化、风俗、环境，和国民的秉性、思想和习惯，都是有特殊的地方，绝对不能够胡乱立了几条不能应用的法例，就算了事。法律虽然能管理、支配人民，但是法律的自身却逃不了人民的支配和指挥的。若是立了几条不合民情的法例，也不过是等于官样文章罢咧！所以我绝对的主张建设我国的独立法系。

这个事业虽是很难，但也不是不可能的。我们应当用我国的历史和背景为根据，以我国的法律和英美大陆法为参考的资料，用深密的比较研究和选择，来造成一纯粹中国法系的法律。现在略把我国旧有法律的特殊的质地指出，并拟定改良的大纲如下[3]：

（一）我国法律过于注重身份关系（Status）

这种的观念差不多是幼稚法律所公有的共同点。希伯来法注重家族，罗马法注重家长（Pater Familias），都是这样的。所以梅茵（Sir Henry Maines）[4]说进化的社会都是从身份时期而入契约时期（from status to Contract）。所以我们应当减少身份关系的重要而注重契约关系。这就是吴经熊博士所说："法律的进化是从偶然的，定命的，到自由的选择的"（from Chance to Choice）的一端。[5]

（二）伦理和法律观念的混同

"道之以政，齐之以刑，民免而无耻；道之以德，齐之以礼，有耻且

---

〔1〕 见《法学季刊》二卷三期，一一三页。

〔2〕 见同期一一〇页。

〔3〕 "如下"原文作"如左"，现据今日通常用法改正。——校勘者注。

〔4〕 "梅因"原文作"梅茵氏"，现据今日通常译法改正。——校勘者注。

〔5〕 就是说由不自觉的状态达于自觉的状态。

格。"〔1〕"父为子隐，子为父隐，直在其中矣！"〔2〕"德礼为政教之本，刑罚为政教之用，犹昏晓阳秋，相须而成者也。"〔3〕这把伦理的善恶当作法律是非的观念，是多么幼稚呀！我们岂不当把伦理（Ethic）和法律的界限分清！

（三）抹煞个人的人格和意志

单把婚娶这事来讲，家长不但有权可以干涉，简直是把当事人的意志置于不闻不问的地方了！这种的缺点别国原也有的，不过在二十世纪〔4〕的法律中，绝对不能容它的存在。

（四）我们旧法全是零零碎碎，没有系统，没有一致的

除了刑律以外，各县有各县的法律，各法官有各法官的法律，这是应当改良的。像我国幅员这么大、种族这么杂，自然是不能建设全国一致的法律，但是至少也当像合众国那样的以省为个体的。现在交通的便利、贸易的发达和国语的普遍，已不是从前把人民的生活限于一乡一镇的时间了，法律自然也当与时势的进步而变易。

（五）法律有两个方针："稳定"及"进化"〔5〕

庞德〔6〕先生（R. Pound）所说的"法律须稳定却又不可停留"（Law must be stable and yet it cannot stand still），已成不刊的名言了。所以要建设一个完善永久的法统，必先把这两个要素配合的成分决定才行。

以上论列因为篇幅的关系，只能把要紧的条件纲领提出，以后当再逐条讨论。

现在就借周鲠先生的话来做本文的结论："这个法典编纂事业恐怕还非重新整理，于新思想新经验指导之下系统的进行不可。编纂法律的事业，不仅需要法律知识〔7〕，并且要有历史的观念和哲学的眼光。专靠几个懂得法律条文的人，来成就这种国民的大事业，成绩很难望好的。为慎重将事计，应当要加入多数有眼光有思想的法学者。此于增进法律实质至为必要。"〔8〕

---

〔1〕 语出《论语·为政》。——校勘者注。
〔2〕 语出《论语·子路》。——校勘者注。
〔3〕 语出《唐律疏议·名例》序疏。——校勘者注。
〔4〕 "二十世纪"原文作"廿世纪"，现据今日通常用法改正。——校勘者注。
〔5〕 "稳定"有"有把握"的意思，"进化"有"应变"的意思。
〔6〕 "庞德"原文作"滂特"，现据今日通常译法改正。——校勘者注。
〔7〕 "知识"原文作"智识"，现据今日通常用法改正。——校勘者注。
〔8〕《法学季刊》一卷二期，51页。

虞舜五刑说[*]

董　康[**]

　　五刑之名，始见《虞书·舜典》，所谓"五刑有服，五服三就"[1]是也。《史记·五帝纪》亦引此文，顾其刑制不详。孔安国《尚书注》："五刑，墨、劓、剕、宫、大辟。服，从也。言得轻重之中正；行刑当就三处，大罪于原野、大夫于朝、士于市。"《史记集解》引马融释五刑与孔氏同，而于"三就"则谓："大罪陈诸原野、次罪于市朝、同族适甸师氏。"窃谓三皇之世，俗淳事简，犯罪人少，必无刑名。五帝以降，法教始繁，自必因事立制，故至舜始有象刑。四凶如共工、欢兜、三苗、鲧，当为罪大恶极者，所处不过流放之刑。于此时遽有大辟等刑，揆诸事实，毋乃牴杵。孔马等说悉与《吕刑》同，《周礼》司刑亦有五刑之目，较吕刑仅易剕为刖。然则后世所传盖周制也，惟虞舜五刑，既书阙无闻，汉儒相承、复无异义，亦姑以周制附会其说焉。今据所注之名参考之如后。

---

　　[*]　本文原刊于《法学季刊》（第 2 卷）1923 年第 2 期。原文未采用现代标点符号，文中标点为编者所加。

　　[**]　董康（1867～1947 年），江苏武进人。法学家。董康是清末举人、进士，曾出任清政府的刑部主事、员外郎、郎中，修订法律馆提调，大理院刑庭推事等职。中华民国成立后，出任大理院院长、中央文官高等惩戒委员会委员长，全国选举资格审查会会长，修订法律馆总裁。其间，董康先后兼任东吴大学、上海法科大学、北京大学等大学法科的教授，也从事一段时间的律师业务。在学术研究方面，董康先后推出了《历朝法律沿革》、《宪法大纲》、《前清法制概要》、《书舶庸谭》、《第一次刑法修正案》、《第二次刑法修正案》、《调查日本裁判监狱报告书》、《中国修订法律之经过》、《中国编纂法典之概要》等众多作品。董康既是中国近代最早的立法、司法工作者之一，也是中国最早从事法津教育、法学研究的学者之一。

　　[1]　语出《尚书·舜典》："汝作士，五刑有服，五服三就。五流有宅，五宅三居。"——校勘者注。

（一）墨刑

《周书·吕刑》孔安国注："刻其额而湟之曰墨刑。"又孔颖达疏《说文》："额，颔也。"墨一名黥，郑玄《周礼注》云："墨，黥也。先刻其面，以墨窒之，言刻额为疮，以墨塞疮孔，令变色也。"

《周礼·秋官·司刑》贾公彦疏："案《尚书·吕刑》，有劓刖椓黥，是苗民之虐刑。至夏改为黥，则黥与墨别，而云墨黥者，举本名也。"

《白虎通·五刑篇》："墨者，墨其额也。"

《说文》土部云："墨，书墨也。"黑部云："黥，墨刑在面也。"

（二）劓刑

《周书·吕刑》孔安国注："截鼻曰劓刑。"

《周·秋官·司刑》郑康成注："劓，截其鼻也。今东西夷或以墨劓为俗。古刑人亡逃者之世类与。"贾公彦疏："墨劓之人、亡逃向夷，诈云中国之人皆墨劓为俗，夷人亦为之，相袭不改，故云墨劓为俗也。言与者无正文，郑以意而言也，故言与以疑之。"

《白虎通·五刑篇》："劓者，劓其鼻也。"

《说文》刀部云："劓，刑鼻也。"

《国语·秦语一》："法及太子，黥劓其傅。"高诱注："刻其额，以墨贯其中，曰黥。截其鼻，曰劓也。"

（三）剕刑

《周书·吕刑》孔安国注："剕足曰剕。"孔颖达疏释诂云："剕，刖也。"李巡云："断足曰刖。"《说文》云："刖，绝也。"是刖者断绝之名，故刖足曰剕。

《周礼·秋官·司刑》郑康成注："剕断足也。周改膑作剕。"贾公彦疏："膑本苗民之虐刑，咎繇改膑作剕，至周改剕作刖。《书》传云膑者，举本名也。"

《白虎通·五刑篇》："剕者，脱其膑也。"

《尚书今古文疏·吕刑》孙星衍疏案："膑者，《说文》云：'郄专也。'云膑当钻伤其郄专之骨。剕及刖盖断足趾。"《汉书·刑法志》注："孟康曰：'刖左右趾是也。同使不能行，而刖轻于膑。'"战国时用刑深刻，《左传》晏子云："踊贵履贱，是伤足趾也。"《史记·孙子传》云："以法刑断两足。"《太史公自序》云："孙子膑脚。"又复用苗民之刑也。则今文称膑，实即古文之剕也。

案则膑剕，通言之，皆为足刑。古书不甚析别，惟驳异说。膑与剕异，刖与刖亦异。故以三者相变，未详其说。黄以周云："郑意膑脱，其髌也。刖者，断其趾也。刖者，断其足也。似为近理。"

（四）宫刑

《周书·吕刑》孔安国注："宫，淫刑也。男子割势，妇人幽闭，次死之刑。"郑康成疏："伏生书传云：'男女不以义交者，其刑宫。'是宫刑为淫刑也。"男子之阴。名为势。割去其势，与椓其阴事亦同也。妇人幽闭，闭于宫，使不得出也。本制宫刑主为淫者，后人被此罪者，未必尽皆为淫。昭五年《左传》，楚子以羊舌肸[1]为司宫，非坐淫也。汉除肉刑，除墨劓刖耳，宫刑犹在。近代反逆缘坐以下不应死者，皆宫之。大隋开皇之初，始除男子宫刑，妇人犹闭于宫。宫是次死之刑，宫于四刑为最重也。

《周礼·秋官·司刑》郑康成注："宫者，丈夫则割其势，女子闭于宫中。若今宦男女也。"贾公彦疏："即宫人、妇女及、奄人守内阁者也。"

《白虎通·五刑篇》："宫者，女子淫，执置宫中不得出也。丈夫淫，割去其势也。"

《春秋左传·僖十五》："穆姬闻晋侯将至，以太子茔弘与女简璧，登台而履薪焉。"晋杜预注："古之宫闭者，皆居之台以抗绝之。穆姬欲自罪，故登台而荐之以薪。左右上下者，皆履柴乃得通。"

《列女传·辩通篇》齐威虞姬传："周破胡，恶虞姬与北郭先王通。王疑之，乃闭虞姬于九层之台，而使有司即躬验问（按此即闭宫中不得出之事也）。"

（五）大辟

《周书·吕刑》孔安国注："死刑也。"郑康成疏："释诂云：'辟罪也，死是罪之大者，故谓死刑为大辟。'"

《周礼·秋官·司刑》：司刑作杀罪。郑康成注："杀，死刑也。"

《释名·释丧刑》："罪人曰杀。杀，窜也。埋窜之使不复见也。"

《白虎通·五刑篇》："大辟，谓死也。"

五刑之种类如此，合之下列[2]四种，亦称九刑。惟第一款及第四款乃救济五刑之用，余二款性质亦不在正刑之内。应仍以五刑为正刑也。

---

〔1〕 羊舌肸，复姓羊舌，名肸，字叔向，又称叔肸、杨肸。春秋时期荀国人，晋国大夫。生卒年不详，历事晋悼公、晋平公、晋昭公三世。主要活动在晋平公，昭公时期。——校勘者注。

〔2〕 "下列"原文作"左列"，现据今日通常用法改正。——校勘者注。

第一，流宥五刑孔安国注："宥，宽也，以放宥之法宽五刑。"郑康成注："五刑虽有犯者，或以恩减降，不使身服其罪，所以流放宥之。"

第二，鞭作官刑孔安国注："以作为治官事之刑。"《史记集解》引马融："为辨治官事者为刑。"孙星衍《尚书今古文注疏》引鲁语云："薄刑用鞭朴。"注："鞭，官刑。案，庶人在官有禄者，过则加之鞭笞也。"

第三，朴作教刑孔安国注："朴，榎楚也。不勤道业则挞之。"郑康成疏："有扑作师儒教训之刑。"《史记集解》复引郑说："扑，榎楚也。扑为教官为刑者。"孙星衍《尚书今古文注疏》引学记云："榎楚二物，收其威也。"注："榎，稻也；楚，荆也。二者所以扑挞犯礼者。案，犯礼是不率教，故云为教官为刑也。"

第四，金作赎刑孔安国注："金，黄金。误而入刑，出金以赎罪。"郑康成疏："其有意善功恶，则令出金赎罪之刑。"

五刑条目，据《周礼·秋官·司刑》，自墨至五百共二千五百。《吕刑》则云："墨罚之属千，劓罚之属千，剕罚之属五百，宫罚之赎三百，大辟之属二百。五刑之属三千。"其数虽增于前，而轻刑之墨劓各千，次重之宫减至三百，最重之大辟减至二百，皆有减重入轻之意，此亦刑法史之一大沿革。惜其刑书亡。《尚书大传·甫刑》云："决关梁、逾城郭而略盗者，其刑膑；男女不以义交者，其刑宫；触易君命、革舆服制度、奸宄攘人者，其刑劓；非事而事之、出入不以道义，而诵不祥之词者，其刑墨；降叛寇贼、劫掠敚攘挢虔者，其刑死。"（有因而盗曰攘。挢虔，谓挠扰，《春秋传》："虔刘我边陲"，谓劫夺人物以相挠扰也。）此其条目之大略也。与孝经释文引郑注颇有同异，可互证焉。

据以上所述，五刑之中肉刑居四，死刑居一。以唐虞象刑之世，而有此钻凿斧钺之刑，诚一疑问，然必以为唐虞尚无此制亦非也。何以言之？《周书·吕刑》云："苗民弗用灵，制以刑，惟作五虐之刑曰法。杀戮无辜，爰始淫为劓、刖、椓、黥。"此实为肉刑之始。苗民即九黎之君。九黎于少昊高辛之际，乱恶彰著，制作五虐之刑，实在虞舜之前，其君叠被诛窜。然刑法浸染既久，尚在世人耳目。《汉书·刑法志》云："禹承尧舜之后，自以德衰，而制肉刑。"盖即就五虐之刑而改良之也。舜之用五刑，虽尚有苗民之迹，乃慎审用之耳。此墨子所云"圣王制为五刑以治天下，有苗之制五刑以乱天下"也。观于菲屦赭衣，其欲革除严苛，尤其明证矣。难者曰："法令颁行，宜出一轨。既云画象，又制五刑，轻重区分，岂圣世之所宜有？"殊不知，周官之建三典，乃对于封建而言，盖亦本之古初。虞舜方舆十二州，[1] 大类后世郡县。然三苗仍为国名，据《禹贡》要服以内，并建诸侯。[2] 远居蛮流，亦暨声教，特锡圭分土，不逮后世之繁密，仍在封建时代也。以是推之，唐虞之制，所谓象刑者，殆即刑新用轻；流宥五刑者，刑平用中；单纯之五刑者，刑乱用重之意也。归安沈寄簃[3] 以为五刑专以待蛮夷及怙恶者，以经证经，亦有理由。并录于后。[4]

舜时，五刑、象刑盖并行。其命皋陶也，曰："蛮夷猾夏、寇贼奸宄，汝作士，五刑有服。"是五刑者，所以待蛮夷者也。《史记·五帝纪》："怙终贼刑。"《集解》郑玄曰："怙其奸邪，终身以为残贼，则用刑之。"则五刑者，又所以待怙恶者也，若象刑，所以待平民者也。观于有苗弗率，敷文德而苗格，是治苗亦以德不以刑。禹言："苗顽弗即工。"而帝曰："皋陶方祗厥叙，方施象刑惟明。"仍是以德化之。若五刑[5]为常刑，则与德化之旨不合矣。

《国语·鲁语上》使医鸩卫公一节有曰："刑五而已，无有隐者，隐乃讳也。"[6] 大刑用甲兵，[7] 其次用斧钺，[8] 中刑用刀锯，[9] 其次用钻笮。[10] 薄刑用鞭扑，以威民也。[11] 故大者陈之原野，[12] 小者置之市

---

〔1〕 禹平水土，置冀、兖、青、徐、扬、荆、豫、梁、雍九州。《史记集解》马融曰："舜以冀州之北广大，分置并州；燕齐辽远，分燕置幽州，分齐为营州。于是为十二州也。"

〔2〕 《禹贡》分甸、侯、要、绥、荒为五服，每服五百里。九州在要服之内，诸侯分居其地计一州。方百里之国二百、七十里之国四百、五十里之国八百、共一千四百国。内以二百国为名山大川不封之地，余有一千二百。国以诸侯之贤者为师，盖百国一师，一州十有二师，即千二百国也。

〔3〕 即沈家本。——校勘者注。

〔4〕 参见（清）沈家本：《历代刑法考·刑制总考一·唐虞》。——校勘者注。

〔5〕 据中华书局1985年版《历代刑法考》，此处为"象形"。参见（清）沈家本：《历代刑法考》，中华书局1985年版，第8页。——校勘者注。

〔6〕 隐谓鸩也。

〔7〕 贾侍中云："谓诸夏不式王命，以六师移之。"昭谓："甲兵，谓臣有大逆，则被甲聚兵而诛之，若今陈军也。"

〔8〕 斧钺，军戮。《书》曰："后至者斩。"

〔9〕 割劓用刀，断截用锯。亦有大辟，故《周语》曰："兵在其颈。"

〔10〕 钻，膑刑也；笮，黥刑也。

〔11〕 鞭，官刑也。扑，教刑也。

〔12〕 谓甲兵斧钺也。

朝。〔1〕五刑三次，是无隐也。〔2〕《汉书·刑法志》本之，并及于鞭扑轻刑，与马、郑诸说迥不相同。此殆后世笞杖入五刑之所由起欤。虞舜刑法如此，其听断之制如何？亦不研究问题也。《尚书》唐虞官制，为天官、地官、四岳、〔3〕司空、司徒、士、工、虞、秩宗、典乐、纳言并十二牧。舜命皋陶之辞曰："皋陶，蛮夷猾夏，寇贼奸宄，汝作士。"孔安国注："士，理官也。"《史记集解》马融曰："狱官之长。"《汉书·百官表》引应劭注同。按，士即周礼士师乡士等，乃秋官司寇属官，不在三公六卿之列。而《尚书大传》虞夏传尧典，天子三公司徒、司马、司空，蛮夷猾夏，寇贼奸宄，则责之司马。是皋陶所职乃司马，与《尚书》异。《白虎通·封公侯篇》云："司马顺天。天者施生，所以主兵何？兵者为谋除害也，所以全其生、卫其养也，故兵称天。寇贼猛兽，皆为除害者所主也。《论语》曰：'天下有道，则礼乐征伐自天子出。'司马主兵。言马者，马阳物，乾之所为，行兵用焉。不以伤害为度，故言马也。"故《鲁语》"大刑用甲兵，其次用斧钺"，皆含有征伐意义，彼此互证。唐虞之世，讼狱之事尚在简略，不逮周官之完备。其时并无司寇一官，盖命皋陶兼之也。

---

〔1〕 刀锯以下也。其死刑，大夫以上尸诸朝，士以下尸诸市。

〔2〕 五刑，甲兵、斧钺、刀锯、钻笮、鞭扑也；次，处也，三处，野、朝、市也。

〔3〕 四时之官兼主方岳。

中外父子亲属法比较观[*]

高君湘[**]

疆划中外，时判古今，习惯风俗，处各蒉同，判例法制，因亦互异。故执中论外，泥古观今，断不足以言法也。父子亲属关系，外人议论透澈，阐发颇多。吾国历代法家，关于此点，悉本慈孝，未见厘析分明。用收英美法与中国法上父子关系，比较研究，以资采择，其亦言法之初步乎。

本篇综三纲论之：（一）子息之分类；（二）父之责任与义务；（三）父子之权利。

一、子息之分类

西国子息之类别有三：亲生子、私生子及嗣子是。

（一）亲生子之定义

男女依法结婚后生育之子女为亲生子。依法结婚云者，谓夫妇双方愿意，非强迫非诈骗；二者具有智慧上之选择力，非疯癫、非痴狂；达相当之年龄，男十八、女十五；依习惯仪式与法律不相舛谬结婚之谓也。亲生子得有继承权。继承权有长子继承、少子继承、均分继承、一子继承之别。近代欧美各国，均采均分继承制度。其采用长子继承制度者，仅英国而已。至若采取少子继承者，除 Gavelkind[1] 与 Borough – English[2] 外亦不多见。一子继承制度，颇为近代学者所注意，然除德国外，亦鲜见也。嗣子继承权与亲生子同，私生子则无。

---

　*　本文原刊于《法学季刊（上海）》（第 1 卷）1922 年第 7 期。原文未采用现代标点符号，文中标点为编者所加。

　**　高君湘，1924 毕业于东吴大学法学院（第 7 届），获法学学士学位。后任东吴大学教授。

　〔1〕　一种英国的土地、财产继承制度或习惯。——校勘者注。

　〔2〕　即幼子继承制度。——校勘者注。

（二）中国子女类别

中国子女类别，除亲生子、嗣子、私生子外，尤有庶子、寄子、收养遗弃子之别。亲生子之定义，与西国相仿佛，惟婚姻年龄限制，微有差异。依大理院法令判解，则男为十六、女为十三。私生子定义与西国同。嗣子之认可，只需嗣父母与嗣子本生父母双方允可。除异姓乱宗外，法律不加以限制。第嗣子只限一人，且本身无所出者，始得立他人子为嗣，盖杜继承上之争论也。媵妾所育者曰庶子。有过房之名，无过房之实[1]者曰寄子，一称义子。收养遗弃之子，曰收养遗弃子。我国继承制度，与西国迥异。亲生子（嫡子）、庶子、嗣子、私生子，均授有继承权，继承量各不相同。至若私生子，则因较庶子关系为暧昧，故虽得父母认领，法律不与以平等继承遗产权，其量只得嫡子庶子之半。寄子、收养遗弃子无继承权，但可随意分给若干。惟所得遗产，不得携回本宗。

二、父母之责任

（一）英美法

1. 赡养儿女义务

儿女未达成年时代[2]，儿女智慧能力、体力能力，法律均目为不能自立。父母本道德上之观念，应尽赡养义务。赡养义务云者，尽概括相当之保护，教育、衣食住而言。相当教育，以中学为限，专门学术、大学教育，非所需也；衣食住三者，以父母处境而异。违此则当受法律之处分。斯时苟第三人出而代为救养，则第三人所糜各费，父母仍须负完全责任。但所糜各费，不得超过赡养意义之外，否则父母不负全责也。

2. 儿童契约

儿童契约，父有负责者、有不负责者。欲使父负完全责任，则须具下列三要素之一。一，父之委托权；二，契约得父之认可；三，契约主要物为儿童生活所必需者。子受父之委托权，则子为正式代理人，父为正式委托主。彼此关系，与一般普通代理委托主体，绝对无二，故父须负完全责任。契约内主要物，为儿童生活必需者，如订购维持生活之应用各物，如面包衣服等。

---

〔1〕 即无继承权。
〔2〕 男二十一女十八为成年时代。

盖其父既有赡养未成子女之义务，自不能不负此责也。苟越上述三要素之外，则父之责任撤销〔1〕。

3. 儿童侵权行为

儿童侵权行为，不论为过失或故意，不得只以父子关系置父子负责地位而科罚之。盖未成丁子女一切侵权行为，苟非为父之唆使或得父之认可，或违反于父服务范围以内之时，则其父概不负责也。Court of Civil Apppeals of Texas，Lessoff V. Gordon 之判断，有言曰："儿童侵权行为，苟非父母之所知，或允许、或承认、或为父服役时而发生，则父责豁免。断不能强父子亲属关系，置父于不得不负责地位。"以上判决虽为 Texas 一省〔2〕审听之判，然各处关于儿童侵害行为之判决，莫不以此为标准也。

（二）中国

1. 赡养义务

国人心理，视赡养儿童义务为父之天职，无年龄之限制。儿童一日不能自立，父母则须尽一日赡养之责。如故意遗弃，则按大理院现行法律第三百三十九条之规定，应受三等有期徒刑至五等有期徒刑之科罚。

2. 儿童契约

我国父子关系，较西国尤为密切。自古迄今，悉本父慈子孝主义。父之契约，得为子之契约；子之契约，得为父之契约。利害相与，祸福共之。故有"父债子还，子债父偿"之谚。民国成立后，大理院判词亦悉本乎此。西国主法，我国主道德，所本不同，其果自异。

3. 儿童侵权行为

揆诸国人风俗习惯，儿童未成丁前，一切侵权行为，无论父母认可与否，父母均须负完全责任也。

三、父母之权利与子女之权利

（一）西国

1. 惩戒儿童权

父母既有赡养教育等之义务，则当亦有惩戒儿童权利。惩戒权利，以处

---

〔1〕"撤销"原文作"撤消"，现据今日通常用法改正。——校勘者注。
〔2〕即德克萨斯州。——校勘者注。

境而异，要以不超越"相当"二字为准。儿童不遵[1]庭训，斥责之可也。苟滥用父威，杖笞鞭打，施以重刑，以及一切不近人情之行为，如幽禁罚食等，则不特法律所不容，抑亦道德所不许也。读 Meckelvey V. Meckelvey, Supreme Court of Tennese 1903，及 Teltcher V. People, Supreme Court of Lllinois 1869，52 111. 395 二案，可洞知惩戒权不得越"相当"二字之梗概。首案为不以人道待遇子女之判词，次案为幽禁虐遇之判词。盖揆诸西国法理，如有伤害儿童生命者，与普通杀伤罪同罚也。

2. 儿童之工值服役

儿童未成丁时服役工值，法律授父母以特权，得处理之。盖所以报教养之恩也。例如甲童服役乙公司，苟乙公司未得甲童父母明白之宣言，或由环境证明，该儿童已被释放（Emamcpated），乙公司不得贸然授工值于甲童，而甲童亦不得擅自取用。惟有下例情形者不受此条之限制：一，得父母正式之释放（Emancipation）；二，父母自愿抛弃权利，允儿童自行订约服役，处理其工值。今引 Bigg V. St. Souses, I. M. &S. Ry. Co; Supreme Court of Arkansas. 判词以证之，其词曰："未成丁儿女之工值，父母得以占有者，所以报幼年畜养之恩也。未得解放之儿童，不得擅自支取工值，而雇主亦不得轻以工值授之。凡儿童关于工值诉讼事宜，须由父母起诉。若儿童既得释放，或父母抛弃权利，允儿童自订服役契约而处理其工资。则凡关于此项事宜之诉讼，亦自当由儿童本人自理。"[2]

3. 儿童释放

释放者何？乃依法律之规定，捐弃父母固有管理未成丁时之督视、控御工值、服役等之特权，使儿童自由盟约、处理其工值之谓。释放后雇主可直接交付工值于该童，而儿童亦得自由处理其财产。换言之，释放后儿童对于父母关系一若成人者然。父母一切应尽赡养等义务，于此消灭。释放之法有二：表白释放、隐匿释放是。表白释放者，视儿童具有自谋生活、自行保护之能力，不问其年之若干。父母自愿舍弃父权，使儿童离乡自活、处理工值，或父母自甘转授他人以儿童之监督等权利之谓。表白释放后，父母不得反复无常，取消前议，潜取儿童工值。隐匿释放者，父母无表显明白之宣言，而

---

〔1〕 "尊"原文作"遵"，现据今日通常用法改正。——校勘者注。
〔2〕 后母嗣父对于嗣子工值服役权利与亲父母同。

由其行为环境，断其默许儿童自盟契约、自集工值之谓。论其效力，则隐匿释放与表白释放等。惟隐匿释放，父母在相当时期中仍能恢复父权；然为期过久，为儿童利益计，法律亦不允恢复父权也。释放全权，操诸父掌，儿童不能强求。

4. 第三人对于儿童侵权行为

第三人对于儿童侵权行为，父母得有起诉权自无疑议。惟克复之量，列国颇多异议。美国历来判案，每以下列两点为标准：一，儿童因伤害不克为父服务之工值；二，以伤害肢体，父母所縻医学等费，父母不得直接为儿童克复本人之损失。英国法庭对于此点尤为严厉，不特不能克复为父服役所失工值，且所縻医药各费，亦不能克复。

5. 奸诱未成丁女子

英美立法对于此点，各树旗帜，迥不相同。英法谓父母关于奸诱女子诉讼事宜，以奸诱时仍与父属同居为限。美法则以同居与否绝对不成问题。苟女尚未释放、未达成丁年龄。在父母督辖之下，女虽侨居客土，父母亦得提起诉讼。克复之量，英以女子确实为父役服所失之量为限。美则否，苟女子是时为家属之一份子，生活于父权统辖之下，所有一切有形无形损失，如家庭荣誉，生育时一切医药等费，亦均能克复。

（二）中国

1. 惩戒儿童权

父权之尊，莫过于中国。古书载云："君欲臣死，不得不死；父欲子亡，不得不亡。"后王治国，对父惩戒儿童权，均泥守古训。鞭笞杖责，甚至危及生命，法律亦不加以取缔。民国成立后，现行法律之规定稍形改革。其补充条例第八条云：尊亲属伤害卑幼，仅致轻微伤害者，得因其情节免除其刑；苟越家长惩戒权必要范围内者另议。如系伤及生命，则概依律科论。盖人民者，国家之元质，其生命为国家所有，非尊长所得擅专，即有应死之罪。有审判官在，父母不能攫取之也。

2. 督监儿童权

此点中西律相吻合，不赘述。

3. 儿童之工值服役

儿童工值问题，中国习惯法，未若西律之严。儿童得随意集取工值，惟为儿童者，须相当赡养父母。苟捐弃亲恩、存心刁薄、任父母之流离，则定以现行法律"遗弃尊亲罪",处无期徒刑或二等以上有期徒刑。

4. 儿童解放

解放名词,传自西国,中国无特别规定法制。

5. 第三人对于儿童侵权行为

第三人对于儿童侵权行为,中西律大纲相仿佛,惟中律不若西律厘析之分明。父母有申诉权,除损害所费医药费外,尚能克复儿童本人之损失。

6. 奸诱未成丁女子

中国为礼教之邦,奸诱行为,处罚较泰西[1]各国为严。读"万恶淫为首"之句,知中国嫉视奸诱之深。民国现刑律第二百八十三条云:对未满十二岁之男女为之猥亵行为者,处三等至五等有期徒刑,或三百元以下三十元以上罚金。第二百八十五条云:奸未满十二岁至幼女者,以强奸论罪,强奸罪处一等或二等有期徒刑。第二百八十七条云:囚犯奸诱之罪,致人死者或笃疾者,处死刑或无期徒刑或一等有期徒刑;致发疾者,处无期徒刑或二等以上有期徒刑。奸诱行为,西国能克复有形无形之损失,如家庭荣誉、生育时一切医药等费,中国则否。

美国为民治国先进之邦,法制完美,为他邦所崇尚。故上述西国现行父子亲属法,以美法为原则。他若英德法第引为佐证,故简略。我国宪法未颁,现行法律遗漏殊多。关于父子亲属法,苟现行法律所未及者,悉本风俗上之习惯审判之。中西法之孰优孰劣,述者学浅未便参以管见也。(完)

---

[1] 指西方国家。——校勘者注。

礼法二元论[*]

陈行健[**]

吾人对于我国古代礼治与法治之二种思潮,其相互间之关系,及其治之个别效用,实感到二者皆不能为单独的有效之治之学说。故礼法合治之必要,乃当然之结果。

礼法合治之必要,对于吾国古代法家之学说,固无论已。然而,即就今日法治思想最发达之国家而论,其仅用法为治,亦不能独善其治也。美法学家庞德[1]曾论及法律之弊害,曰:

第一,对于人事作一般概括之制定,不顾及个人性格,且不免在适用之时流于专断。

第二,法律学及法律组织之发达,带有不以法律为手段而以为目的之倾向。

第三,法律更产生法律,已发达之法律组织,常于规范不能行之处设立规范,有侵入执行正义之正当范围之倾向。

第四,法律系表示确定的伦理观念,故在过渡时代,不能适合于现在已进步之观念,且多少含有不适合于现在需要成现时正义观念之成分。

由此可见,仅靠法律为正义之执行(justice according to law),诚有未尽善之处,是故除法律外不能不辅以他种之理论,庶能造成一更完全之正义执行者。此理论为何,是师道德。超现实法之理想自然法或曰即我国之礼治主义是也。自然法之思想自来虽受近世法学者之攻击,然近代各国公法上、法

　* 本文原刊于《中华法学杂志》(新编第 5 卷) 1947 年第 8 期。

** 陈行健,1935 年毕业于东吴大学法学院(第 18 届),获法学学士学位。

〔1〕 "庞德"原文作"滂德氏",现据今日通常译法改正。——校勘者注。

律哲学上之受自然法之观念所沾染，仍复不少，且显然有甚大之影响。故对于礼治学说自然法之观念，不可忽视也。

礼治之思想乃以礼为一种天然之道，曰："天秩有礼。"〔1〕及"夫礼，先王以承天之道，以治人之情"。〔2〕此言盖以礼之道理乃受之于自然之天，以为治世之用，其与英儒布莱克斯通〔3〕所言，"自然法者，乃上帝之晓喻，当然超乎其他任何法律拘束力之上，无论何时其皆为约束地球各国之工具，无一人造法若与此衔突者，能生效力。"一语相比，益明我国礼治学说乃自然法思想之一，诚非虚构也。法法学家宝道〔4〕曾曰："自有史以来，中国即相信一种天然秩序或自然法则之存在。"由此可更证余言之不谬。

吾人说明礼治思想乃自然法之思想，而自然法之影响于近代法律已如上述，兼且不论我国法家之法治或欧美之法治，亦不能独行，是故乃有礼法二元论之提倡兹特折衷新旧法学之思想，将礼法二元论之内容及学说根据，分数节论之如后：

一、礼与刑之交互关系

拙著《礼治主义之梗概》一文中，吾人已约略指出礼与刑之关系之一斑。盖刑者，实由礼而生，而礼者，实为刑之补，二者相辅为用，相须而行者也。荀子曰，"礼，法之大分也。"而管子亦谓："人之心悍，故为之法，法出于礼。"由是可知，法乃由礼之孕育而坐。故礼与刑或法，有密切之关系存焉。刑既由礼而生，是以礼乃刑之本，而刑乃礼之末，刑所以辅礼，而礼乃以正刑也。唐长孙无忌曰："德礼为政教之本，刑罚为政教之用，犹昏晓阳秋，相须而成者也。"清儒苏伯衡亦曰："德其本也，刑其末也，是故不得已而后用刑，初未尝以之专造天下也。"

故礼刑有本末之关系，其为治之具也，须以德礼为之本，而刑罚为之用，俾其相辅而行，始可云真正治之道。刑罚一本于德礼，而德礼者乃一种自然之公道，人所共守者也。是以言治，礼刑实有相辅之必要。清儒叶良佩其《刑礼论》有云："夫刑法者，礼之辅也。礼者呴润，而法者震曜；礼者身躯，

---

〔1〕 语出《尚书》。——校勘者注。
〔2〕 语出《礼记》。——校勘者注。
〔3〕 "布莱克斯通"原文作"布拉克士东"，现据今日通常译法改正。——校勘者注。
〔4〕 "宝道"原文作"宝道氏"，现据今日通常译法改正。——校勘者注。

而法者手足；礼者主君，而法者弼佐。彼此相须以为道，盖阙一不可焉者也。"

是以，礼刑有如身躯之与手足，缺一不可。且刑由礼而生，而刑罚观念之根据又一准于礼，若徒用刑罚不本德礼者，则正如孔子所谓"礼乐不兴，则刑罚不中"矣。盖人无身躯，手足对何用焉？清儒蒋彤有云：

"其制刑也，即议礼之精微也，其用刑也，即用礼之准绳也。……然则将严刑乎？曰：严刑而无礼，是速其祸而已矣。"

吾人可知唯用严刑，不但不足以言根本之治，且其弊害有与无刑相若者也。礼与刑，是以有相辅为用之必要。故曰："礼者禁于将然之前，而法者禁于已然之后。""……明礼义以化之，起法正以治之，重刑罚以禁之，使天下皆出于治，合于善也。"

礼与刑之关系，因此更明：礼为预防的、感化的之性质；而刑乃目的主义及威吓主义之性质，故礼为治本之方法，而刑乃治标之工具。日人冈村司有云："于是为之道德，以节制其内；为之法律；以防卫其外。"二者苟能相依为用，则不致有挂一漏万之处。否则，仅用礼数，则不能止邪于已然；仅用刑罚，则又不能正本清源，绝恶于未萌，致人于"有耻且格"。是以，礼与刑相合，方为最善之治。此所以有礼法二元论之说也。

二、道德与法律之关系

我国礼治之说，所谓礼者，其意义实包含有仁义德礼等之道德意味。今既欲为礼法二元之说，然则道德与法律有无关系，或有何关系，实为先决之问题也。

俄法学家高尔古诺夫氏（korkunov）曾将人类社会生活之规范，大别之为"技术的规范"（technical norms）及"伦理的规范"（ethical norms）二类。在伦理的规范之中，彼又分为"道德的规范"（Moral norms）及"法律的规范"（Legal norms）两种，前者为规定人类行为估价之道德标准，后者乃划定各人自身利益与他人利益所能实现范围。是以，依高尔古诺夫之言，道德与法律显有相异之处。简言之，道德的规范为自身的、绝对义务的、关系良心规定之个人的法则；反之，法律的规范则为人与人的、权利与义务相对待的、关于外部行为规定之社会的法则。

依此而言，技术的规范既为区别于伦理的规范，则技术的规范当然不能成为法律。然而，高尔古诺夫氏且犹以为，就是在伦理的规范内道德的规范亦别于法律的规范，不能作为法律之根据。

似此之言，则礼法二元之说如何能立？曰：不然，盖尔古诺夫氏分别道德与法律之理论，未尽然也。日法学家穗积重远曾论其非。彼以为就现时实际之法律观之，以技术规范为内容之法律，不得谓全无。彼且就日本现行法规举数例，如修正之造船规程、铁路建设规程、铁路运输规程铁路信号规程、屯气工事规程等法规，以为此种规程不得不谓为以纯粹之技术的规范为内容之法规也。穗积重远氏不仅为技术的规范辨正，且还为道德的规范辨正。彼以为道德的规范，比技术的规范能成为法律者尤多。关于道德与法律之关系，彼以为在人生之主要范围内，实互相错综者也。彼曰："例如刑法之内容，殆全为法律规范，而同时又为道德规范，固无赘言。即如宪法、民法等法律规范之根本原则，结局亦归着于道德规范也。"

其次，彼又论及法律的规范虽在规定各人互相间之关系，然实际上，法律亦非绝无以道德的规范（即个人之关系）为其内容者，如禁烟法、禁酒法等是。至又如禁止虐待动物之法律，其不能谓为规定各人相互间之关系，盖更显而易见者。要之，彼以为不能以个人间及各人相互间之关系为标准，以辨别道德与法律，而道德与法律实为交错为用之一种社会的法则也。因此，吾人敢信道德与法律，实存密切之关系焉。

美哲学教授爱沃尔特〔1〕氏（Walter Goodnow Everett）曾著《道德价值论》（*Moral values*）一书，彼认一切法律必须预先假定道德之思想为其基础与渊源，而道德思想之发展，乃恒为法律变迁及发展之重要因素。此如在任何之社会中，现时所有之法律，其中甚多为前此所未闻，而此乃道德观念之变迁所以致也。再者，彼以为道德与法律皆为建设之目的，法律之限制人者固多，而道德之禁止人者亦复不少。二者实有交互之作用。

关于道德与法律关系之密切，美法学家庞德更有精到之讨论。彼以为依一般而言，法律之运用当然归之法院之裁量，而道德之采纳则自然归之立法机关之处断，二者似系完全对立。然究之实际，庞德以为不然，盖法院执行正义运用法律时，仍时时不免夹入道德之问题。因此，彼曰法律与道德有三接触点：一为裁决（Discretion），二为法院造法（judicial legislation），三为诠

---

〔1〕 "沃尔特"原文作"物列特"，现据今日通常译法改正。——校勘者注。

释（interpretation）。凡此三者，法院为实施之际，道德与法律乃生接触之关系。此种现象之发生，乃大半因新生事故之发生，旧有法条不能适用，于是为应付此新生事变起见，法院此时或依实际的，或依理论的道德标准之协助，而为裁决、判决，或诠释，以造成新之案例或解释焉。

综观以上诸说，可知道德与法律非为对立的，二者对人类社会生活均有直接之关系，而作立法司法上，道德与法律更有交相为助之作用。是以，在社会生活上，二者不可缺一，甚至即在法治一端而言，道德与法律亦不能强为之分立，盖有相须而行之必要也。我国礼治主义乃有道德之意义，前已言之，故在道德与法律关系之密切而论，礼与法实有合治之必要也。

三、人与法律之关系

礼治学说系注重道德教育之感化及善政之思想，故学者间有称之为德治主义或人治主义者。礼治学说之德治主义与法治之关系，上节已为详细之阐明，并确定其二者有相互为用之必要。今本节所欲论者，则为礼治学说中人治主义之思想与法治之思想，是否亦有相辅之作用。

欲明人与法之关系，吾人不能不须先了解近代法学大家对于实在法律之解释为何。以英文言之，what is Law？而系问 What is the law？即指具体之法律而言也。然则，何谓具体之法律？

霍姆斯[1]推事（Holmes）曰："法律者，我以为非为任何之诈伪，而系事实上法院所将为之预言也。"卡多佐[2]推事（Cardozo）曰："法律者，系一种设定行为之原则或法则，以求一合理的一定性之正当预言，而法院权力受挑战时，所将为实施者也。"

吴德生博士更简言之曰："因此，法律者，一种预言之事物也。"

明乎此，法律不过一种预言（Prophecy or Prediction）而已！预言者，未可确定之事物也。其可为确定者，实有赖乎最高法院推事之判断确定。此确定力法律乃人为之确定，是故法律者，因人而生，因人而行者也。法学家弗兰克[3]（Jerome Frank）在其《法律与近代思想》一书中曾言："法律（the

---

〔1〕 "霍姆斯"原文作"荷门士"，现据今日通常译法改正。——校勘者注。
〔2〕 "卡多佐"原文作"卡杜梭"，现据今日通常译法改正。——校勘者注。
〔3〕 "弗兰克"原文作"法郎克氏"，现据今日通常译法改正。——校勘者注。

law），在美国最高法院未判决前，当然系在不定动摇之中。"因此，彼又曰："法律之执行，已为人得当的称为一种预言之艺术。"故在问"What is the law?"时，事实上任何人之答复，不过仅系对法院判决之一种猜度或预言。要证明此种预言为实在者，则有待于法院，（不仅初级法院，而且必须为最高法院）一般推事之定决定。弗兰克曾举一例，曰：

有某甲为经营汽车专利事业，曾与子州之铁路公司订定专利之契约，在其铁路附近存绝对营业权。某乙不顾甲之契约亦在同地为汽车之营业。甲乃询之律师丙是否可有法律之救济方法？丙曰，如在子地起诉，因子州法律上不承认此种专利契约，结果必遭败诉：设如在丑州再设一汽车公司，视为本公司之主事务处，则起诉时不受子州法院之管辖而受联邦法院管辖时（Federal Court），联邦法院或随多数判例，则吾人可得胜讼也。甲从其言，在联邦法院果获胜讼。然乙不服，乃上讼于 Federal Circuit Court of Appeals〔1〕。此时甲之律师丙又不能断言法院将为如何之判决，但结果仍维持原判决。乙仍不服，再上讼于 The Supreme court of the United states〔2〕。丙此时又对甲曰，美国最高法院中有数新人物，例如霍姆斯及布兰代斯〔3〕（Brandeis）等，其偏僻之特性，真不可使人逆料。结果最高法院之判决，推事九人中六人赞成维持原判决，而三人则反对（Holmes，Brandeis and Stones），于是仍得胜讼。

由此案之事实观之，更可证明法律确定之权力在于法院，而法院者乃多数推事所组成。是以，易言之，法律乃因人而确定者也。比如，以本案而言，设最高法院中仅得三人赞成，维持原判决而有六人反对者，则法律之适用上，岂不生极大之变化乎！要之，法律之变化皆因人而异。法学家庞德曾谓，法律之运用尚有赖于人为力量之限制。诚至理之言也。

吴德生博士尝曰："我们如果要实行宪政，除'宪文'之外，还有两个要件，就是'宪德'和'宪魂'。"夏晋麟博士更设一喻以解释之，曰："飞机就是宪法。司机者就是遵用宪法的人。宪德、宪魂就是人的问题。"简言之，法律之好恶，乃视人为之运用如何而决定。

立法既须利用人力，而司法上，法律之运用上，又更视人之观念而转移，

---

〔1〕 指"上诉巡回法院"。——校勘者注。
〔2〕 指"联邦最高法院"。——校勘者注。
〔3〕 "布兰代斯"原文作"白兰地士"，现据今日通常译法改正。——校勘者注。

法律之赖于人力者，可谓大矣哉！于此吾人有须认清，礼法二元论所倡法治中人治之力量，非言绝对之人治，不过就礼治主义与法治主义中，去其短，采其长，除其过激，择其中庸，而为一调和之学说耳。

四、法律哲学与礼法二元论之关系

就礼治主义与法治主义之思想冲突中，吾人已将其二者两极端之思想。礼刑之关系、道德与法律之关系、及人治与法治之关系，曾作一系统之叙述，而为沟通礼法二者思想学说之理论根据。今者本节，更拟从法律思想上，及法律哲学之观点上，再为礼法二元论作一有力之论据。

甲、理论上之关系

从上节近代各大法学家所提倡之"法律预言说"之学说言之，法律实在不能谓为有一定性之可言。有之，其为时亦不过甚暂耳。律师对当事人解释法律时，其所为之预言，不过仅系对法院判决之一种合理的预测，以为在相近情况之下，法院或重为同一之判决。此种法律之解释，究不能以为有确定性。卡多佐推事尝曰："法院或会推翻其本身之见解，并将似已确定者，而不确定之。"因此，彼又曰："法律者，乃一合理的或然的测度之原则，及原理之个体，预言将来冲突发生时为裁判之基础也。"当此预言达一定性之一最高度时，吾人可得谓法律系确定。然而，无论其为如何显然的确定，预言中有错误之可能乃时时存在。可知，法院一面时常改变其判例，而法律所为之预言又不能确定。是以，吾人将生一问题法律究因何成立，及其成立之目的为何？此问题虽属甚大，非一二之语所能解答，不过简言之，可谓法律乃因正义（或公道）而成立，及为正义而实施。

法学家庞德曰："法律乃一群法则及原则之集合体，而与国家权力所行使之正义相符合者也。"易言之，法律之目的乃正义之施行也（Administration of justice）。日法学家平野义太郎亦曰："正义是法律的理想。任何法律都不得有反于正义。法律只惟受了这个正义的指导，而后才能成为我们的规范。"可见法律不过为一机械之法则，在其运用实施时，乃应合乎正义。否则，法律之行使不合乎吾人所谓之正义者，则此种法律非为吾人所理想之法律。是以，吾人得谓法律乃实现正义之工具，而正义乃法律之理想也。法律与正义乃循循相因。正有正义乃有法律，正有法律乃有正义，互为因果。于此，正义之于法律，其关系之重要可想见耳。

　　法与正义之关系，吾国学者虽无用相同之语句——如外国学者所谓"法律之目的乃正义之施行"——为之解释，然而，其以为法律之施行，乃由一定之"道"而生，与用得其"道"者。此种见解，与外国学者之正义施行说之理论，实有一贯之意义。唐白居易云："故刑行而后礼立，礼立而后道生。始则先道而后礼，中则先礼而后刑，终则修刑复礼，修礼以复道。故曰：刑者礼之门，礼者道之根；知其门，守其根，则王化成矣。"

　　昔者我国礼刑皆为治之具，故彼言刑行礼立则能生道，而又曰修刑以复礼，修礼以复道。盖以道为刑礼之终极，而刑礼又所以生道者也。此种"道"之观念与外国学者所谓之"正义"，字虽异而义则一。即我国古代法家，虽为绝对法治主义之倡，然犹以法须用得其道。尹文子曰："仁、义、礼、乐、名、法、刑、赏，凡此八者，五帝三位治世之术也。……凡此八术，无隐于人，而常存于世，非自显于尧汤之时，非自逃于桀纣之朝。用得其道则天下治，失其道则天下乱。"

　　总之，法律乃由理想之一"道"或"正义"而发生，而"道"或"正义"则赖法律以实现。法律之能实现理想之道与正义，则又须其本身用得其道。可知此中关系之密切。然而，何谓道？何谓正义？及法律如何方能谓用得其道？此种解答人言殊殊，且因时代思想而改变。要之，在今日学者之眼光中观之，其见解亦每不一。如德法学家耶林[1]以社会功利主义（Social Utiliarism）为正义之基础，而社会法学家庞德等则以社会正义（Social Justice）为真正之正义；换言之，即以社会之功利及社会之利害以为权衡正义准则。如此，学说纷纭，究以何者为准，尚成一问题。就令吾人能择其中之一，而此种解释仍属异常抽象。盖何谓社会之功利？何谓社会之正义？吾人仍未能作一实质之标准以为实在之解答。故关于道或正义之意义，吾人不能不以抽象的自然之观念为之解释。此所以法在理论上，犹须礼之自然法之观念为之辅，礼法二元论因此乃得更有力之根据。

　　自然法观念之解释，不独在法理学上为需要，而且就在法条之本身其用语术语上，犹有不少须受自然法之观念解释之。兹就法条中其最要之数术语，举一二以证之。例如：公共秩序（Public policy），善良风俗（Bones Mores），善意（Bona Fide），恶意（Mala Fide），过失（Neglience），相常价格（Reson-

---

　　[1]　"耶林"原文作"耶令"，现据今日通常译法改正。——校勘者注。

able Price），相当期间（Reasonable Time），及善良管理人等。此种用语之意义，吾人断不能求之实体上之条文，非用抽象的自然法解释不能得其真意。其他如美国学者海恩斯〔1〕所云，"正当合法手续"（Due Process of Law）及美国宪法第十四条修正案（The Fourteenth Amendment）等其理论上之根据，亦受自然法学说之影响甚大。至若我国现行民法第一条所谓："民事法律所未规定者，依习惯；无习惯者，依法理。"此法理一义，吾人亦可得谓为自然法说之一种也。他如法国民法典第四条，及瑞士民法典第一条，亦有如我国民法第一条类似之规定。可知自然法说在今日法律思想中，尚占其重要之地位。

自然法说影响于法律之改造及变更者，自古已具有极大之势力；盖社会每每在过渡期间，法律不能与社会之观念相处，于是法学家只得以自然法说改造法律。古罗马时代之万民法（jus Gentium）及英之衡平法（Aequitas Equity），皆受自然说之影响所生者也。梅因〔2〕（Maine）尝曰："欲使法律与社会观念相和谐者，有三种工具：一拟制（Legal Fictions），二衡平（Equity），三立法（Legislation）。"似此而言，吾人欲使法律观念与社会进步之意识相调和者，则势必须以自然法说为之解释也。德法学家施塔姆勒〔3〕（Stammler）所著之 *Lehre Von dem rechtigen Rechte* 一书，译言之为《由法律而得之正义论》（*Theory of Justice through Law*）中，曾谓彼所谓"由法律而得之正义"。盖欲设立一种法律，能表现法律之自然性者。是以，由此意之引申，彼之学说亦自然法说为基础者也。

大陆各国对于法律二种不同之概念，恒以二组之文字为之表明。如：

Greek：

Latin：jus lex

German：Recht Gesetz

French：droit loi

Italian：dntto legge

Spanish：derecho ley

拉丁语 jus 之意义乃指为公平的，正义的，及一种习惯，而乃为成文之法

---

〔1〕 "海恩斯"原文作"海恩士"，现据今日通常译法改正。——校勘者注。

〔2〕 "梅因"原文作"梅因氏"，现据今日通常译法改正。——校勘者注。

〔3〕 "施塔姆勒"原文作"史丹木拉"，现据今日通常译法改正。——校勘者注。

律。其他大陆各国所表示之两组文字，其意义大概亦与拉丁者相仿。吾国之"礼"，其有为最高理想之治之观念，与自然法说相若者，前已言之。不特此也，礼尚为为人民风俗习惯不成文法之意义，如云："礼义以为纪。……示民有常。"所以我国"礼"之思想有如拉丁之 jus 系正义公平法律之正统。因此，jus 与 lex 既有如此之关系，则我国之礼与法亦不能不有同等之密切关系也。是以，根据自然法说在今日法律上之地位，及其他法理学上之论据，礼法二元论之说，未始无相当之法理的基础。

乙、实用上之关系

世界上历来刑法之变迁史，简言之，可分为五个：一复仇时期，二赎罪时期，三威吓时期，四博爱时期，五科学时期。前四者均为过去之史迹，兹不多论，惟仅将末一时期即近代之科学时期略述一二。今日之科学时期，盖以犯罪与犯人皆为一种生物学的与社会学的之结果，故对于犯罪刑罚之标准，个人与社会之关系均加以注意。因此，对于犯人之犯罪，认为须施以特别之预防方法，冀根本涤除其犯罪之动机与实行。是以，刑法理论之基础，遂由个人本位的应报主义，移至团体本位的社会防卫主义。

关于刑罚上所采取之主义，自近世犯罪学家龙勃罗梭[1]、法里（Farri）[2]加罗法洛（Garofalo）、[3]李斯特（Liszt）、[4]帕米里（Parmelee）等学说纭起以后，日渐改革，近且渐趋于实证派社会学之一途。此等学说，盖以犯罪之原因，乃融合（一）人类学的、（二）社会的，及（三）地理的因素所生之结果；故刑罚之目的，非仅为犯罪之报应，抑且犯人之个性、社会之改良，及其他一切之防免政策，均包括于刑法学范围之内。郭卫氏尝将最近学者所注意之刑事政策为纲目之叙述，兹转载如后：

一　推行刑罚以外之预防政策（教育生计及各种事业之改良），注意保安处分。

二　厉行改善主义。（改良徒刑之执行）

三　对于后悔者予以假释。（实行假释制度）

---

[1]　"龙勃罗梭"原文作"龙伯罗棱"，现据今日通常译法改正。——校勘者注。

[2]　"法里"原文作"富利"，现据今日通常译法改正。——校勘者注。

[3]　"加罗法洛"原文作"加罗法卢"，现据今日通常译法改正。——校勘者注。

[4]　"李斯特"原文作"李斯德"，据今日通常译法改正。——校勘者注。

四　　对于偶然犯罪者予以缓刑。（实行缓刑制度）

五　　死刑即不废除亦应减少其受执行之痛苦。（如用电气杀瓦斯杀）

六　　矫除短期徒刑之弊害。（换处罚金等类）

七　　幼者及精神病者犯罪之处置。（疯人院[1]感化院之设置）

八　　使审判官研究犯罪学。（严密训练法官）

九　　犯人出狱后之保护。（出狱人保护会之设置）

十　　对于犯罪应为目的而科刑。

由此观之，今日最新之刑事政策，盖着重于社会制度之一般的改良，及犯人个性之改善与预防；而且尤以人性之改良与训导，更能收较大之效果。诚然，物理上的影响犯罪，固属甚大，然而人类心理上之改善，尤为不可稍缺。此乃近代犯罪学家与刑事政策学家所承认者也。

礼治主义乃以礼为一种道德准则，盖欲养成人民高尚之人格，使民日徙善远罪而不自知，此乃犯罪学上之个性改善主义也。是故礼治主义乃以养成人民善良之道德习惯为治之手段。彼宗盖以为有良好道德习惯之人，则自然能遵守法度。故《大学》言最注重者为"修身齐家治国平天下"，是以"自天子以至于庶人，壹是皆以修身为本"。可知礼治主义最要者为修身，易言之，即个人道德个性之改善也。

《大戴礼记》云："礼者禁于将然之前，而法者禁于已然之后。"由此可见，礼治主义者尤重预防之政策，与今日刑事政策学者所言实无多让。

礼治主义之思想，更重人民性格之整个洗涤，而不在用法规为干涉之工具；盖采干涉主义，不过徒增人民规避逃法之心。故孔子曰："道之以政，齐之以刑，民免而无耻；道之以德，齐之以礼，有耻且格。"梁任公氏曾以学校比之曰：

　　"'道之以政，齐之以刑'，则如立无数规条罚则，如何如何警学生之顽，如何如何防学生之惰，……其最良之结果，不过令学生兢兢焉期免于罚。然以期免受罚之故，必至用种种方法以逃监察之耳目，或于条文拘束所不及之范围内故意怠恣，皆所难免。养成此种卑劣心理，人格便日渐堕落而不自觉，

---

〔1〕　"疯人院"原文作"疯狂院"，现据今日通常用法改正。——校勘者注。

故曰'免而无耻'。'道之以德，齐之以礼'者，专务提醒学生之自觉，养成良好之校风。校风成后，有干犯破坏者不期而为同辈所指目，其人即羞愧无以自容，不待强迫，自能洗其心而革其面也，故曰'有耻且格'。"

至治国犹如治校，亦在养成一国守法之风气，则虽无法尤胜于有法。试观我国法典皇皇，然而依法而行者，几何？英国无明文法度国家之彰彰者也，然彼以最善于运用宪政闻于世。可见法治主义除法以外，尚需一种人民信法守法之心理——礼，然后方可言真正之法治。吴经熊博士尝曰："要实行宪政，除宪文外，尚有宪德与宪魂之两个要件，良有已也。"故礼治之思想乃在使"人人有士君子之行"。衡之今日一般刑事政策学家之论调，对于犯人个性，分别处刑主义、感化主义，法律以外之预防政策，及养成人民信法守法之习惯与风气等，无一不从人个性着想。故从法律之实际运用上观之，礼与法确有合治之必要也。

五、结论

从前数章关于礼法主义与法治主义之学说观之，如采极端之任何一种主义，其有弊害自所不免，且事实上如仅用一种主义，则不惟不能贯彻真正治之思想，即就其主义之本身而言，亦未尝能达其所预想之目的。是以，在第六章中已将礼法二者交互之关系，及舍短取长，将礼法二者之中心思想，从法理学之理论上与实际之运用上，证明礼法二元说方能达完美理想之治。

要之，礼法二元论之主张，乃在贯通礼法。二者举说之长，而去其短。从法治言之，昔日我国法家所主张者，其缺点之多及时代之不同，不合近代法治之思想，学者多已论之。至法治之真谛[1]在有一定之法度，及相当之确定性，其补助礼治之穷，吾人亦多知之，故不多论。

至若礼法二元论所言之礼，其意义吾人断不可拘泥于一般人所言礼教之礼。盖礼法二元论之礼，乃包括社会之习惯、人民之风气、个人之道德……等，及一种理想最善之法律而言。后者之意义与自然法说之思想甚近，不过自然法之解释以为其所以至高无上者，乃因为神意（God）上帝之法，而吾入今日之解释，则将上帝而易为一种理性合理（Reason），或曰合乎正义（Jus-

---

[1] "真谛"原文作"真缔"，现据今日通常用法改正。——校勘者注。

tice）之法而已。兹谨将海恩斯（Haines）所言之"自然法观念之复活在欧美公法上之五特色"录之，以作为本章之结束。

一　自然法说能输入法律以各种伦理之观念。

二　自然法说能作为法律一种理想的或哲学的标准。

三　自然法说能供法官立法时之向导。

四　自然法说可作为一限制国家主权学说之基础。

五　自然法在作美国对于宪法修正权之基本原则及权利可加以相当之限制。

总之，在今日法治之国家当中，礼法应有相辅为用之必要也。

先秦时代之不婚[*]

陈贻祥[**]

婚姻成立，必须具备实质与形式二项要件。此最近各国立法例皆同者也。先秦时代，亦有所谓不婚之例。虽其究竟已否成为法律，至可怀疑，但为当时一般之信仰，共同之礼制，则殊不乏证明。兹举之于下。

一、近亲不婚

母子不能通婚。《礼记》："夫惟禽兽无礼，故父子聚麀。"而子淫其母者，便谓之烝。烝之例在《左传》叠次发现，略引二则如下，藉窥一班："卫宣公烝于夷姜。""昭伯烝于宣姜。"此所谓母，不必定须生母也。凡有母之名义者，儿子均不能与之通婚也。

考之古诗，则《墙有茨》与《鹑之奔奔》二章，其攻击更为明显。《墙有茨》："墙有茨，不可扫也；中冓之言，不可道也；所可道也，言之丑也。墙有茨，不可襄也；中冓之言，不可详也。所可详也，言之长也。墙有茨，不可束也；中冓之言，不可读也。所可读也，言之辱也。"其序云："《墙有茨》，卫人刺其上也。公子顽通乎君母，国人疾之，而不可道也。"《鹑之奔奔》："鹑之奔奔，鹊之疆疆；人之无良，我以为兄。鹑之奔奔，鹊之疆疆；人之无良，我以为君。"其序曰："《鹑之奔奔》，刺卫宣姜也。卫人以为宣姜鹑鹊之不若也。"

兄妹不能通婚。故齐襄公与文姜通，而春秋遂大书特书"入齐"、"会齐侯"；而《南山》与《敝笱》二诗，亦被存而不删矣。《南山》："南山崔崔，

---

[*] 本文原载《法学季刊（上海）》（第 4 卷）1931 年第 8 期。

[**] 陈贻祥，1930 年毕业于东吴大学法学院（第 14 届），获法学学士学位。

雄狐绥绥；鲁道有荡，齐子由归；既曰归之，曷又怀止。葛屦五两，冠緌双止；鲁道有荡，齐子庸止；既曰庸止，何又从止。”其序曰：“《南山》，刺襄公也。鸟兽之行，淫乎其妹，大夫遇是，恶作诗而去之。”《敝笱》：“敝笱在梁，其鱼鲂鳏；齐子归止，其从如云。敝笱在梁，其鱼鲂鱮；齐子归止，其从如雨。敝笱在梁，其鱼唯唯；齐子归止，其从如水。”其序曰：“《敝笱》，刺文姜也。齐人恶鲁桓微弱，不能防闲文姜，使至淫乱，为二国患焉。”

翁媳不能通婚。《诗·邶风·新台章》：“新台有泚，河水㳽㳽；燕婉之求，籧篨不鲜。新台有洒，河水浼浼；燕婉之求，籧篨不殄。渔网之设，鸿则离之；燕婉之求，得此戚施。”其序曰：“《新台》，刺卫宣公也。纳伋之妻，作新台于河上而要之。国人恶之，而作是诗也。”名义上之翁媳，其通婚尚受如此攻击；则正式之翁媳通婚，自更在不耻之列。

近亲不婚，其理由何在，古人未曾明言。以愚观之，大约不出伦常关系与生理观念。伦常关系之中，又分“别尊卑、重名分”与“重人伦、防淫佚”二事。翁媳不婚，母子不婚，所以别尊卑，重名分也。兄妹不婚，母（此指生母而言，上文乃指庶母等而言）子不婚，所以重人伦，防淫佚也。

注：《白虎通》：“不娶同姓者，重人伦，防淫佚，耻与禽兽同类也。”夫娶同姓者即如与禽兽同，则母子兄妹通婚，直禽兽之不若也。

生理观念，即根据“男女同姓，其生不蕃”之说而来。夫男女仅仅同姓，其生即致不蕃，则同胞之兄妹通婚，当能望有后耶？此古人从利害方面着想，而反对近亲不婚也。

母党不婚——此所谓母党，指在外属小功以上者而言，盖亦本于尊卑名分之故也。若夫疏远之母党，当然不在不能通婚之列。《春秋》传：“……讥娶母党也。”

近亲与母党不婚，近代立法例亦不乏类似或竟相同之规定。略举如下：

（甲）比较法制

近亲外婚制为各国所通行。惟近亲禁止结婚之范围不必一致。兹述其概要如下[1]：

（子）自然血族

（一）罗马法：直系血族，兄弟姊妹，直系尊族之兄弟姊妹，皆禁结婚。

---

[1] “如下”原文作“如左”，现据今日通常用法改正。——校勘者注。

（二）寺院法：初从罗马法制，第六世纪以后，渐扩张禁止之范围。先禁从兄弟姊妹结婚，渐又禁再从兄弟姊妹结婚，后竟禁止七亲等内亲属结婚焉。保加利亚[1]现行法仍同。

（三）德国民法：直系血族之亲，及胞兄弟姊妹，并半血缘兄弟姊妹，不得结婚。私生子及其卑属与其父及其血族之间，亦有血族之关系（一百三十一条一项三项）。挪威[2]新法（七条）、丹麦法（十二条）、捷克斯洛伐克[3]法（二五条）、劳农俄国法（六九条）皆同。

（四）瑞士民法：直系血族，同胞或半血缘兄弟姊妹及叔侄姑侄之间，不问其关系由于嫡出抑由于私生，均禁止结婚（一〇一条）。意英葡诸国亦同。法国民法虽亦相同，但共和国大总统得因重大事由，解除半血缘兄弟姊妹间及叔侄姑侄间结婚之禁止（一六四条）。

（五）澳大利亚[4]民法：除上述亲属外，从兄弟姊妹间亦禁止结婚（六五条）。西、匈、罗马尼亚诸国同。

（丑）法定血族

（一）法国民法：养父母与养子及其卑属间，同一养父母之各养子间，养父母与养子配偶者间，及养子与养父母配偶者间，均禁结婚（三四八条）。

（二）德国民法：养父母与养子间及养父母与养子之卑属之间，均禁结婚。但以乞养关系存续中为限（一三一一条）。

（三）瑞士民法：养子与养亲或其配偶间禁止结婚（一〇〇条）。

（寅）姻族

（一）罗马法：姻族中以直系姻族为限，禁止结婚。寺院法根据旧约全书，禁止七亲等内旁系姻族结婚。且三亲等内姻族之配偶者亦禁止结婚。

（二）普鲁士法惟禁直系姻族结婚。德、瑞士、瑞典、诺威、丹麦、捷克均同。

（三）法国民法：禁止与前配偶人之兄弟姊妹结婚。澳大利亚禁止娶从兄弟之寡妇。

（四）苏俄排斥姻旅禁婚之制。

---

〔1〕 "保加利亚"原文作"勃鲁加利亚"，现据今日通常译法改正。——校勘者注。
〔2〕 "挪威"原文作"诺威"，现据今日通常译法改正。——校勘者注。
〔3〕 "捷克斯洛伐克"原文作"捷克斯洛代亚"，现据今日通常译法改正。——校勘者注。
〔4〕 "澳大利亚"原文作"奥大利"，现据今日通常译法改正。——校勘者注。

（乙）大清现行律

前清除行族外婚制外，亲族禁婚范围殊广。考其要点，不外二端：

（子）重名分

凡现有或曾有亲属之名分者，禁止为婚。

（一）同宗亲属之妻妾，无论已出或改嫁，均禁止结婚也。律所举例有四：

一曰同宗无服亲之妻妾；

二曰父祖妾；

三曰伯叔父母及兄弟妻；

四曰缌麻小功亲之妻妾。

（二）半血缘之兄弟姊妹，虽不同宗，亦禁止结婚也。同父异母兄弟姊妹无论已，即同母异父兄弟姊妹亦不许结婚。前夫子女与后夫子女亦同。

（丑）别尊卑

不问是否在亲属范围以内，若尊卑之伦次不侔者，均禁结婚。

（一）外姻之亲，尊属与卑属禁止结婚也。律所举例如下[1]：

一曰外姻有服尊属卑幼；

二曰舅甥妻；

三曰父母之姑舅两姨姊妹及姊若堂姨母之姑堂姑；

四曰己之堂姨及再从姨；

五曰己之堂外甥女。

外婚平辈皆可结婚。然姑舅两姨姊妹，旧律曾禁止结婚。宋之洪迈，明之朱善对此皆有详细之辩驳，而习俗亦未尝遵守。故律例不复载列此条矣。

（二）虽非亲属而尊卑之伦次显然者亦禁止结婚也。律例所载者如下[2]：

一曰妻前夫之女；

二曰女婿之姊妹及子孙妇之姊妹。

（丙）现行法

国民政府最新民法亲属编，禁与下列亲属结婚：

---

[1] "如下"原文作"如左"，现据今日通常用法改正。——校勘者注。

[2] "如下"原文作"如左"，现据今日通常用法改正。——校勘者注。

（一）直系血亲及直系姻亲。

（二）旁系血亲及旁系姻亲之辈分不相同者。但旁系血亲在八亲等之外，旁系姻亲在五亲等之外者，不在此限。

（三）旁系血亲之辈分相同，而在八亲等以内者。但表兄弟姊妹，不在此限。

前项姻亲结婚之限制，于姻亲关系消灭后，亦适用之。

二、同姓不婚

陈祥道曰："舜娶于尧而君子不以为非礼，昭公娶于吴而君子以为不知礼，其时之文质不同也。"尧舜均黄帝子孙，观此则知唐虞时代同姓固许通婚也。又孔颖达亦曰："殷人五世以后可以通婚。"则商代犹未禁止也。然则同姓不婚适于何时耶？曰周。

《礼记·大传》："虽百世，婚姻不得通，周道然也。"

《礼记·曲礼》："娶妻不娶同姓，买妾不知其姓则卜之。"

《左传·襄二十八年》："庆舍之士谓卢蒲癸曰：'男女辨姓'。"如不辨姓，则"同人于宗"，便成"吝"道矣。

《通典·同姓昏议》："《易》曰：'同人于宗，吝。'言同姓相娶，吝道也，即犯诛绝之罪，言五属之内，禽兽行，乃当绝。"

故鲁昭公娶于吴为同姓，而春秋于其卒只称孟子，不书姓，陈司败更公然谓为"不知礼"矣。

《春秋》："哀公十有二年夏五月甲辰，孟子卒。"

《左传》曰："夏五月，昭夫人孟子卒。昭公娶于吴，故不书姓。"

《公羊传》曰："夏五月甲辰，孟子卒。孟子者何？昭公夫人也。其称孟子何？讳娶同姓。盖娶吴女也。"

《穀梁传》曰："夏五月甲辰孟子卒。孟子者何也？昭公夫人也。其不言夫人者何也？讳娶同姓也。"

《论语·述而章》："君娶于吴为同姓，谓之吴孟子。君而知礼，孰不知礼？"

观此，可知在周之时，凡属同姓，不论远宗近亲，一概不准通婚。而其禁制之严，深入人心，成为当时通常礼法，亦不待言而自明焉。

至其理由何在，古人已明言之矣。

一曰重宗族。

《礼记·大传》（《孔子家语》同）："同姓从宗，合族属；异姓主名，治际会；名著而男女有别。四世而缌，服之穷也；五世而袒免，杀同姓也；六世统属竭矣。其庶姓别于上，而戚单于下，婚姻可以通乎？系之以姓而弗别，缀之以食而弗殊，虽百世而婚姻不通，周道然也。"

二曰重人伦。

《礼记·郊特牲》："取于异姓，所以附远厚别也。"

又《坊记》："取妻不取同姓，以厚别也。"

《周礼》禁男女相亲，而同姓通婚实难以远男女之嫌，故为人伦计，不能不禁止同姓通婚，以防淫佚焉。

《白虎通》对此意发挥甚尽，其言白：

"不娶同姓者，重人伦，防淫佚，耻与禽兽同也。"

又曰："人所以有姓者何？所以崇恩爱，厚亲亲，远禽兽，别婚姻也。故纪世别类，使生相爱，死相哀，同姓不得相聚，为重人伦也。"

三曰畏灾乱。

《国语》："司空季子曰：'异姓则异德，异德则异类；异类虽近，男女相及，以生民也。同姓则同德，同德则同心，同心则同志。同志虽远，男女不相及，畏黩敬也。黩则生怨，怨乱毓灾，灾毓灭性，是故取妻避其同姓，畏灾乱也。'"

四曰惧不殖。

《诗经》注："振振公姓，天地之化，专则不生，两则生。"

《左传·僖二十三年》："郑叔詹曰：'男女同姓，其生不蕃'。"

同上（昭元）："公孙侨曰：'侨闻之，内官不及同姓，其生不殖，美先尽矣，则相生疾，君子是以恶之。故志曰，买妾不知其姓则卜之。违此二者，古之所慎也。男女辨姓，礼之大司也，今君内实有四姬焉，其无乃是也乎？'"

《国语·晋语》："同姓不昏，惧不殖也。"

同上[1]《郑语》："气同则不继。"

此其意正与《白虎通》所谓"不娶同姓者何法？法五行，异类乃相生也"之意同。

---

〔1〕"同上"原文作"仝上"，现据今日通常用法改正。——校勘者注。

同姓不婚，各国所无。然我国则自周迄清，历代不变。

《唐律·户婚》载："诸同姓为婚者各徒二年。"

《疏议》释之曰："同姓共宗，皆不得为婚，违者各徒二年。"

《明律》即本此意，分设两条：

一，凡同姓为婚者各杖六十，离异。

二，凡娶同宗无服之亲，各杖一百。

《清律》从之，其规定如下[1]：

一，婚姻同姓为婚条律："凡同姓为婚者离异，妇女归从，彩礼入官。"

二，婚姻娶亲属妻妾条律："凡娶同宗无服之亲，以奸论。若娶同宗缌麻以上姑侄姊妹亲者，亦以奸论，并离异。"

注云："同姓非同宗也。同姓不得为婚，况同宗乎？无服之亲，所包者广，凡五服之外，谱系可考，尊卑长幼，名分犹存者皆是。"

大理院八年上一〇九三号判例则于同姓不宗者许通婚，其文曰：

"现行律不禁同姓不宗者相为婚姻。"

三次亲属法草案皆同。新民法亦同。

愚按：古之所谓同姓，仅限于三世。三世以后，姓氏已易。同姓不婚，自有可说。若夫今之姓氏，数百千年不变，乃亦同姓不婚，诚可笑矣。

三、仇雠不婚

此为古今中外各国立法例所无。而先秦时代之所以特有此限制者，实有其特别之原因在：一曰古代重复仇；二曰古代重家族制度，妻须兼取有妇之身份方可。兹分别论之：

1. 复仇：

《礼记·典礼上》："父之仇弗与共戴天，兄弟之仇不反兵，交游之仇不同国。"

同上《檀弓上》："子夏问于孔子曰：'居父母之仇如之何？'孔子曰：'寝苦枕干，不仕，弗与共天下也。遇诸市朝，不反兵而斗。'曰：'请问居昆弟之仇如之何？'曰：'仕弗与共国，衔君命而使，虽遇之不斗。'曰：'请问居从父昆弟之仇如之何？'曰：'不为魁，主人能，则执兵而陪其后。'"

---

[1] "如下"原文作"如左"，现据今日通常用法改正。——校勘者注。

然则仇雠不能通婚，又何怪乎？

2. 妻者妇也。——古代为宗法社会，个人娶妻，同时亦即为家族娶妇；甚至未成妇即未成妻。成妇之仪节，为庙见与祭行。

《士昏礼》："夙兴，妇沐浴，纚笄宵衣以俟见；质明赞见妇于舅姑。……若舅姑既没，则妇入三月乃奠菜席于庙奥。"

同上[1]："妇入三月，然后祭行。"故如女未庙见而死，则"不迁于祖，不祔于皇姑，婿不杖，不菲不次，归葬于女氏之党，示未成妇也"。

二义既明，请论正文。

《春秋·庄公二十四年》："八月丁丑，夫人入。"

《穀梁传》释曰："入者，内弗受也。日入，恶入者也。何用之不受也？以宗庙弗受也。其以宗庙弗受何也？娶仇人子弟，以荐舍于前，其义不可受也。"

仇雠通婚，固属不可。仇雠"交婚"，亦应断绝。按之周代习惯，鲁应代周主婚。不论迎王后或嫁王姬，均用鲁国名义。故若对方与鲁有仇，鲁自不应主婚。齐襄因文姜关系，既刺杀鲁桓，鲁庄与齐，实不能同立天地之间。而庄公元年夏，周天子偏令单伯送王姬，使鲁主婚，王姬因归于齐。孔子认为非礼，故于春秋大书特书曰：

"夏，单伯送王姬。"

《穀梁传》释之曰："夏，单伯送王姬。单伯者何？吾大夫之命乎天子者也。命大夫故不名也。其不言如何也？其义不可受于京师也。其义不可受于京师何也？曰，躬君弑于齐，使之主婚姻，与齐为礼，其义固不可受也。"

四、值丧不婚

1. 值丧不娶

鲁僖公死未二年，其子文公即违使至齐纳币。

《春秋》书曰："公子遂如齐纳币。"《公羊传》释之曰："纳币不书，此何以书？讥。何讥尔？讥丧娶也。娶在三年之外，则何讥乎丧娶？三年之内，不图婚。吉禘于庄公，讥。然则曷为不于祭焉讥？"

---

[1]"同上"原文作"仝上"，现据今日通常用法改正。——校勘者注

2. 值丧不嫁

《左传·昭三年》："齐侯使晏子请继室于晋。……叔向对曰：'寡君之愿也，……缞绖之中，是以未敢请。'"

3. 值丧不媒

鲁桓公之丧未满，周天子即命鲁庄公主王姬之婚。《春秋》因特书其事。

穀梁氏释之曰："仇雠之人，非所以接婚姻也，衰麻非所以接弁冕也。其不言齐侯之来逆何也？不使齐侯乃与吾为礼也。"

4. 其他情形

《礼记·曾子问》："曾子问曰：'婚礼既纳币，有吉日，女之父母死，则如之何？'孔子曰：'婿使人吊。如婿之父母死，则女之家亦使人吊。父丧称父，母丧称母，父母不在则称伯父世母。及已葬，请之伯父致命女氏曰，某之子有父母之丧，不得嗣为兄弟，使某致命。女氏许诺而弗敢嫁，礼也。婿免丧，女之父母使人请，婿弗娶而后嫁之，礼也。女之父母死，婿亦如之。'"

此为纳币以后，丧事发生，婚礼应如何处置之问题。以下则为女已在途，丧事发生，婚礼应如何处置之问题。

《礼记·曾子问》："曾子问曰：'亲迎女在途，而婿之父母死，如之何？'孔子曰：'女改服布，深衣缟总以趋丧。女在途而女之父母死，则反。''如婿亲迎，女未至，有齐衰大功之丧，则如之何？'孔子曰：'男不入，改服于外次，女不入，改服于内次；然后即位而哭。'曾子问曰：'除丧则不复昏，礼乎？'孔子曰：'祭，过时不祭，礼也，又何反于初？'"

值丧不婚与近亲不婚，同姓不婚，仇雠不婚较，则值丧不婚属形式要件，而近亲不婚、同姓不婚、仇雠不婚均为实质要件。而其效力所及，似亦不如后三者焉。

《礼记·杂记》："大功之末，可以冠子，可以嫁子。父小功之末，可以冠子，可以嫁子，可以取妇。已虽小功，卒哭，可以冠，取妻，下殇之小功则不可。"至于小功缌服，不废婚礼，更不待言矣。

以上所述近亲不婚，同姓不婚，仇雠不婚，值丧不婚均为一般之限制，不因其人之政治地位不同而有所分别。但古代对于天子诸侯之择偶范围与婚姻次数，实另有一种特别限制。请述之如下：

五、天子诸侯不再婚

《朱子语录》："天子诸侯不再婚。"

《公羊传·庄十九年》："诸侯一聘九女,诸侯不再娶。"

杜预《释例》补充之："夫人薨,不更聘,必以侄娣媵继室。"

观于杜预之言,可知天子诸侯之不再婚者,实由另有继室在。以下试举天子诸侯之妇之数,当更可明了无再婚之需要焉。

《曲礼》："天子有后,有夫人,有世妇,有嫔,有妻,有妾。"

《礼记·昏议》："古者天子后立六宫,三夫人,九嫔,二十七世妇,八十一御妻,以听天下之内治,以明章妇顺,故天下内和而家理。"

《周礼》："王者立后,三夫人,二十七世妇,八十一女御,以备内职焉。"

《曲礼》："公侯有夫人,有世妇,有妻,有妾。"而其数则一娶九女。

《公羊传》："媵者何?诸侯娶一国则二国往媵之,以侄娣从。侄者何?兄之子也。娣者何?弟也。诸侯一聘九女。"

此其言是否可靠,自属可疑。但一夫多妻,则证据确实。夫既一夫多妻,则一二妻死,何必急急再婚乎?而况以诸侯而言,其侄媵身份,并不比夫人低微乎?

然而鲁齐仍不肯谨守此制。

《朱子语录》："天子诸侯不再娶,亡了后妃,只是以一娶十二女,九女者推上。鲁齐破了此法,再娶。"

天子诸侯,不得再娶矣,士大夫与庶人如何乎?

《朱子语录》："大夫娶三,士二,都得再娶。"

此谓士大夫得再娶也。《仪礼·丧服》："继母如母。"《疏》[1]释之曰:"继母,谓己母早卒,或被出后,续己母也。"

是庶人亦得再娶也。

于此有一附带问题焉,即妇女得再嫁否?答曰:"古代积极奖励夫死不嫁,诚有其事,然却并未消极禁止不嫁,以再醮为不德。'饿死事小,失节事大',宋儒始作俑也。"

《檀弓上》："公叔本有同母异父之昆弟死,……狄义有同母异父之昆弟

---

〔1〕《疏》,即贾公彦《仪礼义疏》。

死，……"

《管子》："凡国都皆有掌媒，取鳏寡而和合之，谓之合独。"

六、天子与大夫不外婚诸侯不内婚

1. 天子不外婚

《春秋·桓八年》："祭公未遂，逆王后于纪。"

《左氏传·庄十八年》："虢公，晋侯，郑伯使原庄公逆王后于陈，陈妫归于京师，实惠后。"

此均周天子娶于诸侯之例也。周天之自不限定必娶于各诸侯，其他臣民，于礼亦无所不可。

《书·益稷》："予创若时娶于涂山。"

即其例也。盖古人以为"普天之下，莫非王土；率土之滨，莫非王臣。"涂山虽属异族，但既在王土之内，自亦王臣也。

《书·尧典》："厘降二女于妫河，嫔于虞。"

《易·泰卦》："六五，帝乙归妹，以祉元吉。"

《诗·召南·何彼襛矣》："何彼襛矣，唐棣之华？曷不肃雝，王姬之车。何彼襛矣，华如桃李？平王之孙，齐侯之子。其钓维何？维丝伊缗；齐侯之子，平王之孙。"

《春秋·庄元年》："庄元年，……王姬归于齐。"此均天子嫁女于诸侯之例也。

2. 诸侯不内婚——天子不外婚，诸侯则正相反，互求偶于他国。怃求偶
　　于他国

《杂记》疏："诸侯不内娶，故舅女及从母，不得在国中。"

《春秋·桓三年》："公子翚如齐逆女。九月齐侯送姜氏于欢。公会齐侯于欢。夫人姜氏至自齐。"

《左传·昭三年》："齐侯使晏子请继室于晋。"

《春秋·文二年》："公子遂如齐纳币。"《春秋·成九年》："伯姬归于宋。"

其例繁多，不胜枚举。

至于诸侯不内婚之理由何在，参证诸书，大约不出下列三端：

一曰惧"下渔色"之讥。《礼记·坊记》："诸侯不下渔色，故君子远色

以为民纪。"

二曰诸侯专封义，不可臣其父母。

《白虎通》："诸侯所不得自娶国中何？诸侯专封义，不可臣其父母。"

三曰异国林立，尽可外婚。

诸侯不似天子为天下之主，如不内婚，即非与犬戎夷狄婚不可也。

3. 大夫不外婚

大夫又与诸侯不同，只许内婚而不许外婚。

《春秋·庄二十七年》："莒庆来送叔姬。"

《公羊传》释之曰："莒庆者何？莒大夫也。莒无大夫，此何以书？讥。何讥尔？大夫越境送女，非礼也。"

《杂记》疏："古者大夫不外娶，故君之姑姊妹嫁于国内大夫为妻，是其正也。"

《晏子春秋》："景公有爱女，请嫁于晏子。"

至于大夫不外婚之理由何在？董仲舒尝明言之矣：

一曰大夫无束修之馈；

二曰大夫无诸侯之交。

吕刑研究[*]

邓子骏[**]

　　《吕刑》一篇，蔡沈《尚书集传》谓："吕侯为天子司寇，穆王命训刑以诘四方。"并谓："此篇专训赎刑，盖本《舜典》'金作赎刑'之语。今详此篇，实则不然。盖《舜典》所谓赎者，官府学校之刑尔，若五刑则固未尝赎也。五刑之宽，惟处以流、鞭扑之宽，方许其赎。今穆王赎法，虽大辟亦与其赎免矣。汉张敞以讨羌兵食不继，建为入谷赎罪之法，初未尝及夫杀人及盗之罪。而萧望之等犹以为如此则富者得生，贫者独死，恐开利路以伤治化。曾谓唐虞之世，而有是赎法哉？穆王巡游无度，财匮民劳，至其末年，无以为计，乃为此一切权宜之术，以敛民财。夫子录之，盖亦示戒。然其一篇之书，哀矜恻怛，犹可以想见三代忠厚之遗意云尔。"云云。窃谓蔡氏此项按语，有不可通者三："赎刑"一语，出自《舜典》。其言曰："象以典刑，流宥五刑，鞭作官刑，扑作教刑，金作赎刑，眚灾肆赦，怙终贼刑，钦哉，钦哉，惟刑之恤哉。"自"象以典刑"至"怙终贼刑"七句平行并列，每一句有一句之单独含义。蔡氏所谓赎刑限于官府学校之刑者，完全出于臆断，并无确切之佐证。彼以为赎刑非唐虞之世所应有，不知赎刑即后世财产刑之滥觞。虽限于一定之罪名，但并不如蔡氏之所谓以官府学校之刑为限，此其一。吾国以往之民事观念，虽始终不能突破刑事之藩篱而卓然自树一系，而刑法发达之早则举世无伦。即如《舜典》一篇，今文古文皆有，自可认为信史。该篇之记载刑法制度，所谓"象以典刑，流宥五刑，鞭作官刑，扑作教刑，

　　* 本文原刊于《中华法学杂志》（新编第 3 卷）1944 年第 2 期。原文未采用现代标点符号，文中标点为编者所加。

　　** 邓子骏，1926 年毕业于东吴大学法学院（第 9 届），获法学学士学位。

金作赎刑，眚灾肆赦，怙终贼刑"一语，直可谓对于现代刑法及刑诉法上之轻罪免诉、减轻、缓刑、免刑、特赦、大赦以及累犯加重，暨科刑时应审酌犯罪前后之一切情状以为科刑轻重之标准诸点，均有相当之概念。考舜之即位，为西历纪元前二千二百四十年；制作典刑，竹书记载为舜三年，距今四千一百八十七年。著名之罗马《十二铜表法》，相传公布于纪元前四百五十二年，较之舜制晚一千八百零三年。夫在如斯邃古之时，吾国刑法发达，已臻《舜典》所致境地，则当时刑名中有财产刑（赎刑）之规定，殆已不足为异。何得谓唐虞之世，除官府学校之刑外，不当有赎法？此其二。据《国语·郑语》、《尚书·吕刑》孔传甫侯即为吕侯，《吕刑》一曰《甫刑》。又唐《宰相世系表》，吕氏出自姜姓，至周穆王时，吕侯入为司寇。又《史记》曰："吕尚先祖为四岳，佐禹治水有功，虞夏之际，受封于吕，故因是为吕尚也。"是吕侯之祖尚既为周室之佐命元勋，吕侯又于穆王时为大司寇，吕氏世受周恩，与周室之关系不得谓不密，司寇之职亦不得谓非崇。穆王果以巡游无度，财匮民劳，致不得不以赎刑为聚敛之计，则吕侯自当力加谏阻，匡正其非、不当一面故作哀矜恻怛之言，以为王文饰赎刑，而一面又于皇皇文告之首，下文以"耄荒"[1]而侮之？事实之矛盾，容有至此者耶！纵谓此为史氏所增之贬辞，亦有不类，何则？《尚书》五十八篇，所记载之圣君贤佐、昏主邪臣，均有灼然之事迹，何独于穆王以此闪烁之贬辞之？此其三。总之，宋儒治学，一以微言大义为旨，不斤斤于训诂考据，固为一种最简捷之方式，然因此常不免于武断。

考穆王之巡游，最可据者惟《祈招》[2]一诗，乃闻谏而止，似不失为明君，《国语·周语》载其伐犬戎一事，只能证明其勤远略，不能证明为一荒唐之主。至其训诂之见于《尚书》者，除《吕刑》外尚有《君牙》、《冏命》二篇，其一种寅畏天命，敬慎戒惧之情，充溢于词。即以巡游而论，古者天子巡守，本为一种关风问政，检师校武之常典，不得以此即目为"昏乱荒忽"。穆王既享寿百龄，[3]健康当属过人，意者其人好大喜功之心，不免有之。故于享

---

[1] 蔡注："耄"，老而昏乱之称；"荒"，忽也。

[2] 见《左传·鲁昭公十二年》。

[3] 《周本纪》云，穆王即位春秋已五十矣，又云穆王立五十五年崩。是百年兼数未即位之年也。

国百年之日，对于立法司法，尚作一番整顿工作，此犹之查士丁尼一世〔1〕之编订《国法大全》、《法学汇纂》，及拿破仑之厘定其著名之法典，均为雄才大略之表现耳。蔡氏误于《列子·周穆王》〔2〕篇之渲染，及后世《穆天子传》之神话，故既以"耄荒"二字认穆王为"昏乱荒忽"。而又谓"其一篇之书哀矜恻怛，犹可想见三代忠厚"。复按蔡注所谓昏乱荒忽，乃沿于孔颖达《正义》；实际孔氏《正义》，蔡氏《集传》，一般均公认为不若清代汉学者惠栋《古文尚书考》、江声《尚书集注音疏》、孙星衍《尚书今古文注疏》、王先谦《尚书孔传参证》之笃实。乡间参考书阙如，姑以孙氏之《尚书今古文注疏》证之。《孙疏》谓："耄者，《曲礼》曰九十曰耄，耄是九十之名，犹百年曰颐。荒者，《诗传》云：治也。言耄而治事也。"窃以为孙氏之疏，殆为近是。此点既明，然后可进而研究《吕刑》之内容。《吕刑》一篇，在吾国刑法史上之价值若何，亦必先去此沿袭之错误观念，而后可以大白也。

欲明《吕刑》之内容，首当明了吕侯为何如人。按《正义》曰："王为老耄，犹能用贤。取吕侯之言，度时世所宜，作夏赎刑，以治天下四方之民也。"又曰："穆王即位之时，已年过四十矣，至命吕侯之年，未必已有百年，言百年者，美大其事。虽则年老而能用贤以扬名，故记其百年之耄荒也。"《周本纪》云："甫侯言于王，作修刑辟，是修法者，皆吕侯之意，美王能用之。"据此可知吕侯乃一刑法大家，穆王引为司寇，正可展其抱负，故第一步工作即为纂修法律。《吕刑》上半篇自"王曰：若古有训，蚩尤惟始作乱，延反于平民，罔不寇贼"起，至"惟克大德，自作元命，配享在下"止，乃略述古代刑法之沿革，而为新法之序论。又曰："刑罚世轻世重。"〔3〕殆谓法律乃时代之产物，过去之法律，已不适于用，目前之纂修法律，正为因时制宜之计。又曰："勿用不行，惟察惟法。"盖谓自今以后，业已蠲除之法，不得再为援用，惟以明察而用今世之法。此在近世新法公布，旧法作废，自为当然之义；但在古时，修订法律之事，不若近代之频数。晋《刑法志》云《春

---

〔1〕 "查士丁尼一世"原文作"优斯惕尼安大帝"，现据今日通常译法改正。——校勘者注。

〔2〕《列子》书之真伪自来多疑之。柳宗元、高似孙、宋景濂、姚际恒诸说皆然。《四库全书提要》亦曰："凡称子某子者，乃弟子之称师，非所自称，此书皆称子列子，则决为传学者所追记，非御寇自著。"

〔3〕《孙疏》谓：世轻谓平世，世重谓乱世，郑注《周礼·大司寇》职云：掌建邦之三典，一曰刑新国用轻典，二曰刑平国用中典，三曰刑乱国用重点。

秋保乾图》谓:"王者三百年一蠲法。"虽不必为事实,然法律之修订,必为一重大之改革。穆王命吕侯纂修法律之后,故特以此郑重告其士师焉。兹当进而探讨穆王命吕侯修订之法律,比之周初之刑法,其轻重究为如何?按《汉书·刑法志》谓:"昔周之法,建三典以刑邦国,诘四方所谓刑平邦用中典者也。周道既衰,穆王眊荒命,甫度时作刑以诘四方,所谓刑乱邦用重典者也。"是盖谓穆王所修订之刑法较周初之刑为重。王应麟[1]《困学纪闻》曾辟其非。王氏谓:"《周礼·司刑》五刑之属二千五百,穆王虽多五百章,而轻刑增重刑减。班固以《周礼》为中典,《甫刑》为重典,非也。"翁元圻[2]案引《正义》曰:"《周礼》司刑掌五刑之法,以丽万民之罪,墨罪五百,劓罪五百,宫罪五百,刖罪五百,杀罪五百,五刑惟有二千五百。此经五刑之属三千,案刑数乃多于《周礼》,而言受从轻者,《周礼》五刑皆有五百,此则轻刑少而重刑多。此经墨劓皆千,刖刑五百,宫刑三百,大辟二百,轻刑多而重刑少。变周用夏,是则改重从轻也。"观此可证《吕刑》为重典之说,仍为显然之谬误,而改重从轻,即为其重大特点之一。至修订之后,总数增至三千,则由于(一)吾国民刑不分,刑法中掺入对于民事之全部制裁;(二)穆王五十四年,距成王即位之年,达百六十年,其间人事日繁,法条自亦更备;(三)古代立法技术幼稚,尚未能利用会通概括[3]之方式。

《吕刑》之第二重大特点,即为对于财产刑范围之扩张。金作赎刑,见于《舜典》,前已言之,原在邃古之时距清既未发达,财产刑之适用,自不若后世之广。但穆王末年,距虞舜受禅之年,已一千三百十年,社会经济,远非昔比,财产刑之扩张,殆为当然之趋势。考埃及刑法、希伯来[4]刑法、印度刑法、希腊刑法、罗马刑法均有财产刑之规定。而财产刑在印度古法,规定尤称周密,有没收与罚金二种,竟完全与近代法律相同,而没收更分为全部没收与部分没收二种。例如发现埋藏物而为不实之报告者,没收埋藏物全部八分之一;全部财产没收刑,适用于阁员之倚仗财产阻碍公务罪、无预谋

---

〔1〕 王应麟,南宋官员、经史学者。字伯厚,号深宁居士,又号厚斋。据传《三字经》为其所作。——校勘者注。

〔2〕 翁元圻,字载青,一字凤西,清代浙江余姚人。擅长书法。曾辑《困学纪闻注》。——校勘者注。

〔3〕 "概括"原文作"赅括",现据今日通常用法改正。——校勘者注。

〔4〕 "希伯来"原文作"西伯来",现据今日通常用法改正。——校勘者注。

之杀婆罗门〔1〕人罪。此外商人与婆罗门人妻子和奸罪，除以屋外监系外，并科全部没收刑。至罚金则分为二百五十班拉以上、五百班拉以上、与一千班拉以上三等，适用之范围极广，几可谓为刑罚制度中主要之刑罚。反观吾国刑法既发达甚早，赎刑之适用，《舜典》已见其端。周世为历史家所公认之铜器时代，币制已灿然大备。在此种时期中，财产刑之发达，诚可谓因时制宜，并不足异。〔2〕而腐儒辈忽于社会发展之事实，动辄以古非今，举一切善政良法，均附会于唐虞三代之上。古之所无者，今不可有，今之所有者，皆不逮乎古，此种"极端向后看"之方式，实为阻碍一切进步——法律亦其一端——之主要原因！抑以财产刑制度之确立言，其着眼点决不应在国家收入之增加。在刑事政策上，某种犯罪，某种犯人常有处以财产刑，较之处以他种刑更为有效，更为适宜者。古时虽无所谓刑事政策学，然社会进至某种阶段，某种制度常能应时出现，此固古今中外之所同也。

　　如前所述，赎刑之渊源，既远自《舜典》，适用之范围，穆王又加以扩充，是则赎刑在吾国古代刑法史上，早经树立坚固之基础。何以至汉张敞认为入谷赎罪之法，且未尝及夫杀人及盗之罪，而萧望之等犹沮其议，卒未果行？蔡九峰〔3〕氏执此以圆其说，谓《舜典》之赎刑，属于官府学校之刑。但吾人细加考察，则知其说不然。按《汉书·萧望之列传》载敞原议，其言曰："国兵在外，军以夏发，陇西以北，安定以西，吏民并给转输，田事颇废，素无余积。虽羌虏以破，来春民食必乏，穷辟之处，买亡所得，县官度谷不足以振。愿令诸有罪非盗受财杀人及犯法不得赦者，皆得以差入谷此八郡赎罪，务益致谷，以豫备百姓之急。"是敞之议，完全以征羌财匮，谋为聚敛之计，对于法律方面，绝未顾及。且系主发除盗受财杀人及犯法不得赦者外，一律无条件〔4〕入谷赎罪。而又自知其议之为割肉医疮，故惟以八郡为限。敞之着眼点全在敛财，不独于法律方面观点为失之，即在政治观点方面，亦不得为得策。故萧望之、李疆得据理折之。蔡氏执此以反证唐虞之世

---

〔1〕 "婆罗门"原文作"波罗门"，现据今日通常译法改正。下同。——校勘者注。
〔2〕 按《周礼·秋官·司寇》云：职金，上士二人，下士四人，史四人，胥八人，徒八十人。贾疏云："掌受金罚货罚，亦是刑狱之事。"可见财产刑制在周初已具相当之规模矣。
〔3〕 即蔡沈，南宋学者。一名蔡沉，字仲默，号九峰，蔡元定次子。师从朱熹，专意为学，不求仕进。注《尚书》，撰《书集传》。——校勘者注。
〔4〕 《吕刑》之赎刑，系有条件的，下当论之。

不当有赎刑，殊为未当。于此有一问题，即死刑是否准赎问题。《吕刑》篇既明载："大辟疑赦，其罚千锾。"是穆王时死刑自在准赎之列。第死刑准赎，究系始于穆王抑在舜时即已有之?《舜典》"金作赎刑"一语，蔡九峰氏认为仅限于官府学校之刑。蔡氏之论，源于朱子[1]。朱子谓："金作赎刑者，鞭扑二刑之可恕者，则听其金赎。"又谓："赎者，赎其罪也，盖罪之极轻者，惟入于鞭扑之刑，而情法犹可议者也。"但马端临则以《书》之本文，固未云专为五刑而设，或专为鞭扑而设。故赎刑之适用，不限于任何一方，凡属于有恕刑，概许其赎。孙星衍氏亦谓赎罪虽死刑亦可赎。尚有日学者芦东山氏则谓："赎刑果何为而设?盖《周礼》所谓钧金、里布、屋粟、罚布、举货之类，不在于五刑五流之科，均所以禁词讼、勤农桑、抑商贾也。唐虞虽无为之世，亦有是制，凡掌法者临时议事，以为之制，罚非一端，故泛云金作赎刑。"以上除朱蔡二氏外，其说虽各有出入，原有一共同之点，即死刑亦在可赎之列，舜时已然，不自周穆王始也。自是以后历代均有赎刑之规定。例如《唐律》自笞刑、杖刑、徒刑、流刑以至死刑，各有赎铜之数量。大清现行律自罚金、徒刑、流刑、遣刑以及死刑，亦各有收赎之银数。要之，赎刑之限制虽时有变迁，而遍及于五刑，则历代律典，尽多其例。果为穆王时之秕政恶法，则后世当早已革除之，不应相沿至二三千年之久也。

至是复有一问题临于吾人之前，即在吾人今日凡得科罚金或得易科罚金者，必属轻微犯罪；而古代及过去之赎刑，乃能遍及刑，宁不悖于情理?曰：此有故焉。(一)古代刑法对于事物之管辖，不仅侵入民事范围，且涉及道德伦理及礼仪之领域。例如《周礼》："大司徒之职，以乡八刑纠万民，一曰不孝之刑，二曰不睦之刑，三曰不姻之刑，四曰不弟之刑，五曰不任之刑[2]。"此其管辖对象之广，有非后人所可思议者。法条如是之密，而犯罪之情状不一，若一一以正刑科之，势有所不可。故另有赎刑之规定，畀法官以裁量之权，于应处以五刑者，亦得适用罚金刑。换言之，即与易科之性质无异。唐之官当、清之换刑，殆其类似之例。(二)虽触五刑之罪，但出于过失者，则许以金赎。此说孔安国主之，其言曰："误而入刑，出金以赎罪。"(三)行为之结果虽为恶害，而动机则属良善者，应许以金赎。此说马融主之。融之

---

[1] 即朱熹。——校勘者注。

[2] 郑注司农云"任"谓朋友。

言曰："意善功〔1〕恶，使出金赎罪，坐不戒慎者。"就现行刑法以举其适当之例，则意善功恶者，如当场激于义愤而杀人类；坐不戒慎者，如过失杀人类是。（四）赎刑之适用，限于疑罪之场合。《吕刑》本文既谓五刑之疑有赦，而于定墨劓之宫大辟罚锾之数，又各附以"疑赦"及"阅实其罪"〔2〕之条件。《正义》谓："刑疑有赦，赦从罚也。"又谓："《释诂》云辟罪也，死是罪之大者。故谓死刑为大辟，经历陈罚之锾数。五刑之疑，各自入罚，不降相因，不合死疑入宫、宫疑入刖者，是古之制也。所以然者，以其所犯疑不能决，故使赎之，次刑非其所犯，故不得降相因。"（五）赎刑虽可用于死刑，然非施之全部之死刑，如某种犯罪，律不准赎；或某种犯人，始可邀赎。例如唐律之十恶八议之类是。综合以上各点以观，则赎刑之包括死刑，决非毫无理论上之依据也。又《吕刑》复剀切诰诫曰："罚惩非死，人极于病。"是其不欲滥用赎刑也亦明矣！

《吕刑》在立法上之特点略如上述〔3〕，其在司法上之贡献，兹述如次：

吾国古时对于政治有一特殊之观念，即认天子诸侯，乃代天牧民。所谓"天生民而立之君，以司牧之"。换言之，即将所谓"天"者，披上一种具有人格之观念，并设想天之眷爱下民者。人君既代天牧民，自当秉上天爱民之心，以治斯民。不然，则天即将降之不详。此种观念，在今日固已失去其作用，但在过去确曾发生节制"君权滥用"之极大功效。吕侯训刑，诰诫四方司政典狱，首谓"非尔惟天作牧，今尔何监！"又谓"天齐于民，俾我一日"。又谓："尔尚敬逆天命，以奉我一人！"又谓："无简不听，具严天威！"又谓："今天相民，作配在下。"又谓："非天不中，惟人在命。"又谓："天罚不极，罔有令政于天下。"其寅畏天命，重视司法之心，与《尚书·立政篇》周公垂戒之"庶狱庶慎，惟有司之牧夫是训用违：庶狱庶慎，文王罔敢知于兹……其勿误于庶狱庶慎，惟正是乂之……其勿误于庶狱，惟有司之牧夫……式敬尔由狱"反复叮咛之意，绝无二致。

惟其重视司法，故诰诫诸侯之第一要义，即为慎重法官人选。其言曰："在今尔安百姓，何择非人！何敬非刑？何度非及？"孙星衍疏云："在今而安

〔1〕 功谓事也。
〔2〕 谓阅实其罪使与罚相当。
〔3〕 "上述"原文作"右述"，现据今日通常用法改正。——校勘者注。

百姓，女何择，言人何敬不刑？何度不及？能择人而敬为刑，尧舜禹汤文武之道可及也。"又《潜夫论·本政篇》引此经而说之云："将致太平者，先调阴阳，调阴阳者，先顺天心，顺天心者，先安其人，安其人者，先审择其人，故国家存亡之本，治乱之机，在明选而已矣。"然选择法官之标准如何？则曰："哲人惟刑。"又曰："非佞折狱，惟良折狱。"盖惟哲人乃能"哀敬折狱"，乃能"如得其情，则哀矜而勿喜"。若夫接人则虽有辩给之口才，而不能期其公正不偏，使刑法无不得中也。

第二，训勉法官务须操守廉正。故曰"五过之疵，惟官（谓挟威势），惟反（谓报恩怨），惟内（谓从中制），惟货（谓行贿赂），惟来（谓谒请）[1]，其罪惟钧"。且明白昭示五刑之疑有赦，五罚之疑有赦，而对于五过之疑，则独无赦。[2] 此与现行刑法渎职罪加重，及公务员假借，职务上权力，机会及方法犯罪加重处刑之用意，正属相同。又曰："典狱非讫于威，惟讫于富。"又曰："无或私家于狱之两辞，狱货非宝，惟府辜功，以报庶尤。"尤见其垂戒之深矣。

第三，训勉法官审狱详谳。关于法官听讼技术上之提示，则曰："两造具备，师听五辞。"按《周礼·小司寇》职，以五声听狱讼，求民情，一曰辞听，二曰色听，三曰气听，四曰耳听，五曰目听。注谓："观其出言不直则烦，观其颜色不直则赧然，观其气息不直则喘，观其听聆不直则惑，观其眸子不直则眊然。"此种听讼之方法以吾人今日之目光观之，似易陷入主观之武断，然合"简孚有众惟貌有稽"之语以观，要可为自由心证之助。复按"明清于单辞[3]，民之乱罔不中，听狱之两辞"，可见仍以证据为重也。虑法官之援用条文，有所违误也，则曰："五辞简孚，正于五刑，五刑不简，正于五罚，五罚不服，正于五过。"虑其草率行事也，则一再叮咛曰："阅实其罪"，"其审克（训核通□之）"。虑其如后世之所谓奸吏因缘为市，所欲活则附生议，所欲陷则予死比，则曰："上下比罪，无问乱辞。"虑其于罪重情轻，或情重罪轻者之不以适当之刑治之也，则曰："上刑适轻下服，下刑适重上服。"虑其于具列爰书而增减罪状也，则曰："狱成而孚，输而孚，其刑上备。"虑

---

〔1〕 马融来作求，有求请，赇也，惟作来亦通。

〔2〕 郑康成曰："不言五过之嫌疑有赦者，过不赦也。"《礼记》曰："凡执禁以齐众者，不赦过。"

〔3〕《后汉书·朱浮传》有人单辞告浮事者，注云：单辞，谓无证据也。

其于数罪并罚而误有出入也，则曰："有并两刑。"其训诫之周至，于此可见。或有以为凡此各点，多为法律上之常识，为法官者，焉有不知，何劳王之喋喋焉？须知此为距今二千六百年前之时代，而刑法上之各基本观念，已多有与现代相合之处，宁非可宝贵者乎？

第四，训勉法官守敬执中。"人心惟危，道心惟微，惟精惟一，允执厥中"。此尧舜以来相传之心法也。此心法中之最高原则为一"中"字。然此最高原则如何可几？则必以道心而克服人心。道心如何而可以克服人心？则惟精以察之一以守之，而纯乎义理之正而已。换言之，即无时无事而不守敬执中是也。此心法者，在古代伦理哲学及政治哲学中，皆奉为无上之圭臬。吕侯为穆王训刑，乃欲将此伦理哲学与政治哲学之最高原则，推而及之于法律哲学领域之内，故提出"敬"、"中"二字，反复申述其义。始则曰："敬忌罔有择言在躬。"再则曰："尔尚敬逆天命，以奉我一人。"又曰："惟敬五刑，以成三德。"又曰："何敬非刑。"又曰："哀敬折狱。"又曰："敬之哉！官伯族姓，朕言多惧。"又曰："朕敬于刑，有德惟刑。"而言"中"则曰："罔中于信。"又曰："士制百姓于刑之中。"又曰："故乃明于刑之中，率乂于民棐彝。"又曰："罔择吉人观于五刑之中。"又曰："惟良折狱，罔非在中。"又曰："明启刑书胥占，咸庶中正。"又曰："民之乱罔不中。"又曰："非天不中，惟人在命。"又曰："今往何监，非德于民之中，尚明听之哉！"又曰："无疆之辞，属于五极，咸中有庆。"是其授法官以心法之意，显然可见。盖司法乃公道之源泉，法官之内心生活，必须事事时时能"允执厥中"，[1] 夫然后裁判人民之权利义务，乃能至公至正，不偏不倚，而司法之目的，庶几乃克实现。按徐干《中论·赏罚篇》曰："赏罚不可以殊，亦不可以数，不可以重，亦不可以轻，先王思中以平之而不失其节，罔非在中，察辞于差。"王应麟《困学纪闻》曰："舜皋陶曰钦曰中，苏公曰敬曰中，此心法之要也。《吕刑》言敬者七，言中者十，所谓惟克天德，在此二字。"翁元圻案引吕东莱书说曰："五刑所以左右斯民，而司刑者代天行罚，作配在下，奈何其不敬哉！"又曰："中者，《吕刑》之纲领也苗民罔是中者也，皋陶明是中者也，穆王之告司政典狱，勉是中者也。"由斯以言，则《吕刑》一篇，最要之旨，乃在授法官以运用法律之心法。兹之所论，前贤已发其凡，尤见非一人之私

---

[1] 此种境地，非有深厚沉潜之修养决难做到。

言也。

尝读近代德国法学家施塔姆勒〔1〕所著《社会公平论》一书，史氏本社会公平之立场、设立四项原则，以为由法律而支配公平之标准，其四项原则之要旨如下：一，毋以一意志而受他人之武断的意志的压迫。二，各国法律上的要求之容许成立，必当以对方负义务者，仍能有同为人的生存为惟一之条件。三，无论何人不得无理由的摈除于共同利益之外。四，法律上赋予之各种管辖权力之平允与否，当以受管辖者仍能有同为人的生存为惟一之标准。

史氏以为应以此四前提为吾人之向导，使吾人由是得从法律方面而求得公平之处置，此前提不仅为政治上与立法上之原则，抑且为适用法律条文之根本条件。史氏原书，不下二十万言，反复陈述斯义；第以吾人之术语概括之，则史氏之所阐发者，不过一"中"字法理学而已，但《吕刑》乃吾国两千八百余年前之正式文告，而史氏则为并世德国法学界之权威，其所云云，尚仅表示其个人之一种理想，然则《吕刑》一篇，即此心法之传授一端，岂不足为吾法界同寅之瓖宝哉。

抑更有言者，吾国古代对于司法非常重视，如《大禹谟》帝谓皋陶曰："汝作士，明于五刑，以弼五教，期于予治，刑期于无刑，民协于中，时乃功，懋哉。"又曰："宥过无大，刑过无小，罪疑为轻，功疑为重，与其杀不辜，宁失不轻。好生之德治于民心，兹用不犯于有司。"《吕刑》一篇，追述苗民之所以"遏绝"，所以"无世在下"则于，"惟作五虐之刑曰法，杀戮无辜，爰始淫为劓、刵、椓、黥、越兹丽刑并制，罔差有辞，民兴胥渐，泯泯棼棼，罔中于信，以覆诅盟，虐威庶戮，方告无辜于上，上帝监民，罔有馨香德，刑发闻惟腥"及"罔择吉人，观于五刑之中，惟时庶威夺货，断制五刑，以乱无辜"。是谓苗民以用法不"中"，乃遭亡国灭种之祸，兹我四方司政典狱，用法若能盛"中"，则"一人有庆，兆民赖之，其宁惟永"。且必感中则"有庆"，不然则苗民即为前车之鉴，其垂戒之深，殆为何如！属笔至此，吾人复联想及于长勺之役曹刿与鲁庄公论战，刿问庄公何为以战？公谓："衣食所安，弗敢专也，必以分人。"刿则以为"小惠未徧，民弗从也，未可以战"。公谓："牺牲玉帛，弗敢加也，必以信。"刿又以为"小信未孚，神弗福也，未可以战"。殆公谓："小大之狱，虽不能察，必以情。"乃曰："忠

---

〔1〕 "施塔姆勒"原文作"史丹墨赖"，现据今日通常译法改正。——校勘者注。

之属也，可以一战。"由斯以谈，是政治之治乱，国家之兴衰，民族之存亡，胥视用法"咸中"与否以为转移。然则吾法界同寅，能谓当前之抗战，与吾人之职务无与耶？抗战至今，阅时六载，汉奸叛国者，曾尽量检举乎？囤积居奇者，曾执法以绳乎？贪污渎职者，曾尽法以惩乎？一切民刑狱讼，皆已"咸中"五过乎？如其未也，则国家民族前途，有待于吾法界同寅之努力迈进者，为如何殷且切也！

政治上的唯心原素的重要[*]

邓子骏

　　我写这篇东西的动机，是要今日居政治领袖地位的人们和参加实际政治工作的一切干部分子，在这严重的国难关头，秉着一个赤裸裸的心，来为国家和社会服务，达到挽救国家危亡，持续民族生命的最高目的。但我却不愿意以幽默、讽刺或谩骂的语调来刻画现在的实际政治，所以只好就一般政治思想家及改造者本身上说法，我希望各个负有政治责任的人们，自己去理解，自己去衡量个人和国家社会的轻重。倘使因为理解和衡量的结果，能够产生一点一滴的影响，那自然是我所企盼的。否则，也只好算是灾梨祸枣，增加几页覆瓶盖瓮的烂纸而已！

　　"唯心"这个名词，本来是和"唯物"相对待的。无论在一般哲学上，或是在政治哲学上，大抵都有唯心唯物的两大分野；而这两大分野，通常是立于互相辩难，互相攻讦的地位。

　　在某一时期，因为时代和环境的关系，某种思想，某种理论，或许是特别得势；但是等到时代转移了，环境的情形变迁了，必定有另一种的思想，另一种的理论，起而代之。这种虽然是新陈代谢的因果，同时也可以证明思想与理论总是和那一时代的特殊情形，特殊环境，有不可截然分离的关系。

　　唯心论和唯物论，在一般哲学及政治哲学上的消长的情形，也和上面所说的这个通例一样。这正因为适合于彼一时代彼一环境的思想和理论，难免不与此一时代，此一环境，发生龃龉。因为时代与环境的变异，人类的生活方式和标准，以及政治社会的组织的形态，免不了也因着这种转移变迁而跟

------

　　[*]　本文原刊于《不忘》（第 1 卷）1933 年第 7 期。原文未采用现代标点符号，文中标点为编者所加。

随者转移变迁了。因此从前所需要的，现在或者变为不甚需要；从前不甚需要的，现在或者竟是很迫切的需要，也未可知。换句话说，人类实际的生活和社会组织的形态发生变动的时候，思想方面、理论方面，当然也会发生剧烈的反动。这种反动的来临，也许竟如所谓"铜山东崩，洛钟西应"一样，成为一种很自然的趋势。

现在所要讨论的，不是一般哲学上的唯心论和唯物论的得失优劣，也不是政治思想上的唯心唯物的比较或研究，只是要观察政治思想上一个共同的唯心的原素，与它在政治思想上的重要性。

心与物既然是对峙的，内心的生活与物质的生活，都有同样的重要性。持论者每偏于一端立论，因而在心与物上冠上一个"唯"字，而至于互相指摘，互相诋诽，当然就免不了有一种偏见或武断的意识潜伏者，所以结论方面，都可以说是偏于一端而不很完全的。

这里所要说的，只是要指出政治上唯心原素的重要，并不是像一般持唯心论的政治学者专以表彰唯心论为出发点，而痛斥唯物论如何如何的不当或不合理。这一点是不可不首先声明的。

现在先把中国儒、墨、道、法四家的政治思想上的唯心原素，观察一下。

中国儒家的政治思想，是以倡导唯心论为特色的。比如孔子的政治思想的根本原理，即在于"仁"。因为能仁，乃能生爱，有了"仁爱"的骨干，于是律己则以克己复礼，完成一己的人格；对人则行之以"忠"、"恕"，而至于"己所不欲，勿施于人"。为政亦必以实行"仁政"为鹄的，以期能够实现"己欲立而立人，己欲达而达人"的愿望。所以他积极的主张"法治主义"。所谓治国平天下，必须以正心诚意为先决条件。他答季康子的问，会说："政者正也，子率以正，孰敢不正？"又说："其身正，不令而行，其身不正，虽令不从。""苟正其身矣，于从政乎何有？不能正其身，如正人何？"这种以身作则为天下先的持论，就在二千余年后的今日，我们仍然认为是一种不刊之论。今日政治上的极端紊乱的情形，分析起来，虽有不少的原由，然而置身政治者之人品庞杂，不配领导政治，总不能不说是一个很大的原因吧！

孔子的唯心政治论，是很彻底[1]的。下逮孟荀，也是同样很注重政治上的"心"的原素的。孟轲答梁惠王的问，劈头即谓："王何必曰利？亦有仁

---

[1] "彻底"原文作"澈底"，现据今日通常用法改正。——校勘者注。

义而已矣!"他对"仁"、"义"的分际,则谓:"人皆有所不忍,达之于其所忍,仁也。人皆有所不为,达之于其所为,义也。"又说:"杀一无罪,非仁也;非其有而取之,非义也";"恻隐之心,仁也;羞恶之心,义也";"恻隐之心,仁之端也;羞恶之心,义之端也"。试问,如果凡是参与实际政治的人,都能做到秉持"杀一无罪非仁也"的信律,还有什么弁髦法令、戕贼民生的行为么?都能做到"非其有而取之非义也"的一点,还有什么营私肥己、贪污悖法的事实么?同时孟子对于改善政治,是主张从心理革命做起的。他主张必须以不忍人之心,行不忍人之政,然后可以治天下。他说:"无恻隐之心非人也,无羞恶之心非人也,无辞让之心非人也,无是非之心非人也;……凡有四端于我者,知皆扩而充之矣,若火之始然,泉之始达;苟能充之,足以保四海,苟不充之,不足以事父母。"孟子的这种以心理革命为出发点而谋改善政治的主张,是和孔子的由正心诚意而做到治国平天下的道理,可以说是全然一致的。照道理说来,政治家如果没有一个很真诚坦白的心意,一举一动,根本即是招致人民的怀疑。哪里能够希望达得到改善政治,推动政治的目的呢?如果没有一种很满富热切的情感,和很伟大充沛的怀抱,又哪里会有不惜牺牲个己的一切的毅力和勇敢,而唯求贯彻[1]其拯救大我的职志呢?

儒家的政治思想,由孔孟发其端。孔孟以后二千数百年来,虽有无数的继起者,其主张尽管也有与孔孟相出入的,但是很少根本毁弃孔子的正心诚意和忠于一贯的道理及孟子的"仁义"的基础的。

儒家的政治思想有很浓厚的唯心原素,是人人所共认的事实。其实,墨、法、道诸家,又何尝不然呢?譬如拿墨子说罢。墨子事主张节用爱人的,他的节用的主张,是很少有人能够做得到的。他主张茅茨不剪,采椽不刮,食土簋,啜土刑。[2]他这种节俭,刻苦是十分的刻苦了,但是他的节用,绝不是像世俗的守财奴的吝啬,也绝不是为着恐惧未来的匮乏而教人节用。然则节用的本旨是什么?只是为着"爱人",只是为着能"有余财以相分"而已。因为墨子政论的核心,简括一句,是在"兼爱"。如《兼爱》上篇所说:"圣人以治天下为事者也。必知乱之所自起,焉(焉训乃)能治之,不知乱之所

---

〔1〕 "贯彻"原文作"贯澈",现据今日通常用法改正。——校勘者注。
〔2〕 "刑"通"型",指用土做的器具。——校勘者注。

自起，则不能治。察乱之何自起？起于不相爱。臣子之不孝君父，所谓乱也；子自爱不爱父，故亏父而自利；弟自爱不爱兄，故亏兄而自利；臣自爱不爱君，故亏君而自利；此所谓利也。虽父之不慈子，兄之不慈弟，君之不慈臣，此亦天下之所谓乱也。"墨子政论的核心既在兼爱，故非攻非乐、节用、尚贤、亲士等等，大抵均在发明兼爱的一个本体论，期望如何如何地能够达到兼爱的唯一目的。本来，往日社会组织的形成是由君臣、父子、夫妇、兄弟、朋友、亲戚等等的关系，交合而成的。在现代的国家和社会组织当中，君臣的关系虽然大多数的国家是没有了；而在现在比较繁复的国家和社会组织中，除了上面所列的种种关系而外，还应该加上"国家和人民、组合和份子、军队和士兵、团体和团员以及劳方资方"等等其他无数的交织的关系。但是假如这些交织的关系间，彼此都是绝对的分离、绝对的不合作、绝对的排挤倾轧、绝对的互相仇恨和嫉妒，其结果必致国家不爱惜人民，人民亦不爱惜国家；工会农会种种的组合，不注意其分子的利益，同时其分子对于此种组合亦必漠然不加重视；做父母的不负教育子女的责任，为子女的也不顾赡养衰老疾病的父母；朋友则尔诈我虞；亲戚则不济急难；劳方资方则互相水火，以至工厂关门商店歇业。这样的结果，是不是使整个社会组织毁减？是不是使民族的结合，国家的组织，同趋覆亡？

儒墨而外，道家也有道家的政治思想。老庄的思想和他们对于政治的观念，一般人都是认为趋向于消极的方面的。但若仔细研究起来，消极二字似乎并不确切。还有人以为老子的"静气致柔"，很有近乎崇尚阴谋，使弄手段的色彩。其实，这也是很盲目的批评。要明了这一点，我们先得了解老庄的时代和环境背景。他们所处的时代，是割据分裂、交相残杀的时代；那时候的政治情况，又是横征暴敛、滥用压力的贪暴政治。在老庄以前，人民的自由是被剥削得干干净净。原来在周朝鼎盛的时候，人民的言论思想本是很不自由的。有造言之刑，有乱民之刑，造言之刑，就是妄倡新说蛊惑人民所课的刑罚。乱民之刑，就是妨害治安和秩序所课的刑罚。到周末的时候，政府已经失却权威，对于言论和思想的限制，也渐渐宽弛了。一般以解除人民痛苦为己任的志士仁人，回想过去政治上过度的干涉和束缚，目击当时分裂扰攘的局面，所以在发表其个人的思想和主张的时候，不免发为种种忿激的言论。然而他们的目的，仍然不外乎"爱人爱物"的一个心理原素而已。老子因为反对重重叠叠的严密的法网，所以说："法令滋章，盗贼多有。"因为反对暴君和酷吏的任意滥杀，所以说："民不畏死，奈何以死惧之？"因为反对横征暴敛，所以说："民之饥，以其上食税之多，是以饥。……民之轻死，以其求生之厚，是以轻死。"因为反对战争的残酷，所以说："以道佐人主者，不以兵强天下，其事好还。师之所处，荆棘生焉，大军之后，必有凶年"。和"天下有道，却走马以粪；天下无道，戎马生于郊。……""夫佳兵者，不祥之气。"他这一类的主张，都只在排斥一切积重难返的秕政。必须把一切的秕政统统去掉，才能促进人民的幸福，人民才能有真正的幸福可言。他的政治的根本原则是无为。谓："为者败之，执者失之。""其政闷闷，其民淳淳；其政察察，其民缺缺。民之难治，以其上之有为。"他又说："天之道，其犹弓欤，高者抑之，下者举之，有余者损之，不足者补之。天之道，损有余以补不足，人之道，损不足以奉有余，孰能损有余以奉天下，惟有道者。"很多人把老庄的无为，当作"不做事"解释，这是全然错误的。他既然要高者抑之，下者举之，有余者损之，不足者补之，这正是想从"有为"而做到人人平等的地步，哪里是教人不做事呢？如果是要国家或政府简直的不做事〔1〕，那又何须还要"抑"、"举"、"损"、"补"呢？如果无为就是说不做事〔2〕的话，那么他自己又何必还留下五千言的《道德经》？而赞同他的无为的道理的庄周，也何用滔滔琐琐作那些诙诡的言论呢？可见得他们主张无为的用意，只是绝对的排斥政府对于人民所采取的不合理的干涉政策。所谓："我无为而民自化，我好静而民自正，我无事而民自富，我无欲而民自朴。"目的也只是要政府把无聊的干涉人民的权力尽量地缩减，使人民能够得到较大限度的自由。各人自己去安其居，乐其业，去发展和处置各人自己的事情。这种主张，和欧美的各人自由主义，及国家放任政策，是很相近的。庄子的："闻在宥天下，不闻治天下。"也只是这个道理。并不是叫政府和人民都不做事，去糊里糊涂地过着生活，以待老死啊！

　　法家的政治思想，以管子、商君、韩非子、申不害、慎到等为代表。我国的政治思想，向来是以儒家的德治主义为比较得势，同时也最受文人学者的捧场，所以法家的政治思想，常常受到各方面的反对的批评——被目为残酷寡恩之类。批评虽然尽管受人批评，实际的事实仍然是不能够一笔抹杀的。

---

〔1〕 "不做事"原文作"不作事"，现据今日通常用法改正。——校勘者注。

〔2〕 "不做事"原文作"不作事"，现据今日通常用法改正。——校勘者注。

当法治精神运用到实际政治上的时候，常常有异乎寻常的收获。其效力的迅速，远非迂回曲折的德治主义所可比拟，像管子的治齐，商鞅的治秦，诸葛亮的治蜀，都是很好的例证。法家的政治思想，要算管子为最完备，他不但讲法律，同时还讲到经济和理财。管子的修明政治的基本原则，就是要"守法"，他说"法制不议；则民不相私；刑杀毋赦，则民不偷于尽善；爵禄毋假，则下不乱其上；此二者，藏于官则为法；施于国则成俗；其余不强而治矣"。"不法法，则事无常；法不法，则令不行。令而不行，则令不法也。法而不行，则修令者不审也。审而不行，则赏罚轻也。重而不行，则赏罚不信也。信而不行，则不以身先之也。故曰：'禁胜于身则令行于民矣。'"本来，不实行法治则已，如果真要实行法治的话，政府就得首先从守法做起。要是政府本身先就没有守法的诚意和守法的精神，那么，法律的威信当然就会全部消失。这是毫无疑义的。所以法家像申、韩、商君等，都是同样地以守法为第一要义。其次，法律平等的一个观念，在法家也是大体一致的。管子的《重令篇》说："凡令之行也，必待近者之胜也，而令乃行。"《法法篇》说："故置法以自治，立仪以自正也，故上不行，则民不从。"商君也说："是故先王知自议私誉之不可任也，故立法明分。中程者赏之，毁公者诛之。赏诛之法，不失其议，故民不争。"又说："……故赏厚而利，刑重而威；必不失疏远，不远亲近；……"慎子亦说："法者，所以齐天下之动，至公大定之制也。故智者不得越法而肆谋，辩者不得越法而肆议，士者不得背法而有名，臣不得背法而有功。我喜可抑，我忿可窒，我法不可难也。骨肉可刑，亲戚可灭，至法不可缺也。"试问就在我们现在号称民主和法治的今日，曾经做到这种地步没有？要是政府和官吏能够像这样的严格的守法，在法律的面前，人人一律平等，那么，还会得有政府大员贩卖鸦片，法院熟视无睹不敢过问的事情么？还会得有苞苴贿赂公然行使，"怀中巡出座上亲呈"的违法无耻的勾当么？

法家被人目为残酷寡恩的最大的原因，就是因为他们的严格的守法和严格的法律平等的两个观念所引起的。他们为什么要严格的守法、严格的法律平等，而至于"不失疏远、不远亲近"与"骨肉可刑、亲戚可灭"呢？这不是所谓残酷寡恩，正是因为他们所着重的是全体的利益，不是一二私人的利益。因为要全体的人守法，便不能任听一二有特殊关系或特殊地位的人不守法。对一二人之所以不肯屈法徇情的原故，只是为着"与其一家哭，不如一路哭"的爱人和爱社会的良心的驱使！这是维持法治的必不可少的精神和条件！如何可以说是残酷寡恩？

中国的政治思想，可以以上而所说儒、法、道、墨诸家作为代表。此外虽也有零星的学说，因他们给予政治和人心的影响并不甚大，无关重要。以儒、墨、道、法四家来说，他们的主张，各个不同，各有各的政治思想上的一贯的，独立的系统。儒家所提出的解决政治的方案和手段，与道家、墨家、法家所提出的，截然不同；道、墨、法诸家也有彼此个别的方案。他们甚至彼此交相攻讦，交相辩难。不过我们若以旁观者的地位看来，他们解决政治的主张尽管各有不同，他们所提出的方案和采取的途径也尽管彼此各别，他们却有一个绝大的共同点。在这一个共同点上，他们仍是全然一致的。这个共同点是什么？就是一个相同的唯心的原素。这里所说的所谓"唯心的原素"，不是拿来对峙一般哲学及政治哲学上的唯物论的，这一点在上面引言里面，我已经声明过。现在应该再来详细的诠释一下。我所说的他们的共同的唯心的原素，就是说他们心目中都有一个相同动机和目的，就是要改造社会，改造国家，把他们所认为不能满意的国家和社会，重新改造过，改造成一个理想的良好的国家，理想的良好的社会。在这一个理想的国家和社会里，一切的人们都能够获得充分的多量的幸福。不过各人所理想的一个国家和社会，不一定相同罢了。既然各派所理想的一个国家和社会，彼此不同，所以采取的改造途径和提出的改造方案也就各异了。我们现在所要特别提出的，就是这一个相同的唯心原素。我们认为这个唯心的原素，具有精神上至高无上的价值。倘使没有这一个精神上的原素，人们就不会想到怎样怎样地改造社会，改造国家，同时也不会有热情去注意和顾念到芸芸众生的幸福与利益。

人类生存在社会里，不能不有欲望，有了欲望，倘使不能得到满足，不期然而然就会感到痛苦。为了要免除痛苦，就得寻求幸福与满足。社会和国家里面，如果不能使人人都得到充分的多量的幸福，这个社会和国家当然便需要改造。思想家苦心焦思，图谋实现它的改造的愿望，增进人类精神的和物质上的生活的幸福，这个唯心的原素，所以就宝贵了。

国家这样东西，在政治思想家或社会思想家的眼光中，原是各人有各人的看法。有的以为国家与人类的生活和幸福有很密切的关系，所以国家有绝对存在的必要。也有的以为人类的生活和国家的组织并没有什么了不得的关系，国家可以存在，也可以不必存在。还有的以为国家的组织乃是妨害人类生活和幸福发展的一种障碍物，必须根本铲除掉的极端思想。不过，我们生存在现在国与国对峙的国际社会，我们不能不就现实的状况说话，那种超国家的思想，我们只好暂时置而不论。

我在前面曾经特别指出中国儒、墨、道、法四家的政治思想上所共有的一个唯心的原素，同时也曾经说明我们对于国家和社会的根本概念——国家和社会的组织的必要，只是为着它能够增进人类生活的幸福，和使得人人能够得到满足。[1]关于前者，所谓这个唯心的原素，当然不仅是儒、墨、道、法等政治思想家所独行，而是一切思想家和改造者、实行者所共有。思想家如果没有这一个唯心的原素，便不会殚精竭虑去提出改造社会改造国家的方案；实行家如果不是为这一个唯心的原素所驱使，便不会肯为着大多数的幸福和利益而不惜牺牲其小我的一切。正是因为国家、社会和各人的生活间有很密切的连锁关系，我们要想改善个人[2]生活，便不能不改善国家及社会的组织的形态，我们也便不能不以很严肃的态度重视国家组织及社会生活的秩序。柏拉图和亚里士多德以唯心伦理的政治眼光观察国家，也只是这个用意。因此，他们以为人类天生是政治社会的一分子，国家的目的是道德生活的联合，善良的生活即是各人各尽其社会生活中应尽的职务。从更广大的范围去观察这个唯心的原素，我们可以说整个的社会进化史、整个的政治思想史、整个的宗教史、文学史、整个的科学发明史，以及其他一切的一切，统统都可以归纳到这一个精神的原素上去。思想家因为具有这一个精神的原素，所以便能站在时代的前面及超乎环境的场合指示人们以生活的途径；[3]实行家因为具有这样的一个精神的原素，所以便能抱着"干"的主义，勇敢地领导着人们向前迈进；[4]宗教家想为人们解除生、老、病、死、苦的痛苦，和生活上的烦闷与悲哀，所以便创为宗教的教义，使人们获得精神上的慰安；[5]文学家目击离乱之世的干戈扰攘和民不聊生的境况，于是便发为慷慨

---

〔1〕 至少在现在国与国对峙的国际社会里，这种组织是必要。

〔2〕 此个人指全体而言。

〔3〕 如一切政治思想家社会思想家之类。

〔4〕 如摩顶放踵，或杀身成仁之志士及革命家之类。

〔5〕 如释迦牟尼佛、耶稣基督、穆罕默德（"穆罕默德"原文作"默罕默德"，现据今日通常译法改正。——校勘者注）之类。

激昂或凄婉欲绝的诗歌，反对战争，诅咒暴政；[1] 先知先觉者看见国家的危亡，民族的衰颓，人心的陷溺，政治和社会制度的腐败，于是便倡为种种挽救危亡，振起衰颓，激励人心，改造政制的学说，和方案；[2] 科学家为着要增进人类的物质生活的幸福，于是不惜孜孜矻矻，穷年累月的埋头在实验室或工厂里面，去发明这样、发明那样，从事于以利人居、以利人行、以利人衣、以利人食的种种新的发明。[3] 有了这些例证，这个具有精神价值的唯心原素的可贵，便可更加明白了。

单就政治思想家来说，政治思想家之所以有这样那样的改革方案，便是因为受了这个精神的唯心原素的驱使。换句话说，便是因为心目中先有了刻刻不能忘怀的大多数人的福祉，同时看见甲制足以束缚人类的自由，乙制足以阻止人类的创造，丙事足以妨害人类的幸福，丁事足以影响人类的发展，于是便想把这样或那样的一切不良的政制、风俗、习惯等等分别加以根本的改革，或适当的纠正，建设各人思想中的完美的政制。孔子思想中的小康社会和天下为公的大同世界，柏拉图的正义的理想国，孟德斯鸠的三权分立的政制，卢梭、洛克等的天赋人权论，美法革命时代和近代的所谓"德谟克拉西"[4] 的国家观，洪堡 (WilhelmHumboldt)[5]、斯宾塞、约翰·密尔等的个人主义的社会，西斯蒙第 (Jean de Sismondi)[6]、欧文 (Robert Owen)、圣西门 (Count Henri de Saint – Simon)、傅立叶 (Charles Fourier) 等所理想的社会主义的乌托邦，蒲鲁东 (Pierre J. Proudhon)[7]、克鲁泡特金等的无政府主义的社会，以及边沁 (Jermy Bentham)、詹姆斯·密尔[8] 等所倡的功利主义，狄骥、拉斯基[9] 等所主张的多元主权的国家，无一不是为谋解决人类痛苦，促进人类福祉的一个共同的精神原素的产物。就是持绝对的唯物史

---

〔1〕 如杜甫白居易之诗，柳柳州（即柳宗元。——校勘者注。）之文之类。

〔2〕 如尼采、斐希特之在德意志，孙中山之在现代的中国之类。

〔3〕 如瓦特、爱迪生（"爱迪生"原文作"安迪生"，现据今日通常译法改正。——校勘者注。）等等大科学家大发明家之类。

〔4〕 即民主，"德谟克拉西"即 democracy 的音译。

〔5〕 "洪堡"原文作"洪保德"，现据今日通常译法改正。——校勘者注。

〔6〕 "西斯蒙第"原文作"西斯蒙德"，现据今日通常译法改正。——校勘者注。

〔7〕 "蒲鲁东"原文作"普鲁东"，现据今日通常译法改正。——校勘者注。

〔8〕 "詹姆斯·密尔"原文作"詹姆士·密尔"，现据今日通常译法改正。——校勘者注。

〔9〕 "拉斯基"原文作"拉士基"，现据今日通常译法改正。——校勘者注。

观的马克思，我们可以说仍然是摆脱不了这一个唯心的原素。马克思如果不是看见了社会上的不平等的现象，及资本家榨取工人血汗图谋个人享受的不公道的情景，他便不会发明他的资本论和剩余价值等学说，同样他当然也便不会主张以所谓阶级斗争来打倒一切不平等不公道的现象。正因为见着了劳苦的工人，在工厂、矿坑及其他场所的日未出而作，日已入而犹不得休歇的牛马生活，恻然有动于中，才来着手诊断社会的症象，视察社会的病理。一部《资本论》巨著之所以出现的由来，我们应该作如是观。马氏的辩证法的结论和他所主张的阶级斗争的方法是否是对，那是另一问题。但他和其他的思想家实行家所同具的一个唯心的精神原素——一个悲天悯人的怀抱——我们却终不能否认。列宁也正因为悲悯俄国农民的生活和待遇，所以才秉着一腔热情和满怀毅力，挺身领导布尔什维克革命。孙中山先生，也是因为悲悯具有四万万的人口数的中华民族，内则感受政治的腐败，生活的痛苦，外则遭际国际帝国主义者铁蹄的践踏蹂躏，所以才毅然决然，肩荷起领导国民革命的万钧重任。

以上所说的，是政治思想家，社会改造者、宗教家、科学家所共同具有的一个唯心的精神原素。其实这个唯心的精神原素，不但是一切思想家改造家所同有，凡是戴鬘含齿圆头方趾的人类，当然都应该有这个原素潜伏着在意识里面。不过这个唯心的原素，很有点像王阳明所说的"良知良能"一样。有的人的良知良能是莹然澄然，不论为个人做事、为社会做事、为国家做事，都是秉着良知良能向前干去，丝毫不肯违背、丝毫不肯通融、丝毫不肯假借。而有的人的"良知良能"却是混沌了、盲昧了，只看得到个人的利益，便看不到国家和社会的利益，只看见了个人的刹那间的肉体的生命，便看不见国家和社会的永久的生命。所以整个的政治便出轨了，整个的国家便破碎了，整个的民族生命便奄奄垂毙了！当前的国难，是中国国家生死存亡的一个最严重的关头，也是中华民族所遭际的一个最大的试验。我们能不能够突破这个严重的国难，持续我们民族的永久的生命，便要问现在居政治领袖地位的人们，和参加实际政治的一切干部份子，能不能够扩充和发展各人所共同具有的一个唯心的精神原素！

周秦诸子礼法两大思想概论[*]

刘承汉[**]

第一章 绪 论

中华号称文明古国，世之誉我者以是，我之自诩者亦以是。间尝思之，古国文明之特征，究何在乎？夫既以国言，则治国之为道，所取何策，所由何术，其所以经纬国家，维系人心者，顾不伟且重欤？尝维社会发达之顺序，由个人而家族，由家族而部落，由部落而国家，由国家而世界。人类社会之进化，盖出于自然之趋势，然以多数人相集而营共同生活，一方因自利心之发达，各个体力求所以扩大充实之；一方为保持人类社会生存计，常思泯除各个体间利害冲突，而求得其所谓安宁秩序。此间纷纭错杂，取舍万殊，不有超人思想，何以策驭蚩氓？圣人者出，制为人群规范之礼，劝善于其前，立为共同遵守之法；惩恶于其后，礼法之相成，盖殊途而同归也。征之史乘近求国际治理之道，罔不如是。顾余独取周秦诸子学说而论列之者，何也？上古荒邈，莫可穷稽，汉唐以还，代相因袭，独周秦之间，诸子蜂起，群说朋兴，蔚然成为中国思想界中极盛之黄金时代。中华号称古国文明者，其在斯乎？礼治国与法治国之异同，原不待烦言而解。周秦诸子，各因其时代背景不同，互有发明，各征独到，敢为陈而类别之于次。

按礼，《说文》："礼，履也，所以事神致福也。从示、从丰，丰亦声。"

* 本文原刊于《法学季刊（上海）》（第 4 卷）1931 年第 8 期。原文未采用现代标点符号，文中标点为编者所加。

** 刘承汉，1931 年毕业于东吴大学法学院（第 14 届），获法学学士学位。

又"豊行礼之器也，从豆象形"。是礼之最初意义，纯属宗教仪节。《虞书》："有能典朕三礼。"马注："天神地祇人鬼之礼也。"此盖礼之本义，其后礼之为用，范围渐大，有所谓五礼六礼，及九礼之称。五礼者，吉凶军宾嘉也；六礼者，冠昏丧祭乡相见也；九礼者，冠昏朝聘丧祭宾主乡饮酒及军旅是也。凡此均属处世接人、慎终追远之仪文，其范围已不限于宗教礼节。盖原始社会，人事简单，举凡宗教道德、风俗习惯，当其时足认为人类行为之规范者，无不列入礼仪之中。而制成一定形式，以为治理，唐虞三代，皆以礼治。孔子所谓"殷因于夏礼、周因于殷礼"是也。《周礼》一书，先儒虽未有定说，而先王遗意，大略可见。其时八议八成之法、三宥三赦之制，胥纳于礼之中，初无法之可言也。时至战国，社会变迁急剧，举凡先贤道德习惯，孑然无遗。顾亭林[1]曰："春秋时犹尊礼重信，而七国则不言礼与信矣；春秋时犹宗周王，而七国则不言王矣；春秋时犹严祭祀、重聘享，而七国则无其事矣；春秋时犹论宗姓氏族，而七国则无有矣。"赵岐《孟子题辞解》亦曰："周衰之末战国纵横，用兵争强，以相侵夺，当世取士，务先权谋，以为上贤，先王大道，凌迟隳废，异端并起。"可见当时社会道德日堕，昔时礼治主义，已不足以维系人心。人类日处于此惊诧及苦闷之环环中，乃不得不日求所以解决慰藉之方。凡贤智之士，无不竭精殚虑，画出种种方案，以应当世之要求。于是诸子百家，争以说雄于时，而法制思想，尤为澎湃。缘彼时社会之制裁力全失凭依，礼治主义，无以为用，不得不假国家之力，以为制裁。因之法律始脱离道德窠巢，而为专门之学。此为周秦之间，礼法互兴递嬗大概也。

虽然，礼法混同之迹，仍未泯也。汉虽去古已远，《汉书·礼乐志》，叔孙通所撰礼仪与律同录，藏于理官。《说文》引汉律祠宗丹书告和帝纪，注引汉律，春日朝、秋日请，是可证朝觐宗庙之仪、吉凶丧祭之典。后世以之入礼者，而当时则多属律也。第此不在本题范围，则又忽诸，抑有进者，余初习律，妄纂是篇，而必申之以礼法者，亦有说焉。试考《摩奴法典》[2]，《马那巴达麦萨斯德拉》（Manara. Dharmasarstra）者，即印度法系之基本法典也。其中最要之《哥尔巴斯德拉》（Kalpasutra）即印度之礼典，分为《祭牺经》（Sranta）、《清净经》（Sanis karas）、《律法经》（Sarnaka Karika）三部。

---

[1] 即顾炎武。——校勘者注。
[2] "《摩奴法典》"原文作"《马伦法典》"，现据今日通常译法改正。——校勘者注。

其第三部实为法典所自出。又观古代希腊罗马法制，婚姻依婚礼，养子依收养礼，相续依丧礼，凡百制度，无不与宗教相关联。即《梭伦法典》〔1〕，亦系礼典之一。于此可见上古法制，多渊源于礼制，此殆法制进化必有之阶级，有不可或越者。本编述法而不忘礼、述礼而必及法者，职是故耳，于是进而言本编编纂之顺序，按自然发达之先后，先有礼治思想，后有法治思想，然于礼法过渡，亦有礼法兼重者。特法治思想之肇源，与礼治思想亦有不甚悬殊者，故分为侧重礼治、兼重礼法及侧重法治三大类。每类之中，更就各家学说主要各点，从而分析之、组合之，计分十节，分隶于各类焉。各节次序及诸说，定名诚知未当，然力求不失其真而已。

按礼治主义为我国儒家中心思想，其中代表人物，自以孔子为领袖，而孟子荀卿属之。言其思想之基本观念，侧重礼治者，有礼为民坊说及正名定分说。至荀卿所倡度量分界之说，利用礼为实行工具，而侧重物质之分配。一方集儒家正统思想之大成，一方开法家师法思想之先河。实为礼法兼重，且由礼转法之一大关键。又礼刑异施之说，虽其肇基非始于周，且有中国四夷之分、庶人大夫之别，有似重私而轻法。然苟摒除吾国古代自大观念之谬误，则可知彼时所取政策，盖亦礼法兼重，特所施所受者，各有不同而已。本编重在思想之分类，故舍其貌而取其神，仍附于礼法兼重类之后。

至于侧重法治思想，按法家之书，据《汉书·艺文志》所载，李悝三十篇，商君二十九篇，申不害六篇，处子九篇，慎到四十二篇，韩非五十五篇，游棣子一篇。典籍如此其丰富，则当时法家思想之澎湃，迄今犹不难想象及之。所惜者，凡是典籍，多已遗佚。譬如李悝《法经》，为秦汉法律所由出，最足为时代思想之代表，然今则仅存其目。《商君书》据郑樵《通志》云："汉有二十九篇，今亡三篇。是宋时所亡者，尚不过三篇，今则有录无书者，又二篇。"至《慎子》全书，今只一卷，分内外二篇，及其佚文而已。《韩非子》今本虽无甚阙佚，但逻辑毫无系统，且其间存韩亡韩，先后矛盾，犹不免有后人掺杂之作。是吾人生今之世，欲求明了数千年前之思想何如者，唯求之于此种断简残编而已。虽然，一鳞一爪，弥足可珍。当时诸子学说，对于法理剖析之精、论证之密，较之近世泰西法学家，诚未遑多让。试就各家思想之见诸言论者，分析而论别之，可得数种，曰无为而治说、曰客观标准

---

〔1〕 "《梭伦法典》"原文作"《索伦法典》"，现据今日通常译法改正。——校勘者注。

说、曰综核名实说、曰期功责效说、曰法律平等及进化说、曰严刑重典说。分列于各节，亦足见其一斑焉。

第二章　侧重礼治思想诸学说

第一节　礼为民坊说

儒家主张感化主义，其唯一目的与夫唯一手段，不外将国民人格提高，而养成健全之社会，故以礼为"民坊"之主要工具。《礼记·坊篇》曰："礼者，因人之情而为之节文，以为民坊者也。按礼之所以能为民坊者，必其自身具有制裁力，而后功用始生。"与今之法律用以模范人类行为者，实有同一性质。惟所不同者，一则以国家之力为制裁，一则以社会之力为制裁；一则示民所当为，一则禁其所不当为。异同概略，如斯而已。《大戴礼记·礼察篇》曰："孔子曰，君子之道，譬犹防欤。夫礼之塞，乱之所从生也。犹防之塞，水之所从来也。……故婚姻之礼废，则夫妇之道苦，而淫僻之罪多矣。乡饮酒之礼废，则长幼之序失，而争斗之狱繁矣。聘射之礼废，则诸侯之行恶，而盈溢之败起矣。丧祭之礼废，则臣子之恩薄，而倍死忘生之礼众矣。凡人之知能见已然，不见将然，礼者禁之于将然之前，而法者、禁之于已然之后。……礼云礼云，贵绝恶于未萌，而起敬于微眇，使民日徙善远罪，而不自知也。"此言礼之大用，可谓博深切明，教民依礼而行，以养成道德习惯，使于不知不觉间，"徙善远罪"。故礼为防恶于未然之制裁力，譬之讲求健康者，未病之先，研究卫生以却之。及其既病也，则对症下药，医病于已然之后。故礼为卫生书，法为医药书。儒家深信此意，因将一切合于道德可以为标准，可以养成善良习惯，可以增进社会治安之规矩，悉称之为礼。故礼之定义，范围至广。《乐记》曰："礼者，理之不可易者也。"《礼运》曰："礼也者，义之实也，协诸义而协，则礼虽先王未之有，可以义起也。"观此可知礼之意义，实为"理"、"义"二者，合为一事。凡为道理之正、事理之宜者，均为礼之一部，亦即为人类行为规范之一部。今世各国民法，往往有无明文从习惯、无习惯从条理之规定。所谓条理者，盖即"理之不可易"、"义之实耳"。然则礼之为物，将何由而得为民之"坊"乎？曰：其作用有三。

第一，规定伦理名分。儒家之人生哲学，以伦理为基础。故其根本观念，在"君君臣臣父父子子夫夫妇妇"之名分区别。凡此伦常关系，均规定于礼仪之中。是当时之所谓礼，即不啻家庭社会国家之组织法也。《坊记》曰："夫礼者所以章疑别微，以为民坊者也。故贵贱有等，衣服有别，朝廷有位，则民有所让。哀公问曰：民之所由生礼为大。非礼无以节事天地之神也，非礼无以辨君臣上下长幼之位也，非礼无以别男女父子兄弟之亲、婚姻疏数之交也。"此为礼之重要作用，盖用以分辨家庭社会一切伦理上之等差次第也。

第二，节制人情。《礼运》曰："圣人耐以天下为一家，以中国为一人者，非意之也，必知其情，辟于其义，明于其利，达于其患，然后能为之。"何谓人情？喜怒哀惧爱恶欲七者勿学而能。何谓人义？父慈子孝、兄良弟悌、夫义妇听、长惠幼顺、君仁臣忠，十者谓之人义。讲信修睦，谓之人利。争夺相杀，谓之人患。故圣人之所以治人七情，修十义，讲信修睦，尚慈让，去争夺，舍让何以治之。饮食男女，人之大欲存焉；死亡贫苦，人之大恶存焉。故欲恶者心之大端也。人藏其心，不可测度也。美恶皆在其心，不见其色也，欲一以穷之，舍礼何以哉。人之情欲可善可恶，如无节制，则流弊滋多。而七情之中，欲恶更为重要。欲恶无节，则争夺相杀，都缘以起。儒家向不主张无欲，但主"因人之情而为之节文，以为民坊"。故《乐记》曰："夫豢豕为酒，非以为祸也，而狱讼益繁，则酒之流生祸也。是故先王因为酒礼，一献之礼，宾主百拜，终日饮酒而不得醉焉。此先王之所以备酒礼也。"《檀弓》曰："弁人有其母死而孺子泣者。"孔子曰："哀则哀矣，而难为继也。夫礼为可传也，为可继也，故哭踊有节。"以上两节，均系"因人之情而为之节文"，此儒家之所以修礼以为民坊也。

第三，养成道德习惯。儒家之所以规定伦理名分、节制情欲者，意在化民成俗，造成一种礼义空气，使人生其间，自幼至长，无一事不受礼义之制裁。故孟子曰："劳之来之，匡之直之，辅之翼之，使自得之。""使自得之"，是其目的，而"匡直辅翼"，是其手段。如之何而可得"匡直辅翼"？必先有良好之社会习惯，方有绝恶未萌，起敬微渺，使民日徙善近恶而不自知之效。西儒贺模式有言曰："今之治法制史者，尝有误认习惯为自然之错误。而我国儒家，正欲养成良好习惯，使民视之，各出之自然。"故《檀弓·周豊》有言曰："墟墓之间，未施哀于民，而民哀；社稷宗庙之中，未施敬于民，而民敬。"墟墓中有哀之空气，宗庙中有敬之空气，是均用礼以养成善良风俗而已。风俗善良，则民不为非。民不为非，则法虽备而无所用之。故曰："礼者，以为民坊者也。"

第二节　正名定分说

孔子学说之中心问题，首在正名定分。正名所以辨是非，定分所以明贵贱，实为言礼之基本观念，亦即后世法学界身份与私权观念之所由起。故研究古代法制思想者，不可不知儒家之所谓"正名"。《论语·子路篇》："子路曰：卫君待子而为政，子将奚先？子曰：必也正名乎！子路曰：有是哉，子之迂也！奚其正？子曰：野哉由也！君子于其所不知，盖阙如也。名不正则言不顺；言不顺，则事不成；事不成，则礼乐不兴；礼乐不兴，则刑罚不中；刑罚不中，则民无所措手足。故君子名之必可言也，言之必可行也。君子于其言无所苟而已矣。"

礼乐与刑罚，一则防之于未然之先，一则禁之于已然之后，是均人类行为之一定规范，而具有法律性者。今之礼乐不兴，刑罚不中，均始于名之不正，亦可见正名之重要矣。汉儒董仲舒于《春秋繁露·深察名号篇》复申其说曰："名者，大理之首章也。录其首章之意，以窥其中之事，则是非可知，顺逆自著。"又曰："名生于真，非其真弗以为名。名者，圣人之所以真物也。名之为言真也。故凡百讥有黮黮者，各反其真，则黮黮者还昭昭耳。欲审曲直，莫如引绳；欲审是非，莫如引名。名之审於是非也，犹绳之审於曲直也。诘其名实，观其离合，则是非之情不可以相谰已。"

欲知儒家对于正名之义，所以如此重视之原因，当先略言明与实之关系。实者，事物之自性相也；名者，人之所命也。每一事物抽出其属性，而命以一名，睹其名而其"实"之全属性具慑焉。所谓"录其首章之意，以窥其中之事"也，由是循名以责实，则有同异离合是非顺逆贵贱之可言。第一步，名与实相应，谓之同、谓之合；不相应，谓之异、谓之离。第二步，同为合焉者，谓之是、谓之顺；异焉离焉者，谓之非、谓之逆。第三步，是焉顺焉者，则可贵，非正名所以建设是非真伪之标准。春秋之世，邪说暴行，是非无定，如少正卯邓析之流，"以非为是，以是为非，是非无度，而可与不可日变。"故孔子急欲于思想界建设一公认的是非真伪之标准，以资辨识。而其建设方法，则以正名为始基。《荀子·正名篇》曰："王者之制名，名定而实辨，道行而志通，则慎率民而一焉。……今圣王没名守慢奇辞起，名实乱，是非之形不明，则虽守法之吏，诵数之儒，亦皆乱也。……异形离心交喻，异物名实玄纽，贵贱不明，同异不别。如是则志必有不喻之患，而事必有困废之祸。"荀子之所谓"志必有不喻之患，而事必有困废之祸"者，即孔子之所谓，"名不正则言不顺，言不顺则事不成"也，言其最终之患害所在。孔子则曰，"礼乐不兴，刑罚不中"；荀子则曰，"名守慢，奇辞起，名实乱，是非之形不明，则虽守法之吏，诵数之儒，亦皆乱也"。可见正名之宗旨，在建设是非善恶之标准。

然则正名之业，将何由而实行乎？曰："孔子以'作春秋'为正名方法。"故孟子曰："世衰道微，邪说暴行有作，臣弑其君者有之，子弑其父者有之。孔子惧，作《春秋》。《春秋》，天子之事也。是故孔子曰：知我者，其惟《春秋》；罪我者，其惟《春秋》乎！"又曰："昔者禹抑洪水而天下平，周公兼夷狄，驱猛兽而百姓宁，孔子成《春秋》，而乱臣贼子惧。"又曰："王者之迹熄而诗亡，诗亡然后春秋作。晋之乘，楚之梼杌、鲁之春秋，一也。其事则齐桓、晋文，其文则史。"孔子曰："其义则丘窃取之矣。"庄子亦曰："《春秋》以道名分。"司马迁曰："《春秋》文成数万，其指数千，万物之散聚，皆在《春秋》。"要之《春秋》为孔子正名之书，而其正名方法，则有三曰，正名字，曰定名分，曰寓褒贬。董仲舒《春秋繁露·深察名号篇》曰："《春秋》辨物之理以正其名，名物如其真，不失秋毫之末。"故名賓石则后其"五"，言退鹢则先其"六"。圣人之谨于正名如此，"君子于其言，无所苟而已矣"，五石六鹢之辞是也。此即《春秋》"正名字"之意也。

当时周室既衰，吴楚称王，僭越尊号，所在多有。孔子见之，每斥为非分。故《论语》曰，孔子谓季氏八佾舞庭，是可忍孰不可忍也。三家者以雍彻，子曰，"相维辟公，天子穆穆"，奚取于三家之堂。《春秋》于吴楚之君，只称"子"，齐晋称"侯"，宋虽弱小称"公"；践土之会，则曰"天子狩于河阳"。周室号令虽久不行，而《春秋》每年必书"春王正月"。此均正名分之微旨也。又《春秋》中善善恶恶贤贤贱不肖，每寓褒贬于记事之中。司马迁《史记》自序引董仲舒言曰："夫《春秋》上明三王之道，下辨人事之纪，别嫌疑，明是非，定犹豫，善善恶恶贤贤贱不肖。……王道之大者也。"此即《春秋》寓褒贬之意也。要之《春秋》正名其影响于后世法学界者，首有法家之综核名实主义，以为确认私权之滥觞。及至汉代儒家，重视经术，断狱每引《春秋》为例。《应劭传》谓胶东相董仲舒老病致仕，朝廷每有政议，数遣廷尉张汤亲至陋巷，问其得失。于是作春秋决狱二百三十二事，动以经对，是汉时直以《春秋》为法典也。儒家持正名以治国，在法制思想史上之地位，于此亦可见也。

第三章　兼重礼法思想诸学说

第一节　度量分界说

度量分界之说，倡之于荀子，而利用儒家之所谓礼者，以为其实行工具。其说侧重物质分配，与今世唯物史观派，颇为想像。后之法家，如韩非李斯辈，都出其门。故以学派言，荀子一面集儒家之大成，一面开法家之先河。而就思想言，则荀子度量分界之说，实为礼治与法治之转换关键。是亦治法制思想史者，所亟宜注意也。然欲知荀子度量分界之学说如何，不能不先明荀子所主张之性恶论。《荀子·性恶篇》曰："今人之性生而好利焉，顺是则争夺生，而辞让亡焉。生而有疾恶焉，顺是则残贼生，而忠信亡焉。生而有耳目之欲，有好声色焉，顺是故淫乱生，而礼义文理亡焉。然则从人之性，顺人之情，必出于争夺，合于犯分乱理而归于暴。是故必将有师法之化、礼义之道，然后出于辞让，合于文理而归于治。用此观之，然则人之性恶明矣。其善者，伪也。此谓人之天性，有种种情欲，顺其情之所之必为恶事。可见人性本恶。"因为人性本恶，故必有礼义法度"以矫饰人之情性而正之，以扰化人之情性而导之"，方可为善。故又曰："故枸木必将待檃栝烝矫然后直，钝金必将待砻厉然后利。今人之性恶，必将待师法然后正，得礼义然后治。……故性善则去圣王，息礼义矣；性恶则与圣王，贵礼义矣。故檃栝之生，为枸木也；绳墨之起，为不直也；立君上，明礼义，为性恶也。"

荀子认定性恶之说，故认人不能无争，因为不能免争，故不能不为之度量分界。《荀子·富国篇》曰："万物同宇而异体，无宜而有用，为人，数也。人伦并处同求而异道，同欲而异知，生也。皆有可也，知愚同；所可异也，知愚分。势同而知异，行私而无祸，纵欲而不穷，则民心奋而不可说也。……天下害生纵欲，欲恶同物，欲多而物寡，寡则必争矣。……离居，不相待则穷，群而无分则争。穷者，患也；争者，祸也。救患除祸，则莫若明分使群矣。"又《礼论篇》曰:"礼起于何也?"曰:"人生而有欲,欲而不得,则不能无求。求而无度量分界,则不能不争,争则乱,乱则穷。先王恶其乱也,故制礼义以分之,以养人之欲、给人之求。使欲必不穷于物,物必不屈于欲,两者相持而长,是礼之所起也。"又《王制篇》曰:"分均则不偏,势齐则不壹,众齐则不使。……夫两贵之不能相事,两贱之不能相使,是天数也。势位齐,而欲恶同,物不能澹则必争;争则必乱,乱则穷矣。先王恶其乱也,故制礼义以分之,使有贫、富、贵、贱之等,足以相兼临者,是养天下之本也。"《书》曰,"维齐非齐",此之谓也。

此数章之文,可分数层研究之。第一层从物质方面说。人类不能离物质而生活,然物质不能为无限量的增加,故不克餍足人类之欲望。第二层从人性方面说。孟子言"辞让之心,人皆有之",荀子正与相反,谓争夺之心,人皆有之。第三层从社会组织动机说。既不能不为社会的生活,然生活自由的相接触,争端必起。第四层从社会组织理法说。惟有使个人在某种限度内,为相当的享用,庶物质的分配,不至竭蹶。第五层从社会组织实际说。承认社会不平等,谓只能于不平等中求秩序。

生活不能离开物质,理甚易明。荀子从人性不能无欲说起,曰欲有求,由求有争,因此不能不有度量分界,以济其穷,剖析极为精细,而颇与唯物史观派之论调相近。荀子亦不承认"欲望"是人类恶德,但以为要有一种"度量分界",方不至以我个人过度的欲望,侵害别人分内的欲望。此种度量分界,名之曰礼。儒家之礼治主义,得荀子然后大成。然礼之意义,亦至荀子时代,而造成一新的境地。按《坊记》礼为民坊之说,原为因人之情,而为之节文,使不至一纵无极之意,其说已详前节。故孔子曰,"礼之用,和为贵。"又曰,"恭而无礼则劳,慎而无礼则葸,勇而无礼则乱,直而无礼则绞。"通观孔子所谓礼,大率皆从精神修养方面立言,未尝以之为度量物质工具。荀子有感于人类物质欲望之不能无限制也,于是应孔门所谓礼者,以立其度量分界。其下礼之定义曰:"礼者,断长续短,损有余,益不足,达爱敬之文,而滋成行义之美者也。"断长续短,损有余,益不足云者,均从物质方面立言,故以礼为分配工具。《荀子·荣辱篇》曰:"夫贵为天子,富有天下,是人情之所同欲也,然则从人之欲,则势不能容,物不能赡也。故先王案为之制礼义以分之,使有贵贱之等,长幼之差,知愚能不能之分,皆使人载其事,而各得其宜,然后使谷禄多少厚薄之称,……故或禄天下而不自以为多,或监门御旅、抱关击柝，而不自以为寡。故曰：斩而齐，枉而顺，不同而一。"

荀子以为人类身份境遇年龄材质上，万有不齐，各应于其不齐者，以为物质上享用之差等，是谓"各得其宜"、是谓义。将此义演为公认共循之制度，是谓礼。是故孔子言礼，专主"节"，荀子言礼专主"分"。盖荀子生战国末，其思想不免已有逼近法家思想处。观于《礼论篇》曰："礼岂不至矣哉？立隆以为极，而天下莫之能损益也。……故绳墨诚陈矣，则不可欺以曲直；衡诚县矣，则不可欺以轻重；规矩诚设矣，则不可欺以方圆；君子审于礼，则不可欺以诈伪。故绳者，直之至；衡者，平之至；规矩者，方圆之至；礼者，人道之极也。有权衡者，不可欺以轻重；有尺寸者，不可差以长短；有法度者，不可诬以诈伪。两文语意，若合符节。不过其功用，一归诸礼，一归诸法。"愚故曰，荀子之思想，实为礼治、法治两大思想之转换关键。盖最初礼为宗教仪节，继而为一切习惯风俗所承认之规矩，再变而为合于义理可视为行为标准之规矩。迄至荀子度量分界之说起，礼与法之意义，殆已合而为一矣。

第二节　礼刑异施说

世界古代人民，有两种特殊意识，一为对外国人之歧视，一为对平民阶级之贱视。稽之罗马法，自由人与奴隶对称，罗马市民与外国人对称，区别严明，划然不逾。凡自由人所有之权利，奴隶无有也；罗马市民所有之权利，外国人无有也。法令异施，地位各别，用以支配罗马人之法律曰市民法，用以支配外国人之法律曰万民法。罗马市民在市民法所享有之婚姻权、财产权、遗嘱能力等，外国人均无之。外国人结婚不能适用市民法上之方法，外国人占有动产不能适用市民法上之时效规定，外国人为遗嘱人或受遗人不能适用市民法上之遗嘱制度。至若对于其子孙，无所谓家父权；对于奴隶，无所谓主权。凡外国人对于罗马人之关系，均受万民法之支配。罗马法为大陆法之正宗，足见彼时欧洲法制思想。

稽之我国古代，此种歧视外国人之观念，亦有同感。我国文化最古，素称声明文物之邦，对其环处之外国居民，概以夷狄目之。故对本国人民治之以礼，对外国人民则治之以刑。古人之用刑，其初盖专待异族，所谓"暴虐以威"[1]之意，亦犹之罗马之治外国人，不与市民同法也。按我国法治观念，至战国方始成立。古代之所谓刑，殆即后世法之所由起。初民社会简单，所有权制度未确立，婚姻从习惯，几无所谓民事诉讼，有讼皆刑事也。故对于破坏社会秩序者，用威力加以制裁。据书《吕刑》云："苗民弗用灵，作五虐之刑，曰法。"似刑法实苗族所自创，而我族用之以治异族也。刑官最古者，推皋陶，则云："蛮夷猾夏寇贼奸宄，汝作士，五刑有服。"是刑官为对蛮夷而设。故春秋时，仓葛犹曰："德以柔中国，刑以威四夷。然则刑不施于本国住民也明矣。"按古代兵刑不分，作士之皋陶，其职在防蛮夷猾夏，亦含有以武御暴之意。故后世刑官之名，犹曰司寇。《国语》记臧文仲之言曰："大刑用甲兵，中刑用刀锯，薄刑用鞭扑。"以用甲兵为刑罚之一种，即"刑威四夷"之确诂也。盖本族之基本团员，有情谊习惯相结合，有礼以为之坊，其功已备，原无需乎刑。刑者，用以施诸他族而已。惟降及后世，种族之界限渐混，前此制裁异族所用之工具，乃用以制裁庶民。故《曲礼》曰："礼不下庶人，刑不上大夫。"《荀子·富国篇》曰："由士以上则必以礼乐节之，众庶百姓，则必以法数制之。"观此可知向之用刑以制异族者，今则亦用于平民矣。《汉志》叙录云："法家者流，出于理官。盖法制禁令，《周官》之刑典也。名家者流，出于理官。盖名物度数，《周官》之礼典也。古者刑罚礼制，相为损益，故礼仪三百，威仪三千；而五刑之属三千，条繁文密，其数适相等也。是故圣王教民以礼，而禁之以刑。出于礼者，即入于刑。"

按之此说，则礼刑二者，其将已由异施制而渐入于兼施制乎？惟当时刑罚之权，操之贵族手中，无所谓公布之成文法，而古代儒家对于公布刑法，亦极肆反对。譬如子产铸刑书，叔向与之书曰："先王议事以制，不为刑辟，惧民之有争心也。……民如有辟则不忌于上，并有争心，以征于书，而徼幸以成之，弗可为矣。……锥刀之末，将尽争之。乱狱滋丰，贿赂并行，终子之世，郑其败乎？范宣子铸刑鼎，孔子亦曰：晋其亡乎？失其度矣。……民在鼎矣。何以尊贵？贵何业之守？"儒家不但以刑为单治平民之工具，且不许公诸平民，亦可见当时阶级观念之深矣。然则古代对于贵族更无制裁之法乎？曰："有之放逐是已。"凡认其人为妨害本社会秩序者，则屏诸四社会以外，《尧典》称"流共工放欢兜……而天下咸服"。所谓"投诸四裔以御魑魅"、

---

[1] 《吕刑》文。

"屏诸四夷，不与同中国"也。又《礼运》孔子曰："礼义以为纪，……示民有常，如有不由此者，在势者去，众以为殃。"礼以社会制裁力，发生功用，顾守此礼与否，仅可随人自由。但此礼既为社会所共认，时有不守者，则视同怪物。虽现在有势位之人，亦终被摒弃。故当时社会实具两种法律：贵族阶级，治之以礼；而平民阶级，则治之以刑。所谓礼刑分施之制也。

第四章　侧重法治思想诸学说

第一节　无为而治说

　　法家无为而治之说，渊源于老子。老子曰："我无为而民自化，我好静而民自正，我无事而民自富，我无欲而民自朴。"又曰："是以圣人之治，虚其心，实其腹，弱其志，强其骨。常使……我无情而民自清。"民之何以能自化自正、自富、自朴，以至自清者？彼盖谓宇宙间有自然法为人类行为之标准，不待人为而自治也。法家之所谓法，当亦以此为标准。故《管子·七法篇》曰："根天地之气，寒暑之和，水土之性，人民鸟兽草木之生物，虽不甚多，皆均有焉，而未尝变也，谓之则。义也名也、时也、似也、类也、比也、状也，谓之象。尺寸也、绳墨也、规矩也、衡石也、斗斛也、角量也，谓之法。渐也、顺也、靡也、久也、服也、习也，谓之化。"慎到亦主张万物当各随其性，任其自然。《庄子·天下篇》述其学说概略曰："彭蒙田骈慎到……齐万物以为首，曰天能覆之而不能载之，地能载之而不能覆之，大道能包之而不能辩之。知万物皆有所可，有所不可。"故曰："选则不偏，效则不至，道则无遗者矣。"是故慎到弃知去己，而缘不得已，泠汰于物，以为道理，曰："知不知将薄知而后邻伤之者也，謑髁无任而笑天下之尚贤也。纵脱无行而非天下之大圣，椎拍輐断，与物宛转，舍是与非，苟可以免，不师知虑，不知前后，魏然而已矣。推而后行，曳而后往，若飘风之还，若羽之旋，若磨石之隧。全而无非，动静无过，未尝有罪。是何故？夫无知之物，无建己之患，无用知之累，动静不离于理，是以终身无誉。"故曰："至于若无知之物而已，无用圣贤，夫块不失道。"豪桀相与笑之曰："慎到之道，非生人之行，而至死人之理，适得怪焉。"

　　观此则法家思想渊源于道家甚明，慎子所谓非生人之行而至死人之理者，其意盖谓必撤销〔1〕所谓人格者，以合乎"无知之物"，然后乃与自然相霄。如其"建己用知"，纯恃人类主观的智能，其势必有所穷，而且决不能正确。故必"弃知去己"，尊尚客观的"无知之物"，然后其用不匮，此即道家"绝圣弃知"之主张也。然法家与道家所不同者，道家深信自然法万能，而法家则以为自然法，希夷而不可见闻，必有"人为法"为之体现，方能臻"无为而治"之境。宋王荆公尝论老子曰："知无之为车用，无之为天下用，然不知其所以为用也。故无之所以为车用者，以有毂辐也。无之所以为天下用者，以有礼乐刑政也。如其废毂辐于车，废礼乐刑政于天下，而丛求其无之为用也，则亦近于愚矣。"此即法家言无为与道家言无为之异点也。法家以"无为"为目的，而以"任法"为手段，故欲以法治证成无为之义。慎子曰："大君任法而不弗躬，则事断于法。又曰：君臣之道，臣有事而君无事也。君逸乐而臣任劳。臣尽智力以善其事。而君无与焉，仰成而已，事无不治，治之正道然也。"《淮南子》曰："今乎权衡规矩，一定而不易，不为秦、楚变节，不为胡、越改容，常一而不邪，方行而不流，一日刑之，万世传之，而以无为为之。"《韩非子·主道篇》曰："人主之道，静退以为宝。不自操事而知拙与巧，不自计虑而知福与咎。是以不言而善应，不约而善增。"《管子·心术篇》曰："昔者尧之治天下也，犹埴之在埏也。唯陶之所以为，犹金之在炉，恣冶之所以铸。其民引之而来，推之而往，使之而成，禁之而止。故尧之治也，善明法禁之令而已。黄帝之治天下也，其民不引而来，不推而往，不使而成，不禁而止。故黄帝之治也，置法而不变，使民安其法者也。"

法家一方主张无为之说，一方尊重法律之最高权，以为有法以后，则无为而无不为也。法立则虽有智勇，无所用之。故《商君书·画策篇》曰："凡人主德行，非出人也，知非出人也，勇力非过人也。然民虽有圣知，弗敢我谋；勇力勿敢我杀；虽众不敢胜其主；虽民至亿万之数，县重赏而民不敢争，行罚而民不敢怨者，法也。"又《君臣篇》曰："故明主慎法制。言不中法者，不听也；行不中法者，不高也；事不中法者，不为也。言中法则辩之；行中法则高之；事中法则为之。故国治而地广，兵强而主尊，此治之至也。"又《慎法篇》曰："破胜党任，节去言谈，任法而治矣。使吏非法无以守，则虽巧不得为奸；使民非战无以效其能，则虽险不得为诈。夫以法相治，以数

────────

〔1〕"撤销"原文作"撤消"，现据今日通常用法改正。——校勘者注。

相举者，不能相益；訾言者，不能相损。民见相誉无益，相管附恶；见訾言无损，习相憎不相害也。夫爱人者，不阿；憎人者，不害。爱恶各以其正，治之至也。"臣故曰："法任而国治矣。"任法何以能达"至治"之境，曰："其道有二。"就消极方面言之，"万民皆知所避就"，"民不敢犯法"；就积极方面言之，"百姓皆说为善"，于是"刑省罚寡"，国家"无为而治"矣。此盖法家之最高目的也。故《商君书·定分篇》曰："……民不尽贤。故圣人为法必使之明白易知，愚知遍能知之；为置法官，置主法之吏，以为天下师，令万民无陷于险危。故圣人立天下而无刑死者，非不刑杀也，行法令明白易知，为置法官吏为之师，以道之知，万民皆知所避就，避祸就福，而皆以自治也。"《韩非子·解老篇》曰："民犯法令之谓民伤上，上刑戮民之谓上伤民。民不犯法，则上亦不行刑；上不行刑之谓上不伤人。故曰：圣人亦不伤民。上不与民相害，而人不与鬼相伤，故曰：两不相伤。民不敢犯法，则上内不用刑罚，而外不事利其产业，则民蕃息。民蕃息而畜积盛。民蕃息而畜积盛之谓有德。"《管子·权修篇》曰："欲为其国者，必重用其民，无以畜之，则往而不可止也；无以牧之，则处而不可使也。远人至而不去，则有以畜之也；民众而可一，则有以牧之也。见其可也，喜之有征；见其不可也，恶之有刑。赏罚信于其所见，虽其所不见，其敢为之乎？见其可也，喜之无征；见其不可也，恶之无刑。赏罚不信于其所见，而求其所不见之为之化，不可得也。厚爱利足以亲之，明智礼足以教之，上身服以先之，审度量以闲之，乡置师以说道之。然后申之以宪令，劝之以庆赏，振之以刑罚。故百姓皆说为善，则暴乱之行无由至矣。"又《八观篇》曰："故形势不得为非，则奸邪之人悫愿；禁罚威严，则简慢之人整齐；……是故明君在上位，刑省罚寡，非可刑而不刑，非可罪而不罪也；明君者，闭其门，塞其途，拿其迹，使民毋由接于淫非之地，是以民之道正行善也若性然。故罪罚寡而民以治矣。"

以上均言任法可臻无为而治之境，然则反其道而行之，其弊害若何？曰：其为害也，必如"任重道远而无牛马，济大川而无舡楫也"，终不足以言治也。故《商君·弱民篇》曰："今夫人众兵强，此帝王之大资也，苟非明法以守之也，与危亡为邻。"又曰："楚国之民，齐疾而均，速若瓢风；宛钜铁鉇，利若蜂虿；胁蛟犀兕，坚若金石；江、汉以为池，汝、颍以为限；隐以邓林，缘以方城。秦师至，鄢、郢举，若振槁；唐篾死于垂涉，庄蹻发于内，楚分为五。地非不大也，民非不众也，甲兵财用非不多也；战不胜，守不固，此无法之所生也。"

第二节　客观标准说

欲明客观标准之说，请先明法之意义。《韩非子·定法篇》曰："法者，宪令著于官府，刑罚必于民心，赏存乎慎法，而罚加乎奸令者也。"《三篇》曰："法者编著之图籍，设之于官府，而布之予百姓者也。"又《慎子·佚文》曰："法者，所以齐天下之动，至公大定之制也。"观此可知法家之所谓法者，系公布之成文法，而具有必然性者，有必然性而后始能刑罚必于民心，而后始能齐天下之动。否则，予夺从心，诛赏由己，失去学理上之必然标准而法之功用丧矣。故必"弃知去己"，使无"建己之患，用知之虑"，纯以客观为标准，而后其用始宏。此说正与儒家所主张之人治主义，判然两途。尹文子对于人治法治根本不同之处，言之极为犀利。尹文子曰："田子读书，曰：尧时太平。宋子曰：圣人之治，以致此乎？彭蒙在侧，越次而答曰：圣法之治以致此，非圣人之治也。宋子曰：圣人与圣法何以异？彭蒙曰：子之乱名甚矣。圣人者，自己出也；圣法者，自理出也。理出于己，己非理也；己能出理，理非己也。故圣人之治，独治者也。圣法之治，则无不治矣。"

法自理出，非由人出，人主以法治国，一切皆准于法，不能取舍从心，犹之用权以衡轻重，用度以审长短，胥有一定之标准。故尹文子曰："故人以度审长短，以量受多少，以衡平轻重，以律均清浊，以名稽虚实，以法定治乱，以简治烦惑，以易御险难，以万事皆归于一，百度皆准于法。归一者，简之至；准法者，易之极。如此则顽嚚聋瞽，可与察慧聪明同其治也。"又慎子曰："不以智累心，不以私累己，寄治乱于法术，托是非于赏罚，属轻重于权衡。不逆天理，不伤情性；不吹毛而求小疵，不洗垢而察难知；不引绳之外，不推绳之内；不急法之外，不缓法之内；守成理，因自然；祸福生乎道法，而不出乎爱恶；荣辱之责在乎己，而不在乎人。故至安之世，法如朝露，纯朴不散，心无结怨，口无烦言。"《管子·明法篇》亦曰："使法择人，不自举也；使法量功，不自度也。"

盖一切依法而行，方足以长治久安，所谓"圣法之治，则无不治也"。否则人存政举，人亡政息，其弊害无穷。故尹文子曰："若使遭贤则治，遭愚则乱，是治乱属于贤愚，不系于礼乐。是圣人之术与圣主而俱没，治世之法逮易世而莫用，则乱多而治寡。"又《韩非子·难势篇》曰："且夫尧舜桀纣，千世而一出。……中者上不及尧舜，而下者亦不为桀纣，抱法而治，背法则乱。今废势背法而待尧舜，尧舜至乃治，是千世乱而一治也。抱法处势而待桀纣，桀纣至乃乱，是千世治而一乱也。"此对于法律之功用，言之最为深切，惟当时儒家咸有"徒法不能以自行"之观念。《荀子·君道篇》曰："羿之法非亡也，而羿不世中；禹之法犹存，而夏不世王。故法不能独立，类不能自行；得其人则存，失其人则亡。……有君子则法虽省，足以遍矣；无君子则法虽具，失先后之施，不能应事之变，足以乱矣。"

此种思想，近世欧美法学家，如庞德[1]辈所主张者亦颇多相似之处。惟人无必得之券，国无必治之符，希望贤人政治者，不遇贤人，则天下事去矣。法治则中材可守，能使"顽嚚聋瞽与察慧聪明同其治"，此所以可贵。故《韩非子·难势篇》曰："夫曰，良马固车臧获御之，则为人笑；王良御之，则日取乎千里。吾不以为然，夫待越人之善海游者，以救中国之溺人，越人善游矣，而溺者不济矣。夫待古之王良以驭今之马，亦犹越人救溺之说也，不可亦明矣。夫良马固车，五十里而一置，使中手御之，追速致远，可以及也，而千里可日致也，何必待古之王良乎？且御，非使王良也，则必使臧获败之；治，非使尧、舜也，则必使桀、纣乱之。此则积辩累辞，离理失术，两未之议也。"

法家之菲薄[2]人治，犹不止此。彼又以效程之多寡，及可恃不可恃为论据。《韩非子·问辩篇》曰："言行者，以用功为之的彀者也。夫砥砺杀矢而以妄发，其端未尝不中秋毫也，然而不可谓善射者，无常仪也。设五寸之的，引十步之远，非羿、逢蒙不能必中者，有常也。故有常，则羿、逢蒙以五寸的为巧；无常，则以妄发之中秋毫为拙。"《商君·权修篇》曰："先王悬权衡，立尺寸，而至今法之，其分明也。夫释权衡而断轻重，废尺寸而意长短，虽察，商贾不用，为其不必也。……不以法论智能贤不肖者，唯尧。而世不尽为尧，是故先王知自议誉私之不可任也。故立法明分，中程者赏之，毁公者诛之。"其意盖谓偶然事实，不能作为学理标准。学理标准，应含必然性，不能因人而异，故立法须用客观主义也。如其不以客观为标准，则天幸

有贤人，亦不足以为治。《韩非子·用人篇》曰："释法术而任心治，尧不能正一国；去规矩而妄意度，奚仲不能成一轮；废尺寸而差短长，王尔不能半中。使中主守法术，拙匠执规矩尺寸，则万不失矣。"慎子曰："措钧石使禹察之，不能识也；悬于权衡，则厘发识矣。有权衡者，不可欺以轻重；有尺寸者，不可差以长短；有法度者，不可巧以诈伪。"《管子·法法篇》曰："虽有巧目利手，不如拙规矩之正方圆也。故巧者能生规矩，不能废规矩而正方圆。虽圣人能生法，不能废法而治国。"慎子又曰："弃法术，舍度量，以求一人之识识天下，谁子之识能之焉？君之智，未必最贤于众也，以未最贤而欲尽善被下则下不瞻矣。若君之智最贤，以一君而尽赡下则劳。劳则有倦，倦则衰，衰则复反于人，不瞻之道也。"

如其弃法术，舍度量，全凭主观的直觉，判断是非，则不但治人者，力有不逮，即受治者，亦必多方规避以隐饰治者耳目。《韩非子·主道篇》曰："人主而身察百官，则日不足，力不给，且上用目，则下饰观；上用耳，则下饰声；上用虑，则下繁辞。"又《难三篇》曰："奸必恃耳目之所及，而后知之。则郑国之得奸者寡矣，……物众而知寡，寡不胜众矣。"《商君书·农战篇》曰："今上论材能智慧而任之，则知慧之人，希主好恶，使官制物以适主心。是以官无常，国乱而不壹。"此言尚贤为治，则将奖励人之饰伪以缴幸，慎子论"心裁轻重"之弊端，言之更切。慎子曰："君人者，舍法而以身治，则诛赏予夺，从君心出。然则受赏者，虽当，望多无穷；受罚者虽当，望较无己。君舍法以心裁轻重，则同功殊赏，同罪殊罚矣，怨之所由生焉。"

以上皆反复申明"任法而不任人"之旨：任法者常治，任人者多乱。盖人之聪明才智，无论如何，均不免有偏私或错误之弊，不如纯任客观之法，一洗"诛赏予夺从心出"之流弊，而后始可长治久安也。

第三节　综核名实说

儒家正名之说，已于前篇言之。惟儒家过于重名，而不课其实，其极也，名存实亡。自法家综核名实之说起，而后儒家之纯粹名学，始变而为纯粹之法治主义。胡适先生谓此为中国法理学史上之一大进步，有由然矣。盖名与法原为不可相离之物。李悝《法经》、萧何《汉律》，皆著名篇，而后世言法者亦号刑名。故综核名实，实为法制思想之基本观念。倡此说者，为尹文子及尸子。而尹文法理学，对于名法关系，剖析尤为精确。《尹文子·大道上》

曰："名者，名形者也；形者，应名者也。然形非正名也，名非正形也。则形之与名居然别矣。不可相乱，亦不可相无。无名，故大道无称；有名，故名以正形。今万物具存，不以名正之，则乱；万名具列，不以形应之，则乖。故形名者，不可不正也。善名命善，恶名命恶。故善有善名，恶有恶名。圣贤仁智，命善者也；顽嚚凶愚，命恶者也。今即圣贤仁智之名，以求圣贤仁智之实，未之或尽也。即顽嚚凶愚之名，以求顽嚚凶愚之实；亦未或尽也。使善恶尽然有分，虽未能尽物之实，犹不患其差也。故曰：名不可不辨也。名称者，别彼此而检虚实者也。"

此为尹文法理学之根本观念，大旨可分"名"与"形"两层。按"形"即"实"也，凡一切事物，皆有名称，名须与实相应，而后善恶乃辩，直伪乃分。尹文对于"名不正刑，形不应名"之事件，曾引"宣王好射"及"黄公谦卑"之事实，以为例证。《尹文子·大道上》曰："宣王好射，说人之谓己能用强也，其实所用不过三石。以示左右，左右皆引试之，中关而止。皆曰：不下九石，非大王孰能用是？宣王说之。然则宣王用不过三石，而终身自以为九石。三石，实也，九石，名也。"又曰："齐有黄公者，好谦卑。有二女，皆国色。以其美也，常谦辞毁之，以为丑恶，丑恶之名远布，年过而一国无聘者。卫有鳏夫，失时冒娶之，果国色。"然后曰："黄公好谦，故毁其子不姝美。于是争礼之，亦国色也。国色，实也；丑恶，名也。宣王仅有三石之实，而有九石之名；黄公之女，原有国色之实，而反蒙丑恶之名。此皆名不能名形、形不能应名之过也。"是故比如尹文所谓善名命善、恶名命恶，而后善恶乃能划然有分。然则设以善名命恶、恶名命善，其结果将若何？尹文更举例以证之，曰："庄里丈人字长子曰盗，少子曰殴。盗出行，其父在后，追呼之曰：'盗！盗！'吏闻，因缚之。其父呼殴喻吏，遽而声不转，但言：'殴，殴！'吏因殴之，几殪。计康衢长者字童曰善博，字犬曰善噬，宾客不过其门者三年。长者怪而问之，乃实对；于是改之，宾客往复。"

尹文对于名实辨别，所以如此之严者，盖以正名为法律实施之基础，有不容忽视耳。孔子言名不正之结果，致刑罚不中；由刑罚不中，而足致人民无所措手足。尹文亦曰："政者名法是也。以名法治国，万物所不能乱。"此正名主义所以为法家哲学之根本观念也。兹再引尸子之言，以为参证："天下之可治，分成也；是非之可辨，名定也。明王之治民也，……言寡而令行，正名也。君人者，苟能正名，愚智尽情，执一以静，令名自正，赏罚随名，民莫不敬。言者，百事之机也。圣王正言于朝，而四方治矣。是故曰：正名去伪，事成若化。以实覆名，百事皆成。……正名覆实，不罚而威。审一之经，百事乃成；审一之纪，百事乃理。名实判为两，分为一，是非随名实，赏罚随是非。"

此数条不仅言名与形之关系，更言名与分之关系，大旨谓天下万物，皆有一定之名分。只问名实是否相合，便知是非。名实相合即为"实"，不合即为"非"，是非既定，赏罚随之。譬如父母对于未成年子女，在法律上有抚养义务，如其父母听其子女冻饿而不顾，是有父母之名，而无父母之实也。名与实不能相符，即为"非"，非则须受刑律之处分。又如男女相悦而同居，然未经婚姻上之要式行为，是有实而无名也。有实无名者，亦为不合，亦不生法律上之夫妇关系。故法律上一切权义关系，凡以身份为依据者，无不以正名为始基。名不正则身份不定；身份不定，则法律无所准绳矣。故《管子·九守篇》亦曰："修名而督实，按实而定名。名实相生，反相为情。名实当则治，不当则乱。名生于实，实生于德，德生于理，理生于智，智生于当。"

名与法之关系，已如上述，吾人更须研究名与法之间的"分"的觉念。《尹文子·大道上》辨别"名"、"分"关系曰："名宜属彼，分宜属我。我爱白而憎黑，韵商而舍徵，好膻而恶焦，嗜甘而逆苦。白黑、商徵、膻焦、甘苦，彼之名也；爱憎、韵舍、好恶、嗜逆，我之分也。"定此名分，则万事不乱也。名为客观的物件，分为主观的态度。胡适谓"分"是对人心对事物的态度，此语甚是。然尹文之言"分"，倘不若慎到之显露。慎子曰："今一兔走，百人逐之。非一兔足为百人分也，由未定也。由未定尧且屈力，而况众人乎？积兔于市，行者不顾。非不欲兔也，分已定矣。分已定，人虽鄙不争。故治天下及国，在止争定分而已矣，法之所以加各以分。"

分之意义即为所有权之滥觞，梁任公曰："分者，即近世之所谓权利也。"西儒 Duyvendak [1] 博士，亦认慎子此语，为私权之起源。按近世立法对于猎取野兽，均取自由先占主义，凡首先占有者，自由取得该物所有权。吾国《物权法》第八百零二条规定亦曰："以所有之意思，占有无主之动产者，取得其所有权。"此与慎子之言，若合符节。一兔走百人追者，以其先占之机，人人得而有也。及至积兔于市，则所有权已经认定，自不容再有所争执矣。

---

〔1〕 即戴闻达。——校勘者注。

今试以"分"、"形"、"实"及法之关系综括如下图〔1〕：

一、名者所以定形 ⎫
二、形者所以正名 ⎬ 身份观念的起源 ⎫
　　　　　　　　　　　　　　　　　⎬ 法律的基本观念
三、名定则实辨 ⎫　　　　　　　　⎪
四、实辨则分明 ⎬ 私权观念的起源 ⎭

第四节　期功责效说

孔子曰："为政以德，譬如北辰，居其所而众星拱之。"又曰："恭己正南面而天下治。"孟子曰："保民而王，莫之能御。"凡此皆儒家之仁治主义。观其言未尝不善也。然实际上是否有收效把握，殊不可必。以不可必之政策，期以可必之事功，则言之虽甘，是亦乌托邦之流亚耳。此法家之所不取也。法家之目的在能"以一统万"、在能"齐天下之动"、在能"刑罚必于民心"。故其言行以功用为目的，以责效为旨归。韩非子曰："夫言行者，以功用为之的彀者也。……今听言观行，不以功用为之的彀，言虽至察，行虽至坚，则妄发之说也。"又《六反篇》曰："明主听其言，必责其用；观其行，必求其功。然则虚旧之学不谈，矜诬之行不饰矣。"又《五蠹篇》曰："且世之所谓贤者，贞信之行也；所谓智者，微妙之言也。微妙之言，上智之所难知也。今为众人法，而以上智之所难知，则民无从识之矣。……夫治世之事，急者不得，则缓者非所务也。今所治之政，民间之事，夫妇所明知者，不用，而慕上知之论，则于其治反矣。故微妙之言，非民务也。"

于此可见韩非之功用主义，较之墨家以应用为主义者，言之尤为激烈。然则法家何为而以功用为目的乎？曰：当时儒家好为迂阔之论，政必法先王，言必道仁义。殊不知"仁者能仁于人而不能使人仁；义者能爱于人，而不能使人爱"。举世林林总总之民，品格不一，欲其一一尽纳于道德范围，是直缘木求鱼而已。且人性本恶，父母之于子女，犹未能尽以仁爱相期，而况无父子之泽乎？《韩非子·六反篇》曰："今上下之接，无父子之泽，而欲以行义禁下，则交必有郄矣。且父母之于子也，产男则相贺，产女则杀之。此俱出父母之怀衽，然男子受贺，女子杀之者，虑其后便计之长利也。故父母之于子也，犹用计算之心以相待，而况无父子之泽乎？""父子犹以计算之心相

---

〔1〕"下图"原文作"左图"，现据今日通常用法改正。——校勘者注。

待"，此对于人性黑暗方面，尽情揭破，诚可谓彻底沉痛之论。故对于儒家如孟子之流者，以仁义说时主，明加攻击。其言曰："今学者之说人主也，皆去求利之心，出相爱之道，是求人主之过于父母之亲也。此不熟之论，恩诈而诬也。"

儒家所主张之仁政，不仅迂阔难行，根本且为事实上所不可能。《韩非子·六反篇》曰："明主之治国也，使民以法禁，而不以廉止。母之爱子也倍父，父令之行于子者十母。吏之于民无爱，令之行于民也万父母。母积爱而令穷，吏用严威而民听从。"又《奸劫篇》曰："世之美仁义之名，而不察其实，是以大者国亡身死，小者地削主卑。何以明之？夫施与贫困者，此世之所谓仁义；哀怜百姓，不忍诛罚者，此世之所谓惠爱也。夫有施与贫困，则无功者得赏；不忍诛罚，则暴乱者不止。"又《五蠹篇》曰："夫以君臣为如父子则必治，推而言之，是无乱父子也。人之情性，莫先于父母，皆见爱而未必治也，虽厚爱矣，奚遽不乱？今先王之爱民，不过父母之爱子，子未必不乱也，则民奚遽治哉！"

仁爱之不足恃，犹不仅此。一国之中，普通人多而上智者少，今语普通人以仁爱，其率循与否，惟视各人之道德责任心。若其道德责任心薄弱，则仁爱之道穷矣。然一国之中，能有完全之道德责任心者，万不觏一。舍万而治一，此圣人之所不取也。《韩非子·显学篇》曰："夫圣人之治国，不恃人之为吾善也，而用其不得为非也。恃人之为吾善也，境内不什数；用人不得为非，一国可使齐。为治者用众而舍寡，故不务德而务法。夫必恃自直之箭，百世无矢；恃自圜之木，千世无轮矣。自直之箭，自圜之木，百世无有一，然而世皆乘车射禽者何也？隐栝之道用也。虽有不恃隐栝而有自直之箭、自圜之术，良工弗贵也。何则？乘者非一人，射者非一发也。不恃赏罚而恃自善之民，明主弗贵也。何则？国法不可失，而所治非一人也。"《尹文子·大道上》曰："今天地之间，不肖实众，仁贤实寡，趋利之情，不肖特厚。廉耻之情，仁贤偏多。今以礼义招仁贤，所得仁贤者，万不一焉；以名利招不肖，所得不肖者，触地是焉。故曰：礼义成君子，君子未必须礼义；名利治小人，小人不可无名利。"《商君书·定分篇》亦曰："夫不待法令绳墨而无不正者，千万之一也。故圣人以千万治天下，故夫知者而后能知之，不可以为法，民不尽知；贤者而后知之，不可以为法，民不尽贤。"

圣人何以以千万治天下，何以必恃隐栝之道，盖不如此，即不能使"法立必施，令出必行"也。管子曰："未之令而为，未之使而往，上不加勉，而民自尽竭，俗之所期也。为之而成，求之而得，上之所欲，大小必举，事之所期也。令则行，禁则止，宪之所及，俗之所被，如百体之从心，政之所期也。"明乎此，则法治之精神具矣。否则，令不行，禁不止，则法律无所用之。《管子·君臣篇》曰："若道不明则受令者疑，权度不一则修义者惑。民有疑惑贰豫之心，而上不能匡，则百姓之与间，犹揭表而令之止也。"又《法法篇》曰："令入而不出谓之蔽，令出而不入谓之壅，令出而不行谓之牵，令入而不至谓之瑕。牵瑕蔽壅之事君者，非敢杜其门而守其户也，为令之有所不行也。"又曰："凡大国之君尊，小国之君卑。大国之君所以尊者，何也？曰：为之用者众也。小国之君所以卑者，何也？曰：为之用者寡也。然则为之用者众则尊，为之用者寡则卑，则人主安能不欲民之众为己用也？使民众为己用，奈何？曰：法立令行，则民之用者众矣；法不立，令不行，则民之用者寡矣。故法之所立、令之所行者多，而所废者寡，则民不诽议；民不诽议，则听从矣。法之所立，令之所行，与其所废者钧，则国毋常经；国毋常经，则民妄行矣。法之所立、令之所行者寡，而所废者多，则民不听；民不听，则暴人起而奸邪作矣。"《商君书·画策篇》亦曰："圣人有必信之性，又有使天下不得不信之法。所谓义者，为人臣忠，为人子孝，少长有礼，男女有别；非其义也，饿不苟食，死不苟生。此乃有法之常也。圣王者，不贵义而贵法。法必明，令必行，则已矣。"

然则令行民从者，将以快人主之意耶？是又不然。《韩非子·六反篇》曰："今家人之治产也，相忍以饥寒，相强以劳苦，虽犯军旅之难，饥馑之患，温衣美食者，必是家也；相怜以衣食，相惠以佚乐，天饥岁荒，嫁妻卖子者，必是家也。故法之为道，前苦而长利；仁之为道，偷乐而后穷。圣人权其轻重，出其大利，故用法之相忍，而弃仁人之相怜也。"又《八说篇》曰："慈母之于弱子也，爱不可为前。然而弱子有僻行，使之随师；有恶病，使之事医。不随师则陷于刑，不事医则疑于死。慈母虽爱，无益于振刑救死，则存子者非爱也。子母之性，爱也；臣主之权，策也。母不能以爱存家，君安能以爱持国？"

以上皆法家之期功责效主义。所谓法有最高效率，不若仁政之无裨实际也。

第五节　法律平等及进化说

第一目　平等说

法律上身份之不平等，恒渊源于封建及宗法制度。此征之中外法制进化史，有同然也。英人甄克思曰："凡宗法社会以种族为国基。故其礼俗习故，不许异族之适用。"罗马法律有二种，一以治罗马人，一以治罗马以外之人。此法至今，犹可考也。吾国春秋以前封建大盛，宗法未衰，故有礼刑异施之制，已详前章。及至战国而降，封建既废，宗法亦衰，因之法律平等之说，亦因运而起。盖法之作用，在于齐天下之动。人类之不齐者，智愚贤不肖，而可使之受同等之待遇者，惟法。所谓刑不上大夫者，在法家观之，固非所宜。即议亲、议故、议贤、议能、议功、议贵、议勤、议宾诸条，皆为儒家达变之言，而非法家执一以为天下式者，所可同日而语。故法家之所谓法者，在人人守法，无所谓亲疏贵贱贤愚之列。

慎子有言曰："法者，所以齐天下之动，至公大定之制也。故智者不得越法而肆谋，辩者不得越法而肆议，士不得背法而有名，臣不得背法而有功。我喜可抑，我忿可窒，我法不可离也，骨肉可刑，亲戚可灭，至法不可阙也。"寻译慎子此章意味，可分数点研究之。（一）以知识言。愚者蠢者，固应守法。智者辩者，纵其谋略高明，议事精当，但亦不得有非法之言论。（二）以地位言。庶人之应守法律，固无论矣。为士为臣者，亦不得以非法之行为，取得功名。（三）以人情言。无论为喜为怒，一切皆准于法。如爱之欲其生，恶之欲其死，则是诛赏予夺，概从心出。此法家之所极端反对也。（四）就亲疏言。虽亲至骨肉，绝不以私害公。所谓大义可以灭亲者是。此盖当时法律思想尚未十分完备，近世各国诉讼法中，对于法官回避之规定，彼时犹未之知，故不得不以骨肉可刑之说，以防司法者之上下其手。论者谓为"惨礉少恩"，殆亦未之思耳。《史记》谓："法家不别亲疏，不殊贵贱，一断于法，则尊尊亲亲之恩绝矣。可以行一时之计，而不可长用也。故曰：'严而少恩。'"此种批判，原用以毁之者，实则正所以誉之。盖彼时既未有回避制度，与其阿私所亲，致国家法令于并髦，曷若勉抑私恩，而维持国家法令威信之为尚耶？

近世泰西〔1〕法学家，每引权衡利害轻重之说（Balance of interest），以为折狱准衡。以此例之，当时情形，则骨肉可刑之说，似亦未足为病也，抑犹有进者。法家深知法律之所以不平等者，恒基于贵贱之有别。故《韩非子·有度篇》特揭其旨曰："法不阿贵，绳不挠曲，法之所加，智者弗能辞，勇者弗敢争。刑过不避大臣，赏善不遗匹夫。故矫上之失，诘下之邪，治乱决缪，绌羡齐非，一民之轨，莫如法。……法审则上尊不侵；上尊不侵，则主强而守要。"又《商君·赏刑篇》曰："所谓壹刑者，刑无等级，自卿相将军以至大夫庶人，有不从王令、犯国禁、乱上制者，罪死不赦。有功于前，有败于后，不为损刑。有善于前，有过于后，不为亏法。"然则"法不阿贵"与"刑无等级"之功用何在？设不如此者，其弊害又将若何？曰：请观管子之言。《管子·重令篇》曰："禁不胜于亲贵而求令之必行，不可得也。"又《任法篇》曰："法不一，则有国者不祥。"

按君主时代，地位上之最不平等者，莫若君主与人民，自卿相以至大夫庶人，皆应从法，固如前说矣。但为人君者，当时即为法律之创造者，其将置身于法之内乎？抑别立于法之外乎？管子曰："君臣上下贵贱皆从法，此之谓大治。"〔2〕"明君置法以自治，立仪以自正也。行法修制，先民服也。"〔3〕"禁胜于身，则令行于民矣。"〔4〕"不为君欲变其令，令尊于君。"〔5〕"有道之君，善明设法而不以私防者也；而无道之君，既已设法，则舍法而行私者也。为人上者，释法而行私；则为人臣者，援私以为公。"〔6〕"先王之治国也，不淫意于法之外，不为惠于法之内也。动无非法者，所以禁过而外私也。"〔7〕"不知亲疏远近贵贱美恶，以度量断之。其杀戮人者，不怨也；其赏赐人者不德也。以法制行之，如天地之无私也。是以官无私论，士无私议，民无私说，皆虚其匈以听于上。上以公正论，以法制断，故任天下而不重也。今乱君则不然，有私视也，故有不见也；有私听也，故有不闻也；有私虑也，

---

〔1〕 指欧洲国家。——校勘者注。
〔2〕 《任法篇》。
〔3〕 《法法篇》。
〔4〕 《法法篇》。
〔5〕 《法法篇》。
〔6〕 《君臣篇·上》。
〔7〕 《明法篇》。

故有不知也。夫私者，壅蔽失位之道也。上舍公法而听私说，故群臣百姓，皆设私立方，以教于国；群党比周，以立其私，请谒任举以乱公法，人用其心以幸于上。上无度量以禁之，是以私说日益，而公法日损，国之不治从此产矣。"[1]

统观《管子》全书，其于人主之废法行私，悬为厉禁。商君之言法曰："法行自贵近始。犹未及于君主也。"管子之言，则君主亦同在法律之水平线上。所谓法律之下，人人平等之原则，并在法律智识上，亦求其平等。《商君·定分篇》曰："民不尽贤。故圣人为法，必使之明白易知，愚知遍能知之。"《管子·乘马篇》亦曰："智者知之，愚者不知，不可以教民。巧者能之，拙者不能，不可以使民。非一令而民服之也，不可以为大善；非夫人能之也，不可以为大功。"商君更于《定分篇》中举出普及人民法律知识之具体方案。"公问公孙鞅曰：'法令以当时立之者，明旦欲使天下之吏民皆明知而用之，如一而无私，奈何？'公孙鞅曰：'为法令，置官吏，朴足以知法令之谓者，以为天下正。……诸官吏及民，有问法令之所谓也于主法令之吏，皆各以其故所欲问之法令，明告之。各为尺六寸之符，明书年、月、日、时、所问法令之名，以告吏民。主法令之吏不告，及之罪，而法令之所谓也，皆以吏民之所问法令之罪，各罪主法令之吏。……故天下之吏民，无不知令者。'"

此种见解较之孔子所谓"民在鼎矣，何以尊贵"之言论，直不啻相去霄壤矣。按法律平等之观念，美国自南北战争后始克实现，法国经《人权宣言》后而始获保护，其间不知流去几许热血。独我国早于战国之初，即已认识平等之重要，孰谓我国法制思想不若欧洲之发达哉！中山先生于民权第二讲中尝有言曰："欧洲两百多年以前，还是在封建时代，和中国两千多年以前的时代相同。因无中国政治的进化，早过欧洲，所以中国两千多年前便打破了封建制度。欧洲就是到现在，还不能完全打破封建制度，在两三百年之前，才知道不平等的坏处，才发出平等的思想。中国在两千多年以前，便有了这种思想，所以中国政治的进步，是早过于欧洲。观此吾人亦足以自豪矣。"

第二目　法律进化说

《淮南子》曰："法制礼义者，治人之具也，而非所以为治也。故仁以为

---

〔1〕《任法篇》。

经，义以为纪，此万世不更者也。若乃人考其才而时省其用，虽日变可也。天下岂有常法哉！……法度者，所以论民俗而节缓急也。……夫殷变夏，周变殷，春秋变周，三代之礼不同，何古之从？大人作而弟子循，知法治所由生，则应时而变；不知法治之源，虽循古，终乱。"是语也，殆与法家所主张之法律进化观念，具有同一见地。按战国以前，所有儒家思想，如《诗》所谓"不愆不忘，率由旧章"。孟子所谓"导先王之法而过之者，未之有也"，孔子所谓"述而不作"者，盖均侧重保守主义。逮至法家产生，始知法家之变迁，与时俱进，而用以治理社会之法律，亦不得不因时制宜。故彼宗主张，或种法律之实施，皆须适应于或种社会之要求，而制定之。凡不适应于或种社会之要求者，即当变更之。倡斯说者，以管子、商君及韩非为最。《管子·任法篇》曰："民不道法则不祥，国更立法以典民，则祥。法者，不可恒也。"又曰："故所谓明君者，非一君也。其设赏有薄有厚，其立禁有轻有重，迹行不必同，非故相反也，皆随时而变，因俗而动也。"商君于《更法篇》中反复深论辩之更切。商君曰："反古者，未必可非；循礼者，未足多是。"

此法律进化说之根本观念也。然当时如甘龙、杜挚之徒，泥古不化，实然非之。甘龙之言曰："圣人不易民而教，知者不变法而治。"然商君亦有其正当理由，曰："夫常人安于古习，学者溺于所闻，此两者所以居官而守法，非所与论于法之外也。……故知者作法，而愚者制焉，贤者更礼，而不肖者拘焉。拘礼之人，不足与言事；制法之人，不足与论变。"又举历史进化之事实以为之证曰："三代不同礼而王，五霸不同法而霸。"杜挚复以功利观点反驳之曰："利不百不变法，功不十不易器。臣闻法古无过，循礼无邪。"商君以其言之无历史根据也，更反问之曰："前世不同教，何古之法？帝王不相复，何礼之循？"又曰："伏羲神农，教而不诛；黄帝尧舜，诛而不怒。及至文武各当时而立法，因事而制礼。汤武之王也，不修古而兴；殷夏之灭也，不易礼而亡。礼法以时而定，制令各顺其宜，兵甲器备，各便其用。"故曰："治世不一道，便国不法古。"

商君之法律进化论，直可谓犀利无伦矣。今请更观韩非之法律哲学。韩非之法律进化论，将古史分为上古、中古、近古三时期。每一时期，各有其时期需要，故亦有各该时期之法律。其言曰："今有构木钻燧于夏后氏之世者，必为鲧禹笑矣；有决渎于殷周之世者，必为汤、武笑矣。然则今有美尧、舜、禹、汤、武之道于当今之世者，必为新圣笑矣。是以圣人不期修古，不法常可，论世之事，因为之备。"〔1〕韩非更为寓言以例之，曰："宋人有耕田者。田中有株，兔走触株，折颈而死。因释其耒而守株，冀复得兔，兔不可复得，而身为宋国笑。今欲以先王之政，治当世之民，皆守株之类也。"〔2〕韩非何为而有"不务循古，不法常可"之主张，曰：基于社会经济今古不同之故也。请先语韩非之经济史观。《五蠹篇》曰："古者丈夫不耕，草木之实，足食也；妇人不织，禽兽之皮，是衣也。不事力而养足，人民少而财有余，故民不争。是以厚赏不行，重罚不用，而民自治。今人有五子不为多，子又有五子，大父未死而有二十五孙。是以人民众而货财寡，事力劳而供养薄，故民争，虽倍赏累罚而不免于乱。"

　　一时代有一时代之经济情形，故必有一时代之法律以应之，而后法律始能用之而无弊。近世庞德〔3〕氏有言曰：法贵有定，但不能仡立不更。〔4〕盖亦进化之谓也。然所谓进化者，亦并非朝更夕变之谓，其变更须合于一定之原则。韩非故举出"正治"二字，以为变法依据。其言曰："不知治者，必曰'毋变古，毋易常。'变与不变，圣人不听，正治而已。然则古之无变，常之毋易，在常古之可与不可。伊尹毋变殷，太公毋变周，则汤、武不王也。管仲毋易齐，郭偃毋更晋，则桓、文不霸矣。凡人难变古者，惮易民之安也。夫不变古者，袭乱之迹；适民心者，恣奸之行也。民愚而不知乱，上懦而不能更，是治之失也。"（《南面篇》）

　　韩非深信国家法律，可以变更，并在或种情况之下，合于"正治"之原则者，更应变更。盖不如此，则法律对于社会之环境，不能有适应性也。此种主张，近世东西学者，亦多宗之。日本法学家织田万曰："希腊之《德拉古法典》〔5〕，与今日之所谓法典者，其宽严之差异，不可同日而语。即日本圣德太子之十七条宪法，与今日之所谓国法者，疏密之殊，亦何啻霄壤。且即在一时之中，而法律固亦随地而变。"德之学者伯伦知理亦有言曰："因了解吾人现在之立足点，而研究已往，固为治学所必要。惟为决定吾人前进之方向，而考量将来，固亦有同等之重要者也。一切法律，惟为现在者，方有真

---

〔1〕　《五蠹篇》。
〔2〕　《五蠹篇》。
〔3〕　"庞德"原文作"滂特"，现据今日通常译法改正。——校勘者注。
〔4〕　Law must be certain, but cannot be standstill.
〔5〕　"《德拉古法典》"原文作"《德拉康法典》"，现据今日通常译法改正。——校勘者注。

实之价值。若既往者，除却其影响于现在以外，固无何种价值也。"按《韩非子》、《商君书》及《管子》诸书，据学者考订所得，均为战国时代产物，其时尚在纪元前二三百年间。乃诸子所主张之法律进化观，历数千百年后而与东西学者所说，犹不谋而合，是亦可贵也已。

第六节　严刑重典说

世之论法家者，动辄以"奸险刻薄"、"惨礉少恩"讥之。如司马迁则谓其"严而少恩"，杨子则谓其"险而无化"。桓范《世要论》，则曰："夫商鞅荀韩之徒，其能也，贵尚谲诈，务行苛刻。废礼义之教，任刑名之数，不师古，始败俗伤化。此则伊尹、周召之罪人也。"凡斯抨击，盖均未尝一思当时之环境使然也。吾人生今之世，论古之事，必先明其当时时代背景，而后有所论列，方不致流于误会。法家对于主张严刑峻法之理由，多已反复申论，今请略举数点，以明之。

第一，严刑系用以救群生之乱也。贤者不待法而自治，用刑所以处置坏人，故不得不严。《韩非子·用人篇》曰："贤者劝赏而不见子胥之祸，不肖者少罪而不见伛剖背，盲者处平而不遇深谷，愚者守静而不陷于危险。"又《六反篇》曰："重一奸之罪，而止境内之邪，此所以为治也。重罚者，盗贼也，而悼惧者，良民也；欲治者奚疑于重刑。……上设重刑，而奸盗止，则奚伤于民也。……今轻刑罚，民必易之，犯而不诛，是驱国而弃之也。犯而诛之，是为民设陷也。"《左传》记子产戒子太叔之言曰："唯有德者，能以宽服民，其次莫猛。夫火烈民望而畏之，故鲜死焉。水懦弱民狎而玩之，则多死焉。"子产之说，殆与韩非互相发明者也。故法家所主张者，就其形式观之，常持严峻面目，诚若纯为秋霜肃杀之气。就其精神观之，则固怀抱一腔热血，纯以拯救群生为怀也。吾尝读韩非之言而益信。《韩非子·奸劫篇》曰："圣人者审于是非之实，察于治乱之情，……正明法，陈严刑，将以救群生之乱，去天下之祸，使强不凌弱，众不暴寡，耆老得遂，幼孤得长，边境不侵，君臣相亲，父子相保，而无死亡系俘之虞。"

第二，处于战国时代，非严刑不足以为治也。"古者丈夫不耕，草木之实足实。……不事力而养足，人民少而财有余。"逮至战国之世，"人民众而货财寡，事力劳而供养薄"。此当时社会之经济情形也。"周衰之末，战国纵横，用兵争强，以相侵夺。"此当时国际间之紊乱情形也。故当时言治国之术者，有两大急务：曰兵、曰农。兵所以御外侮，农所以御民生，两者相并而用。然兵也，农也，均人事之最苦，而人民之所惮闻也。故不得不有严刑以畏之，而后民始服从。兵家所谓置之死地而后生者，治国亦何莫不然。《商君书·外内篇》曰："民之外事，莫难于战，故轻法不可使之。……故欲战其民者，必以重法。……赏使之忘死，而威使之苦生，而淫道又塞，以此遇敌，是以百石之弩射飘叶也。……民之内事，莫苦于农，故轻法不可以使之。"此种议论，在春秋时亦有言之者。《国语》记公父文伯之母言曰："夫民劳则思，思则善心生；逸则淫，淫则忘善，忘善则恶心生。沃土之民不材，淫也。瘠土之民，莫不向义劳也。"又《管子·牧民篇》曰："明必死之路，开必得之民。此皆与商君之言，相互阐发者也。或有难之曰。然则舍严刑而代以仁爱之道，即不足以使民信耶？"曰：请语以韩非之言。《韩非子·五蠹篇》曰："今有不才之子，父母怒之不为改，乡人谯之弗为动，师长教之弗为变。夫以父母之爱、乡人之行、师长之智，三美加焉，而终不动，其胫毛不改。州部之吏，操官兵，推公法，而求索奸人，然后恐惧，变其节，易其行矣。故父母之爱不足以教子，必待州部之严刑者，民固骄于爱、听于威矣。"又《韩非子·显学篇》曰："民智之不可用也，犹婴儿之心也。夫婴儿不剔首则腹痛，……剔首……必一人抱之，慈母治之，犹啼呼不止。婴儿不知犯其所小苦，致其所大利也。"

观此则可见法家之主张严刑，盖亦有所不得已者在也。抑更有进者，严刑峻法，为初民时代之特征。此稽之各国古代法制史，殆无往而不然。试就罗马法论之。罗马法始于《十二铜表》。其第三表关于责偿之规定曰："债务人逾期不偿，又无保证者，债权人得以绳索缚之。但其刑具重量，不得超过十五磅。"又曰："经过第三次集市日，而不偿者，得将债务人流于 Tiber 河〔1〕外。债权人并得分割其肢体。"又第八表关于私犯法之规定曰："凡伤人之肢体，而不能和解者，人亦得伤其肢体。故意焚人之屋者，焚其身以毙之。"又曰："伪证者以石块击之。凡此种种规定，其刑法之苛酷残忍，较之我国战国时代，固无损也。"

虽然，我国法家之主张严刑者，非徒为残忍已也，在当时盖亦有所谓刑事政策在焉。按今世法学家之言刑事政策者，大要不外两端，曰镇压政策，

---

〔1〕 即台伯河。——校勘者注。

曰预防政策。用威吓手段以达其"以辟止辟"之目的者，此镇压政策也。因刑罚之执行能使公众畏惧，知所警戒，并因刑之昭示，能使公众恐怖以断其犯罪之念者，此预防政策也。我国法家所主张者，即后一政策。于何见之？曰：请观法家之言。《商君·说民篇》曰："民治则乱，乱而又治之又乱，故治之于其治，则治；治之于其乱，则乱。民之情也治，其事也乱。故行刑，重其轻者，轻者不生，则重者无从至矣，此谓治之于其治者。行刑。重其重者，轻其轻者，轻者不止，则重者无从止矣，此谓治之于其乱也。"管子曰："故形势不得为非，则奸邪之人悫愿。禁罚威严，则简慢之人整齐。"[1]"以有刑至无刑者，其法易，而民全；以无刑至有刑者，其刑烦而奸多。夫先易者后难，先难而后易，万物尽然。明王知其然，故必诛而不赦，必赏而不迁者，非喜予而乐其杀也，所以为人致利除害也。"[2]"凡赦者，小利而大害者也，故久而不胜其祸。毋赦者，小害而大利者也，故久而不胜其福。"

商君所谓行刑重其轻者，管子所谓有刑至无刑者，盖均刑期无刑之意。世人徒讥其惨礉少恩者，殆未知刑事政策之为何物耳！

第五章 结 论

礼治法治，孰得孰失，千百年来聚讼纷纭莫衷一是。执礼治之说者，讥法治为惨礉寡恩，可以威胁于一时，未可垂治于永久。古以法治强者，莫秦若，秦则二世而灭。执法治之说者，讥礼治为迂阔难行，可以耸听于一时，无由实现于今世。汉唐以还，一切虚伪矫饰之风，知有人而不知有法者，殆无不承袭礼治之弊。学者间执一说以相拮抗者，自古而然。逮至晚世，法学昌明已入登峰造极之境，而东西两半球犹有人治、法治两大极不相同之趋势存焉。欧美则日趋于人治，东亚则日趋于法治。所谓人治者，其说与礼治之见，一而二、二而一也。尝读美国法学泰斗庞德[3]博士所著《社会学法学的范围和目的》[4]一书。斯说要旨，以为法之本意，既在求平，苟使墨守章

---

〔1〕《八观篇》。
〔2〕《禁藏篇》。
〔3〕"庞德"原文作"滂特"，现据今日通常译法改正。——校勘者注。
〔4〕"《社会学法学的范围和目的》"原文作"《社会法理学之范围与缘由》"，现据今日通常译法改正。——校勘者注。

句，而遂转失公平，则是本末倒置，故贵有法。是以守法之吏，贵在因法以求平，而不当舍平以言法。而行之之道，则在详审世变、默察舆情，以古就今，而不以今就古；以法近人，而不以人近法。此与我国儒家之学说，颇相近似，而与法家欲执一以为天下式者，其说正相背驰也。更有法国自由法派学者，倡法律自由之说，主张废除制度法律，一切均以心裁为准。是为我国法家学说，所绝不相容，而与儒家之说，正相契合者。

夫欧美各国，以法治著称，独其学说转有倾向人治主义之趋势，何也？间尝推原其故。欧洲自罗马法大行，法基早立，及拿破仑法典既成，法律乃入成熟时期。英美习惯法系自维廉定国纂统以迄于今，垂有七八百年之历史，其成熟之度，亦与欧陆相埒。顾十九世纪以后，工业大盛，社会生活，迥异往昔，人事之繁，十百倍蓰欲执陈旧法典以御今，咸感扞格不入之患。且其法治精神，冠绝寰宇；尊法习惯，蒂固根深；执法之司，对兹三尺，尤不敢轻有出入，稍随群俗。故其扞格之弊，尤觉显然。于是当世学者，皆精研殚虑，思匡其患。斯则美之社会法理学派、法之自由法派乃得应运而生。初非于我国儒家、法家之说，有所臧否于其间也。然东西异俗，处境各别，孰臧孰否，当以是否适合环境为归。

我国自三代以下，素重礼治，庶人以上，耻言法令。汉代以还，尊孔崇儒，排斥百家。法治思想，殆已湮没无闻。逮乎近世，海禁既开，渐感旧章浅陋，始颁定各项新令。值兹法治萌芽之始，基础未固，即欲效步西邻，摭拾礼治旧说，是何异抱薪救火。处今日中国社会，审情度势，与其执礼治迂阔之论，重人而轻法，毋宁为法家严之说，守法而轻人。二者权其利害得失，固以法家之言，较合于科学原理也。然则法家之言，将尽是乎？是又不然。法家哲学亦多谬误之处。请申其说。

（一）法家误认法治即严刑之谓，故欲以法为治者，必先严其刑。殊不知法治不必借力于严刑，而严刑者亦未必尽出诸法治。近世民商诸法典，凡属私法范围，未尝有用刑之规定，要不得谓为非法。反言之，腰斩、车裂诸刑，野蛮人类能为之。即今之盗匪，用以处置被害者，穷极凶恶，更出腰斩、车裂之上，要不得谓为合法。故刑之有无，及科刑轻重，当以一定之目的为准则，而不当徒以威吓为尚。此则近世刑事政策学昌明以后之发现，而昔时法家则未之知也。

（二）法家对于法律之概念，过于机械化，致不免有拘泥条文之弊。盖人事变幻，瞬息万端，欲以有限之条文，应付千变万化之人事，势所难能。故必于遵守条文之中，寓有随机应变之方，始能运用裕如。尝考近世立法性质，多有刚性柔性之分。刚性者，执一不变，如诉讼法中之不变期间者是；柔性者，于条文规定范围内，予法官以斟酌权衡，如刑法中之科刑轻重者是。盖法律贵能适应社会，不如此则将无由实施也。

（三）法家重于蔑视时代背景。法家之法律进化论，固足促成法律之进步。然法家以急于变法之故，其弊亦在是。盖法律之为物，系演进的，而非剧进的。必也社会先有或种之需要，而后始得产生或种之法律。需要既成，法律自生，固无待于国家之制定而后有。换言之，使社会无此需要，则国家难制有此种法律，亦必徒等具文。然法家思想，则反是。彼欲毁弃一切历史事实，凭借法律之力，造一理想中之新世界。此法家之说，对于实际情形，每有扞格不入之弊者，职是故也。

（四）法家过于侧重功利思想。法家期功责效之说，较之儒家思想，较固合于科学。然法家所谓功效云者，每以国家之经济利益为唯一目的，而以法律为其手段。故凡有利于国家经济者，不论其人民之是否能堪，均得制为法律，以是人民每有不胜其扰之苦。要知法律应用以保护大多数之利益，举凡道德、宗教、经济、政治等，均须一视同仁，而不应侧重某特种之利益。此殆法家囿于战国时代富国强兵之见，而未能充分了解法律之意义也。

法家思想有此四弊，故自汉代而下，未得通行于我国者，殆以此耳。抑尤有进者，儒家礼治主义，亦非毫无可取也。按我国法律素重刑名，今请即以刑事为言。今之谈刑事政策者，有刑事立法政策，及刑事社会政策之分。前者治之于已然，后者治之于未然。治之未然者，即注意改良社会环境，以减少犯罪之谓，此与礼为民坊之说，初无稍异。礼法兼施，犹之医药与卫生并行不悖。庶几未病者，得以却之于未生；而已病者，亦得医之于事后。斯又立法互为补救，庶得跻郅治之域欤！

老子与管子的法律思想[*]

梅仲协[**]

一

老子姓李名耳，周之收藏室的史官，著书五千余言，讲道德之意，后世称其书为《老子》。老子的人生观，是"无为自化，清静自正"。[1]

在上古之世，人类的文化尚未启迪，文明亦未发展，环绕于周身者，都是些自然界的现象。所以自然哲学，最为上古先民所讲究。老子便是自然主义之虔诚的崇拜者。这不特中国如此，希腊古代，在苏格拉底以前的诸哲儒，亦莫不皆然。

老子认为天地万物以及人类，都受着自然律的支配，而生息于无始无极的宇宙之中。氏称此自然律曰"道"。老子云："人法地，地法天，天法道，道法自然。"以为人是支配于地，地支配于天，天支配于自然律，而自然律又

---

[*] 本文原刊于《中华法学杂志》（第6卷）1947年第4期。原文未采用现代标点符号，文中标点为编者所加。

[**] 梅仲协（1900～1971年），浙江永嘉人。法学家，教育家。曾留学法国巴黎大学，获法学硕士学位。梅仲协自1933年起在国立中央大学及中央政治学校教授民法。1943年出版《民法要义》一书，用德国、瑞士、日本等国的民法学说，对1929年的中华民国民法进行分析研究，阐释各个法律概念的法律内涵，并提出个人见解与意见，遂成一家之言。除了民法领域，梅仲协在其他诸如法律思想、宪法、商法等方面亦有建树。因早年留学法国，多受欧洲法律思想浸染，在罗马法、自然法以及近代德国法、法国法等方面亦有颇多论述，散见于当时各期刊且多被现今学者引用。梅仲协主张有选择地继承中国传统法律制度，这主要体现在其对先秦诸家的法律思想的研究。1949迁台后，梅仲协执教于台湾大学法律系并在其他多所大学兼任教授，另常年担任我国台湾地区"教育部学术审议委员会委员"。梅仲协在学术思想方面的成就影响至今，且终其一生耕耘在教学一线，教书育人的成果亦是桃李天下。

[1] 见《史记·老庄申韩列传》。

受自然本体所支配。譬如南人之所以食米，北人之所以食麦，是因南方的土地，只宜于植禾稻，而北方的土壤，则又只宜于种豆麦。所以南人食米，北人食麦，实在是受土地的支配，不得不然。北方苦寒，植物稀少，南方温暖，一年可以三熟，这是天时支配了土地。日出于东，而没于西，星辰列宿，各有其序，不相混越，这又是天道之受自然律的支配之结果。至于这个日东出而西没得自然律，却是因于有了太阳系的□〔1〕体存在，便不得不尔。所以自然律，又受自然本体的支配。所要注意的，老子所谓"天"，是指日月星辰的天象而言，而非儒墨所谓天命天意之天。老子是一个极端的自然主义者，他不相信有所谓"秉有意志统制宇宙"的天神在。

老子认人生来是天真自然的。他往往以"朴"字、"孩"字，形容人之本性。人本来有欲，但应该使其节欲甚至于绝欲，以近于朴；人本来有知，但应该使其寡知甚至于无知，以近于孩。所以老子说："虚其心，实其腹，弱其志，强其骨；常使民无知无欲。"老子既主张节欲绝欲，寡知无知，一切遵从自然律，以归于自然，是故凡属有关刺激人类的欲望，或启迪人类的智慧之类的事，都是违反自然，都应该绝对禁止。故曰："五色令人目盲，五音令人耳聋，五味令人口爽，驰骋畋猎，令人心发狂。难得之货，令人行妨，是以圣人为腹不为目，故去彼取此。"只有"致虚极，守静笃，万物并作，吾以观复。夫物芸芸，各复归其根，归根曰静，是谓复命"。〔2〕

可是求知与欲望，毕竟是人类的本能，定要做到静心寡欲，抱朴守真，实在是强人之所难，于是往往违反自然律，造作种种人为的事物。依照老子的见解，以为天下之乱，便由此始。故曰："大道废，有仁义；智慧出，有大伪；六亲不和，有孝慈；国家昏乱，有忠臣。"应该做到"绝圣弃智，民利百倍；绝仁弃义，民复孝慈；绝巧弃利，盗贼无有"，才能够复返于自然，而享受无为而无不为之乐。

老子既认仁义智慧孝慈，都是违反了自然律（即大道）而产生的恶果。所以如果尚有一种比仁义智慧孝慈更坏的事物，若制度仪式法令者，则其为害于人类，奚待烦言。是故"失道而后德，失德而后仁，失仁而后义，失义而后礼。夫礼者，忠信之薄，而乱之首……"这便是老子之必然的结论。这

---

〔1〕 此处原稿脱漏一字。——校勘者注。

〔2〕 以上均见《老子》。

里所谓礼，是一切制度仪式法令的总称，而老子最恶言礼。孔子适周，将问礼于老子，老子曰："子所言者，其人与骨，皆已朽矣，独其言在耳。"〔1〕老子又极鄙视法律，"法令滋彰，盗贼多有"两语，便可见其对于法律的观感之一斑。

要之，老子是我国二千余年前无为主义、放任主义的创始者。他厌恶法律，痛恨法律，他只有自然律的观念，而没有自然法的理念。至若由人类的智慧所创立的制定法，则尤为老子所反对。虽然，后世的法家者流，若申不害、若韩非，其法律哲学的思想，大抵本于老子。此事颇能使人惊异，但亦无足怪。欧洲十八世纪的法国大儒卢梭（Rousseau）〔2〕，其一七五三年所发表的《论人类不平等的起源》〔3〕，极端反对人类的文化。以为人类之种种智慧，与夫人生日趋复杂，都是有违人类之本质及其真正的使命，而窒息了自然的情感。文明社会，乃系人为的建设，用以荼毒生灵。他否定了整个文化，尤其是法律与国家，认为人类应复归于自然。凡所论述，颇有似于老子的学说。但其在所著《社会契约论》，却畅言国家之所以存在的原因，且欲悉力赋与以积极的基础。并且主张："凡有不服从公同意思〔4〕者，应以整个团体的力量，强迫其服从。"〔5〕这又与申韩之说，同其概略。可见这都是一种反动思想之表现。

老子的国家论，亦不能无一言。就理论上言，老子既崇拜自然主义与无为主义，便应该不会有所谓国家理论。但人类之组织国家，却是一种不可否认的事实，老子面对着这种事实，亦不能不有所论述。老子的理想国是："小国寡民，使有什佰之器而不用，使民重死而不远徙。虽有舟舆，无所乘之，虽有甲兵，无所陈之。使民复结绳而用之。美其服，安其居，乐其俗，邻国相望，鸡犬之声相闻，民至老死不相往来。"论其要旨，无非仍旧归于无为，返于自然。

---

〔1〕 见《史记·老庄申韩列传》。
〔2〕 "卢梭"原文作"卢骚"，现据今日通常用法改正。——校勘者注。
〔3〕 "《论人类不平等的起源》"原文作"《人类平等起源论》"，现据今日通常用法改正。——校勘者注。
〔4〕 "公同意思"即现今所指"公意"。——校勘者注。
〔5〕 见《社会契约论》第一卷第七章。

二

管子名仲[1]，其在中国法律思想史上，是一位见解超群，学识卓越，前无古人，后无来者的伟大法学家。管子的法律思想，并不带有丝毫神学的色彩，这个与其他所谓法学家者同，而与儒墨迥异。而管子之自然法的理念，则系其独到的见解，却非商君申韩辈所敢望其项背者。管子曰："根天地之气，寒暑之和，水土之性，人民鸟兽草木之生物，皆均有焉而未然变也，谓之则。不明于则，而欲号令，犹立朝夕于运均之上，檐竿而欲其末。"这里之所谓"则"，系兼指自然律与自然法二者而言。自然律原系自然界的因果关系之法则，非人力所能创造，亦非人力所能左右，而自然法则由于共同意识所产生，亦即渊源于人性。管子称此共同意识或人性曰"众心"。其《君臣篇》上曰："先王善牧之于民者也。夫民别而听之则愚，合而听之则圣，虽有汤武之德，复合于市人之言。是以明君顺人心，安情性，而发于众心之所聚。"

管子认国家的成文法律，应准据自然法的原理而制定。立法大权，固应操之于君主之手，即所谓"生法者君，守法者臣"，但是君主的立法，不过是表达众心所聚之法意，却不能专凭一己之私见，而任意造法。故曰："政之所兴，在顺民心，政之所废，在逆民心。民恶忧劳，我佚乐之，民恶贫贱，我富贵之，民恶危坠，我存安之。"[2]然而此种客观的众心之所聚，究竟从何处体验得来，则管子的见解，认为应该尊重舆论，以为立法之指导。"桓公问管子曰：'吾念有而勿失，得而勿亡，为之有道乎?'对曰：'勿创勿作，时至而随，毋以私好恶，害公正，察民所恶，以自为戒。黄帝立明台之议者，上观于贤也；尧有衢室之问者，下听于人也；舜有告善之旌，而主不蔽也；禹立谏鼓于朝，而备讯唉；汤有总街之庭，以观人诽也。此古圣帝明君，所以有而勿失，得而勿亡者也。'桓公曰：'吾欲效而为之，其名云何?'对曰：'名曰啧室之议。'"[3]

管子虽深知法律（即自然法）之基础，在于众心之所聚，亦即欧陆学者

---

[1] 卒于周襄王七年即公元前六四五年。
[2] 《牧民篇》。
[3] 《桓公问》。

之所谓理性。但是法律并不是一成不变，亘古不易的，所不变不易者，乃其原则原理；而其微末细节的规定，则应该随时随地而有不同，要比以适应环境为指归。故其《任法篇》曰："民不道法则不详，国更立法以典民则详。法者不可恒也。"又曰："古之所谓明君者，非一君也。其设赏有薄有厚，其立禁有轻有重，迹行不必同，非故相反也，皆随时而变，因俗而勤。"

管子分法律为三大类：一曰法，二曰律，三曰令。而其内容，互有不同。"法者，所以兴功惧暴也；律者，所以定纷止争也；令者，所以令人知事也。"[1]这里所谓"法"，是指一切抽象而普遍的法律规范而言。所谓"兴功"，乃系治者施政之积极任务，包括管、教、养三项要政。所谓"惧暴"，乃系治者施政之消极任务，警察制度之建立，与"卫"之设施，皆系惧暴的根本对策。把抽象而普遍的法律规范，制定为法典，使人人晓然于其权利义务之所在，各安本分而无所争者，此项成文的法典，则称之为"律"。具体而个别的依法所作成之行政行为，课人民以作为或不作为之义务者，则管子别称之曰"令"，所谓令人知事也。依现代法学上的见地以言，这种分类，最为合理。

我国法家者流，如商君韩非辈，大抵以法律应该与道德以及其他诸善（如智慧、艺术等）完全隔离，甚且谓为有了道德及其他诸善，很能够阻碍法律的发展与施行。而管子则不然。氏认为广义之法，是自然律与自然法的总体，而狭义的法，则为众善之源。管子曰："所谓仁义礼乐者，皆出于法。"[2]又曰："四维不张，国乃灭亡。何谓四维？一曰礼，二曰义，三曰廉，四曰耻。"[2]良以法律乃系人类行为的规范，现代法学家都认广义的自然法（亦即管子所指与自然律相对立的狭义之法），应该包括道德宗教在内，则仁义礼乐廉耻，无一而不隶属于自然法的范畴。不意管子远在二千余年以前，即已有见及此，殊不能不令人叹服。

管子言法律之效用，则其美不可胜举。管子曰："法者，民之父母也。"[4]曰："法者，天下之至道也，圣君之实用也。"[5]曰："夫不法，法则治。法

---

[1]《七主七臣篇》。

[2]《任法篇》。

[3]《牧民篇》。

[4]《法法篇》。

[5]《任法篇》。

者，天下之仪也，所以决疑而明是非也，百姓之所县命也。"〔1〕曰："虽有巧目利手，不如拙规矩之正方圆也。故巧者能生规矩，不能废规矩而正方圆，虽圣人能生法，不能舍法而治国。"〔2〕曰："以法治国，则举错而已。是故有法度之制者，不可巧以诈伪，有权衡之称者，不可欺以轻重，有寻丈之数者，不可差以长短。"〔3〕

管仲之言国家的起源，则颇有似于欧洲十七世纪英儒霍布斯（Hobbes）〔4〕的见解。认为强凌弱，众暴寡，是人类之自然的状态。其言曰："古者未有君臣上下之别，未有夫妇匹配之合，兽处群居，以力相征，于是智者诈愚，强者凌弱，老幼孤弱，不得其所。故智者假众力以禁强虐，而暴人止，为民兴利除害，正民之德，而民师之……上下设，民生体，而国都立矣。是故国之所以为国者，民体以为国，君之所以为君者，赏罚以为君。"〔5〕这里所谓"智"者，便是先知先觉之士；所谓"众"力，便是后知后觉与不知不觉者。智者领导这一股众力，镇压了战争，建设起和平，把散漫纷乱的个人，组成为一个坚强团体，智者便成为国君，亦即所谓统治者，发号令，明赏罚，国家的制度，于焉形成。而这样的国家制度之维持，则完全依靠法律。法律的制颁，应该着重平等的原则，而不容有阶级之分，否则，仍旧免不了强者凌弱的弊病。即所谓"禁不胜于亲贵，而求令之必行，不可得也"。〔6〕

然而，百姓彼此之间，固然应该绝对平等，绝对守法。而立法大权，既□〔7〕在所谓智者的国君之手，那么国君自己能否任意毁法背法，抑或自己亦应恪守自己所立之法？管子对于这个问题，曾经熟思远虑，而坚决主张应该采取如近世学者所倡之主权自限说。认为国君必须先行守法，始可责人以不守法，而有司百官，亦必须奉法唯谨，以为万民倡。其言曰："禁胜于身，则令行于民矣。"又曰："不为君欲变其令，令尊于君。"又曰："明君置法以自治，立仪以自正也。行法修制，先民服也。"〔8〕又曰："君臣上下贵贱皆从

---

〔1〕　《禁藏篇》。
〔2〕　《法法篇》。
〔3〕　《明法篇》。
〔4〕　"霍布斯"原文作"霍布士"，现据今日通常用法改正。——校勘者注。
〔5〕　《君臣篇（下）》。
〔6〕　《禁令篇》。
〔7〕　此处原稿脱漏一字。——校勘者注。
〔8〕　以上均见《法法篇》。

法，此之谓大治。"〔1〕又曰："亏令者死，益令者死，不行令者死，留令者死，不从令者死。五者死而无赦，惟令是视。"〔2〕

综上所述，我们应知管子的法律论，既若是之纯正祥和；而其国家观，又着重于法治主义之厉行。生于二千年前，而见解则与二千年后之现代思潮，处处相暗合。读《管子》书，不禁有高山景行之遐想焉！

〔1〕《任法篇》。
〔2〕《重令篇》。

管子法律论[*]

范 扬^{**}

一、法之观念

《管子》书对于法或法律所下之定义，散见各处，所言颇不一致，惟关于法之主要的意义大体已有言及。

法为社会生活之轨范《形势解篇》："法度者，万民之仪表也。""令下向民从法者，天下之程式也，万事之仪表也。"《禁藏篇》："法者，天下之仪也，所以决疑而明是非也，百姓之所悬命也。"

法有命令性命令说之正确与否，姑置不论，但法——不论其为强行法或任意法，概有命令性，则可断言。管子对于此点，固无异议。《任法篇》："法者上之所以一民使下也。"《形势解篇》："明其法式，以莅其民……则民循正。"《七法篇》："不明于法，而欲治民一众，犹左书而右息之。"《禁藏篇》：

---

　* 本文原刊于《中华法学杂志》（新编第 5 卷）1946 年第 1 期。原文未采用现代标点符号，文中标点为编者所加。

　** 范扬（1899～1962 年），字望洋，浙江金华人。法学家和法学教育家。1916 年赴日本留学，先后就读于预备学校、东京高等学校、东京都第三高等学校文科、东京帝国大学文学院哲学学科、法学院法律科。1928 年，范扬从日本东京大学法律科毕业。归国后，先后任浙江省警察学校教务主任、浙江省地方自治专修学校教员、南京中央大学教授、安徽大学教授、复旦大学教授、中山大学教授、上海社会科学院哲学研究所研究员等职。抗日战争爆发后，弃教从政，历任国民政府军事委员会政治部第三厅副厅长、考试院参事，颇有政绩。新中国成立后，又弃政从教，撰写了《评新行政执行法》、《各国宪法中之行政权》、《改进行政救济制度之我见》、《宪法及行政法》、《继承法要义》《行政法总论》、《警察行政法》等论文和专著，对行政法学基础理论和学科建设做出了重要贡献，对宪法的一些问题也进行了深入的探讨。译注有《法哲学原理》、《私法变迁论——〈拿破仑法典〉发布后私法之一般的变迁》等。

"夫法之制民也，犹陶之于埴，冶之于金也。"

法之内容分实体法与程序法等法之内容，视其是否设定权利义务抑或单为法规之实施，有实体法与程序法之分；又视其设定权利、人格或其他之能力，抑或设定职务或责任，另有能力的规定与命令的规定之别。此外，狄骥氏分法为规范法与构成法，以实体法之基本法则为规范法，实施规范法之法为构成法。凯尔森[1]分为第一规范与第二规范，第一规范为制裁的规定，第二规范为命令的规定。以上各项分类，其各所指互有不同，无待详述。

管子对于法之内容，亦有一套分类，可与上列分类参稽并举。《七主七臣篇》："夫法者，所以兴功惧暴也。律者所以定分止争也，令者所以令人知事也。"所谓法、律、令，性质原同为法。第一段"法者所以兴功除暴"，除暴即制裁法规之刑法及强制法规之警察法等属之；兴功即第二段"律者所以定分止争"，律即指实体法，如民法，即公法中有关人民权利之规定属之。勋赏法规，褒扬法规，及公益事业之奖励法规等属之。第三段"令者所以令人知事"；照文面令似为布告或通知，但与后述"用民待令"参照，应从广义解释，凡用民之力，用民之财，以及用民之死之令，均得在内。故令应指劳役法，赋法，兵役法等，即行政法规定义务之法规属之。但管子之所谓法，有时用于最狭之义，单指制裁法或镇压法。如《明法解篇》："法度者，主之所以制天下，而禁奸邪也。"正篇"法以过之"。即属于此。

法之根本为理或自然法法与道德出于同理，同为社会规范，特其中必须遵守部分乃成为法。如道德中之仁或义，与法律中之正或义，根本并无不同。现所谓礼法同源，或法包含于礼，及法治发达以后，法始由礼中分化，此等学说，自有至理。法之基础之理，又称自然法或理法有时并得单独成为法源，而为现实法之补充，此亦自然之势也。管子书颇富此种思想。《形势解》篇："明主法象天道。"《任法》篇："法者天下之至道也，圣君之实用也。"《枢言篇》："法出于礼，礼出于治，治礼道也，万物待礼而后定。"《心术篇》："义者谓各处其宜也。礼者因人之情，缘义之理，而为之节文者也。故礼者谓有理也。理也者分明以谕义之意也。故礼出乎义，义出乎理，理因乎宜者也。法者所以同出，不得不然者也。"此段说明法与道德之区别可谓深切著明。《任法篇》："仁义礼乐者，皆出于法。"则谓道德一部分有法之保障，道德之

---

[1] "凯尔森"原文作"开尔生"，现据今日通常译法改正。——校勘者注。

实效乃益著矣。

二、法之起源

法或法律，为必须遵循之社会规范，其本质并不以附有强制或制裁为必要，惟为确保其遵循计，大都附有制裁。又法并不随国家之成立而始产，国家未成立前，固已有法之存在。惟国家成立以后，法始附有组织的强制。故法之现象，以在国家成立后，益为显著。论者有谓法之产生与国家之成立，有不可分之关系，或以国家之强制力为法之要素，因而以法与国家具有统一之起源。管子之法律起源论，殆亦采斯说也。《君臣篇下》："古者未有君臣上下之别，未有夫妇匹妃匹之合，兽处群居，以力相征。于是智者诈愚，强者凌弱，老弱孤独，不得其所，故智者假众力以禁强虐，而暴人止，为民兴利除害，正民之德，而民师之。……上下设，民生体，而国都立矣。是故国之所以为国者，民体以为国，君之所以为者，赏罚以为君。"是即管子之国家起源，其言"假众力以禁强虐"，盖即法律强制力之组织，足见管子亦以法律与国家为同时成立者也。

三、法治主义

近代所谓法治主义，举政府活动之界限，人民权利之范围，均订于法，全国上下，概据以行之。故在法治主义之下，法之制颁与效力固有一定，而既经施行以后，则有拘束治者被治者之效力，故不特一般人民须受拘束，即国家本身，易言之，即代表国家之任何机关，均须受其拘束，而莫或可破坏之也。《任法篇》谓："君臣上下贵贱皆从法，此谓为大治。"此语颇足表达法治真意，此外表示类似之意义者，尚不一而足。《幼官篇》："明法审数，立常备能，则治。"《法法篇》："不法法，则事无常。"《七臣七主篇》："法律政令者，吏民规矩绳墨也。""规矩者，方圆之正也。虽有巧目利手，不如拙规矩之正方圆也。故巧者能呈规矩，不能废规矩而正方圆，虽圣人能生法，不能废法而治国。"《任法篇》："万物百事非在法之中者，不能动也。"《明法篇》："先王之治国也，不淫意于法之外，不为惠于法之内，动无非法者所以禁过外私也。以法治国，则举错而已。是故有法度之制者，不可巧以诈伪，有权衡之称者不可欺以轻重，有寻丈之数者，不可差以长短。"（《明法解篇》重见）《形势解篇》："明主犹羿也，平和其法，审其废置而坚守之有必治之道，故能多举而多当。以规矩为方圆则成，以尺寸量长短则得以法数治民则安，故事不广于理者，其成若神。"《版法篇》："是故文事在右，武事在左，圣人法之，以行法令，以治事理。"管子以为守法则法可措而不用。《禁藏篇》："主上视法，关于亲戚，吏之举令，敬于师长，民之承教，重于神宝，故法立而不用，刑设而不行也。"《法法篇》："法者先难而后易，久而不胜其福，故惠民者民之仇雠也。法者民之父母也。"

四、法之作用

我国历朝立法，大都偏于律即刑罚法规之一类。"前刑而后法"，殆刑之观念产生以后，始见法之观念产生。故刑与法为极相近之名词。惟管子之法，稍异于是，特注重齐一民志，运用民力，质言之，即注重行政法。《权修篇》："欲为其国者，必重用其民，欲为其民者，必用尽其民力。民众而不一，则有以牧之也。"《重令篇》："凡兵之胜也，必待民之用也，而兵乃胜。凡民之用也，必待令之行也，而民乃用。"《立政篇》："法者将用民力者也……将用民能在也……将用民死者也。"《七法篇》："有一体之治，故能出号令，明宪法矣。""……制仪法，出号令，莫不响应，然后可以治民一众矣。"

五、法之施行

管子以法令之能否彻底施行，与国政之推行有关。为确保其施行计，故特注重赏罚之信必。此之一点原为法家所认同，《管子》书则言之特详。《法法篇》："凡大国之君尊，小国之君卑，大国之君所以尊者何也？曰为之用在众也。使民众为己用奈何？曰法立令行，则民之用者象矣。法不立，令不行，则民之用者寡矣。"《八观篇》："置法出令，临众用民，计其威严宽惠，行于其民与不行于其民可知也。"《立政篇》："正月之朔，百吏在朝，郡出令，布宪于国，五乡之师，五属大夫，皆受宪于太史，皆身习宪于君前。五乡之师出朝，遂于乡友，致于乡属，及于游宗，皆受宪，宪既布，乃反政会焉，宪未布，令未致，不敢就舍，就舍谓之留令，罪死不赦。五属大夫……出朝不敢就舍；遂行。至都之日，遂于庙致，官吏皆受宪。宪既布，乃发使者致令……宪未布，使者未发，不敢就舍，就舍谓之留令，罪死不赦。宪既布有不行宪者，谓之不从令，罪死不赦。考宪而有不合于太府之籍者，侈曰专制，不足曰亏令，罪死不赦。"《重令篇》："行令在乎严罚，罚严令行，则百吏皆恐……故明君察于治民之本，莫要于令，故曰亏令者死，益令〔1〕者死，不行令者死，留令者死，不从令者死。五死无赦，惟令是视。"《重令〔2〕篇》："几令之行也，必待近者之胜也，而令乃行。故禁不胜于亲贵，罚不行于便辟，法禁不诛于严重，而害于疏远，庆赏不施于卑贱，而求令之必行，不可得也。"《七法篇》："明君之致所贵，非宝也，致所亲，非戚也，致所爱，非民也，致所重，非爵禄也。故不为重宝亏其命，故命重于宝，不为爱亲危其社稷，故曰社稷戚于亲，不为爱人枉其法，故曰法爱于人，不为重爵禄分其威，故曰威重于爵禄。"《法法篇》："明君不为亲戚危其社稷，社稷戚于亲，不为君欲变其令，令尊于君。不为重宝分其威，威贵于宝，不为爱民亏其法，法爱于民。"《重令篇》："几先王治国之器三，攻而毁之者六……三器者何也？曰号令也、斧钺也、禄赏也。六攻者何也？曰亲也、贵也、货也、色也、巧佞也、玩好也……先王……不为六者变更于号令，不为六者疑错于斧钺，不为六者益损于禄赏。若此，则远近一心；远近一心，则众寡同力；众寡同力，则战可必胜，而守可以必固。"（《版法释篇》重见）《法法篇》："灭绝侵壅之君者，非杜其门而守其户也，为政有所不行也……蔽塞逆障之君者，不敢杜其门而守其户也，为贤者不至，令之不行也。"

六、赏罚论

民之用令之行，在赏罚之信必，《管子》书对赏罚一端，反复中论，而且主张无私，非赦，以求贯彻〔3〕。《牧民篇》："善刑则民远邪，信庆赏，则民轻难。"《权修篇》："赏信于其所见，虽其所不见，其敢为之乎……赏罚不信于其所见，而起其所不见之为化，不可得也。"《九守篇》："用赏在贵诚，

〔1〕 "益令"原文作"盖令"，现据《管子》原文改正。——校勘者注。
〔2〕 "重令"原文作"经令"，现据《管子》原文改正。——校勘者注。
〔3〕 "贯彻"原文作"贯澈"，现据今日通常用法改正。——校勘者注。

144

用刑在贵必,刑赏信必于耳目之所见,则其所不见,莫不暗化矣。"《七法篇》:"言是而不能立,言非而不能发,有用而不能赏,有罚而不能诛,若是而能治民者,未之有也。"《禁藏篇》:"德莫若博厚,使民死之,赏罚莫若必成,使民信之。"《级官篇》:"发善必审于密,执威必明于中。"《枢言篇》:"明赏不费,明刑不暴,赏罚明,则德之至者矣。"《七法篇》:"官吏严断,莫敢开私焉……论功记劳,未尝失法律也……故有罪者不怨上,受赏者无贪心。"《权修篇》:"妇人言事,则赏罚不信……男女无别,则民无廉耻……赏罚不必信,民无廉耻,而求百姓之安难,兵士之死节,不可得也。"《版法篇》:"喜无以赏,怒无以杀。喜以赏,怒以杀,怨乃起,令乃废,骤令不行,民心乃外。"(《版法解篇》重见)

关于废私一端,管子更有阐明。《牧民篇》:"无私者可置以为政。""如天如地,何私何亲?如月如日唯君之节。"《必术篇·下》:"圣人若天然,无私覆也,若地然,无私载也。私者乱天下者也。"《版法解篇》:"法天合德,象地无亲,日月之无私,故莫不得光,圣人法之,以烛万民,故能审察则无遗善,无隐奸。无遗善,无隐奸,则刑赏信必。刑赏信必,则善劝而奸止。"《形势解篇》:"风雨至公而无私,所行无乡,人虽遇漂儒而莫之怨也。故曰风雨无乡,怨不及也。"《任法篇》:"不知亲疏远近贵贱美恶,以度量衡之,其杀僇人,不怨也,其赏人,不法也。以法制行之,如天地无私也,是以官无私论,士无私议,民无私说,皆虚其胸以听上,上以公正论,以法制断,故任天下而不重也。"

次言非赦。《法法篇》:"赦出则民不敬,惠行则过日益,惠赦加于民,而囹圄虽实,杀僇虽繁,奸不胜矣。""几赦者小利而大害者也,故久而不胜其过,毋赦者小害而大利者也,故久而不胜其福。故赦者犇马之委辔,毋赦者,座睢之砺石也。"但赦免有特殊情形仍容许赦免。《霸形篇》:"齐国百姓,公之本也。人甚忧饥,而税敛重,人甚惟死,而刑政险……公轻其税敛则人不忧饥,缓其刑政,则人不惧死。"

七、法力之界限

庆赏信罚,虽足以一民使众,但依情形如何,为其效力亦自有限制。《牧民篇》:"刑罚繁而意不恐,而令不行矣,杀僇众而心不服,则上位畏矣。"

《法法篇》:"君有三欲于民——一曰求,二曰禁,三曰令……求多者,其得寡,禁多者其止寡,令多者其行寡,故未有能多求而多得者也,故未有能多禁而多止者也,未有能多令而多行者也。故曰上苛则下不听,下不听则疆以刑罚,则五人上者众谋矣。"《形势解篇》:"明主度量人力之所能为而后使焉。故令于人之所能焉,则令行,使于人之所能焉,则事成……故曰毋强不能。"

八、立法篇

立法与人性 法律非为少数贤良而设,乃"用众舍寡",所以规律普通社会。立法者所养眼之人性,大抵认为人性近恶,人情趋利避害。故立法定制,必须从最恶场合设想,且须顺应人情,而以赏罚制之。此为法家共同思想,管子亦无异致。惟人为理性动物,因累代磨炼,结果,亦能依其合理性而日即于善,特进化至某阶段,各人所藏之善性恶性,不免有不同耳。管子对于德化之效用,固未忽视。吾人言立法论,姑就其对人性观,先略述之。《权修篇》:"人情不二,故民情可得而御也,审其好恶,则长短可知也,观其交游,则贤不肖可知也,二者不失,则民可得而官也。"《枢言篇》:"人心悍,故为之法。"《正俗篇》:"圣人设厚赏,非侈也,立重禁,非戾也。赏薄则不利,禁轻则邪人不畏……赏不足劝,则士人不为用,刑罚不足畏,则暴人轻犯。禁民者,服于威杀后从,见利然后用,被治然后正,得所安,然后静者也。"《禁藏篇》:"凡人之情,得所欲则乐,逢所恶则忧,此贵贱之所同也。近之不能勿欲,远之不能勿忘,人情皆然,而好恶不同,各行所欲,而安危异焉,然后贤不肖之形见也。"

社会公利论 管子之立法哲学,近于社会功利论。《明法篇》:"凡人者,莫不欲利而恶者,是故与天下同利者,天下持之,擅天下之礼者,天下谋之。天下所谋,虽立必隳,天下所持,虽高不危,故曰安高在乎同利。"《牧民篇》:"政之所兴,在顺民心,政之所废,在逆民心。民恶忧劳,我佚乐之,民恶贫贱,我富贵之,民恶危坠,我安存之,民恶灭绝,我生育之。能佚乐之,则民为之忧劳,能富贵之,则民为之贫贱,能存安之,则民畏之危堕,能生育之,则民为之灭绝……故从其四欲,则远者自亲……故知与之为取者,政之宝也。""下令于流水之原者,令顺民心也。""不求不可得者,不疆民以其所恶也。"《形势解篇》："人主之所以使下尽力而亲上者，必为天下致利害也……故民万骟，尽其力而为上用。人主所以令则行、禁则止者，必令民之所好，而禁民之所恶也。"

主法权属君主《任法篇》："圣君矢度量，置仪法。"《法禁篇》："君壹其仪，则百官守其法，上除明其利，则下皆会其度矣。"

几个立法原则：（1）法须合理，成文，并有制裁。《法法篇》："法律刲度必有法道，号令必注明，赏罚必信密，此正民之经也。"《七法篇》："不明于则，而欲出号令，犹立朝夕于运钧之上檐竿而欲定其末。"（2）立法须因时制宜。《任法篇》："法者不可恒也……明王之所以恒者二，一曰明法而固守之，二曰禁民私而收使之。此二者主之所恒也。"《正世篇》："古之欲正世调天下者，必先观国政，料事务，察民俗，本治乱之所生，知得失之所在，然后从事，故法可立而治可行。""其设赏有厚有薄，其立禁有轻有重，遇行不必同，非故相反也，皆随时而变，因俗而动。""不慕古，不留今，与时变，与俗化。"（3）法不宜烦。其《七臣七主篇》："见必然之政，立必胜之罚，故民知所必就，而知所必去，推而往，召而来，如堕重于高，如渎水于地。故法不烦，而吏不劳，民无犯禁。""私道行，则法度轻，刑法繁，则奸不禁。"（4）法不可朝令暮改。《法法篇》："号令已出，又易之；礼义已行，又止之；度量已制，又迁之；刑法已错又移之。如是，则庆赏虽重，民不劝已，杀戮虽繁，民不畏也。故曰上无固植，下有疑心，国无常轻，民力必竭，数也。"

商君的法治主义论[*]

丘汉平[**]

一、绪论

自从鸦片一役，我们中国由闭关时代进而为条约通商时代。上海、宁波、福州、厦门、广东，开为商埠，允外人互市。这个时期在中国历史上最为重要，不论中国的政治、经济、思想、文化，都有莫大的变化，而文化上的变迁，尤为重要。从前的中国人，只知天下惟我独尊，鄙夷其他小国民族为蛮夷。四千多年的帝国，经过此役的打击，才晓得天外有天，中国之外，还有欧美哩！我们翻开近百年来的中国史，[1]哪一页不是给我们伤心的事呢？自从中西通商后，西洋文化输入，民权学说流行，知道国家的意思是为全国人民组成，为全国谋幸福，不是少数的私产。所谓民有民为民享思想才慢慢弥漫吾国思想界。辛亥革命的成功，此亦居其一。然而我们细究辛亥革命所以

---

　*　本文原刊于《法学季刊（上海）》（第 2 卷）1926 年第 7 期。

　**　丘汉平（1904～1990 年），福建海澄人。罗马法学家、法律史学家、商法学家、华侨问题专家。先后毕业于国立暨南大学和东吴大学，后赴美国留学，赴欧洲考察。从 1931 年起，出任国立暨南大学、东吴大学教授，创办华侨中学等多所中学以及省立福建大学，曾任福建省政府财政厅长，国民政府交通部官员。1948 年，任立法院立法委员。1949 年赴台湾，出任东吴大学校长。一生著作甚丰，出版有《国际汇兑与贸易》、《先秦法律思想》、《中国票据法论》、《罗马法》（上、下册）、《法学通论》、《华侨问题》、《历代刑法志》等。此外，还发表了《现代法律哲学之三大派别》、《宪法之根本问题》等众多论文。他在罗马法、法律史、商法（尤其是票据法）和华侨问题等领域，均有专深的研究。长期担任东吴大学法学院院刊《法学季刊》（后改为《法学杂志》）的主编，在他精心策划和组织下，该刊物成为国民时期水平最高、名声最响的法学刊物。由于邱汉平在法律学术上的出色表现，他被选为意大利皇家学院"罗马法"荣誉研究员，美国密苏里州斐托斐荣誉会员。

　〔1〕 中国和英国订的《南京条约》是在道光二十二年即西历一八四二年，我们的失败史也从此开幕了。

成的原因，又实在不是完全西洋学说的影响。据我看来，是覆满运动造成的。汉人最恨的是异族来入主中华。当满清入关的时候，汉人稍有意志的都想推翻。明末郑成功，就是不愿为满清的臣民，自据台湾以抵抗清室。这种恨满的思想，日深一日。但是为什么当洪秀全连下十三省时，汉人何不乘机推翻清呢？这也有一个缘故在：洪秀全本有推翻清廷的可能，他的失败，统是他的手段太残酷。打陷一城池，就劫掠奸杀，这种强盗的行为，不是比清廷更严酷吗？并且清室当时财力还富足，更有曾国藩的有为。洪秀全的部落，不过是乌合之众，其败必也。这种皇帝思想，一直到通商时候，才生反向。一部分青年，目击清廷的腐败、中国的衰弱，纠合同志来革满清的命。经过了多少的酝酿，才生出孙中山先生等的同盟会。许多清朝汉臣，虽藉西洋民权学说推翻满清，什么平等、自由、民治、共和，信口乱吹。其实他们的目的是去满代汉，何尝有民权思想呢？这部分覆满的势力，在当时居最多数，所以辛亥一役才容易成功。成功了后，各人要实现各人的目的，袁氏帝制、张勋复辟等剧都一一演出来了。老实一句不客气的话，今日的中国还是专制其实，共和不过其名罢了！一般民众尚在梦想真主出现，可见中国茸命原因的所在了。中国民众本来是很守旧的，什么民权思想哪能入他们的脑海。古代的墨子、杨朱等人，都认作是异端。只有君君臣臣是正当的，君要臣死臣不得不死是对的。一切的行为，都以礼教为标准，凡有违背礼教的臣民，都要处罪。“不入于礼则出于刑”，简直是中国政治的圭臬。在这种礼教中坚政治之下，人民的思想，都被礼教束缚。我们要晓得礼教是不能够做人民行为的标准；维持秩序，更是困难。在礼教制度的国家，治国是以身作则。所谓“人存政举，人亡政息”，就是这个意思了。还有一层，礼教主义是信“此和礼教可以置之四海而皆准，俟之万世而不变”的原则。我想中国立国四千余年，没有什么进步，是受礼教的影响。然则礼教可以完全不要吗？我的主张是：礼教摘其适存者存之，但是一国的秩序及人民的行为标准，是不能以礼教做标准。我们一定要规定几条适合时代，适合国情，适合论理的规则，做人民一切行为的标准，为维持一国的秩序。不论何人，都要依此规则而行。废除以身作则为治国的标准。这共同遵守的规则，就是法律。采取此种法律治国的，就是法治主义。法治主义即是一国的秩序，人民的权义，皆准绳于法。当局者只要循法而行，如有违法的行为，受法律的制裁。故法治主义为客观的治国，与人治主义立于反对地位。今把人治主义和法治主义不同的地方，说其要者于下：

第一，人治主义是以身作则，当局者须自己恪守礼教规律。孟子说："君仁莫不仁，君义莫不义，君正莫不正，一正君而国定矣。"（《离娄上》）又说："君行仁政，斯民亲其上，死其长矣。"（《梁惠王上》）又说："国君好仁，天下无敌。"（《离娄上》）。它如推恩足以保四海，不推恩不足以保妻子等，都是国君要天下太平，要人民死上，必先自己做一个很有仁德之君，为全国的模样。但是法治则不然，它是以一国共同遵守的规则，为全国人民的标准，不论王公卿相平民，若是违背此共同遵守的法律，就要受法律的制裁。一国的事情虽免不了自然人来执行，但是当局者只要循法而行，至于以身作则的条件则完全拚弃。垂法而治，乃为法治主义的根本原则。在法治主义的国家，没有什么"法不加于至尊"的例外。《商君书·修权篇》说："法者，君臣所共操也。"就是把法律平等的观念举出。

第二，人治主义的结果是"人存政举，人亡政息"。文王行仁，但是他死了后，他的仁政就止。如果武王不继父志，渎武殃民，国不是乱吗？在我们中国历史上，很少看见——可说没有——有三四世都是贤人政治。四五千年的立国，做贤人政治的模范者只有尧舜，次者禹汤文武，再找出一人，是没有了。由此说来，一国的大事，一国人民的幸福安宁，安可靠一二个有为的贤人？如果遇到不得道的人君，天下就乱，人民就无安宁，则危险不可设想了。法治主义即不管当局者好坏，凡是违背法的都受制裁。合则留不合则去，于一国人民的安宁无大关系。诚然，遇到有为的人，国家可以弄好一点，但是不得有为的人，国家还不至于纷乱。所以法治主义的好处，在于不得有为的当局者，还不至于影响一国人民的安宁。法治主义胜于人治主义者在此一点为最重要。韩非子对于人治主义攻击的很厉害，他说："且夫尧舜桀纣，千世而一出。……中者上不及尧舜，而下亦不为桀纣。抱法则治，背法则乱。背法而待尧舜，尧舜至乃治，是千世乱而一治也。抱法而待桀纣，桀纣至乃乱，是千世治而一乱也。"（《难势篇》）这段把法治人治的利害说得透彻，言之成理。"以法治国，治；不以法而待贤人治，乱。"为什么呢？因为法治主义，不必贤人亦治，即有恶人亦不乱，——除非恶人如桀纣那样的恶，才发生不良现象，但是恶人如桀纣者，千古不一见，故千世才有一乱。然如一国不从法治倚靠贤人政治，像尧舜的人才，千古不一见，是千世才有尧舜的政治，贤人既难得，国家天天乱，一直逢到贤人才治。但有时碰到贤人仍不能治，因为没有给他治国的机会。圣人如孔孟，都逢不得主，可见贤人政治的难了。有几个像尧逊位与一个不相识的舜呢？故人治主义最难治成一个好国家。尹文子驳的最彻底："若使遭贤则治，遭愚则乱，则治乱续于贤愚，不系于礼乐……治世之法，逮易世而莫用，则乱多而治寡。"吾国学者，也有许多痛击人治的不良，兹因限于篇幅，姑略之。

第三，人治主义无标准，故有时虽遇有作为的人亦难治。圣贤尚难守，何况平民乎？请看韩非子的话，他说："释法术而任心治，尧不能正一国，去规矩而妄意度，奚仲不能成一轮。……使中主守法术，拙匠守规矩尺寸，则万不失矣。"（《用人篇》）管子说的更明显，他说："虽有巧目利手，不如拙规矩之正方圆也。故巧者能生规矩，不能废规矩而正方圆；虽圣人能生法，不能废法以治国。"（《法法篇》）《商君书·修权篇》里说："先王悬权衡，立尺寸，而至今法人，其分明也。夫释权衡而断轻重，废尺寸而断长短，虽察，商贾不用，为其不必也。……不以法论智能贤不肖者唯尧，而世不尽为尧。是故先王知自议誉私之不可任也，故立法明分……"由此看来，法治主义是要使一国人民都能有一定的标准，此标准即是法律信条。人治主义即以身作则，人民仿他的模样来作他们行为的标准，但是此种标准是无一定的，无根据的。慎子说的好：君人者舍法而以身治，则诛赏予夺，从君心出……我们要晓得人有七情，而七情的变动无常。君子既有专权赏罚人民，没有什么共同的法则，人民无从取法。韩非子解释得很明白，且看他说："昔者弥子瑕见爱于卫君，卫国之法：'窃驾君车者，罪至刖。'既而弥子之母病，人闻往夜告之。弥子矫车而出。君闻之，而贤之曰：'孝哉！为母之故，而犯刖罪。'与君游果园，弥子食桃而甘，不尽而奉君，君曰：'爱我哉！忘其口而念我。'及弥子色衰而爱弛，得罪于君，君曰：'是尝矫驾吾车，又尝食我以其余桃。'故弥子之行，未变于初也；前见贤而后获罪者，爱憎之至变也。故有爱于主，则知当而加亲；见憎于主，则罪当而加疏。'"（《史记·老庄申韩列传》）此足以示人主喜恶之无常，人治主义的缺点了。人治主义以主观为标准，哪有不坏？法治主义乃采客观治法，不徇情苟私，这是法治主义的好处。有人说：法的权威那么大，万一所立的法不善，要怎么办呢？慎子答曰："法虽不善，犹愈于无法也，所以一人心也。夫投钩以分财，投策以分马，非钩策为均也，使得美者不知所以美，得恶者不知所以恶，此所以塞愿望也。"〔1〕(《慎子·佚文》)"法虽不善，犹愈于无法"，我们可举一个极显明的例。当西历纪元前五世纪初，罗马没有明文法律。其时罗马社会有贵族平民（plebans）的分别。所有权柄，都集中于贵族阶级，平民的生命，任他们上下。当时的法官也都是贵族，既无明文法律，他们自可任意裁判。后来平民极力运动明文法律，在共和时代才派十人草宪，到四四九年左右〔2〕才制定《十二表法》（Twelve Tables）。罗马法律，都以此为据。但是我们一看《十二表法》的内容是很严酷的。可是平民都不反对，反赞成此种法律。这因为他们的目的是要使法律有明文的规定，免却贵族的任意横行，是其所是，非其所非。这样看来，不是"法虽不善，犹愈于无法"吗？

上面几点，不过举其荦荦大者言之，至于详细，待诸别文。我们中国的政治，纯是采用人治主义（或曰贤人政治，德治主义，礼教主义）。今日中国的屠弱，南北分立，内乱烽起，都是信仰人治主义的结果。什么"礼不下庶人，刑不上大夫"，"子为父隐，父为子隐"，"法不加于至尊"等话，当然产生今日的中国。及至中西媾通，法治主义的潮流涌入吾国；西洋物质文明，崇拜推崇大有本国所有文化均不适用，把西洋东西照样搬入。他们以为此可以救中国了，殊不知这种机械式的转运，不察国情，不察历史，哪能够实用呢？因为不实用，反对法治主义派就藉口说，"今日中国纷乱的原因，不是什么东洋西洋，也不是法治主义可以解决的，实实在在是缺少领袖人才。如果有孔孟的圣贤，中国就有救了。我们是礼教之邦，用不着什么法治，礼教道德是最好不过。像西洋法治国，父子如路人，不是礼教所许。他们寡恩刻薄，不要废我们的礼教来从法治。"这种人治主义的思想，伟人万能的信仰，仍旧根深蒂固。不去考究法治主义是什么，随便开口攻击，就以为"法治主义是如此如此了"。我个人对于机械式的搬运者固然反对，但是同时也反对贤人政治。我们中国今日所需要的是"一种法律，以哲学为基础，以国情为根据，

---

〔1〕 此与西洋分析派的法学家（Analytical School）论法未必即公平（Law is not necessary just.）同，此派的论法律以为命令式的，可参阅 Hobbes、Austin 等人的著述。格莱氏法律的渊源及性质也论得很详。Gray, *The Nature and Source of the Law.*

〔2〕 《十二表法》，吾国都译做《十二铜表法》。我觉得不妥当，因为《十二表法》是刻在铜上或木上，学者都不一致。至于年代，更是莫衷一是，据我研究的结果，似乎是近于四五○年西纪前左右。见拙著的《十二表法之研究》。

适合现代的中国，并能增进精神上物质上的文化为目的"。阅者要明白，我并不反对礼教规条和良善道德，我是主张一个国家应不以（ought not）道德为主，应以法律做准绳。辅以德治精神，但是法律与道德要划开，不要混在一起。[1]

统观我国历史，概括地说，治国的方法是采人治主义；或详显的说，以身作则主义。但是在古代时候，也有法治主义的潮流，且有实行此主义的人，可惜不久即湮灭无闻了。在实行方面，我们得到商君；在学理方面，我们得到慎韩等人。现在我来讲实行方面的功效。商君入秦，秦国经他采用法治精神治国之后，十年国富兵强，上下一法，路不拾遗，山无盗贼。可惜商君走太极端，身遭车裂之祸，他的政策旋废，但是秦国仍袭用他的法治精神。我们生在此时代，适值我国法系革新时代，应当研究一种法理学做立法的指针。要一种适合法律，——不是架空又合实际——我在上边已列举几个条件。我们知道一切法律政治，属于创造者少，属于顺序发达者多（西洋十八世纪的历史派的法学者都说法律是习惯生出来，见 Pound《法律与道德》第一讲"历史派的法学家对于法律与道德的观念"）。一国民族有它的历史，有它的特殊心理，自然不能将他国所谓善者尽数搬入，也不能把固有的尽数抛弃。我们应当一方面考究西洋的法治学说及其收效；一方面把我们先民所发明的学理及其影响及其实用的效果研究一下；然后下一哲学眼光的批评，和科学的分析，使成一完整的法学，做立法指南针。这篇文字，也不过是抱定此意思，不对地方，希望大家拿出来讨论批评。

二、商君的年代

商君是公孙鞅的号，因为他有功于秦，受封于商，故号商君，到了隋朝，才称他为商子。他本人是卫人，所以又叫他卫鞅。曾事魏相，不得用于魏惠王，于西历前三六一年入秦，见孝公，劝他变法图强，孝公从他的话，任他为相，定变法的命令。他治国采取法治主义，秦国经他的整治，就渐渐富强起来，立下秦始皇吞并六国的基础。他的政治成绩，《史记·商君列传》写的

---

[1] 法律与道德的关系，说来很长。西洋有历史派（Historical School）、分析派（Analytical School）、哲学派（Philosophical School）等，各有各的见解。美国庞德近著《法律与道德》一书，把它俩的关系及各派见解，从头到尾说得简单而详尽，实为法界的一有价值的佳作。R. Pound, *Law and Morals*.

很清楚:"行之十年,秦民大悦。道不拾遗,山无盗贼,家给人足,民勇于公战,怯于私斗,乡邑大治。"这三十多字把他的政策效果说的详且尽,现今最文明富强的国家,还没有此种成绩。在他当政之时,结怨朝臣甚多,故孝公死后,惠王即位,众告鞅欲反,遂遭车裂之刑而死,卒年即西历前三三八年。

商君生在战国之世,用法治主义来治秦,也是那时代纷乱不过。各国要侵夺城池,如果自国不整顿,定是被强者吞并。"周衰之末,战国纵横,用兵争强,以相侵夺。当世取士,务先权谋,以为上贤。"(赵岐《孟子题辞解》)司马迁又说:"天下争于战国,……有强国者,或并群小,以臣诸侯;而弱国或绝祀而灭亡。"可见此时代的纷乱了。当时孟子"挺命世之才,秉先觉之志","遂以儒道游于诸侯,思济斯民",可是始终不能行。因为在乱政时代,欲以仁义统天下,事实很难做到。当一国要行仁义政治之时,强国之兵已早临边境了。为谋一国生存计,厉兵秣马,固守国防,实为急务。要达此目的,行仁义需时太久,故唯有向急进的路,使"进可以攻,退可以守",霸道也无非是如此目的。秦自穆公以来,霸业中堕。桓景之世,数败于晋,秦的国力已是衰微极了。加以内政不修,贵族专权,把一个国家弄得乱七八糟。废君立君,一操于贵族,君令不行,犹今日的中国号令不出都门。像怀公被贵族弑杀,出子被废,拥立献公等事,都在贵族掌中。这样的内政,哪里有闲去修武备,整纲纪呢?外有魏、楚、晋的强盛,个个想要并吞他国,秦居此八面受敌的风中,不自强国富民,一定要遭灭亡的。孝公嗣位,睹此情状,甚要图强,使秦得立足。商君适逢其主,以此他有实行其所抱,秦国也就强盛起来,后来灭六国的基础,实种因于商君的政治。

三、商君的政治主张

商君的政治主张,是以严法来治国。当时贵族横行,纲纪废弛,若不先使号令行于一国,哪能实行他的政策呢?他初次试行政策,恐民不信,"乃立三丈之木于国都南门,募民有能徙置北门者,予十金。民怪之,莫敢徙。复曰,'能徙者予五十金。'有一人徙之,辄予五十金,以明不欺"。从此以后,他件件都依法办理。法令既可行于国内,国事就容易办了。我们中国今日这样的纷乱,就是因为号令不行。中央发出的命令,各省连睬也不睬。遇到中央命令和省令冲突时,中央命令就没有效力了。这样的国家,要统一内政不是纸上谈兵吗?例如厘金制度中央很想裁,可是没有裁的方法。本来裁是极容易的事，只要命令一下，就没事了。但是为什么不裁呢？因为武人军阀藉此肥身，中央一钱也没收到；任你中央怎样的说话，他们总不睬，除非满足他们的条件。所以在中国做件小小的事，都要这样困难，何况裁兵废督呢？商君明白这个道理，把治国的第一步就先使命令行于一国，要令行于一国，须有几条明文法律，公布大众，使人民知道凡是违犯此条文的人，不论他是贵族平民，都要受法的判裁。这样做法，国中的事均绳之以法，就没有什么阻碍了。

要国家强，商君以为有二道：（一）富，（二）兵。但是兵要精练，这又非先有充实国币不可，溯本寻源，还是富国为要。富之道，据他的意思是农业。一国有了钱财，有了充足粮食，人民不现野有饿莩，各安其业，然后才可练兵，修武备，筑城凿池，进可攻，退可守。不过富之道为什么在农呢？这个问题在下边答复，现在请举出他的重农主义（Physiocracy）。在《垦令》、《农战》、《算地》诸篇都是讨论此政策。他看商最不起，认它是"事之末"，请看他说：

> "使商无得籴，商不得籴，则多岁不加乐；多岁不加乐，则饥岁无裕利；无裕利则商怯；商怯则欲农。商欲农，则草必垦矣。"（《垦令篇》）

又说："重关市之赋，则农恶商。"这等话都说抑商重农，在今日眼光看起来，他的学说未免太偏狭了。但是我们以今日的眼光来说商君的重农是谬误，也是一知半解，不拿时代做根据，便颠倒是非了。我们要晓得古时人口稀少，土地辽阔，人类欲望不如今日的繁杂，农产已足供需要而有余裕，其他枝枝节节的谋生事业，似乎没有用处。况且战国初世，民不聊生，如孟子说的"庖有肥牛，厩有肥马，民有饥色，野有饿莩"，都是当时人们没有耕作的可能，以致如此。他说："今民，制民之产，仰不足以事父母，俯不足以畜妻子。乐岁终身苦，凶年不免于死亡。"此可见当时百姓的苦况。不但这样，当时更有贱丈夫出而垄断，市利为其所夺；百姓既受在上的人虐政，又受在下的人的诈勒（商贾），困苦连年。商君把持国政，就是要使民有恒产，足衣足食。然当时的商贾多是蓄货居奇，从中垄断，以此暴富者甚多，但是农民劳苦终年，乐岁仅得一饱，凶年连一饱也没有了。故农民多舍耕从商，农事废弛，生产渐少，物价腾贵，民生更加困难了。兼以浮说满天下，公孙衍、张仪等都是有名说客。各国君臣互相青眼此辈人物，因此做官的皆凭言词，没有从实力治国，民生如何，都不顾及，犹今日之政客，只奉上而不顾人民。无怪乎孟子对穆公说：上慢而残下也。因为民厌农作，乐从商贾，所以商君提倡重农轻商，以救其弊。因为做官的皆藉浮说空谈，不务实际，所以商君提倡武力，排斥诗书。他以为这样做去，就可救其弊。殊不知他下的药方过于勇猛了。

简单地说，商君是个功利主义者（utilitarian），[1] 要富国强兵须重视实利。如果不能致国家于富强的，都要受制裁，受排斥之列。他说："富贵之门，要存战而已矣。彼能战者，践富贵之门。"又说："凡人主之所以助民者，官爵也；国之所以兴者，农战也。今民求官爵皆不以农战，而以巧言虚道，此谓劳民。劳民者，其国必无力，无力者，其国必削。善为国者，其教民也，皆作一而得官爵，是故不官无爵。……今境内之民，皆曰农战可避，而官爵可得也；是故豪杰皆可变业，务学诗书，随从外权，上可以得显，下可以求官爵。……商贾为技艺，皆以避农战。"他看诗书礼乐足以弱国，足以亡国，竟把它看作六虱，排弃无遗，这未免走太极端了。

四、商君的法治学说

法治何以能使国家富强呢？上边已经说过，现在做一个有系统的说明，比较好些。下列的表就是他的政治哲学，同时也是他的政治了。

我已说过，商君是个国家主义者，功利主义者。他以为要强国，应先富国。富国之道，在乎务本抑末。务本即是重农，重农在于垦辟荒地，使地尽其利，人尽其利。故他力言荒地要开垦生产，不然虽百万顷良田，也等于没有。他说：

"夫地大而不垦者，与无地大同；民众而不用者，与无民同。故为国之数务在垦草；用兵之道，务在一赏。私利塞于外，则民属于农，属于农则朴。"（《算地篇》）

（一）立国之道功利主义农民 $\begin{cases} 富——重农 \\ 强——重兵 \end{cases}$ 功利主义 —— 农民

---

[1] 西洋倡功利主义者，首推米尔 James Mill，他的儿子 Stuart Mill 也是个功利主义者。

$$（二）治国之道 \begin{cases} 制法之权——君 \\ 施法之法——重刑赏 \\ 司法之权——法官 \end{cases} \Bigg\}——法律平等$$

这段话的第一句是万分的准确。我们中国人写起文章来，都是土地辽阔，富源甲天下，人口最多一片话，但是一看国内情形，自国的人不但无饭吃，连草根也要争取充腹。还要每次乞怜外人，不是一件极可耻的事吗？天然的胜景，随处都有，外人咸称乐土。我们同胞却日夜无安宁，时时刻刻准备逃乱，一片锦绣河山，顿变凄凉景象。我们大多数的国民，到了走投无路，入地无门，只好硬着面皮，混入租界，偷生过日呀！这又不是一件可耻可怜的事吗？人口这样多，立国那么久，富源多么充裕，照理应做一个实际上的独立国，和他国立在一起。侵掠政策，固然不好，但是一个国家的最低限度，也要保存自己。现在呢？我们不但不能保存自己，连说话也没有资格了。我们拭目看今日的情形，是怎么样呢？数万万的中华遗裔，奄奄一息，过那非人生活。如此现象，我们还夸大人口最大的国吗？我想还是中国人减少些，免看同胞们的沉沦，过那牛马的生活。现在再来夸自己的土地肥沃，人口富庶，富源甲天下，我们要羞死了！现在唯一的切要问题，是怎样的去利用它。实实在在地做去，使人民有工有作，没有野有饿殍的情景；把天然富源采掘出来，使人民过舒服生活日子；保护国民，使他们有真正的财产生命自由。不这样去做，那就如商君所说的"地大不垦，与无地大同；……"了。况且纸上谈兵，不见得可救实际中国罢！

农战的第一步在于垦草，那么如何垦草实是一个先决问题。所以他就把垦草的方法，在《垦令篇》说得详详细细。大凡提倡一种学说，必先使大众有欢喜的心。譬如西洋十七八世纪的人权学说，总是说天生人是平等的。当时人民，久困专制淫威之下，听了此说，如当头一棒，把他们打醒。提倡者一方面尊重个人权利，自由，平等，使社会一般人了解此说，商君的提倡重农主义也是如此，当时得官爵的人都是一般说士，处士，学者；农民是很少见的。因为做官的在于善辩说词而已，一般人的趋向当然是向这条路跑，希望做个辩论家，得一官半爵。这种趋势的结果，当然是使生利者少，消费者多。长此以往，大家争做官发财，那就不得了了！商君有鉴于此，遂主张以农立国，做官的只限于农民兵士。使消费者渐少，生利者多。故他说：

"无以外权爵任与官，则民不贵学问，又不贱农。民不贵学则愚，愚则无外交，无外交则国勉农而不偷。民不贱农，则国安不殆。国安不殆，勉农而不偷，则草必垦矣。"（《垦令篇》）

换句话说，不做工不吃饭是他的原则了。垦荒的法子既说了，我们要问重农怎可以富国呢？他说：

"夫农者寡，而游食者众，故其国贫危。今夫螟、螣、蚼蠋，春生秋死，一出而民数年不食。今一人耕，而百人食之，此其为螟、螣、蚼蠋亦大矣。虽有诗书乡一束家一员，独无益于治也，非所以反之之术也。……"

"故曰：百人农，一人居者，王。十人农，一人居者，强。半农半居者，危。故治国者，欲民者之农也。"（《农战篇》）

《去强篇》更把兵士没有战役的时候，去从事农业。兵工政策，原来商君已用了。请看他说：

"按兵而农，粟爵粟任，则国富。"

又说地能尽其利，则不患国无财了。

"地诚任，不患无财。"（《措法篇》）

重农怎样可以强国呢？他说：

"夫农，民之所苦，而战，民之所危也。犯其所苦，行其所危者，计也。故民生则计利，死则虑名。名利之所出，不可不审也。利出于地，则民尽力；利出于战，则民致死。入使民尽力，则草不荒；出使民致死，则胜敌。胜敌而草不荒，富强之力，可坐而待也。"（《算地篇》）

又说：

"故民之喜农而乐战也，见上之尊农战之士，而下辩说技击之民，而贱游学之人也。"（《壹言篇》）

但是要实行这等政策，一定要有强制的法和明白的法。什么是强制的法呢？就是有最高权力。明白的法，就是无偏私的法。缺此二者，则政无由施。法不明的原因，多是上不守法，以致上行下效，所以要全国人民，均从于法，只有上先守法。故他（这就是不彻底的法治，也是古代法治主义不昌的原因，容待别文论之）说：

"法之不明者，君长乱也。故明君不道卑，不长乱也。秉权而立，垂法而治。……若此则国制明而能力竭。"（《壹言篇》）

又说：

"刑无等级，自卿相将军，以至大夫庶人，有不从王令，犯国禁，乱上制者，罪死不赦。"

儒教的"礼不下庶人，刑不上大夫"，不能成立在法治国了。但是上下不守法又要怎样呢？据商君的主张是严刑峻罚，故他又提倡重刑以施法。这是他的实际政治，现在论他的法律哲学。

（一）法的起源说

自来各国学者，言法的起源各不一致，言人人殊。近代法学家（尤其是社会的法学家）说人类最初是组织什么图腾社会，慢慢变做家族团体，渐次成为地域团体。此地域团体间的互相往来，自然有一种规律，不过此种规律，无组织的强制力为之后盾。到了内部人口增多，外部竞争日烈，组织复杂，那么要维持秩序，抵抗外力的侵侮，就不得不有一种强有力的命令。可是人类良莠不齐，贤愚不等；贤者是先知先觉者，所以执发令的权柄，这就是法的起源了。日本梅谦次郎把法律的沿革分做六时期，颇近情理。现在我把他的大意叙述下边，和我们古代的法家的见解比较一下。他说第一时期是夫妇关系时代。不论是上帝创造天地或如达尔文（Darwin）的进化论，我们人类社会的原始总是由夫妇，可以断定的。夫妇即是二人的社会，彼此的中间，有互相的关系，当然有几条简单的规则。这等规则，虽不能说是法律，但是我们也不能说它不是法律的萌芽。第二时期是亲子关系时代。有了夫妇，自然有了亲子。那么父母子女的关系当然比夫妇二人的关系复杂，所以必定要有几条的适定规则来支配，才可保持长久的安全。这等规则，比夫妇时代复杂多了，可算是法律进化的第二时期。第三时期是家族关系时代。有了亲子，才有叔伯昆仲等关系，因而生出支派。此间的关系比亲子的关系复杂，并且此中的情感已是疏薄，远不如夫妇或亲子的关系，有时就不免起了争斗，所以又有规则的制定。第四时期是种族关系时代。由家族渐次繁殖蔓延，年湮代远，血统祖先，罕能追迹。同时又受外界的侵犯，内面需要团体的组织，所以他们就联络同种族的人，组织团体，推举酋长等。上下的关系更是复杂，遂有私法公法的制定。第五时期是部落关系时代。在种族时代，尚有逐水草而居的事，没有一定的土地。到部落时代，情形就大不相同。一部落有一定的土地，但有一部落或由于数种族组成的或一种族组织数部落却没有一定。既然有一定的土地，人居在境内就要和这部长发生一种关系，并且财产观念也慢慢发达，所以这时期的法律又比较复什。第六时期是国家关系时代。这个道理是大家明白的，我可不必说了。这种分期的叙述法，其中不无可议处。从大体观之，尚是合理，并且符历史进化的事实。商君生在二千多年前，已把此理说透了。请看他说的话：

"天地设而民生之，当此之时，民知其母，而不知其父；其道亲亲而爱私，亲亲则别，爱私则险。民众而以别险为务，则有乱。当此时也，民务胜而能征；务胜则征，力征则讼。讼而无正，则莫得其性也。故贤者立中正，设无私，而民说仁。当此时也，亲亲废，上贤立矣。凡仁者以爱利为务，而贤者以相出为道。民众而无制，久而相出为道，则有乱。故圣人承之，作为土地货财男女之分，分定而无制不可，故立禁；禁立而无司不可，故立官；官设而莫之一不可；故立君。"（《开塞篇》）

又说：

"古者未有君臣上下之义，民乱而不治。是以圣人列贵贱，制爵位，立名号，以别君臣上下之义。地广民众而奸邪生，故立法制，为度量以禁之。"（《君臣篇》）

商君论国家发生的次第是由简单而复什，由亲亲而贤贤，由贤贤而贵贵，由贵贵而后有法制，这等道理，都有历史事实做根据，并不是他凭空杜撰出来的。后来韩非（大约后商君一百年，韩非子死年约当西历纪元前二三三年）

论法的起源是因为人民交接的繁什而生，却也和商君同理。在亲亲时代很简单，不必有法制，一到日中为市，抱布贸丝的时代，人民接触多，自必有适当的规则，才可维持下去。

（二）法随时代进化论

我们已晓得法律的起源是由简单到复什，现在再来研究法律是不是固定不变的。许多一知半解的人，开口闭口都咒骂法律是死的，守旧的；极力地反对法律。法律不是死的，固定的，守旧的；是活的，变易的。法家不信有"万世不变的法则"，他们信法律是"因时制宜"的。我们要明白了解：法律是随社会经济而变迁，不是凭空杜撰，不是幻想捏造，定下几条法则，做万世的标准！世界上无论哪一法系，都是进化的。法律是据国情、时代、历史而定。商君说明法律进化的道理，他相信法律是随时代变换，不是永久不变。故他说前世的法制虽是完备，如果不合今日的社会，也要丢弃，没有保留的价值。他说：

"法者，所以爱民也；礼者，所以便民也。礼者，所以便事也。是以圣人苟可以强国，不法其故；苟可以利民，不循其礼。……三代不同礼而王，五霸不同法而霸。……前世不同教，何古之法？帝王不相复，何礼之循？伏羲神农礼教而不诛，皇帝尧舜诛而不怒；及至文武，各当时以立法，因事而制礼。法以时而定，制令各顺其宜。"（《更法篇》）

又说：

"故圣人之为国也，观俗立法则治，察国事本则宜。不观时俗，不察国本，则其法立而民乱，事剧而功寡。"（《算地篇》）

后来韩非子也是如此说法，他说，"法与时转则治，治与世宜则有功。……时移而治，不易者乱。"（《心度篇》）可见法律是时代的产物，因社会的情形，经济的状况而定，不是凭空杜撰几条法则来做万世的师表。于此我们可知道法律不是死的，呆板的，守旧的，那么反对法治精神的人就不可藉此攻击了。

（三）法宜公布的理由和效果

我们中国古代有一种很坏的习惯，就是以法律就秘密的，不宜公布民众。

春秋时世，儒教盛行，纯取人治主义，以礼教为本，视成文法律没有公布的必要，并且认公布法律是一种亡国的朕兆。晋叔向作刑鼎，把范宣子所作的刑书铸在鼎上，当时孔子听到这个消息，极不赞成地说：

"晋其亡乎！失其度矣。……民在鼎矣，何以贵尊？贵何业之乎？"

可见当时所谓法，乃取驭民的法术，并不是齐民的具。在叔向没有铸刑书以前，郑子产铸刑书，其时叔向诒书对他说：

"先王议事以制，不为刑辟，惧民之有争心也。……民知有辟，则不忌于上，并有争心，以征于书，而徼幸以成之，弗可为矣。……锥刀之末，将尽争之，乱狱滋丰，贿赂并行，终子之世，郑其败乎！"

他的反对理由是在于"民有争心，以征于书，而徼幸以成之"。怕人民工于趋避，仅仅此理由来反对法的公布，不待我来明白批评，也可知道是不正当了。法律如果不公开，不给人民知道，那法律还能成为法律吗？人民不明白哪种行为是正当与不正当，有的想他们的行为是正当，而实际上即为法所不许。这种例子多得很哩！罗马在西纪前五世纪间平民与贵族所争执的大问题便是公布成文法。平民所要求的是公布成文法，大约在西纪前四四九年才宣布《十二表法》（Twelve Tables）。现在研究法学的人谁也知道《十二表法》（详见拙著《十二表法之研究》）。虽是条文残酷，野蛮不堪，人民总以为胜于无法。因为人民知道国家的法律，才可向是避非，做他们行为的标准，不然，人民虽犯了法，有时也不知犯了什么法，有司把他禁狱或定罪，岂不是冤枉了吗？有了法律，人民就可晓得哪种行为是法不许的，禁止的，哪种行为是法所许的，不为罪的。这样才有标准，才有公平实现。商君看出法不公布的毛病，所以他极力主张法律要公布。《定分篇》说得很明显：

"公问公孙鞅曰：法令以当时立之者，明旦欲使天下之吏民，皆明知而用之如一而无私，奈何？公孙鞅曰：为法令置官吏，扑足以知法令之谓者，以为天下正。……诸官吏及民有问法令之所谓也，于主法令之吏，皆各以其故所欲问之法令明告之，各为尺六寸之符，明书年月日时所问法令之名，以告吏民。主法令之吏不告，及之罪。……并所谓吏民知法令者，皆问法官。故天下之吏民无不知法者。"

法律公布有什么好处呢？他说法律公布了后，天下吏民皆知法律，那么他们就不敢犯法，因为犯了法就要受法律的制裁。一个人违法，吏民都知道他是触犯何法，没有什么暗昧的事发生，也没有什么苟且私情；并且违法者也没有什么不情愿，因为明文所载，为一般的遵守法则。所以在职者不敢愚弄下民，下者也不敢利用在职者的不知，彼此不可愚欺，就没有不平的事了。故商君说公布的效果：

"吏民知民知法令也，故吏不敢以非法遇民，民不敢犯法以干涉法官也。遇民不修法，则问法官，法官即以法之罪告之民，即以法官之言正告之吏。吏知其如此，故吏不敢以非法遇民，民又不敢犯法。如此，天下之吏民，虽有贤良辩慧，不能开言以枉法；虽有千金，不能以用一铢。"（《定分篇》）

法律不公布的害处，他反复郑重地说：

"令法不明，其名不定，天下之人得议之。其议人异而无定。人主为法于上，下民议之于下，是令不定，以下为上也。"

（四）法是以客观的标准论

凡是主张法治的学者，都是以法治为客观标准的。主观的坏处，是因为有成见在内（成见人人都有，我说的成见是偏颇的成见，易言之，就是自私的成见。法官虽没有自私的成见，却有别种的成见在内。这个成见不是理性的便是正义的），所以常常失其平衡。这主观的又如哲学上的唯理论派（Rationalism），这派的哲学是以主观做中心，抹杀一切客观的事实。这种做法，当然是不对，我可不必去批评引论它。现在请讨论本题！如果社会的事，依法照办，一切困难都没有了。法官是第三者，和当事人没有关系，他不过根据原告和被告的证据，下一回审度工夫，引用法律，定案件的是非，这是何等的公平。他对二造，没有偏私。因为他若偏颇原告，没有利益可取，偏颇被告也没有益处，并且法令彰彰，岂容他的偏见吗？在法治国家，法院组织完备，有上诉机关，即使第一审不公平，彼造仍可要求第二审。初级审判不公平，可向高级法院上诉。在高级法院，是根据已定事实判决，更没有感情作用了。统观这等原故，我们可明白法律是以客观为标准，所以对于当事人当然比较用主观的判断为公平。主观的害处，商君说的很有理。他说：一个国家不以法治民，国必要乱了。因为（一）没有共同遵守的法则，（二）没有标准的行为可能。故他说：

"为治而去法令，犹欲无饥而去食也，欲无寒而去衣也，欲东而西行也，其不几亦明矣。"（《定分篇》）

商君说人治的坏处更彻底，他以为治国而丢开法，像定物之轻重而弃权衡。虽是圣人，也是要错。他说："先王悬权衡，立尺寸，而至今法之，其分明也。夫释权衡而断轻重，废尺寸而意长短，虽察，商贾不用，为其不必也。……不以法论智能贤不肖者惟尧，而世不尽为尧。是故先王知自议誉私之不可任也，故立法明分，中程者赏之，毁公者诛之。"（《修权篇》）

又《定分篇》说：

"夫不待法令绳墨而无不正者，千万之一也。故圣人以千万治天下。故夫智者而后能知之不可以为法。民不尽知，贤者而后知之，不可以为法。民不尽贤，故圣人为法必使之明白易知，愚知便能知之。"

（五）法律平等说

法家是否认儒教的"礼不下庶人，刑不上大夫"，亲亲，贵贵等的分别。他们是主张法律平等原则。详细说：便是法律之下人人平等，没有什么歧视或阶级的分别。人类虽是有智愚不肖的，但是在法律上一定要没有分别，才是公平。因为法律是由社会人们的接触关系而生，简言之，是人为的或人定的（参阅 Korkunov, *General Theory of Law* 第六十七页至六十八页）。既然是（一）人们的接触关系而生，（二）人们所制定，（三）做一般人的遵守规则，当然是没有不平等或无理由的例外（因为现今各国法例都规定几种国家代表机关在执行职务期内不受普通法律制裁，例如国会议员在会场开会，不准法律来限制他们。但是他们职务停止了后，就和普通人一律了。这种例外是有相当理由的例外，故我把它和不正当理由例外的分别）。什么八议（即 1. 议亲，2. 议故，3. 议贤，4. 议能，5. 议功，6. 议贵，7. 议勤，8. 议宾），法家也是反对的，荀子倡礼法异施，他以为礼乐节士以上，法教制众庶百姓。

他俨然把"士"列为例外，不应和一般平民受同样的法。在儒教的眼光看起来，以为法是治小人，礼是治君子，这种偏狭思想当然不能存在于文明社会，民主国家，法治国家。商君出来破除等级的法律，提倡法律之下人人平等原则。他说：

"法者，君臣之所共操也。"（《修权篇》）

"刑无等级，自卿相将军以至大夫庶人，有不从王令，犯国禁，乱上制者，罪死不赦。"

（六）法可无为说

通过老子的道德经，谁也知道他的学说是无为而无不为。他把道字说得莫名其妙，什么氾兮，恍兮惚兮，几乎是渺渺空中，不可思议。"中国的政治学说，自古代到近世，几乎没有一家能逃得出老子的无为主义的影响……"（胡适《中国哲学史大纲》第三七二页）

司马迁把老子、申不害、韩非子等列在一传，原来是申韩等人的学说，导源于老子。老子的道实在太宽泛，变成一种架空思想，和西洋的乌托邦（Utopia）一样。于实际社会不能医治，那么老子的道不能不变为空谈了。"盖春秋战国之间，社会变迁极剧，彼时清静无为之教，既不足反人心于淳朴，德礼教化之言，复不足入人心于隐微。至于敬天明鬼，见侮不辱，救民之斗，禁攻寝兵，救世之战，其为人太多，自为太少，庄子已讥其道太觳，天下不堪，道儒墨三教之学说，既不足以救滔滔日下之心，其时社会之制裁力全失，而有赖于国之强制力正多。"（王振先《中国古代法理学》第二十七页）国家的强制力是什么？简单一句话就是强有力的中央政府。要有强有力的中央政府，应当有相当法则使此强有力的政府有所实施。这实施的工具便是法。政府顺法行政治民，抱管无事，便可达到无为而治了。故商君说：

"圣王者，不贵义而贵法；法必明，令必行则已矣。"（《画策篇》）

"圣人治国也，审壹而已矣。"（《赏刑篇》）

法家以为要达到无为而治，老子的放任自然是不成功的。因为历史是前进的，不是后退的。要把进化的社会变成原人时代一样，的确是事实上做不到；也不是一个治社会的法子。一个社会的所以紊乱，原因我们一定要先找出来，然后下一个对症的药，才是医病。法家认定这个目标，所以提倡一件东西是无论何人不可犯的，这便是法了！法有最高权力，不受任何人的侵犯，在它底下的人是一律平等。中央政府缘此最高权力的法来治民，当可无为而治了。不然，一方面希望社会安宁，一方面又不想一个实在救济的方法，空空洞洞的玄论；要社会实际安宁，不是梦想吗？所以我说老子的无为而治，是不合乎人类进化事实，他想要反朴于草昧时代，未免过于非非想了！他是反对人为的法，实实在在的说，他否认社会有法律存在的必要。他说的"法令滋彰，盗贼多有"一句话便可知道了。他以为人类行为已有自然法可以约束它，何必多"法律"这么一起呢？故他说：

> "天之道，不争而善胜，不言而善应，不召而自来，惮然而善谋。天网恢恢，疏而不失。"
> "常有司杀者杀。夫代司杀者杀，是谓代大匠斫。夫代大匠斫者，希有不伤其手者矣。"
> "民之难治，以其上之有为，是以难治。"
> "天之道，损有余者补不足。人之道则不然，损不足以奉有余。"

老子既是反对人为法，今人拉他是中国的无政府主义者（anarchist），也无不可。因为无政府主义者是反对法律，他们以法律是恶者利器，是阻止人群进化，违背天然法则，扩张君权等（详见俄人克鲁包特金所著的《法律与权力》Law and Authority）。这等理由，都被近世无匹的法家斯丹木拉（R. Stammler）解释反驳了。斯氏说：无政府主义者的说话，不过对于近代各国现行法制，加以批难。不晓得"法律实质"并不是一成不变的东西。法律实质（Rechtsstoff）是为社会生活的法律规范和适合人类社会的需要，及发挥人类的本能。所以法律之为法律，不啻是社会革命的方法。无政府主义者以法律是恶者护符，实在是没有根据法理呀！像老子说的"天之道，损有余者补不足。人之道则不然：损不足以奉有余"，这明明是无政府主义者的口气，反对法律的音调，其实法律何尝是恶者的护符，损不足以奉有余呢？斯丹木拉说法律的实质是变动的。法律的目的是要奉有余以补不足，是要减除人类的苦恼，增进人群的幸福。现代的立法，莫不趋向这个目的，应社会人类的希望，极力提倡法律的社会化（socialization of Law）。举一二个显明的例来说：像扶弱抑强，打富救贫；主持人道，断定公理；扶持劳动工人，而修订劳动保护，废除农奴制度；纳税则盛行所得税和累进税，以减少资本家的剩余利益。从这点看来，可说法律是恶者的护符，损不足奉有余吗？斯氏的解释可算尽情尽义，毋庸我再来喋喋了（至于斯氏的哲学，读者可看他的书《正义论》(*Theory of Justice*)，算是他的鸿著，现在已译英文，一九二五年出版）。讲了这大片话，我们可知道老子的无为而治是不中用。要达到真实的无为而治，我想法家的见解为是。有最高权力的法，才可达到无为而治，请看商君的话：

"故明主慎法制：言不中法者，不听也；行不中法者，不高也；事不中法者，不为也。言中法，则辩之；行中法，则高之；事中法，则为之。"（《禁使篇》）

又在《画策篇》说：

"凡人主德行非出人也，知非出人也，勇力非过人也，然民虽有圣知，弗敢我谋；勇力弗敢我杀；虽众，不敢胜其主；虽民众至亿万之数，悬重赏而民不敢争，行罚而民不敢怨者，法也。"

《慎法篇》论法无为而治更详细，他的结论是：法任而国安矣。

（七）刑赏主义

"公孙鞅的政策只是用赏罚来提倡实业，提倡武力。"这是胡适之先生在他的《中国哲学史大纲》里说的一句话。我想胡先生的话欠点周全，因为商君的提倡武力实业不是用直接法子。他以为一国要以法为标准，使法施行的手段或方法便是刑赏。但是胡先生或者是这个意思，不过把中间一段省笔也未可知。总之，他认定商君的手段是刑罚主义，却是对的。商君为什么用刑赏主义呢？他认为人民最怕的是刑，最乐的是赏。贪生怕死是人的天性；名利是人的欲念。用极严酷的刑罚来治百姓，人民就不敢违法；用名利来鼓励民众去耕作当兵，民就乐于死上，他以为要达到法律收效，除了刑赏以外是没有法子了。如果有了法，而没有使必行的法，即有法和无法同。故他说：

"今有主而无法，其害与无主同。有法不胜其乱，与无法同。……国之乱也，非其法乱也，非法不用也。国皆有法，而无使法必行之法，国皆有禁奸邪刑盗贼之法，而无使奸邪盗贼必得之法。"（《画策篇》）

为什么没有使法必行的法呢？这是因为君上释道任私议，换一句话说，以感情用事罢了。现在要使法行，第一步先要摒弃私议而任法；第二步须实行刑赏，使法可行于宇内而无阻，上下守之而不议。刑赏要壹，才可收效。因为"刑生力，力生强，强生威，威生德，德生刑"的原故，故严刑可以治国，便是他是学说根据。但是他也不是刑罚百姓是以为永然的，不过在不得已时就不得不用。刑罚的目的，是要使坏者改过从善，使欲犯者裹足不敢犯，便是刑罚的目的了。他说：

"夫刑者，所以禁邪也；而赏者所以助禁也。"（《算地篇》）

刑罚要用到使"国无刑民"，才是刑罚的收效。如果因刑而加增犯人，便是违背原来目的和主旨了［关于刑罚学说及原理可参阅（Garofalo）的《犯罪学》（Criminology）和大地的《刑罚哲学》（Tarde, Penal Philosophy）］。他说：

"以刑去刑，国治。以刑致刑，国乱。"（《去强篇》）

但是要使刑期无刑，须要刑施于将过，赏施于告奸。故他说：

"刑用于将过，则大邪不生，赏施于告奸，则细不过失。"（《开塞篇》）

能如是，则国治，社会安，人民快乐，上下永享升平了！

五、商君法治主义的批评

商君的学说既讲完，我们就进一步来批评他的主义和主张。末学如余，本是当不得批评老大的政治家像公孙鞅。不过我既然写完了他的学说主义，自然有点意思在胸，不妨暴露一下，就正于大众。我还没有入题以前，要声明几句话。我的批评态度是以事论事，不是出口捏骂，我很赞成批评一切学术用哲学做基础，用科学做方法的态度。批评商君的学说及主义，据我看来，要注意下列数点：

（一）时代。

（二）秦国当日的政治情形。

（三）时间问题。

（四）在哲学上的根据如何。

（五）合于科学眼光否。

一个人生在某时代，做某时代的事，一定受某时代的影响和刺激，所以我们要窥到当时是怎样的一个时代，然后给它一个辨别。但是时代的情形状况明白了，其人所处的国家或政治地位也要虑及的。我们中国的政治家和学者往往忘记这个条件，受了一时的刺激或外界潮流，就把固有的东西一概拒绝，完全盲从接受新的，很少去把新旧熔化，生出一个较合的东西。……不去察国民的情形，国家的地位，妄抬高倡，贻害人民，且深且钜。还有一层，国家在何种情形之下，应用何种政策，是要注意时间的久暂。如果一个国家是处在朝不保夕的情景，最紧要的问题是图存。但是图存的方法很多，有急进的，缓和的。到底要用哪一法，是要看环境的如何。假使环境甚紧迫，当然是用急进法，这等都是时间问题，政治家、法律家、经济家是不可等闲视之。学说政策合乎实际条件，我们要进一步讨论它的哲学基础，换句话，在学理上是怎样？是不是有科学的精神？这种种问题，我想是批评家少不了的。现在我试用这等方法来批评商君，或者不至于很多的乖谬及偏隙。

司马迁作商君列传，末附己见，批评商君是刻薄寡恩。他说：

"商君其天资刻薄人也。迹其欲干孝公以帝王术，挟持浮说非其质矣。且所因由嬖臣，及得用，刑公子虔，欺魏将印，不师赵良之言，亦足发明商君之少恩矣。……卒受恶名于秦，有以也夫！"

从这段引文，我们可看出他被人的批评点是（一）刻薄，（二）少恩，（三）浮说。商君的刻薄在哪里？《索隐》解释"天资刻薄"说：谓天资其人为刻薄之行。刻谓用刑深刻，刻薄为弃仁义不恫诚也。商君说严刑的效用如下：

"夫利天下之民者，莫大于治，……立君之道，莫广于胜法；胜法之务，莫急于去奸；去奸之本，莫深于严刑。"（《开塞篇》）

他是主张轻罪用重刑，使轻者不敢犯，大罪就没有了。所以他说：

"故行刑重其轻者，轻者不生，则重者无从至矣。"

近代的刑法主义是刑与罪成正比例，但是商君极不赞成，他说：

"行刑重其重者，轻其轻者，则重者无从止矣。……重重而轻轻，则刑至而事生。"

这样的严刑治国，无怪乎司马迁说他刻薄了。平心的说，商君的理论根据未免太片面，没有彻底的观察。试问轻罪重刑，一旦大罪要怎样刑呢？他仅从一方面观察，以为小罪大刑，大罪就不会发生，便没有刑的必要。这个观念是错的：偷窃死罪，强盗奸掠也死罪，要做贼的都要做奸掠强盗，因为一旦被捕获到底是一死。况且这种做法，一点哲学基础也没有，更谈不到科学的方法了。法律哲学是要完全法律的目的——公道（Justice），像大盗和小偷都是一样的死罪，公道吗？所以他的小罪大刑或轻罪重刑观念是大错而特错，不是真正的法治精神，也是违背法律最后目的了——公道。苏子《古史》里说：

"古之制，刑轻重必与事丽：杀人者死，伤人及盗抵罪，故人虽死而无憾。今鞅使不告奸者腰斩，告奸者与斩敌首同赏，匿奸者与降敌同罚，民有二男不分异者倍赋，事末利及怠而贫者，举为奴孥。刑之轻重，岂复与事丽哉！"

罪轻刑重，明明是法律与事实不符，这不是法治国的精神，显然可见。苏子论它与事不丽，是公平的批评。他接续下去说：

"其后始皇之世，有子而嫁者有刑，夫为寄豭者，杀之无罪，妻为逃嫁者子不得母。法皆与情不应。至于偶语诗书者弃市，以古非今者族，其端皆自鞅发之。"

他以为秦并吞六国和始皇的焚书坑儒都是发端于公孙鞅。此和许多学者意见相同，就是近人胡适之先生也同此论。赵兰坪编译的《中国哲学史》里说："今读商子及史记之商君列传等，知秦之军国政策，不起于始皇李斯，而实始于商鞅。……始皇之焚书坑儒，皆归诸始皇之横暴，然其根本原因，未必始于始皇，商鞅之愚民政策，实开焚书坑儒之端。"（是史卷上二四九页）

刻既如上述，今请论刻薄。《索隐》曰：刻薄是摒仁义。我们细考商君书，确有其事。他认定诗书礼乐等是足以亡国，他说：

"国用诗书礼乐孝悌善修治者，敌至必削国，不至必贫国。不用八者治。"（《去强篇》）

"农战之民千人，而有诗书辩慧者一人焉，千人皆怠于农战矣。"（《农战篇》）

他是用愚民政策治国，故他极力废除诗书礼乐。他以为民之难治，以其知慧。如《说民篇》说：

"辩慧，礼乐之赞也；礼乐，淫佚之征也；慈仁，过之母也；任举，奸之鼠也。"

何等的剧烈！所以有人批评他说，"此虽偏狭之富国强兵策之结果，然其惨激少恩之性，亦有以致之。但图目前之功，不为后日之计，……可知商子政治方针之偏僻矣。商子不见学问道德之有益于世，唯举其流弊而排斥之。学问道德，虽因时之不同，而有适否之别；若悉排斥之，则欲为善流者，其可望乎？"（赵编译《中国哲学史》上卷二四八页）诗书礼乐是不能完全摒弃而不要的。因为无论哪一国，都有一种礼教，我们只要把礼教修丁一下，不以礼教为治国的基础就是。没有去抹杀它的必要。在根本上，礼教并不与法治精神悖谬，礼教可以辅助法治的不及。关于此点，商君未免弄错题了。

第二点的评判是少恩。司马迁说他失信，不顾情面，不听良言，都足以显明他的少恩。刘歆的新序论说：

"秦孝公保崤函之固，以广雍州之地，东并河西，西收上郡，国富兵强，长雄诸侯，周宣归籍，四方来贺，为战国霸君，秦遂以强。六世而并诸侯，亦皆商君之谋也。夫商君极身无二虑，尽公不顾私，使民内急耕织之业以富国，外重战伐之赏以劝戎士，法令必行，内不私贵宠，外不偏疏远；是以令行而禁止，法出而奸息。故虽《书》云，'无偏无党'，《诗》云，'周道如砥，其直如矢'，司马法之励戎士，周后稷之劝农业，无以易此。此所以并诸侯也。……今商君倍（同背）公子昂之旧恩，弃分魏之明信，诈取三军之众，故诸侯畏其强，而不亲信也。……管仲夺伯氏邑三百户无怨言，今卫鞅内刻刀锯之刑，外深铁钺之诛，步过六尺者有罚，弃灰于道者被刑。一日临渭，而论囚七百余人，渭水尽赤。号哭之声，动于天地，畜怨积雠，比于丘山，所逃莫之隐，所归莫之容，身死车裂，灭族无姓，其去霸王之佐亦远矣。然惠王杀之亦非也，可辅而用也。使卫鞅施宽平之法，加之以恩，申之以信，庶几霸者之佐哉！"

这段文把商君一生事绩下一总批评。我们得到的是太寡恩，以致不得善终。后来的学者便一味说法家是刻薄寡恩，其实法家未尝刻薄，未尝少恩。管子曾说：

"不为爱民亏其法，法爱其民。"（《管子·法法篇》）

梁任公先生论曰：

"以形式论，彼辈常保持严冷的面目，诚若纯为秋霜肃杀之气。以精神论，彼辈固怀抱一腔热血。……而后崇尚法家言之诸葛亮亦谓'示之以法，法行则知恩'也。"（《先秦政治思想史》二百五十页）

我们从形式观察，法家是寡恩，但从目的来说，法家是最多恩的人！法家所希望的是人人能在法道上跑，不违法，共享升平之乐；主持正义，提倡人道，他们何尝是少恩，冷血动物呢！商君不是法家，因为他把法治精神弄错，铸成一个错观念，他似乎是个实行的政治家或立法家，比较切当，他把一国的事，纳之于法，不有丝毫的私情作用。我们中国人素来是偏重情面，所以看到的这种做法便痛骂法家寡恩无义。"人非草木，孰能无情"，诚然。但是恩情是私的，国家事体是公的，假公徇私，岂可以成立吗？为个人私情的缘故，来扰乱社会或国家的安宁幸福，或取诸大众以益我，我想是万万不可以的。个人的私恩小，而社会之福利大。假公济私，不是治国或服务社会的道理。中国今日的乱七八糟，便是私情太多，军阀们把国民的幸福牺牲，做他们自己的利益。商君举一个例真是对题，他说：

"晋文公将欲明刑以亲百姓，于是合诸侯大夫于侍千宫。颠颉后至，吏请其罪。君曰：'用事焉。'吏遂断颠颉之脊以殉。"（《赏刑篇》）

商君说公私分明，上下一致，国就马上强了。所以他说虽恩爱的人，如果犯罪也要处刑，使民众晓得上的无私。那么法可收巨效了，故他说：

"（承上）晋国之士稽焉皆惧，曰：颠颉之有宠也，断以殉，况于我乎？……故一假道重轻于颠颉之脊，能晋国治。昔者周公旦杀管叔，流霍叔，曰：犯禁者也。天下众皆曰：'亲昆弟有过不违，而况疏远乎？故天下知用刀锯于周庭，而海内治。'"

从这个故事，他下一个判断，说：用亲亲贵贵来治国，国不能治，公私分明，国治。采取后说，当然没有亲亲贵贵，没有恩情，便变成少恩的人。这种的寡恩，是个人的，对于群众，还是多恩，后来的人骂他少恩，不见得对题。像"庖有肥肉，厩有肥马，民有饥色，野有饿莩"的国君，是多恩吗？在商君当政期内的秦国，没有"民有饥色，野有饿莩"等不忍见的事发生，只见到"道不拾遗，山无盗贼，家给人足，民勇于公战，怯于私斗"等成绩。和梁惠王的成绩比较如何。施恩大量的政府，有那不忍人之政，少恩的商君却有家给人足的政事，岂不咄咄怪事！

第三点的被批评是浮说。什么是浮说？《索隐》释曰："浮说即虚说也。谓鞅得用，刑深刻，又欺魏众，……则初为孝公论帝王之术，是浮说耳，非本性也。"商君当初见孝公，说以帝王之道，孝公不听，因为当时天下横行，待行帝王之道，邻国之兵，早到边境了。并且帝王之道，是施之以渐，孝公要他本身能见到收效，帝王的道，自然不能满意他。后说霸道，及强国策略，遂见重。后儒便据此论商君是挟持浮说，其人不足取。这个批评是对他个人格的批评，并不是与他的主张有直接关系。我似乎不必去论它。现在只把几个学者的意见写下，是非在于读者。明儒邵国贤（宝）评说：

"商君岂真知帝王道哉！知帝王道者，不屑于王；知王道者，不屑于伯。而况于富强乎？古之遗人物者，必有所先。商君之言帝王也，其亦若将以为先者耳。不然，则将固孝公之心，而以是尝焉。再尝之而知其心之必在于富强也。"

董用均（份）亦同样的说：

"卫鞅非说以帝王之道，盖先以迂阔久远之事，使秦王之心厌，以益坚其用伯之志，见伯之速效耳。"

这二人的批评，比较对题。商君之说帝王术，不过是试试孝公的心，他并没有帝王的兴趣。夫人不得其主，是何等的不幸！他初次见面的时候，尝尝孝公的嗜好是否和他平素的主张符合。如果孝公没有志治国，我想商君也要他走了。管仲若无齐桓公，不见得他的政策可实施；齐无管仲，不见得会霸。古代专制，臣不逢其主，妄把主张露出去，一旦遭斥，连命也不能保。孟子抱满腔救人民涂炭的热肠，可惜一个信任他也没有。故他曾自说一句不得志的话：

"夫天未欲平天下也，如欲平治天下，当今之世，舍我其谁也？"（《公孙丑上》）

何等的忧郁！商君所谓帝王术，不过是尝试罢了。

商君受后人的批评，不外上述三点，现在请进论他全般学说。他说一国的富强是靠农兵，农兵的基础便是农民。一切国事，悉凭于法。要使法收效，一定要严刑峻法，刑比罪重，废除礼教。至于判法之权，则属君。上下须一致守法，不然是要刑罚的。兹可分三项论之：

（一）法治是不是要严刑重罚？

（二）刑比罪重原则是否适当？

（三）制法属君可乎？

法治精神，在于人民或上下有什么纠搅或违背法的时候，均由国家执行机关办理。是非曲直，一凭于法。违者与一相当处罚，使后人不敢再犯，所以儆效尤。但是刑罚使犯者畏惧已足，总不要刑重于所犯的罪。别方面又采预防犯罪的可能，使社会减少犯罪案件。关于预防一层，商君是见到，可惜他措施法子。他以为小罪大刑，可使大罪不生。换句话说，他的预防法不是缓和主义，是严刑主义。他的观念错在此点。有人要说，刑与事丽，遇到原性不改之徒，常常犯罪，虽刑罚他也不怕，那么刑罚有什么用呢？我们知道初次犯罪，依罪施刑，但是再犯同样的罪，在刑法上算是累犯罪，刑就加重，仍不失刑法的效用。

在专制国家，立法废法都操之于君。自来学者法家虽然赞成法治，却难想出一个完美制度。制法在君，废法亦在君，其中便生出一个毛病：遇到法不便君时，那法一定不能成立。如此，则法须与君便，法就不是法了。梁任公先生论曰：

"法家最大缺点，在立法权不能正本清源。彼宗固力言君主当'置法以自治，立仪以自正'，力言人君，'而好行私谓之乱'，然问法何自出，谁实制之？则仍曰君主而已。"（《先秦政治思想史》二五三页）

商君也逃不出这个主张，他以为君主是超乎一般人民，故有立法权和废法权。遇到法不便于君就可废，那么国家仍是纷乱，法治又归泡影了。梁先生说此最明显：

"夫人主而可以自由废法立法，则彼宗所谓'抱法以待，则千世治而一乱'者，其说固根本不可成立矣。……夫无监督机关，君主可以自由废法而不肯废法，则其人必尧舜也。夫待尧舜而法乃存，则仍是人治非法治也。"（同书二五三页）

商君对于此点，没有看到，算是他的缺点了。

近人章太炎先生对于商鞅的学说也有相当的批评，现在我来把他的言论分序一下。

照章先生的意思，商鞅是个救世之才，他的法治手段是合乎那时代的社会，没有什么可议之处。商君的刑法不过是要保护法的尊严，故先生说：

"鞅之作法也，尽九变以筦五官，核其宪度而为治，民有不率计画至无俚则，始济之以攫杀援噬，此以刑维其法，非以为本。"（《章氏丛书检论·卷九·商鞅》。兹引先生的言论多据此，以下同文。皆用"同上"省之。）

先生算是代商君伸二千多年不白之冤。他开篇便说"商鞅之中于谗诽也二千年，而今世为尤甚。其说以为自汉以降，抑夺民权使人君纵恣者，皆商鞅法家之说为之倡。乌乎！是惑于淫说也甚矣"。先生辩护之理由，很有几分真理。他非后世诟骂商君抑民恣君的批评。试看他论商君的成绩：

"故太史公称之曰：行法十年，秦民大悦，道不拾遗，山无盗贼，家给人足。今夫家给人足，而出于桥虔，吏之治乎？功坚其心，纠其民于农牧，使乡之游惰无所业者，转而传井亩，是故盖藏有余，而赋税亦不至于缺乏，其始也戚，其终也交足，异乎其厉民以鞭棰？而务充君之左藏者也。及夫弘汤仲舒则专以见知腹之法，震布臣下，……其鹄惟在于刑，其刑惟在于任威斩断，而五官之大法勿与焉。任天子之重征敛恣调发而已矣。有拂天子意者，则已为天子深文治之。均非能自持其刑也。是故商鞅行法而秦日富，弘、汤、仲舒行法而满日贫。"（同上）

在上文已经说过，后儒的批评商君都是拉定商君是寡恩。章先生却说：他的人格容有可议之处，但是他的行政之威正实值得人们佩服。请看他说：

"迹鞅之进身与处交游，诚多可议者。独其当官则正如荦榜而不可紾。方孝公以国事属鞅，鞅自是得行其意。政令出内，虽乘舆亦不得违法而任喜怒。其贤于汤之阚人主意以为高下者亦远矣。辱大子，刑公子虔，知后有新主能为祸福，而不欲屈法以求容阅。……夫鞅之一日刑七百人以赤渭水，其酷烈或过弘汤仲舒，逆诈则未有也……吾以为酷烈与逆诈者，则治乱之殊，直佞之所繇分也。何者，诛意之律，反唇之刑，非有所受也。弘、汤、仲舒以为不如是不足以媚人主，故瘁心力而裁制之。若鞅则无此事矣。周兴来俊臣之酷烈又过于鞅，然割剥之惨乱，越无条理，且其意亦以行媚而非以佐治，则鞅于此又不屑焉。……刑七百人盖所以止刑也。俄而家给人足，道不拾遗矣。……世徒见鞅初政之酷烈，而不考其后之成效，若鞅之为人终日持鼎镬以宰割其民者，岂不缪哉！"（同上）

不但这样章先生竟以商君所处的时代做批评的根据。换句话说，我们批评一个人不能不注意到他的时代。如果时代状况完全撇开，一味胡评，则古来的圣贤言，没有半丝可取的价值。希腊第一个哲学家泰利士（Thales）以水为宇宙之根源，在我们现在的眼光看来，没有一个去追求人和自然界到底有什么关系。泰氏在那时代能出类拔萃，独倡水为宇宙本源说，以引起后人的注意，才成今日的系统哲学。这样看来，他的功不在于学理上的是非，实在于引起一般人的注意。所以若不凭时代说话，便没可批评的价值了。商君也是如此，他处的时代是怎样，我们是不可不注意的。在前我已列为批评应注意之一，不期然先生的见解和我一样。商君是不赞成辩慧之士来议令，他说国有人辩慧者便有危及国家了。可是商君虽太武断，章先生却不责他走极端，反婉词赞美。他说：

"今缀学者不能持其故，而以抑民恣君蔽罪于商鞅。乌乎！其远于事情哉！且亦未论鞅之世也。夫使民有权者，必有辩慧之士可与议令者也。今秦自三良之死，后嗣无法，民无所则效。至鞅之世，而冥顽固以甚矣。后百余岁，苟子犹曰：秦无儒。此其蠢愚无知之效也。以蠢愚无知之民起而议政令，则不足以广益而只以淆乱是非，非禁之将何道哉。鞅之言曰：始秦戎翟之教。父子无别，同室而居，今我更制其教而为男女之别，大筑冀阙，营如鲁卫，此非徒变法制，又易其闺门起居之礼也。是固不可与凡俗议矣。后世风教已饬国邑所有秀民，而上必强于之，使不得议令，故人君尊严若九天之上，萌庶缩朒若九地之下，此诚昉于弘汤之求媚，而非其取法于鞅也。……后世不察鞅之用意，而强以其物色效之。……此其咎皆基于自取，而鞅奚罪焉。"（同上）

章先生说取长舍短是在于后人，纵使鞅有可议之处，我们晓得了后应当不要去效之。所以先生说：

"吾所谓諴鞅者，则在于毁孝弟败天性而已。有知其毒之菌，腊而制之，其勿害一也。"（同上）

法家在我们中国历史上是被人蔑视的，以为法家都是咬文嚼义，不顾时势的。但是历观史乘，治乱莫不系于"得道"与"不得道"。得道之国，其令必行，法必严，虽上至天子，也不可犯的。不得道的国，其令不行，法纪败地，上下都在法外逍遥了。然而在此时代，人民一定是困敝难堪，日夜不得安宁，所亟望者在于不夺其食。法家在此时代，便要高呼法治，纳入正轨。章先生说：

"降而无王，则天下荡荡，无文章纲纪，国政陵夷，民生困敝，其危不可以终一铺。当是时，民不患其作乱。而患其骀荡姚易以大亡其身，于此有法家焉。能综核名实，而使上下蒙其利，不犹愈于荡乎？荀曰，吾宁国政之不理，民生之不遂，而必不欲使法家者整齐而搏绌之，是则救饥之必待于饫饭，而诚食壶飨者以宁为道瑾也，悲夫！以法家之鸷终使民生；以法家之觳，终使民膏泽。而世之仁人流涕涕以忧天下者，猥以法家与弘汤，仲舒佞人之徒同类而丑媟之。使九流之善，遂丧其一，而莫不府罪于商鞅，鞅既以刑公子虔，故蒙恶名于秦，而今又蒙恶名于后世。此骨鲠之臣所以不可为，而弘汤，仲舒之徒，宁以佞媚持其禄位者也。"（同上）

上面所说可代表章先生的批评言论，我已论商君的法治主张，现在恕不重评了。

民国十四年（1925年）十一月稿

《商君书》的考证

《商君书》是假的大概是没有什么问题了。这可从数方面来证明：

（一）事实不符凡是读过《商君书》的都可看出书内有几段事实先后不符的地方。指其显而见者，如《徕民篇》所说的，"自魏襄以来，……三晋之所亡于秦者，不可胜数也。"魏襄王在商鞅死后四十二年，照胡适之先生考订是西历前二九六年事。商君怎能"知他的谥号呢"？又"长平之胜"一事，更是荒谬了。因为这事是在西历前二六〇年，那时商君已死去七十八年，安能知道此战事？还有书中屡称秦王，秦之称王，在商君死后十余年。我以为《徕民篇》是可以尽数删去，盖假造此篇的人，毫无历史学识，他所说的话哪有可靠的价值呢？

（二）内容矛盾一个人的思想当然不能十分的有系统，但决也不会极端矛盾的。商君书里面，有许多地方简直是使人莫名其妙，我曾列出一表，哪个是他的系统思想，哪个不是他的政治手段。这样一来，差不多全书可取者只有五分之一。如《徕民》《靳令》等，更说是假中假了。

（三）作者绝不是商君何以见出？我们通晓得商君是个实行政治家，他治秦的成绩，历史可查。他是没有做过书，如果他有著书，当时的历史或他家著作里至少可有一点痕迹。可是我们翻尽诸子百家，没有这回事。司马迁的

《商君列传》，内中史实也示可尽信，他说他曾读鞅《开塞书》，照今本是第七篇，但司马氏作史时已离鞅很久，当时他读的《商君书》可断定是伪本了。据《四库全书总目》说，"旧本题秦商鞅撰，事迹具《史记》，商封于商，号商君，故《汉志》称商君二十九篇。《三国志》先主传注亦称商君，其称商子，则自随志始也。陈振孙《书录解题》云《汉志》二十九篇，今二十八篇，已亡其一。晁公武《读书志》则云本二十九篇，今亡者三篇。《读书志》成于绍兴三十一年，既云已阙三篇，《书录解题》成于宋末，乃反较晁本多二篇。盖两家所录各据所见之本，故多寡不同欤！又《文献通考》引周氏陟笔，以为鞅书多附会后事，拟取他词，非本所论著，然周氏持拟文臆断，未能确证其非。今考《史记》称孝公卒，太子立，公子虔之徒告鞅叛反，惠王乃车裂鞅以徇。则孝公卒后，鞅逃死不暇，安得著书（是一疑也）？如为平如所著，则必在孝公之世，又安得开卷第一篇，即称孝公之谥（是二疑也）？殆法家者流，掇鞅余论，以成是编……"照此看来，《商君书》绝不是商君作的，大约他死后，人家把他平日的言论主张，集成一书，参以假作者的意见，托名《商君书》。到了后来，附会者日多，连史实都颠倒了。可惜我身边的书很少，不能够下一番详细的考证。

拙作是根据清严万里本，因为据考据家说严本是比较的佳，所以便从严本了。

十四年（1925年）夏作于真如暨南图书馆；十五年（1926年）七月改作。

慎子的法律思想[*]

丘汉平

一、慎子的年代及《慎子》

慎子的生死年月，今无可考。《史记》的《孟子·荀卿列传》只有寥寥二十多字说到他。据《史记》，慎子名到，赵国人，和田骈、接子、环渊似乎是同时。《史记》又屡说"淳于髡、慎到、环渊、接子、田骈、驺奭之徒"，皆见《孟荀列传》及《田完世家》。淳于髡曾见梁惠王，与孟子同时。这几个人的年代大概相差不远，约在前三世纪初期。这时期的政治纷乱不堪，暴政横行，孟子的政治思想都是此时期的产物。但是那时的政治已入于无法治疗的状态，所以较后的儒道墨学者渐渐酿成法治主义，所谓"法家"，就在这时期产生了。

《汉书》说"慎子先申韩，申韩称之"，[1] 这是错的，因为申不害相韩是在纪元前三五一年至三三七年。照《史记》说："十五年终申子之身"，也是前四世纪末季的人。据此，慎到应在申子后了。[2]《汉书·艺文志》载《慎子》四十二篇，现在我们所可看到的是佚文若干条，后人集成《慎子》五篇。[3] 据清姚首源（际恒）的《古今伪书考》，说《慎子》一书是后人的

---

[*] 本文原刊于《法学季刊（上海）》（第 3 卷）1927 年第 3 期。

[1] 谢无量的《中国哲学史》（七二页）也这样记载，盖他照《汉书》抄下，故陷同一的失实。

[2] 胡适《中国哲学史大纲》，上卷，四三一页。梁任公先生说中国的法治盛行时期是这样的："其在春秋，则管仲子产范蠡；其在战国，则李悝、吴起、申不害、商鞅之流；皆以法治卓著成绩。……逮战国末年，则慎到尹文辈益精研法理，至韩非而集其成。"如梁任公说：则申不害最先，慎到次之，韩非最后。自然不是"先申韩"了。《先秦政治思想史》，一百十二页。

[3] 兹据商务印书馆涵芬楼本。间略有改正。

伪作。但顾实的《重考〈古今伪书考〉》说《慎子》不是伪书，请把他的考据记下：

"《慎子》非伪书，《汉志》有四十二篇，今仅余七篇，严可均从《群书治要》中录出。然以《四部丛刊本》为最多，虽有残缺，而所说尚明白纯正，流本贯末。"[1] 不过我们也不能说《慎子》是慎到自己著的。章学诚（实斋）先生有句话说得很对，他说：此"皆不知古人并无私自著书之事，皆是后人缀辑"。[2] 我们说《慎子》是代表慎到的学说则可，若说《慎子》定是慎到著的则不可。这和我们考订《商君书》一样的意思。[3]

二、慎子的政治哲学

在未说到慎子的法律思想，我们是先要明了他的政治学说的大概。因为那时代的思想者，一言一行，都是想救治当时的纷乱状态。老子的"无为"，孟子的"仁义"，墨子的"兼爱"，杨朱的"为我"，商鞅的"刑赏"，个个是在于疗治当时政治，所以论慎子的法律思想，他的政治哲学是不可不先有鸟瞰的观察。

慎子看到当时的政治纷乱不堪，便仔细的考出它的病根，预备好投药方。第一个病根他找出的便是"主观私见"。当时人君，从一己之所欲，为所欲为。诛赏予夺，皆从君出。但人情喜怒无常，今天所喜欢的，到明天保不定变成憎恶。以这种变化不定的主观私见，怎能使人民得到平等的待遇呢？许多极简单的东西，如果用物观来测度，是非常易见的。但若凭主观来看，明明是很简单的东西，也得不到精确的结果。故他说：

"措钧石，使禹察之，不能识也。悬于权衡，则毫发辩矣。"

因此他就开出一贴对症药方，这便是"客观标准"，用他的口气即是"无知之物"。"无知之物"怎能决定"有知之人"的关系呢？《庄子·天下篇》说得很详细：

---

〔1〕《重考〈古今伪书考〉》，卷三，子类，页十一，大东书局出版。
〔2〕《文史通义·诗教》中《诸子篇》及《校雠通义篇》内也曾论及。
〔3〕"商君的法治主义论"，载《法学季刊》，第二卷，第七期，页三七三。

"彭蒙、田骈、慎到，……齐万物以为首。曰：天能覆之而不能载之；地能载之而不能覆之；大道能包之而不能辩之。知万物皆有所可，有所不可。故曰，选则不偏，教则不至，道则无遗者矣。"

胡适之先生解释这段最明晰。他说："这种根本观念，与庄子《齐物论》相同：'万物皆有所可，有所不可。'象虽大，蚁虽小，各有适宜的境地，故说万物平等。《齐物论》只是认明万物之不齐，方才可说齐，万物既各有个性的不齐，故说选择不能偏及，教育不能周到，只有因万物的自然，或者不致有遗漏。"[1]

庄子接着上文说：

"是故慎到弃知去己，而缘不得已，泠汰于物以为道理（郭注'冷汰犹听放也'，胡适释冷汰犹今人说冷淡）。奊髁无任，而笑天下之尚贤也。纵脱而行，而非天下之大圣；椎拍輐断，与物宛转；舍是与非，苟可以免。不师知虑，不知前后，魏然而已矣。推而后行，曳而后往；若飘风之还，若羽之旋，若磨石之隧，全而无非，动静无过，未尝有罪。是何故？夫无知之物，无建己之患，无用知之累，动静不离于理，是以终身无誉。故曰：至于无知之物而已。无用贤圣，夫块不失道。豪杰相与笑之曰，'慎到之道，非生人之行而至死人之理，适得怪焉。'"

这段说明"无知之物"的道理最为详尽。"反过来说，凡有知之物，不能尽去主观的私见，不能不用一己的小聪明，故动静不能不离于理。这个观念用到政治哲学上，便主张废去主观的私意，建立物观的标准"[2]

第二个病源他找出的是"政权不分"。慎子以为一国之"治与不治"是在于政权，政权便是势位。一个人握到政权，就会弄得天下大乱，也会弄得天下安宁。以为"无知之物"不必贤人也可以用。如果不凭物观的标准，即圣人有时也要难于应付。上文引的"措钧石，使禹察之，不能识也。……"便是这个意思。所以他说：

---

[1] 《中国哲学史大纲》，三四一页。
[2] 《中国哲学史大纲》，三四二页。

"有权衡者，不可欺以轻重；有尺寸者，不可差以长短；有法度者，不可巧以诈伪。"

这便是说"物观"不必靠贤人的意思。

势位为什么重要呢？和他的"物观主义"又有什么关系呢？势位好比总机关，无论什么人拿到，就发生影响。这类事在历史上多得很，即如目下的中国已给我们证明。我们来引慎子的话便明白了，他说：[1]

"飞龙乘云，腾蛇游雾；云罢雨霁，而龙蛇与蚓蚁同矣，则失其所乘也。故贤人而屈于不肖者，则权轻位卑也。不肖而能服'于'贤者，则权重位尊也（于系衍文）。尧为匹夫，不能治三人。而桀为天子能乱天下。吾以此知势位之足恃，而贤智之不足慕也。夫弩弱而势高者，激于风也。身不肖而令行者，得助于众也。尧教于隶属，而民不听。至于南面，而王天下：令则行，禁则止。由此观之，贤智未足以服从，而势位足以'屈'贤者也。"（胡适引文用"任"，兹用"屈"，盖从涵芬楼本。以意度之，当以"屈"字为佳。）

物观主义是洗脱人治主义的旧观念。不过我们要弄明白什么是"物观"，

---

[1]　后来韩非子驳慎子的"势位"，说：

"飞龙乘云，腾蛇游雾，吾不以龙蛇为不托于云雾之势也。虽然，夫释贤而专任势，足以为治乎？则吾未得见也。夫有云雾之势，而能乘游之者，龙蛇之材美也。今云盛而蚓弗能乘也，雾醲而蚁不能游也。夫有盛云醲雾之势，而不而乘游者，蚓蚁之材薄也。今桀、纣南面而王天下，以天子之威为之云雾，而天下不免乎大乱者，桀纣之材薄也。且其人以尧之势治天下也。其势何以异桀之势乱天下者也。夫势者，非能必使贤者用己，而不肖者不用己也。贤者用之，则天下治；不肖者用之，则天下乱。……"

"……势之于治乱，本未有位也（位即'定'解）；而语专言势之足以治天下者，则其智之所在为浅矣。夫良马固车，使臧获御之，则为人笑；王良御之，而日取千里。车马非异也，或至乎千里。或为人笑，则巧拙相去远矣。今以国为车，以势为马，以号令为辔，以刑罚为鞭策，使尧舜御之，则天下治；桀纣御之，则天下乱；则贤不肖相去远矣。……"

"势必于自然，则无为言于势矣。吾所为言势者，言人之所设也。今曰尧舜得势而治，桀纣得势而乱，吾非以尧舜为不然也；虽然，非一人之所得设也。……且夫尧舜，桀纣千世而一出……中者，上不及尧舜，而下亦不为桀纣，抱法处势则治，背法弃势则乱。今废势背法而待尧舜，尧舜至乃治，是千世乱而一治也，抱法处势而待桀纣，桀纣至乃乱，是千世治而一乱也。"

韩非是不相信慎到说的势位足以治乱天下的。他以为尧舜至，天下乃治，桀纣至天下乃乱，是"势"治乱天下的。但是这个势是"自然之势"。自然之势便是儒家的所谓"天命"。故韩非说："夫尧舜生而在上位，虽有十桀纣不能乱者，则势治也；桀纣亦生而在上位，虽有十尧舜而亦不能治者，则势乱也。……此自然之势也，非人之所得设也。"

至于他们二人的理论孰是，恕我不能在此说了。

什么是"人治"，才不致囫囵吞枣。"物观"云云，并不是说任"无知之物"自己来判断我们"生人之行"。它的意思是说，我们评判一件东西，应该用另外一件东西来判定它。譬如用货币为交易之媒介，货币便是一个"物"，作一切交易的标准，我们若不公用货币——无知之物——做交易的标准，则买卖二造将各以己意为之，所谓"交易安全"就不得而有了。故慎子之所谓"无知之物"是"无健己之患"，"无用知之累"，即是说我们拿一个东西来判定别的东西而已，并不是说"东西"本身会治理人的关系。主张"物治主义"之人自然是反对"人治主义"，但这不是绝对的。人治主义的特征，不是在于"政治须操之于人"，乃在于"政治须操于特定之人"。慎子——以及一切法家——绝没有反对"人"来治理国家之理，他们所反对的是以一国之治乱存亡系乎"特定之人"（即贤人）。能够明白"一般人"和"特定人"之分别，则孟子说的"徒法不能自行"是无意思的，很浅薄的。我们讨论政治问题，时时要记住"人"是前提要件，没有"人"，当然无所谓政治问题了。故人治的特征是以"人存政举，人亡政息"为原则，把"政权"和"人"分不开。毋怪乎孟子天天盼望贤君，眼穿秋水！至不得已时，不觉自叹"红颜薄命"说：

"夫天未欲平治天下也；如欲平治天下，当今之世，舍我其谁也。"（《公孙丑下》）

这就是说，除了他以外，天下无法可治了。他又发明了"五百年来必有王者兴"的学说，真是不彻底之至了。等到五百年才得到一个贤圣之主来治天下，人民已死尽了！但贤圣如孟子，我怎敢蔑视他？不过说他的学说讲不通罢了。

物观主义既不是绝对反对"人"，且也没有这回事，故是少不了人的。不过这个"人"并不定是限于"贤"的，随便什么人都可以做的。握到总机关——政权——的人，只要用"无知之物"，便可"无建己之患，无用知之累"，而"动静不离于理"，天下就可以永远升平，用不到好作聪明的人君了。[1]

第三个病源是"自私自利"。慎子是晓得人人是为私的。"人之生也，莫不各自为也。"（黄梨洲语）这自私自利之心，是"与生俱来"，不能铲灭净尽的，现在唯一重要的问题，是怎么样可以使社会上自私自利的人都能合作，

---

[1] 亚里斯士德说法律是叫人不要用"智"的。而欲以一己之智慧胜法律，便是法律所欲禁止的。"To seek to be wiser than the Laws is the very thing which is by good laws forbidden. " Rhetoric, I, I5.

不相侵越。他提出二个条陈：（一）定分；（二）因情。先说第一个，人人既然争竞生存，利益就不免冲突，冲突就不免互杀，达尔文的"物竞天择"就实现了。为了大众生存起见，就不得不有一种公认的组织。故慎子说：

"古者立天子而贵者，非以利一人也，曰，天下无一贵，则理无由通，通理以为天下也。故立天子以为天下，非立天下以为天子也；立国君以为国，非立国以为君也；立官长以为官，非立官以为官长也。……故蓍龟所以立公识也；权衡所以立公正也；书契所以主公信也；法制礼籍所以立公义也：凡立公所以弃私也。"

在未定分之前，人人亟得欲望之满足。譬如：

"今一兔走，百人逐之，非一兔足为百人分也，由未定也。由未定，尧且屈力，而况众人乎？"

定分之后便如此：

"积兔在市，行者不顾，非不欲兔也，分已定矣。分已定，人虽鄙不争。故治天下及国，在于定分而已矣。"

但是定分要用什么法子？既不可"以心裁轻重"，自然是用"无知之物"了。这"无知之物"，慎子应用到政治上去，就变成"法律"。法律的效用是在于"一人心。"

社会的目的是为各个人谋福利的。如果社会（或国家）是为了几位野心家而存在，则不是本来的目的。然若无公认制度，则变成强食弱肉的世界，两皆未可，且亦不能。一方面人人是为自己，一方面又要不侵害他人，慎子便用"因情"的法子。他以为利用各人的"自私心"，即可增进社会幸福。

所以他说：

"天道，因则大，化则细。因也者，因人之情也。人莫不自为也，化而使之为我，则可莫得而用'矣'（依《治要》加）。……故用人之自为，不用人之为我，则莫不可得而用矣。此之谓因。"

西洋有亚丹斯密倡明此理，应用到经济上去，就变成"自由竞争"和"个人主义"。[1]

以上是慎到学说的大概，现请进而讨论其法律思想。

三、主张法治主义之理由

慎子以为"无知之物"，在政治上要算"法律"是最好不过。所以他很注意法律的用处。换句话说，就是他主张法治的理由。举其显而易见者有三：

（一）去主观而设定物观。法律既是"无知之物"，即对于任何人都是一样的。甲杀人死罪，乙杀人也死罪，绝没有甲乙皆同样的杀人，甲犯死罪而乙没有的道理。故慎子说得很对：

"君人者舍法而以身治，则诛赏予夺从君心出。然则受赏者虽当，望多无穷；受罚虽当，望轻无已。君舍法'而'以心裁轻重，则同功殊赏，同罪殊罚矣：怨之所由生也。是以分马'者'之用策，分田'者'之用钩，非以策钩为过于人智，所以去私塞怨也。故曰：大君任法而弗躬，则事断于法。法之所加，各以'其'分，蒙'其'赏罚，而无望于君'也'。是以怨不生而上下和矣。（''内字皆据《治要》补入。）

法律一行，即不论公卿大臣皆不可随意违法了。一定要"使人臣虽有智能，不得背法而专制；虽有贤行，不得逾功而先劳；虽有忠信，不得释法而不禁"。"君任法而不任智"，故慎到"不尚贤"。他说：

"立君而尊贤，是贤与君争，其乱甚于无君。"

他又设一"恃贤为治必败"之譬如，

"鹰善击也，然日击之则疲，而无全翼矣。骥善驰也，然日驰之，则蹶而

_____

〔1〕 斯密亚丹（Adam Smith）倡明此理最详。在他的《原富》里第二章说：

"夫吾既有求于辟，而他人之惠养，又不足恃，吾将何所恃以奉吾生乎？曰，'恃天下之各恤其私而已矣。'人，自营之虫也，与自营之虫谋其所奉我者，是非有以成乎其私，固不可也。市于屠，酤于肆，籴乎高廪者之家，以资吾一飧之奉，非曰屠肆高廪者之仁有足恃也，恃三者之各恤其私而已。"（引文从严译，原文的书很多，现在最通行本的要算 Everymans' Library 本。故此引文的原文可见上书页十二至十三。）

无全蹄矣。"

故他说：

"君之智未必最贤于众也。以未最贤而欲善尽被下，则下不赡矣。若君之智最贤，以一君而尽赡下则劳，劳则有倦，倦则衰，衰则复返于人不赡之道也。"

这两段说明贤智的力量，无论在上是如何聪明才干，[1] 总有应接不暇之势，常时而穷。若是用"法律"作最后仲裁者，就无此弊。

（二）在不公平之中求得最公平。庄子以为只有万物之不平等，才可求平等。人类原是不平等的：讲智能方面，有的是聪明的，有的是愚笨；讲体力方面，有的是强，有的是弱；讲境遇方面，有的是好，有的是坏。这样不平等的人同在一个社会争竞生存，如果听其自然，便变成"强者世界"了。故强者弱者互相公认一种规则，为彼此往来的标准。法律即是因此种情形而产生。群之内虽良莠不齐，贫富悬殊，但是站在法律面前都是一样的。故慎子说：

"法行于世：则贫贱者不敢怨富贵，富贵者不敢陵贫贱；愚弱者不敢冀智勇，智勇者不敢鄙愚弱。"

不过法律也不是从天上掉下来的，它是人们制定来做评判人群相互关系的标准。故法律之良恶全缺，要看人民的智识程度、社会情形、经济状况来决定，但这是"程度"问题，并不是法律本身的"良恶"。即使法律是十分坏，也比较无法好。故慎子说：

"法虽不善，犹愈于无法，所以一人心也。夫投钩以分财，投策以分马，非钩策为钧也。使得美者不知所以德，使得恶者不知所以怨，此所以塞愿望也。"[2]

（三）无为而治。根据上述的二个理由——废去主观设立客观和求不公平

---

〔1〕 慎子说："弃道术，舍度量以求一人之识。识天下，谁子之识能足焉。"
〔2〕《罗马十二表法》就是一个例。

的最公平，——慎子自然是不赞成在上者用智。君人不过是个"头"而已，并没有"生杀予夺从君心出"之权。为人君者只要坐在上面，握到总机关，看臣下的效力就好。故慎子说：

"君臣之道，臣有事而君无事也。君逸乐而臣任劳，臣尽智力以善其事，而君无与也；仰成而已，事无不治，治之正道然也。"

能够"寄治乱于法术，托是非于赏罚"，则天下治。

"故至安之世，法如朝露。纯朴不散，心无结怨，口无烦言。"

这样一来，便"使君主'弃知去己'，做一种'虚君立宪'制度。君主成了'虚君'，故不必一定要有贤智的君主"。[1]

四、法律的性质

慎到以为法律是治国之宝，故推崇备至。没有法律，公众安宁是等于泡影。现在请把他说的法律性质，用今人的口气叙述一下。

（一）法律是"社会意志的结晶"。"君要臣死臣不得不死"，这一句话几乎是君主操以杀人的利器。但历代所谓"忠臣"，也大半是这句话造出来的。到了战国时候，在上的横无肆忌，孟子看到时势不好了，便说不道之君，不是人君。所以武王伐纣是应该的。杀一个不得道的天子，和杀一个匹夫一样。故曰：

"闻诛一夫纣矣，未闻弑君也。"（《梁惠王下》）

孟子已是趋向"民权"的观念，所以他说：

"民为贵，社稷次之，君为轻。"（《尽心下》）

慎到说得更透彻：

"古者立天子而贵者，非以利一人也，曰，天下无一贵，则理无由通，通理以为天下也。故立天子以为天下，非立天下以为天子也；立国君以为国，非立国以为君也。"

---

[1]《中国哲学史大纲》，页三四七。

所以法律不是天子人君以己意制定的：

"许犯问于子慎子曰：'法安所生？'子慎子曰：'法非从天下，非从地出，发于人间，合乎人心而已。'"

可见法律之成为法律，最少须具二条件：一是人制定的（发于人间）；一是公众的意思（合于人心）。用今人的口气说便是"社会的意志"。

（二）法律是"不可侵犯的"。这句话是要弄明白的。我们不要误解法是神圣不可侵犯的，不可改变的，以致把法律抬得如上帝一样，变成恶毒专制的东西。即其害"甚于洪水猛兽"！我们所谓"不可侵犯"是说法律经正式宣布之后，无论何人是不准蔑视或违反的。慎到说得好："法者，所以齐天下之动，至公大定之制也。故智者不得越法而肆谋，辨者不得越法而肆议，士不得背法而有名，臣不得背法而有功。我喜可抑，我忿可窒，我法不可离也；骨肉可刑，亲戚可灭，至法不可阙也。"多么庄严！

他也明白有时法律是不大公平，有时人情上难说得过去，但他总以为公众安宁要紧。虽是不公平，无人情，法律也要执行的。故慎到说：

"惨而不可不行者法也。"

如果在上的因为一己之利益而行私，法律便不中用了。于是他说：

"爱多者则法不立。……法之功莫大使私不行……今立法而行私，是'私'与法争（'私'增入），其乱甚于无法。……故有道之国，法立则私议不行，……民一于君，断于法，国之大道也。"

但慎子并非说法律是一成不变的。他一方面说法律是共守的，不可侵犯的，别方面却主张法律应随社会情而变更。一代有一代的法律，绝不能千古一律。他以历史为说话的根据："虑戏神农，教而不诛；黄帝尧舜，诛而不怒；及至三王，随时制法，各适其用。"

因此他就下一个结论：

"故治国无其法则乱，守法而不变则衰，有法而行私谓之不法。"

这几句话很重要。法律既是客观的东西,自然不能任意变更的。物观主义之良点,以其有一定的标准。不过法律是人创制的,要"合乎人心"为度,而人心之不同是随时代而变迁。法律一面既须一定,一面又须"因时制宜"。使这二者调和,便是西洋法家历来争论的大题目。[1] 慎到说法律不变的弊病是:

"守法而不变则衰"。

我们既然理出一个题目是大家要解决的,那么就要问问这解决的方案。在西洋有主张"权力说"、"理性说"、"自然法说"、"哲学说"等。[2] 主张权力说的,认法律是在上(主权者)的意志,故可随意变更;主张理性说的,认法律是理性的产物,故不合理性的便要改变;主张自然法说的,认法律合乎自然法则的才是法律。……我国黄老的道,即是一种自然的主张。慎到是承受老子的教条,故受道家的影响很深,他的主张"法治"也不过是代替迂阔的道,使法律得到了狭义的无为而治。故他主张用道来变更法律:

"以道变法者,君长也。"

君长有变法之权,但无任意变法之权,其变法之原则须根据道,不合道的就不准更变。

(三)法律是具有"制裁力"。这个特性自然是上面第二个的推论结果。法律既是不可任意侵犯的,那么它自身一定要有强制力方可。不然,法律尽管做法律,人们尽管违法,试问法律还可说"不可侵犯的"吗?所以制裁力是法律的固有性(inherent nature)。这制裁力便是刑罚。故慎到说:

"法以齐之,刑以成之,赏以劝之。"

又道:

"以足物者为富贵,无物者为贫贱;于是乐富贵,耻贫贱,不得其乐者无所不至矣。是故明王知其然,操二柄以驭之。二者,刑德也,杀戮之谓刑,

---

[1] 见 Pound , *Interpretation of Legal History* (1923),页一。
[2] 见 Pound , *Interpretation of Legal History* (1923),页二至二十一。

庆赏之谓德。"

刑罚固然是法律不可少的东西，但也不能滥用，以致失度。他解释老子的"民不畏死，奈何以死惧之"很明白。他说：

"凡民之不畏死，由刑过，'刑过'（补入）则民不赖其生，生无所赖，视君之威末如也；刑罚中，则民畏死。畏死由生之可乐也。知生之可乐也，故可以死惧之。"[1]

五、立法权问题

古代论政之流，莫不以为政体只有君主，除此而外，则无政体的可能。他们总以为君主政体是必然的。不论谈道的，谈儒的，谈墨的，谈法的都皆承认"天子"、"君主"，绝没有梦想到亚里士多德的政体分类。政体既限于专制，又尊重君主，于是谈政者都在于想怎样可使君主成为有道之君。什么"道"、"仁"、"为我"、"兼爱"等莫不是这个目的。法家算是末流的产物，但也脱不了旧思想的影响。君主专制既然是承受而无异议，则立法权自然而然是在君主之手了。梁任公评他们为不彻底，十分的对。慎到算是个法家，他对于立法权问题，总也想不出一个办法，除了叫君主"爱民"以外，别无他法了。他说：

"以力役法者百姓也；以死守法者有司也；以道变法者君长也。"

如果君主不照"道"变法，试问人民有什么法子可以对付？信如慎子说，则贤圣之君仍是必要的。盖用道变法，非待有为之君（如尧舜）不可。那么又是"尚贤"了，靠"特定之人"了。其结果，法治主义岂不是一场幻梦！

民国十五年（1926年）十一月二十八脱稿[2]

----

[1] 故慎子主张"富民政策"。他说："民富则治易，民贫则治难。民富则重家，重家则安乡，安乡则敬上畏罪，敬上畏罪，则易治也。贫则轻家，轻家则危乡，危乡则凌上犯禁；凌上犯禁，则难治也。故为国之道在富民而已矣。"

[2] 此文丘先生用民国纪年标注的写作时间，换算成公历即1926年11月28日。

韩非的法治思想[*]

傅文楷^{**}

一、绪论

法律究竟是什么东西？自古到现在学者关于这个问题的官司，还没有一个相当的了结。分析派法家说法律是主权者的命令；历史派法家说是一种沿用的习惯；哲学派法家说是一种理性；美大理院推事霍姆斯[1]（Tustice Holmes）说是一种预言（Prediction）；而韩非子说："法者宪令着于官府，刑罚必于民心赏存乎慎法，而罚加乎奸令者也。"（《定法篇》）又说："法者编着之图籍，设之于官府，而布之于百姓者也。"（《难三篇》）各派有各派的见解，各家有各家的理由，我们不能遽说某界说是完全对，或某界说是完全不对。

法律的界说固分歧不一，但是对于讨论法制精神是不致有何影响的。姑且勿论法律是命令是预言，或是旁的东西，它是一件"物"，存于人间作为一切应事接物的标准，是无疑的。用了这个"物"——法律——来治理国家，就叫做法治主义。故法治主义是一国的秩序，人民的权益皆准绳于法。普通人民固然要遵守法律，违背了它是要受相当的刑罚的就是当局者也不得不要遵法而行；假若有违法的行为，受制于法是和普通人民一样的。决没有什么"法不加于至尊"或"礼不下庶人，刑不上大夫"等的道理。

如今世界的国家，越是强盛的，其法治精神越是发达而普遍。我们晓得

---

* 本文原刊于《法学季刊（上海）》（第 3 卷）1927 年第 4 期。

** 傅文楷，1927 年毕业于东吴大学法学院（第 10 届），获法学学士学位。

〔1〕 "霍姆斯"原文作"何尔姆"，现据今日通常译法改正。——校勘者注。

治国之道，舍法莫由；因为一个国家人民众多彼此的关系甚为密切；但个人因受了利己心的驱使，[1] 不免因利害互相残贼争竞，假若没有相当的东西，为辨别是非的标准，那社会的混乱将无所底止了。但是我们要看明白，法律是一件"无知之物"，换句话说，是一件以客观为标准的东西。可是有人要问：无知之物怎能适合有知之人和生机的社会？庄子的《天下篇》已经给我们很详细的答案："彭蒙、田骈、慎到……齐万物以为首。曰：天能覆之而不能载之；地能载之而不能覆之；大道能包之而不能辩之。知万物皆有所可，有所不可。故曰：选则不遍，教则不至，道则无遗者矣。"庄子接着又说："是故慎到弃知去己而缘不得已，泠汰万物以为道理。（胡适释泠汰犹今人说冷淡）[2] 奠髁无任，而笑天下之尚贤也。纵脱无行，而非天下之大圣。椎拍輐断，与物宛转。舍是与非，苟可以免；不师知虑，不知前后，魏然而已矣。推而后行，曳而后往；若飘风之还。若羽之旋；若磨石之隧；全而无非。动静无过，未尝有罪。是何故？夫无知之物，无建己之患，无用知之累，动静不离于理，是以终身无誉。故曰：至于若无知之物而已无用贤圣，夫块不失道。豪桀相与笑之曰：'慎到之道，非生人之行，而至死人之理，适得怪焉。'"

看了上面的一段话，无知之物的用处，便可了了矣。但有人要问：法律既是一件无知之物，它不能自行也甚明。要利用它，使它适合于人类社会，还是脱不了"人"力，孟子说的"徒法不能自行"者，和人治主义，究有什么大相径庭的地方呢？我们的答语是：社会上任何事物都脱离不了"人"，只要不是拿个人的意思以定夺是非的标准，不是所谓"诛赏予夺由君心出"而用一种客观标准的"物"为一切准绳，用大家所承认的方法以判断，就是有"人"的要素在里面，也不得说它是人治主义的。我们且把人治和法治不同的地方略为说明于下：

法治主义和人治主义根本不同在哪里？请引伊文子里面说的一段，便很可以给我们一种析白的见解："田子（田骈）读书，曰：尧时太平。宋子

---

　　〔1〕　荀子主张性恶说，韩非师之，故视人生一切行为都是出于利己的动机，他说："父母之于子女也，产男则相贺，产女则杀之，此俱出父母之怀衽，然男子受贺，女子杀之者，虑其后便，计之长利也。故父母之于子也，犹用计算之心以相待也，而况无父子之泽乎？"（《六反》）关系最亲切的青上如此，其他可想而知了。

　　〔2〕　胡适：《中国哲学史大纲》，第三百四十一页。

（宋钘）曰：圣人之治以致此乎？彭蒙在侧，越次答曰：圣法之治以至此，非圣人之治也。宋子曰：圣人与圣法何以异？彭蒙曰：子之乱名甚矣！圣人者，自己出也；圣法者，自理出也。理出于己，己非理也；己能出理，理非己也。故圣人之治，独治者也。圣法之治，则无不治也。"

人治主义一切治法是由己而出的，而法治主义是自理出的。自己出的往往受主观的蒙蔽，而不能达公平正直之愿望，即使有真正圣主，其治也不过一时的罢。至于自理出的，当然无私见存乎其间，且其效力终久不变，故谓圣法之治，则无不治矣。尹文子解释更祥：

"若使遭贤则治，遭愚则乱，则治乱迹于贤愚，不系于礼乐。是圣人之术与圣主而具没治世之法。逮易世而莫用，则乱多而治寡……"

韩非子对于这点，也有同样的见解，他说："夫尧舜桀纣千世而一出。……中者上不及尧舜，而下亦不为桀纣。抱法处势则治，背法去势则乱。今废势背法而待尧舜，尧舜至乃治，是千世乱而一治也。抱法处势而待桀纣，桀纣至乃乱，是千世治而一乱也。"（《难势篇》）

这都是对于贤人政治彻底的攻击。因为贤人政治是不可多得的，即使间中有和尧舜禹汤文武一类的人，也不过是暂时间的治罢了。所谓"人存政举，人亡政息"，哪里是长治久安之策？法治主义就不然了，不管是尧舜或桀纣，其治是一。有了尧舜，执法也许更为贤明，则国家的太平更是坚固；即使出了桀纣，国家未必因之而乱，一二乱徒到底无多大能力足以抗至公无私的法律。由此可见贤人政治的不可待了。不但这样，人治主义的治国是无一定标准的，"诛赏予夺由君心出"，"君要臣死，臣不得不死"，在在都是他们治国的方法。像这种漫无标准的人治，欲得其赏罚大公无私不是缘木求鱼吗？我们即假定有贤君出世，使之执法，无不公之心，但因无标准可法，无意中陷于赏罚失当之事，又岂可免？贤君尚且不易治无标准法的国家，何况暴君平民？韩非说："释法术而心治，尧不能正一国。去规矩而妄意度，奚仲不能成一轮。……使中主守法术，拙匠守规矩尺寸，则万不失矣。"（《用人篇》）又说："故设柙非所以备鼠也，所以使怯弱能服虎也；立法非所以备曾、史也，所以使庸主能止盗跖也。"（《守道篇》）管子说得更好："虽有巧目利手，不如废规矩之正方圆也。故巧者能生规矩，不能应规矩而正方圆；虽圣人能生法，不能废法而治国。"（《法法篇》）慎到说："君人者舍法而以身治，则诛赏予夺从君心出。然则受赏者，虽当，望多无穷；受罚者，虽当，望轻无已。……法虽不善，犹愈于无法。……"此种种都是说人治主义的流弊和危险，非治国的上策。至于法治主义则不然，既有标准的法律为治者与被治者的准绳，复有大公无私的法院以执行，无论何人，守之者便受其保障，背之者将受刑法之制裁，较诸人治主义，其优点岂足以道里记。[1]

法治主义和术治主义有什么分别？韩非子说："术也者，主之所以执也。法也者，官之所以师也。"（《说疑篇》）尹文子谓："术者，人君之所密用，群下不可妄窥。"可见术治主义，是一件秘密而私的东西，是人君密用以治百姓的一种手段，和"编着之图籍、布之于百姓"的公开无私的"法"性质，截然不同。故韩非子定法篇说："申不害言术而公孙鞅为法"。又说"韩者，晋之别国也。晋之故法未息，而韩之新法又生；先君之令未收，而后君之令又下。申不害不擅其法，不一其宪令。……故托万乘之劲韩、七十年（愿千里校疑当作十七年）而不至于霸王者，虽用术于上，法不勤饰于官之患也"。由此观之，申子一派，殆如欧洲中世纪马基雅维利[2]辈，主张用阴谋以为操纵，[3]和法家所主张的"奉公法废私术"。（《韩非子·有度篇》）"任法而不任智。"（《管子·任法篇》）恰好相反。法家主张治国应该用大公无私客观标准的"法"，这"法"不但要本质无私，还要公布使百姓周知。如果用了一种秘密的术来代替法律，那便是和人治没有分别了。胡适之先生说申不害是一个有手段的政治家，却不是主张法治主义的人，[4]很有几分道理的。

法治主义和势治主义有什么分别？势治主义者，即治国专恃势位也。法律虽须赖强制力以施行，但是专恃势位以压逼平民，是失却法治精神的真义了。慎子是主张兼用势治的人，他说："飞龙乘云，腾蛇游雾。云罢雾霁，而龙蛇与蚯蚁同矣，则失其所乘也。贤人而诎于不肖者，则权轻位卑也；不肖而能服于贤者，则权重位尊也。尧为匹夫，不能治三人；而桀为天子，能乱天下：吾以此知势位之足恃而贤智之不足慕也。"（《韩非子·难势篇》引）

---

[1] 关于法治与认治的问题，读者可参阅丘汉平的《商君的法治主义论》，载《法学季刊》，第二卷第七期，三百三十一页。

[2] "马基雅维利"原文作"米奇维里"，现据通常译法改正。——校勘者注。

[3] 引梁任公《先秦政治思想史》二百三十四页话。米奇维里（mickywil）意大利人，著有《君主政治论》一书；欧洲人以为近世初期一名著也，其书内言治外交皆须用权术，十八世纪之攻治家多视为枕中鸿秘。

[4] 胡适：《中国哲学史大纲》，三百六十二页。

韩非子驳慎子道：

"……夫势者，非能必使贤者用已，而不肖者不用已也。贤者用之则天下治，不肖者用之则天下乱。人之情性，贤者寡而不肖者众，而以威势之利济乱世之不肖人，则是以势乱天下者多矣，以势治天下者寡矣。……"

"……势之于治乱，本末有位也，而语专言势之足以治天下者，则其智之所至者浅矣。……"

"……夫势者，名一而变无数者也。势必于自然，则无为言于势矣。吾所为言势者，言人之所设也。夫尧、舜生而在上位，虽有十桀、纣不能乱者，则势治也；桀、纣亦生而在上位，虽有十尧、舜而亦不能治者，则势乱也。……此自然之势也，非人之所得设也。若吾所言，谓人之所得设也。……"（《难势篇》）

但是慎子的意思，是要把人治主义里的政权和军权分开来看，使政权（势位）全在法度，使君主"弃知去己"，做一种"虚君立志"制度。君成了"虚君"，就不必一定要有贤智的君主了。这是他推翻了人治主义的第一步。[1]

上面说的许多话，我们的简单目的，不过要使大家明白法治的重要。我们批阅我国数千年的历史，人治主义实占其大部，效果如何？料读者很能自己下一个公平断语。再拭目看看今日欧美的法治国家，感想何若？谅也无须多说。但是我们是研究法律的人，当然不情愿受主观的包围。我们主张废人治改法治，原也是相对的而非绝对的。人治观念中间有许多很好的特点，当然是极端赞成保留。不过治国必不能以礼教为主，而以法治为从，应该以法律为一切准绳，而辅以德治精神，然后收效以期。韩非是我国古代法家中间的一个重要人物，他的主张很有独到的地方，他是集法家各派的大成。我们要想晓得古代的法治思想，看了韩子的法治主张，便是可以了然了。现在把他的学说主张详细的风别述后。

二、韩非的年代及其著述

韩非是韩国的公子，喜刑名法术之学，与李斯同受业于荀卿。当时韩国削弱，韩非几次以书谏王，韩王不纳。终是发奋著书，攻击当时政府不务修

---

[1] 关于慎子的法治思想可参阅《法学季刊》，第三卷，第三期。

明法制，执势以御其臣下，富国强兵兵，而不以求人任贤，反举浮淫之蠹，而加之于功实之上，又因国家所养非所用养；因此主张极端"功用"主义，要国家变法，重刑罚，除去无用的蠹虫。韩王仍旧不能用。后来秦始皇见韩非的书很想收用他，因此急急攻打韩国。韩王起初不用非，等到危急的时候，便使韩非入秦说存韩的利益，秦王不用。李斯姚贾想陷害他，向秦王说：韩非是韩国的公子，王欲并诸侯，但非终为韩不为秦的，这是人的常情。如今王久留而归之，是自遗后患了，不如籍过诛他。秦王认以为然，使非下狱。后来李斯使人送药给韩非叫他自杀。韩非便死在牢狱里面。那时候是西元前二三三年。

《汉书·艺文志》记载《韩非子》五十五篇。今本也有五十五篇。但其中许多是不可靠的。如《初见秦》篇乃是张仪说秦王的话，所以动秦王攻韩。韩非自己是韩国人，必无如此不爱国的道理。第二篇《存韩》俱载李斯奏，疑都是后人掇拾的。至于第六篇《有度》，据胡适之先生考，也是假书，因为所说的是荆齐燕魏四国之亡。韩非死时，六国都不曾亡。齐亡最后，那时韩非已死十二年了。（胡适《中国哲学史大纲》，三六五页）可见《韩非子》原本定多后人附器。依胡适的意，远非本人所著的书，可靠的只有下列诸篇：

《愿学》、《五蠹》、《定法》、《难势》、《诡使》、《六反问辩》。

我个人对此不敢下什么可否，还是让诸考据家去决定罢。

三、韩非思想的渊源

当春秋战国的时候，国家纪纲颓坏不堪。因袭的礼教，既然不足做经国治民的工具，忧时之士便竞谋有以立国之道。于是有所谓"法家者流"，倡法治主义，管仲就是他们的开山大师。后来申不害商鞅慎到尹文等相继出来，组成一个有系统的学派，韩非就是集此派的大成的一个人。史记本传，载非"喜刑名法术，而归其本于黄老"。韩非既主张以法治国，和申商之徒同抱一个目的，自然是和以前法家有瓜葛关系。但非鉴于申子之以术治韩，商子之以法治秦，虽能收富强的功效，而纵归不能致秦韩于霸王的缘故，这确是因申子"徒术而无法"，商子"徒法而无术"所致。故韩非并取二子所长成他的法术兼治主义。他在《定法篇》说："术者，主之所执，法者臣之所师。君无术则蔽于上；臣无法则乱于下。"这是韩非所受于法家者。

韩非的思想，不但渊源于法家，就是和儒家也有很不浅的缘，儒家所主张的是"正名定分"，使名分为具体的表现，势必以礼数区别之。故荀子说："礼，法之大分也。"（《不苟篇》）又说："礼者，人主之所以为群臣寸尺寻丈检式也。"（《儒效篇》）这话和法家所讲的狭义的法实在没多大分别。荀卿是韩非的先生，我们更加相信韩子思想的来路了。

我们要证明韩非所主张的"刑名参同"（《主道篇》）（《扬榷篇》），口儒家所主张的"正名主义"是一样的。再引尹文子里面的一段话："名者，名形者也。形者，应名者也。……故必有名以检形，形以定名，名以定事，事以检名；（胡适疑当作'名以检事，事以正名'）……善名命善，恶名命恶。故善有善名，恶有恶名。圣贤仁智命善者也。顽嚚凶愚，命恶者也。……使善恶尽然有分，虽未能尽物之实，犹不患其差也。今亲贤而疏不肖，赏善而罚恶。贤不肖善恶之名宜在彼，亲疏赏罚之称宜在我。……名宜属彼，分宜属我。我爱白而憎黑，韵商而舍征，好膻而恶焦，嗜甘而逆苦。白黑、商征、膻焦、甘苦，彼之名也；爱憎、韵舍、好恶、嗜逆，我之分也。定此名分，则万事不乱也。"

尹文的大旨是要"善有善名，恶有恶名"使一见善名便生爱做的心，一见恶名便生痛恶的心。"法"的功用只是要"定此名分"，使"万事皆归于一，百度皆准于法"。（引胡适话）用韩非的话就是"执一以静，使名自命，令事自定"。（《扬榷篇》）再用今人的话来解释，就是说使议论与实行一致，视形名参同与否来确定赏罚。法律作用不过如是罢了。假使所犯的事不是违背律令的，那法律便没制裁的力量，因为形和名并不参同的缘故。我们由此可以看见韩非不但集法家派的大成，还兼有儒家学说的色彩。不过一个是用"礼"来确定律令，一个是用"法"来确定律令。荀子主性恶，用礼来做矫正性恶的工具；韩非则专从利己方面视察人性，以为峻法严刑便足以制裁。所谓殊途同归，这就是一个例了。

韩非的思想和道家思想又有何关系呢？胡适之先生说："中国的政治学家说，自古代到近世，几乎没有一家能逃得出老子的无为主义。"[1]我们且看韩非对无为如何说法，他在《主道篇》说："人主之道，静退以为宝。不自操事而知拙与巧，不自计虑而知福与咎。是以不言而善应，不得而善增。"这是说人君南面之术，是以无为为主的。又说"圣人执一以静，使名自命，令事

---

[1] 胡适：《中国哲学史大纲》，三七二页。

自定，不见其采，下故素正，因而任之，使自事之，因而予之，彼将自举之"。（《扬榷篇》）这是说人君不自任事也。不过法家达到无为的手段和道家不同，道家是以放任自然为无为，法家则以为到达"无为而治"必须先有"法"。有了"法"上下便有所遵，是非便有所判。大家守法便可做到"法立而不用，刑设而不行"，（《管子·禁废篇语》）"刑期无刑"了。

综括起来，韩非思想的渊源绝不是从一家出来。是包括儒家、道家、法家三派的学说，所以说韩非是集法家的大成。下面的表便可一目了然他思想的来处了。

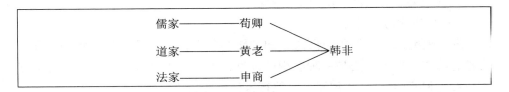

四、韩非的政治哲学

韩非的政治哲学，我在这里只叙述一个系统而已。至于详细的主张。在以下的文字里可看出了。韩非的思想既渊源于儒道墨，故其政治主张亦脱不了他们的影响。荀子的性恶论在韩非看来是很对的。所以他说人总是自私自利的。原来自私自利是性恶的一种，所谓"江山易改本性难移"，就是这个意思。西洋的学者甚且认为自私自利是"美德"哩！不错，人性是自私自利的；但是我们是不是要听从各人去满足欲望而漫无限制吗？如果顺从人性而无限制，结果则是社会便变成"强者世界"了。历来的中国思想家不是主张"节欲"便是"无欲"；不是"乐天"，便是"知命"。这等以及其他的学说，莫不在于纠正人性的坏处。如何去限制呢？孔孟以为"仁义"是最好不过；荀子以为"礼"最好不过；慎商申韩以为"法律"最好不过。在主张法治主义者中。尤以韩非的学说最为详备。下列一表即可见其政治哲学是集各家的大成。

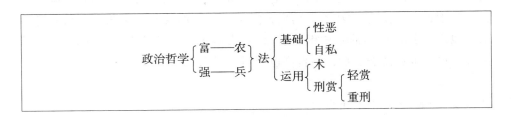

五、韩非的法治主义

上面说过韩非的政治主义，这里研究他的法治主义。他以为要使国家臻于富强，成为有秩序的组织。非实行法治不可。他看出儒家所主张的礼教治国不是长治久安的策略。他以为个人的利己心过重，非用严厉的法律不能消解一切争端，所以他更极力地提倡法治。他后来虽没有好的结果，自杀于秦国狱中，但他的学说却是流传不朽。就是今世号称法治昌明时代，许多法学原理，已早为纪元前三世纪的韩非所提出。谁说我们先秦的法治思想不及泰西？现在把韩非的法治学说介绍给读者：

（一）法律的刑罚论

我们研究法律，先要明白法律和刑罚的分别，它们是两件东西，千万不可把它混作一件事。法是一种客观的标准，人民照着这种标准行事，君主官吏依照这种标准赏罚。"刑罚"是执行这种标准法的一种工具，一种手段。刑罚仅在罚已成的罪恶，以齐人民而戒将来。但是从前的刑罚是漫无限制的，捉着了人犯随便施以刑罚，好比日下中国的武人，随便枪杀无辜一样，都是没有照法律行的。这称作为的结果，遗毒很大，"诛赏予夺从君心出"的事当然免不了的。韩非看出这一层，便力倡法律公布说，以为从前的刑律很秘密的在贵族掌握中，是很不公平的。所以他说："法者，宪令着于官府，刑罚必于民心，赏存乎慎法，而罚加乎奸令者也。"（《定法篇》）又说"法者，编着之图籍，设之于官府，而布之于百姓者也"。他的意思是法律应该是成文而着于图籍之上的，同时要公布于百姓后才生效。君主或官吏执行刑罚，须要根据图籍所载的律例，不能随意加刑罚于百姓身上。如果所犯的罪未载在刑法，当然不能治罪。和现今吾国新刑律所载"法律无正条者，不问何种行为不为罪"[1]是同样的精神。

韩非和商君一样，是主张严刑峻法的人，以为这样才可达到"刑期无刑"。他说"法不可阿贵，绳不可挠曲。法之所加智者弗能辨，勇者弗敢争。"（《有度篇》）他虽然说法不可阿贵，绳不可挠曲，但他不是主张刑罚得随意定的。他说一切的刑罚都要按照法度，以决去留，然后能得其平："明主使法择人，不自举也；使法量功，不自度也。"（《有度篇》）

---

[1]《中国暂行新刑律》第十条。

前面说过，从前政治家的见解，以为刑律愈秘密愈妙，以为刑律是"主之所执"，不应公布之于百姓。后来郑子产（昭六年，西历前五三六年）铸刑书，反对者便风起云涌。那时晋国叔向致书子产道：

"昔先王议事以制，不为刑辟。惧民之有争心也……民知有辟，则不忌于上，并有争心，以征于书，而侥幸以成之，弗可为矣……锥刀之末，将尽争之，乱狱滋丰，货赂并行。终子之世，郑其亡乎！"

后二十几年，叔向自己的母国也作刑鼎，把范宣子所作刑书铸在鼎上。那时孔子也极不赞成。他说：

"晋其亡乎！失其度矣……民在鼎矣，何以尊贵？贵何业之守？"

孔子不重刑罚，从他下面说的一句话更可证明他说：

"道之以政，齐之以刑，民免而无耻；道之以德，齐之以礼，有耻且格。"

老子也是不主张用刑罚治国的一位，他说：

"法令滋彰，盗贼多有。""民不畏死，奈何以死惧之？"

老子这话固然是过于极端，不过他也不无几分理由在。[1] 近世的刑事政策，对于这一点，确也会料到。有许多人是"视死如归"的，任凭多大的刑罚也无济于事。所以刑事政策中有所谓"改善主义"（Reformative）、"应报主义"（Retributive）、"阻止主义"（Preventive）和"警戒主义"（Deterrent）。[2] 也就是因为这个缘故。不过国无刑罚的话，总是说不过去的。[3] 韩非能洞观时势，排众议而力主刑罚，可说是识时之士了。

（二）无为主义

本文第三节，我们曾经说过韩非法治思想一部分是渊源于道家思想。道

---

[1]《中国哲学史大纲》三七一页说孔反对刑罚的原因有二：（一）因为当时刑罚本来野蛮的很，又没有限制，实在不配作治国的利器。（二）因为儒家大概不能脱离古代阶级社会的成见，以为社会应该有上下阶级……上流社会只该受礼的制裁。不该受刑的约束。

[2] *Salmond Jurisprudence*，第一百二十一页。

[3] 参阅 Carofolo 的《犯罪学》（*Criminology*）和 Tarde 的《刑罚哲学》（*Penal Philosophy*）。

家大师便是黄老。他们最重要的学说是"无为而治"。韩非法治主义的归宿也无非要达到这一点。梁任公说法家实即以道家之人生观为其人生观，[1]是颇有见地的话。但是我们要晓得，道家的主张无为和法家主张无为，其方法是两样的。道家以为要达"无为"，只要"我无为而民自正"，完全是一种放任自然（Laissey fane Policy）的。法家的到达"无为"，是假借法律最高权力，以为必须有"法"然后可以无为，颇近于积极的。宋朝王安石批评老子的无为主义，说老子"知无之为车用，无之为天下用，然不知其所以为用也。故无之所以为车用者，以有毂辐也无之所以为天下用者，以有礼乐刑政也。如其废毂辐于车，废礼乐刑政于天下，而坐求其无之为用也，则近于愚矣"。（王安石《老子论》）这便是法家言无为和道家言无为不同之点。韩非论无为说：

"人主之道，静退以为宝。不自操事而知拙与巧，不自计虑而知福与咎。是以不言而善应，不得而善增。"（《主道篇》）

又说：

"圣人执一以静使名自命，令事自定，不见其采，下故素正。因而任之，使自事之；因而予之，彼将自举之。"（《扬榷篇》）

这是说人君不自任事，一切由客观的物准驭事变，和慎子所说"无建己之患，无用知之累"一样的意思。能够如此，那就可达到"无为而不为"了。

韩非论人君听言之道也很详，请看他《扬榷篇》所说：

"凡听之道，以其所出，反以为之入。故审名以定位，明分以辩类。听言之道，溶若甚醉。唇乎齿乎，吾不为始乎；齿乎唇乎，愈惛惛乎。彼自离之，吾因以知之；是非辐凑，上不与构。虚静无为，道之情也；参伍比物，事之形也。参之以比物，伍之以合虚。根干不革，则动泄不失矣。动之溶之，无为而攻之。喜之，则多事；恶之，则生怨。故去喜去恶，虚心以为道舍。上不与共之，民乃宠之；上不与义之，使独为之。上固闭内扃，从室视庭，咫

---

[1] 《先秦政治思想史》，第二四三页。

尺已具，皆之其处。以赏者赏，以刑者刑，因其所为，各以自成。善恶必及，孰敢不信？规矩既设，三隅乃列。主上不神，下将有因；其事不当，下考其常。若天若地，是谓累解；若地若天，孰疏孰亲？能象天地，是谓圣人。"

上面所说的一番话，大旨不过说明虚静之道，不但是听言是如此，旁的事体也是这样。这都是本无为之旨。

（三）正名主义

儒家说的"名不正，言不顺"，和法家的"名以检形，形以定名"、"以实覆名，正名覆实"、"形名参同"是一样的意思。我们在上面说过，韩非是荀卿的弟子，荀子是儒家重要人物，韩非的思想当然很受他影响的。但是儒家的正名主义过于着重名的方面，而不课其实，只要"君君臣臣父父子子"，便当然认为名实相应。法家则不但重名，并且重实。名与实，究有什么关系呢？实者事物之自信相也；名者人之所命也。每一件事物抽出其属性而命以一名，睹其名而"实"之全属性具摄焉。[1]"名"与"法"的关系又怎样呢？尹文子说：

"名者，名形者也。形者，应名者也。……故必有名以检形，形以定名；名以定事，事以检名；……善名命善，恶名命恶。故善有善名，恶有恶名。圣贤仁智，命善者也；顽嚚凶愚，命恶者也。……使善恶尽然有分，虽未能尽物之实，犹不患其差也。……今亲贤而疏不肖，赏善而罚恶。贤不肖善恶之名宜在彼，亲疏赏罚之称宜在我。……名宜属彼，分宜属我。我爱白而憎黑，韵商而舍徵，好膻而恶焦，嗜甘而逆苦。白黑、商徵、膻焦、甘苦，彼之名也；爱憎、韵舍、好恶、嗜逆，我之分也。定此名分，则万事不乱也。"

尸子说得更好："言寡而令行，正名也。君人者，苟能正名，愚智尽情，执一以静，令名自正，令事自定，赏罚随名，民莫不敬。"又说："审一之经，百事乃成；审一之纪，百事乃理。名实判为两，合为一。是非随名实，赏罚随是非。"

这几条关系法治主义的逻辑，说得非常透彻。他们的意思是说天下万物都有一定的名分，只看名实是否相合，便可知是非了。是非既判赏罚，当然

---

[1]《先秦政治思想史》，一二九页。

随之而实行。韩非以为执法，最要名副其实，故他说："形名参同，君乃无事焉。"（《主道篇》）

关于循名责实的重要他又说："言已应，则执其契；事已增，则操其符。符契之所合，赏罚之所生也。故群臣陈其言，君以其主授其事，事以责其功。功当其事，事当其言，则赏；功不当其事，事不当其言，则诛。"（同上）

这都是他正名主义的要道。

（四）平等主义

所谓平等主义，并不是说无论智愚贤不肖，都应享有一切机会和待遇的平等。人类生出来就是不平等的：有的聪明智慧，有的愚顽不灵，有的身心健康，有的懦弱无能，凡此种种都不能用人力使之平等的。聪明和强健的人，机会当然比较愚笨和懦弱的人多，这是自然的道理。我人现在所论的平等主义是指法律平等的意思，是说人人——智愚贤不肖——在法律之前，都是受法律的平等待遇，没有儒家说的"礼不下庶人，刑不上大夫"或"亲亲贵贵"等歧视不平的成见。因为法律是用来作人类应事接物的标准，它的作用要能"齐天下之动"。如果有助此抑彼或待遇偏颇的事，那这法律便不是公有的了。（但是法律虽说是平等，无特别优待某人，可是也有一个例外，譬如：国家机关在执行公务时，不受普通法律的制裁，国会议员在会场集会，不受外法律的限制。这种做法，不是法律有所歧视，是一种政策使然。）法家固对法律主张平等的，且看尹文子说：

"万事皆归于一，百度皆准于法。……如此则顽嚚聋瞽，可与察慧聪明同其治也。"

韩非子说得更好：

"夫圣人之治国，不恃人之为吾善也，而用其不得为非也。恃人之为吾善也，境内不什数；用人不得为非，一国可使齐。为治者用众而舍寡，故不务德而务法。夫必恃自直之箭，百世无矢；恃自圜之木，千世无轮矣。自直之箭、自圜之木，百世无有一，然而世皆乘车射禽者何也？隐栝之道用也。虽有不恃隐栝而有自直之箭、自圜之木，良工弗贵也，何则？乘者非一人，射者非一发也。不恃赏罚而恃自善之民，明主弗贵也，何则？国法不可失，而所治非一人也。"（《显学篇》）

（五）客观主义

法律之所以贵，因为它是大公无私，判断是非，不偏不颇。这种无私心无成见的思想，当然是非以客观为标准，不能得着。一件事物如果含有主观见解在内，就是要它无不公，然而无形中不公的事已做出来了。这是因为主观和欲判断的是非有关系，有了关系，便易起感情用事。如此这法律便是"有知之物"而不是慎子主张的"无知之物"了。慎子以为人的聪明才智，无论如何高绝。总不能无偏私错误，总不能使人人心服意满。只有那些"无知之物，无建己之患，无用知之累"可以没有一毫私意，又可以不致陷入偏见的蒙蔽。[1]不建己不用知，便是除去一切主观的弊害。这也就是法治主义与人治主义根本不同的地方。韩非也和商君慎子一样，主张设立标准法，而以客观标准定之，他说："释法术而任心治，尧不能正一国；去规矩而妄意度，奚仲不能成一轮。……使中主守法术，拙匠执规矩尺寸，则万不失矣。君人者能去贤巧之所不能，守中拙之所万不失，则人力尽而功名立。"（《用人》）"故设柙非所以备鼠也，所以使怯弱能服虎也；立法非所以备曾、史也，所以使庸主能止盗跖也。"（《守道》）

有了标准法，在上者贤与不贤都不关紧要了，这是法治最大的目的和好处。同时人治主义的缺点，也正在此，只希望"惟仁者宜在高位"，却免不了"不仁而在高位"的危险。[2]

（六）实验主义

韩非是一个实验主义者，他所说的"考验"，就是我们所说的"实验"。他以为一切言行都应该用实际的"功用"作实验，假使不以功用为目的，便是空谈和妄发了。他的主张功用主义，全是反抗那时代的精神，因为当战国的世界，学者总是竞尚空谈，那些游说纵横的人，全以巧辩蛊惑人主，冀获一时的富贵，对于实际效力如何，全不过问。韩非看出他的弊端，所以便力倡实验主义了。他说：

"夫言行者，以功用为之的彀者也。夫砥砺杀矢而以妄发，其端未尝不中秋毫也，然而不可谓善射者，无常仪的也。设五寸之的，引十步之远，非羿、

逢蒙不能必中者，有常仪的也。故有常，则羿、逢蒙以五寸的为巧；无常，则以妄发之中秋毫为拙。今听言观行，不以功用为之的彀，言虽至察，行虽至坚，则妄发之说也。"（《问辨》）

这就是说一切言行，均须用实际上的功用作试验，若不以功用为目的，便是妄发了。言行既以功用为目的，便可用功用以试验那言行的是非善恶。故他又说：

"人皆寐，则盲者不知；皆嘿，则喑者不知。觉而使之视，问而使之对，则喑盲者穷矣。……明主听其言必责其用，观其行必求其功，然则虚旧之学不谈，矜诬之行不饰矣。"（《六反》）

韩非又因当时学者高谈尧舜，故又拿这个参验的话诋斥他们，他说：

"孔子、墨子俱道尧、舜，而取舍不同，皆自谓真尧、舜，尧、舜不复生，将谁使定儒、墨之诚乎？殷、周七百余岁，虞、夏二千余岁，而不能定儒、墨之真；今乃欲审尧、舜之道于三千岁之前，意者其不可必乎！无参验而必之者，愚也；弗能必而据之者，诬也。故明据先王，必定尧、舜者，非愚则诬也。"（《显学》）

他既着重实验和功用主义，对于那般文学之士的竞尚空谈，当然很嫌恶的，他说：

"是故乱国之俗：其学者，则称先王之道以籍仁义，盛容服而饰辩说，以疑当世之法，而贰人主之心。其言古者，为设诈称，借于外力，以成其私，而遗社稷之利。"（《五蠹》）

"国平养儒侠，难至用介士，所利非所用，所用非所利。是故服事者简其业，而游学者日众，是世之所以乱也。"（同上）

（七）法律进化论

法律这东西，在表面上看起来，似乎是件死的、固定的、守旧的东西。就是一般普通见解，也当它是载在法典上而不变动的。这都是谬误的观念。其实法律是一件活的、变动的、进化的。它是时代的产物，不是凭空造出来与时代毫不相关的。在彼时代是法律，在此时代也许不是法律了。譬如前清凌迟拷打的行罚，在那时代是认为很好的法律，然而如今我们便不以为然了。可见法律是随着时代进化的，是因时制宜与时代随转的。庞德（R. Pound）[1]分法律的历史进化为四时期：（一）自救时期（self‑help），（二）峻法时期（Strict law），（三）自然法时期（Equty or Natural law），（四）法徨成熟时期（Maturity of law）。[2]法家之流如商君等，也都是有法律进化的观念。韩非是主张"论世之事，因为之备"的人，当然是主张进化的。他且以为"上古竞于道德，古代逐于智谋，当今争于气力"而"不务修明法制，执势以御其臣下"，都是陷于时代错误。所以他说：

"故治民无常，惟治为法。法与时转则治，治与世宜则有功。"（《心度》）
"夫古今异俗，新故异备，如欲以宽缓之政、治急世之民，犹无辔策而御悍马，此不知之患也。"（同上）

由此可以见法律不是死的，而是活的；不是呆板的，而是与时转的；不是保守的，而是进化的。美法家庞德说得最好："法律要稳健，但不可呆板。"（Law must be stable and yet it cannot stand still. ）[3]也就是这个意思。韩非在那时代已有这种观念，可见吾国先秦的法治思想亦不逊于今日泰西，惜未能发挥光大，实为憾事。

---

[1] "庞德"原文作"龐特"，现据通常译法改正。——校勘者注。
[2] Pound, *The Spirit of the Common Law*, p. 139～145.
[3] Pound, *Interpretation of Legal History*, p. 1.

韩非的法律思想[*]

丘汉平

一、年代及其著述

据《史记》：韩非是韩国的公子，喜刑名法术之学，与李斯同受业于荀卿。当时韩很削弱，韩非曾上书陈治国之策，韩王不纳其言，于是发愤著书，攻击当时的政府。又因国家所养非所用，所用非所养；因此主张"极端"功利主义，倡议法治，明刑赏。后来秦始皇见韩非的书，慕其才，极想收用他。及秦攻韩之事发生，韩王始令非入秦。后因李斯、姚贾之言，非遂入狱，死于狱中，时西历二三三年。

《韩非子》相传为韩非撰。《汉书·艺文志》载《韩非子》五十五篇。张守节《史记正义》引阮孝绪《七录》载《韩子》二十卷，篇数卷数皆与今本相符。惟王应麟的《汉艺文志考》作五十六篇，较班固的《艺文志》多一篇，此或传写之误。至于《韩非子注》则不知何人作，但考元至元三年，何犿本称旧有李瓒注，鄙陋无取，尽为削去云云。如此，则注者当为李瓒无疑，然瓒为何代人，犿并未提起。王应麟《玉海》已称《韩子注》不知何人作，诸书亦别无李瓒注。未知犿据何本。据犿本仅有五十三篇，其序称内佚《奸劫》一篇（今作《奸劫弑臣》）、《说林下》一篇及《内储说下》六微（今本无此篇目）内似烦以下数章。至明万历十年，赵用贤购得宋椠，与犿本相校，始知旧本《六微篇》之末尚有二十八条，不止犿氏所谓数章。《说林下篇》之首尚有"伯乐教二人相踶马"等十六章，诸本佚脱其文；以《说林上篇》"田伯鼎好士，而存其君"章逕接此篇"虫有蚘章"（今本亦作虫有就者，确

　　* 本文原载《政治经济与法律》（第 1 卷）1931 年第 1 期。

系《说林下》第十六节）。《和氏篇》之末自"和虽献璞而未美，未为王（《四库全书》总目作玉，误）之害也"以下脱三百九十六字；《奸劫篇》之首自"我以清廉事上而求安"以上脱四百六十字。其脱叶适在两篇之间，故其次篇标题与文俱佚，传写者各误以下篇之半连于上篇，遂求其下篇而不得，其实未尝全佚也。世又有明周孔教所刊大字本，极为清楷，其序不著年、月，未知在用贤本前后。考孔教举进士，在用贤后十年，疑所见亦采椠本。故其本与用贤本同，无所佚阙。后来吴鼒本明赵文毅本，参以他本改易，更经顾千里之校刊，又益以识误三卷，阐发义蕴颇多，《韩非子》一书比较完善了。

　　以上是本子的考订。《韩非子》绝不是出自韩非之手。按《史记》非本传称非见韩削弱，数以书谏韩王，韩王不能用，悲廉直不容于邪枉之臣，观往者得失之变，故作《孤愤》、《五蠹》、《内外储》诸说、《说林》、《说难》，十余万言；又云人或传其书至秦，秦王见其《孤愤》、《五蠹》之书，则非之著书当在未入秦前。《史记自叙》所谓"韩非囚秦，《说难》、《孤愤》"者，乃史家驳文，不足为据。这几篇虽然是司马迁所举的篇名，但司马迁的话未必可靠的。如所举《庄子》之《渔文》、《盗跖》诸篇，据今人校订，皆为伪作无疑。他有时把神话当作史料，这未免太不留心了。且司马迁作史时代，离非已很久了，那时伪书怕不定很通行，司马迁即据以为非著的，也是很可能的。

　　今书冠以《初见秦》，次以《存韩》，皆入秦后事，虽似与《史记自叙》相符；然传称韩王遣非使秦，秦王说之未信，用李斯、姚贾之言害之，下吏治非，李斯使人遗之药，使自杀，计其间未必有暇著书。且《初见秦》、《存韩》二篇之性质，截然不同。《初见秦》乃张仪说秦王的话，所以劝秦王攻韩。非自己是韩国人，兼有血统关系，必无如此不爱国之理。《存韩》一篇，终以李斯驳非之议及斯上韩王书，其事与文，皆为未毕。况此二篇性质，绝对不容并立，这是很可疑的。

　　第六篇《有度》，所说的是荆齐燕魏之亡，韩非死时，六国皆未曾亡，齐亡最后，那时非已死去十二年了。此外文势不同的地方也很多。《扬权》（比从古千里校本作杨权）一篇，其辞大都有韵，绝异他篇。惟这篇和《主道》相同，大概这两篇是另一人作的。《解者》、《喻者》诸篇又另是一人所作。《八说》与《心度》又似另一人手笔，而《八说》中间，杂有似非的佚文。《功名》一篇完全是慎到的势至论，绝非韩非学说所能容的。如果《难势》

是真的，这篇就是假的了。在《难势篇》，非驳慎到的势至论似乎十分可信；而在《功名篇》却言势之重要。思想精微如韩非，决不会如此的矛盾。又次篇《大体》，全是《慎子》里抽出的，更足证明不是非自己著的了。

依胡适之先生的鉴定，韩非本人所著的书，可靠的只有下列七篇：《显学》、《五蠹》、《定法》、《诡使》、《六反》、《问辩》、《难势》。

据他说，这七篇是以学说的根据。在他的哲学史里，胡先生用符号做个区别：凡是引到这七篇的文字，他都认为是韩非的，故用直线符号；若不是属这七篇范围以内的，就用曲线符号，表示韩非子的。这样整理国故，固然很好！且胡先生所说的七篇，大抵可靠。不过，我们生在此数千年后，欲断定其是否为古人之作品，乃一极难之事。我们所能做到的，只能阙疑而已。在《韩非子》中，有几篇简直是重复的。例如《用人》一篇，所论大抵与《定法》同，惟文势则异，此殊可疑，许是后人缀其余论作的。我在这本书取舍真伪的标准有三：（一）贯串思想，（二）文势相同，（三）傍证。但《六反》一篇，以我观察的结果，似乎是二篇合成的。自"畏死难降"至"索国之富强，不可得也"为《六反》一篇或其一部分。自"古者有谚曰"至篇末，当系另一篇，与《六反》不相干。因为这七篇中，只有这一篇的思想是首尾不连接。其余的七篇，均是一串思想。如《难势》之专论势位与法治，《问辩》之专论功用与法治，《定法》之专论术与法，《诡使》之专论名利威的重要，《八说》之专论时下社会言行的错谬（不过这篇似有后人窜入的），《五蠹》之专言法治，《显学》之专论参验。除此八篇外，尚有几篇似乎是非的学说，而经后人的增入。例如《内外储上下》、《难一》，等。若是我们只为研究韩非的法律思想和政治思想，上举八篇已很够了。这是我现时所可想到的，以后若有别的考据，或改正地方，自当随时注意。

二、思想的系统

法治主义乃战国末季最流行的学说。实行此主义最早的有子产、管仲、商鞅等人；而倡明此主义最先的要算慎到了。慎到之后，法治主义几乎是当时最有势力的学说。到了韩非时代，秦的势力已拥有一统天下之概。那时韩国非常削弱，一般游说之士，群以王道为得官爵的进见礼；实际上，他们对于社会状况毫不考察其病源，一味妄发先王之道，韩非看到祖国之衰弱，不免忧忿，于是发表议论，痛诋当时政治，详述法治主义之优点。在另一方面，韩非是富于历史智识之人，对于古今治乱之道，了如指掌。他观察了人类是进化的，故提倡"因时制宜"的学说；用今人的口气来说，便是"进化论"。他绝对否认有一成不变的道理。

后人受前人的影响，这是不可免的。况且古时书籍没有现在的复杂，我们更可相信韩非的思想多半是承受前人的。据《史记》，他和李斯同学于荀卿，故不免受了荀子学说的洗礼。荀子的礼和韩非的法实际上没有多大分别，不过他们的范围及手段有点不同就是了。且荀子的"法后王"与韩非的"因为之备"最相同。又韩非的性恶论及利己说，我们可以断定是受自荀子的。从老子的"道的无为主义"蜕变了他的"法的无为主义"。在老子看来，道是万物之根源，故他反对一切人为的制度。韩非看到老子学说之不合实际，因为人类历史是前进的，不是后退的；人类欲望是生长的，不是退缩的：所以老子的"道"一到他的脑里便变为"法"了。从目的方面来看，他们都相同的——无为而治。惟二人之理论基础恰好相反，老子以为人来代天行道是不可以的，故主张"听自然"；而韩非则以为社会之能成为社会，全靠一种有秩序的组织，故主张"用法律"。简单说来，一个是反对法律，一个是主张法律。

在《五蠹》、《重法》二篇，我们可以窥见他曾经看过商君、管仲、申不害等人的书。在《难势篇》，我们可断定他曾读过慎到的书。有了这许多人的学说供他参考，就可舍短取长，毋怪乎他的学说是集法家之大成了。

三、法治的意义

有人诋法治主义是"死的主义"[1]，又有人批评"法治主义"是"机械主义"[2]，更有人说"法治主义"是"不彻底主义"[3]；这都是不明法

---

〔1〕《庄子·天下篇》说："豪杰相与笑之曰，'慎到之道，非生人之行而至死人之理，适得怪焉'。"

〔2〕 梁任公说："法家以道家之死的、静的、机械的、唯物的人生观为立脚点，其政治论当然曰宿于法治主义——即物治主义。"《先秦政治思想史》二六二页又说："法家之以权衡尺寸喻法，而以被量度之物喻被治之人也，彼忘却被量度之物不能自度，而被治之人能自动也。使吾侪方以尺量在，而其布忽能自伸自缩，则吾尺将无所施，夫人正犹是也。……法家等人于机械，故谓以'机械'的法驭之，则如物之无遁形；曾不思人固与物异其情也。"同上书，二五九至二六〇页，又一百三十四页。梁先生之未明法律之性质，于此见之矣。详细讨论，参观末章。

〔3〕 儒家大都持此议论。孟子曾说"徒法不能自行"，后人解的蜿曲不通，余拟别文论之。

治主义的性质！法治主义何尝是死的主义？何尝是机械主义？何尝不彻底？如果说法治主义是死的、机械的，近世的心理学也是死的、机械的了。简单地说，法治主义是一种相对的，客观的主义。我们要明白它的性质，最好先和别的主义分别一下，今试把韩非对于法治主义与"人治"、"势治"、"德治"、"术治"等主义的见解述之。

（一）法治与人治

人治主义是主张"以身作则"的，故当局者须自己恪守礼教规律。孟子说："君仁莫不仁，君义莫不义，君正莫不正，一正君而国定矣。"（《离娄上》）又说："君行仁政，斯民亲其上，死其长矣。"（《梁惠王上》）几乎以一国之治乱，全系在当局者之贤愚及其人格！这种贤人易得吗？照孟子的卜卦，要五百年才有"王者兴"，太可怜了！等到五百年才一治，天下的人民不是死尽了，至少也要杀到"不亦乐乎"的地步了。一世有一世的治乱，为什么我们把现世治乱的责任，交给茫茫渺渺五百年后的人呢？试问五百年后的人又要交给谁呢？这种听天由命的政治就是法家所攻击的。法家不想悠悠之未来，亦不忆那津津有味的尧舜政治，他们只想如何去解决现世的问题〔1〕。现世的问题是如何可使国家太平，可使人民得到福利，至于五百年后有"王者兴"，或已成过去的尧舜政绩，他们都丢开不说的。故韩非痛骂那一般侈谈王政的人很厉害，他说："今世儒者之说人主，不善今之所以为治，而语已治之功；不审官法之事，不察奸邪之情，而皆道上古之传，誉先王之功成。……此说者之巫祝。"（《显学》）这班腐儒不察情势，挟了几本古书就论什么尧舜之政。于是韩非说："且夫百日不食以待粱肉，饿者不活。今待尧舜之贤，乃治当世之民，是犹待粱肉而救饿之说也。"（《难势》）

现在我们是不待尧舜之贤而欲来治当世之民，故不得不采纳一种客观的标准。不论尧舜也罢，纣也罢，我们都要他们照这标准去治国。若是事事要靠贤人，就要如慎子所说的"复反于不瞻之道矣"，因为"贤智的力量，无论在上是如何聪明才干，总有应接不暇之势，常时而穷"。〔2〕韩非论子产一段事，确是有趣。有一天子产出去，过东匠之门，闻妇人哭声，便停足细听。后来遣吏执而问之，则手绞其夫者也。异日，其御问曰："夫子何以知之？"

---

〔1〕 余著的"慎子的法律思想"，载《法学季刊》，第三卷，第三期，一三四页。

〔2〕 西洋政法学者亦有反对贤人政治。这派我名之曰"现世哲学派"。

子产说："其声惧。凡人于其亲爱也，始病而忧，临死而惧，已死而哀。今哭已死，不哀而惧，是以知其奸也。"在此，我们是很佩服子产的见识。但是事事皆如此，则子产之智穷矣。故"奸必待耳目之所及而后知之，则郑国之得奸者寡矣。不任典成之吏，不察参伍之政，不明度量，恃毒（毒作独解）聪明，劳智虑，而以知奸，不亦无术乎？且夫物众而智寡，寡不胜众，智不足以遍知物，故则因物以治物。下众而上寡，寡不胜众者，言君不足以遍知臣也：故因人以知人。……夫知奸亦有大罗，不失其一而已矣"。"一"则是"法"。有"典成之吏"，则事事可断于法。韩非说得好："释法术而心治，尧不能正一国；去规矩而妄意度，奚仲不能成一轮。……使中主守法术，拙匠守规矩，则万不失矣。"（《用人》）

故法之效用，在于中主可以治国。亚里斯图德说法之目的在使聪明者不逾法，就是主张法治的论调！

(二) 法治与势治

势治之说，倡自慎到。他说："飞龙乘云，腾蛇游雾，腾蛇游雾，云罢雾霁，而龙蛇与蚯蚓同矣，则失其所乘也。故贤人而诎于不肖者，则权轻位卑也；不肖而能服（于）贤者，则权重位尊也。（'于'系衍文）尧为匹夫，不能治三人；而桀为天子，能乱天下：吾以此知势位之足恃，而贤智之不足慕也。夫弩弱而矢高者，激于风也；身不肖而令行者，得助于众也。尧教于隶属，而民不听，至于南面，而王天下，令则行，禁则止。由此观之，贤智未足以服众，而势位足以屈贤者也。"（胡适引文用"住"字，兹用"屈"字。盖从涵芬楼本。）当时的人难他说："飞龙乘云，腾蛇游雾，吾不以龙蛇为不托于云雾之势也。虽然，夫'释'贤而专任势，足以为治乎？（今本作'择'，兹从顾千里校）则吾未得见也。夫有云雾之势，而能乘游之者，龙蛇之材美也。今云盛而蚓弗能乘也，雾醲而蚁不能游也。夫有盛云醲雾之势而不能乘游者，蚯蚓之材薄也。今桀、纣南面而王天下，以天子之威为之云雾，而天下不免乎大乱者，桀、纣之材薄也。且其人以尧之势以治天下也，其势何以异桀之势乱天下也？夫势者，非能必使贤者用已，而不肖者不用已也。贤者用之则天下治，不肖者用之则天下乱。"（《难势》）这个反驳，可谓犀利绝伦。尧舜与桀纣同为天子，而其结果则前者治，后者乱。此为何故？因为尧舜的材和桀纣不同，这好比龙蛇的材与蚯蚓不同。一旦有云有雾，龙蛇则飞天，蚯蚓还是在地。尧舜桀纣皆有政权，然其成绩则前二者治天下，后二者乱天下。这便是证明"势"不足以治乱天下。但为什么桀纣得到势便乱呢？又说："人之情性，贤者寡而不肖者众。而以威势之利，济乱世之不肖人，则是以势乱天下者多矣，以势治天下者寡矣。夫势者，便治而利乱者也。故《周书》曰：'毋为虎傅翼，将飞入邑，择人而食。'夫乘不肖人于势，是为虎傅翼也。……桀纣得成四行者，（四行即种种暴虐行为）南面之威为之翼也。使桀纣为匹夫，未始行一而身在刑戮矣。"（《难势》）

但是慎子说的势位，也很有几分道理。要人握到政权（势位），至少可以跋扈一时。以孔子之贤，尚且屈服鲁哀公。夫孔子屈服鲁哀公者，势也。慎子就是说，恶人得到势，比什么贤人的权威更大。故他不尚贤，而主张"势位"论。从以往的历史看察起来，势位确很重要。试问历来当国者，有几个是超等人才？

不过，韩非不信慎子的势位论，在于势能治乱天下。故韩非进一步去辨别"自然"之势与"人为之势"。自然之势是不可改变的，而人为的势，乃"人所得设"。他说："势必于自然，则无为言于势矣。吾所为言势者，言人之所设也。夫'尧'舜（今本作'圣舜'，误）生而在上位，虽有十桀纣不能乱者，则势治也；桀纣亦生而在上位，虽有十尧舜而亦不能治者，则势乱也。故曰：势治者则不可乱，而势乱者则不可治也。此自然之势也，非人之所得设也。"（《难势》）这样看来，韩非岂不是尚贤吗？岂不是还主张贤人政治吗？但韩非解释得很清楚："且夫尧舜桀纣千世而一出，……世之治者不绝于中。吾所以为言势者，中也。中者，上不及尧舜，而下亦不为桀纣。抱法处势则治，背法去势则乱。今废势背法而待尧舜，尧舜至乃治，是千世乱而一治也。抱法处势而待桀纣，桀纣至乃乱，是千世治而一乱也。……夫弃隐栝之法，去度量之数，使奚仲为车，不能成一轮。……释势委法，尧、舜户说而人辨之，不能治三家。夫势之足用亦明矣，而曰'必待贤'，则亦不然矣。"（《难势》）这种待尧舜来治的理论，犹似："待越人之善海游者，以救中国之溺人。越人善游矣，而溺者不济矣。"（《难势》）

故法治之特点，不在于有尧舜之政，而不至于有桀纣之乱。法家所取的人是"中等人材"。在社会上，中等人材实居多数。如尧舜孔孟之人，可说是少之又少。把一国之治乱放在这少之又少的人的肩上，这未免是"待粱肉而救饿"、"待越人而救溺"之说了。尧舜之治，是例外的政绩——要千世才有一现的机会；桀纣之乱，也是例外的政绩——要千世才不幸一现。照前说——待尧舜，则乱多治寡；照后说——待桀纣，则治多乱寡。孰是孰非，读者不难看出了。法家明乎此点，故丢弃千世一出之尧舜，而拥护世世有的中等人材。我以为中国的政论家，只有法家是最实际的，最彻底的！

(三) 法治与德治

"德治"可说是人治主义之一种。惟在根本上有一个不同地方。前者是道德的政治，后者是贤人的政治——即以身作则主义。有一班人专门说贤人来主政的，就是人治主义——狭义的。另一班人是主张政府须用"仁义"化民的，就是德治主义。从广义来说，德治主义仅是人治主义的另面观。惟德治说含有礼教的规律，此其特点。法律重"行为"（act），而道德则重"动机"（motivate）。譬如我乐善好施，表面上看来是一个慈善家，具了道德的条件——仁爱。倘若我的乐善好施是别具一种"报酬"的念头，——例如博得好名，就违反道德的条件了。孔子不是教人"非礼勿视，非礼勿听"的话吗？这种自束自省的训诫，即是说道德为完全个人之人格。用这种训诫来冀望全国人民实行，便是"德治主义"。母子之间，莫是最亲爱的，尚且难以"爱"治。韩非观察了这事实，便说："今上下之接，无父子之泽，而欲以行义禁下，则交必有郄矣。且父母之于子也，产男则相贺，产女则杀之。此俱出父母之怀衽，然男子受贺，女子杀之者，虑其后便，计之长利也。故父母之于子也，犹用计算之心以相待也，而况无父子之泽乎？今学者之说人主也，皆去求利之心，出相爱之道，是求人主之过'于'父母之亲也。此不熟于论恩，诈而诬也。"（《六反》）（照今本，"是人主之过"为一句，"父母之亲也"为一句，误。二句应合一句始通，"于"字加入。）

故韩非主张："明主之治国也，众其守而重其罪，使民以法禁，而不以廉止。母之爱子也倍父，父令之行于子者十母；吏之于民无爱，令之行于民已万父。母（顾千里谓须如'父母'，实即加'母'字足矣）积爱而令穷，吏威严而民听从，严爱之策亦可决矣。"（《六反》）他以为道德仅可行之于极少数的人。有几个如老子孔子呢？故他引老聃之言"知足不辱，知止不殆"而加以评论："夫以殆辱之故，而不求于足之外者，老聃也。今以为足民而可以治，是以为民皆如老聃也。"（《六反》）"以为民皆如老聃"，便是盲目的政治了。韩非更进一步说明德治的效力终究是要助于法的："且夫以法行刑而君为之流涕，此以效仁，非以为治。夫垂泣不欲刑者，仁也；然而不可不刑者，法也。先王胜其法，不听其泣，则仁之不可以为治亦明矣。"（《五蠹》）

故德治主义是妄想的。能够达到道德的政治，固为吾侪所希望。[1] 不幸人类的利己心很重，不似儒家所想象的"人"，所以我们不能够闲坐高谈阔论，讲那梦话：盖"为治者非一人"也。"故有术之君，不随适然之善，而行必然之道。"（《显学》）这适然之善，即是仁义道德的政治，但是治国方法决不能随此适然（即偶然）之善，却须行必然之道。此必然之道，即是"法治"。那一班天天高唱德治的人，犹似"巫祝之祝人曰：使若千秋万秋千岁万岁之声括耳。而一日之寿，无征于人"。（《显学》）

（四）法治与术治

有人问韩非："申不害、公孙鞅，此二家之言，孰急于国？"（《定法》）韩非应之曰："是不可程也！人不食，十日则死；大寒之隆，不衣亦死。谓之衣食孰急于人，则是不可一无也，皆养生之具也。今申不害言术，而公孙鞅为法。术者，因任而授官，循名而责实，操杀生之柄，课群臣之能者也，——此人主之所执也。法者，宪令著于官府，'刑'罚必于民心，赏存乎慎法，而罚加乎奸令者也，此臣之所师也。（此处'刑罚'必于民心，据意当作'赏罚'必于民心。盖是句之下，说明赏与罚之适用也。若改为赏罚必于民心，其意即谓赏罚须按照民意也。）君无术则弊于上，臣无法则乱于下，此不可一无，皆帝王之具也。"（同上）故"术"是"人君之所密用，群下不可妄窥"。（《尹文子》）

可知术治是一件秘密的东西。是人君密用以治百姓的一种手段，和"编著之图籍，布之于百姓"的公开无私的"法"截然不同。实际上说来，法与术是二个不同东西，术是一种手段，是一种方法。在国际上往来，术尤其是不可少的。韩非是不赞成单纯的术治或法治的。有人问他："徒术而无法，徒法而无术，其不可何者？"（《定法》）他说：申子就是徒术而无法的人，其结果即"晋人之故法未息，而韩之新法又生。先君之令未收，而后君之令又下。申不害不擅其法，不一其宪令，则奸多。故'利'在故法，（原文为'者'，不通）前令则道之；利在新法，后令则道之；利在故新相反，前后相'勃'，（应作'悖'）则申不害虽十使昭侯用术，而奸臣犹有所谲其辞矣。故托万乘之劲韩，'十七年'"原作七十年，从顾校"而不至于霸王者，虽用术于上，法不勤饰于官之患也"。（同上）"徒法而无术"即如商子："公孙鞅之治秦

---

[1] 即使道德的政治能实行，法律仍是必要的。详见 Stammler. Theory of Justice，第二章。

也：设告相坐，而责其实，连什伍而同其罪，赏厚而信，刑重而必。是以其民用力劳而不休，逐敌危而不却，故其国富而兵强；然而无术以知奸，则'以'其富强也资人臣而已矣。"'以'系衍文"……故战胜则大臣尊，益地则私封立；主无术以知奸也。商君虽十饰其法，人臣反用其资。故乘强秦之资，数十年而不至于帝王者，'非'法不勤饰于官，主无术于上之患也。"（"非"系加入，原文无）有人再问："主用申子之术，而官行商君之法，可乎？"韩非应之曰："申子未尽于'术'，'商君未尽于'法也。"（括弧内字，系加入）何以故？盖"申子言：治不逾官，虽知'弗'言。（'弗'加入）治不逾官，谓之守职可也。知而弗言，是'不'谓过也。（'不'应删去）人主以一国目视，故视莫明焉；以一国耳听，故听莫聪焉。今知而弗言，则人主尚安假借矣"？（《定法》）而商君之法，则"日斩一首者，爵一级。……官爵之迁，与斩首之功相称也。今有法曰，斩首者令为医匠，……而以斩首之功为之，则不当其能。……今斩首者，勇力之所加，而治者智能之官，是以斩首之功为医匠也"。（《定法》）在这里，我们可以见到韩非思想的精透了。申子之术，乃欲使为官的"安分守己"，其极也，就弄到人君无从知道"民众"的情形。商君的法，以斩首多者为标准，其极也，就弄到把武士当作医官了。岂不是笑话？故韩非说："二子之于法术，皆未尽善也。"（《定法》）

因此韩非的学说，不偏于申子，亦不偏于商君，他看到了他们的弊病，故主张"以事责其能"。"以事责其能"就是说要看那个人的材干能力，而后去定当他的官职。这样一来，则事各有专，人尽其能，不会走到商君的极端了。周秦的法家及政治家，大都主张实利主义。商君的实利主义最狭，而韩非的见解就很广了。

现在我们要问：法治主义的特点在哪里？法治云云，最少有下列几个特质：

一、客观的方法——反面就是主观的。[1]

二、实用于一般的人民——反面就是少数的。

三、民主政治的必然条件——反面就是非民主的。

---

〔1〕 法是一件无知之物，故能得其事。《八说篇》说："人之不事衡石，非贞廉而远利也；石不能为人多少，衡不能为人轻重，求索不能得，故人不事也。明主之国，官不敢枉法，吏不敢为私，货赂不行，是境内之事，尽如衡石也。"

四、公开的——反面就是秘密的。

详细讨论，可阅"法之性质"章。

四、法的基础

儒家的正统哲学，统以性善说为出发点。迨至荀子，始有系统的性恶论，与性善说相对衡。韩非在先从荀子求学时，当然受了这性恶学说的影响。在儒家的荀子，以为欲匡斯弊，唯有约束的礼。而在韩非，礼是无济于事的。在他看来，人性既恶，则空空洞洞的礼无从去使百姓为善：所以他主张用有强制力的法律来代替荀子的礼。

现在有许多研究先秦政治思想的人，都以为韩非是完全承受性恶论的。这实不尽然！我们细细剖解非的思想，不但没有完全承受性恶论，并且在其承受的部分之内，还有相当的更正，其变改的结果，若细微的分析起来，可以说脱了荀子的性恶论了。为什么后人说非是唱性恶论呢？因为他时常说明人是好私，只为自己的利益的盘算，这为私为己的心便是性恶的证明。作此言者，可以说没有弄清楚何为性恶，何为利己。

韩非说：我们因为人人有利己心，所以要防范利己心的冲突；能够使人人为己，而又不侵害他人和社会，便是我们的目的。若说利己心即是性恶，那无异说人不是人了。利己心是社会进化的动力。只怕利己心的调和不好，不怕利己心的升涨，人欲日炽，社会组织愈密；同时，应付环境的方法也愈多。

韩非更进一步，证明利己心是人人有的。他说："且父母之于子也，产男则相贺，产女则杀之；此俱出父母之怀衽，然男子受贺，女子杀之者，虑其后便计之长利也。故父母之于子也，犹用计算之心以相待也，而况无父子之泽乎？"（《六反》）我们现在要希望这班在上的官吏，爱民胜如父母，不啻是做梦。表面上，大家都装饰大我无私，为民为国，而实际上却个个假公济私。比较好些，也无非为了自己的生活。所以韩非坦白地说出时下人士："今学者之说人主也，皆去求利之心，出相爱之道，是求人主之过'于'父母之亲也：此不熟于论思，诈而诬也。"（《六反》）

他老老实实地说，人主所望的是霸王之业，人臣所想的是富贵之路。故曰："霸王者，人主之大利也。……富贵者，人臣之大利也。"（《六反》）利用各人的大利所在，国家便可安然无事了。但要划分各人的大利，必要有严明的规条才可以达到，宁可个个在自己法定范围内牟利，不顾人民舍己以为人。因为前者是普遍现象，后者是罕有现象。我们只望个个人"为私守法"，不顾少数人"为公守法"，依照这个推论，故非主张："使民以法禁，而不以廉止。"（《六反》）只怕不用严明的法律去制裁利己欲，不怕利己欲没有方法可以制裁。能够用利己心之所长，去其所短，社会就安然前进了。

这利己心便是韩非的法律基础。法律的目的，即在于如何调和各人的利己心。这"如何调和"便是方法。以下数节即为讨论这个问题。

五、法律进化论

法律是一种手段去实现一种目的。这个前提成立了后，我们才可讨论其余问题。因为法律是手段，故其应付社会环境，随时代而变迁。这点韩非解释得很透彻，他说上古之世，禽兽很多，人民不胜其扰，有圣人起来，教民构木为巢。又因吃生物，疾病很多，有圣人教民钻木取火。到了中古，天下大水，鲧禹出来决渎。迨至近古，桀纣暴乱，汤武出来征伐。现在若有构木钻火于夏后之世者，必为鲧禹所笑；有决渎于殷周之世者，必为汤武所笑，所以现在若有美尧舜语汤武之道于当今之世者，亦必为新圣所笑。"是以圣人不期修古，不法常可；论世之事，因为之备。"（《五蠹》）

故今有以先王之政，治当世之民，犹守株待兔之类。社会环境既变迁，则应付的方法也要变改。韩非用历史来证明财产观念的变迁和经济状况的递嬗。他说："古者丈夫不耕，草木之实足食也；妇人不织，禽兽之皮足衣也；不事力而养足，人民少而财有余，故民不争：是以厚赏不行，重罚不用，而民自治。今人有五子不为多，子又有五子，大夫未死而有二十五孙；是以人民众而货财寡，事力劳而供养薄，故民争：虽倍赏累罚而不免于乱。"（《五蠹》）因为生产的供给不足消费的需要，所以社会上起了一种变化。"故饥岁之春，幼弟不饷；穰岁之秋，疏客必食。非疏骨肉爱过客也，多少之实异也。"（同上）

古今异治，完全是社会现象的不同。用古人的眼光来批评目前社会，自然另具只眼。韩非说得有理："是以古之易财，非仁也；今之争夺，非鄙也，财寡也。轻辞天子，非高也，势薄也；争土橐，非下也，权重也。故圣人论薄厚，为之政。故罚薄不为慈，诛严不为戾，称俗而行也。故事因于世，而备适于事。"（同上）社会既是进化的，自然不能沿用因袭制度。故非说：

"夫古今异俗，新故异备。如欲以宽缓之政，治急世之民，犹无辔策而御悍马，此不知之患也。"（《五蠹》）

韩非给了许多历史上的事实，证明同一个方法，而用于不同时代，往往失败，这就是不因时制宜的弊了。所以"世异则事异"、"事异则备变"。古之用仁，今之用法，由于社会环境之变迁。人群既杂，经济日展，自不能袭用古代简单的方法来治现世之民。法律便是复杂人群所产生的一种不可或缺的东西。为什么法律是比较最好的治法呢？因为法律所选的是中等人材、一般人材。

六、法律的性质

法律是什么？中国古来学者，从没有透彻地说过。讲到法律，中国人便想到刑罚；刑即法，法即刑，——几乎法律与刑罚是一回事。我们私法观念的不进步、不发展，可以说大半是受此名不正的影响，——仅知道用法律来治犯法之人，却不知用法律来治人群的关系。

这种"刑"与"法"的观念，在先秦诸子中已是如此。慎到对于法律的一般性质，尚有一线痕迹可寻。而韩非的法律概念，已是刑法的概念了。有时，他也不无加以额外的阐明，但此却是少之又少。若未有西洋法律智识的学者，的确是难找出。这不是我们中国学者的罪过，却是自孔子生后，一劈头便是刑礼，汉以后，天下一统，孔子一尊，——只有礼治一说。此后儒家，皆脱不了"窜改过的孔子学说"的影响，根孔子的一句"听讼吾犹人也"，解的十足乌烟瘴气。先秦法家只忙于驳斥"礼治"，没有工夫去仔细地分析法律的性质。韩非生在天下乱极之世，满目疮痍；况古代经济不太发达，私权不重要，韩非也就不能脱离环境的影响了。如果读中国法律史，不把"刑"、"法"弄清楚，读来读去，还是囹圄。现在有一班半新半旧的法律学生，比较有些旧律智识，便把廿四史的刑法志依样抄下来，就定名中国法律史、法制史……试一看其内容，不外是"刑法"，说中国刑法史尚可，若说此即是中国法律史，便是把中国四千多年来的将驴作马——刑作法——的观念，一样的种下去。这种错误，即在于不明法律的意义和性质。

"法者，宪令著于官府，（赏）罚必于民心：赏存乎慎法，而罚加乎奸令者也。"（《定法》）这是韩非对于法律的定义。现在我逐一来说明。第一，韩非的法，是官府所奉守的法。[1] 官府应该依照法律去办民间的事，不能够任意予夺。故曰：宪令著于官府。第二，倘若人民犯了法，官府便援引刑罚来定处分。但赏罚要本于民心，才不致引起人民的怨恨。这刑罚便是法的制裁力。第三，如何赏罚才可本于民心呢？韩非又加以说明：一赏存乎慎法。这一句可有二种解说。一是说，凡守法者应该蒙赏；一是说，在赏时应该慎重法律，不要妄赏。这二种解说，皆与非的思想吻合。在此处，两说均通，因为第一说是解释"在什么情形之下，才可以赏"；而第二说，以赏的事是大家知道，无庸说明，但向来的人君多妄赏以乱法，故非说赏时应慎重法律。"而罚加乎奸令者也"，这是很明白的。凡是违宪令（即法律）人应该罚他，不要放过。

但法律的性质还不止此。法律在其为法律时，具有一种独一威严。一切言行，必须依照法律。故曰"法不两适"。（《问辩》）若是言行有违乎法律者，必须禁止。[2]

其次，法律不是可以妄定的。故非说："法者，事最适者也。"（《问辩》）什么叫作"事最适"的呢？法原是为公众，不是为私。"事最适"便是公；不适，便是私。

综括起来，韩非认（一）法律是公的；（二）法律是官法；（三）法律是人臣所师的；（四）法律的制裁力是刑赏；（五）法是具有独尊性的。

七、法律的标准

我们定法律，当然有相当的标准，譬如说，个人主义的法律，拿个人出发点，以之规定社会的一切设施。韩非对于法律的取舍，即以功利为归宿。他说："夫言行者，以功用为之的彀者也。"（《问辩》）拿功用为的彀，便不能吹毛求疵。因为事事要责其效果，狡者则无所由施。有了功用作标准，言行的好坏就有所据。"言当则有大利，不当则有重罪。"

但功用作的彀，虽然不会怎样正确，却不失为一种原则。故非设喻说："夫砥砺杀矢，而以妄发，其端未尝不中秋毫也；然而不可谓善射者，无常仪

---

[1] 看他在《问辩篇》说"官府有法，民以私行矫之"，便知韩非的法律意义了。

[2] "法不两适"，可有二种解释，一是说法适于公不适于私；一是法适法律范围以内之事，而不适于法律范围以外的事。若是范围以外的事，在上应该责其效果。故他说："若其无法令而可以妄诈、应变、生利、揣事者，上必采其言而责其实。"（《问辩》）

的也。设五寸之的，引十步之远，非羿、逢蒙不能必中者，有常仪的也。故有常，则羿、逢蒙以五寸之巧；无常，则以妄发之中秋毫为拙。"(《问辩》)

一个是侥幸，不算巧；一个是实力，中了便算巧。这就是有的、无的之分别。若是听言观行，不以功用为之的彀，言虽至察，行虽至坚，还是妄发，希望侥幸而成。故规定法律，若不拿功用为的彀，便是妄发。什么叫功用呢？就是事责其实。《诡使》一篇，便是说当时人君不拿功用为的彀的害处。

八、法律的运用

韩非既根本认定性恶，所以坏性的人不可不有相当的制裁。礼教的坏处，除了划定阶级外，其最大的毛病便是没有正当的制裁力。至于法律一经颁布之后，司法机关就依律执行。英儒卫斯力（West－Lake）且认此司法机关的有无，为法律与习惯的经界。如果法律没有制裁力，那就马上失其法律的效用了。

这制裁力便是刑罚。法院为要执行法律，所以对于违反公众安宁的分子不可不有一种警告。但在实行制裁时，方法各有不同。商君的刑罚主义是采重刑政策。其立论不外是轻罪重刑，重罪自无从发生。这是一个最错误观念！若把轻罪重刑，重罪又怎样？轻罪的刑是死，则一般不轨之徒会舍轻罪而蹈重罪。重刑不但无补于事，且更促小奸者之入死，此岂社会政策乎？

韩非虽是集法家之大成，他的刑罚观念仍是和商君差不多。我在《商君》一篇已讨论过，现在只把非的几段重要话录出，读者就不难知道了。韩非说："学者之言，皆曰'轻刑'；此乱亡之术也，凡赏罚之必者，助禁也。赏厚，则所欲之得也疾；罚重，则所恶之禁也急。夫欲利者必恶害，害者，利之反也，反于所欲，焉得无恶？欲知者必恶乱，乱者治之反也。是故，欲治甚者，其赏必厚矣；恶乱甚者，其罚必重矣。今取于轻刑者，其恶乱不甚也，其欲治又不甚也；此非特无术也，又乃无行。是故决贤不肖愚知之策，在赏罚之轻重。"(《六反》)

韩非只从片面着想，所以陷了极大错误。人的病症有轻重，所以医生开药方有强弱。社会的病症也是如此。恶人有几等，我们自不能一律看待，偷窃之盗，当然与杀人放火者有重大区别。现在照非的刑事政策，偷窃之盗一定要受重刑，才可警戒后来者。如果人类只有惧怕心理，那么韩非的重刑主义也许可以防奸止犯。无如人类的心理不只是惧怕，所以警戒主义终不能贯彻实现，我想老子说的"民不畏死，奈何以死惧之"，便是警戒这般严苛的法家不知社会的病理。我们设死刑，在初是利用人民怕死的心理；等到死生置之度外，死刑就无济于事，而且在自杀风气时候，死刑更是火上浇油，鼓动犯法。刑法至此地步，可以说是穷了。

韩非论重刑曰："且夫重刑者，非为罪人也，明主之法揆也。治贼，非治所（蔡）也；所（蔡）也者，是治死人也。刑盗，非治所刑也；治所刑也者，是治胥靡也。故曰：重一奸之罪而止境内之邪，此所以为治也。重罚者，盗贼也；而惧者良民也。欲治者，奚疑于重刑？"（《六反》）韩非用同样逻辑，以论重赏。他说："若夫厚赏者，非独赏功也，又劝一国。受赏者甘利，未赏者慕业，是报一人之功，而劝境内之众也，欲治者何疑于厚赏？"（《六反》）他又觉得儒道二家的学说"轻刑"、"无刑"为不通，于是竭力驳斥。他说："今不知治者，皆曰：'重刑伤民，轻刑可以止奸，何必于重哉？'此不察于治者也。夫以重止者，未必以轻止也；以轻止者，必以重止矣。是以上设重刑而奸尽止，奸尽止，则此奚伤于民也？所谓重刑者，奸之所利者细，而上之所加焉者大也。民不以小利加大罪，故奸必止者也。所谓轻刑者，奸之所利者大，上之所加焉者小也。民慕其利而傲其罪，故奸不止也。故先圣有谚曰：'不蹶于山，而蹶于垤。'山者大，故人顺之；垤微小，故人易之也。今轻刑罚，民必易之。犯而不诛，是驱国而弃之也；犯而诛之，是为民设陷也。是故轻罪者，民之垤也。是以轻罪之为民道也，非乱国也，则设民陷也，——此则可谓伤民矣。"（《六反》）

韩非再进一步，以为民富有之后，如果没有严厉的刑罚，百姓也要犯法的。故非说："虽财用足而厚爱之，然而轻刑，犹之乱也。"（《六反》）他喻以富家子弟："夫富家之爱子，财货足用，财货足用则轻用，轻用则侈泰。亲爱之则不忍，不忍则骄恣。侈泰则家贫，骄恣则行暴。此虽财用足而爱厚，轻刑之患也。凡人之生也，财用足则隳于用力，上治懦则肆于为非。财用足而力作者，神农也；上治懦而行修者，曾、史也，夫民之不及神农、曾、史亦明矣。"（《六反》）

老子以为物质是害人的东西，社会之所以乱，根本上是因五光十色的货太多，因为大家要满足欲望，结果不出于一争。老子觉得纠正这个社会病症，最好是"知足"，倘若人人"知足"，社会就不必有什么"刑"、"法"、"匡家"这类东西了。

但是老子这种冀人人"知足"的原则,在这人的社会是做不到的。人之所异于禽兽者,不知足耳。非洲的巨蛇,猎人常先飨以羊,等它吃饱后,猎人便下手。因为蛇食饱之后,便终日躺卧。如果人人知足,衣食之外,不求别项东西,我们便没有今日的人类世界,和巨蛇是一类的蠢货。现在的落后民族,便是知足的罪过,试看马来半岛的土人,生活何简单!他们除了谋口腹之饱外,什么也不想。老子所要人人知足的学说,也不能传达到我们了。因为人人知足,根本上就无需文字,——也不能发明文字。既没有文字,老子的学说不但无可发表,且也不能发表。故韩非批评的很对:"夫以殆辱之故,而不求于足之外者,老聃也。今以为足民而可以治,是以民为皆如老聃也。故桀贵在天子,而不足于尊;富有四海之内,而不足于宝。君人者虽足民,不能足使为君天子,而桀未必以天子为足也,则虽足民,何以为治也?"(《六反》)

因为这个缘故,韩非仍认重刑是治世不可免。倘若老子驳韩非,我想他一定说:"韩法家,尊意固然可通,但试问民不畏死,刑又有什么用呢?尤有进者,民富有,便知生之可乐,知生之可乐,自然畏死,这不但心理上起变化,生理上也起变化了。生既可乐,刑罚便有效力了!现在不先想改进民生,而专在重刑着想,——无异刻舟而求剑也。"故管子讲得最通:"衣食足而后知礼仪。"

九、结论

我已把韩非的法律思想纲领讲完了。现在想将他的学说主脑下一个总结论。试将韩非自己结论的话录后,以便逐一分析:"故明主之治国也,适其时事,以致财物,论其税赋,以均贫富;厚其爵禄,以尽贤能;重其刑罚,以禁奸邪。使民以力得富,以事致贵,以过受罪,以功致赏,而不念慈惠之赐,此帝王之政也。"(《六反》)

我想这段文字便是韩非的头脑,他的一生事业和思想,逃不出这段文字。在《韩非子》一书中,只有这段文字是说尽韩非的学说。如果我来作一个韩非思想的总论,再也不能比此概括了,何以见得呢?现在让我逐一道来:

第一,关于经济方面,韩非的出发点便是功用,"适其时事"者,便是"以事责其功"、"以功责其能",这是循环的。因材用事,因事用材。民既非侥幸致富,社会上便不致有谘嗟叹息,大家靠其本领。因为经济制度不同,贫富不均，所以调和民生方法，韩非认为赋税是一个好的方法，赋税的标准，要以均贫富为旨归。均贫富并不是平分，均者调和也。故均贫富是调和贫富。由此原则，我们可以演绎西洋一切的赋税学说，制度，和经济原理。再进一步，便演出社会主义的经济学，共产主义的经济学，民生主义的经济学。

第二，关于用人方面，韩非实寓有现时欧美的文官制度。"厚其爵禄，以尽贤能"，是原则，爵禄要厚，才可引官员的努力；授爵禄须尽贤能之质量，而后用事才有成绩。贤能者禄厚爵高，庸愚者禄薄位低，诚如是，人民不但可奋其有为，且必无怨言。除了爵禄之外，还要赏，凡是官吏、人民有特别成绩者，政府应按功分赏：这便是西洋讲 Merits，而不是讲人情私利了。

第三，关于刑罚方面，韩非除主张重刑外，便是以过受罪。反面的说，无过者无罪。再从韩非主张法律公布一面观之，那么律无正条者自然无罪。因为韩非是主张法律的固定性，同时他也不忘记法律的制宜性，故在制定法律时，韩非以制宜性为最要紧；及至施行时，韩非却认固定性为最要紧。前者所以促法律之进化适时，后者所以防人臣之诛赏自由，至此，我们就可知韩非的法律原则是和西洋一样的趋向："法律须稳定，但不可停留。"

后汉刑法志略*

丘汉平

小　引

范晔《后汉书》无《刑法志》，学者病焉。宋徐天麟辑《东汉会要》，其《律令》一篇，现亦散佚不全。爰就范《书》帝纪拾补，编成《后汉刑法志略》，以便参考。至后汉一代刑法，余另有《后汉刑法志补》，列入拙著《历代刑法志》一书，已由商务印书馆印行矣。

一、光武帝

建武元年九月，诏曰："今封更始为淮阳王，吏人敢有贼害者，罪同大逆。"[1]

二年三月乙未，大赦天下，诏曰："顷狱多宽人，用刑深刻，朕甚愍之。孔子云：'刑罚不中，则民无所措手足。'其与中二千石诸大夫博士议郎，议省刑法。"

五月癸未，诏曰："民有嫁妻卖子，欲归父母者，恣听之。敢拘执，论

---

　　* 本文原刊于《法学杂志（上海 1931）》（第 10 卷）1938 年第 4/5 期。
　　〔1〕《汉制度》曰："帝之下，书有四：一曰策书，二曰制书，三曰诏书，四曰诫敕。策书者，编简也。其制长二尺，短者半之，篆书起年月日，称皇帝以命诸侯王；三公以罪免，亦赐策而以隶书，用尺一寸两行，唯此为异也。制书者，帝者制度之命，其文曰'制诏三公'，皆玺封，尚书令印重封，露布州郡也。诏书者，诏告也，其文曰'告某官'云，如故事。诫敕者，谓敕刺史太守，其文曰'有诏敕某官，它皆仿此。"

如律。"

三年七月，庚辰，诏曰："吏不满六百石，下至墨绶长相，有罪先请。〔1〕男子八十以上，十岁以下，及妇人从坐者，自非不道，诏所名捕，皆不得系。〔2〕当验问者，即就验。女徒雇山归家。"〔3〕

四年五月，丙子，诏曰："久旱伤麦，秋种未下，朕甚忧之。将残吏未胜，狱多冤结，元元愁恨，感动天气乎？其令中郎官三辅郡国出系囚，罪非犯殊死，一切勿案。〔4〕见徒免为庶人，务进柔良，退贪酷，各正厥事焉。"

六年正月，辛酉，诏曰："往岁水旱蝗虫为灾，谷价腾跃，人用困乏，朕惟百姓无以自赡，恻然愍之。其命郡国由谷者给禀，高年鳏寡孤独及笃癃无家属，贫不能自存者，如律。"〔5〕

五月，诏曰："又三辅遭难，赤眉有犯法不道者〔6〕自殊死以下，皆赦除之。"

六月，诏曰："夫张官置吏，所以为人也。今百姓遭难，户口耗少，而县官吏职，所置尚繁。其令司隶州牧，〔7〕各实所部，省减吏员，县国不足置长吏，可并合者上大司徒大司空二府。"于是条奏并省四百余县，吏职减损，十置其一。

九月，庚子，赦乐浪谋反大逆殊死已下。

十月，丁丑，诏曰："吾德薄不明，寇贼为害，强弱相陵，元元所失，《诗》云：'日月告凶，不用其行。'永念厥咎，内疚于心。其敕公卿举贤良方正各一人，〔8〕闻百僚并上封事，〔9〕无有隐讳，有司修职，务遵法度。"

十一月，丁卯，诏王莽时吏人没人为奴婢不应旧法者，皆免为庶人。

---

〔1〕《续汉志》曰："县大者置令一人，千石；其次置长，四百石；小者三百石。侯国之相亦如之。皆掌理人，并秦制。"

〔2〕诏书有名而特捕者。

〔3〕《前汉书》音义曰："《令甲》：女子犯徒，遣归家，每月出钱雇人于山伐木，名曰'雇山'。"

〔4〕"殊死"谓斩刑。殊，绝也。《左传》曰："斩其木而弗殊。"一切，谓权时，非久制也。

〔5〕《大戴礼》曰："六十无妻曰鳏，五十无夫曰寡。"《礼记》曰："幼而无父曰孤，老而无子曰独。"《尔雅》曰："笃，困也。"《仓颉篇》曰："癃，病也，《汉律》，今亡。"

〔6〕《前汉书》音义：《律》："杀不辜一家三人为不道。"

〔7〕《汉官仪》曰："司隶校尉，部河南河内右扶风左冯翊京兆河东弘农七郡，于河南洛阳故谓东京为司隶。"

〔8〕武帝建元元年始诏，举贤良方正、直言极谏之士也。

〔9〕宣帝始令群臣得奏封事，以知下情。

十二月，癸巳，诏曰："顷者师旅未解，用度不足，故行什一之税。[1]今军士屯田，[2]粮储差积。其令郡国收见田租，三十税一如旧制。"[3]

七年正月，丙申，诏中都官三辅郡国出系囚，非犯殊死，皆一切勿案；其罪见徒，免为庶民；耐罪亡命，吏以文除之。[4]

又诏曰："世以厚葬为德，薄终为鄙，至于富者奢僭，贫者单财，法令不能禁，礼仪不能止，仓卒乃知其咎。其布告天下，令知忠臣孝子慈兄悌弟薄葬送终之义。"

三月，诏曰："其令有司各修职任，奉遵法度，惠兹元元。百僚各上封事，无有所讳，其上书者不得言圣。"

夏，四月，壬午，诏曰："比阴阳错谬，日月薄食，百姓有过，在予一人，大赦天下。"

五月，甲寅，诏吏人遭饥乱及为青徐贼所略为奴婢下妻，欲去留者恣听之。[5]敢拘制不达，以卖人法从事。[6]

十一年，春二月，己卯，诏曰："天地之性，人为贵。其杀奴婢，不得减罪。"

八月，癸亥，诏曰："敢灸灼奴婢，论如律，免所灸灼者为庶民。"冬，十月，壬午，诏除奴婢射伤人弃市律。

十二年，三月，癸酉，诏隆属民被略为奴婢自讼者，及狱官未报，一切免为庶民。

十二月诏边吏力不足战则守，追虏料敌，不拘以逗留法。[7]

是月，遣骠骑将军杜茂将众部驰刑，屯北边。[8]

十三年，十二月，甲寅，诏："益州民自八年以来，被略为奴婢者，皆一

---

[1] 谓十分而税其一也。孟子曰："夏五十而贡，殷七十而助，周百亩而彻。"其实皆什一也。

[2] 武帝初通西域，始置校尉屯田。

[3] 景帝二年，令人田租三十而税一。今依景帝，故云旧制。

[4] 耐，轻刑之名。按《前汉书》音义，谓一岁刑为罚作，二岁刑已上为耐。亡命，谓犯耐罪而背名逃者。令吏为文薄，记其姓名而除其罪。

[5] 杜预《左传》云："不以道取为略。"

[6] 言从卖人之事以结其罪。

[7] 《说文》曰："逗留，止也。"按逗是曲行避敌也。汉法：军行逗留畏懦者斩。追虏或近或远，量敌进退，不拘以军法，直取胜敌为务也。

[8] 《前汉书》音义曰："谓有赦令，去其钳钛赭衣，谓之刑驰。"驰读曰施，驰，解也。

切免为庶民；或依托为人下妻欲去者，恣听之。敢拘留者，比青徐二州以略人法从事。”

十四年，十二月，癸卯，诏："益凉二州奴婢，自八年以来，自讼在所官，一切免为庶民，卖者无还直。"

十五年六月，诏下州郡，检核垦田顷亩及户口年纪。又考实二千石长吏阿枉不平者。

十五年，松坐诽谤诛。（《后纪》）

十六年九月，河南尹张伋及诸郡守十余人，坐度田不实，皆下狱死。〔1〕

十月，遣使者下郡国，听群盗自相纠擿，五人共斩一人者，除其罪。虽吏逗留回避故纵者，皆勿问，听以禽讨为效。其牧守令长坐界内盗贼而不收捕者，又以畏懦损城委守者，皆不以为负，但取获贼多少殿最。〔2〕唯蔽匿者，乃罪之。于是更相追捕，贼并解散，徙其魁帅于它郡，赋田受禀，使安生业，自是牛马放牧，邑门不闭。

十二月，初，王莽乱政，货币杂用布帛金粟。是岁始行用五铢钱。〔3〕

十八年四月，诏曰："今边郡盗谷五十斛罪至于死，开残吏妄杀之路。其蠲除此法，同之内郡。"

七月，赦益州史歆等所部殊死已下。

是岁，罢州牧，置刺史。〔4〕

二十年，夏四月，庚辰，大司徒戴涉下狱死。〔5〕

二十年十二月，复济阳县徭役六岁。

二十二年九月，戊辰，地震裂。制诏曰："其令南阳勿输今年田租刍稿，遣谒者案行。其死罪系囚，在戊辰以前，减死罪一等；徒皆送解钳，衣丝絮。〔6〕赐郡中居人压死者棺钱，人三千；其口赋逋税而庐宅尤破坏者，勿收

---

〔1〕 《东观记》曰："刺史太守多为诈巧，不务实核。苟以度田为名，聚人田中，并度庐屋里落，聚人遮道啼呼。"

〔2〕 殿，后也，谓课居后也。最，凡要之首也，言课居先也。

〔3〕 武帝始为五铢钱，王莽时废，今始行之。

〔4〕 武帝元封五年，初置部刺史，掌奉诏条，察州，秩六百石，员十三人。成帝绥和三年，更名牧，秩二千石。哀帝建平二年，复为刺史。元寿二年，复为牧，经王莽变革，至建武元年，复置攺。今改置刺史。

〔5〕 《古今注》曰："坐入故太仓令奚涉罪。"

〔6〕 旧法：在徙役者，不得衣丝絮，今赦许之。

责。〔1〕吏人死亡，或在坏垣毁屋之下，而家赢弱不能收检者，其以见钱谷取佣为寻求之。"

二十四年春，正月，乙亥。大赦天下。

二十四年七月，诏有司申明旧制阿附藩王法。〔2〕

是岁，遣谒者分将施刑，补理城郭，发遣边民在中国者，布还诸县，皆赐以装钱，转输给食。

二十八年夏，六月，丁卯，沛太后郭氏薨，因诏郡县捕王侯宾客，坐死者数千人。〔3〕十月癸酉，诏死罪系囚，皆一切募下蚕室，其女子宫。

二十九年春，二月，丁巳朔，日有食之，遣使者举冤狱，出系囚。庚申，赐天下男子爵，人二级，鳏寡孤独笃癃贫不能自存者粟，人五斛。

夏四月乙丑，诏令天下系囚，自殊死已下及徒，各减本罪一等，其余赎罪输作各有差。

三十年五月，大水，赐天下男子爵，人二级，鳏寡孤独笃癃贫不能自存者粟，人五斛。七月复济阳县是年徭役。

三十一年夏五月，打水，戊辰，赐天下男子爵，〔4〕人二级，鳏寡孤独笃癃贫不能自存者粟，人六斛。九月，甲辰，诏令死罪系囚，皆一切募下蚕室，其女子宫。

中元元年四月，乙卯，大赦天下。复赢博梁父奉高，勿出今年田租刍稿，改元为中元。十一月复济阳南顿是年徭役。

二、明 帝

中元二年二月，戊辰，即皇帝位。四月，丙辰，诏曰："其施刑及郡国

---

〔1〕《汉仪注》曰："人年十五至五十六，出赋钱，人百二十为一算。又七岁至十四岁，出口钱，人二十以供天子。至武帝时，又口加三钱，以补车骑马。"逋税，谓欠田租也。

〔2〕武帝时有淮南衡山之谋，作左官之律，设附益之法。前书音义曰："人道尚右，言舍天子，仕诸侯为左官。左，僻也。阿曲附益王侯者，将有重法。"是为旧制，今更申明之。

〔3〕时更始子鲤，因沛献王甫，杀刘盆子兄恭，故王侯宾客多坐死。

〔4〕男子者，谓户内之长也。商鞅为秦制爵二十级：一，公士；二，上造；三，簪袅；四，不更；五，大夫；六，官大夫；七，公大夫；八，公乘；九，五大夫；十，左庶长；十一，右庶长；十二，左更；十三，中更大夫；十四，右更；十五，小上造；十六，大上造；十七，驷车庶长；十八，大庶长；十九，关内侯；二十，彻侯。人赐爵者，有罪得赎，贫者得卖与人。

徒，在中元元年四月己卯赦前所犯而后捕系者，悉免其刑。又边郡遭乱为内郡人妻，在乙卯赦前，一切遣还边，姿其所乐。中二千石下至黄绶[1]贬秩赎论者，悉皆复秩还赎。"

九月，赦陇西囚徒，减罪一等。

十二月甲寅，诏曰："天下亡命殊死已下，听得赎论。死罪入缣二十匹，右趾至髡钳城旦春至司寇作三匹。[2]其未发觉，诏书到先自告者，半入赎。今选举不实，邪佞未去，权门请托，残吏放手，百姓愁怨，情无告诉，有司明奏罪名，并正举者。又郡县每因征发，轻为奸利，诡责羸弱，先急下贫，其务在均平，无令枉刻。"

永平二年，春正月，诏曰："其令天下酺，自殊死已下，谋反大逆，皆赦除之。"

十二月，小府阴就子丰，杀其妻邓邑公主，就坐，自杀。

三年正月，诏有司详刑慎罚，明察单辞。

四年二月，诏有司勉遵时政，务平刑罚。

十二月，陵乡侯松下狱死。[3]

五年十月，其复元氏田租更赋六岁。

六年四月，诏曰："先帝诏书禁人上事言圣，而间者章奏，颇多浮词。自今若有过称虚誉，尚书皆宜抑而不省，示不为诌子蚩也。"

八年十月，诏："三公募郡国中都官死罪系囚，减罪一等，勿笞，诣度辽将军营，屯朔方五原之边县，妻子自随，便占著边县。父母同产欲相代者，恣听之。其大逆无道殊死者，一切募下蚕室，亡命者令赎罪各有差。凡徒者弓弩衣粮。"

是月，壬寅，晦，日有食之。诏曰："群司勉修职事，极言无讳。于是在位者，皆上封事，各言得失。"[4]

九年春三月，辛丑，诏郡国死罪囚减罪，与妻子诣五原朔方占著，所在死者，皆赐妻父若男同产一人复终身。其妻无父兄独有母者，赐其母钱六万，又复其口算。

---

〔1〕 汉制，二百石以上，铜印黄绶也。
〔2〕 完者，谓不加髡钳而筑城也。次鬼薪，次白粲，次隶臣妾，次司寇。
〔3〕 坐县飞书诽谤。
〔4〕 封有正有副。钦尚书者，先发副封，所言不善，屏而不奏。后魏相奏去副封，以防壅蔽。

夏，四月，甲辰，诏郡国以公田赐贫人各有差。令司隶校尉部刺史，岁上墨绶长吏，视事三岁已上理状尤异者各一人，与计偕上，〔1〕及尤不政理者，亦以闻。

十年，四月，戊子，大赦天下。

十二年，诏曰："今百姓送终之制，竞为奢靡。生者无担石之储，而财力尽于坟上；伏腊无糟糠，而牲牢兼于一奠。糜破积世之业，以供终朝之费。子孙饥寒，绝命于此，岂祖考之意哉！又车服制度，恣极耳目，田荒不耕，食者众。有司其申明科禁，宜于今者，宣下郡国。"

十月，制令刺史太守，详刑理冤，存恤鳏孤。

十一月，楚王英谋反，废，国除，迁于泾县，所连及死徙者数十人。

十五年二月，诏亡命自殊死以下，赎死罪缣四十匹，右趾之髡钳，城旦春十匹，完城旦至司寇五匹。犯罪未发觉，诏书到日自告者，半入赎。

四月，令天下酺五日。〔2〕乙巳，大赦天下，其谋反大逆及诸不应宥者，皆赦除之。

十六年五月，淮阳王延谋反，发觉。癸丑，司徒邢穆驸马都尉韩光，坐事下狱死，所连及诛死者甚众。〔3〕

九月丁卯，诏令郡国中都官死罪系囚，减死罪一等，勿笞，诣军营，屯朔方敦煌，妻子自随，父母同产欲求从者，恣听之。女子嫁为人妻，勿与俱。谋反大逆，不用此书。

十七年八月，丁亥，诏曰："其令天下亡命自殊死已下，赎死罪缣三十匹，右趾之髡钳城旦春十匹，完城旦至司寇五匹。吏人犯罪未发觉，诏书到自告者，半入赎。"

八月，遗诏无起寝庙，勿开修道，敢有所兴作者，以擅议宗庙法从事。〔4〕

〔1〕 谓所征之人，令与计吏俱上也。
〔2〕《汉律》："三人已上无故群饮，罚金四两。"今恩诏横赐得令聚会饮食五日。酺，布也，言天子布恩于天下。《史记》："赵惠文王三年大赦，置酒大酺五日。"
〔3〕 坐与延同谋。
〔4〕 擅议宗庙者弃市。

三、章帝

十八年八月，壬子，即皇帝位，年十九。冬十月，丁未，大赦天下。

建初元年春正月，诏三州郡国，方春东作，恐人稍受禀，往来烦剧，或妨农耕，其各实核尤贫者，计所贷并与之。流人欲归本者，郡县其实禀令足，还到听过止官亭，无雇舍宿。长吏亲躬，无使贫弱遗脱，小吏[1]豪右得容奸佞。诏书既下，勿得稽留。刺史明加督察尤无状者。

丙寅诏曰："群公庶尹，各推精诚，专急人事。罪非殊死，须立秋案验。有司明慎选举，进柔良，退贪猾，顺时令，理冤狱。五教在宽，帝典在美！恺悌君子，大雅所叹！"

二年春，三月，辛丑，诏曰："而今贵戚近亲，奢纵无度。嫁娶送终，尤为僭侈。有司废典，莫肯丰察。《春秋》之义，以贵理贱。今自三公，并宜明纠非法，宣振威风。朕在弱冠，未知稼穑之艰难。还之管规，岂能照一隅哉？其科条制定所宜施行，在事者备为之禁，先京师而后诸夏。"

四月，诏还坐楚淮阳事，徙者四百余家，令归本郡。

三年春正月，大赦天下。

五年二月，甲申，诏曰："今予小子，徨惨惨而已！其令二千石理冤狱，录轻系。"

三月，甲寅，诏曰："今吏多不良，擅行喜怒，或案不以罪，迫协无辜，致令自杀者一岁且多于断狱，甚非为人父母之意也。有司其议纠举之。"

七年九月，辛卯，车驾还宫，诏天下系囚减死一等，勿笞，诣边戍，妻子自随，占著所在，父母同产欲相从者，恣听之。有不到者，皆以乏军兴论。[2]及犯殊死，一切募下蚕室，其女子宫，系囚鬼薪白粲已上，皆减本罪各一等，输司寇作。亡命赎死罪入缣二十匹，右趾至髡钳，城旦舂十匹，完城旦至司寇三匹。吏人有罪未发觉，诏书到自告者，半入赎。

元和元年二月，甲戌，诏曰："王者八政，以食为本。其令郡国寡人，无田欲徙它界，就肥饶者恣听之。到在所，赐给公田，为雇耕佣，赁种饷。贳

---

[1] 前书曰："百石已下有斗食佐史之秩"。言小吏也。

[2] 军兴而致阙之，当死刑也。

与田器，勿收租五岁，除算三年。其后欲还本乡者，勿禁。"

七月丁未，诏曰："《律》云：'掠者唯得榜笞立'，〔1〕又《令丙》棰长短有数。〔2〕自往者大狱已来，掠考多酷。〔3〕钻鑽之属，惨苦无极。念其痛苦，怵然动心。《书》云：'鞭作官刑'，岂云若此？宜及秋冬理狱，明为其禁。"肃宗初，宠为尚书。是岁承永平故事，吏政尚严切，尚书决事，率近于重。宠以帝新即位，宜改前世苛俗，帝敬纳宠言，每事务于宽厚。其后遂诏有司，绝钻鑽诸惨酷之科，解妖恶之禁，除文致之情，谳五十余事，定著于令。（《陈宠传》）

八月癸酉，诏曰："其改建初九年为元和元年。郡国中都官系囚，减死一等，勿笞，诸边县，妻子自随，占著所在。其犯殊死，一切募下蚕室，其女子宫，系囚鬼薪白粲以上，皆减本罪一等，输司寇作。亡命者，赎各有差。"

十二月，壬子，诏曰："往者妖言大狱，所及广远，一人犯罪，禁至三属，〔4〕莫得垂缨士宦王朝；如有贤才，而没齿无用，朕甚怜之，非所谓与之更始也！诸以妖恶禁锢者，〔5〕一皆蠲除之，以明弃咎之路，但不得在宿卫而已。"

二年正月，乙酉，诏曰："令云：'人有产子者，复勿算三岁。'令诸怀妊者，赐胎养谷，人三斛，复其夫勿算一岁，著以为令。"又诏三公曰："方春生养，万物莩甲，宜助萌阳，以育时物。其令有司，罪非殊死，且勿案验，及吏人条书相告，不得听受，冀以息事宁人，敬奉天气。立秋如故。夫俗吏矫饰外貌，似是而非。揆之人事则悦耳，论之阴阳则伤化，朕甚厌之，甚苦之。安静之吏，恬愉无华。日计不足，月计有余。如襄城令刘方，吏人同声，谓之不烦，虽未有它异，斯亦殆近之矣。间敕二千石各尚宽明，而今富奸行贿于下，贪吏枉法于上，使有罪不论，而无过被刑，甚大逆也。夫以苛为察，以刻为明，以轻为德，以重为威，四者或兴，则下有怨心。吾诏书数下，冠

---

〔1〕《仓颉篇》曰："掠，问也。"《广雅》曰："榜，击也。音彭。"《说文》曰："笞，击也。"立，谓立而考讯之。

〔2〕《令丙》为篇之次也。前书音义曰："令有先后，有令甲，令乙，令丙。"又景帝定《棰令》。

〔3〕大狱，谓楚王英等事也。《说文》曰："钻，鐯也。"《国语》曰："中刑用钻凿。"皆谓惨酷其肌肤也。

〔4〕三属，即三族也。

〔5〕《左传》曰："以重币锢之。"杜预注曰："禁锢，勿令仕也。"

盖接道，而吏不加理，人或失职，其咎安在？勉思旧令，称朕意焉。"二月，乙丑，诏曰："三老，尊年也。孝悌，淑行也。力田，勤劳也。"又诏曰："诸犯罪不当得赦者，皆除之。复博奉高嬴，无出今年田租刍稿。"

七月，庚子，诏曰："《律》'十二月立春，不以报囚。'月令冬至之后，有顺阳助生之文，而无鞫狱断刑之政。朕咨访儒雅，稽之典籍，以为王者生杀，宜顺时气。其定律：'无以十一月十二月报囚'。"

三年春正月，乙酉，诏曰："盖人君者，视民如父母，有惨怛之忧，有忠和之教，匍匐之救。其婴儿无父母亲属，及子不能养食者，禀给如律。"

二月，敕侍御史司空曰："方春所过，无得有所伐杀；车可以引避，引避之；骓马可辍斛，辍斛之。"

章和元年，四月，丙子，令郡国中都官系囚，减死一等，诣金城戍。

章和元年，秋。死罪囚犯法在丙子赦前而后捕系者，皆减死，勿笞，诣金城戍。

九月，壬子，诏郡国中都官系囚，减死罪一等，诣金城戍。犯殊死者，一切募下蚕室，其女子宫，系囚鬼薪白粲已上，减罪一等，输司寇作。亡命者，赎死罪缣二十匹，右趾至髡钳，城旦舂七匹，完城旦至司寇三匹。吏民犯罪未发觉，诏书到自告者，半入赎。

四、和帝

章和二年，四月，谒庙。戊寅，诏曰："昔孝武皇帝改诛胡越，故权收盐铁之利，以奉师旅之费。自中兴以来，未宾。永平末年，复修征伐。先帝即位，务休力役，然犹深思远虑，安不忘危，探观旧典，复收铁盐，欲以防备不虞，宁安边境。而吏多不良，动失其便，以违上意，先帝恨之。故遗戒郡国，罢盐铁之禁，纵民煮铸，入税县官如故事。其申敕刺史二千石，奉顺圣旨，勉弘德化，布告天下，使明知朕意。"

永元元年，十月，令郡国驰刑，输作军营。其徙出塞者，刑虽未竟，皆免归田里。

二年正月，丁丑，大赦天下。

三年正月，皇帝加元服。大酺五日。郡国中都官系囚，死罪赎缣至司寇及亡命各有差。

十二月，庚辰，减弛刑徒从驾者刑五月。

四年七月，己丑，太尉宋由坐党宪自杀。

五年正月，大赦天下。

二月，戊辰，诏有司省减内外厩及凉州诸苑马。自京师离宫果园林广成囿，悉以假贫民，恣得采捕，不收其税。丁未，诏曰："去年秋麦入少，恐民食不足，其上尤贫不能自给者户口人数。往者郡国上贫民以衣履釜鬻为赀，而豪右得其饶利。诏书实核，欲有以益之，而长吏不能躬亲，反更征召会聚，令失农作，愁扰百姓。若复有犯者，二千石先坐。"

三月，诏曰："选举良才，为政之本，科别行能，必由乡曲。而郡国举吏，不加简择。故先帝明敕，在所令试之以职，乃得充选。又德行尤异，不须经职者，别署状上。而宣布以来，出入九年，二千石曾不承奉，恣心从好，司隶刺史，讫无纠察。今新蒙赦令，且复申敕。后有犯者，显明其罚。在位不以选举为忧，督察不以发觉为负，非独州郡也。是以庶官多非其人。下民被奸邪之伤，由法不行故也。"

举以宪七壻谋逆，故父子俱下狱死，家属徙合浦，宗族为郎吏者悉免官。（《郭皇后纪》）

六年七月，诏中都官徒各除吧半刑，谪其未竟五月已下，皆免遣。丁巳幸洛阳寺，录囚徒，举冤狱。收洛阳令下狱抵罪，时有囚实不杀人，而被考自诬，羸困舆见，畏吏不敢言，将去，举头若欲自诉，邓太后察视，举之，即呼还问状，具得枉实，即时收洛阳令下狱抵罪。（《邓皇后纪》）

永元六年，宠又钩校律令条法溢于甫刑者除之。其略曰："今律令死刑六百一十，耐罪千六百九十八，赎罪以下二千六百八十一，溢于甫刑者千九百八十九，其四百一十大辟，千五百耐罪，七十九赎罪。《春秋保乾图》曰：'王者三百年一蠲法。'汉兴以来，三百二年，宪令稍增，科条无限，又律有三家，其说各异。宜令三公廷尉平定律令，应经合义者，可使大辟二百，而耐罪赎罪二千八百，并为三千，悉删除其余，令与礼相应。"未及施行。（《陈宠传》）

八年八月，辛酉，饮酎。诏郡国中都官系囚，减死一等，诣敦煌戍。其犯大逆，募下蚕室，其女子宫，自死罪已下至司寇及亡命者，入赎各有差。

九年八月，鲜卑寇肥如，辽东太守祭参下狱死。[1]

十二月，复置若卢狱官。[2]

丙午，诏郡国中都官徒及笃癃老小女徒，各除半刑，其未竟三月者，皆免归田里，夏四月，丙寅，大赦天下。

七月，辛卯，诏曰："吏民逾僭，厚死伤生，是以旧令，节之制度。顷者，贵戚近亲，百僚师尹，莫肯率从。有司不举，怠放日甚。又商贾小民，或忘法禁，奇巧靡货，流积公行。其在位犯者当先举正；市道小民，但且申明宪纲，勿因科令，加虐赢弱。"

十二年三月，丙寅，诏曰："数诏有司，务择良吏，今犹不改，竞为苛暴，侵愁小民，以求虚名，委任下吏，假势行邪。是以令下而奸生，禁止而诈起。巧法析律，饰文增辞，货行于言，罪成乎手。朕甚病焉！公卿不思助明好恶，将何以救其咎罚？咎罚既至，复令灾及小民。若上下同心，庶或有瘳。"

十四年三月，戊辰，大赦天下。夏，有言后（即阴皇后）与朱共挟巫蛊道。事发觉，帝遂使中常侍张慎与尚书陈褒于掖廷狱杂参案之。朱及二子奉、毅，与后弟轶辅敞，辞语相连及，以为祠祭祝诅，大逆无道。（《阴皇后纪》）

是年，久旱。太后比三日幸洛阳，录囚徒，理出死罪三十六人，耐罪八十人，其余减罪死。右趾以下至司寇。（《邓皇后纪》）

十五年，十二月，庚子，有司奏以为夏至则微阴起，靡草死，可以决小事。是岁，初令郡国以日北之案薄刑。[3]

十六年二月，己未，诏兖豫徐冀四州，比年雨多伤稼，禁沽酒。

七月，旱，戊午，诏曰："今秋稼方穗而旱，云雨不霈，疑吏行惨刻，不宜恩泽，妄拘无罪，幽闭良善所致。其一切囚徒，于法疑者勿决，以奉秋令。方察烦苛之吏，显明其罚。"[4]

元兴元年，夏四月，庚午，大赦天下，改元元兴，宗室以罪绝者，悉复属籍。

---

〔1〕《东观汉记》曰："祭参坐沮败下狱，诛。"

〔2〕《汉书仪》曰："主鞫将相大臣也。"

〔3〕《礼记·月令》曰："孟夏之月，靡草死，麦秋至，断薄刑，决小罪。"郑玄注云："靡草，荠亭历之属。"惟此所言夏至，与《月令》云孟夏不同。是和帝之昭，异于《礼记》之月令矣。

〔4〕《礼记·月令》曰："孟秋之月，命有司修法制，缮囹圄，具桎梏，断薄刑，决小罪。"

五、殇帝

延平元年，五月，辛卯，皇太后诏曰："皇帝幼冲，承统鸿业，深惟至治之本，道化在前，刑罚在后，将稽中和，广施庆惠，与吏民更始，其大赦天下。自建武以来，诸犯禁锢，诏书虽解，有司持重，多不奉行，其皆复为平民。"和帝幸人吉城，御者共枉吉城以巫蛊事，遂下掖廷考讯，辞证明白。太后以先帝左右，待之有恩，平日尚无恶言，今反若此，不合人情，更自呼见实核，果御者所为。（《邓太后纪》）

六月，诏曰："诸官府郡国王侯家奴婢姓刘及疲癃羸老，皆上其名，务令实悉。"

秋，七月，庚寅，敕司隶校尉部刺史曰："假贷之恩，不可数恃。自今以后，将纠其罚。二千石长吏其各实核所伤害，为除田租刍稿。"〔1〕

后诏先司隶校尉河南尹南阳太守曰："每览前代外戚宾客，假借威权，轻薄，至有浊乱奉公，为人患苦。咎在执法怠懈，不辄行其罚故也。今车骑将军骘等，虽怀敬顺之志，而宗门广大，姻戚不少，宾客奸猾，多干禁宪。其明加检敕，勿相容护。自是亲属犯罪，无所假贷。"（《邓皇后纪》）

六、安帝

永初元年，春正月，癸酉，朔，大赦天下。二月，丙午，以广成游猎地及被灾郡国公田，假与贫民。

六月，丁卯，赦除诸羌相连结谋叛逆者罪。

秋，九月，庚午，诏三公明申旧令，禁奢侈，无作浮巧之物，殚财厚葬。

丁丑，诏曰："自令长吏被考竟未报，〔2〕自非父母丧，无故辄去职者，剧县十岁，平县五岁以下，乃得次用。"

丙午，诏死罪以下及亡命，赎各有差。

---

〔1〕 秦有监御史监诸郡，汉兴省之，但遣丞相史分刺诸州，无有常官。孝武帝初置刺史十三人，秩六百石；成帝更为牧，秩二千石；建武十八年复为刺史十二人，各主一州，其一州属司隶校尉。诸州常以八月巡行所部郡国，录囚徒，考殿最。初岁诣京都奏事，中兴但因计吏。见《续汉书》。

〔2〕 考，谓考问其状也。报，谓断决也。

十一月，戊子，敕司隶校尉冀并二州刺史，民讹言相惊，弃捐旧居，老弱相携，穷困道路，其各敕所部长吏，躬亲晓谕。若欲归本郡，在所为封长檄，不欲，勿强。[1]

二年，五月，旱，丙寅，皇太后幸洛阳寺及若卢狱，录囚徒。

三年，春正月，庚子，皇帝加元服，大赦天下，赐天下男子爵。

四月，丙寅，三公以国用不足，奏令吏人入钱谷，得为关内侯虎贲羽林郎，五大夫官，府吏，缇骑营士各有差。

七月，庚子，诏："长吏案行，在所皆令种宿麦蔬食，务尽地力，其贫者给种饷。"

四年，春正月，辛卯，诏以三辅比遭寇乱，人庶流冗，除三年逋租过更口算刍稿，禀上郡贫民各有差。丙午，诏减百官及州郡县奉各有差。

二月，乙亥，诏："自建初以来，诸妖言它过坐徙边者，各归本郡，其没入官，为奴婢者，免为庶人。"

四月，六州旱蝗，丁丑，大赦天下。

六年，五月，旱，丙寅，诏令中二千石下至黄绶，一切复秩还赎赐爵各有差。

戊辰，皇太后幸雒阳寺，录囚徒，理冤狱。辛巳，大赦天下。

七年，八月，丙寅，诏赐民爵，郡国被蝗伤稼十五以上勿收今年田租，不满者，以实除之。

元初元年，春正月，甲子，改元元初，赐民爵。爵过公乘，得移与子若同产子，民脱无名数及流民欲占者人一级，鳏寡孤独笃癃贫不能自存者谷人三斛，贞妇帛，人一匹。四月，丁酉，大赦天下。

十月，乙卯，诏除三辅三岁田租更赋口算。

二年十月，诏郡国中都官系囚减死一等，勿笞。诣冯翊扶风屯，妻子自随，占著所在，女子勿输。亡命死罪以下，赎各有差。其吏人聚为盗贼有悔者，除其罪。

三年，十一月，丙戌，初听大臣二千石刺史行三年丧。

四年七月，京师及郡国雨水，诏曰："夫霖雨者，人怨之所致。其武吏以威暴下，文吏妄行苛刻，乡吏因公生奸，为百姓所患苦者，有司显明其爵。

---

[1] 封，谓印封之也。长檄，即长牒也。欲归者，皆给以长牒为验。

又月令仲秋，养衰老，授几杖，行糜粥。方今案比之时，郡县多不奉行。虽有粥糜，糠秕相半，长吏怠事，莫有躬亲，甚违诏书养老之意。其务崇仁恕，赈护寡独，称朕意焉。"

五月七日，丙子，诏曰："旧令制度，各有科品，欲令百姓务崇节约。遭永初之际，人离荒厄，朝廷躬自菲薄，去绝奢饰，食不兼味，衣无二彩。比年虽获丰穰，尚乏储积，而小人无虑，不图久长，嫁娶送终，纷华靡丽，至有走卒奴婢被绮縠，著珠玑。京师尚若斯，何以示四远？设张法禁，恳恻分明，而有司惰任，讫不奉行。秋节既立，鸷鸟将用，且复重申，以观后效。"

六年二月，乙卯，诏曰："夫政先京师，后诸夏。月令仲春，养幼小，存诸孤；季春，赐贫穷，赈令绝，省妇使，表贞女，所以顺阳气，崇生长也。"

建光元年，二月癸亥，大赦天下。秋七月，乙卯，改元建光，大赦天下。

建光元年，十一月，己丑，诏三公已下，各上封事陈得失。除今年田租，其被灾甚者，勿收口赋。庚子，复断大臣二千石以上服三年丧。

延光元年，三月，丙午，改元延光，大赦天下。还徙者复户邑属籍，赐民爵。

八月，己亥，诏三公中二千石，举刺史、二千石、令、长、相，视事一岁以上至十岁，清白爱利，能敕自率下，防奸理烦，有益于人者，无拘官薄。

二年八月，庚午，初令三署郎通达经术任牧民者，视事三岁以上，皆得察举。

三年二月，丁丑，复济阳今年田租刍稿。

九月，乙巳，诏郡国中都官死罪系囚，减罪一等，诣敦煌陇西及度辽营。其右趾以下及亡命者，赎各有差。

四年四月，辛卯，大将军耿宝，中常侍樊封，侍中谢恽周广，乳母野王君王圣，坐相阿党。丰恽广下狱死，宝自杀，圣徙雁门。

七、顺帝

延光四年，二月，甲申，其令郡国首相，视事未满岁者，一切得举考廉吏。癸卯，尚书奏请有司收还。

永建元年，春正月，甲寅，诏曰："其大赦天下，赐男子爵。坐法当徙，勿徙；亡徒当传，勿传。〔1〕宗室以罪绝，皆复属籍。其余阎显江京等交通者，悉勿考。"

十月，辛巳，诏减死罪以下徙边，其亡命赎各有差。甲辰，诏以疫疠水潦，令人半输今年田租，伤害什四以上勿收责，不满者以实除之。

二年三月，旱，遣使者录囚徒。

三年正月，甲午，诏实核伤害者，赐年七岁以上钱，人二千，一家被害，郡县为收敛。

六月，旱，遣使者录囚徒，理轻系。

四年春，正月，丙寅，诏曰："寇盗肆暴，庶狱弥繁，其赦天下，自从甲寅赦令已来，复秩属籍。三年正月已来还赎，其阎显江京等知识婚姻，禁锢一原除之。务崇宽和，敬顺时令，遵典去苛，以称朕意。"

二月，戊戌，诏以民入山凿石，发泄藏气。敕有司检察所当禁绝，如建武永平故事。

五年十月，丙辰，诏郡国中都官死罪系囚，皆减罪一等。诣北地上郡安定戍。

乙亥，定远侯班始坐杀其妻阴城公主，腰斩，同产皆弃世。

阳嘉元年，春正月，乙巳，立皇后乐氏，赐爵，爵过公承，得移与子。若同产子，民无名数及流民欲占著者，人一级。

三月，大赦天下，改元阳嘉，诏宗室绝属籍者，一切复籍。

九月，诏郡国中都官系囚皆减死一等，亡命者，赎各有差。

十一月，辛卯，初令郡国举孝廉，限年四十以上，诸生通章句，文史能笺奏，乃得应选，其有茂才异行，若颜回渊子奇，不拘年齿。十二月，闰月，丁亥，令诸以诏除为郎，年四十以上谋试如孝廉科者，得参廉选，正职举一人。

三年春，二月，乙丑，诏以久旱，京师诸狱无轻重。且皆勿考竟，须得澍雨。

三月，庚戌，益州盗贼劫质令长，杀列侯。

五月，戊戌，制诏曰："其大赦天下。自殊死以下，谋反大逆诸犯，不当得赦者光皆赦除之。"

---

〔1〕 徒囚逃亡当传捕者，放之勿捕。

四年春二月，丙子，初听中官得以养子为后，世袭封爵。

永和元年，春正月，乙卯，诏曰："群公百僚，其各上封事，指陈得失，靡有所讳。"乙巳，改元永和大赦天下

四年二月，戊午，大赦天下。八月，癸丑，禀贷除更赋。

五年五月，丁丑，令死罪以下及亡命赎，各有差。

汉安二年，十月，辛丑，令郡国中都官系囚殊死以下，出缣赎，各有差。其不能入赎者，遣诣临羌县居作二岁。甲辰，减百官奉。丙午，禁沽酒，又贷王侯国租一岁。

八、冲帝

建康元年，四月，立皇子炳为皇太子，改元建康，大赦天下，赐人爵。

十月，己卯，零陵太守刘康坐杀无辜下狱死。

十一月，己酉，令郡国中都官系囚，减死一等徙边，谋反大逆，不用此令。

九、质帝

永嘉元年，二月，豫章太守虞续坐赃下狱死。乙酉，大赦天下。

五月，甲午，诏曰："其令中都官系囚，罪非殊死，考未竟者，一切任出，以须立秋。郡国有名山大泽能兴云雨者，二千石长吏各索斋请祷，竭诚尽礼。"

十一月，乙丑，南阳太守韩昭坐赃，下狱死。〔1〕

又中郎将赵序坐事弃市。〔2〕

本初元年，春正月，丙申，诏曰："顷者州郡轻慢宪防，竞逞残暴，造设科条，陷入无罪；或以喜怒，驱逐长吏，恩阿所私，罚枉仇隙，至令守阙诉讼，前后不绝，送故迎新，人离其害，怨气伤和，以致灾眚。其救有司，罪非殊死，且勿案验，以崇在宽。"

---

〔1〕《东观汉记》曰："强赋一亿五千万，槛车征下狱。"
〔2〕《东观汉记》曰："取钱缣三百七五万。"

壬子广陵太守王喜坐讨贼逗留，下狱死。

六月，丁巳，大赦天下。

十、桓帝

本初元年，七月，丙戌，诏曰："其令秩满百石十岁以上，有殊才异行，乃得参选。赃吏子孙，不得察举，杜绝邪伪请托之原。"

建和元年，春正月，诏三公九卿校尉，各言得失。戊午，大赦天下，赐民更劳一岁，灾害所伤，什四以上，勿收田租，其不满者，以实除之。

建和元年，四月，诏州郡不得追胁驱逐长吏，长吏赃满三十万而不纠举者，刺史二千石以纵避为罪。若有擅相假印绶者，与杀人同弃市论。

丙午，诏郡国系囚，减死一等，勿笞，惟谋反大逆，不用此书。又诏曰："比起陵茔，弥历时节，力役既广，徒隶尤勤。其令徒作陵者，减刑各六月。"

十一月，减天下死罪一等，戍边。

二年春正月，甲子，皇帝加元服。庚午，大赦天下。

三年五月，乙亥，诏曰："其自永建元年迄乎今岁，凡诸妖恶，支亲从坐，及吏民减死徙边者，悉归本郡，唯没入者，不从此令。"

九月，己卯，诏死罪以下及亡命者赎，各有差。

和平元年，春正月，甲子，大赦天下，改元和平。十一月，减天下死罪一等，徙边戍。癸酉，大赦天下，改元元嘉。

元嘉二年，十二月，右北平太守和旻坐臧，下狱死。

永兴元年，五月，丙申，大赦天下，改元永兴。十一月，丁丑，诏减天下死罪一等，徙边戍。

二年，春正月，甲午，大赦天下。

二月，辛丑，初听刺史二千石行三年丧服。

癸卯，诏曰："其舆服制度，有逾侈长饰者，皆宜损省。郡县务存俭约，申明旧令，如永平故事。"

九月，其禁郡国不得卖酒。闰月，减天下死罪一等，徙边戍。

永寿元年，春正月，戊申，大赦天下，改元永寿。

二月，敕州郡赈给贫弱，若王侯吏民有积谷者，一切贷十分之三，以助禀贷。其百姓吏民者，以见钱雇直，王侯须新租乃偿。

二年，正月，初听中官得行三年服。

三年，春正月，己未，大赦天下。

延熹元年，六月，戊寅，大赦天下，改元延熹。

延熹二年，三月，复断刺史二千石行三年丧。八，丁丑，帝御前殿，诏司隶尉裴彪，将兵围冀第，收大将军印绶，冀与妻皆自杀，中外宗亲数十人，皆伏诛。太尉胡广坐免。司徒韩縯司空孙朗下狱。〔1〕

三年，春正月，大赦天下。闰月，白马令李云坐直谏，下狱死。

四年，六月，己酉，大赦天下。秋七月，减公卿以下奉，贳王侯半租，占卖关内侯、虎贲、羽林、缇骑营士、五大夫钱各有差。

十月，南阳黄武与襄城惠得，昆阳乐季，讹言相署，皆伏诛。

五年，十月，南郡太守李肃坐奔北弃市。

十一月，京兆尹虎牙都尉宗谦坐赃，下狱死。

八年，三月，辛巳，大赦天下。

八年，五月，苍梧太守张叔为贼所执，又桂阳太守任胤背敌畏懦，皆弃市。

八月，初令郡国有田者，亩敛税钱。

九年，三月，陈留太守韦毅坐赃自杀。

九月，南阳太守成瑨，太原太守刘质，并以谮弃市。（时小黄门赵津犯法，质考杀之。宦官怨恚，有司承旨奏质等。）

十二月，司隶校尉李膺等二百余人，受诬为党人，并坐下狱，书名王府。

永康元年，六月，庚申，大赦天下，悉除党锢，改元永康。〔2〕

十一、灵帝

建宁元年，二月，谒世祖庙，大赦天下，赐民爵及帛各有差。

九月，丁亥，中常侍曹节矫诏诛太傅陈蕃，大将军窦武及尚书令尹勋侍中刘瑜屯骑校尉冯述，皆夷其族，皇太后迁于南宫。

十月，甲辰，日有食之，令天下系囚，罪未决，入缣赎，各有差。

---

〔1〕《东观汉记》曰："并坐不卫宫，止长寿亭，减死一等，以爵赎之。"

〔2〕时李膺等颇引宦者子弟，宦官多惧，请帝以天时当赦，帝许之，故除党锢也。

二年，十月，丁亥，中常侍侯览讽有司，奏前司空虞放，太仆杜密，长乐少府李膺，司隶校尉朱瑀，颖川太守巴肃，沛相荀昱，河内太守魏朗，山阳太守翟超，皆为钩党，下狱，死者百余人，妻子徙边，诸附从者锢及五属。制诏州郡，大举钩党。于是天下豪杰及儒学行义者，一切结为党人。[1]

四年，春正月，甲子，帝加元服，大赦天下，唯党人不赦。

中常侍曹节，王甫疾萌附助太后，诬以谤讪永乐宫，萌坐下狱死。（《窦皇后纪》）

熹平元年，二月，壬午，大赦天下。三月，沛相师迁坐诬罔国王，下狱死。

七月，宦官讽司隶校尉段颖，捕系太学诸生千余人。冬十月，勃汝王悝被诬谋反。丁亥，悝及妻子皆自杀。

三年，二月，己巳，大赦天下。十月，令天下系囚，罪未决，入缣赎。

四年，五月，丁卯，大赦天下。十月，令天下系囚，罪未决，入缣赎。

是月，改平准为中准，使宦者为令，列于内署。自是诸署悉以阉人为丞相。

五年，四月，癸亥，大赦天下。大雩使侍御史行诏狱亭部，理冤枉，原轻系休囚徒。

闰五月，永昌太守曹鸾，坐讼党人弃市。诏党人门生故吏父兄子弟在位者，皆免官禁锢。

十月，辛亥，令天下系囚，罪未决，入缣赎。

光和元年，三月，辛丑，大赦天下。十二月，初开西邸卖官，自关内侯虎贲羽林入钱各有差。[2]私令左右卖公卿，公千万，卿五百万。

二年，四月，丁酉，大赦天下，诸党人禁锢，小功以下皆除之。时上禄长和浮上言，党人锢及五族，有乖典训，帝从之。

三年，春正月，癸酉，大赦天下。八月，令系囚，入缣赎，各有差。

四年，四月，庚子，大赦天下。

五年，七月，癸酉，令系囚，罪未决，入缣赎。

---

[1] 五属，谓五服内亲也。

[2] 《山阳公载记》曰："时卖官二千石二千万，四百石四百万，其以德次应选者半之，或三分之一，于西园立库以贮之。"

六年，三月，辛未，大赦天下。

中平元年，三月，壬子，大赦天下。党人还诸徙者，唯张角不赦。

四月，侍中向栩张钧坐言宦者，下狱死。

十月，皇甫嵩与黄巾贼战于广宗，获张角弟梁，角先死，乃戮其尸。

十二月，己巳，大赦天下，改元中平。

二年，二月，己亥，广阳门外屋自坏，税天下田亩十钱。

二年，十月，前司隶陈耽，谏议大夫刘陶，坐直言下狱死。

三年，春正月，庚戌，大赦天下。十月，前太尉张廷为宦人所谮，下狱死。

四年，春正月，己卯，大赦天下。九月，令天下系囚，罪未决，入缣赎。

是岁，卖关内侯，假金印紫授传世，入钱五百万。

五年，春正月，丁酉，大赦天下。是岁，改刺史，新置牧。

六年，八月，辛未，还宫，大赦天下。

十二、献帝

初平元年，春正月，辛亥，大赦天下。三月，董卓杀太传袁隗，太仆袁基，夷其族。

二年正月，辛丑，大赦天下。

三年正月，丁丑，大赦天下。五月，丁酉，大赦天下。六月，己未，大赦天下。

四年正月，丁卯，大赦天下。六月，雨水，遣侍御裴茂，讯囚狱，原轻系。

兴平元年，正月，辛酉，大赦天下。七月，遣使者洗囚徒，原轻系。是岁，谷一斛五十万，豆麦一斛三十万，人相食啖，白骨委积，帝使侍御史侯汶出太仓米豆，为饥人作糜粥，经日而死者无降，帝疑赈恤有虚，乃于御座前量试作糜，乃知非实，使侍中刘艾出让有司。于是尚书令以下，皆诣省阁谢，奏收侯汶考实。诏曰："未忍致汶于理，可杖五十。"自是之后，多得全济。

二年，正月，癸丑，大赦天下。

建安元年，正月，癸酉，大赦天下。七月，丁丑，大赦天下。

三年，夏四月，遣谒者裴茂率中郎将段煨，讨李催，夷三族。

五年，正月，壬午，曹操杀董承等夷三族。九月，庚午，日有食之，诏九卿校尉郡国守相各一人，皆上封事，靡有所讳。

十三年，八月，曹操杀太中大夫孔融，夷其族。

十七年，五月，诛卫尉马腾，夷三族。

十九年，十一月，曹操杀皇后伏氏，灭其族及二皇子。

二十三年，正月，丞相司直韦晃起兵诛曹操，不克，夷三族。

二十五年，十月，皇帝逊位，魏王丕称天子，奉帝为三阳公，邑一万户，位在诸侯王上，奏事不称官，受诏不拜，以天子车服，郊祀天地，宗庙祖腊，皆为汉制。

宋书刑法志补[*]

丘汉平

（按清郝懿行有《补宋书刑法志》，然系依《宋书》纪传顺序抄录，颇有遗漏。兹去其弊，重就《宋书》摘录，加以整理，供研究法制史者参考焉。）

永初元年，夏六月丁卯，诏大赦天下，其有犯乡论清议，赃污淫盗，一皆荡涤洗除，与之更始。长徒之身，特皆原遣，亡官失爵，禁锢夺劳，一依旧准。

丁丑诏曰："古之王者，巡狩省方，躬览民物，搜扬幽隐，拯灾恤患，用能风泽遐被，远至迩安。朕以寡暗，道谢前哲。因受终之期，托兆庶之上，鉴寐属虑，思求民瘼。才弱事艰，若无津济。夕惕永念，心驰遐域。可遣大使分行四方，旌贤举善，问所疫苦。其有狱讼亏滥，政刑乖愆，伤化扰治，未允民听者，皆当具以事闻。万事之宜，无失厥中。畅朝迁乃眷之旨，宣下民壅隔之情。"

秋七月丁亥，原放劫贼余口没在台府者，诸徙家并听还本土。壬子诏曰："往者军国务殷，事有权制，劫科峻重，施之一时。今王道维新，政和法简，可一除之，还遵旧条。'反叛淫盗三犯补冶士'，本谓一事三犯，终无悛革。主者顷多并数众事而为三，甚违立制之旨，普更申明。"

八月辛酉，开亡叛赦限内首出蠲租布二年，先有资状黄籍犹存者，听复本注。又制有无故自残伤者补冶士，实由政刑烦苛，民不堪命，可除此条。乙亥诏曰："其见刑罪无轻重，可悉原，限百日，以今为始。先因军事所发奴僮，各还本主；若死亡及勋劳破免，亦依限还直。"闰月辛丑，诏曰："主者处案，虽多所咨详，若众官命议，宜令明审，自顷或总称参详，于文漫略。

---

* 本文原刊于《法学杂志（上海 1931）》（第 10 卷）1937 年第 2 期。

自今有厝意者，皆当指名其人。所见不同，依旧继启。"冬十二月辛巳朔，车驾临延贤堂听讼。

二年，春正月辛酉，车驾祠南郊，大赦天下。夏四月戊申，车驾于华林园听讼。六月壬寅，诏曰："杖罚虽有旧科，然职务殷碎，推坐相寻。若皆有其实，则体所不堪。文行而已，非设罚之意。可筹量愞为中否之格。"车驾又于华林园听讼。甲辰，制诸署敕吏四品以下，又府署所得辄罚者，听统府寺行四十杖。八月壬辰，车驾又于华林园听讼。冬十月丁酉，诏曰："兵制峻重，务在得宜。役身死叛，辄考傍亲。流迁弥广，未见其极。遂令冠带之伦，沦陷非所。宜革以弘泰，去其密科。自今犯罪充兵，合举户从役者，便付营押领；其有户统及谪止一身者，不得复侵滥服亲，以相连染。"癸卯，车驾于延贤堂听讼。三年春正月甲辰朔，诏刑罚无轻过，悉皆原降。三月，己未，大赦天下。（《武帝本纪》）

永初三年，转会稽太守。江东民户殷盛，风俗峻刻，强弱相陵，奸吏蜂起。符书一下，文摄相续。又罪及比伍，动相连坐。一人犯吏，则一村废业，邑里惊扰，狗吠达旦。方明深达治体，不拘文法，阔略苛纲，务存纲领。州台符摄，即时宣下。缓民期会，展其办举。郡县监司，不得妄出。贵族豪士，莫敢犯禁。除比伍之坐，判久系之狱。前后征伐，每兵运不充，悉发倩士庶。事既宁息，皆使还本，而属所刻害，或即以补吏。守宰不明，与夺乖舛，人事不至，必被抑塞。方明简汰精当，各慎所宜。虽服役十载，亦一朝从理。东土至今称咏之。（《谢方明传》）

少帝诏曰："平理狱讼，政道所先。朕哀荒在疚，未堪亲览。司空尚书令可率众官，月一决狱。"（《徐羡之传》）

景平元年，秋七月丁丑，以旱，诏赦五岁以下罪人。二年夏五月，乙酉，赦死罪以下。（《少帝本纪》）

元嘉三年二月乙卯，系囚见徒，一皆原赦。（《文帝本纪》）

秋旱，蝗。泰上表曰："《礼》妇人三从之义，而无自专之道。《周书》父子兄弟，罪不相及，女人被宥，由来上矣，谢晦妇女，犹在尚方。始贵后贱，物情之所甚苦。匹妇一室，亦能有所感激。臣于谢氏，不容有情。蒙国重恩，寝处思报。伏度圣心，已当有在。"书奏，上乃原谢晦妇女。（《范泰传》）

二十四年春正月甲戌，大赦天下，系囚降宥。（《文帝本纪》）时郡县田禄，芒种为断。此前去官者，则一年秩禄，皆入前人；此后去官者，则一年秩禄，皆入后人。始以元嘉末改此科，计月分禄。（《阮长之传》）

三十年，夏四月己巳，即皇帝位，大赦天下。赃污清议，悉皆荡除。长徒之身，忧量降宥。（《孝武帝本纪》）

孝建二年，秋九月庚戌，诏在朕受命之前，凡以罪徙放，悉听还本；犯衅之门尚有存者，子弟可随才署吏。三年六月，上于华林园听讼。大明三年，秋七月辛未，大赦天下。尚方长徒奚官奴婢老疾者，悉原放。八月甲子，诏曰："昔姬道方凝，刑法斯厝。汉德初明，奸圄用简。良由上一其道，下淳其性。今民浇俗薄，诚浅伪深。重以寡德，弗能心化。故知方者鲜，趣辟实繁。向因巡览，见二尚方徒隶，婴金屡校，既有矜复，加国庆民和，独隔凯泽，益以惭焉。可详所原宥。"

九月己巳，诏曰："夫五辟三刺，自古所难。巧法深文，在季弥甚。故沿情察讼，鲁师致捷；市狱勿扰，汉史飞声。廷尉远迩疑谳，平决攸归，而一蹈幽圄，动逾时岁。民婴其困，吏容其私。自今囚至辞具，并即以闻，朕悉详断，庶无留狱。若繁文滞劾，证逮遝广，必须亲察，以尽情犯。"自后依旧听讼。冬十二月戊午，上于华林园听讼。四年，春正月乙亥，大赦天下，尚方徒繁，及逋租宿债，大明元年以削，一皆原除。五年二月癸巳，诏曰："顷化弗能孚，而民未知禁，道役违调，起触刑纲。凡诸逃亡，在今昧爽以前，悉皆原赦。已滞圄圉者，释还本役。近籍改新制，在所承用，殊谬实多。可普更符下，听以今为始。若先已犯判，亦同荡然。"五月丙辰，车驾幸阅武堂听讼。八月丁卯，行幸琅琊郡，囚系悉原遣。十一月壬辰，诏曰："王畿内奉京师，外表众夏，民殷务废，宜思简惠。可遣尚书，就加详检，并与守宰，平治庶狱。其有疑滞，具以状闻。"五月庚辰，九月甲申，皆于华林园听讼。十二月己未，上于华林园听讼。辛巳，车驾幸廷尉寺，凡囚系咸悉原遣。七年，夏四月甲子，诏曰："自非临军战陈，一不得专杀。其罪甚重辟者，皆如旧先上，须报有司，严加听察。犯者，以杀人罪论。"八月丁巳，诏曰："近道刑狱，当亲料省。其王畿内及神州所统，可遣尚书与所在共讯。畿内诸州，委之刺史并讯。省律令，思存利民。其考谪贸袭在大明七年以前，一切勿治。"乙丑，车驾幸建康秣陵县，讯狱囚。九月乙未，车驾幸廷尉，讯狱囚。十月戊申，诏曰："狱系刑罪，并亲听讼。其士庶或怨郁危滞，受抑吏司；或隐约洁立，负摈州里，皆听进朕前，面自陈诉。"癸丑，行幸江宁县，讯狱囚。冬十一月丙子，曲赦南豫州殊死以下。乙酉，上于行所讯溧阳永世丹阳县囚。乙未，原放行狱徒系东郡大狱。十二月丙午，行幸历阳。甲寅，大赦天下。南豫州别署敕系长徒，一切原散。其兵期考袭谪戍，悉停八年。春正月甲戌，诏曰："其以仗自防，悉勿禁。"（《孝武帝本纪》）

永光元年，春正月乙未朔，改元，大赦天下。十一月丁未，皇子生，大赦天下。赃污淫盗，悉皆原除。（《前废帝本纪》）

泰始二年，春三月癸丑，原赦扬南徐二州囚系，凡逋亡一无所问。（《明帝本纪》）

四年，秋九月戊辰，诏曰："夫愆有小大，宪随宽猛。故五刑殊用，三典异施。而降辟次纲，便暨钳挞，求之法科，差品滋远。朕务存钦恤，每有矜贷，寻创制科罪，轻重同之。大辟即事原情，未为详衷。自今凡窃执官仗，拒战逻司，或攻剽亭寺及害吏民者，凡此诸条，悉依旧制。五人以下相逼夺者，可特赐黥刖，投畀四远，仍用代杀，方古为优。全命长户，施同造物。庶简惠之化，有孚群萌，好生之德，无漏幽品。"庚午，曲赦扬南徐兖豫四州。五年，春三月丙寅，车驾幸中堂听讼。六年，春二月癸丑，皇太子纳妃。甲寅，大赦天下，巧注从军，不在赦例。冬十月己酉，车驾幸东堂听讼。十二月癸巳，太宗遣张永沈攸之北讨。薛安都大惧，遣使引房，永攸之败退。房攻清冀二州并克，执沈文秀崔道固。又下书："朕承天序，临御兆民，元元之命，甚可哀愍。其曲赦淮北三州之民，自天安二年正月三十日壬寅昧爽之前，诸犯死罪以下系囚见徒，一切原遣；唯子杀父母，孙杀祖父母，弟杀兄，妻杀夫，奴杀主，不从赦例。若亡命山泽，百日不首，复其初罪。今阳春之初，东作方兴。三州之民，各安其业，以就农桑。有饥穷不自存，通其市粜之路，镇统之主，勤加慰纳。遵用轻典，以莅新化。若绥导失中，令民逃亡，加罪无纵。"（《索虏传》）

以边难未息，制父母陷异域，悉使婚宦。七年，夏四月辛丑，减天下死罪一等，凡赦系悉遣之。八月庚寅，以疾愈，大赦天下。（《明帝本纪》）

元徽元年，春正月戊寅朔，改元，大赦天下。壬寅，诏曰："夫缓法昭恩，裁风茂典，蠲宪贷眚，训俗彝义。今开元肆宥，万物维新。自元年以前赃罪徙放者，悉听还本土。"

秋八月，京师旱，甲寅，诏曰："朕以眇疚，未宏政道。囹圄尚繁，枉滞犹积。夕厉晨矜，每恻于怀。尚书令可与执法以下就讯众狱，使冤讼洗遂，

困弊昭苏。颁下州郡，咸令无壅。"（《后废帝本纪》）

昇明元年，改元，大赦天下。二年，冬十月壬寅，立皇后谢氏，减死罪一等，五岁刑以下悉原。（《顺帝本纪》）

弘奏弹谢灵运曰："臣闻闲厥有家，垂训《大易》。作威专戮，致诫《周书》。斯典或违，刑兹无赦。世子左卫率康乐县公谢灵运，力人桂兴，淫其嬖妾。杀兴江涘，弃尸洪流。事发京畿，播闻遐迩。宜加重劾，肃正朝风。案世子左卫率康乐县公谢灵运，过蒙恩奖，频叨荣授。闻礼知禁，为日已久。而不能防闲阃闱，致兹纷秽。罔顾宪轨，恣杀自由。此而勿治，典刑将替。请以见事免灵运所居官，上台削爵土，收付大理治罪。御史中丞都亭侯王准之显居要任，邦之司直，风声噂沓，曾不弹举。若知而弗纠，则情法斯挠。如其不知，则尸昧已甚，岂可复预班清阶？式是国宪，请免所居官。以侯还散辈。中内台旧体，不得用风声举弹。此事彰赫，暴之朝野。执宪蔑闻，群司循旧。国典既颓，所亏者重。臣弘忝承人乏，位副朝端，若复谨守常科，则终莫之纠正。所以不敢拱默，自同秉彝。违旧之愆，伏须准裁。"高祖令曰："灵运免官而已，余如奏。端右简正风轨，诚副所期，岂拘常仪？自今为永制。"（《王弘传》）

弘博练治体，留心庶事，斟酌时宜，每存优允，与八坐丞朗疏曰："同伍犯法，无士人不罪之科。然每至诘谪，辄有请诉。若垂恩宥，则法废不可行；依事纠责，则物以为苦怨。宜更为其制，使得忧苦之衷也。又主守偷五匹，常偷四十匹，并加大辟，议者咸以为重。宜进主偷十匹、常偷五十匹死，四十匹降以补兵。既得少宽民命，亦足以有惩也。想各言所怀。"左丞江奥议："士人犯盗赃不及弃市者，刑竟，自在赃污淫盗之目。清议终身，经赦不原。当之者足以塞愆，闻之者足以鉴诫。若复雷同群小，谪以兵役，愚谓为苦。符伍虽比屋邻居，至于士庶之际，实自天隔。舍藏之罪，无以相关。奴客与符伍交接，有所藏蔽，可以得知，是以罪及奴客，自是客身犯愆，非代郎主受罪也。如其无奴，则不应坐。"右丞孔默之议："君子小人，既杂为符伍，不得不以相检为义。士庶虽殊，而理有闻察。譬百司居上，所以下不必躬亲而后同坐，是故犯违之日理自相关。今罪其养子典计者，盖义存戮仆。如此，则无奴之室，岂得宴安？但既云复士，宜令输赎。常盗四十匹，主守五匹，降死补兵，虽大存宽惠，以纾民命，然官及二千石及失节士大夫，时有犯者，罪乃可戮，恐不可以补兵也。谓此制可施小人，士人自还用旧律。"尚书王准之议："昔为山阴令，士人在伍，谓之押符同伍，有愆得不及坐，士人有罪，符伍纠之。此非士庶殊制，实使即刑当罪耳。夫束修之胄，与小人隔绝，防检无方，宜及不逞之士。事接群细，既同符伍，故使纠之。于时行此，非唯一处。"左丞议："奴客与邻伍相关，可得检察。符中有犯，使及刑坐。即事而求，有乖实理。有奴客者，类多使役，东西分散，住家者少；其有停者，左右驱驰，动止所须，出门甚寡。典计者在家，十无其一。奴客坐伍，滥刑必众，恐非立法当罪本旨。"右丞议："士人犯偷不及大辟者，宥补兵。虽欲弘士，惧无以惩邪。乘理则君子，违之则小人。制严于上，犹冒犯之。以其宥科，犯者或众。使畏法革其心，乃所以大宥也。且士庶异制，意所不同。"殿中郎谢元议，谓："宜先治其本，然后其未可理。本所以探士大夫于符，而未所以检小人邪，可使受检于小人邪？士犯坐奴，是士庶天隔，则士无弘庶之由。以不知而押之于伍，则是受检于小人也。然则小人有罪，士人无事。仆隶何罪，而令坐之？若以实相交关，贵其闻察，则意有未因。何者，名实殊章，公私异令。奴不押符，是无名也。民乏资财，是私贱也。以私贱无名之人，预公家有实之任，公私混淆，名实非允。由此而言，谓不宜坐，还从其主，于事为宜。无奴之士，不在此例。若士人本检小人，则小人有过已应获罪，而其奴则义归戮仆。然则无奴之士，未合宴安。使之输赎，于事非谬。二科所附，惟制之本耳。此自是辨章二本，欲使各从其分。至于求之管见，宜附前科，区别士庶，于义为美。盗制按左丞议，士人既终不为兵革，幸可同宽宥之惠，不必依旧律，于议咸允。"吏部郎何尚之议："按孔右丞议士人坐符伍为罪，有奴罪奴，无奴输赎。既许士庶缅隔，则闻察自难。不宜以难知之事，定以必知之法。夫有奴不贤，无奴不必不贤。今多僮者傲然于王宪，无仆者怵迫于时纲。是为恩之所沾，恒在程卓。法之所设，必加颜原。求之鄙怀，窃所未惬。谢殿中谓奴不随主，于名分不明，诚是有理。然奴仆实与闾里相关，今都不问，恐有所失。意同左丞议。"弘议曰："寻律令既不分别士庶，又士人坐同伍罹谪者，无处无之，多为时恩所宥，故不尽亲谪耳。吴及义兴，适有许陆之徒，以同符合给。二千石论启丹书已未问。会稽士人云，十数年前，亦有四族坐比被责，以时恩获停，而王尚书云，人旧无同伍坐，所未之解。恐莅任之日，偶不值此事故邪？圣明御世，士人诚不忧至苦，然要须临事论通，上干天听，为纷扰不如近为定科，使轻重有节也。又寻甲符制，蠲士人不传符耳。令史复除，亦得如之。共相押领，有违纠列，了无等衰，非许士人间里之外也。诸议云士庶缅绝，不相参知，则士人犯法，庶民得不知。若庶民不许不知，何许士人不知？小民自非超然简独永绝尘秕者。比门接栋，小以为意，终自闻知，不必须日夕来往也。右丞百司之言，粗是其况。如衰陵士人实与间巷关通，相知情状，乃当于冠带小民。今谓之士人，便无小人之坐，署为小民，辄受士人之罚。于情于法，不其颇欤？且都令不及士流，士流为轻，则小人令使微预其罚，便事至相纠。间伍之防，亦谓不同，谓士人可不受同伍之谪耳。罪其奴客，庸何伤邪？无奴客可令输赎，又或无奴僮为众所明者，官长二千石便当亲临列上，依事遣判。偷五匹四十匹谓应见优量者，实以小吏无知，临财易昧。或由疏慢，事蹈重科。求之于心，常有可愍，故欲小进匹数，宽其性命耳。至于官长以上，荷蒙禄荣。付以局任，当正己明宪，检下防非，而亲犯科律，乱法冒利，五匹乃已为弘矣。士人无私相偷四十匹理，就使至此，致以明罚，固其宜耳。并何容复加哀矜？且此辈士人，可杀不可谪。有如诸论，本意自不在此也。近闻之道路，聊欲共论不呼，乃尔难禁。既众议纠纷，将不如其已。若呼不应停寝，谓宜集议奏闻，决之圣旨。"太祖诏卫军议为允。（《王弘传》）

义熙十四年，大司马府军人朱兴妻周坐息男道扶，年三岁，先得痫病，周因其病发，掘地生埋之，为道扶姑女所告。正周弃市刑，羡之议曰："自然之爱，虎狼犹仁。周之凶忍，宜加显戮。臣以为法律之外，故尚宏物之理。母之即刑，由子明法。为子之道，焉有自容之地？虽伏法者当罪，而在宥者靡容。愚谓可特申之遐裔。"从之。（《徐羡之传》）

元嘉元年，时有民黄初妻赵杀子妇，遇赦应徙送，避孙仇。义庆曰："案《周礼》父母之仇，避之海外，虽遇市朝，斗不反兵。盖以莫大之冤，理不可夺。含戚枕戈，义许必报。至于亲戚为戮，骨肉相残，故道乖常宪，记无定准。求之法外，裁以人情。且礼有过失之宥，律无仇祖之文。况赵之继暴，本由于酒。论心即实，事尽荒耄之王母，等行路之深仇。臣谓此孙忍愧衔悲，不违子义，共天同域，无亏孝道。"（《宗室传》）

渊之，大明中，为尚书比部郎。时安陆应城县民张江陵与妻吴共骂母黄令死，黄忿恨自经死，值赦。《律》："子贼杀伤殴父母，枭首；骂詈，弃市；谋杀夫之父母，亦弃市；值赦免刑，补冶。"江陵骂母，母以之自裁，重于伤殴。若同杀科则疑重；用殴伤及骂科则疑轻。《制》唯有打母遇赦犹枭首，无骂母致死值赦之科。渊之议曰："夫题里逆心，而仁者不入。名且恶之，况乃人事？故殴伤咒诅，法所不原；詈之致尽，则理无可宥。罚有从轻，盖疑失善。求之文旨，非此之谓。江陵虽值赦恩，故合枭首。妇本以义，爱非天属。黄之所恨，情不在吴。原死补冶，有允正法。"诏如渊之议，吴免弃市。（《孔季恭传》）

先是，刘式之为宣城立吏民亡判制：一人不禽，符伍里吏，送州作部，若获者，赏位二阶。景平中，玄保以为非宜，陈之曰："臣伏寻亡叛之由，皆出于穷逼，未有足以推存而乐为此者也。今立殊制，于事为苦。臣闻苦节不可贞，惧致流弊。昔龚遂譬民于乱绳，缓之然后可理。黄霸以宽和为用，不以严刻为先。臣愚以谓单身逃役，便为尽户。今一人不测，坐者甚多，既惮重负，各为身计。牵挽逃窜，必致繁滋，又能禽获叛身，类非谨惜。既无堪能，坐陵劳吏。名器虚假，所妨实多。将阶级不足供赏，服勤无以自劝。又寻此制，施一邦而已。若其是邪，则应与天下为一。若其非邪，亦不宜独行一郡。民离忧患，其弊将甚！臣忝守所职，惧难遵用。致率管穴，冒以陈闻。"由此此制得停。大明初，羊希为尚书左丞。时扬州刺史西阳王子尚上言："山湖之禁，虽有旧科，民俗相因，替而不奉。爁山封水，保为家利。自顷以来，颓弛日甚。富强者兼领而占，贫弱者薪苏无讬。至渔采之地，亦又如兹。斯实害治之深弊，为政所宜去绝。损益旧条，更申恒制。"有司检《壬辰诏书》："占山护泽，强盗律论。赃一文以上，皆弃市。"希"以壬辰之制，其禁严刻。事既难遵，理与时弛。而占山封水，渐染复滋，更相因仍，便成先业。一朝顿去，易致嗟怨。今更刊革立制五条：凡是山泽，先常爁炉，种养竹木，杂果为林，及陂湖江海鱼梁鳅䱅场常加功修作者，听不追夺。官品第一第二，听占山三顷；第三第四品，二顷五十亩；第五第六品，二顷；第七第八品，一顷五十亩；第九品及百姓，一顷。皆依定格，条上赀簿。若先已占山，不得更占。先占阙少，依限占足。若非前条旧业，一不得禁。有犯者，水上一尺以上，并计赃，依常盗律论。停除咸康二年壬辰之科"。从之。（《羊玄保传》）

时会稽剡县民黄初妻赵，打息戢妻王死亡，遇赦，王有父母及息男称，息女叶，依法徙赵二千里外。隆议之曰："原夫礼律之兴，盖本之自然，求之情理，非从天堕，非从地出也。父子至亲，分形同气。称之于戢，即戢之于赵，虽云三世，为体犹一，未有能分之者也。称虽创巨痛深，固无仇祖之义。若称可以杀赵，赵当何以处戢。将父子孙祖互相残戮，惧非先王明罚，咎繇立法之本旨也。向使石厚之子，日䃅之孙，砥锋挺锷，不与二祖同载天日，则石碏秺侯，何得流名百代以为美谈者哉？旧令云：'杀人父母，徙之二千里外，不施父子孙祖明矣。赵当避王期功千里外耳。'令亦云：'凡流徙者，同籍亲近欲相随者，听之。'此又大通情体，因亲以教爱者也。赵既流移，载为人子，何得不从？载从而称不行，岂名教所许？如此，称赵竟不可分。赵难内愧终身，称当沉痛没齿。孙祖之义，自不得永绝，事理固然也。"从之。（《傅隆传》）

唐律并合罪说[*]

董　康

　　犯人于裁判前犯数个之行为，为事实所恒有。而从刑法之处分观，则有俱发罪，并合罪之别。此问题为总则中最有兴味之问题，亦为研究法律进步上最有价值之问题也。吾国自明以来，于此问题，以俱发罪标目，易言之即吸收主义，所谓从一重论是。然各国亦不尽认同。英则专绝对并科，当见该国法律规定三款：

　　（A）犯轻罪二罪以上者，从各犯科罪。

　　（B）犯禁锢或徒役二罪以上者，于一刑期满后，复宣告一刑。

　　（C）既为他之犯罪处禁锢发觉重罪时，满期之后，得更宣告禁锢之刑。又已处禁锢或徒役后发觉余罪，宣告徒刑时，从其前之禁锢或徒役满期中计算时期，不妨超过其禁锢或徒刑之定限。

　　历行并科，殊觉过酷。英为世界保守之国，尚在遵行。其余大率采用限制并科主义，折衷于俱发罪、并科罪二者之间，各有绵密之规定。趋重吸收者，则绝对无之也。

　　吾国俱发罪之发轫。依吾乡孙渊如^{〔1〕}观察《尚书古今文疏证》：权兴于《吕刑》"上刑适轻下服，下刑适重上服，轻重者罚有权"数语。^{〔2〕}（《书疏》上刑适轻，下刑适重，皆为一人有二罪。上刑适轻者，若今律重罪应赎，轻罪应居作官当，以居作官当为重，是为上刑适轻。下刑适重者，若二罪俱是

　　* 本文原刊于《法学季刊（上海）》（第 4 卷）1930 年第 5 期。原文未采用现代标点符号，仅以"。"表示断句。文中标点为编者所加。

　　〔1〕 孙星衍（1753～1818 年），字伯渊，一字渊如，号季逑。江苏阳湖县（今属江苏省常州市）人，祖籍安徽濠州，清代经史学家，考据学者，金石学家。——校勘者注。
　　〔2〕 参见《尚书·吕刑》。——校勘者注。

赃罪，罪从重科，轻赃亦备，是为轻并数也。）累朝法律，散佚无征。唯唐律为宋以后所沿用，保留至今。关于此问题，与明清律迥异。兹举第六卷“二罪从重”条[1]诠释如后。本条细别之，约为三项：

一、二罪从重，等者从一

其文云：“二罪以上俱发，以重者论。（谓非应累者，唯具条其状，不累轻以加重。若重罪应赎，轻罪应居作官当者，以居作官当为重。）等者，从一。若一罪先发，已经论决，其轻若等，勿论；重者更论之，通计前数，以充后数。”以重者论，例如一犯徒三年、一犯流二千里，则科以流二千里之罪。徒罪为流罪所吸收。判牍中仍应叙其事实，兹注所举。因唐时制度，每因阶级致刑罚区分轻重。例如甲过失折跌人肢骨[2]、体损二事，应流三千里收赎；另犯瞎人一目，应徒三年。白丁即居作，职官即官当。徒罪虽轻于流罪，居作官当究重于收赎。是宜从权更其例，以居作官当为重也。等者从一，若两犯流或徒、道里及年限俱相同者，则从一罪科之。据此二例，俱科一罪。若遇先后发觉，则设通计之法，以防逾越法定之期限。

二、赃罪等之累科

其文云：“即以赃致罪，频犯并累科。若罪法不等者，即以重赃并满轻赃，各倍论。（累，谓止累见发之赃。倍，谓二尺为一尺。不等，谓以强盗、枉法等赃，并从窃盗受所监临之类。）即监视主司因事受财而同事共与者。若一事频受及于监守频盗者，累而不倍。”此律隐分三层：（一）以赃致罪之累科。此为赃罪内之较轻者，与子注因事受财不同。如一日频受，或数人同时致送，俱累各主之数，折半科罪，故名累科。[3]（二）罪法不等之累科。（疏议：“‘罪法不等者’，为犯强盗、枉法、不枉法、窃盗、受所监临等，并是轻重不等。‘即以重赃并满轻赃’，假令县令受财枉法六疋，合徒三年；不枉法十四疋，亦合徒三年；又监视外窃盗二十九疋，亦徒三年；强盗二疋，亦合徒三年；受所监临四十九疋，亦合徒三年。准此以上五处赃罪，各合徒

---

[1] 《唐律疏议》总第45条。——校勘者注。

[2] “肢”原文作“支”，现据今日通常用法改正。——校勘者注。

[3] 疏议云：“一日之中，三处受绢一十八疋，或三人共出一十八疋，同时送者，倍为九疋。”此指绢各为六疋适均者而言。若其中数有参差，即罪分轻重，仍依二罪从重论矣。

三年，累于受所监临总一百疋，仍倍为五十疋，合流二千里之类。")[1]

（三）累而不倍。即子监主因事受财之同事共与，一事频受，及频盗三次，特取散重，以为本条之例外。

三、一事分为二事之累科

其文云："其一事分为二事，罪法若等，则累论；罪法不等者，重法并满轻法。（罪法等者，谓若贸易官物，计其等准盗论，计所利以盗论之类。罪法不等者，谓若请官器仗，以亡失并从毁伤，以考校不实并从失不实之类。）累并不加重者，止从重。"本条分两款，亦仍指本法而言。第一款罪法相等，疏议所举两例，计赃定数同一罪名者，故累其各本条之赃而科以加等之刑也。第二款罪法不等，各本条罪分轻重而现犯之赃适均，故以重法并入轻法而科以加重之刑也。若累并后罪名并不加重，仍从一重论之。例如耕科人田三十亩，内二十亩窃种，十亩强种。窃种二十亩系轻法，应答五十；强种十亩系重法，应答四十。累为三十亩，倍作十五亩，并不加重于答五十，仍从重科以盗耕种二十亩，答五十也。

其末复云：

"其应除、免、倍、没、备、偿、罪止者，各尽本法。"

此句结束全条。虽以上有种种不同之点，而各条有附带条件。例如职官犯罪，除依律科罪外，仍应除名或免官；又如封财产罪，应倍没备偿，不能因轻罪已被吸收，而免除其财产上之责任。罪止者，论罪未达极端，揆情应有制限。旧律此类不遑缕举。不能因累并从严而失其效力也。

以上第一项为吸收法，第二第三项为限制之并科法。专于受赃暨含有赔偿损害等条。盈朒虽殊，具有深理。由是观之，发明并科法理，早于欧西殆千余年。今颁定刑法，蕲合大同法制，专设并科罪章，毋宁谓恢复贞观前规而加以充分之修正也。

---

[1] 疏议缕举各例，勿得凝看。本条所谓罪法不等，乃指各本法有轻重，现犯时罪无轻重也。假如所举第一例，系令受财枉法六疋一尺，或第四例强盗二疋一尺，俱应流二千五百里，亦应依二罪从重论矣。

未遂罪在《唐律》及《刑法》之比较观[*]

贺圣鼐^{**}

夫犯罪之行为，在成立之前，须经一定顺序，方能完全。是为行为之阶级，细别之得分为表示犯意、阴谋、预备、着手、实行五种。然着手实行之后，未必皆有犯罪之结果。往往因意外之障碍，而不遂其犯罪行为，是谓之未遂。未遂罪之成立，须具备下列[1]各要素。第一，须有一定犯罪之故意；第二，须系着手实行，或终结实行其犯罪行为；第三，因意外之障碍而不遂。阴谋及预备为着手前之顺序，在《唐律》但谋即坐，虽为罚未遂之特例，未有精密之区别。在《刑法》则时间显分先后，其处分较未遂为轻。兹不佞将《唐律》之未遂罪逐条列举，与《刑法》之未遂互作比较，以明新旧刑法异同，以备立法者之参考。

按《唐律》重事实，其编纂之法疏，而《刑法》重理论，编纂之法密。以密比疏，难期锱铢相称。况《唐律》与《刑法》相去数千年之久，其法律进化，由简趋繁，古之所无者，今则详定律文。例如妨害选举罪、鸦片罪，皆为《唐律》所未备。以之相比，恐为事实上所不许。故本篇未遂罪之列举者，仅以《唐律》及《刑法》二者俱备者为限。此外，《唐律》之从犯及缘坐等，并不合国体者，概付阙如。

---

* 本文原刊于《法学季刊（上海）》（第 4 卷）1930 年第 4 期。原文未采用现代标点符号，文中标点为编者所加。

** 贺圣鼐，1927 年毕业于东吴大学法学院（第 10 届），获法学学士学位；后于 1930 年获得法学硕士学位（第 13 届）。

[1]"下列"原文作"左列"，现据今日通常用法改正。——校勘者注

一、《唐律》与《刑法》之未遂罪对照

公共危险物罪

《唐律》卷第十六《擅兴律》"私有禁兵器条"："诸私有禁兵器者，徒一年半。（谓非、弓、箭、刀、盾矛者。）弩一张，加二等；甲一领及弩三张，流二千里；甲三领及弩五张绞。私造者，各加一等。（甲，谓皮、铁等。具装与甲同。即得阑遗，过三十日不送官，者同私有法。）造未成者，减二等。即私有甲、弩，非全成者，杖一百；余非全成者，勿论。"

《刑法》第一百八十七条："放火烧毁现供人使用住宅，或现有人所在之建筑物、矿坑、火车、电车，或其他行驶水陆空之舟车者。"《刑法》第一百八十八条："放火烧毁现非供人使用之他人所有住宅，或现无人所在之他人所有建筑物、矿坑、火车、电车，或其他行驶水陆空之舟车者。"《刑法》第一百九十二条："决水浸害现供人使用之住宅，或现有人所在之建筑物、矿坑、火车、电车者。"《刑法》第一百九十三条："决水浸害现非供人使用之他人所有住宅，或未有人所在之他人所有建筑物或矿坑者。"《刑法》第一百九十五条："决溃堤防、破坏自来水池，致生公共之危险者。"《刑法》第一百九十七条："倾覆破坏现有人所在之火车、电车，或其他行驶水陆空之舟车者。"《刑法》第一百九十八条："损坏轨道、灯塔、标识，或以他法致生火车、电车，或其他行驶水陆空水舟车往来之危险者。"《刑法》第一百九十九条："损坏、壅塞陆路、水路、桥梁，或其他供公众往来之设备，致生往来之危险者。"《刑法》第二百条："供犯罪之用，制造、持有炸药、棉花药、雷汞及其他相类之爆裂物，或自外国输入者。"《刑法》第二百零一条："未受允准制造，或持有前条之物，或自外国输入者。"《刑法》第二百零三条："损坏矿坑、工厂，或其他相类之场所，关于保护生命之设备，致生危险于他人生命者。"《刑法》第二百零四条："投放毒物，或混入妨害卫生物品于供公众所饮之水源水道，或自来水池者。"

外患罪

《唐律》卷第七十"谋叛条"："诸谋叛者凌，已上道者，皆斩。即亡命

山泽，不从追唤者，以谋叛论。其抗拒将吏者，以已上道论。"《疏议》云：
"谋叛者，谓欲背国投伪。始谋未行事发者，即未遂之意。故亡命山泽者，准
未遂也。"

《刑法》第一百零七条："通谋外国，使该国或他国对民国开战端者。"
《刑法》第一百零八条："通谋外国，使民国领域属该国或他国。"《刑法》第
一百零九条："在敌军执役，或与敌国械抗民国，或同盟者。"《刑法》第一
百十条："与外国开战，或将开战，以军事上利益供敌国，不利益害民国或同
盟国者。"《刑法》第一百十二条："与外国开战，或将开战，供军械、弹药，
及其他战斗用物品，交付敌国者。"《刑法》第一百十四条："漏泄交付关于
国防应秘密之文书、图画、消息或物品者，漏泄或交付前项所揭之文书、图
画、消息或物品，于外国者。"

杀人罪

《唐律》卷第十七《贼盗律》"谋杀府主等官"条："诸谋杀制使，若本
属府主、刺史、县令，及吏卒谋杀本部五品以上官者，流二千里；已伤者绞，
已杀者皆斩。""谋杀期亲尊长"条："诸谋杀期亲尊长、外祖父母、夫之祖
父母、父母者，皆斩。诸谋杀缌麻以上尊长者，流二千里。已伤者绞，已杀
者皆斩。即尊长谋杀卑幼者，各依故杀罪减二等；已伤者减一等，已杀者依
故杀法。""部曲奴婢杀主条"："诸部曲奴婢谋杀主者，皆斩。谋杀主之期亲
及外祖父母者绞。已伤者皆斩。""谋杀故夫父母"条："诸妻妾谋杀故夫之
祖父母、父母者，流二千里。已伤者绞，已杀者皆斩。部曲奴婢谋杀旧主者，
罪亦同。""谋杀人"条："诸谋杀人者，徒三年；已伤者绞，已杀者斩。从
而加功者绞，不加功者流三千里。造意者，虽不行，仍为首。即从者不行，
减行者一等。"

《刑法》第二百八十八条："杀人者。"《刑法》第二百八十三条："杀直
系尊亲属者，杀旁系尊亲属者。"《刑法》第二百八十四条："犯杀人罪出于
预谋，或肢解折割，或其他残忍之行为者。"《刑法》第二百八十五条："杀
人罪，意图便利犯他罪，及免犯罪之处罚，或防护犯罪所得之利益者。"《刑
法》第二百八十六条："当场激于义愤而杀人者。"《刑法》第二百八十七条：
"母于生产，或甫生产，杀私生子者。"《刑法》第二百九十条："杀唆帮助他
人使自杀，或受嘱托及得承诺而杀之者。"

脱逃罪

《唐律》卷第十七《贼盗律》"劫囚"条："诸劫囚者，流三千里；伤人及劫死囚者绞，杀人者皆斩。（但劫即坐，不须得囚。）"《疏议》云："'但劫即坐，不须得囚'，谓以威若力强劫囚者，即合此坐，不须要在得囚。"从未遂方面规定，若窃而未得，《疏议》谓"窃"计已行，未离禁处者，减所窃囚二等罪。未得死囚者，徒三年；未得流囚者，徒二年之类"，则未遂有减杀也。

《刑法》第一百七十条："因人脱逃者，损坏械具，或以强暴胁迫犯前项之罪者。聚众以强暴胁迫犯第一项罪之助势、首谋，及下手实施者。"《刑法》第一百七十一条："盗取囚人，或便利其脱逃者。损坏械具，或以强暴胁迫犯前项之罪者。聚众以强暴胁迫犯第一项罪之助势、首谋，及下手实施者。"《刑法》第一百七十二条："公务员或佐理人于职务上盗取囚人，或便利其脱逃者。"

恐吓罪

《唐律》卷第十七《贼盗律》"规避执人"条："诸有所规避而执持人为质者，皆斩。部司及邻伍知见，避质不格者，徒二年。（质期以上亲及外祖父母者，听身避不格）"按本条之未遂罪，即为本律之"恐吓取人财物"条："诸恐吓取人财物者，（口恐吓亦是。）准盗论加一等。"则未遂有减刑也。

《刑法》第三百七十条："意图为自己或第三人不法之所有，以恐吓使人将本人或第三人所有物交付者。以前项方法得财产上不法之利益，或使第三人得之者。"《刑法》第三百七十一条："掳人勒赎者，因而致被害人于死及重伤者。"

亵渎祀典及侵害坟墓尸体罪

《唐律》卷第十九《贼盗律》"发冢"条："诸发冢者，加役流。（发彻即坐。招魂而葬，亦是。）已开棺椁者绞，发而未彻者徒三年。"

《刑法》第二百六十二条："损坏、遗弃、侮辱，或盗取尸体者。损坏、遗弃或盗取遗骨、遗发、殓物，或火葬之遗灰者。"《刑法》第二百六十三条："发掘坟墓者。"

抢夺、强盗及海盗罪

《唐律》卷第十九《贼盗律》"强盗"条："诸强盗，（谓以威若力而取其财，先强后盗、先盗后强等。若与人药酒及食，使狂乱取财，亦是。即得阑遗之物，殴击财主而不还；及窃盗发觉，弃财逃走，财主追捕，因相拒捍：如此之类，事有因缘者，非强盗。）不得财徒二年。"

《刑法》第三百四十三条："意图为自己或第三人不法之所有，而抢夺他人财物者。"《刑法》第三百四十四条："犯前条第一项之罪，而有第三百三十八条情形之一者。"《刑法》第三百四十六条："意图为自己或第三人不法之所有，强暴、胁迫、药剂、催眠术，或他法致使不能抗拒，而取他人所有财物，或使其交付者。以前项方法，得财产上不法之利益，或使第三人得之者。"《刑法》第三百四十八条："犯强盗罪而有第三百八十八条情形之一者。"

窃盗罪

《唐律》卷第十九《贼盗律》"窃盗"条："诸窃盗，不得财笞五十。"

《刑法》第三百三十七条："意图为自己或第三人不法之所有，而取他人所有物者。"《刑法》第三百三十八条："犯窃盗罪，于夜间侵入住宅等（文长节录）行为之一者。"

侵占罪

《唐律》卷第十九《贼盗律》"监临主守自盗"条："诸监临主守自盗，及盗所监临财物者，（若亲王财物而监守自盗，亦同。）加凡盗二等。"按前条"窃盗不得财，笞五十"，此加二等，则为杖七十，亦科未遂也。

《刑法》第三百五十六条："意图为自己或第三人不法之所有，侵占自己持有之他人所有物者。"《刑法》第三百五十七条："对于公务上或业务上所持有之物，犯前条之罪者。"

妨害婚姻及家庭罪

《唐律》卷第二十《贼盗律》"略人略卖人"条："诸略人略卖人（不和为略，十岁以下虽和，亦同略法）为奴婢者，绞：为部曲者，流三千里；为妻妾子孙者，徒三年。（因而杀伤人者，同强盗法。）和诱者，各减一等。若和同相卖为奴婢者，皆流二千里；卖未售者，减一等。"《疏议》云："其略人拟为奴婢不得，又不伤人，以强盗不得财徒二年。拟为部曲，徒一年；拟为妻妾子孙者，徒一年。"

《刑法》第二百五十七条："和诱略诱未满二十岁之男女，脱离享有亲权人、监护人，或保佑人者。竟图营利或为猥亵行为，或奸淫，而犯前项之罪者。移送被诱人于领域外者。"

伤害罪

《唐律》卷第二十一《斗讼律》"兵刃斫射人"条："诸斗以兵刃斫射人不著者，杖一百。"又"斗欧杀人用兵刃"条："不因斗，故殴伤人者，加斗殴伤罪一等。"按此二条，前者明指未遂，而后者若系不成伤，亦应科普通殴不成伤加一等，亦含有未遂之意也。

《刑法》第二百九十四条："施用足以致死或重伤之方法，而伤害人者。"

伪造文书印文罪

《唐律》卷第二十五《诈伪律》"伪写官文书印"条："诸伪写官文书印者，流二千里。余印徒一年。（写，谓仿效而作，亦不录所用。）即伪写前代官文书印，有所规求，封用者，徒二年。（因之得成官者从诈假法。）"按此条不录所用，亦即上条疏议，不问用无不用，但造即坐，含有未遂在内。《疏议》于"伪写未成"，"成而未封"，"依下文，'未施见减三等'"，例，亦减已封"用三等"。《唐律》卷第二十五《诈伪律》"伪宝印符节假人"条："即以伪印印文书施行，若假与人及受假者施行，亦与伪写同。未施行及伪写印符节未成者，各减三等。"《唐律》卷第二十五《诈伪律》"诈伪官文书增减"条："诸诈伪官文书，及增减者，杖一百。准所规避，徒罪以上，各加本罪二等。未施行各减一等；"按《疏议》云："准所规避之事，当徒罪以上，事发者，各加本罪二等。未发，即依二罪之法，从重科之。"此乃补律文所未备之未遂也。

《刑法》第二百三十三条："行使第二百二十四条至二百三十二条之文书者，行使已使用之邮票，及各种印花税票者。"《刑法》第二百三十四条："伪造印章印文，或署押，足以生损害于公众或他人者。盗用印章印文，或署押足以生损害于公众或他人者。"《刑法》第二百三十五条:"伪造公印或公印文者。盗用公印或公印文,足以损害于公众或他人者。"

诈欺及背信罪

《唐律》卷第二十五《诈伪律》"诈欺官私取物"条:"诸诈欺官私以取财物者,准盗论。(诈欺百端,皆是。若监主诈取者,自从盗法;未得者,减二等。下条准此。)"《疏议》云:"'未得者,减二等',谓已设诈端,诬罔规财物,犹未得者,皆准赃,减罪二等。其非监主,诈欺未得者,自从'盗不得财'法。'下条准此',谓下条'诈为官私文书及增减,欺妄求物',未得者,监主之人亦减二等,故云'下条准此'。"

《刑法》第三百六十三条:"意图为自己或第三人不法之所有,以诈术使人将本人或第三人所有物,由审判官自裁。如认为情有可原,或并无何等实害者,因不妨减轻科断。若其实害虽未发,而犯罪者之心术,绝无宽恕之余地者,即处以既遂之刑。"此刑法之所谓得减主义。此《唐律》与刑法相异二也。

未遂罪之范围,在刑法学上有广义与狭义之区别。其广义者,包括未遂、中止、不能三种罪例。于一条律文之内,其狭义者则将未遂、中止、不能三罪例,各设专条以规定之。兹观《唐律》之未遂罪各条,未有中止、不能等精密之区别,此盖《唐律》采用未遂罪之广义者也。

《刑法》之未遂罪范围,虽未将不能罪特立专条,而于中止罪,则有专律。便知其所包括范围之内,已少中止罪,而较《唐律》为狭矣。此《唐律》与《刑法》相异三也。

《唐律》中之未遂罪,往往须于无条文中,或其他条文中类推求之。此《唐律·名例》"举轻以明重、举重以明轻"之谓也。例如上述之"规避执人条",下文即承知见避质不格之处分。则本条自系指已行者而言,罪应拟斩。按其情节较强盗罪为重。而本律关于"强盗罪不得财",尚有减等科刑之明文。而本条无未遂罪之规定。《唐律》于此似有失当,实则不然。若吾人而运用其《名例》之推求方法,即可求得"规避执人"条之未遂罪。此即本《贼盗律》内之"恐吓取人财物"条。其文云:"诸恐吓取人财物者,准盗论加一等。虽不足畏忌,财主惧而自与,亦同。"按此可知《唐律》之执质不得,亦有减轻之科断。又如"监临主守自"盗条,律文中仅言加凡盗二等,表明未见未遂罪之规定。细推之则知窃盗不得财，笞五十；此加凡盗二等，则可知监临主守自盗之不得财，为杖七十。诸如此类不胜枚举。此盖《唐律》采取推求解释法也。

《刑法》受"无明文不为罪"之限制，致成用当然解释法，必须逐条规定。故杀人罪章，普通之杀人罪，既科及未遂，以下虽有特殊之规定，亦仍详列。此《唐律》与刑法相异四也。

综观以上所述之《唐律》与《刑法》关于未遂罪之相同相异二部份，吾人不得不认《刑法》于理论上较诸《唐律》多所进步。然法贵乎行，法而不行，虽善亦视若无法。民国初年，法院用人采除旧布新之策，尸其位者绝少师承，而于未遂罪等之量刑问题，多所倒置，实为吾国司法史上一大缺憾。或曰善法之不行，乃为司法之人才问题，非为立法者之过。然法之善否，决不能以理论为标准，当审乎国之成规，及社会之状况，求合乎世界趋势，准乎国情，始切于事，而无偏颇之弊，然后法行而郅治。《唐律》以今日之中国社会论之，当有所指摘，然其在有唐时代，切乎事实，合乎国情，法尊而世治。此《唐律》之所以为后世学者备极推崇。韩非子有言："故治民无常，惟法为治。法与时转则治，治与世宜则有功……时移而治不易者乱。"〔1〕其于立法之适应性，及其得失言之，殆无余蕴矣。

---

〔1〕 语出《韩非子·心度》。——校勘者注。

妇女在唐律上之地位

贺圣鼐

现代中国社会问题，澎湃涌起。妇女问题实居其一也。盖今之学者，深信将来新文化之建设，有赖于男女间之协力互助，缺一不可。故对于妇女之经济、职业、教育、法律等题，加以研究及讨论者，颇不乏人。记者末学不文，何足以言此。然年来因研究《唐律》，深觉中国旧律关于妇女之法律，殊有考索之价值。因根据《唐律》辅以群籍，草成下文，以备当世之留意关于妇女法律问题者之参考焉。

妇女之意义

何谓妇女？《汇苑》云："未嫁谓之女，已嫁谓之妇。"《公羊传》云："女在其国称女，在途称妇。"按上述二条，妇、女二字之意义不同，乃在未嫁与已嫁。未嫁之女，在室有长幼之分，长者称姊，幼者称妹。已嫁之妇，其名称则因夫而有后、夫人、孺人、妇人、妻、媵、妾之区别。在法律上各有其特殊之地位。

《礼记·曲礼》云："天子之妃曰后，诸侯曰夫人，大夫曰孺人，士曰妇人，庶人曰妻。"凡此皆所以表示妇女在社会上之阶级而已。在法律上则有妻、媵、妾三等。各有其特殊之权利义务，其意义亦各不相同。《白虎通》云："妻者齐也，与夫齐体，自天子至庶人，其义一也。"《内则》云："聘则为妻。"《唐律疏议》云："依礼日见于甲，月见于庚，象夫妇之义，一与之齐，中馈斯重。"是文字上，妻与夫为敌体，则夫妇间一切关系，似宜平等。

---

　　* 本文原刊于《法学季刊（上海）》（第4卷）1930年第6期。原文未采用现代标点符号，文中标点为编者所加。

实则不然也。

《说文》："媵字，作侯，送也，从人，朕声。吕不韦曰：'有佚氏以伊尹□女。'"《释言》："媵，将送也。"《虞氏易》："媵，送也。"《燕礼·大射》："媵觚于宾。"郑注："媵，送也。"《九歌》："鱼鳞鳞兮媵予。"《左氏·僖五年》传："以媵秦穆姬。"注："送女曰媵。"《春秋·庄公十年》："公子结媵陈人之妇于鄄。媵，皆送女之谓也。"《公羊传·隐元年》传注："嫡夫人无子，立右媵，右媵无子，立左媵，左媵无子，立嫡侄娣，嫡侄娣无子，立右媵侄娣，右媵侄娣无子，立左媵侄娣。"杜预曰："古者诸侯取适夫人及左右媵，各有侄娣，皆姓之国。国三人，凡九女，所以广继嗣也。"按此可知，媵为从来嫁者，与侄娣有别也。

《白虎通》云："妾者接也，以时接见也。"《广雅·释亲》云："妾，接也。"《内则》注曰："妾之为言接也。"《孝经》："不敢失于臣妾。"郑注："妾，女子贱称。"《周礼·大宰》注："臣妾男女贫贱之称。"《曲礼》注："妾，贱。"《释名》云："妾，接也。以贱见接也。"《内则》云："奔则为妾。"是知妾之地位，非常卑微，不特不可与妻相侔。其去媵亦远矣。

综观上述，妻、媵，及妾之文字上意义已知，三者阶级判然不同。《唐律·斗讼律》云："媵犯妻，减妾一等。妾犯媵，加凡人一等。"按此已嫁之妇女，在法律上可分三等，妻居其首，媵则次之，妾更次之矣。

妇女之意义既明，乃进而言妇女在唐律上之地位

《唐律》关于妇女之观念，因受儒家学说之熏涵，根本上当不能脱离妇女三从四德之传统思想。例如夫背妇逃亡，向无处罚，且非达一定之年限（三年），不许其妻离异改嫁。若妻背夫逃亡，除加以处罚外，并令听夫嫁卖。此无异"既嫁从夫"之礼教也。然必谓其与传统思想之妇女观相吻合，则亦不然也。

在室之地位

唐律之在室未嫁之女子，其地位不以男女而异，乃依长幼而别。不特对于同性之年幼女子（即妹）享有优越之待遇，即对于年幼之男子（即弟），亦立于较优之地位也。《唐律》卷第二十二《斗讼律》"殴兄姊"条："诸殴兄姊者，徒二年半；伤者徒三年；折伤者流三千里。刃伤，及折支，若瞎其一目者绞，死者皆斩。詈者杖一百。（中略）即过失杀伤者，各减本杀伤罪二

等。又若殴杀弟妹（中略）徒三年，以刃及故杀者流二千里，过失者各勿论。"《唐律》之缌麻兄姊地位，虽得与亲兄弟同等之待遇，然较之弟妹，亦未见为卑也。

《唐律》卷第二十二《斗讼律》"殴缌麻兄姊"条："诸殴缌麻兄姊杖一百，小功大功各递加一等。尊属者又各加一等，伤重者各递加凡斗伤一等。死者斩，即殴从父兄姊准凡斗应流三千里者绞。又若尊长殴卑幼折伤者，缌麻减凡人一等，小功大功递减一等。死者绞，即殴杀从父弟妹及从父兄弟之子孙者，流三千里。若以刃及故杀者绞。"按此即知唐律兄姊不以男女而分尊卑。姊之地位，在法律上，完全与兄平等，而妹之地位与弟完全无异。其犯斗讼罪者，法律处以相等之刑罚，而谓《唐律》对于兄姊或弟妹有不平等之待遇者，谁肯首哉。此余以为《唐律》对于在室男女无不平等之观念也。兄姊与弟妹同犯而异刑，此盖受传统伦常之长幼有叙之训也。

《唐律》卷第六《名例[1]》"称期亲祖父母"条："称子者男女同，缘坐者女不同。"《疏议》云："称子者斗讼律，子孙违犯教令徒二年。此是男女同。缘坐者谓杀一家三人之类。缘坐及妾子者，女并得免。故云女不同。"

观上述条文，及疏议，可知唐律对于在室女子，非徒视为平等，反于特殊情形之下（如缘坐）施以优容之待遇。

嫁后之地位 唐律之女子在室时，虽享受法律之优越地位，有过于男子，然一嫁之后，则其地位即生剧变。《白虎通》所谓"妻者齐也"之思想，完全不能实现。而在其婚姻生活中，度其受制于人之生活矣。《唐律》卷第二十二《斗讼律》"妻殴詈夫"条："诸妻殴夫徒一年，若殴伤重者加凡斗伤三等，须夫告乃坐死者斩。"《唐律》卷第二十二《斗讼律》"殴伤妻妾"条："诸殴伤妻者减凡人二等，死者以凡人论。可知唐律于夫妻之关系，一则加凡斗伤三等，一则减凡人二等，其处刑有相去五等之多。"刑事上之不平等，孰有过此哉。

至于较妻身份更低之媵妾，则《唐律》加刑更重矣。《唐律》卷第二十二《斗讼律》"妻殴詈夫"条："诸妻殴夫徒一年，（中略）媵及妾犯者，各加一等。"《唐律》卷第二十二《斗讼律》"殴伤妻妾"条："……殴妾折伤以上减妻二等。"《疏议》云："殴妾非折伤无罪，折伤以上减妻罪二等，即是减凡人四等。若杀妾者，止减凡人二等。"

---

[1] "名例"原文作"例名"，疑为笔误，现据《唐律疏议》改正。——校勘者注。

《唐律》之对于妇人待夫，固视为极重，然以"拜舅姑"更为严重。故媳妇所处之地位，尤为卑微。《唐律》卷第二十二《斗讼律》"殴詈祖父母父母"条："诸妻妾詈夫之祖父母父母者，徒三年，须舅姑告乃坐殴者绞，伤者皆斩。过失杀者，徒三年，伤者徒二年半，即殴子孙之妇令废疾者，杖一百，笃疾者加一等。死者徒三年，故杀者流二千里。按此一则，殴即绞刑。一则废疾，而始加杖一百之轻刑。一则过失即徒三年之罪一，则过失勿论。"其严宽之别令人发指。

然《唐律》对于寡妇，则取保护主义，一以奖励守节，一以尊重人道，故其地位较有夫之妇略高。《唐律》卷第二十二《斗讼律》"妻妾殴詈故夫父母"条："诸妻妾殴詈故夫之祖父母父母者，各减殴詈舅姑二等，折伤者加役流，死者斩，过失杀伤者依凡论。"《疏议》曰："故夫谓夫亡改嫁者，其被出及和离者，非各减殴詈舅姑罪二等，谓殴者徒三年，詈者徒二年，折齿以上者加役流，死者斩，（中略）过失杀伤者，依凡论，谓杀伤者依凡人法。"《唐律》卷第十四《户婚律》"夫丧守志条"："诸夫丧服除而欲守志，非女之祖父母，父母，而强嫁之者，徒一年。期亲嫁者减二等。各离之女，迫返前家，娶者不坐。"

为人母之地位

考《元典章》卷三十《体部·三丧礼门》有《三父八母之图》。清徐干学[1]《读礼通考》卷三则有《五父十三母之图》。所谓十三母者，即嫡母、继母、慈母、养母、出母、嫁母、庶母、乳母、母本、生母、生母所后母、从继母嫁是也。其分类可谓细矣，惟唐律遵用亲母与嫡继慈养母之制。兹特依之分述如下[2]：

女子自出嫁而至为人母，其地位又为一变，一则曲从，一则供养，可谓降而复生。盖孝道为我国数千年来之礼教，凡为人子者，视为当尽之职，即《大学》所谓"为人子止于孝，为人父止于慈"者是也。故《唐律·名例》以不孝为制为十恶之一，而《斗讼律》又规定"子孙违反教令"之明文曰："诸子孙违反教令，及供养有阙者，徒二年。（谓可从而违，堪供有阙者。须

---

〔1〕 徐乾学（1631～1694年），字原一，号健庵、健庵、玉峰先生，康熙九年探花。——校勘者注。

〔2〕 "如下"原文作"如左"，现据今日通常用法改正。——校勘者注。

祖父母告乃坐）。"

母与父在唐律上处同等地位，不问父在与否，《唐律》令子为母服齐衰三年。不若《仪礼·丧服》所载："父卒为母服齐衰三年之丧，父在则为母服期年之丧。"此《唐律》改进妇女地位之一证也。亲母之外，嫡继慈养四母，在唐律上虽称其嫡继慈母，若养者与亲同，而于刑事责任上不得与亲母享受同等之保障，盖其法律上身份各不相同也。《疏议》曰："嫡谓嫡母。《左传》注云：'元妃始嫡，夫人庶子于之称嫡。'继母者，谓嫡母或亡，或出，父再娶者，为继母。慈母者依礼妾之无子者，妾子之无母者，父命为母子，是名慈母。非父命者，依礼服小功，不同亲母，若养者，谓无儿养同流之子者，慈母以上但称母，若养者即并通父，故加若字以别之。"《唐律》卷第二十二《斗讼律》"殴詈祖父母父母"条："诸詈祖父母父母者绞，殴者斩，过失杀者，流三千里，伤者徒三年。若子孙违反教令，而祖父母父母殴杀者徒一年半，以刃杀者徒二年。故杀者各加一等。即嫡继慈养杀者，又加一等，过失杀者，各勿论。"《唐律》卷第二十三《斗讼律》"告祖父母父母绞"条："诸告祖父母父母者绞。（谓缘坐之罪，及谋叛以上而故告者。下条准此。）即嫡继慈母杀其父，及所养者，杀其本生并听告。"

观上述《唐律》条文，得知嫡继慈养母在刑法上对子孙所负之责任，较亲母加重一等。而子于亲母杀父之时，不得告母，但于嫡继慈母杀父时，或于养父母杀本生父母时，均可告发。此嫡继慈养母不得与亲母享受法律上同等之保障矣。嫡继慈养母之法律上地位，虽不能与亲母同日而语，然其地位较诸出嫁之地位，则已优越，此固不可讳也。

妇女在政治社会上之地位

妇女在私法上之地位，吾既述之如上，于在室、出嫁、为人母三者地位虽各殊，然总难得独立平等之权能。独妇女在政治社会上之地位，则与私法迥异。在《唐律》之下，竟能产生一武则天皇后，在位十五年，男子在朝低首称臣者何啻千百，故有称之曰："泛延谠议，时礼正人。（中略）飞语辩元忠之罪，善言慰仁杰之心。尊时宪而抑幸臣，听忠言而诛酷吏。有旨哉，有旨哉！"可知武则天在唐代政治舞台上之活动，及手腕，实有过于须眉男子。此岂《唐律》无"女子不得参政"之明文规定有以致之欤！

唐因秦汉之制，女子有封爵之例，而妇人之独自受邑号者，并可荫其子孙。[1]《唐律》卷第二《名例》"妇女官品邑号"条："诸妇人有官品及邑号犯罪者，各依其品，从议请减赎当免之律，不得荫亲属。若不因夫子别加邑号者，同封爵之例。"其《疏议》云："别加邑号者，犯罪一与男子封爵同，除名者，爵亦除，免官以下，并从议请减赎之例，留官收赎。"按此可知唐代妇女之封爵，可与男子享受同等之待遇，且得独自受邑号，不以夫为尊卑。此在三从四德妇道中，唐律特放一异彩也。

综观上述，唐律女子在室出嫁为人母，及政治社会上之地位，在原则上一准乎礼，然因当时社会之要求，及文化程度，亦不无因势利导，力求女子享得较善之法律上地位也。唐后之法律，未得唐律之立法精神，对于女子之法律上之地位，又无相当之认识，以致关于女子之法律，未有革新。民国以来，女权运动积极提倡，旧日法律，自宜改革，然亦不可以欧法为正鹄。盖亚欧礼教各殊，民情迥异，自不能强行规抚，致殆削趾就屦之诮也。

唐律关于妇女之法律

《唐律》十二篇，其关于妇女之法律，为数不繁，大抵附于《名例》、《户婚》、《斗讼》、《贼盗》、《杂律》及《断狱》等六篇。兹以其重要者，摘录于下[2]，以示梗概。

《名例》卷第二"妇人官品邑号"条："诸妇人有官品及邑号犯罪者，从议请减赎当免之律，不得荫亲属。若不因夫子别加邑号者，同封爵之例。"又"五品以上妾有犯"条："诸五品以上妾犯非十恶者，流罪以下，听以赎论。"又"以理去官"条："其妇人犯夫义绝者，得以子荫。"又"犯流应配"条："诸犯流应配者，三流俱役一年，妻妾从之。"又"工乐杂户"条："（上略）其妇人犯流者，亦流住，流二千里，决杖六十一等，加二十，俱役三年。若夫子犯流配者，听随之至配所，免居作。"

《户婚》卷第十三"许嫁女报婚书"条："诸许嫁女已报婚书，及有私约，（约谓先知夫身老幼疾残养庶之类。）而辄悔者杖六十。（男家自悔者不坐不追聘财。）虽无许婚之书，但受聘财亦是。（聘财无多少之限。酒食者，非以财物，为酒食者亦同。）聘财若更许他人者，杖一百，已成者徒一年半。后

---

[1]（唐）杜佑《通典》卷三十四。
[2]"于下"原文作"于左"，现据今日通常用法改正。——校勘者注。

娶者知情减一等。女追妇前夫，前夫不娶，还聘财，后夫婚如法。"又"为婚女家妄冒"条："诸为婚而女家妄冒者，徒一年。男家妄冒者，加一等。未成者，依本约已成者离之。"又"以妻为妾"条："诸以妻为妾、以婢为妻者，徒二年。以妾及客女为妻、以婢为妾徒一年半。各还正之。"又"父母夫丧嫁娶"条："诸居父母及夫丧而嫁娶者，徒三年，妾减三等，各离之。知而共为婚姻者，各减五等。不知者不坐。"卷第十四"同姓为婚"条："诸同姓为婚者，各徒二年，缌麻以上以奸论。"又"夫丧守志条"："诸夫丧服除而欲守志，非女之祖父母父母而强嫁之者，徒一年。期亲嫁者，减二等，各离之。女追饭前家，娶者不坐。"又"妻无七出"条："诸妻无七出及义绝之状而出之者，徒一年半。虽犯七出，有三不去而出之者，杖一百，追还合。若犯恶疾及奸者，不用此律。"又"义绝离之"条："诸犯义绝者离之，违者徒一年，若夫不相安谐而和离者不坐。即妻妾擅去者，徒二年，因而改嫁者加二等。"又"嫁娶违律"条："诸违律为婚，虽有婚聘，而恐吓婚者，加本罪一等。强娶者，又加一等。被强者，止依未成法。"《贼盗》卷第十七"谋叛"条："诸谋叛者绞，已上道者皆斩。（谓协同谋计乃坐被驱率者非）（余条被驱率者准此）妻子流二千里。若率部众百人以上，父母妻子流三千里。所率虽不满百人，以故为害者，以百人以上论。（害谓有所攻击虏掠者。）"又"谋杀故夫父母"条："诸妻妾谋杀故夫之祖父母父母者，流二千里，已伤者绞，已杀者皆斩。部曲奴婢谋杀旧主者，罪亦同。（故夫谓夫亡改嫁、旧主谓主放为良者、余条故夫旧主准此。）"又"杀一家三人"条："诸杀一家非死罪三人，（同籍及期亲为一家。即杀虽先后事应同断或应合同断而发有先后者，皆是奴婢部曲非。）及支解人者，（谓杀人而支解者。）皆斩。妻子流二千里。"又"祖父母夫为人杀"条："诸祖父母父母及夫为人所杀私和者，流二千里。期亲徒二年半，大功以下递减一等。受财重者各准盗论。虽不私合，知杀期以上亲，经三十日不告者，各减二等。"

《斗讼律》卷第二十二"殴伤妻妾"条："诸殴伤妻妾者，减凡人二等，死者以凡人论。殴妾折伤以上减妻二等。若妻殴伤杀妾，与夫殴伤杀妾同。（皆须妻妾告乃坐。即至死者听余人告杀妻仍为不睦。）过失杀者，各勿论。"又"妻殴夫"条："诸妻殴夫徒一年。若殴伤重者，加凡斗伤三等，（须夫告。）死者斩。媵及妾犯者，各加一等（加者加人于死）。过失杀伤者，各减二等。即媵及妾詈夫者，杖八十。若妾犯妻者，与夫同。媵犯妻者，减妾一等。妾犯媵者，加凡人一等。杀者各斩。（余条媵无文者与妾同。）"又"妻妾殴詈夫父母"条："诸妻妾詈夫之祖父母父母者，徒三年，（须舅姑告乃坐。）殴者绞，伤者皆斩。过失杀者，徒三年，伤者徒二年半。"又"妻妾殴詈故夫父母"条："诸妻妾殴詈故夫之祖父母父母者，各减殴詈舅姑二等。折伤者加役流，死者斩，过失杀伤者依凡论。"又"殴兄妻夫弟妹"条："诸殴兄之妻及殴夫之弟妹各加一等。若妾犯者又加一等。即妾殴夫之妾子，减凡人二等。殴妻之子以凡人论。若妻之子殴伤父妾，加凡人一等。妾子殴伤父妾，又加二等。（至死者各依凡人法。）"卷第二十三"殴妻前夫子"条："诸殴伤妻前夫之子者，减凡人一等。同居者，又减一等，死者绞。殴伤继父者，（谓曾经同居今异者。）与缌麻尊同。同居者加一等。（余条继父准此。）"又"殴詈夫期亲尊长"条："诸妻殴詈夫之期亲以下缌麻以上尊长，各减夫犯一等（减罪轻者加凡斗伤一等。）妾犯者不减。死者各斩。殴伤卑属与夫殴同，死者绞。即殴杀夫之兄弟，流三千里。故杀者绞。妾犯者各从凡斗法。若尊长殴伤卑幼之妇，减凡人一等。妾又减一等。死者绞。"卷第二十四"告期亲尊长"条："诸告期亲尊长外祖父母夫之祖父母，虽得实徒二年。其告事重者，减所告罪一等。（所告虽不合论，告之者犹坐。）即诬告重者，加所诬罪三等。告大功尊长各减一等，小功缌麻减二等。诬告重者，各加所诬罪一等。"

《杂律》卷第二十六"奸徒一年半"条："诸奸者徒一年半，有夫者徒二年。（下略）"又"奸缌麻亲及妻"条："诸奸缌麻以上亲，及缌麻以上亲之妻，若妻前夫之女，及同母异父姊妹者，徒三年。强者流二千里。折伤者绞。妾减一等。（余条奸妾准此。）"又"奸从祖母姑"条："诸奸从祖祖母姑，从祖伯叔母姑，从父姊妹，从母，及兄弟妻，兄弟子妻者，流二千里。强者绞。"又"奸父祖妾"条："诸奸父祖妾，（谓曾经有父祖子者）伯叔母，姑，姊，妹，子孙之妇，兄弟之女者绞。即奸父祖所幸婢减二等。"又"和奸无妇女罪名条"："诸和奸本条无妇女罪名者，与男子同。强者妇女不坐。某媒合奸通减奸者罪一等。（罪名不同者从重减。）"又"监主于监守内奸"条："诸监临主守于所监守内奸者，（谓犯良人。）加奸罪一等。即居父母及夫丧若道士女冠，奸者又各加一等。妇女以凡奸论。"

《断狱律》卷第三十"妇人怀孕犯死罪"条："诸妇人犯死罪怀孕当决者，听产后一百日乃行刑。若未产而决者，徒二年。产讫限未满而决者徒一年，失者各减二等。其过限不决者，依奏报不决法。"又"拷决孕妇条"："诸妇人怀孕犯，罪应拷及决杖笞，若未产而拷决者，杖一百，伤重者依前人不合捶拷法。产后未满百日而拷决者，减一等。失者各减二等。"

综上所述，《唐律》之述及妇女者，大抵关于婚姻及刑法二类，推其立法之意，概以礼教为背景，以保护为主义。唯因妇女生理上之不同及伦叙上不平，《唐律》则以刑教之书，对于妇女时时流露慈祥恺恻之意。例如《疏议》云："妇人之法，例不独流，故犯流不配，留住，决杖、居作。"此亦《唐律》之一特征也。

承继之法。我国古代盛行宗祧承继之制，故《礼记》所记独详。宗族昭穆之序，而于遗产之移转，未置意也。自井田世禄之制废，而兼并削夺之端兴，宗法之基础失其重心，继承之法因势而变。故唐开成元年（西历八三六年）敕节文云：自今后如百姓及诸色人死绝无男有女已出嫁者，令文合得资产。又唐太和五年（西历八三一年）敕节文云："死商钱物，其死商有父母嫡妻及男或亲兄弟，在室姊妹，在室女，亲侄男见相随者，使任受管财物。若……不相随……来收认……责保讫任分付……"是知唐代之继承女，已有相对之权利，其于宗祧之意，固渺不相涉矣。

宋元检验三录跋[*]

孙祖基^{**}

　　《宋元检验三录》，清嘉庆十七年全椒吴蔼山尊学士〔1〕刻本。三录者，《洗冤》、《平冤》、《无冤》是。案大辟之狱，自检验始。《礼·月令·孟秋之月》："命理瞻伤、察创、视折、审断。"据蔡邕〔2〕之说，"皮曰伤、肉曰创、骨曰折、骨肉皆绝曰断。"瞻焉、察焉、视焉、审焉即后世检验之法，亦即今之所谓法医之学也。而其法不传，秦汉以下亦未闻有检验之书。宋嘉定〔3〕中，湖南广西刊印《正背人检验格目》。江西提刑徐似道言之于朝，四年〔4〕诏颁行于诸路提刑司，名曰《检验正背人形图》。此为今尸格之所自始。宋时有《内恕录》等书言检验之事，皆不传。至淳祐〔5〕中，宋慈会粹诸书为《洗冤集录》〔6〕。其后又有《平冤录》及《无冤录》。《洗冤录》世多研稽。今传《洗冤录详义》、《辨正》、《续辑》、《汇编》、《集证》、《集注》、《集

　　＊　本文原刊于《青鹤》（第4卷）1936年第16期。原文未采用现代标点符号，文中标点为编者所加。

　　＊＊　孙祖基：1926年毕业于东吴大学法学院（第9届），获法学学士学位。

　　〔1〕　"吴蔼"原文作"吴鼎"，现据《百尊红词》改正。吴蔼（1756～1821年），字及之，一字山尊，号抑庵，安徽省全椒人。乾隆四十二年（1777年）拔贡，五十一年（1786年）剔贡，五十七年（1792年）举人，嘉庆四年（1799年）成进士，由翰林院编修，仕至侍读学士。著有《吴学士诗文集》、《百尊红词》等。——校勘者注。

　　〔2〕　蔡邕（133年～192年），字伯喈。陈留郡圉（今河南省开封市圉镇）人。东汉时期著名文学家、书法家，著名才女蔡文姬之父。——校勘者注。

　　〔3〕　嘉定是南宋皇帝宋宁宗的最后一个年号，自公元1208年起至公元1224年止，共计17年。——校勘者注。

　　〔4〕　指嘉定四年，即公元1211年。——校勘者注。

　　〔5〕　淳祐是宋理宗赵昀的第五个年号，自公元1241年起至公元1252年止，共计12年。——校勘者注。

　　〔6〕　《洗冤录》成书于淳祐七年，即公元1247年。——校勘者注。

说》、《附记》、《附考》，撮遗诸书，其名难偻指数，盖《洗冤》一编垂为令甲。凡职斯役者莫不习之，非此书无以决难决之狱，是以群奉为圭臬焉。而《平冤》、《无冤》二录传本独希者。缘二录多采宋录之说，世人视为重儓而忽略之。讵知二录递相祖述，后之所述多可以补正前人之说，相辅而行不可废也。元和顾广圻千里〔1〕既为孙渊如〔2〕摹刻元椠《洗冤集录》，后又得《平冤》、《无冤》二录旧钞本，以语吴山尊学士。吴为之付刻，与《洗冤录》合为一编。今阅其书，《洗冤集录》五卷，宋宋慈撰；元新例附《平冤录》一卷，无撰人名氏；《无冤录》二卷，元王与〔3〕撰。《平冤录》四库未收。明焦竑〔4〕《国史·经籍志》有《平冤录》二卷，题东瓯〔5〕王氏，恐以《无冤》误为《平冤》耳。清季沈家本〔6〕枕碧楼丛书本《无冤录》系据日本东京上野图书馆所载朝鲜钞本复刻。书内有王与自序，谓《平冤录》系赵逸斋所订，逸斋不知何许人。又吴刻《无冤录》无王序，仅有临川羊角山叟序文，上卷十三条、下卷十七条均系官吏章程。以与沈刻本相校，缺《尸伤辨别》四十三条。余尝见明本《无冤录》，亦与此同。殆以《尸伤》各条大半采自《洗冤》、《平冤》二录，刻书者嫌其重复，故删之。然各条亦有驳正二录之语，极为精审，吴刻所据之。顾藏钞本当亦出自明本，故如此。明人刊书最无义例，士林知之甚审，不足异也。吴刻三录去今仅百二十余年，而传本甚鲜。顷余偶从书估手得之，喜为考订如上。

---

〔1〕 顾广圻（1770～1839年），字千里，号涧苹、无闷子，别号思适居士、一云散人，元和（今属江苏苏州）人。清代著名校勘学家、藏书家、目录学家。——校勘者注。

〔2〕 孙星衍（1753～1818年），字渊如，号伯渊，别署芳茂山人、微隐，阳湖（今江苏武进）人，后迁居金陵。清代著名藏书家、目录学家、书法家、经学家。家有藏书楼"平津馆"，贮书极富，以校勘精审见称，编撰有《孙氏家藏书目》。——校勘者注。

〔3〕 王与（1261～1346年），元代法医学家字与之，号正庵，元初永嘉（今属浙江）人。——校勘者注。

〔4〕 焦竑（1540～1620年），字弱侯，号漪园、澹园。明代著名学者，著作甚丰，有《澹园集》（正、续编）、《焦氏笔乘》、《焦氏类村》、《国朝献徵录》、《国史经籍志》、《老子翼》、《庄子翼》等。

〔5〕 越封东瓯国（又叫东越瓯越国统称东瓯国），西汉册封为东海国，古代王邦国家简称瓯国。即今温州，包括浙江台州与丽水地区，国都位于温州市区。此处所称东瓯王氏应为王与，故下文称"恐以《无冤》误为《平冤》耳"。——校勘者注。

〔6〕 沈家本（1840～1913年），清末大臣、法学家。字子淳，别号寄簃，浙江吴兴县（今湖州市南浔区菱湖镇竹墩村）人。历任天津、保定知府，刑部右侍郎、修订法律大臣、大理院正卿、法部右侍郎、资政院副总裁等。《清史稿》中有其本传。沈家本喜治目录学，家富藏书，"枕碧楼"是其著述、藏书之所，辑有《枕碧楼丛书》12种。——校勘者注。

前清法制概要[*]
——在本校第七届毕业典礼之演说词

董 康

一、沿革大略

历朝法制沿革，晋以前，详《晋书·刑法志》中。其后史书或详或略，或存或缺，体例不一。前清归安大司寇沈公类辑于《寄簃丛书》，始有总汇之书。溯其本源，实出于魏李悝《法经》六篇，而世加增益也。论东方之法律统系，历二千余年，当与罗马律并峙。顾累朝学者撰述颇少，其理曰有二：

法家二字，为世所鄙夷，虽宋时尚有律学博士之名，[1]以其属于吏掾之职事，不能与科目并。

历朝以诗赋或经义取士，释褐后躬亲民事，因听断之需要，始从事读律。昔东坡有云："人生读书不读律，致身尧舜本无术。"系有慨乎言之，迨听断日久，案牍疲劳，既鲜休暇，且涉猎已深，反视笺释章句，邻于浅鄙，以故疏解律书，官撰而外，私人盖寡。

以上二点，乃社会风尚及国家功令为之，并非法学之人才比较各国为退步也。鄙人曾在英伦律师公会与诸学者讨论，知英之律书，雅近唐律，而年龄责任，分七岁、十二岁、不满十六岁为三期，尤其明证。盖古来东西之典章文物，相同之点本多，惜未谙西文，无从比较其同异也，今将汉以来律书之可备参考者列后。

《汉律》最初为萧何所定，凡九篇。叔孙通益《傍章》十八篇，张汤

---

* 本文原刊于《法学季刊》（第2卷）1923年第2期。原文未采用现代标点符号，文中标点为编者所加。

[1] 《刑统赋》二卷为宋傅霖注官律学博士。

《越宫律》二十七篇，赵禹《朝律》六篇，合六十篇。马融、郑康成皆为之章句，今佚然。诸经、说文、文选各注，时得其孤文乘义，前清刑部尚书长安薛允升，裒集为《汉律辑存》六卷，毁于光绪庚子拳匪之乱。

《唐律疏议》三十卷唐长孙无忌奉敕撰，太宗时诏房元龄等增损隋《开皇律》，降大辟为流者九十二，降流为徒者七十一，余仍其旧世，称此律"一准乎礼，得古今之平"，历宋、元、明、清及日本，均未能逾其范围。

《宋刑统》三十卷周窦仪详定，名《大周刑统》，原二十一卷。宋初重加详定，建隆四年颁行。明时南雍尚存残板若干面，全书不见传本，往时见傅霖《刑统赋注》所引《刑统》原文，与唐律异，初疑别为一书，后浙江范氏天一阁得睹抄本全书，与唐律互校，仅宫殿名异，余均同，经修订法律馆及吴兴某氏前后刊行。

《庆元条法事类》残若干卷天一阁抄本，修订法律馆刊有数卷，嗣范书散出，今归吴兴张氏。

《永徽法经》三十卷元郑汝翼撰，意主发明唐律，故名《永徽法经》，以永徽因隋参定为十二章。历辽、宋、金，时有增损，乃以隋款异同者分析编类，每篇目下有"议"，自李悝以后，同异分合，各析其沿革源流，列唐律于前，附金律于后，凡有无异同增减俱为之注。明文渊阁书目存五册，《永乐大典》并为四卷，大典失散于拳匪之乱，恐已无存。

《元典章》前集六十卷，新集无卷不著撰人名氏。其纲凡十，曰"诏令"、曰"圣政"、曰"朝纲"、曰"台纲"、曰"吏部"、曰"户部"、曰"礼部"、曰"兵部"、曰"刑部"、曰"工部"，凡三百七十有三。元代律令，悉备此书，经修订法律馆员筹赀刊行，后柯劭忞撰新《元史》改定《刑法志》，悉据此书。

《大明律》三十卷明太祖敕撰。以六部分目，即从此书始。

《大清律例》四十七卷敕撰，一绳明律之习，后附为八旗逃人而设之督捕则例故事。修订《律例》特设律例馆主其事，五年一小修，十年一大修，然历届修订，仅就《条例》删改增篡，罕及于律文。宣统初年，因废凌迟、枭示、缘坐刺字、笞杖等刑，并律文大加修改，复删除六部分类，名《现行刑律》，以为过渡新律之用。

二、民法采用习惯

吾国幅员广漠，各地风气，省与省异，即一省之中，县与县亦异也。律文中虽有《户役》、《田宅》、《婚姻》、《钱债》等门，大致沿唐律之旧。除户役内"立嫡子违法"条，及婚姻门，尚可遵行外，余几同于告朝饦兰。

良以习惯既久，良者固宜备有輶轩之采，即恶者关系人民生计，无良教育以濡染之，亦难骤事革除。即如兄亡收嫂，弟亡收弟妇，刑律且以奸论，罪至绞刑，而乡愚无知，所在多有，试问能按户严诛之乎？户部以钱债田亩是其专职，在京并设现审处，以司听断，而民间此类案件，就部质成者绝无其事。

各地方每年民事诉讼，倍蓰刑事。有司集合两造，从事钩稽，以定曲直。或就宽杂中证见，并各推有资望者，调处其事，务令两造协意了结，始予完案。是以审结之后，无翻悔上诉之事，成为民事案件而达部者，百不一见。质言之，皆强制和解也。

迨至改革后，因民事法尚未颁行，将前清刑律内之民事部分概作有效，已与习惯，多所鉴枘。而初级法官，率以无经验者充选，至诉讼法之手续完成，判决文之法理周密，而滞延岁月，人民之茹痛饮恨深矣！

三、刑制

（一）五刑其目如下

笞刑五等，自一十至五十。

杖刑五等，自六十至一百。

笞杖俱四折，过五除零，例如笞二十折八板，除零数之三，决五板是，以此类推。

徒刑五等，自一年起，递加半年为一等，至三年止。每等加杖，自六十起至一百止。

又总徒四年，系杂犯三流改折，准徒五年，系杂犯斩绞改折。

流刑三等，自二千里起，递加五百里为一等，至三千里止，并加杖一百。流之属有五军，分附近、近边、边远、极边、极边烟瘴五等；又有二遣，遣发东三省新疆及西北各边外，为奴或当差，虽性质相同，而重于三流矣。蒙古人犯深刑，遣发内地，气候不习，饮食迥异，多死亡；旗人犯徒流，折枷号免发遣，与平人不同，以故旗人益横行无忌。

死刑二等，斩、绞，分别情节，科以立决、监候。凡律不注监候者，皆立决；例不言立决者，皆监候也。

斩刑之上复有枭示凌迟[1]及缘坐家族。光绪三十一年[2]，修订法律大臣沈家本等奏请废止。

审拟死刑，外省案件，由州县定谳，经府道按察司复勘后，督抚具奏，下三法司核议，[3]（刑部、都察院、大理寺名"三法司"）具由部主稿院寺会衔，立决案件，由刑部速议具奏，寻常监候案件，并将揭帖（犹今之判决文）咨送内阁、军机处、通政司、刑科暨各本道备案。

京师由刑部各司定谳，知照都察院委御史，大理寺委寺丞或评事，赴司会审，名"会小法"；继由本部各堂，会同都察院左副都御史，大理寺卿提审，名"会大法"。如无翻异，即行具奏昭，慎重也。如外审逆伦重案，定谳后恭请王命先行正法，然后具奏。又有所谓"就地正法"者，专为盗匪而设，行之于军务及盗匪最多省份，或年限已满续请延长者，俱无庸奏闻，按期汇报名数于部而已，今之惩治盗匪法，即踵此制也。

决不待时者曰"立决"，属于"十恶"。[4]强盗及其他重罪，[5]秋后处决者曰"监候"。明时因监候而有秋审[6]、朝审[7]之制。

清益加详慎，各省应入本年秋审，俱有定期，[8]，每年开印后，刑部广西、福建两司，编录各犯事实，以奉旨日期依次汇订成册，发交员司看详，初看用蓝笔，复看用紫笔，层递至秋审处坐办，用墨书黏签，最后经律例馆提调阅定，乙改妥善，[9]作为定本，看详之法，依秋审条款[10]，分别情实、

---

[1] 犯凌迟加割刀数。

[2] 即1905年。——校勘者注。

[3] 刑部、督察院、大理寺名"三法司"。

[4] "十恶"中亦有非死刑。

[5] 如光棍强奸、杀人之类。

[6] 指外省死罪

[7] 指京师死罪。

[8] 滇、黔、川、粤、桂年前封印日；闽正月三十日；东三省、陕、甘、两湖、浙、赣、皖、苏二月初十日；豫、鲁、晋三月初十日；直三月三十日然。情重之案，虽后期例有声明，赶入本年秋审者。

[9] 仍用墨书。

[10] 分服图人命、奸抢窃、杂犯、矜缓比较四类。

缓决、可矜三项。如有意见，黏签附后，俟各省勘册到部，[1]其内外意见不符者，别人不符册，定期司议，集合提调坐办从多数决之。

复定期堂议，集合六堂及提调坐办，仍从多数决之，议定后呈进黄册。复派大臣会同九卿翰詹科道于朝房会勘，京师人犯，并于天安门外金水桥南朝房，亲提本犯会录。[2]然后由内阁分期将情实者呈进勾本，予勾者行刑；免勾或缓决者仍监禁，可矜者依例乞讨处徒流；应留侍及承祀者，即释放。此复数之合议制，为吾国所独有要亦慎重刑名之意也。

赎刑三种列后，然俱有制限，并非一概普邀宽典。

纳赎无力照律决配，有力照例纳赎。

收赎老幼废疾天文生及妇人，折杖照律收赎。

赎罪官员正妻及律难的决并妇人有力者，照例赎罪。

以上刑制，效力只及于汉人。若旗人除实犯死罪及寡廉鲜耻等项应拟徒、流、军遣外，余俱以枷号代之。若宗室犯罪，依刑律定拟，复依宗人府则例改科，即重至于死刑，不过交宗人府或发奉天圈禁高墙均不平等。蒙古人犯罪，因历史之关系，奴主之阶级至严，俱依理藩院则例科之。则例无文，始可刑律，大率罚牲为多，此乃地理使然，以实际论与刑律无轻重之殊也。

（二）各省专例

各省风气不同。如江西省之械斗，或数十命达百余命，甚至有起衅原因，远伏于明代者；又刀匪盛于曹兖溯；哥老会匪炽于川陕；捉人勒赎起于苗人，继及两广。此类不堪枚举，俱用专条，特别从严。或因浸染区域较广，作为通例者，皆教养之力有缺也。

（三）诉讼法

详于律例内《捕亡》、《断狱》两门，《公式》门亦偶及之。初不注重管辖，共犯两地发觉者，始有关提之例。审断必须对犯人及亲属具告所拟罪名，取具服办辩，不服可层递上诉，但不许隔越，并可至京师都察院或提督衙门控告。亦有乡愚无知叩阍者，讼虽得直，仍应科以冲突仪仗之罪。至案情重大，经言官弹劾，亦可提交刑部，或派大员前往审理。

---

〔1〕 外省由督抚定拟勘册。

〔2〕 即朝审是。

（四）修订法律馆

光绪二十七年〔1〕和约告成，两宫回跸。政府知收回领事裁判权之必要，直隶总督袁世凯、两江总督刘坤一、湖广总督张之洞、会保刑部左侍郎沈家本、出使美国大臣伍廷芳，修订法律。乃奏设修订法律馆，调取研究中西法学人员，并延聘日本法学博士东京帝国大学教授冈田朝太郎、法学士东京控诉院部长松冈义正，为调查员，从事编订。一面奏请革除凌迟、斩、枭、缘坐、刺字、笞、杖等刑，一面奏设法律学堂，以为施行新律之准备。三十三年〔2〕，依法部右侍郎张仁黼之建议，归部自办计，自开馆至此，共成法律案五种。

1.《民刑诉讼律》取英美陪审制，各督抚多议其窒碍，遂寝。

2.《法院编制法》已颁行。

3.《违警罪条例》已颁行。

4.《国籍法》已颁行。

5.《刑法》上编《总则》十七章，下编《分则》三十六章，凡三百八十七条。与旧律不同之点如下：

（1）变通责任年龄；

（2）采共犯主义；

（3）除对元首及直系尊亲属犯罪外，废除阶级一律平等；

（4）扩张〔3〕刑之上下限；

（5）犹豫执行；

（6）假释；

（7）时效。

其余科刑轻重，及分类体裁虽异，其原则从同。

是年宪政编查馆颁布筹备宪法年限，经王大臣奏请将修订法律馆离部独立，复命法部左侍郎沈家本、大理院正卿英瑞（旋即病故）、前山西巡抚俞廉三，充修订法律大臣，添聘日本法学博士志田钾太郎、小河滋次郎等，充调查员。

---

〔1〕 即 1901 年。——校勘者校。

〔2〕 即 1907 年。——校勘者注。

〔3〕 "扩张"原文作"廓张"，现据今日通常用法改正。——校勘者注。

宣统初年，沈大臣兼资政院副总裁，时刑法草案已奏进交各省督抚签注。学部大臣张之洞，以刑法内乱罪，不处惟一死刑，指为袒庇革党，欲与大狱，为侍郎宝熙所阻。复以奸非罪章，无和奸无夫妇女治罪明文，指为败坏礼教。于是希风旨者从而附和，几于一唱百和，沈大臣卒以是免本兼各职，回侍郎本任。代之者为学部侍郎宝熙于式枚，大理院少卿刘若会，至逊位时止停办。自三十三年至改革共成法律案如下：

1. 《现行刑律》已详前刑制为罚金十等、徒五等、流二等、遣二等，凡一千六十六条。督捕则例删附各本章之内，经宪政编查馆核查馆核定奏请颁行。是律宗旨，新陈参半，亦嬗递时所必需也。

2. 《修正刑法》各省督抚签改后，重加修正，会同法部奏进，宣统三年提交资政院。以礼教之争，议至奸非章流会，自后不复成会，暂以谕旨颁行。民国时修正关于国体各条公布，至今援用。迨修订法律馆三度成立，重加修正。关于杀伤及强盗，稍复旧规，提交议会，尚在审查中。

3. 《民事诉讼法》。

4. 《刑事诉讼法》。

5. 《民法》。

以上三种俱作条例援用，民国十年将《民刑诉讼法》修正公布。

6. 《破产法》。

7. 《强制执行法》。

8. 《商法》。

以上三种俱在修正中。

9. 《监狱法》改革时移交法部，今失所在。

（五）未来之预测

改革司法，基于修订法律，前清开馆迄今，鄙人无役不从。民国三年[1]备员，法曹垂及十年，适用新制之后，案牍留滞，什伯曩昔，始悟当年误采大陆制之非。盖手续愈密，进行愈钝，良以法律与习惯背驰也。往岁漫游英美，实地观察，益证此说之非诬，欲图改辄时难再失，年来厌倦政治，无此宏愿，负将来改良之责任者，其惟诸公乎？聊贡区区，用备采择。

---

〔1〕 即 1904 年。——校勘者注。

1. 关于法院编制法：

（1）废检察制　本法以检察厅与审判厅为对待机关。文版往还，已稽时日，而被审人蕴怀欲白，若概由检察官起诉，继令胜诉，已觉主张之各异，设遇抑遏，更有呼吁无门之概。年来人民对于法院信仰力之薄弱者，此为第一原因。似宜亟行废止，择品学素著之名律师，设事务所数处，畀以搜集证据之任。如虑目下律师程度不齐，或暂于审判厅附设检察官数员，以代此职。

（2）增设治安审判　普设法院，以今日财力，断难预期，而承审员之制，弊窦更甚于行政官自兼。莫若循名责实，予县知事以治安审判之权，羞恶之心，人皆有之，当不致于有形无形之间发生渎职之行为也。至地方法院之设置，应酌量交通情形，为之推广，不宜以行政区域为范围。

（3）广设大理分院　大理院为全国最高法院，迩来民刑诉讼，积压日甚一日，而以民诉为尤多，常时在二千件以上。自到院以迄判决，动或经年，判决后且有因执行异议，作无期限之拖累者，金融状态积时日而特殊，人世年龄，讵河清之可俟！况权利问题，痛等切肤，长此掷诸冥冥漠漠之途可乎？初本有限制上诉之意，而剥夺[1]当事人法律上之权利，亦有未安。查本法原有大理分院之设，系限于偏远交通不便省份，莫若就全国酌分数区，广为设置，当可补救此弊。但解释法律之权，应专属于中央之大理院，以资统一而免分歧。

2. 关于民法。各地习惯不同，前已详悉言之。闻法律馆调查报告，已汗牛充栋，资料愈多，编辑愈难，将来民法颁行，隔阂情形，更可逆料，除亲属承继等法可谋统一外，余可规仿美国办法，由各省自行编定。但甲省与乙省权利冲突之处，中央应设特别规定以调剂之耳。

3. 关于诉讼法：

（1）和解　方今泰西[2]各国，于民事诉讼，厉行[3]和解。美国甫经试办，挪威已纂入民事诉讼法中；法亦有和解委员会之制，以法官一人充会长，延有名绅，商及两造之当事人，充委员，成绩颇佳。吾国从前审理民事，本强制和解，亟宜调查各国新制，择善而从，此亦减少诉讼之一良法也。

---

〔1〕 "剥夺"原文作"驳夺"，现据今日通常用法改正。——校勘者注。

〔2〕 指欧洲。——校勘者注。

〔3〕 "厉行"原文作"励行"，现据今日通常用法改正。——校勘者注。

（2）管辖规定宜简略　管辖为诉讼先决问题之一，每有因指定或移转管辖，濡滞进行者，查英于管辖，不甚注重。例如应在地方法院诉讼之案，而在高级法院起诉，亦为法律所认许，略与我国旧律相近。关于此节，宜从疏阔，一以便利为主。盖法律上少一讨论之问题，即事实上省一讨论之时间也。

清律《名例》[*]

郭 卫

　　《名例》即李悝法经六编中之《具法》也，《具法》居六篇之末。商鞅改法为律。汉增三章，于六法之次序未易。至魏改《具律》为《刑名》，始移至律首。晋析分为《刑名》、《法例》二篇，北齐合《刑名》、《法例》为一，称曰《名例》。后周复分为二，隋仍合而为一。有唐至清体例皆仍其旧，惟内容稍异耳。按《名例》者，合名与例而言也，与今法之总则相当。名为五行之罪名，例为五行之体例，名训为命，例训为比，命诸篇之刑名，比诸篇之法例。但名因罪立，事由犯生，命名即刑应，比例即事表，故以名例为首篇也。清律四百三十六条，《名例》占四十有六，余分吏、户、礼、兵、刑、工六律。职制、公式属《吏律》，计二十八条；户役、田宅、婚姻、仓库、课税、钱债、市廛属《户律》，计八十二条；祭祀、仪制属礼律，计二十六条；宫卫、军政、关津、厩牧、邮驿属《兵律》，计七十一条；贼盗、人命、斗殴、骂詈、诉讼、受赃、诈伪、犯奸、杂犯、捕亡、断狱属刑律，计一百七十条；营造、河防属《工律》，计九条。兹先就名例予以检讨如次。

　　（一）五刑

　　五刑之说，肇自唐虞，为墨劓剕宫大辟，已备述于前篇。惟清律之五刑，乃指笞，杖，徒，流，死而言也。笞者击也，又训为耻，用小竹板薄示惩辱，所以发其心也。其刑轻，以十为等，数止五十。倘情重者则出笞而从乎杖矣。杖重于笞，用大竹板，两笞可折一杖。其数自六十始，以十为等，不过一百。盖以顽梗弗率之徒，耻心已冥，非笞所能动其惧，故重杖以示警。惟笞杖皆

　　* 本文原刊于《中华法学杂志》（第新编 1 卷）1936 年第 4 期。原文未采用现代标点符号，文中标点为编者所加。

属体刑，为上古五刑所不入。唐虞以鞭扑施于言官教，仅为训诲之具耳。至汉文除肉刑，始易以笞杖，为笞杖入刑之始。孝武灭而杀之，后世遂奉为法。近世刑法以体刑非教策所取，早已废除，我国新刑律即已不列。但衡以中国社会情形，非绝无可用之理由，不过应于特殊情事下予以限制而后施用耳。故酌用笞杖之说，一度为学者所倡也。笞杖而外，则为徒流。徒刑之意义，今昔不同，昔之所谓徒者，取乎奴辱之义，拘系其身心，使供乎劳役，防乎汉之所谓城旦春，无使遣义之意也。且以笞杖过重，生命堪虞，易以徒刑，可资保全。与今改善主义，迥乎不同。流刑之制始自上古，舜流四凶〔1〕，为其显著之事实〔2〕，所谓流有五刑者，即不忍刑杀之意，后世宗之。至隋唐乃限以里数，垂为定制。清律之流，自二千里至三千里以五百为等，并悉杖一百，借资警惕。惟流刑外，复有发遣充军之制，不列入五刑，前篇已详述之矣。死刑为极刑，即古之大辟。当秦汉之世，刑尚惨酷，以执行之方法当罪之轻重，名目繁多。至清律之列于五刑者，仅为绞斩。除应立决人犯外，俱监候秋审朝审，分别情实缓决矜疑，奏请定夺，其意甚属可取。盖援律定罪，事证必求明确，往往有研讯两再，疑莫能决者。承审推事，为审限所迫，欲使入罪，而事绪不明；若使出罪，而故纵兹惧，非有补救之方不可也。其不入于五刑者，尚有凌迟、枭首、戮尸、缘坐各种刑制，仅对于特殊重罪始科之。凌迟即凌迟处死，其法乃寸而磔之，必至体无余胔，然后割其势，女则幽其闭，出其脏腑，以毕其命，仍为支分即解而后已〔3〕。枭首系将被斩者之头悬之高杆以示众，并标其名而暴其罪，使人有所警戒。按枭首之举，肇自周武。武王伐纣，曾悬纣王之首于白旄，告天下以罪人斯得，故枭而示之，以快人心。戮尸系将已死之罪犯尸体戮之，所以尽乎法之至也。缘坐系缘犯法之人罪大恶极，法无可加，因其所亲所密而坐之以罪，动人以交友之戒也。

（二）十恶

十恶之条起于隋代，举情事甚恶者数类凡十，以其亏损名教，毁弃冠冕，特标篇律首，以为明戒。计一曰谋反，谋危社稷也，即谋害君主之意；二曰

---

〔1〕 四凶指共工、欢兜、三苗与鲧。《尚书·尧典》："流共工于幽州，放驩兜于崇山，窜三苗于三危，殛鲧于羽山，四罪而天下咸服。"——校勘者注。

〔2〕 "事实"原文作"事寔"，现据今日通常用法改正。——校勘者注。

〔3〕 编者按此说未确。

谋大逆，谓谋毁宗庙山陵及宫阙老；三曰谋叛，谓谋背本国，将从他国也；四曰恶逆，谓殴及谋杀祖父母，夫之祖母，父母，杀伯叔父母，姑兄，姊，外祖父母及夫，灭绝人伦，伤残天性，逞恶肆逆，故曰恶逆；五曰不道，谓杀一家非死罪三人，及肢解人采生折割，造畜蛊毒魇魅，凶忍残贼，背弃正道，故曰不道；六曰大不敬，谓大祀神御之物及乘舆服御物，盗及伪造御宝，和合御药误不依本方，及封题错误，或造御膳，误犯食禁，御幸舟船误不牢固，盖臣之于君，事当敬谨，盗固近乎侮蔑，误必由于轻忽，故曰大不敬；七曰不孝，有三谓告言咒骂祖父母、父母，夫之祖父母、父母，及祖父母、父母在，别籍异财：若奉养有缺，居父母丧身自嫁娶，者作乐释服从吉，闻祖父母父母丧匿不举丧，诈称祖父母父母死，此皆属不孝之大者；八曰不睦，谓谋杀及卖缌麻以上亲，殴告夫及大功以上尊长小功尊属，此皆亲属相犯，为九族不相协和，故曰不睦；九曰不义，之财谓部民杀本属知府知州知县，军士杀本管官，吏卒杀本部五品以上长官，若杀现受业师，及闻夫丧匿不举哀，或作乐释服从吉及改嫁，盖以部属师生夫妻原非天合，以义相维，背义而行，故曰不义；十曰内乱，谓奸小功以上亲父祖妾及与和者，盖以亲属内部相奸，有乱伦常，故曰内乱。凡此十恶，均不得赦免。按之现行刑法，或属内乱各条之罪定有处罚专条，成所犯皆有本罪，另定加重明文，均无背乎刑事政策。惟不敬不义，于现行刑法无所规定耳。盖此虽为君主时代维护礼教纲常所必需，而现代国家社会之情事与昔太异，故未便采用也。

（三）八议

八议为先王之制。《周礼》云："八辟丽邦法。"今之八议，即周之八辟也。一曰议亲，谓皇家祖免以上亲，及太皇太后，皇太后，缌麻以上亲，皇后小功以上亲，皇太子妃大功以上亲，盖天[1]潢分派，法重亲亲，故自祖免以上，二后则自缌麻，皇后则自小功，太子妃则自大功，虽前有尊卑，礼有隆杀，其义在内睦九族，外叶万邦，布雨露之恩，笃亲亲之理；二曰议旧，谓皇家故旧之人素得侍见特蒙恩待日久者，故旧系指从龙辅佐之人，若龙幸之臣，即始终无间，不得以故旧论也；三曰议功，谓能斩将夺旗摧锋者，或率众来归，宁济一时，或开拓疆宇有大勋劳铭功太常者，太常旗也，古者人臣有大功劳则书于太常以引驾也；四曰议贤，谓有大德行之贤人君子，其言

---

〔1〕 "天"原文作"大"，现据《唐律》改正。——校勘者注。

行可以为法则者，贾谊曰："廉耻礼节以治君子，有祸死而无戮辱"，即议贤之意也；五曰议能，谓有大才业能整军旅之政事为帝王之良辅佐者，此以能盐梅帝道师范人伦者而言，非普通才业所能援引也；六曰议勤，谓大将吏谨守官职早夜奉公，或出使远方经历艰难，有大勤劳者，守官奉公必曰大将吏者，以其任重责大，其劳亦大，关于国家者重也；七曰议贵，谓爵一品及文武职事官三品以上散官二品以上者，职事官为治事之官，散官为不治事之官，因其劳逸有异，故品级有别，若一品则爵最贵，不论有无职事也；八曰议宾，谓承先代之后为国宾者，《书》曰："虞宾在位，群后德让"，《礼》曰："天子存二代之后，犹尊贤也"，故国宾有犯亦与议焉。"其应议之人，或分属天潢，或宿侍旒冕，或多才多艺或立事立功。所犯应先具所犯事实实封奏闻取旨，不得擅自勾问，即应议者之祖父母父母妻及子孙犯罪，亦不得擅自勾问，仍须实封[1]奏闻取旨，所以重亲贤，敦故旧尚功能者，可谓至也。"故《礼》曰："刑不上大夫，犯罪则在八议，轻重不在刑重也。"处君主时代，遇有上述特殊情形，议而后问，原未可厚非。在现代法律之下，除元首本人及国会议员犯普通罪名，于任内及会期内不能诉追外，对于亲贵功能，则无优异待遇。所以符法律一律平等之义也。

（四）犯人与身份

清律职官有犯，不问公私罪名，除罪轻者传问外，所司应先开具事由实封奏闻请皆，不得擅自勾问。若准问，应依律议拟奏闻区处，仍候复准方许判决。如所属官被本管上司非礼凌虐，亦听开具凌虐实迹，不必经由本管上司，实封径自奏闻，但不许扳引案外事欤耳。又文武各官犯罪该笞杖者，仅予罚俸或降级，惟犯私罪者较犯公罪者为重耳。其以理去官者，即退职之意，亦与现任职官受同等待遇。此在行政法上具有官吏保障之性质。而在刑事政策上，亦与目的刑之主义不谋而合，盖未可因偶触法网而褫夺其地位或损体面也。他如天文生习业已成明于测验者，犯军流及徒罪，准其决杖纳赎；工匠乐户有犯，留住卫署拘役，所以重职事也。妇女有犯，罪应决夬者，除奸罪应去衣仍留裤外，余均单衣隔杖，不许裸裼，所以全羞辱也。此或为现行法所不采，或为现代刑制之所无，要无背乎今之刑事政策。此外有无官犯罪至有官时事发者，如系公罪，笞杖以上俱依使纳赎；卑官犯罪至迁官时事发

---

[1] "实封"原文作"寔封"，现据今日通常用法改正。——校勘者注。

者，或在任犯罪至去任后事发者，公罪笞杖以下依律降罚，杖一百以上者依律科断。其因本案黜革者，笞杖以上折赎俱免。若事干埋没钱粮遗失官物，虽系公罪，须追问明白。但犯一应私罪，并论如律。其典吏有犯公私罪名者，各依本律科断。此因当时之律，职官犯罪与庶民不同，故有分别规定之必要。此外对于军籍有犯，该徒流者，各依所犯杖数决讫，徒五等依律发配，徒限满日仍发原卫。流三等照依地里远近发直省卫所附籍当差，其犯充军者则依律发遣。盖以军籍之人原有应充差役，与民户不同，故有此规定也。

（五）共犯与累犯

清律对于共犯应分首从，与今之正犯从犯相合。其以造意者为首，与今之教唆而兼实施〔1〕者同，惟全家共犯者只〔2〕坐尊长，是课尊长以统制家属之责，借〔3〕资表率。亦即利用家族团体以作自治之基础，原未可厚非也。其所犯二罪俱发者，仅论其重罪，轻者免议，余罪后发者亦同。此虽与从重主义相合，但仅论重罪，易启犯人增多犯之动机。盖犯人既犯重罪之后，自知再多犯轻罪亦不致加重刑罚，必无所顾虑矣。

（六）刑事责任

犯人除职官外，不问为本国人民或化外人民，一律平等待遇，负平等之刑事责任。但对于蒙古另有理藩则例耳，律无正条可据者，则准其比附援引。但有比附未能相称，情罪畸轻畸重，则许其酌量加减，权衡允当，定拟奏闻；若不详议比附，擅行处断致失罪情出入者，则以故失论，处断官员应负其实。又律自颁降之日始发生效力，虽犯罪在前，亦依新律无正条者应不处罚。否则刑官得上下其手，人民惊疑时起，危险滋甚；且是使社会常呈不安之状态。至新律颁行，一律适用，与今从新主义相同。虽为我国现行法所不完全采用，尚为现代立法例所许。盖新律因时制宜，虽较旧律为佳，但若依旧律无罪之行为，依新律仍为有罪而罚之，则今日认为无罪之行为，明日忽变为有罪，人民将无所适从矣。又老小废疾者犯罪，例许收赎。凡年在七十以上十五以下及废疾犯流罪以下收赎。八十以上十岁以下及笃疾犯杀人应死者，议拟奏闻，取自上裁，盗及伤人者亦收赎，余皆勿论。九十以上七十以下虽有死罪

---

〔1〕 "实施"原文作"寔施"，现据今日通常用法改正。——校勘者注。

〔2〕 "只"原文作"止"，现据今日通常用法改正。——校勘者注。

〔3〕 "借"原文作"藉"，现据今日通常用法改正。——校勘者注。

不加刑。犯时未老疾，事发后老疾者，仍依老疾之例，犯时幼小事发后长大者依幼小论。此本乎敬老恤幼之旨而设，与现行法亦属相同，不过内容稍有出入耳。

（七）罪之加减免除

凡犯罪未发觉而自首者免其罪，惟所得赃物应追征耳。犯罪共逃者能捕获同犯重罪而首告者免罪，轻重相等能获一半以上者亦同。因公事失错能自觉举者免罪，惟断罪失错致失入已论决者，则不能免。家长或亲属犯罪相为容忍者，皆可不坐。此外，称加者就本罪上加重，称减者就本罪上减轻，惟二死三流则同为一减，即越级减轻之意。例如斩减为流，流减为徒是也。加者数满乃坐，即按级递加之意。例如徒罪先加年月，流罪只加里数是也。而加罪且止于杖一百流三千里，虽累加不能至死。即或依条文应加入死，亦只入绞而不入斩也。按现行刑法有对于自首及亲属相容忍之减免，与此相同。而加不至死，亦与现行刑法相合，惟在旧律仅为示恩，在现行刑运为应刑事政策之需要耳。其一人犯罪有累减之原因者得累减之亦与现行刑法不期而合。又旧律有存留养亲之条，凡犯死罪非常赦所不原者，而祖父母父母老疾应待，家无以次丁者，开具所犯罪名奏闻，取自上裁，若犯徒流者止杖一百，余罪收赎，存留养亲。此虽为本乎仁孝之旨而设，然若制为常法，则独子犯罪当不致死，反足启其纵恣之心也。

（八）收赎与纳赎

收赎者依律应赎之罪也。如老幼废疾大义生及妇人折杖之类，均照律收赎，纳赎者得以金钱赎罪而已。官员正妻及律难的决暨妇人有力者均准赎罪；进士举人贡监生员及一切有顶戴官犯笞杖轻罪者亦准纳赎。惟生员不守学规好滋讼事者，以及贪赃官役均不准纳赎。应否准赎均载入律例各条，其未载入者问刑官虽得自由裁量但若滥准纳赎，以及多取肥己者，均交部议处。又依前段之说明，凡年在七十以上十五以下及有废疾者，犯流罪以下收赎，盗及伤人者亦收赎，但有赃应赔偿者仍须赔偿耳。至犯罪时未老疾及事发时老疾者亦依老疾之例处断，若在徒年限内老疾者亦如之。惟犯罪时幼小，事发时长大者，则御依幼小之律处断。纳赎即今之易科罚金。惟现行刑法采概括主义，仅定一抽象标准，清律系采列举主义，指明具体事实，此与律例之不同也。

（九）除名当差

职官犯罪，罢职不叙，应追夺诰敕，削除籍者，官阶勋爵皆当一并削除；僧道犯罪经决罚者，追收度牒，并令还俗。罢职或还俗之后，仍须查明籍贯，发还原籍当差。其失陷城池行间获罪贪赃革职各官，如有封赠，悉行追夺。知县以上及佐杂等官，因贪赃枉法革职者，除任内有降罚案件照例仍追编俸外，如系因公罣误，无论任内降罚案件多寡，所有食过编俸，概免追赔。此皆为犯罪之附带处分，属于从刑及保安处分之类也。

（十）流囚与家属

流犯之妻妾，本非应流之人，依律亦应随行，欲其有家而安之也。父祖子孙，本非应随之人，欲随者亦各听之，顺其就养之情也。若正犯身死，家属虽经附入配所之籍，愿还乡者仍准放还。但谋反、逆及造畜蛊毒、采生折割人、杀一家三人、遇赦仍流者，其家属则不在放还之列也。

（十一）常赦所不原

凡犯十恶、杀人、盗官家财物及强盗、窃盗、放火、发塚、受赃、诈伪、犯奸略人、略卖、和诱人口等罪者，虽遇大赦，皆不原宥。而知情故纵，或听行藏匿引送，或说事过钱，虽非正犯，亦不在赦免之列，以其情节无可恕也。其过误犯罪，及因人连累致罪，或官吏所犯公罪，均在常赦之列，以其所犯殊可悯也。若赦书出自临时钦定，有特免减者，则非常赦之比，此为出自君主特权，未可以常例相绳也。惟刑事部分虽获赦免，而附有民事性质之钱粮、婚姻、田土等项，仍不在免除之列，以田土、婚姻事项之违法未可以罪免而放任之也。他如文武官员、举人、监生、生员及吏典、兵役等之有职役者，若所犯为奸盗诈伪及一切赃私罪名，虽获赦免，需职役仍须革除，此即今之褫夺公权之意也。犯罪一经赦免之后，即不许再行追问。故以赦前之事告言人罪者，即以其罪罪之，所以滋警惕[1]而杜纷纠也。

（十二）流徒人犯在道遇赦

凡流犯应赦而未至配所者，除中途逃匿外，均即赦免。以奉旨之日为期，必于未到达配所以前，始准授用；若已至配所，或虽未至配所而计程已超过到达之期者，仍以已到论，不准放回。盖恐奸徒有意迁延[2]，其有因在沿

---

[1] "警惕"原文作"儆惕"，现据今日通常用法改正。——校勘者注。
[2] 按行程系以每日行五十里计算。

途患病，或阻风被盗有所在官司证明书者，准其扣除事故日数，此与今之上诉扣除程期之意相合。至徒罪人犯，则无论是否已至配所，遇赦一律放免。流犯带徒者，对于徒刑部分亦得免除，殆以流罪重而徒刑轻，故有异也。

（十三）徒流人又犯罪

此即今之所谓累犯也。凡犯罪已发觉而再犯罪者，从重科断，已徒已流而再犯罪也，对于后犯之罪，只依律科拟，不在从重科断之列。其重犯流罪者，三流并决杖一百，于配所拘役四年。若徒而重犯徒罪者，依后所犯杖数及该徒年限照数决讫，仍令应役，总数不过四年。例如先犯徒三年，已役一年，又犯徒二年者，止加杖一百徒一年，不得超过四年之数。三流虽并杖一百俱役四年，若先犯徒年未满者，亦止总役四年。徒流人又犯杖罪以下者，则只依徒犯处决之。是较现行法处置累犯为轻，仅于俱发之情形加重耳。

（十四）给没赃物

赃物之给没，以是否违禁品为断。属于违禁品者，如军火禁书之类，则没收入官；其余因犯罪所得者，如有事主，并发还。其犯罪应籍没财产者，赦书到达后，罪人虽在赦前决讫，除家产已经抄札入官，及犹谋反叛者外，应并赦免。若罪未处决，籍没之物虽已送官，以未经分配者为限，视为未入。至以赃入罪，正赃犹在者，则官物还官，私物还主。如已费失，而犯人又已亡故者，不予追缴。过失杀人，应追赔埋葬银两，此与现行刑法没收之处分约同。惟现行刑法对于没收应追缴者，犯人虽已身故，得就犯人遗产执行。

（十五）公事失错

公事失错本无恶意，不过办事有所疏忽耳，故知失错而自行举发者免罪。其同僚官吏应连坐者，一人能自觉举发余人皆得无罪。但断罪失入已行论决者，如死罪及笞杖已决讫，流罪已至配所，徒罪已应役之类，则不在此限。以其已有受害之人，无从回复其冤抑也。又官文书稽延程限应坐者，如一人自觉举发，除主典之吏外，余人亦免罪；若主典吏自举，只减二等，未能免罪。此皆属于官吏惩戒事项，而清律以刑事论罪，与现行法有异。

（十六）亲属相为容忍

依《捕亡》律"知情藏匿罪人"条内载，知情而藏匿在家，与指引资给辗转隐藏，及知官司追捕，而泄漏其事令逃避者，均应以犯人所犯之罪减等论罪。惟同财共居亲属及大功以上亲，以及外祖父母、外孙、妻之父母、女婿、孙之妇、夫之兄弟妻有罪相为容忍者，除所犯为谋叛罪外皆不论罪。奴雇婢工人为其家长者亦同,虽漏泄其事及通知消息致令罪人隐匿逃避者,亦均不坐。小功以下相容忍及漏泄其事者减凡人三等,无服亲属减一等,按现行刑法亦有类此之规定,不过内容略异耳。

(十七)处决叛军

凡边境城池有军人谋叛,守御官捕获到官者,如证佐明白,鞫问招承,申报督抚提镇审问无免,随即依律处决。盖边方军叛,事系安危,若待请命而后处治,恐有外援内应,迟则变生,故应权宜处治也。

(十八)各种称谓之解释

各种称谓有非依字而所能了解者,在现行刑法中有解释之条文,而清律亦有专条释明,试列举之。(1)称乘舆车驾及御者,除当然指天子而外,太皇太后,皇太后,皇太子,令并同。(2)称期亲祖父母,曾高祖父母亦同;称孙者,曾元孙同,嫡孙承祖与父母同;其嫡母,嗣母,慈母,养母,与亲母同;称子者男女同。(3)称与同罪者,谓罪人与正犯同罪,止坐其罪,正犯至死者减一等,罪止杖一百,流二千里者正犯应刺字,同罪者免刺,且不存较斩之列;但若受财故纵者则全科,至死者亦绞,不在罪止之限。(4)称准枉法论准盗之类,但准其罪,亦止杖一百,流三千里,并免刺字。(5)称以枉法论及盗论之类,皆与正犯同刺字,绞斩皆依本律科断。(6)称监临者,内外诸事统摄所属有文案相关涉及别处驻札衙门带管兵粮水利之类,虽非所管百姓,但有事在手者,即为监临;称主守者,内外各衙门该管文案吏典专主掌其事及守掌仓库狱囚杂物之类,官吏库子斗级攒拦禁止并为主守,其职虽非统属,但临时差遣管领提调者,亦是监临主守。(7)称日者以百刻,[1]计工者从朝至暮,不以百刻为限;称一年者以三百六十日;称人年龄者以户籍年甲为定;称众者三人以上;称谋者二人以上。(8)称道士女冠者,僧尼亦同;对于受业师之待遇,视为对叔父母;对于弟子之待遇,视为兄弟之子。

---

〔1〕 按辑注:阴历一日以百刻十二时,每时初正八刻,子午二时则十刻也,今时虽书子午亦八,刻每日九十六刻。

新旧刑律比较概论*

董 康

　　本校法学博士董绶经先生学问道德彪炳于世，近著《新旧刑律比较概论》一文为董博士在上海法科大学授课之讲义。征引渊博议论闳峻洵为法学界重要之著作。本刊同人不胜钦佩，用为转载以广流传。[1]

　　法律依时为乘除，本非一成不变。顾以时代之制度言，则有沿革。以土地之风习言，则有系统。历古及今，无论如何变迁，终不越于系统以外。系统云者，即亚东法律系统是也。法系（以下略称法系）之幅员[2]凡日本朝鲜暹罗均属之。在中国国土本身，蒙古为游牧之国，逐水草而迁徙，与内地迥别；西藏且在往昔化外人之列，属于羁縻[3]性质，均不能以普通之法律相绳。然国特设藩部[4]或驻在地大员类如古之都护[5]者，以受其所成，未始无沟一之方策也。尝游英京伦敦于律师公会，凡论犯罪年龄责任英分七岁、十二岁、十六岁为三时期，与周官同。颇疑英之系统，亦出东亚或即所谓东来法之一欤。由是推之，东亚法系固亦横互，世界与罗马法对峙不可磨灭之物也。

　　吾国法律思想古来趋重刑法以制作之历史，言可约分为四时代。（一）羸

---

　　* 本文原刊于《法学季刊（上海）》（第3卷）1927年第5期。原文未采用现代标点符号，仅以"。"表示断句。文中标点为校勘者所加。
　　〔1〕 此内容为编辑导语。——校勘者注。
　　〔2〕 "幅员"原文作"幅□"，现据今日通常用法改正。——校勘者注。
　　〔3〕 "羁縻"原文作"羁縻"，现据今日通常用法改正。——校勘者注。
　　〔4〕 清代指内外蒙古、新疆、青海、西藏等地。——校勘者注。
　　〔5〕 官名。西汉宣帝神爵二年（公元前60年）置"西域都护"，为驻守西域地区的最高长官，控制西域各国。"都"为全部，"护"为带兵监护，"都护"即为"总监护"之意。——校勘者注。

秦之焰典籍渝亡，而虞夏商周之制度于诸经诸子中尚可猎见鳞爪，可名为拾遗时代。（二）炎刘以迄隋季，虽无专书传世史家之志，刑法制作颇详，可名为征信时代。（三）贞观绍开皇作《唐律》凡十二章，厥后有疏议之作学者以其平易近情，备极推崇。宋之《刑统》，除流徒杖笞酌定决脊决臀数目外，几于一字不易，不过每条之后略增唐后周暨当时格式敕条而已。金有《泰和律》，据四库提要存目《永徽法经》条下，仍用贞观之旧。其书收入永乐大典，未经辑出。光绪庚子拳匪之乱，大典散佚为可惜也。元崛起漠北自入主中夏后，用宋之《刑统》，《元典章》中略志其事。明清两代之目依唐律稍加分析，冠以六曹之名。质言之，皆绍袭唐律而为守史之云仍〔1〕也。可名为以成时代。（四）清季光绪辛丑感于交际需要，特设专馆修订法律，今颁行刑法即其草案之一。可名为革新时代。余当欲著中国法制史。今正搜集资料从事编辑也。

甬上吴经熊博士读书特具卓识，与康至契。谓康所举四时期，一至三乃法律史之历史，四始为法律之历史。分析〔2〕尤为缜密。博士拟分刑法史为六时期，足备参考。兹附其说如后：

一、混沌时期：自上古至春秋。此时法律与道德混合。复仇为一显例。

二、尚刑时期：自战国至秦末。此时注意富国强兵，非用严格的法律，不能贯彻农战政策。商君立木树信可以代表当时时代之精神。

三、宽恕时期。有汉一代鉴于秦〔3〕用苛法之流弊，从事革新。刑法主忠厚简易，慈祥恻侧，有三代之遗风。诚如先生所云，凡法律改革时代，多有道德观念灌输其间也。高祖三章，文帝惠帝除妖言诽谤罪、诏除肉刑、诏除父子相匿罪，诏景帝诏谳疑狱皆为显例。

四、成熟时期。成熟犹集成也，金声而玉振之也。有唐一代为中国文化全盛时代，唐律之价值不亚罗马法典。汉为创作时代，唐则袭制而加之以统系。

五、沿袭时期。物极必反，我国刑法至唐已臻全盛，自唐至清虽间有修改，原其大规模则沿唐律之旧未当有所创也。

---

〔1〕"仍"原文作"礽"，现据今日通常用法改正。——校勘者注。
〔2〕"分析"原文作"分悉"，现据今日通常用法改正。——校勘者注。
〔3〕"秦"原文作"泰"，疑为讹误，现依理校改。——校勘者注。

六、革新时期。自海通以来，中西文化互相接触，新刑法实中西调和之产品也。

司法法规，历朝各有专书，其编纂之法约有二点。（一）无民法刑法之区别。虽属民事，一经宣判，科以最轻微之刑事处分，即以了之，如唐律等户口、婚姻、田土、钱债，亦居本律部类之一。然必谓刑律以外无民事法规亦非也，如汉律《九章》外有《田律》〔1〕，《唐律》有《户婚章》、而疏议复引《户口令》；又如前清《大清律例》外，关于继承、婚姻、田土等事、礼部、户部等则例仍有规定。若无科罚之必要，避免诉讼之手续由地方行政官依据该则例或有疑问者咨请部示，亦可以断定之也。（二）手续法与实体法混合为一。如《诉讼》、《断狱》二章，以诉讼暨宣判手续为其主要。以上二者皆时代为之。盖法律之遭递由简单而超于繁重各国一例，故今日英国司法规与吾国旧制尚近似也。自前清修订法律馆之设起。董其事者为沈家本（子敦）、伍廷芳（秩庸）二公。最初康〔2〕任校理，历晋纂修提调，迨入民国，曾任副会长〔3〕及总裁，参与其事，垂二十年。今之六法即当时所修订之草案也。六法中惟《刑法》于宣统三年提交资政院，因礼教问题，新旧龃龉，议至奸非罪而止。〔4〕迫于宪政馆所定年限，虽未完全通过，即用上论颁布。民国纪元，修正其与国礼抵触者，以大总统命令颁行。〔5〕五年〔6〕曾修正一次。迨南北拥兵寝置未议。七年规复法律馆，康与王亮畴君为总裁，将原案修正案合并修正之，提交议院，今称《刑法第二次修正案》。此外五种草案，法院作为条例援用。迨十一年，复修正民事诉讼刑事诉讼等法。前后颁布专职其事者，民诉为石志泉（友如）、刑诉为陆鸿仪（棣威）二君，俱法律馆之副总裁也。是编以开明刑法过渡为主旨，宜专就刑法立论，因有相关之点，附编纂法律之原始于此。

旧法废止，新法颁行，则旧法似无研究之必要，而抑知不然。凡事之进

---

〔1〕 见《周礼·夏官·大司马》疏、《汉书·黄香传》。
〔2〕 指作者自己。——校勘者注。
〔3〕 法律馆民国初年改为法律编查会，司法总长章宗祥兼会长聘康及汪有龄君为副会长。张镕西君长部时改为独立机关，会长及副会长均改为聘任。
〔4〕 清末变法时，礼教派与法理派曾就无夫奸等问题展开激烈的争论。——校勘者注。
〔5〕 指《中华民国暂行新刑律》。——校勘者注。
〔6〕 指民国五年，即1916年。以下纪年均为民国纪年。——校勘者注。

步约为过去现在将来为三时期。现在乃过去所蜕化，又所以孳孕将来者也。试以文学譬之，古人撰述传世号称专家若干人，焉知今人不能优胜于古人？又焉知将来无优胜于今人者？然不就三时期以为考镜，无从定其优劣，即无以策其进步与否也。揆之《刑法》，亦同斯旨。《刑法》原案（即《新刑法》），当时大致甄采欧洲大陆派德意等国最新法案，而参以唐以来旧贯，原冀观察时势徐图颁布。改革时处处以急近为宗旨，不问诉讼一切制度准备若何，即行颁布。奉行之后，颇感困难，欲速之讥诚所难免。依今日情形，则研究旧法亦所必要。试举三点如下〔1〕：

（一）道齐之方凤重德礼，〔2〕嘉言垂训逾二千年。曩时颇以礼教论、法律论为二事。迨今叠遇战争，社会未至溃决者，道礼二字互相教诏，得以维持于万一也。旧法向主明刑弼教现虽失其效力，不妨参酌其精神。

（二）各国法制不能抛弃习惯，但习惯有善恶两种。善者宜永远维持之，恶者宜逐渐改革之。新法抛弃斯点不无遗憾。旧法注重各省习惯，故专列颇多能得其中消息，裨益听断。良匪浅少。

（三）新法科刑范围过宽，非经验丰富判断难期适中。民国初年法院用人采除旧布新之策，尸其位者绝少师承，于量刑问题多所倒置。例如，杀人罪乃刑事诉讼中习见之事，有在旧法时代必处死刑。而科以法定轻刑者；〔3〕有在旧法时代非真正死刑可以量减而处以死刑者。〔4〕同一事实甲厅与乙厅科拟不同，甚至甲庭与乙庭科拟不同，又甚至法官本人甲案与乙案科拟不同。量刑乃法律独立上赋予之特权，虽属长官无从干涉。然责以亭平之义，无从自解欲冀斠若划一，犹南辕而北辙也。曩时备位法曹曾颁行科刑标准条例，以资补救。挟党见者不以为然，旋被废止。若能斟酌旧法用作判例，当能合一般人公平之心理也。

前清刑律原名《大清律例》。律文凡若干条仍前明之旧，不容轻易增损；例则斟酌一时情形，纂附于后，较律交互有轻重。乾隆旧制，律例每五年一

〔1〕 "如下"原文作"如左"，现据今日通常用法改正。——校勘者注。
〔2〕 语出《论语·为政》："道之以政，齐之以刑，民免而无耻；道之以德，齐之以礼，有耻且格。"——校勘者注。
〔3〕 有谋杀亲夫案、以所嫁非偶为理由、处一等有期徒刑者。
〔4〕 有某国人卖吗啡致某妇堕胎身死，其夫愤而杀某国人、科其夫以死刑；亦有理直伤轻、在杀伤之间，核办秋审必处缓决而科以死刑者。

小修，又五年一大修，律例馆职掌其事。该馆离刑部而独立，设提调一员，须曾历刑部司员现秩九卿，方合其资格。他部则例亦归其修辑，不知何时废止，划归刑部秋审处兼管。《大清律例》自同治九年后，久经失修。审判必须兼及通行章程之已刊行及未刊行者，翻审为难。康主倡师日本《新律纲领》及《改定律例》渐次颁行之先例，修正旧律以资过渡。阅一年藏事存律文三百八十九、条例九百三十八条〔1〕，于宣统元年颁布，即现行刑律是也。是律因新刑法颁行而废止，仅关于民事部分尚维持其效力。惟修辑宗旨已混合新主意若干成分在内，不足推阐旧日之义蕴也。

比较法律为大学部最后研究之必要科目。以直线言，足以知今昔之异同；以横线言，足以知各国之走向。是编亦即直线中之《刑法》一小部分。今依据之资料四种如下：（一）《大清律例》；（二）《现行刑律》；（三）原案；〔2〕（四）《第二次修正草案》。《第二次修正案》回复大清律不少，阅第五章、〔3〕第二十二章、〔4〕第二十三章、〔5〕第二十九章、〔6〕第三十章、〔7〕第三十三章恐吓罪即知。又民国三年颁行之《刑律补充条例》亦修并于内。刑法既居革新，总有不同之点，其中仍有下〔8〕之区别：（一）主义、（二）制度、（三）编纂体例。

第一项约分四点：（一）减轻死刑。旧法死罪过繁且有虚拟死罪者，久已名实不符。新法非情节重大不科死刑。〔9〕（二）废除阶级。旧法官秩服制、良贱俱不同。凡新法除直系尊亲属外，一律平等。（三）共同犯罪。旧法分别首从，新法除结合群众若干条仍含有首从遗义外，〔10〕以实施者为正犯。（四）二罪俱发旧法以吸收为原则，即二罪俱发从重是也；新法则纯用并科第

〔1〕 此最后宪政馆修并。

〔2〕 即新刑法。

〔3〕 渎职罪。

〔4〕 杀人罪。

〔5〕 伤害罪。

〔6〕 窃盗罪。

〔7〕 抢夺强盗及海盗罪。

〔8〕 "下"原文作"左"，现据今日通用用法改正。——校勘者注。

〔9〕 丙种第一百零一条第一款、第二款，第一百零九条，第二百二十二条第一款，第一百六十九条第二项，第一百八十六条，第二百六十三条第一项，第二百八十七条第一项、第一款，第三百十一条，第三百十二条，第三百十四条第一款、第二款及第三百七十六条。

〔10〕 丙种第一百零一条、第一百六十五条、第一百六十九条第二项及第一百七十一条第二项。

二项。如刑名旧法有笞杖，新法改为罚金或拘役。第三项如旧法条例，几于一事一例，新法务取概括。第一项足以验立法事业之进步，关系尤深；第二、第三两项乃当然之结果也。

　　立法事业，学理每多与事实不相调协。平情而论，学理乃新知所萌蘖，事实为舆论所凭依，融会贯通不容偏废，要在临时权衡之耳。是编所引四种，自以《第二修正案》最为适宜。然该案着手于民国八九年之交，尔时政府暨社会情形与今迥异。频年战争、是非久泪、军人之残暴贪婪之熏习刿质之风行，三者且有互相维系及利用之趋势，似非特颁重典不足以资惩肃。将来修偃可期、中枢重建，《第二修正案》尚有修正之余地也。

关税会议中隐匿华会议案之索隐[*]

董 康

关税会议为改正条约之梗，吾辈已屡言之矣。主持关会者，仍指为国家唯一急务，即必并指华会议案为中国唯一福音。然关会之开，已逾半年。华会原案中所定关会之职务，竟有不敢一道及者。中国在会之员，或惮国民之指摘而不敢言。外国预会之员，亦竟噤若寒蝉[1]。举当时所束缚我国，而明得我国代表之签认，我国元首之批准者，不惜默予废弃。夫果可废弃，则当华会时何必郑重加此束缚？无亦以我国国民，三四年来，已非华会开时之昏睡故态。举凡外交之事，一听外家当局主之，国民甚少容喙之地欤。今试检华会旧案，以提我国民之耳，则可知华会议案之不适用于今日。即此关会中中外委员所共同匿其职务，为可证也。

一九二二年，即民国十一年，二月四日，华盛顿限制军备会议第六次大会，通过关于远东问题审议局之议决案，文曰：

"聚集于华盛顿现在会议之各国代表，即美利坚合众国、比利时国、不列颠帝国[2]、中华民国、法兰西国、意大利[3]国、日本国、荷兰[4]国及葡萄牙国，因欲规定一种手续，以便处理各项问题。由执行将于一九二二年二月六日在华盛顿签订关于各该国普通政策、以巩固远东状况、维护中国权利利益，并以机会均等为基础、增进中国与各国往来之条约第三第五条款之

---

* 本文原刊于《兴业杂志》（第 1 卷）1926 年第 4 期。原文未采用现代标点符号，仅以"。"表示断句。文中标点为编者所加。

〔1〕 "噤若寒蝉"原文作"噤若寒惮"，现据今日通常用法改正。——校勘者注。

〔2〕 即英国。——校勘者注。

〔3〕 "意大利"原文作"义大利"，现据今日通常用法改正。——校勘者注。

〔4〕 "荷兰"原文作"和兰"，现据今日通常用法改正。——校勘者注。

规定，而发生者。"

决议在中国应设立一审议局，凡关于执行上项条款所发生之任何问题，可交由该局审查报告。

将于一九二二年二月六日，在华盛顿签订关于中国关税税则条约，第二条所规定之特别会议，应拟具组织该审议局之详细规则，由各关系国核定之。

此议案议决于二月四日，其预拟在后两日议决。而草案则已定者，本案中先行提及，故谓之将于六日议决之某案。六日所议决之中国关税税则条约，其第二条所规定之特别会议，即今所开之关税会议。照华会议决原案，应于关税会议中，拟具远东问题审议局之组织法。所谓组织该局之详细规则是也。

又预拟在二月六日签订之条约，在本议案中，谓之"关于各该国普通政策、以巩固远东状况、维护中国权利利益、以机会均等为基础、增进中国与各国往来之条约"。此在华会议案中，译文如此。后来外交部档案，专印此宗条约，则简其名为"九国间关于中国事件、应适用各原则及政策之条约"。其因执行此条约之第二第五条款之规定，而发生远东问题审议局之议案。今录该条约第二第五条款如下：

第二条缔约各国协定：不得彼此间及单独或联合与任何一国或多国，订立条约，或协定，或协议，或谅解，足以侵犯或妨害第一条所称之各项原则者。

第五条中国政府约定：中国全国铁路，不施行或许可何种待遇不公之区别。例如运费及各种便利，概无直接间接之区别，不论搭客隶何国籍、自何国来、向何国去；不论货物出自何国、属诸何人、自何国来、向何国去；不论船舶或他种载运搭客及货物之方法，在未上中国铁路之先，或已上中国铁路之后，隶何国籍，属诸何人。

缔约各国，除中国外，对于上称之中国铁路，基于任何让与，或特别协约，或他项手续，各该国或各该国人民，得行其任何管理权者，负有同样之任务。

以上两条，前一条中，又涉及第一条云云，更录第一条条文如下：

第一条除中国外，缔约各国协定：

一、尊重中国之主权与独立，暨领土与行政之完整。

二、给予中国完全无碍之机会，以发展并维持一有力巩固之政府。

三、施用各国之权势，以期切实设立并维持各国在中国全境之商务实业机会均等之原则。

四、不得因中国状况，乘机营谋特别权利，而减少友邦人民之权利，并不得奖许有害友邦安全之举动。

合第一条于第二条，其为置我国于彼等羁勒之下，已可悼叹：条文中明明当中国代表之前，而曰除中国外，共视中国代表为何物？若使国民知识如今日，尚能忍受此乎？第五条则为共管铁路之办法。铁路共管，国民所不忍受，而华会则明定为条约，且经中国代表在会签字。是时中国出席代表为施植之、顾少川[1]、王亮畴[2]三人。是年四月二十九日，经徐总统批准，副署之外交总长，则今之顾总理也。此诸君皆称华府会议为中国之福音者。今关税会议开矣，在会之中外代表，无有复敢言原案中组织审议局一事，则可知环顾舆情，已非华会时之故态。华会议案，断不适用于今日。然独于关税会议，锲而不舍，靡巨款[3]以为供应，作仰人鼻息之举。所图者，由政府与外人，共移挪裁厘之基金以自便耳。谓非以私废公而何？

---

〔1〕 顾维钧（1888～1985年），字少川，汉族，江苏省嘉定县（今上海市嘉定区）人，中国近现代史上最卓越的外交家之一。——校勘者注。

〔2〕 王宠惠（1881～1958年），字亮畴，广东东莞人，近现代中国法学的奠基者之一。1924年毕业于东吴大学法学院（第7届），获法学博士学位。曾任中华国民政府外交部长、代总理、国务总理。——校勘者注。

〔3〕 "巨款"原文作"钜歀"，现据今日通常用法改正。——校勘者注。

改正条约之全部与局部*

董　康

　　改正条约之举，本将条约根本改正。根本改正，则以自主之国家与各国对等立约。其间法权税权之一切自主何待分项解决？且不但关于领判之破坏法权、关于协定之束缚税权为有改正之必要，且更有内江内海之航权等，何一不当以国际条约之公例纠正之乎？此吾人所主张之改正条约本为全部改正，并未如北京当局所持之态度，作枝枝节节〔1〕之改正也。

　　当局枝枝节节之改正，其表面为急求有效。故开关税会议以解决税权，招待各国司法调查员以解决法权。如此则与各国诚意沟通，得其同意而收回税权法权。似较我侪片面之主张，为有实际。乃一考其内情，则招待司法调查员不过关税会议之陪笔，本意则在召集关税会议，以取得急欲济穷之附加二五税而已。夫以会议求得附加税，即是图政府一时之利，卖国民国定税则之权，政府之大欲在关税会议。而有此召集，各国之大欲尤在关税会议；而应此召集，盖无担保外债之急待整理，非助我取得附加税不为功。人但见此会议一召而即集，似乎各国之顺我舆情，岂知彼固自有切身之利害！我国民虽反对其应召，而有所不能。商民呼号于都市，学子呼号于庠序，甚至近来军人以此为标的，而开兵谏之端。当局固置之不理，各国之不理尤甚，且昌言无论如何不中止此项会议，亦可知关税会议之结果。在当局数人与预会之各国互相利用，以玩弄我主权所在之国民焉耳。顾目前之趋势，当局以自身不定，纵使由会议中畀以附加税，亦未知享其成者果为现在之当局否。以故

　　＊　本文原刊于《兴业杂志》（第 1 卷）1926 年第 2 期。原文未采用现代标点符号，仅以 "。" 表示断句。文中标点为编者所加。

　　〔1〕 "枝枝节节" 原文作 "支支节节"，现据今日通常用法改正。下同。——校勘者注。

转觉顾念舆情，且坚持关税自主之说；以为观望之地，而减少国民指斥之声。其不即允二五附加者，正时局之影响为之也。

故谓政府不根本改正条约，枝枝节节而改正之，乃其失计。此犹为政府讳其罪耳。政府除贪得附加税外，何尝有计划可言？就贪得附加税而言，适因上海五卅事件与近来改正条约说之风行，得促成关税会议之机会。借热烈之民情为渔利之方便，可谓得计之至。而反诋以失计，是犹谓政府之谋国与我国民同一种害之标准也。苟知政府与国民，利害之标准本不相同，则知枝枝节节之得计矣。是故国民于关税会议，其根本反对者，理之正也。若从关税会议中争自主，试问既一云自主，又何以取决于会议？取决于会议，即不自主之铁证。结果以有期限之自主、有条件之自主愚我国民，而以取得目前之附加税为政府之实利，整理无担保借款为各国之实利。将来条件之不符、期限之难践，瑕隙易寻，此时已两得所欲而散。而于是改正条约之本义，则已消灭于此关税会议之中。是正当之全部改约，一变而为欺诈之局部改约。此今日已定之步骤，特为时局所攻击而不能不徐徐出之耳。

吾人之主张，则始终为全部之改正条约。改正条约之对待条件为准许外人内地杂居。条约既改正，外侨之地位已与国内之人民略等。租界既已撤销，而犹不许其杂居，岂非将屏绝通商乎？此于理论为必无之事。然则准许杂居，乃我国应先表示之根本条件。此条件非与改约为交换，乃通商之本义如此。且已改正条约之国，即已得内地杂居。若德若俄，有在内地居住、内地贩卖、内地制造之权利。彼不愿遵行改正者，即彼自误其通商之利益，在我无所用其要求改约。为利为不利，一听各国之自择，何所谓交换条件？直自明其惩劝之柄而已，至各国自求改正。于是我国民对改订税则之时，用今日对关税会议之精神，以研究税法之利弊，乃为由本以及末，非若今之舍本以逐末矣。若夫司法之改良，乃我应尽心之内政，在各国无庸顾虑我司法之良否。我法界纵有不良，凡外人所到之地，外人来受审判之法庭。其于法官之人选，用法之谨慎，不改良而自改良。观德俄之受我审判而初无违言，可知外人之借口司法之或有不良，而迟迟不撤锁其领判权，乃居奇要挟之惯技。其鼓动之尤力者，乃外国律师一流，为有切肤之害者耳。凡此枝节[1]之阻挠，一经我宣布改正条约准许杂居之明命，

---

[1] "枝节"原文作"支节"，现据今日通常用法改正。——校勘者注。

一切涣然冰释。政府别有用心，不肯宣布，我民国主权在民，自可由人民宣布之。凡已改正条约之国民，有愿经营内地事业者，我国民以正义接待之。此则全部改约中釜底抽薪之策也。

大革命前的变法运动[*]

陈恩成[**]

　　我国在 1911 年大革命前的法治思想、政治制度和社会心理，既已扼要概述如上。承着数千年的累积习俗，一旦希望民众起来参政立法，在这拥有四万万以上民众的大国里，当然不是在短期间内可以达到理想的成功。前清道光咸丰以后，从 1840 年鸦片战争开始，中国虽屡受列强侵略，而社会心理和政府大策，犹少革新的倾向。洪杨的民族革命运动失败，其所抱持的尚不健全的民主思想也随以没落，但在少数的秘密社团中得稍保留，却仍受一般社会排斥。同治二年以后，曾国藩、左宗棠、李鸿章、文祥诸人认为"形而下"的学术当学泰西，当时设立同文馆、船政局、制造局、招商局等，只谋轮船军械的改革；朝堂最大多数人士对于欧美政制尚加鄙夷，或盲然未加省察；立宪思想或立宪运动，尚全不存在。[1]

　　1894 年中日甲午战役以后，中国文化界人士认识日本以明治维新，致力欧化，以臻富强。明治二十二年，即光绪十五年，日本颁布宪法。康有为、谭嗣同、梁启超等盛倡改革国政，在康氏第五次上清帝书，建议效仿明治维

---

　*　本文原刊于《民族文化》（第 5 卷）1946 年第 2/3 期。

　**　陈恩成（1902～1964 年）字威立，广东梅县人。1930 年毕业于东吴大学法学院（第 13 届），获法学学士学位。同年秋赴美深造，获美国西南大学法学博士学位。1934 年学成回国，旋任国立广东法科学院教授，《中山日报》撰述主任。广州沦陷后前往重庆，任《扫荡报》副总编辑兼国立中央大学教授。1945 年任广东省政府顾问、编译室主任兼《中山日报》总主笔。1946 年夏，筹办梅县《中山日报》并任社长，同时筹设嘉应大学。1949 年冬去台，先后主编英文《中美月刊》、《今日中国月刊》。著作有《美国参战前之外交》、《监察制度史》（英文）、《广播评论集》（英文）等，译有《拜金主义》等，法学论文主要有《庞德法律哲学述评》、《中山学说之法理体系》、《中美宪法比较》、《广东司法之现状》等。

　〔1〕　参看王世杰，同上，第 656 页。

新。朝臣翁同龢、杨深秀、徐致靖等，加以赞助。光绪二十四年四月，遂颁确定国是之谕，主张变法，随即擢用康、梁、谭三氏，并杨锐，刘光第、林旭、辅助新政。可是这次变法的计划尚未展开，旋即遭遇慈禧太后和一般守旧官僚的强烈反对，造成 1898 年的"戊戌政变"，康梁二氏幸免于难。当时注重的废八股、立学校、和改革管制等主要政纲，只能激起国人要求政治革新的热情，却未能直接促进立宪的运动。[1]

在中国民众里头，除了康梁变法运动之外，那时还有孙中山先生的革命运动。他自 1885 年中法战后，始有志于革命，初会上书李鸿章，建议变法。其后深感于清廷专制政治腐败，非厉行革命无以救亡国存。乃在港澳与陈少白、陆皓东等密组革命团体，并即在 1894 年赴檀岛，联合爱国华侨邓荫南、何宽、黄华恢与总瑾之兄德彰，组织兴中会。当时兴中会发表宣言，要旨是先行民族革命，[2] 尚未鼓吹立宪政策。由 1894 年至 1900 年，兴中会会员仅数十人，文化界入会者无少。为谋勇敢的发动民族革命，中山先生计划从联络一般志在"反清复明"的秘密社团入手，由三合会进而联络长江福建等地会党，并以之并合于兴中会。直待 1905 年日俄战役以后，他的革命虽亦迭遭挫折，却已在政治思想上愈有改进。他在欧洲，对中国留学生揭橥三民主义与五权宪法，定为党纲党义，宣诸群众，而文化界青年入会者乃渐踊跃。随后重到东京，留学生加盟者愈众。自是以后，中国同盟会遂为 1911 年以后中国革命的中枢。[3] 这种革命运动，不只为 1911 年大革命的前奏，并且他所依据以为行动的最高理论与其旨趣"三民主义与五权宪法"也就是后来数次倡订的中华民国宪法草案，以至现有的在 1935 年 10 月 25 日国民政府立法院三读修正通过，经中国国民党第五次全国代表大会决议修正，并经第五届中央执行委员会，于同年 12 月 4 日决议修正补充，立法院重加整理修正，于 1937 年 4 月 30 日作最后编定呈报国府，于同年 5 月 18 日明令宣布的中华民国宪法草案的神髓与其方案之所由出。

在满清政府方面，戊戌政变之后，继有庚子拳乱，社会方面抨击政治的呼声愈高。章炳麟、章士钊、邹容等主张共和的《苏报》，梁启超主张君主立

---

[1]　参看王世杰，同上，第 657 至 658 页。

[2]　兴中会宣言全文见吴稚晖"孙中山革命的两大基础"，《现代评论选刊》，第 2 卷，第 23 期。

[3]　参看上海申报之《最近五十年》，孙文《中国革命史》。

宪的《新民党报》，亦于此时先后发刊。孙中山先生鼓吹革命的民报却在1905 年诞生。在 1906 年周年纪会上，他亲临演讲，就已很明白的揭示三民主义与中国民族之前途。由于感受上述诸报宣传之结果，中国一般智识阶级深信专制政体不能自强，而值日俄战后，他们更明认日本以小国战胜大国，是立宪的功效。由是颁布宪法，召集国会，成为社会热烈的呼声。中国之有立宪运动，当以此时纪元。[1]

A. 清廷的立宪运动

当时比较守旧派的人士如康有为等，对于立宪运动，尚抱着一个极严格的错见。他们多从"君主立宪"的据点出发，所以主张先颁布宪法，或类似宪法的大经大典，然后依之以召集国会，而不是先召集国会，在人民享有参政权后，方谋订立宪法。光绪三十一年，驻法使臣孙宝琦以及二三疆吏，亦先后奏请立宪。清廷乃派载泽、戴鸿慈等出洋考察宪政。翌年夏七月，宣布预备立宪；三十三年七月，并改三十一年冬所设考察政治馆为宪改编查馆。这是清廷筹备立宪的第一期。

光绪三十三年（1907 年）夏历八月，再派达寿，于式枚、汪大燮，赴日、英、德三国考察宪政。得回报后，清廷乃饬宪政馆拟议召集议院与实行立宪的期限。该馆仰承意旨，草就《宪法大纲》和九年立宪的计划。光绪三十四年夏历八月，乃予裁可公布。当时清廷并设立容许人民参政，实则是御用的资政院，也尚未召集，只派有正副总裁和少数帮办协理等官员。那个《宪法大纲》，名义上是由宪政编查馆会商资政院起草，实际上却是照抄日本宪法的官僚产物。[2]

清廷那时并明定以 1909 年至 1917 年为筹备立宪时间，始之以筹办各省咨议局，与调查户口等事；继之以召集资政院，与试办预算诸事；终之以宣布宪法，并召集正式国会等事。[3]光绪于 1908 年逝世，宣统继位，各省咨议局议员孙洪伊等，联合二十万人上书，请颐缩短筹备立宪的期限。翌年，孙氏及其他团体代表，复联名要求，清廷乃宣布允于 1913 年召开国会。光绪

〔1〕 参看王世杰，同上，第 658 至 659 页。
〔2〕 参看王世杰，同上，第 660 至 667 页。
〔3〕 参看《光绪新法令》，第 2 册，第 29 等页。

三十四年夏历六月，清廷曾颁行咨议局章程，并令各省召集咨议局，宣统元年夏七月始正式颁布资政院章程；二年夏九月，资政院始得为第一次的集会，钦选和民选的议员各一百名，实际上几全属指派。它只是一种过渡机关，在外表上有议决国家预算、决算、税法与公债，以及新定法典和修改法典等权，但都要"请旨裁夺"，始得见诸实施。事实上该院第一次集会约三个多月，其所议决皆遭清廷漠视。1911 年夏，该院开第二次常会，也毫无建树。直到是年八月，武汉革命爆发，清廷为谋收拾人心，召集资政院临时会议。该院根据三个原则，议决十九信条，仍然承认"大清帝国之皇统万世不易"（原信条第一条）；而所谓曾经清廷裁可的三个原则，表示对人民让步的妥协办法，却不外是：

（1）宗室亲贵须不问政治；

（2）制定宪法须求人民协赞；

（3）须立解党禁。

这种表示，自不能稍遏三民主义的革命潮流。并且就是这个含着"虚君共和"旨趣的十九信条，也传是由涿州统制张绍曾，暗联军人吴禄贞、蓝灵胤等起草的十二条宪法提案，以张氏名义要求清廷立予采纳的。资政院根据这个提案，乃议决十九信条，于 1911 年夏历 9 月 13 日由宣统公布；10 月 6 日，复由宣统与其摄政宣告太朝。誓与国民永远遵守。

王世杰先生在比较宪法中，尚颇重视这十九信条，谓之"为有清一代所曾颁布之唯一宪法，且为中国历史上之第一宪法"。[1] 这却未免推崇过当，因为它根本不是人民行使参政权而议决订立的根本大法。资政院既不是真正代表民意的机关；十九信条也不过是光绪三十四年颁布"宪法大纲"一类的文书，其中第 12 条几全相同，只在第三条规定"皇帝之权以宪法规定者为限"，第五条并规定"宪法由资政院起草议决，皇帝颁行之"，第六条并规定"宪法改正提案之权，属于国会"，第八、九等条规定内阁制度，第十至十九条规定国会职权，并即限制皇权，然而却连"宪法大纲"里规定"臣民权利义务"等类的条文，也并无编订。照宪法的实质应该具备的条件来讲，十九信条也够不上说是宪法。

王世杰先生随即于原书第 674 页评议，十九信条为"一种临时宪法"，并

---

[1] 原书第 672 页。

谓就其效力，袁世凯之被任为内阁总统大臣，亦系由资政院依该信条第八条公举。可是，如果资政院本身尚不脱御用机关的本色，由之而产生的一切，自非例外。宣统迫于革命运动之澎湃，革命军已于1912年元旦成立共和政府于南京。南北议和代表协议的结果，宣统于1912年2月12日（宣统三年夏历十二月二十五日），下退位之谕，里头还是装腔作态的宣言："以袁世凯全权组织临时共和政府，与民军协商统一办法，以期人民之安堵，海内之泰平。即令满汉蒙回藏五族，保全领土，成为一大中华民国。"这当然是一种愚昧无聊的表示。不幸当时的革命人物过富于妥协精神，亟谋息争立国，未能拥护孙先生之革命方略而实施之。[1] 对于宣统的处置，未能采取断然的革命手段，却反予以优待条件，让他"优游岁月"；对于上述愚昧无聊的表示，也只一笑置之。然而未来最大的祸患，也就是隐伏在这种妥协精神里头。当时的革命领袖们容许袁世凯继着孙中山先生为临时总统，固是南北代表议和时订立的秘密协定。中山先生依此谅解，向南京参议院推荐袁氏为总统之前，也曾严电袁氏不能以清廷的委任，为组织统一共和政府的根据。袁氏复电竟称："来电所论共和政府不能由清帝委任组织，极为正确；现在北方各省军队暨全蒙代表，皆以函电推举为临时大总统，清帝委任一层，无足深论。"[2] 袁氏挟北方各省军队以自重，一若得任总统，亦无待孙先生之推荐和参议院的选举，当时跋扈的情态亦已彰明。革命领袖们对于袁氏又示曲为优容，也是过于妥协的表现。这是无可异议的，因为中华民族承数千年儒家中庸之道的熏陶，其不能采用法国1789年大革命后的激烈手段，以澄清局势，改造国基，自亦为势理所必然，可是因此而产生后来二十几年混沌的政潮，或为当时多数革命领袖们所未及料。在客观上言，那时得妥协政策，实为开展后来不幸局势之一要因，即亦无可否认。

B. 革命党人的立宪运动

其次，就革命阵营里的立宪运动而言，孙中山先生于1905年重到欧洲时，始揭橥其生平所怀抱的三民主义与五权宪法，以号召留欧学生，而组织

---

〔1〕 参看孙先生演讲《三民主义与中国民族之前途》，及手撰《中国革命史》、《中华民国建设之基础》等篇。

〔2〕 参看郭孝成，《中国革命纪事本末》，第3编，第291至292页。

革命团体。1906 年夏，他重到日本，在《民报》周年纪念会中，也曾畅论五权宪法的真谛，并指示一个要点：

"兄弟历观各国的宪法，有文宪法，是美国最好；无文宪法，是英国最好。英是不能学的，美是不必学的。英的宪法所谓三权分立，行政权、立法权、裁判权，各不相统。这是从六七百年前由渐而生，成了习惯，但界限还没有清楚。后来法国孟德斯鸠，将英国制度作为根本，参合自己的理想，成为一家之学。美国宪法，又将孟德斯鸠学说作为根本，把那三权界限更分得清楚，在一百年前算是最完美的了。一百二十年以来，虽数次修改，那大体仍然是未变的。但是这百余年间，美国文明日日进步，土地财产也是增加不已，当时的宪法，现在已经是不完全适用的了。兄弟的意思，将来中华民国的宪法，是要创一种新主义，叫做'五权分立'。"

孙先生对于订立将来中华民国的宪法，是在研究各国宪法之后，参照中国国情和旧有的良好政制，而谋独辟蹊径，订立五权宪法。这自是和当时清廷任务致力于仿效日、德等国君主立宪制度者，大不相同；就是等于一般十流倡议仿效美英宪制者，也不附和。他除了指明"英是不能学的，美是不必学的"之外，并阐示文明进步，物理的环境已大大的改变，宪法也要随时适应以编订修正。这也许就是他所谓"美是不必学的"一个诠释。

立宪运动的开展，无论在哪一个国家，少数政治领袖倡导于先，必需有大多数智识界人士和民众赞助，为之作后知后觉的宣传，与因时制宜的躬行实践。我国人民，数千年来素乏直接参政立法的习惯，叠经专制政府的压逼，而在清朝康雍乾嘉间，屡兴文字惨狱，言论久失自由，即生命与财产的安全亦无法律保障。因是民权沦丧，民志消沉，文化界人士非受八股牢笼，醉心利禄，亦多忧谤畏讥，苟全性命。孙先生看得很清楚，在宣传革命之初，不得不先向素抱"反清复明"的秘密社团和海外的华侨人手，[1] 至于中流社会以上之人，应而和之者实至寥寥。后来，他进一步向海外的留学生宣传。1906 年秋，同盟会大会始在东京出现，《民报》亦渐推销及于国内，革命思想赖以流播。

---

[1] 参看他在 1905 年在东京欢迎席上之演讲《中国民主革命之重要》。

同盟会是孙先生自欧美宣传革命回到日本组织的。他在欧洲时，先后号召留比、德、法的中国学生朱和中、史青、刘家、唐豸等，组织"革命团体"。到日本后组织同盟会时，乃是将他自己领导的兴中会，与黄克强、张继、宋教仁领导的华兴会，蔡元培与章炳麟、吴稚晖领导的光复会，合并而成。

兴中会时代的宣言，是以民族主义的思想为骨干；同盟会的宣言，已具三民主义的轮廓。在揭示四大纲领中，"驱除鞑虏"、"恢复中华"，属于民族革命。在"建立民国"的纲领下，已明定："由平等革命，以建立国民政府。凡为国民皆平等，皆有参政权。大总统由国民共举，议会以国民公举之议员构成之。制定中华民国宪法，人人共守。敢有帝制自为者，天下共弃之"这是民权主义的雏形。在"平均地权"的纲领下，明订："文明之福祉，国民平等以享之，当改良社会经济，组织核定天下地价……肇造社会的国家，俾家给人足，四海之内无一夫不获其所，敢有垄断以制国民之生命者，与众共弃之。"这是民生主义的轮廓。

同盟会以实现民权和民生主义为目的，但以实行民族革命为应有的前奏。自1905年，华兴会同志陆亚发举义于柳州，而浏阳马福益等策应不及。同归失败后，1906年（光绪二十二年）10月19日，同盟会革命同志第一次在湖南的浏阳、萍乡、醴陵三地起义，未及等到总部的命令，后援莫继，亦致失败。跟住有1907年4月11日黄冈发难；4月22日惠州七女湖之役；7月27日钦州之役；10月26日镇南关之制擎；同年八月至十月成都、叙州、隆昌、江安等役；1908年有2月25日钦廉上思之役，3月29日云南河口之役；10月26日安庆之役，11月14日广州巡防营的阴谋举义；1910年1月广州第二次举义，1911年3月29日广州第三次举义，即黄花岗之役，以上举义失败，彰明较著的有十次，而暗杀的事也层出不穷。这时革命的工作是重在实行民族主义，实施军法之治，并不急于谋定宪法而实行宪政。这在革命进程中是很正确的一个过渡时期。[1]

---

〔1〕 参看张继先生讲《中国国民党党史概要草案》（上辑）第36至41页；杨幼炯《中国政党史》，第13至33页。

中山学说之法理体系[*]

陈恩成

第一章　绪论

一、本文旨趣

这不过是一篇草稿。若使贸然说它是一个"作品"，它是最不时髦的作品。然而，也许是最时髦的作品。何以见得呢？先讲最不时髦的一方面。

中山先生[1]致力革命四十年中，随时把他的思想宣示于谈话、演讲、训令、书牍、文告和著作中，与及实际身体力行上。他的学说之精义，久已如日月经天、江河行地昭示中外，更加以同志们在中山先生逝世前后十余年来努力阐述，又将他的学说中的宝藏，尽量开发。或从政治学的观点上，去研究他的政治理论；或从经济学的观点上，去研究他的经济政策；或从哲学的观点上，去研究他的学说之哲学基础；或从伦理学的观点上，去研究他的学说之社会思想。这一类的言论浩如烟海，这一类的著述汗牛充栋，显然的已将"中山的园地"开发无遗了。到现在才来班门弄斧，探讨中山学说的任何方面，真是一件最不时髦的工作。

何以说也许是最时髦的工作呢？在作者个人方面来讲，在十年前作者已怀着从法理的观点上研究中山先生学说的信念。但在艰苦繁忙地读习中外的政治和法律、社会和经济等类书籍的时候，固然抽不出空来仔细探讨中山先

---

[*] 本文原刊于《广州学报》（第1卷）1937年第2期。

[1] "中山先生"原文为"总理"，现据今日通常用法改正。下同。——校勘者注。

生博大精微的遗教，就在近两年来教学的环境当中，也不允许潜心摸索。中山先生学说裹高厚深邃的义蕴，直到现在好像做了一尾"蠹鱼"，才找着机会来尽十年未了的心愿。这种工作在个人看来，还是最时髦的；而在国家大势上讲去，却也新鲜。不过何以见得呢？中山先生是一个革命伟人——虽则同时也是旷绝古今中外的大政治家。革命的第一步工作，重在破坏成规、摧毁旧法。在实行这种工作上，在中山先生所定的军政时期中，无疑的有不少地方会被世人共认为"毁法离经、大逆不道"，又加以中山先生身居领袖地位，备受民国初年"服从众意、牺牲主张"以致失败的教训，深知"见义勇为、当仁不让"的价值。在大节上，他是毁旧法而立新法的先知先觉，不是遵循往辙、固守成规的守法或司法人物。实际上，中山先生的工作又只做到以三民主义建国，而未及以五权宪法治国时期。他在建国方略上"心理建设"的主张，推崇孔孟的伦理观念，更兼有时涉及老氏"无为"而"常后人"〔1〕的说话。因此三种事实，中山先生或许常被世人体认为不是一个法家，又或被误认为不是一个主张法治主义的政治家。所以过去十余年中，研究中山先生学说的人虽多，能从法理的观点上去探讨他的学说体系的人却很少；阐扬中山先生学锐的著述虽丰富，能一贯叙述他的法理体系的书籍却很缺乏。所以说现在做"补苴罅漏"的工作，也许可算是最时髦的了。

再进一步来说，过去四千余年以礼为中心的人治主义，固已不适现代国家的需要，即近来军政时期的理论和事情〔2〕，训政时期的方策和建设，也到了转入树立宪政的时期。换言之，过去的"人治"、"军治"、"党治"，已到了进入"法治"的阶段。本年政府依缘中山先生遗教，拟于明春召开全国国民代表大会，继年来草订国家根本大法，之后将订立宪法，选举总统还政于民，实行法治。在这时间来探讨理学说的法理体系，供一得之见做朝野人士的参考资料，也可说是适应环境的时髦工作吧。

然而本文的旨趣，绝不是徒学时髦！本文的旨趣，在阐扬中山先生法治思想的真谛，而希望同志和一般民众，同认识在建设现代国家的工作上，我们已将进入中山先生所谓宪政时期；今后即当遵守中山先生的法治主张，实行健全的政党政治，以为一切政治设施的基本。

---

〔1〕 参看《民国七年军政府改组致各方面要缄》。
〔2〕 "事情"原文作"事工"，现据今日通常用法改正，下同。——校勘者注。

　　胡展堂先生在十七年冬作《今后立法的严与速》一篇说话，曾说："自从中山先生主张以三民主义建国、五权宪法治国以来，立法更成为极重要的事情……，要国家安定整饬，其道为何？应无过于订定法律，使人民都有行动的轨范了。再则，中山先生在《建国大纲》上很郑重的说，'建国之要，首重民生'；又说，'我是为民生主义而革命的'。我们都知道，中山先生的民生主义有两个最大的原则：一是平均地权，一是节制资本。我们要奉行中山先生的这两个原则，土地法和劳动法等等，自然也应该从速制定……在立法上'速'字的需要，已如上文所言；至于'严'字格外重要，因为今后所立之法期在必行。将来行起来既然一定是很严的，那么现在立的时候，又何能不审慎周详，以求将来的毫无遗憾呢？这一点，汉民以为也是十分重要，同人等应该注意的！"

　　上引胡先生的言论，虽只是很简单的一段，已颇能传递中山先生主张法治的精神。把法律的性质、来源、功用和立法、行法的要件，有所宣示。据个人的印象，中山先生学说之法理体系，可以从此得着一个纲领。

　　这里所用的"法理"二字，是从广义解释的，因此和法律专科中"法理学"（jurisprudence）所蕴蓄的意义，大体有别，然而却与世言孟德斯鸠的"法意"（Spirit of the Laws）从广义上解释者，多相吻合。换言之，中山先生学说中的"法理"，不严格是格劳秀斯[1]（Hugo Grotius）、约翰·奥斯丁[2]（John Austin）、亨利·梅因[3]（Sir Henry Maine）、波·洛克（Sir Frederick Follock）、托都伦（Pierre de Tourtaurant）、施塔姆勒[4]（Rudolf Stammler）或庞[5]德（Dean Roscoe Pound）等一般西洋法律哲学家心目中的法理，而较切近于孟德斯鸠所宣示的法律之精义：一方面关涉政府的组织职权和功用，又一方面关涉人民的权利和义务；而以"法治主义"的精神，贯通其间。所以，作者不是以庞德等法理学家的眼光去研究中山先生的学说。而本文不完全在推求中山先生学说中所含的法律原理，但侧重在阐明它的广大精微的法治主义。

---

　　〔1〕"格劳秀斯"原文作"格罗舍士"，现据今日通常译法改正。——校勘者注。
　　〔2〕"奥斯丁"原文作"奥司丁"，现据今日通常译法改正。——校勘者注。
　　〔3〕"梅因"原文作"梅恩"，现据今日通常译法改正。——校勘者注。
　　〔4〕"施塔姆勒"原文作"舒丹木拉"，现据今日通常译法改正。——校勘者注。
　　〔5〕"滂"现译作"庞"，现据今日通常用法改正。下同。——校勘者注。

中山先生的法治主义从什么地方钩稽出来呢？为求阐明他的思想发展之一贯迹象，我们要跟住他所发表的言论或著作的次序，参考他所处的环境和所作的事工，加以解释和演绎，然后可见每为世人所忽略的法治思想，有一贯的发展之迹象。这里所引用的中山先生的言论或著作之次序，大体上是根据戴季陶先生的《孙文主义之哲学基础》所定的。由《民权初步》[1]起，而《孙文学说》[2]、《军人精神教育》、《三民主义》，以至《实业计划》[3]。戴先生跟中山先生甚久，他所作的中山先生遗著次序表，当然可靠。但虽然将中山先生的民生问题中衣食住行四问题外，补上"乐"和"育"两问题，但他却没有提到《建国大纲》和特别提到《五权宪法》[4]。所以在这里，因为探讨中山先生学说中法理体系发展的程序，便把二个著作或其精义加进来。此外，还将中山先生的法治思想，和我国古代法家思想作一比较，和西方现代法治主义亦作一比较。希望藉此可以特别明显地映发中山先生学说在古今中外所占的地位。

上述的工作不过是一种实验，无疑的是异常繁重的实验。因为中山先生学说的博大精微，今要钩玄探幽，是一宗困难的事。盖每恐误解失真有负中山先生，何况阐扬？中山先生学说的著述既多，遍读几为势所不能，偏从又恐贻讥同志。作者惟有极力避免党派成见，用科学方法，以尽领悟阐述之能。希望结果得将中山先生学说中之千头万绪，依纲领以结构成其法理体系。

二、中山学说的渊源

中山先生毕生编著了许多书籍，传播了许多演讲纪录，公布了许多宣言文告。然而除在《孙文学说》"有志竟成"一章，叙述革命经过，可为党史材料外，却没有为着他的生平写过一篇完备的自传。《伦敦被难记》只是一个片段，并且为着写时意存顾忌，还非尽属事实，不能全作信史。现在要标举他的学说的渊源，以明其演进的迹象，碰着这趣情形，虽有巧妇亦难为炊，这大概是十余年来称述中山先生的同志虽多，而能为他作精密的传记，兼及

---

[1] 亦称《社会建设》。
[2] 亦称《心理建设》。
[3] 亦称《物质建设》。合上述三种建设，总名为《建国方略》。
[4] 虽则《五权宪法》的大意已包含在民权主义之内，又据甘乃光先生编《中山全集分类索引》，则列于《革命方略与实业计划》集内，但亦有特别标明之必要。

他的学说渊源的人，却是绝无仅有的一最大原因。[1]除非国史馆或中山文化教育馆，博采穷搜、去驳存真，把中山先生的全部著作作一个总研究，一生的言行作一个总观察，提纲挈领、纲举而目张地叙述中山先生学说的渊源，此外是很难希望做成这类事工的了。[2]

现在仅凭个人之力，于极短时间内要毕述中山先生学说的渊源，似乎只像在化学室里忙着做实验，成绩好不好是未能断言的，而错误的地方也许是难免吧。

中山先生的学说是整个的，其中各个分子虽然见于演讲或著作，自有先后之分，但若固执发表的时期，做滥觞的所在，那就未免不合事实了。三民主义孕育最早。民族思想发端于乡塾，然而据戴季陶先生的话，《民权初步》最先成书。所以假说《民权初步》是中山先生学说的先河，这话是武断的了。现在既不能依据中山先生发言或著作的先后，以定其学说导源之所由，只能暂用三个"假定"来做它的渊源：一是博览古今中外典籍而穷究其义理；二是观察古今中外国情而默识其得失；三是融会贯通的智慧和触机顿悟的天才。此外师友的讲习、同志的切磋、失败的教训，和一切奋斗的经验，虽也是做成学说的渊源，但自抱负卓尔不群的志气，而时居领袖地位的中山先生看来，是比较的只可算第二乘的了。

在别一方面言，以中山先生学说的浩博而自成一家，要说某先圣先贤，或某家派系，是它的渊源，也是不可能的。虽然在中国学者方面，中山先生常常称引孔孟和老子，在外国学者方面常常称引达尔文、孟德斯鸠、卢梭、马克思、列宁和亨利·乔治等，然只可谓他们曾给他以相当的影响，而不能任指一人一派为他的学说所自出。所以在没有更可靠的证据发见之前，暂时还是以上述三个"假定"为中山先生学说的渊源，而略加以解释。

（一）博览古今中外典籍，而穷究其义理

据曾做过中山先生的医学教师，英人康德黎（Dr. James Cantlie）在《孙逸仙与新中国》（Sun Yat Sen and the Awakening of China）一书内曾说："孙逸

---

〔1〕 吴稚晖编年系，甘乃光编年谱，师郑编年志，贝华编中国革命史，李根源著中山传略，林百克编传记与年谱，胡去非编中山先生传，等等，对此均略而不详。

〔2〕 周佛海先生作《三民主义之理论的体系》，曾述三民主义的发生和完成，与三民主义的演进，但未兼及中山先生学说的全部；邵元冲先生讲《孙文主义总论》，曾简单的叙述"孙文主义思想的来源"。

仙博士在儿时已明白中国旧学塾教育的无意识，深知精通中国古学是无所得的，他渴望受科学的教育，所以进刚开办的香港医科大学……这高尚的医学教育，立好了他求学的基础，他就进而研究国际法、军事学、海军建设、各种财政学和各种派别的政治学。他曾游历数国，考察他们政府的制度与组织。当他和我们住在伦敦时，绝不耗费时间于娱乐。他不歇地工作，细心而忍耐的阅读关于政治、外交、法律、军事的书籍；矿产与矿业、农林工程、政治经济等类的学问。"在《治学杂谈》上记载中山先生曾和邵元冲先生谈话，邵氏问："先生平日所治甚博，于政治、经济、社会、工业、法律诸籍，皆笃嗜无倦，毕究以何者为专致？"中山先生答："我无所谓专也。我所治者乃革命之学。凡一切学术，有可以助我革命之智识和能力者，我皆用以为研究的原料，而组成我的'革命学'也。"

上述言论，可以表示中山先生求学的概要，但尚未尽包他求学的范围。康德黎博士的记载只是片面的。中山先生虽曾认到徒然精通中国古学为无用，但他也"于圣贤六经之旨、国家治乱之源、生民根本之计，无时不往复于胸中"[1]。他后来提倡心理建设，以孔孟的"格致诚正，修齐治平"伦理学做出发点，提倡军人精神教育，以扩充孔孟的智仁勇三达德为急务；提倡世界主义，以《礼运·大同篇》做主要根据；主张"做大事勿做大官"，而淡于功名利禄，则以老子"无为而无不为"和"常后人"之旨做主要参考。可见中山先生治中国古学去粗存精之所得了。在《民族主义》第四讲，中山先生曾说："欧洲之所以驾乎我们中国之上的，不是政治哲学，完全是物质文明。"又说："我们现在要学欧洲，是要学中国没有的东西，中国没有的东西是科学不是政治哲学；至于讲到政治哲学之真谛，欧洲人还要求于中国。"可见他博览群书，细心体会，凭天纵的聪明，抱客观的态度，以折衷中西、含英咀华而组成所谓"革命学"的情势了。

此外，中山先生民族思想之最先启发，当由于洪杨故事的讲述，《嘉定屠城记》、《扬州十日记》、《江东泣血录》一类书籍的刺激，和郑弼臣、陈少白、尤少纨、杨鹤龄、陆皓东等友辈的掖助；而"主义"之广泛的形成，似亦有赖于基督教含满"信""爱""望"的教育之熏陶；学说中弥漫着智仁勇

〔1〕 见《上李鸿章书》。又参看《伦敦被难后自撰生传》，甘乃光编《中山全集分类索引》上册，第十五页。

的涵义，是由孔孟的遗训来的；而见于行事的诚挚、大公、坚忍、干练，以组织同志的才能，和为国牺牲的准备，这多少受了基督教的深切影响。这种"中学为体，西学为用"东西文化的融会贯通，像戴季陶先生在《孙文主义之哲学的基础》上说的，"把一切科学的文化都建设在一种仁爱的道德基础上面"，表示中山先生博览古今中外典籍，而穷究其义理之"大成"。

（二）观察古今中外的国情，而默识其得失

中山先生年十四随其戚往夏威夷依其兄，并入基督教学校，至十六岁（一八八一年）归国，入广州博济医学校。这时已渐决志革命，依他自述[1]，"乙酉（一八八五）中法战败之年，始决倾覆清廷，创建民国之志"。这是在由夏威夷回国后的第五年了。从幼时惯听洪杨故事起，到留举夏威夷的时候，他抱的改革或革命的志愿，乃于正常的功课之外，注意观察古今中外的国情之际，渐渐形成的。所以在二十八岁那年《上李鸿章书》里，他曾说："幼尝游学外洋，于泰西之语言文字、政治礼俗，与夫天算舆地之学、格物化学之理，皆略有所窥，而尤留心于其富国强兵之道、化民成俗之规。至于时局变迁之故、睦邻交际之宜，辄能洞其窍奥。"这类政治、社会、经济、外交的学问，正是总埋凭一己的细心，"观察"得来的。

中山先生"观察"的功夫，自然是随时随地实行的，而毕生和他的学说最有关系的"观察"，一在幼年在夏威夷，"见其地秩序良好，物产丰富，商业发达，人民安居乐业，其故由于美国政府有法律，人民有保障；因感中国之急需，乃为采取美国之法律，遂立意研究美国历史。"[2]"久餍外国清明之政治，改造之志愿益坚，不能遏止。"[3]"用以新人物自命，新人物自负。"[4]"况以夏威夷一蕞尔小国，其时竟能抗拒美国之并吞，不禁悠然动民族主义之思想云。"[5]和中山先生学说第二最有关系的"观察"，当在"伦敦脱险后，则暂留欧洲，以实行考察其政治风俗，并结交其朝野贤豪。两年之中，所见所闻，殊多心得。始知徒致国家富强、民权发达，如欧洲列强者。犹未能登斯民于极乐之乡也。是以欧洲志士，犹有社会革命之运动也。

---

〔1〕 《孙文学说·行易知难》。
〔2〕 见林百克《孙逸仙传》。
〔3〕 见陆友白编《孙文全集外传二》。
〔4〕 见林百克《孙逸仙传记》第二十章。
〔5〕 见邹海滨先生编《三月二十九日革命史》。

予欲为一劳永逸之计，乃采取民生主义，以与民族民权问题，同时解决。此三民主义之主张所由完成也。"〔1〕这是中山先生观察古今中外的国情，而默识其得失，以组成其学说的最大关键。

（三）融会贯通的智慧，和触机顿悟的天才

综合上述二端，可见中山先生的博览群书、含英咀华、旷观中外、默识得失，以组成他的"革命学"，皆由有融会贯通的智慧、触机顿悟的天才。在他所著的《中国之革命》里边，曾说："余之谋中国革命，其所持主义，有因袭吾国固有之思想者，有规抚欧洲之学说事迹者，有吾所独见而创获者。"他的独见创获是由上述的智慧和天才来的。如因林肯的民有、民治、民享，而悟及民族、民权、民生的并称；因研究美国宪法规定三权分立，而希斯罗教授嫌其未足，主张四权，中山先生则加入我国固有的考试和监察，以成五权宪法。〔2〕又如因"权"和"能"的分别，而悟及"政权与治权的互相节制与平衡"，因创民有四权之说。类此者不待枚举。邵元冲先生在《孙文主义总论》中曾说："我们可以知道孙文主义之所长，乃征采取各派社会主义〔3〕中之优点，以创造解决中国问题及世界问题之理想与政策，不是呆板的采取一种之政策或主义的。"从中可见，中山先生学说真同万流归海，其博而能约、精而不驳处，正是智慧和天才的结晶。

三、中山学说的演进

中山先生学说的演进，在上节已明述梗概。根据它较成熟和较固定的一方面来讲，在著作上表现出来的，似乎要依戴季陶先生的意见，从民国五年写的《民权初步》说起，顺着次序到民国六七年间写的《孙文学说》，民国十年在桂林讲演的《军人精神教育》，以至于《三民主义》的完成，和积数十年之研究而成的专著《实业计划》。这其间应有补充的说语，就是各书中主要思想，早已孕育于著作之前数年或远在二三十年。《民权初步》固是组织民众进行革命，为民主的社会建设之第一部著作；《孙文学说》是旨在造成革命的心理建设之基础；《军人精神教育》是根据固有道德，而为中山先生伦理思

〔1〕《孙文学说·行易知难》。
〔2〕参看中山先生一九二一年讲《五权宪法》。
〔3〕无政府主义，工团主义，基尔特社会主义，国家社会主义，共产主义，马克思共产主义。

想的最高理论；《三民主义》则是中山先生一生伟大创作的本体；《实业计划》和戴先生未及备举的《五权宪法》和《建国大纲》，都是谋达创作本体之"用"的方策。在大体上言，中山先生的学说是由鼓吹种族革命、政治革命，而演进到社会革命的。先立定民族和民权二主义，直到一八九七和九八年，伦敦被难后二年中，考察欧洲政治社会，才酝酿而得成熟的民生主义。至于《五权宪法》，最初在一九○六年讲于东京，祝《民报》纪元节，后迟至一九二一年乃再积极提倡。那时信念已更确定、思想已更具体了，把中国要实行五权宪法的理由说得更透彻[1]详尽。中山先生在最初求学时期，倾向于尽量吸收西方文化而去粗存精，所以在《孙文学说》第五章里面，曾有"科学为统系之学、条理之学，凡真知特识，必从科学而来"的言论。可见他崇拜科学的热烈信念。到后来，他集大成的思想渐渐成熟，又加以欧战"科学杀人"的影响，使世人怀疑西方文化的价值，于是转求东方文化的特质，以为解放世界痛苦的企图。大概是在那时候，中山先生重读古书，将民族主义演进为大同主义，而主张中国文化复兴，认"中国古代的伦理哲学和政治哲学，是全世界文明史上最有价值的人类精神文明的结晶。要求全人类的真正解放，必须要以中国固有的仁爱思想为道德基础，把一切科学的文化都建设在这一种仁爱的道德基础上面，然后世界人类才能得真正的和平，而文明的进化也有真实的意义"[2]。由是可见，中山先生初以科学为一切知识之本源之说，已演变为以仁爱思想为基础、以科学文化建设为其上的学说了。"'民生是历史的中心，仁爱是民生的基础。'先生把这一个思想强调到最高潮的时候，就是先生对欧洲文化的基本思想来宣战。"[3]

中山先生学说具体的演进，可以再拿他伟大创作的本体"三民主义"之演进来指示。"三民主义"的最初明显的涵义，可从一八九二年的《兴中会章程》，中山先生所定宗旨和志向，至一九○四年代美洲致公堂所订纲领，和一九○五年所订同盟会的誓词，合而观之。兴中会时代，中山先生虽日日讲革命，但见之于文字者尚不免略存顾忌，所以会章只言"本会之设，专为联络中外有志华人，讲求富强之学，以振兴中华，维持团体起见"；"本会拟办之

---

〔1〕 "彻"原文作"澈"，现据今日通常用法改正，下同。——校勘者注。

〔2〕 戴季陶先生的《孙文主义之哲学的基础》，第三三至三四页。

〔3〕 见戴说，同上。

事，务须利国益民者，方能行之。如设报馆以开风气，立学校以育人材，兴大利以厚民生，除积弊以培国脉等，皆惟力是视，逐渐举行，以期上匡国家以臻隆治，下维黎庶以绝苛残。必使吾中国四百兆生民，各得其所，方为满志"。在这上边，便可以看出三民主义的胚胎来了。"讲求富强之学，以振兴中华"，为民族主义的滥觞；"兴大利以厚民生，除积弊以培国脉"，为民生主义的先河；"上匡国家以臻隆治，下维黎庶以绝苛残"，为民权主义的嚆矢。由此可知民生主义的具体化，虽迟在一八九六年欧游后，但在一八九二年间，已先立有志向。盖中山先生生长乡间，游学夏威夷，目击国人穷困，而外人富庶，早已存拯饥救溺之念，这是民生主义的动机。若说"中山先生创立民生主义的主要背景，是欧洲的社会现象，不是中国的社会情形"，这话便不免略嫌武断。一九〇四年中山先生游美，代致公堂订立新章，便显然以"驱除鞑虏，恢复中华，创立民国，平均地权"为宗旨来号召侨民。一九〇五年同盟会成立，誓词中再见"驱除鞑虏……平均地权"等字。总上言之，民族主义最初较明显的涵义，就是"驱除鞑虏，恢复中华"；民权主义的最初较确定的涵义，就是"建立民国"和"下维黎庶以绝苛残，必使吾中国四百兆生民各得其所"；民生主义最初较具体的涵义，只是"平均地权"，以谋"兴大利以厚民生，除积弊以培国脉"。以后，三民主义皆随着时代的进展和环境的变迁，而步步演进。

此外关于三民主义演进的迹象，周佛海先生在《三民主义之理论的体系》上写得很明白；而五权宪法的发生和完成之经过，中山先生在一九〇六年和一九二一年两次的演讲中已明其梗概。在民权主义中讲到"权"和"能"分开，政权与治权的分立，更可见政府行五权以为治，民众操四权以为政，二者平衡；而五权宪法之演进，已到了最成熟的境地了。

现在用不着再进一步琐屑地深究民族、民权和民生三主义本身的演进，和行政、立法、司法、考试、监察五种制度本身的演进。就大体上言，它们都是中山先生为适应或改造环境、与时俱进的理论和策略。若使中山先生尚生于今日，则三民五权的演进，当更有由学说而实行的历程中，种种理论的补充，或意义的增强之处。

回溯中山先生在一九〇五年春，在欧洲最先揭橥生平所怀抱的三民主义和五权宪法，而组织同盟会，开第一会于比国京城，第二会于柏〔1〕林，第三会于巴黎；迨回远东，乃开第四会于东京，以三民主义、五权宪法，固为党纲。一九〇六年祝《民报》周元纪念讲五权宪法后，因民国成立之际，参议院不采纳五权宪法的原则，以订立约法或宪法，中山先生直迟到一九二一年，才再积极的倡行五权宪法，〔2〕好像三民主义和五权宪法，并没有密切的关系。然而实际上，照上述的观察，三民主义是中山先生学说的"主体"，五权宪法是它的"大用"。二者是不能分离的，要三民主义实现，一定同时要行五权宪法。换言之，离开三民主义固然不能实行五权宪法，没有五权宪法也不能实现三民主义，以得到民有、民治、民享的结果。这是中山先生学说演进的又一方面。〔3〕

四、中山的法治思想

前时一般学者误解法治的真谛，更可怜的误解法家的理想！史迁下蚕室，无疑是冤狱，原属汉武枉法滥刑的暴行，和法家的本旨大体相反；然而在不敢诽谤君上之际，史迁只能抑住一肚皮的闷气，诋及当时的司法界，于是有法家者流"惨刻寡恩"的说话。其实汉代刀笔之吏，除了萧相国气度恢宏，识见远大，还勉强可说是管商流亚外，张汤、赵禹之辈，舞文弄法，滥用非刑，忌刻用诈，草菅人命，简直不足齿于法家流派。可是只因太史公一语，而儒法二家的门户之见愈深，汉宋诸代学者奉为圭臬，乃羞称法家耻言法治，一若尊孔孟则必斥商韩。把刑名功利混在一起，理学先生们几乎要视法家于洪水猛兽，"惨刻寡恩"变做"法家"的普通的罪名。实则彼理学先生辈固未细读管商之书，而世亦久无真正法家之信徒，乃皂白不分，以张汤、赵禹、吕惠卿等承其乏而深诋之。法治之不昌，一厄于专制之政体，再厄于专制之学术。虽有管、商、子产、诸葛、二王和张居正等彰明的政绩，不能挽法家的蹇运，以扬法治的精神。追源祸首，可说自汉武罢黜百家，表章六经；公孙弘缘饰经术，以尊君抑臣。汉学者于是只善翻筋斗于孔孟袖中，以事其训诂章句；魏晋六朝转尚黄老清谈，与浮靡淫艳之什；唐初虽订立法典，差有

---

〔1〕 "柏"原文作"栢"，现据今日通常用法改正，下同。——校勘者注。

〔2〕 一九一四年八月二十日在杭州陆军同袍社，中山先生曾讲"采用五权分立制以救三权鼎立之弊"，语意殊简略，参看《总理演讲新编》，一二二至一二三页。

〔3〕 参看《民权主义》第六讲。

法治征象，不幸昏暴之君迭起以乱之，学者重注疏，且咬文嚼字以吟风弄月；宋之性理，明之制义，清之考据，皆自谓可以上承道统；遂使习法律者尽属胥吏，不足齿于儒林，而中国法治主义便愈湮没无闻了。在这情势之下，承清代衰乱之后，在民国建立之际，要说中山先生有法治思想，一般人未必深信。然而现在从中山先生的遗教中，我们当平心静气，参验他革命思想的历程，和建国学说的演化，以钩稽他的法治主义之所在，而组织其全部学说的法理体系。这自然是一件麻烦的工作。好在今世无专制的君主和专制的学术，这种工作的创试，希望不致横受"法家之流"的罪名。

在叙述中山先生学说的法理体系之先，简单的标示他的法治思想，好比做个引线，这是本文应有的一部分。在本章第一节"本文旨趣"口曾露过这点意义。在第二节《中山先生学说的渊源》中，从来没有说到它含有管商学说的色彩。事实上，中山先生也没有提过中国法家任何人的名字——虽然在西方学者中，他曾讲到孟德斯鸠和霍布斯[1]等人，但严格说来，他们还不是法家。在更确实的证据发现之前，我们现在只能假定的说：中山先生的法治思想是无所师承的；换言之，只是凭着他博览古今中外典籍，观察古今中外国情，融会贯通，触机顿悟，而谋所以适应环境或改造时势，才独自创造出来的。

显然的，政治改革家如康梁等辈的工作，是侧重变法的；革命的第一步工作，却侧重毁弃旧法。在承平之际，温和派的政治领袖如格兰斯顿等是守法的，但在非常环境之下，坚强有为的革命领袖如列宁等，是超越法律之上的。[2]我们不能因为一时的毁法或越法，便说它是反对法治主义的表示。我们当深切透视毁法和越法的原因，以参验领袖的学说和行为之全部，然后可见其法治主义自有不可掩的实体蕴藏其中，而法治精神自有不可掩的迹象流露其外。对于列宁等人的学说，应该如此研究；对中山先生的学说，更应如此研究。至于法家施政的手段，最重"综核名实，信赏必罚"；然而中山先生生平虽嫉恶如仇，但却常示人宽大，只要敌人表示悔过降服，中山先生便恕其既往，不加以按法严惩。这不过是一时适应环境的从权办法，无关于法治主义的宏旨，却正所以示开诚布公，不失为法治实行家应有的策略。

---

〔1〕 "斯"原文作"士"，现据今日通常用法改正，下同。——校勘者注。

〔2〕 列宁年轻时，并且是谨慎精密专习法律的学生。

现在端绪既明，中山先生法治思想的大体，可以从下面看出来：

中山先生民族主义的萌芽，在十四岁之前，而民权思想的胚胎，当在十四岁后在火奴鲁鲁读书之时。民权思想的中心是"法治主义"，其脊骨是法律。林百克作《孙逸仙传记》，曾述中山先生既至火奴鲁鲁，"见其地秩序良好，物产丰富，商业发达，人民安居乐业，其故由于美国政府有法律，人民有保障，因感中国之急需，乃为采取美国之法律，遂立意研究美国之历史"〔1〕。若使这是信史，可见中山先生信仰法治之笃，至欲采取美国之法律，以为建设新中国时攻错之资；并且立意研究历史，以为探讨美国法律的门径。可见在较具体的民权主义形成之前，中山先生先已有了法治思想。现在就说法治思想是民权主义的中心或基础，也是完全合理的。

在满清时代，"法律非为众览的，只有高官才知道"〔2〕、"官场一语等于法律"、"国家之法律，非人民所能与闻"、"中国之政治，无论仁暴美恶，而国民对于现行法律典章，不敢违反，只有凛遵而已"〔3〕。然而在火奴鲁鲁，特别在一八九六年伦敦被难后，在欧洲二年中，中山先生得博览各国宪法，始由美国宪法而渐次推及英法等国的根本大法，观察其实施以致富强之道。一九〇四年重到檀岛，尝为文以斥保皇党之非。他对于法律的意义、性质和功效，已有很坚强的信念。如曰："令如檀岛，若政府无权势以拘禁处罚犯法之人，其法律尚成为法律乎？夫法律者治之体也，权势者治之用也。体用相因，不相判也。……夫宪法者，西语曰 Constitution，乃一定不易之常经，非革命不能改也。"一八九五年兴中会的宣言，他以"政治不修，纲维败坏"为中国贫弱之要因。一九〇五年重到欧洲，组织同盟会时，已进而揭橥其生平所怀抱的三民主义、五权宪法以为号召。这其间可见中山先生学说在法治方面的演进之迹象。

民国成立后，中山先生方欲依"革命方略"以推进革命建设之三时期，由军政的破坏，经训政的过渡，以达宪政的开始。这是说，"法治"虽善，且为革命工作之一最高方策，"为中国国民党革命之最后要求"，但亦非一蹴可及；所以他"本世界进化之潮流，循各国已行之先例，鉴其利弊得失，思之

〔1〕 胡去非编《孙中山先生传》，第三页。
〔2〕 康德黎著《孙逸仙与新中国》，第三八页。
〔3〕 见《伦敦被难记》。

稔熟，筹之有素"，乃创一过渡时期，"行约法之治，以训导人民，实行地方自治"〔1〕。"今欲聚此四万万散沙，而成为一机体结合之法治国家，其道为何？则必从宣誓以发其正心诚意之端，而后修齐治平之望可几也。今世文明法治之国，莫不以宣誓为法治之根本手续也。"〔2〕从可见在民国初年，中山先生的法治思想已达极坚强境地，所以明示法治为革命工作之最高方策，而修齐治平则为法治之最高目的。但此方策与目的，固非一旦可行，尤非一蹴可几，故假定军政时期已完，而设一训政时期以行约法。犹当采用"法治之根本手续"——宣誓，以为训政工作之先决条件。中山先生融会孔孟之伦理学，与现代之法治主义，成为一极适合环境的法治思想，以谋见之于事功。这是极堪注意的。

袁世凯乱法背誓，遂蒙罪名，而遭覆败。民党中人所执以科其叛逆之罪，所谓"于法律上始有根据者，"即因袁氏曾行"法治根本之宣誓典礼"。所以背誓就是违法，违法就是有罪，有罪便该声讨。万人共指，袁氏乃亡。这种事实大大的增加中山先生信任法治、援引法律的信念。而国民党在那时建设失败之一大原因，据中山先生的意见，也是由于"开国之初，与民更始之日，则罢此法治根本之宣誓典礼"。建国之基，当发端于心理；而建国之工，当范制以法律。这是中山先生实行建国方略的基本原理〔3〕。三事中最重要的一件，是法律问题，即不能以清帝退位之诏全权授袁氏组织共和政府的问题，中山先生不惜以死力争者。可见他信仰法治的热烈诚笃！

后来袁氏叛国，值非常之变，法律之实际的一方面，既已失效；革命者便不能呆守法律，以坐受奸人之宰制。这是通权达变之道。

中山先生鉴于宋遁初遇刺，为袁氏谋逆的确证，所以说"国会乃口舌之争，法律无抵抗之力……欲求解决之方，惟有诉诸武力"，便要利用时机，攻其无备。却不料一般党人迟钝违令，必欲静待法律之解决，遂致当断不断，反受其乱。这时袁氏先已蔑视国法，行同国贼。所以中山先生本适法之谋，声罪致讨。不静待奸人操纵下之法律解决者，并非轻弃法治主张，盖亦犹以革命手段颠覆清廷。像康德黎说的，"他非仅是朝代的改革，修改或补救法

---

〔1〕 《孙文学说》第六章。

〔2〕 见同上。

〔3〕 参看陈英士致黄克强书。所举三事，谓为中山先生当日最为适法之主张，而不惜以死力争之者也。

律"，乃是要适应非常事变，创造一新天地。已往的完全灭绝，以求获得自由的有生气的复活。在这种事工上，中山先生的法治思想当然不是主张呆守或修改旧法，而是依据最高的革命法则，以超越常法，且谋进一步，废弃旧法而改订新法。这也是他常想废止不满人意、不适环境的约法，而谋订立宪法的法治主张之基本信念。

一九一六至一九二二年护法之役，中山先生推崇法治，在行动上既转入最紧张的时期，在言论上亦表示最明显的信念。《中国革命史》载护法之役总论，对于袁氏死后一般武人政客，毁弃约法，解散国会，认为祸国殃民，厥罪最大，所以不得不以"护法"号召天下。约法虽为南北统一之条件，为构成民国之大法，但因其实质尚有多处和革命方略相背驰，非中山先生所认为满意，而彼犹起而拥护之者，一则因拥护约法即所以拥护民国，拥护约法之尊严，使国本不因叛逆异动而摇撼；再则因约法为是时唯一的根本大法，正合着法理学上"法虽不善，犹愈于无法"的原则。所以不惜牺牲多量的生命财产，在六年中作护护之苦战。功虽未成，尚留"法不可毁"之一念于国人脑中，亦所以示中山先生拥护法治主义的坚强热烈。

一九一八年五月，在护法之役中遭顿挫之际，中山先生以国会正式开会有期，护法大责负荷有人，五月四日向非常会议辞去大元帅职；二十一日发表辞职通电，把当时的环境和主张法治的深意，很悲壮淋漓的昭告天下。他说：

"国于天地，必有以立。民主政治，赖以维系不敝者，其根本存于法律，而机枢在于国会。必全国有共同遵守之大法，斯政治之举措有常轨；必国会能自由行使其职权，斯法律之效力能永固。所谓民治，所谓法治，其大本要旨在此！自民国成立以来，国会两遭非法解散，以致大法陵夷，邦基阢陧。此则由秉政者徒知以武力相雄长，嫉法律为束缚之具；国人又慑于强力，不自尽其护法之责也。然武力角逐，势难持久，竞权力于始，逞意气于后，其极非至牺牲国家，同归于尽而不止。即有大力者起，强能并弱，众能暴寡，悉除异己，然恃其暴力，欲以恣睢为政治，以刀锯为法律；其极也必致民生嗷嗷，不可终日，亦必为国民所共弃，而一蹶不振，陷于势穷力绌之境。征之袁氏，前鉴匪遥！"

这一番言论，痛快淋漓，不独把法律的意义、性质和功效揭示出来，并且把真法律和伪法律，也分别清楚。由合法机关产生的法律，才是法律。当时的军阀政客，嫉之为束缚之具，所以共谋毁弃，而转以"刀锯为法律"，这是假法律。这一篇言论，真可说是中山先生学说之法理体系中一根支柱了。此外在一九一九年发表《护法宣言》，一九二一年发表《就大总统职后对外宣言》，均有关于法理的很精警的议论。如曰："须知国内纷争，皆由大法不立"；"抑且外法律以言和，平其和平岂能永久"；"本政府当局绝无挟私图利之见，咸怀竭力为国之心，其所代表之主义，民国而得生存，且得在国际上固有其应有之地位，则其主义终必优胜。主义维何？曰自由，曰法治，曰公益。"中山先生推崇法治的信念，愈久愈强，至以之为对外代表政府，对内决定施政方针之主义，而使与"自由"和"公益"两主义并行。这时已认到革命建国，欲达到中国对外的国际地位平等，在内的国民的政治地位平等，社会地位平等，和经济地位平等，以获自由和最大的公益之实现，是要藉法治主义之实行，乃有成功之望的。

鉴于排满、倒袁和护法，三种工作都因调和妥协而归失败，一九二三年冬中山先生改组中国国民党，一九二四年秋召集国民党第一次全国代表大会，八月二十九日大会宣言确定了更积极革命的决心，订立了对外和对内的政策。

中山先生对于当时所谓"立宪派"的虚矫主张，虽然摒之勿恤，但对于法治的真谛，仍是持之弥坚。在对内政策上，第一规定中央和地方均权主义；第二明示各省人民得订立各该省宪法，但省宪不得与国宪相抵触；第六确定人民有集会、结社、言论、出版、居住、信仰之完全自由权；第八严定田赋之法定额，禁止一切额外征收；第十一制定劳工法，保障劳工团体；第十二于法律上确认男女平等之原则；第十四由国家规定土地法、土地使用法、土地征收法，及地价税法。这一类的政纲，在所谓党纲之最小限度中，为当时"救济中国之第一步方法"，即富有法治的精义。在《组织国民政府案之说明》中，中山先生解释群惑，屡说：杀人放火，反抗政府，就是土匪，为法律所不容，但"现在有反抗政府（北京政府）的举动，不是土匪，也不犯法，就是革命。……政治上举动，不是犯法举动"。同年九月十八日发表《北伐宣言》，北伐进行中颁布三帅令，标明北伐之意义，原在惩罚"曹锟轨法行贿，僭窃名器"，"务使曹吴诸贼，次第伏法，尽摧军阀，实现民治"，进以谋"统一全国，实现真正之民权制度，……以为实行三民主义之第一步"。对于国际问题，中山先生主张取消不平等条约中所定之一切特权，而重订双方平等互尊主权的条约。从此愈可见中山先生虽在急激的政治行动中，在颠沛艰难之际，对内对外，显然的有时不能不取消旧法，或违反陋规。然而为革命建国之故，他平素所抱持的法治主义，是永不堕失的——不独永未堕失，并且因军阀官僚的毁法误国，必至叛乱覆亡这一类事件的征证，愈足以见法治主义之必昌，而维护实行亦愈勇决精进。

自一九二四年冬北上，迄一九二五年三月十二日病殁于北平，中山先生虽在困顿中，对外毅然反对段祺瑞"外崇国信"的荒谬政见，对内毅然决定国民党不加入段氏的善后会议，而独计划国民会议以求和平统一之方。这种不妥协的革命精神，比排满倒袁护法时，又不相同了；至于临终前屡以实行建国方略、建国大纲，和三民主义、五权宪法为嘱，这种历久弥坚的法治信念，真可以昭示天下，垂之万世！美国前总统柯立芝（Calvin Coolidge）为贝克教授（Prof. James M. Beck）的《美国宪法之过去、现在与将来》（The Constitution of the United States – – Yesterday, Today, and Tomorrow）一书作序，曾说："美国的宪法是法治政府（a government of Law）之所寄托。在法治政府之外，世仅有一种相为消长的权力，这就是暴力政府（a government of force）。美国人民应该在二者之中选择其一。"军阀的暴力和政客的阴谋，都是中山先生生平所严加防犯，而志在禁绝的；也就是我国当局和民众继中山先生之后，所应严加防犯，而实行禁绝的。除去了暴力和阴谋的政府，我们便应绍述中山先生法治的学说，依据中山先生法治的主张，发扬中山先生法治的精神，以建立健全的政党政治，和光荣的法治政府，而使五权宪法早日实施，三民主义早日实现！

第二章　法律之性质和意义

一、法律和政治的关系

远自希腊时代，法律之性质，特别在"法律权威之根据"一方面，久为法理学中争论最烈之点。但在政治学中，依庞[1]德教务长（Dean Roscoe

---

〔1〕 "庞"原文作"滂"，现据今日通常用法改正，下同。——校勘者注。

Pound）的观察"法律之目的"才是学者争论最剧的问题。中山先生的学说，自然也不轶出这种观察的范围。因为他起初是政治改革家，所以他的学说中之法理体系，就偏重在法律之目的和功用；而非在法律之性质和意义。但在力求明了法律目的之先，据卡多索法官（Justice Benjamin N. Cardozo）在《法制史》（The Growth of the Law）中之高论，我们应先知道法律之性质。我们假如希望能认识中山学说之整个法理体系之发展，更要先认清这一点；所以在研究当前的问题时，先探讨法律之性质和意义。孟德斯鸠作《法意》（L'Esprit des Lois）先讲法律通论，也是这个意思。

舍去"儒所谓理，佛所谓法，法理初非二物"〔1〕一类空泛之论，我们当在实际上观察以求组织政府之法理，虽则一般自然法学家之宏见，如孟德斯鸠在法意中开章明义说的，"法，自其最大之意义而言之，出于万物自然之理"〔2〕这种见解在法律哲学的范畴中，自有它的地位；但在比较切近实际的法理学中，却没有钻研之必要。我们现在不用讨论"一切法与物之关系"但当考察"法律和政治的关系"。这一点，作者也认为很重要的。

政治和法律有什么关系呢？它们是不是一体的两方面呢？抑是一体的上下部呢？或是糅杂不分的二元呢？抑是孪生并蒂的机构呢？再不然，是相为表里的合体，如"质力二者之交推"欤？抑是互为狼狈，以成束缚民众之工具欤？这许多问题皆不是轻易能解答的。各人的立场不同，见解自异。在西方，亚里士多德派的学者就会和柏拉图派的学者争论不休，此外，对于这类问题作剧烈辩争的更不胜枚举。在我国古代学者虽然罕曾深究这类问题，只就孔孟和老庄和商韩来说，他们的意见便大相径庭了。现在把上述许多麻烦的问题中，归纳成一个来讨论，这便是"组织政府之法理"。〔3〕

组织政府好像是政治方面的工作，然而它是离不开法律的。纯粹"导之以德，齐之以礼"的政治，只能算是美妙的理想，在这个地球上尚没有实现的机会。无论在原始时代做天字第一号组织政府的先知先觉，或在现代做革命的领袖，由策动革命事业以至进行组织政府的革命元勋，在他们的"政治"工作上，先要有计划以实现理想，有纪律以统率部属，自始至终，都离不了

〔1〕 严复案语，见彼所译孟德斯鸠的《法意》，第一页。
〔2〕 见严复译本，下同。
〔3〕 参看《建国方略》，商务本，七四至七七页。

法律。然则是先有政治而后有法律呢？抑是先有法律而后有政治呢？在一般学者或普通人看来，是先有政治而后有法律，在西方学者中，比方勃拉克斯东和奥司丁就持这种见解，因为他们认到法律是政府或赋有较高之政治权力机关订立的，是政府颁布而执行的。在东方学者中，聪明博学如韩非子尚说，"法者；宪令着于官府；刑罚必于民心；赏存乎慎法，而罚加乎奸令者也；"所以照他看来，"法律"只是宪令，是着于官府的宪令，有刑罚必于民心做背景。推而论之，是要先有政府而后才有法律，这是先有政治而后有法律的正解。

然而近代的学者，特别是自然法学者，自格劳秀斯〔1〕（Hugo Grotius）以后，不独把"法律"一词的涵义推广，并把它分析起来，徒可见不特自然法（The Law of Nature）之存在，先于一般的政治或特殊的政府，就是人为法（artificial laws）或强制法（positive laws）之存在，也是这样。现在举孟德斯鸠的名论而引伸之，他说，"公理实先于澳典"；历史法学派的波洛克主张法律先国家而成立；〔2〕此外，如埃利希〔3〕（Ehrlich）和施塔姆勒等也坚执"法律不待国家而后存"的论调，我们可以说："法理实深于法典，而为法典之灵魂；法典寄寓于政制，而为政制之伦脊；政制表见于政治，而为政治之基础。"法立而后政行，法毁则有政乱明乎，此然后可识本文之涵义。古今中外各国，凡是大政治家，实际上同时也是"法家"。尧舜禅让，而禹汤世袭；周定封建，而秦立郡县；下而至于唐重边防，太宗乃议恢复封建；宋鉴唐失，太祖乃释诸将兵权。凡此类统治人物皆以变法策动政治的新发展，固不独商鞅和王安石等才可说是变法的法家。至于兴邦建国的领袖，如中山先生，林肯，俾斯麦，和列宁等，则不只是变法的法家，还可说是立法的法家。荆公变法，旨近复古；中山先生推倒满清旧制，并刷新我国传统的政治思想，而订立五权宪法，旨在创新。我们认定中山先生是大政治家，同时也是伟大的法家。现在以备受儒家诋訾的"法家"之徽号献给中山先生，这是有相当理由的。"法家"并不是一个坏名词，若使我国的书生要不齿法家于儒林，这是他们不懂政治和法理的毛病，是现在应该纠正的。

---

〔1〕 "格劳秀斯"原文作"格罗舍士"，现据今日通常译法改正。——校勘者注。
〔2〕《法理学纲要》，第二七页。
〔3〕 "埃利希"原文作"爱力慈"，现据今日通常译法改正。——校勘者注。

　　照儒家看来，先有"圣人"或"王者"，而后有法律。吕则这法律二字包含礼教和道德律〔1〕儒家却把它分析为二：凡属事先教导之规律是道德律，凡属事后制裁之规律是刑律。儒家偏重前者却过分的轻视后者。孔子"导之以政，齐之以刑，民免而无耻；导之以德，齐之以礼，有耻且格"这句话便是轻视法律的注脚。可惜他辞世太早。若使多活几年，说不定也许会像柏拉图一样，在主张"人治"，写了共和篇与政治家篇之后，还能晚年补过，转而注重"法治"，而作法律篇吧！柏拉图在临死的一年，从西西里回乡，觉得他早年所抱的理想国完全不能实现，所以把贤哲政治和共产主义一齐搁置，转来讨论在不完全的人类社会中可以实施的政治。从前他不过承认法治是第二等的善政，现在却要编造一种确定社会生活的法典，以支配实际政治，使生出最好的结果。中山先生主张法治，依本文第一章的叙述，正具有这种趋势。可惜一般固守绳墨的孔孟之徒，坚执德礼刑政之分；而见之于实行上者，又严定王道和霸道的鸿沟，不管行得通或不通，不顾时代的推移，不顾环境的变迁，不顾人情的习尚，信仰王道的像朱晦翁一流人物，在国事日非，外寇日深之际，还以为闭户潜修，垂绅正笏，可以感化愚顽，格退强盗。信仰霸道的像王荆公一流人物，又微患拘迂不化，昧于随机应变，误以新法之可行，不待择贤以共事；所以我国历来的王道霸道之争，老是随着礼法之分，作偏重情感的混闹。前代操执政治实权的人固然徒知便利一人一家之近图，就是学者也不敢有一毫新创作，以示礼法刑政之不可强别，而实应相济相成。宋代永嘉学派之陈止斋与永康之陈同甫诸人，既主张行霸道以明法治，但又不敢决绝反对王道和礼教，所以依违于理学门户之间，谋借儒生的招牌，实行管商之政策；本来有可以趁势调和儒法二家之争，而创造一新学说的机会，可惜他们已因此备受正统派的儒家之攻击；另一方面，又不甚见信于当时的统治阶级和一般沉迷于儒道的民众；所以永嘉诸子虽有相当的学术和政绩，不久也就销声匿影，继起无人。这是我国思想界和政治上一种重大的不幸。明清二代，儒学既受帖括的牢笼，而乏可称之新发展。词章考据之学，无论博洽到什么地步，大半是替古人漆招牌以绷既治阶级的场面。明代能实行法治的王阳明和张居正，清代能主张变法的龚定盦和康有为等人，便不见容于世，而被攻为刻薄，或被议为怪诞了。在这种环境之下，法学更无从昌明，

---

　　〔1〕　依严复意，西文"法"字于中文有"理礼法制"四者之异译。

不要说在我国找不出《法意》一类的书来，就是能读管商之书的人也少了；那能希望一般学者从而发扬光大，以组成中国文化做本位的法理学或法律哲学呢？

没有孟德斯鸠的法意一类之书做策动政治和学术的潜力，一民族的政治是盲从的，是苟安的，也是以凌乱为常态，而治平为例外的；没有奥司丁的法理学一类之书做指导立法和司法的南针，一民族的法律是盲从的，是偏私的，也是以苛暴为常情，而公正为例外。单据组织政府的法理来讲，孟德斯鸠常说"有理斯有法，""必有所以存之理立于其先，而后法从焉，此不易之序也；"又再为之申明曰，"公理实先于法典，法典者缘公理而后立者也。"〔1〕他把公理放在法律的上头，拿公理来统制法律，然后以法律来驾驭政治的机构，操持政治的建设，而策动政治的进行；还有更重要的，是规定治者和被治者的权义关系，节制治者之执权司法，使不得僭滥枉越。这是法律和政治在实际运用上的关系，也是法治主义的根本理论。所以孟德斯鸠继续申说，"民生有群，既入其群，则守其法，此公理也。"验之于公理，衡之于正义，立法行法皆要捐弃佣人或一阶级一团体的私意私便，而惟正义与公理是从，然后法善而政举，政举而民安，民安而后国治，国治而后天下平。这其间操持化行之力，似皆由于外铄，且具有强制之威严，〔2〕而有异于孔孟"格致诚正修齐治平"，由内而外，温柔敦厚，一贯之道；然固自有其根深蒂固，止于至善之内蕴，这便是公理与正义。公理与正义是偏重客观的道德神髓，比孔孟偏重主观〔3〕的仁义礼智之雅范，和格致诚正修齐治平之实践，却又不同。重客观事实的学派，像西方的亚里士多德派，常倾向法治主义；而偏重主观理想的学派，像西方的柏拉图派，常主张人治主义。他们站在对抗的地位。在东方，同样有商韩和孔孟之争。他们的得失利弊，现在已经事实证明了。柏拉图晚年的补过，颇有转向法治主义的可能，然而宗之者且轻弃其法律篇，而向慕其理想国。这是不善学柏拉图者之过，却非柏拉图本人的遗憾！至于东

〔1〕 见严复译本，卷一，第一至三页。这种意见和韩非"以道为常，以法为本"的见解相似，参看《饰邪》和《解老》等篇。
〔2〕 孟德斯鸠论英国之宪法，尝谓"主议大臣所行，必以时质诸国会，虽欲隐匿，不可得也；是非议者之能为公也，不能不公也，"见《法意》第十九卷（四），第四二页，举此可见节制平衡的效用，和法律具有强制力之一斑。
〔3〕 如程朱求之本心。

方，儒家对于法律的真谛，始终未曾认清。曾国藩虽有"纯用重典以锄强暴"
等奏议，[1]对于法治本义亦属一知半解，持之不坚。[2]即在法家中，经验
丰富如管商，学术博瞻如申韩，也只看到法律是政府颁行的禁令或论旨，比
较轻忽法律背后的公理和正义；认到它是致治之具，而非主治之机。这是由
于他们尚在革创时代，他们的法理学未能建筑在精密的分析法和完善的历史
法上的缺憾；在封建制度之下，因势乘便则易，违逆潮流则难，韩非所以认
定法由君立，或由君之重臣代定，使以择人量功，以去妄意之术，以成治国
之道。但所谓"以道为常以法为本，"[3]和"立人主之公义，去人臣之私
恩"者，虽以"主道"和"公义"做操制法律的统摄力，佀亦似兼重主观，
而且范围尚狭，还不若西方所谓"公理"（Right）与"正义"（Justice）为尢
注重客观，以包罗法治之精义。所以照韩非看来，法律还是君主的御用品。
他希望君主能依"主道"和"公义"以立法守法，然而在当时环境之下，不
独这事不易办到，纵使办到了，也还没有具体的能力，来制裁君主之越权枉
法。唐太宗初期的盛治颇得力于法律的修明，然而晚年的荒怠，渐有枉法之
倾向，可以为证。因为君主的守法，随其意之所至，倘不加以具体有效之节
制，很难保其不始勤终惰。又如齐桓，秦孝，和唐太宗逝世之后，诸朝大法
不免渐就陵夷，尤可见管商的法治尚系于人治的上头。这自然不是他们的本
意，不过环境未善，时势所逼，这是难免的毛病。[4]照这样看来，管商的法
治主义，缺乏制衡的原理，缺乏客观的公理，还是不彻底的。我国学者，要
举管商还愁不能神似，想学西洋的孟德斯鸠或奥司丁，则更难了。严几道译
注《法意》，自然有几分崇拜孟氏，然而一开口便未解孟氏学说的真谛；譬如
说，"儒所谓理，佛所谓法，法理初非二物，"这句话便大背孟氏原旨。他再
说，"物有是非谓之理，国有禁命谓之法，"也还不懂法律究竟是什么，是不
是只限于"国之禁令"呢？若使法理果非二物，则范围甚狭的"国之禁令"
安能和范围无限的"物有是非"相比呢？他申论"西文则通谓之法"更属混
说不清，自相矛盾，连孟氏下文"公理实先于法典"的意义也弄糟了。严氏

〔1〕 见《奏议》卷二，并参看咸丰三年六月奏报。
〔2〕 参看他晚年复刘韫斋函，表明专主外宽立论，未着内严之说。
〔3〕 见《饰邪》第十九。
〔4〕 商鞅之学颇与近代英国的法制有相同的地方；他虽不能加刑于犯罪的太子，但尚刑其师傅，
亦与英国国王不会犯罪（The King can do no wrong）的成典，有相通的意义。

治学会负一时盛名，而其谬误如此，下之者更不足道。我国儒者，非固执旧学躯壳，即专喜袭西学皮毛，而沾沾然自足。这是学术不昌，法律哲学不修，和政治思想紊乱的一大原因！惟中山先生乃能融会古今中外法政思想之主潮，集其大成，且见诸实践，这是他最伟大的地方；至于领导群伦，造成风气，不独在政治上，即在学术上亦创造一新纪元，使宗仰他的同志们都能附骥随辙，卓然有所建树，这也是很值得赞美的。

现在讲到组织政府，便要先问国家的根本大法是什么，随而检验政治思想和政治制度的关系，又拿法律哲学来衡度上述种种，以证验它们的意义，计量它们的得失。譬如组织国民政府，现在先要依据中山先生的三民主义和五权宪法以订立中华民国宪法；然后依据宪法乃得确立政府的组织和机能。这个国家根本大法，初由立法院特组委员会来起草，草案公布任受国人的批评，然后经立法院修正，三读通过，今后更待国民大会的批准，在程序上已合法治主义的原则。至于它的内容是否完善，却不光是合法或法治原则的问题。譬如人民权利义务的存在，或政府职权的措施，其间缺乏警察权之规定，在某种环境之下，处常抑或处变，是否能造福邦家，使人民得到最大的安全，进步，快乐，和荣誉，这是要用法理学的方法来检验，和法律哲学的智慧来批评的。从考虑"什么是宪法"起，以至"这个宪法在某时某地施行是否适当"止，这其间便有无数重要问题，非加以深切钻研，不易明政治或政府的得失。在我们中国的学者中，儒家耻谈法律，拒绝法治，在常态之下，理论上泛然陈说"君子为法之原"[1] 而实际上乃或不免承认专制君主的禁令为法律；在颠沛之际，或且默认刀锯为法律，而屈服于其下，不敢论列其是非。就是法家巨子如慎到，只说："法者，所以齐天下之动，至公大定之制也。"[2] 又如韩非子也只说"法者，宪令著于官府，刑罚必于民心，赏存乎慎法，而罚加乎奸令者也，"[3] 他以为法是臣之所师，臣无法则乱于下；却没有说到君无法则将如何？可见他虽然洞察人情治术，还没有想到一个国家应该建筑在根本大法上，这个根本大法，不只是臣之所师，民之所循，也是君所同守。他们没有注意到"宪法，"这是一大错误。

———————————

〔1〕《荀子·君道》篇。

〔2〕《慎子佚文》。

〔3〕《定法》篇。

西方的学者，在这方面却进步多了。柏拉图的法律篇，已明将整个社会国家彻底检验，以求组织政府的最善方法。他把国家分为三等：他的《政治家篇》既先说明第一等理想国之组织，《法律篇》乃专讨论第二等半理想国的组织：他既把政府的体制，人民的权义，和人民与政府的关系，权义运用的方式，表现得很明白了。参考雅典和波斯的实际政治，根据中庸之道，他于是创造一种混合政体；综合文人、武士、牧师、贵族、平民、长老、各阶级的人和各种势力，聚集在一个议场上，成立一个直接民主政府，使他们的感情意见，尽量发挥，而调和起来，建成统一的"国是"。〔1〕他这种主张，便是宪法的先驱。到了亚里士多德，便更进一步，他明定了宪法的意义，以之为组织政府和措施政治的根本；所以应用分析法和历史法，他先把国家总体分析出来，找出国家个体的性质，随后再把国家个体综合起来，找出由个体组织总体的组织法，这就是宪法的滥觞。由此推演，宪法是国家的神髓；它决定国家各机关的数目，和相互的关系，规定各机关中做事的方法，并规定国家最高统治权之所在。归纳他在《政治学》（Politics）一书中的繁论，"宪法便是规定国家的组织，说明国家的目的，限定市民的资格，决定生活的标准之根本法律。"〔2〕中山先生在亡命欧洲的时候，很注意研究各国的宪法，据他所得的观察，"宪法就是把一国的政权分作几部分，每部分都是各自独立，各有专司的。"〔3〕他这句话原是用来做对一般人演讲的前奏，尚没有兼述人民的四权，所以表面上看来，既没有牵涉到"政权"，他的宪法定义在这里尚属简单。然而我们只要细察五权宪法的内容，参合民权主义的神髓，其中兼重"政权"和"治权"，兼重政府和人民的合法生活，就可知道中山先生对于宪法见解的博大精微，不独远比亚里士多德而过之，就是和现代的公法大家，如柏哲士（JW. Burgess），韦罗贝（W. Willoughby），或古德诺（Frank Goodnow）诸人相较，也超乎其上；所以中山先生在学说上登峰造极之所诣，可谓前无古人，而自成以中华民族文化为本位的法理体系。

至于中山先生认到美国革命成功后，订立宪法之际，根据孟德斯鸠三权分立的学说，用很严密的文字，建造一种成文宪法，然后再依这成文宪法，

---

〔1〕　参看高一涵《欧洲政治思想史》，上卷，第二七至五五页。

〔2〕　见高一涵，同上，第七十八页。关于各国宪法的沿革，形式和性质，参看王士杰《比较宪法》，商务本，第一至四四页，可以得其概要。

〔3〕　见一九一二年讲五权宪法。

以组织政府，而措施政治并拿英国的不成文宪法和我国专制时代的情形来比较，而谓我国原来也自三权宪法，一、君权兼操行政，立法，司法，二、考试权；三、弹劾权。这种卓见，正可为本文的主证，以益明政治和法律之关系。

二、法律之定义

在第一章绪论裏头，作者预备为此较干脆的叙述中山先生学说之法理体系，表示不欲博采一般法理学家的言论，以为参证。然而既用科学方法以从事研究，现在写到这里，却又感觉到有几个基本概念，譬如法律之定义、性质、和意义，与法律之目的和功效等，都有先行介绍之必要。"凡是一种科学"，法理大学家何兰德 Sir Thomas E. Holland 说得好，"在完成其意义之必要场合，应该释明其基本概念，而加以分类，然后可以搁置其最后与最圆满之研究，供心理学（哲学）或玄学之探讨。"[1]现在也是这样，虽然事属麻烦，法律的定义等却有先叙述之必要。

法律是什么呢？在这个问题上波洛克的意见很获一般人的同情。在他的名著《法理学纲要》（*A First Book of Jurisprudence*）上，开章明义便说，"在一切讨论人事的科学中，好像最简单的基本概念却真是最难坚定的抓住，再用确切的言词表现出来……法律是什么呢？在我们对于社会之性质和机能尚未有完善见解之先，想要美备无憾解答上述问题是不可能的。"于此可见要找一完善的法律定义，现在尚非其时；然而为着研究的便利，和企图解决当前的社会和政治等切要问题，我们却有预定检讨一个或数个法律定义之必要。

先就我国情形来讲，古代"兵刑不分"和"礼刑对立"的政治制度，已不适于现代国家的采用。试举臧文仲言于鲁僖公曰，"刑，五而已：大刑用甲兵，其次用斧钺，其次用刀锯，其次用钻凿，薄刑用鞭朴；大者陈之原野，小者致之市朝。"[2]又如"礼不下庶人，刑不上大夫"，[3]更明白的话来，"由士以上则必以礼乐节之，众庶百姓则必以法数制之"，[4]这类对于法律的见解，它的定义和功用等等之说明，都太嫌武断，是在封建制度之下，站在

---

[1] 何兰德《法理学》（Jurisprudence），第三章。
[2]《国语》。
[3]《礼记·曲礼》。
[4]《荀子·富国》篇。

贵族或士大夫的立场而创立或阐扬的。法制未善而法理不昌，春秋戢国时代的社会和政府是一个什么社会和政府呢？在《思无邪》的三百篇诗中，就可以窥见那时黑暗污浊之所在了。更在比较富有礼教之邦说来，季孙逐鲁公，赵盾弑晋公，只见史官大书特书，礼教的"事前训导"和事后制裁，其功效便止于此，其结果足使国纪荡然，政府沦丧，民生凋敝。法国大革命时代的屠杀，和苏俄大革命时期的诛锄，正有同样意义。纵使有所谓"法律"者以经纬邦家，他们只知以"刀锯为法律"，这正是中山先生所深戒的"以恣睢为政治，以刀锯为法律"。[1]

法律既不是刀锯，也不是暴力。据其本体而言，虽可说是"治之具"，却并不是一阶级用来宰制别阶级的工具。说文法之本字为灋："灋，刑也；平之如水，从水；廌（独角兽），所以触不直者去之，从廌去。"依此看来，在我国，法律的本字含有三种意义：一所谓刑，含有模范之义；二所谓平之如水，含均平之义；三所谓触不直者去之，含公正之义。

在我国古代法家中，比较注意说明法律之定义者是韩非子和慎到。管子虽然称述"正法直度"和"明法审数"，并在权修篇和法禁篇阐明法律之目的和功效，他和商鞅同是立法的法家，他的法令是变革经济制度，家族组织，以及由此而生的行政制度的，[2]所注意者在此，而不在研究法律之定义。现存的管子这部书，经胡适之先生考证，断言不是管子所作；但梁任公先生尚认管子当时的言论事工，和后来的法家思想一定有相当的关系。[3]曰此推论，管子书本来是有的，但其中许多奥衍的法理大概或许是后人引申放大的。[4]现在假定管子一书是管子和宗仰他的法家所发的言论，因为不甚注重法律的定义，所以他们所下的定义是庞杂的，[5]但在主张法治上，管子有一句很扼要的话："法制不议则民不相私，刑杀毋赦则民不偷于为善，爵禄毋假则下不乱其上；三者藏于官则为法，施于国则成俗，其余不强而治矣。"[6]这种见

[1]　参看本文第一章。

[2]　参看《史记·商君鞅列传》；陶希圣《中国政治思想史》，第一册，二三六至二三九页。

[3]　参看《哲学杂志》，第七期。再看去古未远的司马迁作《史记》，也称引《管子》书里的《牧民》、《山高》、《乘马》、《轻重》、《九府》等篇；淮南子的《要略》，卷二十一，也说，"桓公忧中国之患，苦夷伙之乱，欲以存亡继绝，崇天子之位，广文武之业，故管子之书生焉。"

[4]　参看杨鸿烈《中国法律发达史》，第六九页。

[5]　参看《七法》篇、《法禁》篇和《正》篇等。

[6]　《法禁》篇。

解和后来韩非等人的学说，大概有相当的关系。韩非却比较有更坚实的法律定义："法者，宪令著于官府，刑罚必于民心，赏存乎慎法，而罚加乎奸令者也。"〔1〕又曰，"法者，编著之图籍，设之于官府，而布之于百姓者也"。〔2〕比较起来，管子的见解涵义更广，他不独认到"法制"，"刑杀"，和"爵禄"，是法律中的三原素，〔3〕三者藏于官则为法，他并且看到"施于国则成俗"，"俗"就是习惯法。这是管子所承认，而为韩非所忽略的。韩非只承认着于官府的强制法是法律，管子则不独兼认习惯法，并且承认法律含有自然法之意义，所以在"正"第四十三篇，尝说，"如四时之不贷，如星辰之不变，如宵如画，如阴如阳，如日月之明，曰法。"慎子之学也偏向这一方面，他说，"法者，所以齐天下之动，至公大定之制也。"〔4〕他把法律的范围扩展得更大，不必藏于官府或施于民间，只要是至公大定之制，其功效足以齐天下之动者，都可说是法律。若使管商是立法或实验派的法家，韩非子是明法或历史派的法家，慎到便可说是释法或自然派的法家。

此外，似乎用不着更进而论列申不害和尹文子一般法家所陈的法律定义了。但再考周礼以八则治都鄙，郑注说，"则"亦是法律本义；管子称周昭王穆王，设象以为民纪，式美以相应，〔5〕"象"和"式"也可以训法；后来《说文》便把法律和式，典，则，象，刑，制，等字互训。综而论之，我国法律的定义原为着于官府的宪令，行于民间的习俗，而为不轻变，均平，正直之行为轨范，辅以刑罚，临以爵赏，足以制节人事和国政。

在西方，法律的定义，因法学发达之故，更形庞杂。博学如波洛克爵士，尝言欲得一确当定义之艰难；盖法律是随时代和环境而发展的，即多才如卡多索法官，亦深识其词义之分歧，莫能遽定其得失之所在。这不独在英美等国为然，即在成文法典较为完备的德法诸国也是这样。卡多索法官一方面既主张我们在认识法律的发展程序之先，应该知道法律的涵义；另一方面却又主张我们用不着空费楮墨，像爱力慈（Ehrlich）在《社会法理学纲要》（*Grundlegung der Soziologie des Recht*）说的，以指示德文中含有较具体意义的

---

〔1〕 《定法》篇。
〔2〕 《难三》篇。
〔3〕 在《重令》篇则以号令、斧钺和禄赏，为治国的三器；是以法制比于君主的号令。
〔4〕 《慎到佚文》。
〔5〕 见《管子·小匡》篇。

"法规"或"法制"Gesetz 一字，原和合有较抽象意义的"法权"或"法律"Recht 不同；或像狄骥（Duguit）在《宪法学原理》（Traite de droit constitutionnel）说的，以指示含有较具体意义的"法令"或"法则"la loi 一字比含有较抽象意义的"法权"或"法律"le droit 为偏狭，[1]但由此也可推想，对于法律 Law，Recht，Droit，Ius，Lex 一字，不特各学派的见解不同，就是同一学派的人物，在各时，各地，或各种环境之下，见解也难一致。我们现在无庸讨论古今中外见解的是非，却不过略举它们的纲要来比较，使能充分映发中山先生学说中法理体系的实际，和他所估的地位罢了。

在西方，法律一词内含两大部分的意义：一属于自然科学的定律，常用于指示或解释宇宙现象之运行；一属于社会科学的法规，常用于指示或规定人类行为之准则。在这里，第一义似乎在我们讨论的范围之外，然而也曾予第二义以相当的影响。这在我国也是如此，管韩诸子常以四时、星辰、规矩、或隐括之道，喻法律足为人事轨范；在西方却以自然定律的"不变"（rigid or constant）和"最高"（supreme）或"不可侵犯"（inviolable）的原则，渗入法律本体中，于是自然主义派的法理学者，如格劳秀斯、卢梭、和泰勒[2]（Jeremy Taylor）等，遂亦认强制法具有上述"不变"和"最高"等类原素，且赋有自由，平等，与博爱的涵义。现在我们虽不探讨自然科学的定律，然而这一点也该先看清楚。

照何兰德的分类，法律（一）是宇宙运行的定律，（二）是人类行为的准则。依第一义，他举印度的韦陀经文（The Vedas）为证。这是说，"法律是万王之王，实较万王为更强大而坚定；世上没有比法律更伟大的了，藉法律之助，正如得着最强的帝王之助一样，纵彼弱小也能克服强暴。"这种意见实在兼备上述二义。和它表示同情的先进，有自然法派的赫拉克利特[3]（Heraclitus）、德摩斯梯尼[4]（Degosthenes）、克律西波斯[5]（Chrysippus）、

---

〔1〕　参看卡多索《法制史》（The Growth of the Law），第二七至三二页。

〔2〕　"泰勒"原文作"泰拉尔"，现据今日通常译法改正。——校勘者注。

〔3〕　"赫拉克利特"原文作"海来克里特"，现据今日通常译法改正。——校勘者注。

〔4〕　"德摩斯梯尼"原文作"德谟斯叙纳士"，现据今日通常译法改正。——校勘者注。

〔5〕　"克律西波斯"原文作"克莉薛柏士"，现据今日通常译法改正。——校勘者注。

西塞罗[1]（Cicero）、汤姆斯[2]（S. Thomas）和霍卡尔（Hooker）等人。可是同时西塞罗与霍卡尔诸人似乎更注意他的第二种涵义，这是法律是人类行为的准则；从而和之者，有但丁（Dante）、康德（Kant）、黑格尔（Hegel）和萨维尼[3]（Savigny）等先哲。后来人事的演变愈繁，法律的演化也跟着愈多。在自然科学法与人为法分类之外，更在人为法之中也机举者划分二类；其与自然科学的规律关系较密者，可分为神法或宗教法（Laws of God）、社会自然法（laws of nature）、衡平法（natural equity）、道德律（laws of morality）而将比较纯粹由政府制定的法律，别为现行法或市民法（positive laws，Jus civile）等。在这方面，含有社会性的自然法，是苏福克里（Sophocles）、苏格拉底、柏拉图和亚里士多德与及斯多亚（Stoics）派的学者，所共阐发的；谢雪庐承其余绪，以采入罗为政法思想中，后来在公法上演化为罗马的万民法（Jusgentium），为近代国际法之基本观念[4]，在私法上演进为英美的衡平法（equity）。

我们现在用不着把法律分为几类，然后再给各类法律以相当的定义。上述的举例不过指言其纲要以，见法律定义之芜杂。

近代每一派的法理学家各有独具的法律定义。从格劳秀斯或霍布斯（Thomas Hobbes）（自然法学派），奥斯丁或边沁（分析法学派），萨维尼或梅因（历史法学派），波洛克或何兰德（比较法学派），托都偷（Pierre de Tourtoulon），或沃拉斯[5]（Graham Wallas）（心理学派），舒丹木拉或科拉尔（Joseph Kohler）（哲理法学派），再到霍尔摩士（Justice Holmes），或庞德（社会法学派）——这里的分派原是从大体上说来的，未必一定严密，如何兰德或以为是奥司丁的信徒[6]，庞德初时也是历史学派的健者[7]。就是各学派，也有互相联络或互相依赖的地方，常没有划然的鸿沟可分，即如庞德在写《法制史集解》（Interpretations of Legal History）时，也要根据心理学上的原

---

[1] "西塞罗"原文作"谢雪庐"，现据今日通常译法改正。——校勘者注。
[2] "汤姆斯"原文作"汤玛士"，现据今日通常译法改正。——校勘者注。
[3] "萨维尼"原文作"沙威尼"，现据今日通常译法改正。——校勘者注。
[4] 罗马法家格亚士（Gaius）把自然法和万民法看作一体，但欧尔平 Ulpian 却把它们明白区分。
[5] "沃拉斯"原文作"偻拉士"，现据今日通常译法改正。——校勘者注。
[6] 参看吴经熊先生《法学论丛》，第七页。
[7] 同上，第十五页。

则〔1〕。要而言之，各派的立场不同，环境不同，主义不同，方法不同，所产生的法律定义也未必相同。现在不用一一介绍，但随手举出两个定义来，旧时可比"圣经贤典"，现在已是陈言废词了；譬如英国大法学家布莱克斯通〔2〕（Blackatone）曾说："法律是行为的轨范，由权势高者（some superors）规定，而权势卑者（the inferior）必须服从。"边沁也说："泛眨言之，法律是一个抽象或综合的名词，假如具有意义，它的意义，不多不少，即为无数个别法规之总和（thesum total of a numberof individuallaws takert together）。"这两句话照现在看来都很有毛病。就是分析派大师奥司丁所立的定义，也未能甚得人意。他说："法律是有智慧有权力的人们（intelligent beings having authority）所订立的轨范，以为有智慧的人类之向导。"〔3〕再举近代著名学者之定义一二，以示其演变之迹。在一八九六年欧洲民治主义的高潮中，波洛克不能说法律是统治阶级制定，以给被治阶级遵守的行为轨范了；所以他就避免这种信念，但说："总言之，据法律家看来，最靠得住的法律定义是：'法律是行为的轨范，统治一民主国家的全体份子（a rule of conduct binging on members of a Commonwealth as such）'"。他坚持这说以至一九二九年，中间曾参考过一九〇三年的牛津大学字典，而深信不疑。〔4〕在法律定义一方面，何兰德之研究颇极浩博。在他的《法理学》〔5〕上，他也说："严格说来，法律是人类行为的通则，惟仅治理人类的外表动作，而受一确定的权力机关之执行，此权力机关是人为的，而在无数的人为机关中，它（法律）在政治社会里头，赋有最高的威权。简言之，法律是人类外表行为的通则，由具有主权的政治机关执行。"〔6〕他也比布莱克斯通进步，他不说法律是谁创制的，为谁所当遵行的，因为这是一个很繁杂的问题，不是一个简单的定义里可以说明。

到了现代，我们还不能专尚一家一派的法律定义；而在这里篇幅有限，我们也不能列举各派，各时代，中坚分子所立的法律见解。在一种折衷办法

〔1〕 同上，第五十页。

〔2〕 "布莱克斯通"原文作"勃拉克新东"，现据今日通常译法改正。——校勘者注。

〔3〕 参看韦罗贝《公法之基本概念》（W. W. Willoughby, The Fundamental Concepts of Public Law），第二一九至一三〇页。

〔4〕 参看《法理学纲要》，第二九页。

〔5〕 Jurisprudence，一八九〇年初版，一九二八年第十四版。

〔6〕 见原著，第四一至四二页。

中，经过相当的考虑，姑举下述二个或三个学派中三个专家所下的定义来结束本节的讨论。

据德国新康德派的法理学家施塔姆勒之研究，法律是恒久不变的，[1]赋有威权的人类集团之公意。（law is the inviolable（unverletzbar），self – authoritative communal will.）美国初属历史学派，后转入社会学派的霍尔摩士法官却说："我所谓法律者非他，不过是法院在事实上将有之行为之预言。"（The prophecies ofwhat the Courts will do in fact and nothing more pretentious，are what I mean by the law. ）[2]

依初民的观念，法律内容必具有赏罚的原素，必由官府订立，而人民当无条件的服从；所以法律之本体是狭小的，严格的，同时却又是随统治者之意见而变动的。施塔姆勒却把法律从这种肤浅观念中解放出来。法律虽具有赏罚的意义，然而却超乎赏罚之上；它是有威权的。法律虽由人订立，却不光是统治阶级或主权机关订立的，它是圈体的公意。法律虽有进展的程序；然验其实质，在某一时间，某一空间，和某种问题之上，或就其抽象意义而言，却是恒久不变的，无论谁也不许以私意出入其间——谁以私意出入其间便是违法。最后，法律虽好像要依据玄高的理智（Reason），然而它却是人的创造，不是天定；它不是自然界泛有的产物，而是人类社会的作品。法律定义包括上述四种原素，才可算是博大精微，语病较少。我国法理学专家吴经熊博士所以称舒丹木拉的定义为"法律之概念"（The conception of law），或概念派的法律定义。

反之，霍姆斯却把浩博繁杂的法律归纳到法院的机能里去。譬如一个问题发生后，甲说这是法律，乙说那才是法律，丙又说此亦是法律。说者愈多纠纷愈甚各执一词，究竟何为法律呢？最后还是由法院解决；凡是事实上将来之裁判之可得而预言者，这便是法律。他把法院抬得很高，认它为解释和执行团体公意的机关，立论固属稍偏，却有相当见地他用实验主义的方法，根据历史和心理的观察认到法律只是这种实事求是的预言，而不是立泛玄妙的理想。谁能知道这预言的便知道法律！从心理学的观点看来，法律因此是

---

〔1〕 或译作神圣不可侵犯的。

〔2〕《法语集刊》（Collected Legal Papers），第一七三页；参看吴经熊先生《法学论丛》，一〇一至一一九页，一五五至一七九页。

"最高强的预言之科学"。[1]吴经熊先生因此称霍尔摩士的说明[2]为法律之认识（The perception of law），我们姑称之为认识派的法律定义。

上述两个定义，各尽其妙；其他各派各家的学说，出此入彼，也不远离它们的范围了。现时的法理学家如庞德和卡多索等，多未尝自立定义，[3]一方面固由于其事之难，另一方面却又由于纵然大胆从事，也未必能轶出上述二说的范围，若说别创新论，则除非政治，经济，和整个社会实际上起了彻底的大变动，或主张不久要有这种大变动，才有立说的根据。

吴氏有调和概念派与认识派的主张，他略倾向于博格森（Bergson）之直觉论；他以为二派的学说只说明法律本体的两方面，所以他谋以人类通灵的直觉（intuition），调和对于法律的主观和客观之见解，以求其综和（entirety or synthetical unity）与及更高超之意境，视之若根本，而上述二说乃为"同自此玄深之根苗苗生之分枝"。[4]吴博士用直觉抓住法律本体之说，自谓不脱玄学色彩；而欲综合法律之形态或方式（the form of law）与法律之实质（the matter of law），使成为一种生动的现象（a lively vision）和灵明的个体（characteristic whole）。为要抓住这种意境，法律的定义于是当于科学或技巧之外，兼求诸哲学与艺术之中，而反映于大自然的本旨与和谐之上；用天才之电似的闪光洞照法律之全体，以求真理之所在！宇宙是一大神秘所以法律也是一个神秘。[5]

吴氏的见解诚然高超，备受欧美法学大家舒丹木拉、霍尔摩士、庞德与威克摩尔（John Wigmore）等人的推崇。他的见解在东方亦似有悠永的渊源。韩非子虽把法律的定义写得比较狭小，很有点和霍尔摩士的相像，但在他精深独到之处，他也曾注意到他的博大玄奥之点，这似乎是受老子学说之影响而成的。这不独在《解老》论"道"与"理"，和"治人事也务本"，这类话上可以做证，特别在《饰邪》篇"以道为常，以法为本"这句话上更可征验。吴氏以法律为神秘，这便是"道"；至于治人事的法律，是缘理而生的

---

[1] Psychologically, law is a science of prediction par excellence，《法学论丛》，一〇八页；卡多索《法制史》，四五页。

[2] 严格言之尚非定义。

[3] 参看卡多索《法制史》，二七至五五页。

[4] 《法学论丛》，一二三页。

[5] 同上，第一一六至一一八页。

"本"。〔1〕道为常而法生动，二者合而为综和之个体。在这里不必再写下去了，就此已可窥见纷繁的法律定义之纲要。

最后，说到中山先生所指示的法律定义。在上边既曾说过，政治革命家讲到法律时，总比较注重法律之目的和功用，而不甚细论它的定义和性质。中山先生也是这样，他的法律定义因此是含有实验主义之色彩的，是很简单明确而合乎实用的。一九〇四年在檀香山为文以斥保皇党，中山先生尝说"法律者治之体也"；一九〇六年最初讲五权宪法时，他说，"法律就是人事里头的一种机器。"〔2〕由此推演，五权宪法好像是一架大机器，是一个治国的根本大法。"〔3〕中山先生对于法律之认识既极精深博大，不以此定义之简明而限其崇高。学者当熟读五权宪法之全部，旁及三民主义和五权宪法互相联贯之点，然后可知其法治思想之义蕴。这种工作正是今后本文所应致力的。

三、法律之性质

在上述法律之定义里头，法律之性质已经逐渐披露，但因没有加以整理，尚有续论的必要。

法律之性质可分两大部门来讲，一属内包（intrinsic），一属外延（extrinsic）。中山先生注重法律之目的和功用，所以对于法律之内包性质，表面上好像并未说明；然而实际上在他的学说内，却已随处宣示，以之为法理体系之中心，并为政治思想之基础。这是我们应该深切认识者。

法律的内包性质，照现在看来，又可分为二类：一属于本体的禀赋，一属于本髓的演化。前者具有六种特性：一是内在威权，像亚里士多德说的"自然拘束力"，和舒丹木拉说的"self – authoritative"，二是最高（supreme），三是公正（just），四是博爱（universal – blessing），五是不变（immutable or inviolable），六是合乎人性（human）或人道（humane）。后者具有三种特性：一是安定（stable），二是像有机体的滋长不息（organical – growing），三是因自具权威而赋有机能（functionistic）。

法律的外延性质，依个人的观察，也可分为二类：一属于本体的禀赋，

---

〔1〕 参看《管子》，《心术》、《正》、《任法》等篇；孟德斯鸠《法意》，"法律通论"，第一与第二章。

〔2〕《中山全集分类索引》，第一〇五四页。

〔3〕 同上，一〇五九虽一〇六〇页。

一属于本体的适用。前者具有三义：一是刚强（strict or rigid），二是公平（equitable），三是教导（instructive）。后者亦具有三义，一是时间性（time），二是空间性（the scope of validity），三是适用场合性（point）。〔1〕

我们现在用不着深论自然法和人为法的性质之异同。上述的意见系属专指人为法而言，但其中却少不了自然法的成分。法律假如是有神秘性的，这便是自然法与人为法渗和之处。柏拉图不但承认自然法之存在，并且教人去尊重它。亚里士多德更进一步，在《伦理学》中他曾说："人类原是社会的动物，法律实在是完成这种性质的东西；故必定要适合自然法的才是其正的法律。"又说："国家的法律中有自然法和人为法两种。自然法不根据国家的立法权，自然有一种拘束力，是没有地方不可行的。人为法全靠立法权的制定，不过单就一个地方看来，可算是一种固有的法律罢了；但自然法一旦成为法典，便不容易变动。必定要适合自然法的，才可算是公义法。"由此可见，人为法的性质，多少和自然法的性质相渗和相顺应，而相济相成。假如"物竞天择"是自然法，那么，"有强权，无公理"也许是有相当地位的人为法。幸而"物竞天择"到现在看来并不是颠扑不破的，合乎法律目的，或人生本旨的自然法。因此"有强权，无公理"便算不得是公义法了。

法律性质繁杂，列举颇难，主观之中有客观，客观之中也有主观；如既应安定（certain or stable），又须滋长（growing or mobile）；既须严格（strict or rigid），又应慈惠（kind or blessing），显若水火相抗，原非矛盾相攻，实如中山先生说的，法律是一架大机器，其中机件复杂，有发动机也有静止机，有离心力也有向心力，合之以成有秩序的活动，便可以为致治之具。各派法理学家之书，无论立场如何，都有阐明法律性质的独到之见，不过其程度有强弱详略之不同罢了。上述的概略，是作者个人博览群书，默察世事，参以己意，融会贯通而成的。〔2〕现在我们用不着分别细论上述法律之内包与外延的性质之涵义，〔3〕但当举出四点，以针砭时弊，并以映发中山先生学说之法理体系。

---

〔1〕 参看吴经熊博士《法学论丛·法律之三种性状》第一至五页。

〔2〕 专论法律性质的书，如奥司丁的法理学中之一部，作者适未有机会参考；格雷（John C. Gray）有《法律之性质与源流》（Nature and Sources of the Law），作者尚没有机会阅读；此外涉及法律性质之书，如梅恩爵士之《古代法》（Ancient Law），语近陈琐；现代庞德教授之《法制史集解》，论而未详；卡多索法官之《法律发达史》，述而未充。其他巨著，略同于此，姑不具论。

〔3〕 假如细论下去，又以各家学说为参证，便可自成一部法理学了。

这四点是什么呢？一、法律是外刚强而内慈惠的；二、法律是最高而具有中正之威权的；三、法律是公正而维护人类之平等自由的；四、法律是博爱而维持社会之普通安宁与进步的。

（一）儒家轻视或疑惧法律，误认法律为惨刻寡恩，反乎仁义道德。这是他们没有认清法律的性质之过。他们以刀锯鼎镬为法律，以铁索斧铖为法律，以犴狴牢狱为法律，以奸吏猾胥为法律，这类稚浅无聊的见解，是不值一笑的，假如他们的眼光稍为远大些，就是远在黄帝时代的《李法》，唐虞时代的皋陶造狱，下逮春秋时代郑子产之刑书，和郑析的竹刑等等，种种不成文或成文法典，也未足以尽法律之真谛；商君之法，李斯之行，也未足以明法律之本体。儒者贸然訾之篇惨礉，从未穷研法律本体义理之所在。这是他们治学重用稚浅的主观认识，和不完圣的历史法与演绎法之过，而非法律之性质必为残酷不仁啦！道德仁义固然是很好的社会规范，但因缺乏刚性的制裁力，常常失之宽弛放任，造成萎靡不振的风气，和姑息养奸的祸患。子产譬之为水，"水懦弱，民狎而玩之，故多死焉"，这正是古今中外法家和明达之士对于仁义的见解。假如春秋战国的奸邪淫乱是因为礼教之防溃决了而生的，一方面我们已可知礼教之防常有崩溃之可能，另一方面我们也可知人欲横流激烈的时候，又非既被冲溃了的礼教之防所能障挽；稽之史乘，奸邪淫乱至极之际，惟有严法峻刑可以制裁革化。李悝订法经，始皇颂秦德，皆言以法律整饬风俗教化而著其成效。[1] 法律具有外铄的刚强制裁力，有刀锯鼎镬为后盾，正所以纠绳奸宄，诛锄强暴，以安善良，而敦教化；倘若失之昏滥，固然足以造成惨礉贼民的现象，和残酷不仁的风气。然而道类"法律"已失却法律的本质，而是一般独裁之暴君与越权的宵小所应负责的妄为，并且是真正法家所最反对的败行。管韩诸子"明法亲民"的教训[2]旨在明法度，定赏罚，立法以导民，行法以制事；就在重刑严诛的一方面看来，"重一奸之罪，而止境内之邪，"正所以治国爱民，刑期无刑。管子由此窥见无为之道，[3]韩

---

〔1〕 参看杨鸿烈《中国法律发达史》，第八〇至八一页。

〔2〕 见《管子》，《四顺》、《士经》、《七法》、《法法》等篇；《韩子》，《南面》、《饰邪》、《六反》、《五蠹》等篇。

〔3〕 见《立政第四·七观》、《乘马第五·大数》、《枢言第十二》等篇。

子亦由此推言无为之治。[1] 要皆藉明法以亲民，明刑以立教，使"言谈者必轨于法，动作者归之以功，为勇者尽之于军；是故无事则国富，有事则兵强。[2]"圣人为法于国者，必逆于世而顺于道德"。[3] 这正是法律外刚强而内慈惠的功效之所至，也是它的性质之表现。

中山先生定五权宪法以行三民主义，外抗帝国主义之侵略，内谋民权之发展，民生之舒泰，与民族之繁荣，这正适合黄帝尧舜管商之遗意，和孟德斯鸠等人的法治精神。仁义非治国的独道（《五蠹》），道德非君主之精神[4] 韩孟诸子议论精密透辟，虽略有偏激之嫌，但至今尚可征验。中山先生扩而充之，纠而正之，所以拿仁爱思想做培植民族道德，发扬民族精神的基础，而建立法治国家于其上；这正合着"以道为常"的经国之道。讲到实际上的治国，单拿平均地权和节制资本来比喻，便将订立和施行新的土地法和劳工法，[5] 以为导民制事的准绳；这正合着"以法为本"的治国之方。可见道是慈惠的，法是外刚强而内慈惠的。在儒家看来，它们是绝缘而相拒相反；但在法家看来，它们是"内圣外王"相济相成，[6] 而极其致于无为之盛治。中山先生的见解，在这一方面大致和法家者相同。他对于法律性质之认识，所以精深伟大者如此，这确是可以夸耀的地方。

（二）法律是最高而具有中正之威权的。为何叫做最高呢？它是超乎被治阶级和统治阶级之上的；在它管辖范围之下，应没有不平等阶级之可言。它虽则表面上受代表国家主权机关之创制或废止，然而一经订立，便是最高主权之一部分，就是原订立的机关也得受它的约束。"虽圣人能生法，不能废法而治国，"[7] 我们更不用征引自然法学派或新康德派，如孟德斯鸠或舒丹木拉等人的学说，纵使退让一步，拿素重实际功利的英国分析法学派的"国会万能"主义来举例。英国的宪法，虽只是国家主权机关的命令（commands of

---

〔1〕 "明主之法必详数，智虑不用而国治"，见《八说》；又参看《解老》、《喻老》、《用人》、《大体》等篇。

〔2〕 《五蠹》。

〔3〕 《韩非子·奸劫弑臣》。

〔4〕 孟德斯鸠《法意》，第三卷，第五章。

〔5〕 参看《民生主义附录》，"总理民国元年对社会主义党演词"，与及"胡展堂先生在立法院的演词"。

〔6〕 参看孟德斯鸠《法意》，第四卷，第六章，"来格谷士之制礼立法"。

〔7〕 《管子·法法第七六》。

the sovereign authority in a politically organized society）〔1〕，常受"万能国会"的自由更改，但在没有修改之前，和既受改定之后，那神圣不可侵犯的宪法，仍是英国朝野行为之最高规范。万能的国会可以解散，主权机关可以屈辱，查理士一世可以断头，爱德华八世可以失位，但是那根本大法，在常态之下，却依然赋有最高而中正的威权，不是三数暴力机关所能矫扭变乱，或一二独裁人物所能摧残毁灭。所以就人为法来说，它是国家主权中不可分割之一主要部分；它的伟大高迈，超乎任何个人的意志之上，它的中正刚直，不为任何个人暴力所转移。〔2〕这种见解是管韩所永遑确立，慎商所未敢明言的。"法所以齐天下之动"，或具兼制君主之意；太子有罪而师傅代刑，有中正不阿之义，然而尚嫌未甚澈底。

在最高和中正的地位上，法律或为适应复杂之社会和政治问题之故，不免赋有例外的特质，这是各国国法所同然，不过其程度有强弱之差罢了。试举英国宪法来讲，君主有不能犯罪之美词（The King can do no wrong），但亦应谨守国家之大法。爱德华八世所以只能弃其王位，而不能越法，以成其贵贱悬殊之婚事（morganatic marriage）；虽则伦敦泰晤士报记者且以贵贱悬殊为不成问题，但求将来母仪三岛者应为端庄之淑女而已。所以无论成文法或习惯法，在没有例外的可能上，英国赋有特权的君主也还要遵守成宪，不能任意出入；在民主国家的行政或立法长官只是国民的公仆，并没有传统的特权可享，在没有例外的地方，要绝对遵守成宪，这更不成问题了。凡属例外的法制，皆非对人，而是对事。譬如爱德华八世前居太子地位，则应守太子之法；后为为王，则守为王之法；今为温沙先生，就要守英国一般贵族地位之法；在每一机关或每一地位，凡属法律所规定，无论在何种情状之下，法律为顺应时间，空间，与适用场合上，即具有最高而中正之威权。这是中外法家共有的信念。

中山先生在建国方略上曾说，"建国之基，发端于心理；"又说，"一国趋势，为万众心理所造成"。这里所谓"一国趋势"，便是政治和法律的潮流；而所谓"万众心理"，正包含舒丹木拉说的"群众公意"（communal will），亦

---

〔1〕　参看庞德《法律哲学导言》（An Introduction to the Philosophy of Law），第六十四页。

〔2〕　参看波洛克《法理学纲要》，三七至四一页。法律有三特质：普通、平等与坚定兼为英国法律之性质的注释。

即是以法律为主体的社会或国家意志之表现。〔1〕法律既然是万众心理所造成，便具有最高与中正的威权，而非个人私意可以出入其间。中山先生在一九〇五年即主张实行军法，约法，与宪法，三期之治。〔2〕他认定纵在过渡期间，先知先觉的我党代表民众而订立的军法和约法亦赋有最高不倚的威权。"必全国有共同遵守之大法，斯政治之举措有常轨。"〔3〕就是尚非完善的约法，亦不容政府或军阀横加蹂躏；"法律具在万不可违"。〔4〕在一九二三年至一九二四年间，中山先生主张法治的精神与时俱进，历久弥坚，这已在第一章里讲过了。总之，中山先生对于法律具有崇高中正的威权，是深信不疑的。

（三）法律是公正而维护人类之自由平等的。我国儒家对于法律，此外尚有两大误解：一则他们误以为法律的性质既属刚强，它只会剥夺人类的自由。〔5〕二则他们误以为法律是不体面的东西，所以喜欢清高的他们，不愿受法律的统治。他们于是托古改制，刻画尧舜的盛治，虚造"礼不下庶民，刑不上大夫"的矫词，来粉饰士夫和贵族的场面。其实在论理学上，他们在推理之际，先就患了御果为因的毛病。假如尧舜时代刑措而不用，这不是郅治之因，也不是徒行仁义之果，却是先用法律以经纬邦家，随用刑罚以诛锄强暴，而布政施教，然后得到的结果。若曰行仁义，去刑罚，可以达到垂拱而治的境地，那就用不着有诛三苗，戮四凶，并以皋陶为士师，一类的事了。无论"象以典刑"作怎么解释，〔6〕就姑认它为真确，而照《尚书大传》说，上刑赭衣，犯者自为大耻，而不敢犯；或如朱晦翁说，画象而示民以五等肉

---

〔1〕 参看中山先生的《民报》发刊词：以"少数最良之心理，能策其群面进之，使最宜之治法，适应于吾群"。由此可见心理与治法关系之一斑。见邹海滨先生编《中国国民党史稿》，上册，第四三五页。

〔2〕 见《同盟会军政府宣言》。至一九二三年改三期为军政、训政与宪政，但仍以施行军法、约法与宪法，为主治之具。

〔3〕 民国七年辞大元帅职通电，《全集索引》，第三四九页。

〔4〕 在主张法治上，邹海滨先生极能阐发中山先生革命要旨。中华革命党时代，本党在日本东京刊行《民国杂志》，邹先生为文，数言法治，如"袁世凯之约法会议"，"今之所谓约法"，"中华民国之司法"等，可见一斑。上语见彼在民国元年冬发表《违法大借欺弹劾政府文》。参看《中国国民党史稿》，四七八至四八〇页。

〔5〕 "刑罚威狱，以类天之震曜杀戮也……圣人因天秩而制五礼，因天讨而作五刑。"见班固前汉书《刑法志》。

〔6〕 《尧典》的靠不住，见梁任公《先秦政治思想史》，第二八至三七页；又《中国历史研究法》，再版本，第一七五页；康有为《孔子改制考》，卷十二，第五页；顾颉刚又以《诗经》和《论语》证明《尧典》出于《论语》之后。

刑。在这里也就可见刑罚无论如何轻微，而法律都正有固定不刊之性。假使赭衣可以示辱，画象可以常刑，正是"刑期无刑"的成功，到这种境地，法律保障人民的自由达到最充分的程度；法律不会剥夺民众的真自由，却是保障真自由的最有力之工具。〔1〕这是中外政治法律家同具的意见，不待繁征博引以证吾说，但用推论，其理亦明。姑从社会国家的起源，指明人群的进化；在原始时代，衣食是争，礼教未备，强凌弱，众暴寡，这是中外所同的。"黄帝作为君臣上下之义，父子兄弟之礼，夫妇配匹之合；肉行刀锯，外用甲兵。"〔2〕"黄帝置法而不变，使民安其法者也。所谓仁义礼乐者，皆出于法。"〔3〕对于这点，我国法家的信念固已同出一辙，认定法律是保障人群真自由的最善工具；即道儒诸家中亦未尝没有附和的人，如抱朴子说，"人与人争草莱之利，家与家争巢之窟之地，上无治枉之官，下有重类之党，则私斗过于公战，木石锐于干戈，交尸布野，流血绛路，久而无君，噍类尽矣。"〔4〕此外，如柳宗元的封建论，司马光的稽古录，等等，皆言徒有仁爱之不足以化顽嚚，以劝忠贞，而徒有礼义亦不足以绳强暴，以保善良。章炳麟文录更有"古官制发源于法吏说"，则直以法制刑律之订立为国家政府的滥觞，这种见解自有相当的根据。法律保障人民的真自由，在此又可得一旁证。

照儒家看来，古代刑法是汉族从苗族那里学习来的。〔5〕这话不独是杜撰，并且是武断。其实在任何人群进化的程序中，法律刑罚的产生是适应环境的要求而必有者。孟德斯鸠尝说："人群虫也，又常忘其同类而或出于害欺，故治制之事兴而国法着焉。国法者，经世法度之家所以设之堤防，便无至于相害也。"〔6〕在这方面，历史法学派的沙威尼和梅恩等人的言论当更浩博，其要旨正同于此，兹不复赘。综之，古代生活简单，人类所营惟巢窟，所争在藜藿；容智强力的领袖，适应环境的要求，所以立威治群而订立的，第一步当然是刑法。即如在欧洲纪元前四百五十年，罗马人制定的十二铜表

---

〔1〕 "法律所论者，非小己之自由，乃国群之自由也……政府国家者，有法度之社会也；既曰有法度，则民所自由者，必游于法中。"见孟德斯鸠《法意》，第十一卷，第三章。

〔2〕 《商君书·画策》篇；参看《君臣》和《开塞》等篇。

〔3〕 《管子·任法》篇；参看《韩非·五蠹》篇。

〔4〕 《诘鲍》篇。

〔5〕 见《吕刑》篇，参看杨鸿烈《中国法律发达史》，上册，第二五页。

〔6〕 见《法意》，卷一，第四至五页；又参看第十一卷，第三章。"自由真诠"，严复认为最精审，而其译文亦一字不苟，若"由戭子称出"者也。

法，规定的不外是公罪（Pernelio）和私罪（Parricidium），未尝牵涉民事，可知法律之发达，在欧洲也是刑事先于民事。[1] 由此我们可以得着一个结论，这是说：法律刑罚，无论如何威严刚强并且有时还不免失之残酷，但若够得上名为"法律"，它的本质当然含有"适应环境以保障人群和个人的真自由"之属性。

法律不只维持人群之真自由，并且，只要够得上名为法律，它是赋有维持人颣的平等之属性的。"礼不下庶人，刑不上大夫，"这句话有没有坚强的根据呢？没有；它只是儒家的理想。反而"在法律之下人人平等"，这种信念，从尧舜以至禹汤文武，更有充分明显的证据。尧诛三苗，舜殛四凶，不为三苗四凶是诸侯或卿大夫，而不执法行刑。尧舜之事难考，姑置勿论。大禹谟固有"罔失法度"之戒，训勉群臣；有"明刑弼教"之言，刑期无刑。厥后伊训从而有"制官刑"之语，以"儆有位"；并且明定"臣下不匡，其刑墨"的法则，皆可见法不徇私，刑及贵贱。盘庚迁亳，作书三篇，正法度，诫朝臣，用罪伐厥死，用德彰厥善，皆示顺从民意，以协天命；刑礼兼施，无分臣庶。周礼颇遵古制，公族之罪，虽亲不以犯有司正术；陈注："正术，犹言常法也，公族之有罪者，虽是君之亲，然亦必在五刑之例，而不赦者，是不以私亲而以犯有司之正法也；所以然者，以立法无二制，当与百姓一体断决也。"[2] 康诰不只有"用其义刑义杀，"勿席以徇私曲的戒命；并且明言"天惟与我民彝大泯乱；曰，乃其速由文王作伐，刑兹无赦；不率大戛，矧惟外庶子训人？惟厥正人，越小臣诸节。"孔氏傅注谓："凡民不循大常之敢，犹刑之无赦，况在外掌众子之官，主训民者，而亲犯之乎？惟其正官之人，于小臣诸有符节之吏，及外庶子，其有不循大常者，则亦在无赦之科。"周公执此法意，所以东征破斧，诛戮管蔡，不以亲贵废公法，原是很合理的。由此可以推见尧舜和三代的仁政，虽倡礼教以化民，亦必明刑以弼教。先用斧钺以诛锄前朝的强暴，旋用礼教以劝导新朝的臣庶，若使教化不行，则刑法随之。在法律的疏治范围下，贵族士大夫，和庶民，原是平等的。刑之无赦，可见执法之严；官吏犯罪，且有加重之罚。再考礼记，"礼乐刑，政其极

---

[1] 杨鸿烈，同上，第二五页。
[2] 《书经·周书·康诰》。

一也"〔1〕"大臣法，小臣廉……大夫以法相序"；"君位危则大臣倍，小臣窃；刑肃而俗敝则法无常，法无常而礼无列，礼无列则士不事。"〔2〕我们从可由古代法制的原理，以证明法律的性质。它是公正不阿，以维护人群之自由平等的。

（四）法律是博爱而维持社会之公共安宁和进步的。综合上述三节之义，本节的要旨已明，但当略加补充。社会进化，人事日繁，法律自然也跟住发达。到了现代，老守"帝力于我何有"和"含脯鼓腹"之乐事，而无待善法之"束缚"的，只有非洲和南美洲腹地深山大泽中，文化不昌，日就淘汰的生番和蛮貊之类。法律是进化民族的"标帜"，进化程度愈高，法律也愈昌明，社会的公共安宁和进步也愈受法律的维护。但举一隅，可兴三反。康诰有"元恶大憝，矧惟不孝不友……乃其速由文王作罚，刑兹无赦，"等类的明训。可见商律刑名法例最具，〔3〕其刑但及寇攘奸宄，到了周朝，刑网加密，就兼及不孝不友；降及春秋战国，郑有刑书，刑鼎，韩有刑符，魏有法经和大宪，楚有宪令；各国的法律都由简单而日趋繁复，由零乱无章的习惯法而进为有系统而固定不移的成文法。后来秦始皇更定刑名，秦二世复为法律，重耕战之制，严降敌之诛，并重诽谤与奸非之罪，于整饬男女风俗尤加注意。〔4〕法律侵入道德的领域，以其刚强有为之性，惩治淫靡偷惰之行，这是适应环境的要求，要这样才能一洗郑卫齐楚之风，以维持社会之安宁和进步。论者每谓周代制刑之意，亦本于德治礼治之大经。〔5〕把道德伦理和法律混在一起，德以化民，法以劝民，都有事先教导之效，以成太平"刑措"之治。这话是可靠的。

在法律之发达一方面看来，不论古今中外，法律进化的趋势都循着螺旋形的圈线而上行。因为社会进化，人事日繁，旧法或失之过宽，渐引起修改之必要，以转入严明刚正之途，成一度的严格法时代。其势所趋，法律寖且失之过严，又将促起修改，和道德律，宗教思想，或自然法观念，混合以进

---

〔1〕《乐记第十九》。

〔2〕皆见《礼运》篇。

〔3〕章炳麟《蓟汉微言》；又文录说刑名："荀子曰刑名从商。"

〔4〕参看《史记·秦始皇本纪》，"会稽石刻"。

〔5〕《曲礼上》："分争辩讼，非礼不决"；《王制第五》："凡制五刑，必即天谕"。由此可见刑礼之同源。

温柔敦厚之境，成一度宽厚法的时代。依此推进，宽严互乘，乃成法律进展
的历程。[1]法律和道德同流并趋，在西方是必有的过程，[2]在东方也是必
有的现象。比方商法严，至纣而极；周法修明，解其严以成其宽寖至宽甚而
弛失，郑子产和魏李悝等想矫正它，欲使复返于严明。商鞅实施严法，至秦
政复归于太苛。汉高又把它解放出来，以致其宽厚。法律在严格时代，固自
有其作用；至于后来不得不转入宽厚，也因为环境的要求。诸葛公治蜀，深
明此理。就是主张严刑峻法的韩子，也有"道常法本"的名言。可见法律不
是徒然严格的，尤不是宽厚即为善，严格即为不善。在实际上，在宽厚的时
代，如汉高之约法三章，固然主旨在维护社会的安宁和进步；就是在严格的
时代，如诸葛公之治蜀，法律也具有同样的性质。

　　孙中山先生将法治主义建立在仁爱基础之上，谋施行五权宪法以实现三
民主义，进以求世界大同之治。他深知上述法律之性质，乃贯通古今中外法
儒诸家之学，参证古今中外兴亡治乱之理，融会而神化之，所以创立新论，
无疑的要用"治人制事的机器"，以成治国平天下的伟业。这个"机器"是
富有客观性和强制性的。综合上述论据，我们可以说五权宪法在内包方面赋
有内在威权，最高，公正，博爱，不变，或神圣不可侵犯，且合乎人性与人
道之性质；是安定，滋长不息，而赋有机能的；又在外延方面，具有刚强，
公平，而能教导，与及时间性，空间性和适用场合之性。

　　骤观法律之内包和外延的各别性质，虽有似冰炭参商之处，然而却是
"和谐的矛盾"，实所以相济相成。[3]这里篇幅有限，未能一一畅论法律之性
质，若求穷原竟委亦当俟诸异日。

四、法律之意义

　　法律的性质既明，意义自显。这里我们可以暂告一个段落，并无须如耶

---

〔1〕 关于这一点，淰德教授在《习惯法之精义》（The Spirit of the Common Lawm），第二二九至
一四五页，讨论周详；参见吴经熊博士的《法学论丛》，第一四至二〇页；又柯古历克教授（Prof.
Kocourek）与威克摩尔教授（Dean John Wigmore）合编的《法律进化史》（Evolution of Law）。

〔2〕 卡多索《法制史》，四八至五五页。

〔3〕 "一切宇宙现象，又无非一和谐的矛盾"，这是相对的哲学。参见陈立夫先生《唯生论》，
上卷，第一讲。

林（Ihering）高谈法律之意义。[1]耶林作《法律的意义之原理》（Purpose-theory of Law），主旨在明示法律之订立皆是含有特殊意义的。这里所谓意义或意识（purpose），照他看来，大体是各阶级的利益和相当限度内之目的（interests and limited ends），如个人的奢望、利心、雄才、经验、权势、和技术、等等。人类挟之而攫取政治权力，更由是而订立法规，辗转相乘，其主旨并在利用其权能，操行其法律，以获个人或一家一阶级的最大利益。这在君主专制国家或资本主义的国家中，[2]可知难免尚有这种现象。但讲到真正的法律，其形成和进化的程序，与其性质及目的，当然要脱离这种封建思想的余毒，和个人或阶级自私自利的恶德，而澄清革化，使成为大公至正的制度。舒丹木拉所以批评耶林的"意义说"之错误，且加以申明曰："法律不是全属意义之创造，但可说是人类总意之宣示中一特殊的表现（a particular kind of declaration of purposes）。[3]法律的创造和应用，固然有人类所希求的意义存乎其间，比方罗马的查士丁尼恩（Justinian）认到法律之意义在维持公平（justice）；而萨维尼要维持德意志民族文化之健全，所以力排法国的法典；又比方美国订立宪法的时候，立宪代表大会一个重要法学家詹姆士·威尔逊（James Wilson），企图在剧烈革命之后保全个人的平等自由，以抵抗联邦政府的权力过度伸张；可是巩固联邦政府，以缔造一强有力的国家，既是环境的迫切要求；所以他采取折衷办法：一方面承认联邦政府的崇高，受各邦与全民之委托，行使军政等大权，另一方面却又主张各邦操持固有的不能分离的主权，和地方自治制度，并且重视个人主义，自由竞争，与及物权神圣，和交易安全等等。把这类意义尽订入美国宪法，当时赞助的固有多人，而他却是一个主张最力者。[4]他也和耶林与萨维尼等人一样，没有认到除了人类特殊的意识或意义之外，尚有无意识的冲动（unconscious impulses），肉体或物

---

[1]　参看他的专著 Purpose in Law。

[2]　资本家操纵政府的立法和司法，试以美国为例。参看史璜生的名著《联邦政府与商业》（Rinebart J. Swenson, The National Government and Business）；白塔逊的《实业的社会情状》（Social Aspects of Industry）；柯莱的《赋税法总论》（Thomas M. Cooley, A Treatise on the Laws of Taxation）；毕萨尔的《政治理想之司法解释》（William B. Bizzell Judicial Interpretation of Political Tbeory）；华伦的《美国史中之最高法院》（Charles Warren, The Supreme Court in United States History）。

[3]　《密希根法律评论》，第二一卷，七八四至七八五页；吴经熊先生，同上一七一至一七二页。

[4]　他曾说法律具有一致（uniformity）、永久（permanency）和安定（stability）的性质；见安得露斯的《威尔孙遗著》（James D. Andrews, The Works of James Wilson, Chicago, 1896, Vol. J, p. 55）。

质的要求（physical demands），和人类求生或自然之欲望（natural desires of man），这也是直接间接创造法律或应用法律的时候一种主要的潜力。

孙中山先生先立定了三民主义，希求我民族对外的国际地位平等，独立和自由；在内的政治地位，社会地位，和经济地位平等，人人互助而相济，更由此以谋更大的全民福利。为要实现三民主义，所以初拟行三法之治，[1]旋又改设三政时期，以图实施三法。以军政和训政为过渡时期，这是必要的；而以订立五权宪法，实行宪政，为最高最主要的方略上；推其极，至于大同之治。他的法律是具有此异常伟大之意义的。

现代急图复兴之士，忧于列强军备之激增，国际风云的剧变，年来曾极力鼓吹物质建设，提倡自然科学，奖进专门技术，甚至在大学中，减少社会科学的课程，限制文法学生的名额，而惟崇尚理工是务。这种法度固然是很有意义的，但若衡诸中山先生遗教，考虑当前问题，默察将来的趋势，却似不免矫枉过正之嫌。现代中国学制之不善，人才的缺乏，其咎不尽在文法诸科的广开，亦在"头痛医头，脚痛医脚"之教育方针久误；办理教育的"专家"们原自未明文法和其他社会科学的要旨，没有尽量任用博学真知之士来教导后进，年来学习文法和社会科学的青年滥塞市朝，建树较少，遂造成文法诸科无补时艰的现象。当局亦遂愈轻视诸科，因而加紧限制学额训令之执行。考察当局立法之意，也不外以为只有坚船、利炮、飞机、和锐兵才可以外御强敌而内行中山先生遗教，以达三民主义之治；而不知中山先生所谓富强之大经，治国之大本，所调心理建设和物质建设，重在"人能尽其才，地能尽其利，物能尽其用，货能畅其流。"[2]"我国家欲恢扩宏图，勤求远略，仿行西法以筹自强，而不急于四者，徒惟坚船利炮之是务，是舍本而图末也。"满清末叶的弊病一经中山先生严正指明，可为吾人殷鉴。由此可见法律既为策动攻治，转移社会的主要工具，[3]在谋实现三民主义的事二上，在施行五权宪法之前后，法律的意义首在营求四者之实践"四者既得，然后修我

---

〔1〕 军法、约法和宪法三时期。见上。

〔2〕《上李鸿章书》。

〔3〕 "法律者，治之体也；权势者，治之用也，"见一九〇四年中山先生在檀香山发表言论，载于《隆记报》上斥保皇党人；"民主政治赖以维系不敝者，其根本存于法律"，见一九一八年辞大元帅职通电。

政治，宏我规模，治我军实，保我藩邦。"〔1〕这是心理建设先于物质建设之本旨，也是法律意义之所寄托。

若使心理建设未固，而谋过度的物质扩充，则外敌乘之，必有藉寇兵而齎盗粮者。所以坚船利炮，徒以资敌，飞机锐卒，或酿内乱！第一次革命之后，全国虽已统一，只因心理建设未臻健全，便好像外邪虽祛，尚有脊髓之病未除，则虽尧舜复生，亦无能为；所以扰乱至今，外患内忧，迭相侵逼。回读中山先生遗教，可见他贬抑人治而推崇法治，并明实行法治，首重心理建设等要旨。现在党国最高领袖，如蒋委员长和陈立夫先生等，鉴于民族精神的颓唐，国家组织的弛懈，知此为内忧外患的主要根源，于是亟谋建立以中华民族国家为本位的文化，乃绍述中山先生在民生主义所启示的"唯生史观"，发扬而光大之，冀藉文化的推动，以振发民族的精神，以激起民权的思想，和促进民生的力量。这是心理建设和物质建设的相互关系，〔2〕立法者应充分了解的。

为什么说实行法治主义和企求物质建设之先，首重心理建设呢？今日我国的复兴问题，不仅在求物质建设的完备，而尤在求民族"唯生意识"的自觉和复活，和"民族生命"的自力更新。中山先生于是设一简明之法，以测验个人或团体"唯生意识"之复活的象征。他会明白的说，"一国趋势为万众心理所造成"，"建国之基，发端于心理"，而归纳法治根本在恪守宣誓典礼，〔3〕认此为心理改造的明确表示。这种主张，和商鞅的徙木立信，义法易俗正有相同的意义，而精深远大则又过之。为什么说法治根本在恪守宣誓典礼呢？这更和我国与罗马古法的精义相合，"盖罗马民最重盟誓，明神之质，九死不迁，守法之虔，往往由此。"〔4〕中山先生主张不独个人应宣誓守法，就是政府在抽象存在的观念上，和具体操行职权上，也要宣誓守法；〔5〕这种由博而约，又以约驭博的法意，是民国初年许多同志所未明，甚且加以反对者。这种事实却是中山先生所深致慨叹的！

综言之，中山先生的法治精义，现在粗要既明，法治实施的程序也已规

---

〔1〕 见《上李鸿章书》。

〔2〕 参看陈立夫先生《唯生论》，上卷，"建立中国本位文化的主张"。

〔3〕 《建国方略》，商务本，第七八至八八等页。

〔4〕 孟德斯鸠《法意》，第八卷，十三章。

〔5〕 中山先生谴法之役致唐庚冀电，见《全集分类索引》，第三二〇页。

定。语其纲要，大而至于经邦立国，进于世界大同；其程序，有条不紊，归而纳于宣誓典礼，训勉守法。最后，法律的意义，亦即本章的结论，似乎可借韩非子的名言[1]来做结束，以证古今人的见解，尚有相合之处。韩非子曾说："圣人者，审于是非之实，察于治乱之情者也；故其治国也，正明法，陈严刑，将以救群生之乱，去天下之祸，使强不凌弱，众不暴寡，耆老得遂，幼孤得长，边境不侵，'君臣'相亲，父子相保，而无死亡系虏之患。此亦功之至厚者也。……圣人为法于国者，（初）必逆于世，而（终）顺于道德。知之者同于义而异于俗；弗知之者，异于义而同于俗。"中山先生初倡革命，言法治，逆于世而顺于道德。他的法治精神和法律精义，比管韩诸人的更博大精微，所以逆于世也更著，受诬亦愈甚，遭厄亦特多。经四十年之奋斗，然后他的学说渐明于世，渐行于国，而大白于天下；自今以往，尚待信仰中山先生的同志，继续努力，以实现其学说之全部！

---

[1] 见《奸劫弑臣第十四》。

中华民国宪法史之回顾与前瞻[*]

高君湘

考"宪法"两字，原为我国旧有名词，如《国语》中行穆子言"善赏罚奸国之宪法"，管子言"……有一体之治，故能出号令明宪法矣"等皆是。但当时所谓宪法，其涵义不过泛指一般典章法度，并且含有刑法性质，与我人今日所习称之宪法，殊有不同。我人今日所称之宪法，乃为一专门之法律名词，系由西文（Constitution）转译而来，包含从欧美方面传来之政治思想，所以确立政府组织之原则，规定国家政权之分配，及其行使之权能。且因宪法之产生，大多为民治运动之结果，故其内容，每有将人民之权利义务规定在内。最近各国新宪法，更有将立国主义冠于国体之上，又有将一国之教育经济诸重要原则，一并列于宪法之内。总之此种民治观念之宪法，在我民国肇造之前，未见载籍；虽清室末叶，鉴于民党势力膨胀，为收拾人心挽救危局起见，曾有立宪运动，且更于宣统二年[1]有所谓《宪法重大条十九条》之颁布，其内容将君上权力大加改削，并设代议制，颇有"虚君共和"立宪之精神，故论者有谓之为我国历史上第一个宪法。然因该项《十九信条》之颁布，乃清室意图延其国祚之一种挣扎，昙花一现，终未施行。迨后清灭亡，民国肇造，国体既已变更，在民治运动努力之余，此种合于近代观念宪法之制定，在我国始渐彰明。民国二十六年[2]五月十八日，国民政府宣布之《中华民国宪法草案》尤为立法院诸公精心结撰之作，固已定期召集国民大会，正待表决剋日施行矣。乃值国难发生，迄今犹未问世。瞻念前途，不胜惊催！适

---

    * 本文原刊于《法学杂志》（第 11 卷）1941 年第 3 期。原文未采用现代标点符号，文中标点为编者所加。

    〔1〕 即 1910 年。——校勘者注。

    〔2〕 即 1937 年 5 月 18 日。——校勘者注。

值母校《东吴法学》杂志社，将有比较宪法专号之刊，征文于余，余因回顾我民国宪法史之变迁递嬗，感触多端，爰草此文，略抒所见，并展我之愿望而已。

溯自辛亥年武汉起义，各省纷纷宣布独立，与清廷脱离关系后，首有是年十月十三日由湖北山东等十省都督府代表在武昌宣布之《中华民国临时政府组织大纲》；根据此项组织大纲，南京临时政府暨其当时立法机关之参议院，均于以成立，并选举孙中山先生为我国首任临时大总统。迨孙先生不久辞职后，复选举袁世凯氏为临时大总统。因该《组织大纲》草创伊始，一切殊多缺漏，遂由参议院开临时约法起草会，制定《临时约法》，于元年三月十一日〔1〕经由临时大总统公布。该《约法》内容对于现代宪法所应包含者，如人民权利义务暨修改约法之机关与手续等，均经规定，并明载"本约法之效力与宪法等"。故此项《临时约法》，实为民国肇造后，首次之根本大法，几为国人所共认。

《临时约法》第五十四条本规定"中华民国之宪法由国会制定"故当南北统一，国都改设北京后，参议院亦即依《临时约法》第十八条规定，重新成立，在北京继续开会，议决三种与《约法》有关之附属法律：（一）国会组织法；（二）参议院议员选举法；（三）参议院议员选举法。随于民国二年〔2〕四月八日，正式成立国会，并着手进行宪法起草工作。于是由参众两院各选委员三十人，合组宪法起草委员会，假天坛为会场。在草宪期内，因有一部分国会议员，主张先选总统，后议宪法；当由宪法起草委员会，先起草宪法中总统一章，经由两院通过后，于民国二年十月四日公布，并随此法选举袁世凯氏为正式大总统，一面继续议宪，至同年十月终，宪法草案三读通过，是为《天坛宪法草案》。

不料其时袁氏正不满意于《临时约法》内之责任内阁制，而宪草仍循其旧。袁氏既多方阻挠，计不得逞，则竟出其最后之毁法手段，通电各省军民长官，嗾其干涉制宪。于是各省都督民政长如响斯应，纷纷发通电，谈宪法，甚至建议解散国民党，撤销〔3〕国民党议员。此种主张，适如袁氏之愿；民国二年十一月四日，遂下令办理，被迫缴议员证书徽章者达四百余人，两院

---

〔1〕 即 1912 年 3 月 11 日。——校勘者注。

〔2〕 即 1913 年 4 月 8 日。——校勘者注。

〔3〕 "撤销"原文作"撤消"，现据今日通常用法改正。——校勘者注。

遂不足法定人数，至次年一月十日，复下令停止残留国会议员职务，并解散国会，于是《天坛宪法草案》，遂告废置。

惟时国会虽已解散，制宪无从进行，但元年《临时约法》并未失效。该约法所采取之责任内阁制，既为袁氏所最不满意，故又进一步而为摧残约法之企图，于是先成立一种所谓政治会议，再由政治会议产生约法会议，由约法会议徇袁氏一己私意增修民元之约法。其增修之最主要点，即在扩充大总统权限，使其权力高出一切，所有外交官制及任免国务员等权，统归大总统一人之手，不必得参议院同意。又另有紧急命令权、财政处分权，对于立法机关，几有完全"否认权"（Veto power）。此项增修约法，称为《中华民国约法》，由袁世凯氏于民国三年〔1〕五月一日公布。

民国五年〔2〕六月，袁氏逝世后，副总统黎元洪氏继任大总统。当时舆论一致否认袁氏《约法》，故黎氏就职后即下令申明民元《临时约法》继续有效，并明令依《临时约法》第五十三条，续行召集国会。是年八月一日，国会重开，继续制宪，因天坛宪法起草工作，在国会解散前，业已完成，此时即在两院举行宪法会议，计先后完毕初读审议及二读程序之一部分。但至民国六年〔3〕四月间，当时内阁总理段祺瑞氏，主张对德宣战，国会反对，黎氏见内阁政策不行，免去段总理本职后，发生八省督军宣布独立，要求中央解散国会之事。黎氏因惧段系武人之暴动，乃令驻扎徐州之长江巡阅使张勋入京，借以自卫；比张勋入京，亦以解散国会为条件，黎氏迫于情势，竟于民国六年六月十二日为国会第二次之解散。

国会第二次解散后，遂造成南北对峙局面，北方则由冯国璋氏继代黎元洪氏为大总统，仍由段祺瑞氏为国务总理。因段与旧国会仇视殊深，遂又另组参议院，修改民国元年《国会组织法》，另组新国会之事。此新国会即国人所称安福系国会〔4〕，专以拥护段氏内阁为目的者。民国七年〔5〕九月，新

〔1〕 即 1914 年 5 月 1 日。——校勘者注。
〔2〕 即 1916 年 6 月。——校勘者注。
〔3〕 即 1917 年 4 月。——校勘者注。
〔4〕 中华民国第二届国会因选举过程被"安福俱乐部"所控制，故被称为"安福国会"。"安福俱乐部"是一个政治组织，因该组织的场所设在北京安福胡同内，所以被称为"安福俱乐部"，而其成员也被称为安福系。——校勘者注。
〔5〕 即 1918 年。——校勘者注。

国会举出徐世昌氏为大总统，并再着手制宪工作，亦由两院各选三十人合组宪法起草委员会。该委员会开会后即议决不遵用民国二年《天坛宪法草案》，而另行起草。计自民国七年十二月起至八年[1]八月间止议决宪法草案，然其内容大部仍抄袭《天坛宪法草案》。旋在民国九年[2]，因直皖之战发生[3]，皖系失败，段阁既倒，安福派议员被放逐，徐世昌氏乃又宣布民国七年所订之新国会组织法及选举法无效，再依民国元年参众两院《议员选举法》重新选举。但因当时西南各省，始终不承认徐氏为总统，故各省奉令办理选举者，不及全国半数，以致所谓"新新议员"者，遂亦未得成立。

至在南方，则自国会第二次解散，各省有护法之役。国会在广东继续集会，从事制宪。但因其间，西南六省，政变纷乘，时而七总裁，时而大元帅，国会议员，始终又未全部赴粤，因欲凑足法定人数，乃开除不到会之议员，而以民国二年各省原选之候补议员递补，是为"民八议员"。又以护法国会中，党派分歧，一再破裂，致制宪事业，终未成就，而议员一部分[4]竟颠沛漂泊于贵州四川各省，一部分则在广东开非常国会，举孙中山氏为大总统，继续国民党之革命工作。

在此南北对峙局面之下，我国虽政变纷乘，而制宪事业，尚有足以叙述者，即在民国十年[5]十月，全国商会教育会等，曾在上海发起"国是会议"，以国民制宪为讨论目的；有由张嘉森先生之稿经"国是会议"通过之一部采取联邦主义之《宪法草案》。此外各省，因鉴于全国统一之不可骤期，曾有联省自治，及自动单独制宪之倡说；一时风起云涌，结果则有湖南及浙江省宪之颁布。惟"国是会议"所通过之草案，当时并不能发生何种影响，而省宪运动因中央集权制说兴，亦寂然无闻矣。

民国十一年[6]六月，奉直两方又相火并[7]，结果直胜奉败。直系因安福国会所选出之大总统徐世昌氏有近奉系嫌疑，因欲去职，遂倡恢复法统，

---

〔1〕 即1919年8月。——校勘者注。

〔2〕 即1920年。——校勘者注。

〔3〕 直系首领为曹锟、吴佩孚，皖系首领为段祺瑞。

〔4〕 "一部分"原文作"一部份"，现据今日通常用法改正。——校勘者注。

〔5〕 即1921年10月。——校勘者注。

〔6〕 即1922年6月。——校勘者注。

〔7〕 奉系首领为张作霖，直系首领为吴佩孚。

再拥黎元洪氏复职，南北国会议员，乃又聚集北京，续开宪法会议。但此宪法会议，系继续民国六年黎氏解散时之宪法会议，故其后在广东护法之一段经过全然取消。国会恢复后，先修改《国会组织法》，减低法定人数标准，以期宪法会议易于开成。又补选宪法起草委员，另草地方制度一章，国权一章，生计教育各一章。但至十二年〔1〕六月十三日，黎氏又为直系武人所迫离职。国会议员，纷纷赴沪开会，北京宪法会议，无法开成。其时直系武人曹锟氏，急欲当选总统，又用制宪号召手段发出制宪通电，更不惜以重利诱议员回京，并公然贿选。又以国会尚系民国二年所召集，至此已达十年，即除去两次非法解散停会时期，亦将任满，故众议院乃自己议决延长任期，一面举出曹氏为大总统，一面于宪法会议内，将宪法草案三读通过，生计教育两章，为时间所限，不及列入。旋曹锟氏于十二年十月十日，就职大总统，即将宪法公布，是为十二年《宪法》，或曹锟《宪法》。

民国十三年〔2〕，直奉再战，直系败衄，曹氏被拘，段祺瑞氏出任临时执政，颁布临时政府制，并召集善后会议，通过《国民代表会议条例》，成立国宪起草委员会，于是又另有《中华民国宪法草案》之议决，而民国十二年曹氏所颁之宪法，又告死亡。迨十五年四月〔3〕，段氏被迫出京后，中间虽尚有张作霖氏一度入关，自称大元帅，组织军政府；但其政权，不久即被国民革命军北伐告成而消灭。十七年〔4〕年底，国民革命军既统一全国，所有北京一切法统宪统旧账，一笔勾销，实行以党治国。

原中国国民党，于民国十三年改组后，即曾设置国民政府，并通过《国民政府组织法》。嗣至十七年秋，国民革命军统一全国，奠都南京，军政时期，暂告结束，训政时期，于以开始。前项《国民政府组织法》，乃大加修改，依孙总理五权制度，通过《训政纲领六条》，以为组织法之依据。惟因国府组织法，究不过最高政府组织法，为宪法之一部分，而非真正宪法；同时又因党中一部分党员，极力主张在训政时期制定约法；并鉴于民国十九年〔5〕之秋，在北京太原等地，中央执行委员会扩大会议已有制定约法之举，中央政

---

〔1〕 即1923年。——校勘者注。

〔2〕 即1924年。——校勘者注。

〔3〕 即1926年4月。——校勘者注。

〔4〕 即1928年。——校勘者注。

〔5〕 即1930年。——校勘者注。

府为调和党内意见，爰在民国二十年五月〔1〕间，召集国民会议，制定《中华民国训政时期约法》，由国民政府于同年六月一日公布，同日施行。所以标明"训政时期约法"者，因为达到宪政时期之后，须另开国民大会决定宪法而颁布之也。

自训政时期约法公布后，我国不幸，迭遭外患。一般忧时之士，咸认为即应从早结束训政，并集中全民族力量，实行宪政，为当务之急。经二十一年十二月〔2〕中国国民党第四届三中全会议决筹备宪政案，即经饬令立法院组织宪法起草委员会，从事起草。自二十二年二月〔3〕起，迄至二十五年五月一日〔4〕止，费时三载有余，将一部《中华民国宪法草案》正式在立法院三读通过。随经国民政府于二十五年五月五日以命令宣布，即国人所称为《五五宪草》。惟当时宪草全文，共分八章，都一百四十八条。因其中第一百四十六条，关于第一届国民大会之职权规定，嗣经删除，故最后宪草条文实计一百四十七条，再由国民政府于二十六年五月十八日以命令宣布。因此项宪法草案，将由国民大会表决颁布施行，故宪草宣布后，立法院又制定《国民大会组织法》及《国民大会代表选举法》。国府原定二十六年十一月十二日为召集国民大会之期，乃值二十六年"七七"之变而延期举行。是为中华民国将近三十年中一部宪法史变迁递嬗之经过。

吾人盱衡往事，深维我国制宪事业，论其工作，不可谓不勤。三十年来，经政府正式公布之约法或宪法，以及虽未公布而经正式议决之宪法草案，综计不下四五种。此外私人所拟宪草与夫各省自治之省宪，又不一而足。更就此若干种大法内容而观之，关于政制方面，有采总统制者，有采内阁制者，亦有采取委员制者。就形式而言，俱不能不谓为洋洋大观，尽制宪法技术之能事。然终于画饼充饥，无补国步之艰难，是岂宪法本身之过耶？第我人同习知宪法之于立国，犹车之有轨，方圆之有规矩，非法治不足跻现代国家之林，非立宪不足树法治之基，则以往宪法之不能收效，是必另有其故；其故为何〔5〕？要而言之，即在执政者之不能奉公守法而已。盖宪法不独拘束国

---

〔1〕 即 1931 年 5 月。——校勘者注。

〔2〕 即 1932 年 12 月。——校勘者注。

〔3〕 即 1933 年 2 月。——校勘者注。

〔4〕 即 1936 年 5 月 1 日。——校勘者注。

〔5〕 "为何"原文作"维何"，现据今日通常用法改正。——校勘者注。

民，为他的律法，抑且拘束国家，为一种国家的律法。夫国家之所以能有统治权者，固在宪法；但在一切法中，国家之最直接受拘束者，亦在宪法。倘国家机关，自己不受宪法约束，则宪法成为一纸具文。"徒法不能以自行"，安在而可望其有补于时艰耶？今者自国民参政会第四次大会议决定期召集国民大会；制定宪法实施宪政案后，中国国民党第五届六中全会亦已决定本年十一月〔1〕召集国民大会。是则吾国之正式宪法，早最近期内，可望施行。所望执政者之能诚信奉行，为民表率；则人民守法，犹如爱国，宁敢后人，抑且国家执之以绳，人民安敢不从。如此上下一心，共循法轨，则艰危之国运岂无挽回之途，"多难足以兴邦"，不禁跂予望之矣。

---

〔1〕 即 1939 年 11 月。——校勘者注。

谈希腊法系[*]

陈文藻[**]

"希腊是欧洲文化的摇篮地，在这美丽的古国里曾建起世界文明的基础，从古国的建筑雕刻绘画工艺里她表现了雄浑奔放的风格，从当时的诗歌戏曲历史里她发挥了自由进取的精神，她使古代文化放射了璀璨的光芒，同时也使后代文明启发了无尽的宝藏。"

希腊在古代文艺方面的贡献是十分伟大的。哲学之文苏格拉底[1]既建了他的道德哲学；其弟子柏拉图，则更进一步，完成了超自然的唯心论；大哲亚里士多德[2]创立了形而上的观念论。其后本土文化，虽渐趋衰微，但亚历山大城的学者，藉着当时君主的倡导，和伟大图书馆的帮助，对于各种学术，均有重要的发明。尤其著名的就是欧几里得[3]的几何学，和阿基米德[4]的数学。古代希腊，因为哲学文艺特别发达，所以法律一端，为前者所掩。

---

[*] 本文原刊于《台湾训练》（第5卷）1947年第2期。

[**] 陈文藻（1905～?），浙江吴兴人。1927年毕业于东吴大学法学院（第10届），获法学学士学位，1930年获东吴大学法学硕士学位。曾在上海执行律师职务多年，同时兼任私立江南学院、上海法政学院法学教员。后奉派历任甘肃皋兰、静宁、武威等处地方法院推事，四川成都地方法院检察官等职。1937年1月，参加民国时期四川首次县长考试，名列榜首，之后担任四川南川县县长。卸任后署四川高等法院检察官、四川省银行经济研究室主任等职，并在重庆群治学院、四川大学兼任副教授、教授。1942年9月，陈文藻应聘为厦门大学法律学系副教授，旋升任教授，而且还在当时厦门大学所在地福建长汀兼职执行律师职务。1952年，华东政法学院成立，陈文藻调任该校教授，积极参加上海市法学会组织的学术活动。1957年，曾被错划为"右派"。著作有：《妇女法律常识》（中华基督教女青年会全国协会社会教育部1928年版）、《犯罪学》（犯罪学研究会1934年版）、《战后法学人才的训练问题》、《谈我国农业立法中的物质利益原则》等论文。

[1] "苏格拉底"原文译作"苏革拉底"，现据今日通常译法改正。——校勘者注。

[2] "亚里士多德"原文译作"亚里斯多德"，现据今日通常译法改正。——校勘者注。

[3] "欧几里得"原文译作"欧几里德"，现据今日通常译法改正。——校勘者注。

[4] "阿基米德"原文译作"亚基米"，现据今日通常译法改正。——校勘者注。

同时历经沧桑，所剩史料，为数有限，因此在整个法系方面，不容多作一个详尽的叙述！

希腊的立法

希腊法系，始于荷马时代——纪元前一千二百年，终为罗马法系所吸收，在早期，希腊民族从未组织单一的国家，她们只是许多分立的城市，所以她们的法制，也得分头叙述，在希腊法中，最著名的有克里斯提尼〔1〕法，斯巴达的莱古格斯法，雅典的德拉古〔2〕法和梭伦法。

米诺斯〔3〕是克里王，传说他是西顿王女腓尼基公主欧罗巴的儿子。她由裴必达化成牛身，渡海到克里特，就在那里，产生了米诺斯，后来成为海上巨大帝国的统治者。米诺斯立法是神授法，传说他栖居灵窟九年，由神授予法律，乃颁布于人民，因为这部法典，非常著名，所以在当时的希伦人看来，米诺斯这个名字，就象征了司法和立法！

据史家的推断，莱克格斯大约在纪元前八八四年，曾为斯巴达创制了一部法典，同时还把该国的政制，切实改造过。他给每一个公民，以最严格的训练，牺牲一己，保护国家。这种训练，使斯巴达整个国家，变成一个将强的军国民社会。因此武功方面，树立了许多不朽的史迹。传说莱克格斯为创制新法的准备，曾遍历当时的克里特岛及其他各邦。在埃阿尼发现荷马的诗篇，在克里特，结交了诗人德黎，聘之归国，藉以养成和衷共济、奉公守法的精神，然后颁布新法。这种新法是诗神阿波罗〔4〕所授，但当时神意，禁止法律书以文字，所以法律全部，为不成文法，全赖口授，而无记载，就因为这个原故，所以当时立法的真象，现在已难考证了！

纪元前六二四年〔5〕时，曾任雅典执政官的德拉固，编制一部极严厉的法典，凡偷窃园果或懒惰不做事的，皆处以极刑，故有四法之权。这部法典，大约施有了三十年〔6〕其后就由伟大的立法家梭伦，制定了《梭伦法典》。当

---

〔1〕 "克里斯提尼"原文译作"克里特弥诺斯"，现据今日通常译法改正。——校勘者注。

〔2〕 "德拉古"原文译作"德拉固"，现据今日通常译法改正。——校勘者注。

〔3〕 "米诺斯"原文译作"弥诺斯"，现据今日通常译法改正。下同。——校勘者注。

〔4〕 "阿波罗"原文作"阿波洛"，现据今日通常译法改正。——校勘者注。

〔5〕 即公元前六二四年。

〔6〕 "三十年"原文译作"卅年"，现据今日通常译法改正。——校勘者注。

梭伦时代，雅典人民分为平原民、山岳民和海滨、民平原民富裕，山岳民贫穷，海滨民则介乎其中，贫富程度不同，利害因而冲突。其间轧轹争斗，迄无已时，贫民对于富民往往负债，层层剥削，生活愈趋没落，甚至无法清偿，卖身为奴。惨凄之状，达于极点，不平之气，激成革命，社会骚乱，国本动摇。梭伦目击时艰，倍感忧伤，乃挺身出任执政官，图救危亡，修订法律，并调停贵族和平民的倾轧。这样社会情形，才渐趋于安定。柜传梭伦的就职宣言，是一篇哀诗。诗中慨叹埃阿尼陷于国难，旧市沦亡，贵族爱财不爱市，官吏暴戾虐民，富人骄奢淫逸，贫者苦于涂炭，陷于奴隶，睹此惨状，故不惜牺牲身，出而主政，为国请命云云。民众读了这个宣言，深为感动，相约竭诚奉法，维持社会秩序云。梭伦颁布法律时曾请人民宣誓，在百年内，决心遵守，此后他就自动出国，流浪而死。藉着这种动人的行为，使雅典民众，自动地养成守法的习惯，在此百年中，虽有庇士特拉妥的篡夺，但《梭伦法典》，在雅典整个存在的时期依然维持其势力，不但施行于一地，同时希腊各邦皆加以采用，后来且为罗马立法的基础。由此我们可以知道，梭伦在古代立法方面，是有怎样伟大的贡献了。

希腊的司法

希腊司法制度的特点是非宗教的、完全世俗的。古代司法权大都操于宗教师或僧侣之手，但希腊的司法权，则很早即操于世俗官吏之手。且所表现的方式，更是民主的裁判。正如千年后的日耳曼民族一般，裁判由民会主持，定罪处刑，皆由公民表决。这种人民参加审判的程序，就是后世参审或陪审制度的渊源。在雅典，陪审员选自民间，每年约有六千人之谱。普通案件，需陪审自二〇七人，重要案件则需一五〇〇人至二五〇〇人。普通公民皆可依法起诉，被告须亲自出席，当庭抗辩。执法官在审判中，觊处主席的地位。陪审员实为条件的判决者。在审判，实际上并无正式的法官，也无上诉的程序，在被告及辩论人，提出证据后，即由陪审员投票取决，判定罪刑。当时司法机构，最著名是雅典的亚略巴古山法院。该法院人员之任期乃终身的，雅典九位执政官，任期终了后，皆被调为该院法官。法官人数究有多少传说不一，大概因退职长官，陆续调补的缘故[1]。所以每年的人数，都有不同

---

[1] "缘故"原文作"原故"，现据今日通常用法改正。——校勘者注。

了。亚赂巴古山法院的特殊惯例，是暗黑夜审讯，据说是使法院没有偏见，藉此能籁更详细地听取双方的陈述。该院在希腊各城邦中，异常著名，所以不但管辖雅典的案件，即国外各地，也都自愿地把争执案件诉诸处理。其判决的机巧、正确与公平是为举世所公认的。雅典除亚赂巴古外，其他普通法院，约有十个，为亚赂巴古为高级法院，具有较高的监督权云。

希腊法律思想一瞥

希腊古哲的教训，以中庸之教为中心。其后厌世诗人，指出人类的情欲，甚难控制，因而有些哲人，就主张尊奉法律为最高的义务。当时奉法的主张，有二种意义：（一）以法律为既成的事实，故以承认法律为妥当。（二）相信违反法律为不利，尊奉法律为有利。到了启蒙时代，因为事实的激变，这种信仰，即起了动摇。原来那时候，政治的变迁频繁，法律常因人民的投票，而发生变更，异国异民之间，道德法律，常不相同。因此有些人怀疑法律自身，有无普通的原则，这样就产生了二种不同的观念，自然法与人为法的对照。自然法无民族与时代的分别，对于一切人类，皆认为妥当；人为法则因时因地而异其价值，这两种观念，常为哲人辩论的中心，因为各派的法律思想，颇有分歧。兹择其比较重要者略述如下：

A. 普罗泰戈拉[1]以为，个人就是自身的法律和自身的道德，所以法律没有绝对的基础可言。不过是人为的或是多数制定藉以限制少数人，或是少数人制定藉以奴役多数人。换言之，都是人类自身的产物，人类自身背后，并无所谓权威的存在。国家社会的结合，由于人类有同等的正义与论理感情，所谓本原的伦理的感情，这是人类团结生存的基础。

B. 苏格拉底以为人心虽各有异，但必有同样的欲望，这就是惟一真理之所在。这个真理是社会生活力量和客观事实的结果，且根据于自然的。同时这个真理，才是法律，也惟有这种法律，才能支配社会。但要这个自然的真理能够收效，却需仰赖神力。苏氏又谓，德行中最重要的即克制自己的情欲，遵守公共的国法。因为最高的道德建在社会的基础上，而非个人的基础上。个人主义者以为社会的法律只要个人有能力，即可随意破坏，实属危险的思想，必须纠正。所以苏氏个人，宁愿死以殉法，而不愿毁法以自全。这是苏

---

〔1〕　"普罗泰戈拉"原文译作"蒲洛泰哥拉斯"，现据今日通常译法改正。——校勘者注。

氏所以甘心殉道的原因。

C. 柏拉图的法律思想可分为四点：

（一）法律的起源为少数智者凭有关的玄想自由创造的。

（二）法律的效力不但对于已发生的行为有强制力，即对于未发生的事件亦有劝诫的功能。

（三）法律的价值，法律是一切人类知慧的结晶，包括一切社会思想和道德。

（四）道德的标准，柏氏分道德的精义为四：（甲）知慧、（乙）勇敢、（丙）节制、（丁）正义。

D. 亚利士多德以为：

（一）法律为立法者所自由创造，但反对少数人的武断，应建立法律客观的标准。

（二）法律既应根据于客观的标准，所以亚氏对于法律的定义认为"法律是纯粹的理知超脱一切情与欲的"。

（三）昔时希腊哲人，对于自然法和人为法的观念，历经辩难，迄无定论。亚氏以为，法律固出于自然，但自然性有了缺陷，立法者也得修改之，惟此经过修改的法律始有价值。

（四）刑罚理论。亚氏以为，刑罚的公道，是使被害者由不法者方面获得补偿他所受的损失，犯罪者受了痛苦，恢复了被害人与侵害人之间的平衡状态。

附注：卅六年[1]的元旦，正是我们积极制宪的时候。宪法完成以后，也许我们的社会，就要步入法治的坦途了。爰作此文，藉资纪念。

本文参考书

英文书籍：斯密士：《古代希腊的司法制度》

赛思：《法律的故事》

维诺格兰独芙：《古代希腊法理学》

中文书籍：陈筑山：《哲学之故乡》

齐林：《犯罪学与刑罚学》

古朗士：《希腊罗马古代社会研究》

莫理斯：《法律发达史》

---

〔1〕 即 1936 年。

古代希腊的法律思想

梅仲协

一、弁言

法律思想的研究，端在考察各个时代关于法律本质思想上的变迁于发展。凡属于科学的研究，都不能忽略历史的考察，法学当然亦不能意外。一种科学能够发展到最后的阶段，固然是得力于各个时代硕学大儒的苦心孤诣。但是温故而知新，回顾了以往经历，对于目前的情景，自然能够获得更深一个层次的理解了。尤其是关于哲学、法律、国家、道德等所谓精神学科的学问，大抵都是以人类共通的常识为基础，根据古今哲人之见解，以确定其范围。不过因为学科之划分，研究方法之不同社会生活之逐渐的复杂，从而其体系就日益的扩张，学理之适用，也是日渐增广。却不像自然科学，每因新的原理之发现，而旧的见解全被废除。关于法律之根本观念，在今日固然是学说分歧，但此种分歧的现象，在希腊时代就已经产生了，近代学者往往尚称引之。不过因为各个时代的民族性格及时代精神互有差异，从而关于法律的基本理论，也就分歧互殊。在某一个时代或者某一个民族，对于某种事件，认为是不成问题的，但在另一个时代另一个民族，则往往是认为非常严重，并非求根本解决不可。总之，人类无定见，古之所是者，今或以为非；今之所非者，古或以为是。时代不同，思想自异，不足怪也。

自从人类有了社会生活之始，即已有法律文化存在着。古代的法律观念虽至朴素，但亦可以看出哲学之思索究属若何。欧洲古代，希腊人的见解，对于世界上的法律思想，有其历史的关联。是故吾人之于古代希腊诸儒的法律思想，不能不予以体察。

希腊人具有天赋的创造性，不特于艺术上与哲学上遗留着彪炳的勋绩，而且在政治学以及国家哲学方面亦显露其天才。诚然，希腊人固没有把法律哲学和国家哲学，从他们的精神哲学中，划分而独立，可是希腊人之于一切有关人类共同生活的伦理哲学，都有其相当的发达。就中对于正义、法律及政治三者的伟论，大足以当法律哲学与国家哲学之称而无愧。

希腊人挟其天赋的和谐精神，以解决国家和个人之间的关系。认国家与个人之间，具备有机的关联，个人之于国家，得以维持其合理的存在。故既不以人民为奴隶，采行专政的政策，亦不认人类可以绝对的自由放任。一如政府主义之所主张者，更非若近代机械的国家论，认为国家系超然屹立于个人之外的一种组织体。所以希腊对国家的存在，并不觉其有怎样的重要，国家的意义，究属若何，亦毋庸苦思深究。国家仿佛就是宗教，仿佛就是教会。就此点言，希腊思想的长在此，其短处亦在此。盖希腊人之于国家独立的意义，固然发挥得题无胜意。在政治哲学上，有其不朽的勋绩，但以不承认人民对于国家有其自由，致个人人权的观念，无由发展。是故希腊对于私法的贡献，微末不足道。而私法的创造，则不能不让罗马人独步于世界了。

二、苏格拉底以前诸哲儒

人类对于自然的惊异，刺激了希腊人。希腊哲学的研究，便从此开其端。在自然的范围内，关于自然的存在与长成，辄成为哲学上的主要课题。在这自然哲学时代，人们的注意点，咸集中于可能接触的外部境界，而对于与人们内部精神有关如道德政治诸问题，则皆不成为独立的对象，即使拟就此等问题予以解决，也不过把自然哲学上若干原理，类推适用于伦理上的问题而已。

Pythagoras[1]（571/O – 497/6 B. C.），认宇宙是到处受着"调节"与"和谐"所支配，而有其善良的秩序，以阐明人类世界的究竟。其伦理的及政治的理论，即以此秩序、调节以及和谐三者，为其基本观念。人人应该做不断的牺牲，而有其善于服从的精神。优良的宪法，应该采取贤人所组成的贵族政治制度，而无政府主义，乃制之最劣者。氏对于正义之概念，亦用类推式与象征式予以说明。正义犹如四的平方数或九的平方数，在一切关系上，

"报应是正义的本质，刑法上如此，其他法律上亦莫不如此。是故正义乃基于自然（Physei），而非于人定（Nomou）"。

自战胜波斯以后，希腊人对于艺术及学问的智识欲，日益普遍而广泛。尤其是伦理政治诸问题，兴趣最浓。当时领导群众研究学问的启蒙运动，便是所谓的诡辩学派（Sophistes）。那时候希腊，有许多卓越的思想家，博学多闻、诲人不倦，应一般民众的要求，授予各种智识，而收取相当的报酬。这一派是启蒙时期教师阶级的学者，希腊人特称之曰 Sophistes。盖以其词诡而多辩，故名为诡辩学派。可是诡辩学派的学者中，委实有不少的卓越思想与敏锐的哲学家，这却是无可否认的事实。诡辩派的治学态度，固不足取，但彼单对于寻求客观真理的热忱与努力，则有足多者。

诡辩派对于人类社会及国家的问题，特具研究的兴趣，故与此前的自然哲学不同。因研究关于社会与国家这一类的问题之结果，对于当时颇具宗教色彩的都市国家之传统的威权，颇滋怀疑。这一点，颇能迎合彼时启蒙的人类之所好。波斯战争之后，东西交通日益频繁。希腊人的眼界，无论在时间上与空间上，都大大的开拓了。自然现象，是到处依其常轨的。火就燥，水就湿，日出于东而没于西，这是自然不变的法则，不问在波斯或是在希腊，都是一样。但是人间的法律与习俗，却千差万殊，纷纭复杂，莫可究诘。无论希腊人与其他民族之间，即在希腊的各都市之中，甚或在同一都市之内，因时代之不同，而风习亦随之而异。这种不同，颇唤起当时启蒙人士的关注。

就现象世界的本质，求其感觉上的资料之 Ionia 学派，对于人类精神生活上的诸问题，最为漠视。不过属于斯派的 Archelaos 学派，其法律的思想，以及正义与不正的区别，则认为究应以超人类意志的自然（Physei）为基础，抑系渊源于人类意志之人间规定（nomou），实属疑问。不过为此一学派，亦以物质的宇宙观为基础，认为正与不正的区别，殆偶然的人为之产物耳。诗圣 Aischylos[1]，认法律应该是具有两大类，其一是与都市国家成为一体的法律，其二是个人自觉的法律。而 Herakleitos[2]，因其主张极端的贵族政治之故，竭力抨击法律之相对化的思想，而承认神法之存在。Empedokles[3]，亦

---

〔1〕 即埃斯库罗斯。——校勘者注。
〔2〕 即赫拉克利特。——校勘者注。
〔3〕 即恩培多克勒。——校勘者注。

以禁止"杀人"之一事，乃是普遍的法则，与人定的成文都市法，形成了必然的对立是已。[1]

诡辩学派之于法律及国家的理论，是建立在主观主义与相对主义之上的。这一个学派的理论出发点，专凭经验上的人类精神之作用。一切的认识，都是纯主观的，而否定了客观的真理。其目的在达到 Protagoras[2]所谓的"人是万物的权衡"之理想。诡辩学派鉴于纪元前五世纪希腊社会情状变迁之激剧，思有以破毁传统上所谓的法于国家导源神祇之说。把经验上的人类代替了神祇，卒获取一般民众的欢心。此派的学者，都否定法律与国家的客观性，认为这两件东西，皆系于功利有便，而为人类的意欲所采取。所谓正义或者不正义，都是人定的，而非自然之所产。不过此派的学者之中，如 Protagoras 者，则挟其主观主义，应用于国家，认定只要是国家所为的，都是正义的，否认了法律的相对化，否认立法上之客观标准的存在。而 Hippias[3]则刚刚与之相反。氏以经验上的个人之绝对性为出发点，认每一个人，有其绝对自治之权，个人不受任何之拘束，便是正义。以国家的法律，拘束个人，便是不正义。两氏的思想，一则陷于极端的国家万能思想，而一则堕于了个人主义的无政府之深渊。虽然，诡辩学派，并不否定自然法，Protagoras 认为法律感与义务感，乃是神祇所赐与人类的恩物，自然法与成文法，并无差别。又如 Thrasy – machus[4]认法律是强者利益之所在，而 Kallikles[5]则以为系弱者的利益之所寄。Hippias 认不成文法因为时间和空间之有殊，而相对的变易不居，不成文法的内容，系与不具有真理性之成文法相对峙，不成文法的实质，必适合于客观的真理，而与 dikaion（正义）、nomimon（法律）相融合，其效力之渊源，来自上帝，这种法律到处有其同一的内容。要而言之，诡辩学派的见解，大抵都是启蒙时代的思想之反映，非直彼此之间，难期一致，即在同一思想中，亦时时发现有矛盾之嫌。

诡辩学派的主观主义与相对主义，并不根植于确信，彼辈治学的态度，

---

〔1〕 按希腊人所谓不成文法，与罗马人不成文法"jus nou scriptum"不同。希腊人对于不成文法的信仰，可认为系其自然法的思想之嚆矢，而这种自然法的课题，则为诡辩学派所传授。

〔2〕 即普罗塔哥拉。——校勘者注。

〔3〕 即希庇亚斯。——校勘者注。

〔4〕 即斯拉雪迈格。——校勘者注。

〔5〕 即卡里克利斯。——校勘者注。

毋宁是享乐主义的。因着重形式的结果，其立论的内容，并不以严正的理论之威力，使人确定其说是不谬，徒恃外表的雄辩术以折服人心。这种雄辩术，使彼辈可以维持其最大的科学地位。

三、苏格拉底

因缘诡辩派所惹起之思想界的紊乱，却又不废弃其说，称引而利用之。予以反省的工夫，善用其说，而为一般的教养之基础，扭转思想的潮流，回归于正当的方向者，则为苏格拉底 [1] 是已。Pythagoras 把伦理学与自然哲学，混为一谈，诡辩学派之于伦理学派，则又持消极的破坏态度。而苏格拉底方足称为伦理学之创始者。苏氏反对诡辩派的主观主义与个人主义，认定有一种超智慧大一统的世界秩序之存在。人类只是世界秩序之一分支，在这世界秩序之中，人类的主观能够理解神祇的理性，及其自己对于神祇所处的地位，而且克能虔敬神明而履践其任务。氏认为神祇是万物之权衡，学问的初步阶梯，乃在于探求其所不知者而知之。氏反对诡辩学派之标榜其识见渊博，徒恃雄辩之术以服人。只有依靠真理的威力，使人笃信真理之确系存在时，才用得着雄辩的方法。苏格拉底以为智识与行为，学问与道德不能分离，理论与实践应该合一。彼诡辩学派者，专为利己心而求知，而非为求知而求知。苏格拉底承认普遍的判断之可能性，以及法律秩序与道德秩序之拘束力，个人参与于"普遍人"，而"普通人"则出现于个人之前。这就是说个人亦参与于神祇及普遍的理性之间。此一理性，基于神祇之宇宙计划，把人类与国家的法律秩序两相结合。

苏格拉底复承认正义乃人类行为之高尚的秩序，应有其庄严的存在。人类之于正义，应有其自由的服从。秩序与自由这两个观念，本来是有机的结合着。彼以为国家之为物，并不是如诡辩派者之所言，乃意欲与利己心之产物。此系在神祇之宇宙计划中，有其基础，而为一种具有充分意义之秩序。各人对于国家，应该竭诚参与，而负其义务，所以各人对于国家的法律，务必绝对服从，死生以之。可是苏氏却不认许国家应该绝对化，成为共同生活的最高秩序，国家之上，还有着世界秩序，人类是属于世界秩序的。

苏格拉底分法律为二类，其一为国家的法律，又其一则为神祇所创造而

---

[1]　Soktrtes 469 - 399 B. C.

可以适用于一切之人之不成文的法律。因其承认有这种不成文的法律之存在，所以后世学者，亦有目苏氏为自然法或万民法（ingentium）之始祖者。

四、柏拉图

柏拉图[1]哲学，系师承苏格拉底之说，而稍稍予以补充。柏拉图亦如苏格拉底，以"知"是一切行动之正当性的确实保证。但是彼以为"知"不能像苏氏所云，得以雄辩术求之，只有"真"的哲学，才能够达到"知"的目的。这"真"的哲学之根源，则为 Eros[2]。是由于感觉而进入于精神，由于个别而进入于普遍，基于观念的直觉，可以达到其境界。这种观念的认识方法，则不外乎辩证法的思维。

柏拉图的哲学见解，固然着重于"知"，但亦如其师苏格拉底，承认概念的认识与道德的行为，关系甚切。哲学的任务，不尽在于求知，还须确保道德的义务之履践。哲学的旨趣，在使人类超越其感的生活，把灵魂趋向着理想以迈进，是故除哲学之外，就准备盼意义上言，教育[3]亦应该被重视。

柏拉图认不可感触的理想，即是"真"之所在。理想之为物，应该与可以感触的现象，有所区别。这种理想之实在的见地，只有用科学的思维[4]，才有其可能。而此一事物之本质的理想，应该是事物之形式[5]所由转成时"普遍人"（der Allgemeine），至各个事物之自身，则非理想也。理想不仅存在于吾人之思维或神祇之思维[6]之中，彼尚有其纯粹而独立，恒常而不变之永远的原形在。关于这，只有依理性而为直觉的获得。每一事物，各有其理想，这种种理想的相互之间，成立了特定的关系，而成为体系。彼位居理想体系之最高峰者，则为"善"之理想（idee des guten）是已。"善"之理想，是一切事物及认识之最终的基石，对于一切事物，赋与以实在性，而确保体认事物之人，具有理性与智识。要之，柏拉图认"善"是一切事物之绝

---

〔1〕 Platon，472-374 B. C.

〔2〕 按即希腊神话中的爱神。

〔3〕 就中尤其是音乐与体育二者。

〔4〕 "思维"原文作"思惟"，现据今日通常用法改正。下同。——校勘者注。

〔5〕 亦即各个事物之共同归笃与共通概名。

〔6〕 "吾人之思维或神祇之思维"原文作"吾人之思惟或神祇之思惟"，现据今日通常用法改正。——校勘者注。

对根源，与神祇相一致，与神之理想相合。关于这一点，柏拉图亦如其师苏格拉底，于哲学体系中，置伦理学于其最高的地位。

柏拉图的伦理学，与政治有其密切的关系在这是希腊人的特点。柏拉图也具有前人的一半的见解，认为政治的任务，应于道德的任务中求之，政治任务的根源，应系道德的任务。柏拉图以为个人应先行努力完成自己，然后再为国家而努力。这一见解，亦与苏格拉底无殊。国家生活，是为维持人世间道德的支配之一种必要手段。所以国家之本质的目的，是道德与市民福利，其主要的任务，便在教民进德修业。国家的目的，并不仅仅是个人的结合，用以维持共同生活与夫个人的外部利益；国家的任务，还在于实现"善"的理想，与人类道德的法则之履践，而使个人与国家，俱溶化于道德之中。所以，如果某一社会，只图满足智识的需要者，则虽有国家之名，却无国家之实。而"真"之一事，有待于学问的认识，亦即哲学是已。关于卓越的国家组织之哲学，应该建立，而哲学家，应该是支配者。于以知柏拉图的国家观，委实是后世基督教的国家观之先导者。

柏拉图的国家论，在其所著的《问答》（*Politcia*）中，蔚成大观。柏氏对于其故乡雅典的命运，颇致感慨。雅典曾一度探行波斯的专制主义，旋又实行民主制度，而险入无政府主义的深渊。柏拉图对于群众政治，坚决反对。氏所想象的国家组织，乃系以哲学家为领导的贵族政治。不过除哲学家外，国家为捍御外侮，应有战士阶级之存在，而商农则成为第三阶级焉，只能从事其本身的业务，都不能参与任何政治活动。高尚的政治活动之能力，唯少数人有之。柏氏之承认此种阶级的对立，原基于分工的原则。因为人之素质，皆由其先天的遗传而来，职业既有三种之分，于是不能不有其阶级的差异。

柏拉图认为国家之基本的特质，即在于个人应将其身贡献[1]于普遍的全体。所以人们应将个人生活与家族生活，举而沉没于国家生活之中。在国家生活中，不能有私的所有权与家族生活之存在，只能财产共有，家族制度必须废止。而妇女亦应该共有，教育应该由国家予以指导。其见解与现代国家的精神，大相径庭。唯其关于普遍的目的与个人的特殊目的之应如何调和，方得其宜。则又复主张国家权力应予以广泛的承认，而同时必须尊重个人意志之自由。

---

〔1〕 "贡献"原文作"供献"，现据今日通常用法改正。——校勘者注

柏拉图所拟议的国家，自认为是一种现实的国家，而不是乌托邦。柏氏以为只有真的理想，是实在的，而且是以唯一的实在为立足点的。假使理想可以存在，但不合于"善"者，则应归咎于这种理想本身的不健全。总之，柏氏认为其所拟议的国家，并不是不能实现的理想，对于其实现的可能性，具有确信。而他种国家组织，则目为全然误谬。不适在柏氏晚年所著《法律论》（Nomoi）一书，其立场较诸国家论更为切实而易于实现。抛弃了哲学家的支配，而代以具有识见者之团体之统治。不复主张私有财产的废止，但认其应受法律之限制。不复坚持废止家族制度之见解，而只谓婚姻及家族生活，应受国家之监督。此外又提倡将寡头政治与民主政治的要素，予以适宜的配合，以代替贵族政治。凡所论述，颇见缓和。

柏拉图之于正义的概念，亦有予以一言的必要。氏于其国家论中，就当时关于正义的见解，则与其师苏格拉底相对立，而自有其主张。柏拉图排斥诡辩学派的所谓正义观。诡辩派认适合于强者之利益的，即是正义。强者秉有权力，欲行民主政治，便可制定民主的法律，欲行专制政治，便可制定专制的法律。易词言之，在国家生活中因政体之不同，而异其正义之概念。一般所谓不正义，也许在某种国家生活上，认为是最有裨益的；一般所谓正义，也许即系纵横家资以愚民的口实。柏拉图则不然。氏认正义为众德中之一种。应该具有道德的性质。正义的内容，与优良的国家生活相结合，即便成为国家生活与个人生活之基础。正义不独为国家生活所专有，个人生活，亦有恃正义以维持。不过在国家生活上，正义得以伟大的实现。是故在国家生活上，应该谨慎体认正义的本质之所在。因此，柏拉图亟欲把正义与国家两相结合。有了国家的组织以后，始足以悟正义与其他众德如智慧、勇敢暨节制等之关系。把握着智慧之德者，为第一阶级之哲学家；勇敢之德，属诸战士；节制之德，则为第三阶级之被治者所需求。不过正义这一德性，并不若其他众德之具有特殊的实现阶级。正义的本质，应认为系共同生活之分支。各人应就其固有的生活范围，利用其特有的德性，予以充实、予以维持。质言之，柏拉图认"各守本分"（a autou prattein）是正义的中心概念。凡是无计划无节制的活动，恣意侵犯他人的地位，放辟邪侈的主观主义，都系违反正义。各人之于其生活范围内，应该趋向于全体的组织原理，而为道德上的服从。要之，柏拉图所主张之正义，殆偏于形式上的，凭借其他众德，而赋与以道德之内容。所谓正义，毋宁是人类伦理的行动之态度，扩而充之，推及于国家，使国家的组织，亦从而道德化，卒成为一主观的内容原理。至若认正义之于国家，系一种内在的客观原理，而予以一定之内容者，则为亚里士多德[1]所发现[2]也。

五、亚里士多德

亚里士多德[3]的伦理思想和政治思想，私淑于苏格拉底，而扩拓其境界，复师承柏拉图，而更有所深造。唯其治学方法，则与柏拉图不同，一反理想的思维，而着重于经验的智识。认道德的完成，有待于国家生活。此固与柏氏同其见解，但渠更依据其实在论的立场，从生物学上考察，认国家乃自然之产物。就人类的本质言，人是政治的动物，相聚而营共同的生活，离开了团体，就不成为人类，只能算是一种动物，或者目之为神仙。亚里士多德认全体优于部分而存往，就国家的性质上言，应该优于家族或个人而存在。是故国家的合理性与道德性当然亦优越于个人。国家的目的，端在谋人类之普遍的幸福，而非局囿于人类自然的存在之维持及完成。所谓幸福，其最主要的部分厥为道德。所以国家首要任务，即在乐育人民，进德修业，而战争征伐，应予摈除。国家的形成，由于人类之原始的结合，而渐次发达，就时间上言，必先有家族，而后有国家。国家的存在，实基于自然与理性，此则与家族同，而与其他团体异。在一切团体中，国家是最完全的，其与他种团体之差异在于性质上的不同，而非数量上的区别。

虽然，亚里士多德就个人与家族对于国家的关系，并不为严格的解释，一若柏拉图之所主张者。亚氏认个人与家族，应有其较大的活动范围。财产与妇女，不应该共有，个人的自由，尚须尊重。氏非若柏拉图之基于哲学之思索，而描写一理想的国家。被着眼于历史及经验，在历史的演变与夫自然风土经济智识诸条件之上，何种国家形式，最为适宜，乃属至堪注意之事。关于此点，亚氏则以经验为基础，利用批评与反省的功夫。思想的进步，而探索一绝对正当的国家组织，但各民族，则仍可各就其所宜，而自行建立其国家。亚里士多德认为现实的国家之最易陷于危险之境者，厥为怀有政治野

---

〔1〕 "亚里士多德"原文作"亚里斯多德"，现据今日通常用法改正。下同。——校勘者注。

〔2〕 "发现"原文作"发见"，现据今日通常用法改正。——校勘者注。

〔3〕 Aristote，384–321 B. C.

心的暴压制度。所以暴压制度的预防，是亚氏政治学的主要课题。亚氏把正常的政治组织，与暴压的支配组织，两相对立。认帝王制、贵族制及民主制是属于前者，暴君制及寡头制则属于后者。

在正常的政治，治者之施政应该依法律而受限制，亦即遵从正义而为治。国家必须以正义为基础，正义是国家的精神之所在。国家只有在此一基础之上，得以完成其道德的使命，而使市民达到修齐的目的。

亚里士多德的正义观，与柏拉所谓主观的内往原理之正义，大有不同。亚氏给正义以客观的内容，认众德咸统于意思。而意思的状态，有其道德的内容，坚守其中庸的分际，不偏不倚。众德（即如勇敢、自制、宽仁等等）皆立于过与不及之间，善得其平，正义为政治之德，是故正义应为利与不利之正当的分配。

亚里士多德的正义论（dikaologic）之建设，乃其不朽之伟业。终中古之世，欧洲经院学派的自然法理论，受其影响至钜。据亚氏正义论之所云，正义得分为三种：一曰平均的正义（iustitia commutativa）。在社会上，这种正义可使个人相互间的给付得其均衡。二曰法律的正义或一般的正义（iustitia lgealis；iustitaige nrealis）。这种正义在使团体的成员对于团体负其义务。三曰分配的正义（iustitiadaistri butira）。即在团使体就公的荣誉与公的货财或其他利益，视各人之能力及功勋，予以分配之一种正义。

亚里士多德对于自然法之一课题，亦有其卓越的见解。亚氏认为国家所行之法律（politikon dikaion），可分为二种。其一曰自然法（physikondi-kaion）。这种法则，不问人民之欲与不欲，总是到处施行着。其为法也，是自然的存在，初无待于制定。其二曰制定法（nomikon dikaion）。这种规范，因其制定为法律以后，而始有其一定之内容。比如强盗、奸淫、杀人等行为，皆为各人自然地所憎恶，无论在何地在何时，其憎恶的情绪，毫无所殊。但是如俘虏赏金额的如何订定，祭祀时所用的牺牲，应为山羊一匹或二匹，法律关于这类事、项的规定，皆属于制定法之范围。亚氏对于诡辩学派所谓"火就燥水就湿，在波斯如此，在希腊亦如此"的理论，固不否认。但其对于法律之随处不同的事实，却亦未加漠视。亚氏且于此一事实，认其具有重要的意义，而同情于法律之相对性的主张。氏曾明言，善与正义，固均为国家学所研究之目的。但各人对于此二者的见解，未必能够一致，所以往往惹起只有依据制定而非出诸自然之感。虽然，亚氏却不赞同诡辩派的主张，认为彼辈把自然的正义之普遍力与其不可变性混淆莫辨。不可变的正义，只能存在于神与神之间，而不足以语凡俗之人类。自然的正义，不能临之以无法抗拒之必然性，强其显露，却只能以自己之力，在各方面加以努力，而迫使降及于人间。吾人固可为异于自然的正义之制定，但自然的正义与制定的正义，究有不同。唯此际自然的正义之可变性，因制定的正义之分歧性而有殊。制定的正义，因国家的习俗与交易利益之差异，而致差池，犹如度量衡，其不能一致，乃属本质使然。唯是自然的正义之可变性，则基于人类之不完全性，有以致之。

就上所述，可知亚里士多德之于自然法，系就其效力与原因两方面，分别予以观察。在效力上言，自然法系以普遍而同一的人性为其基础，保有同一力量，随处导人于善，而趋避于恶。而制定法因其为国家或帝王所制定所创造，故其效力只能局限于立法权的范围以内。在原因上言，自然法系基于人性，而不以任何人的意向为依据。于思辨的理论的认识范围内，自然法存在于自然明了的初步认识内容，与不可否定的最高原理，以及与此原理相密切联系的思维[1]内容之上。此外，凭借人类之精神努力与深思熟虑，亦可得认识自然法之存在；所谓不可否定的原理，即如毋为恶毋加害于人是；所谓与此原理相直接联系的规范及规则，即如勿杀勿盗是；所谓凭借精神努力与深思熟虑而发现之道德规范与规则，即系制定法是已。亚里士多德之自然法理论，影响于后世学者之见解甚深，而尤以圣托马斯[2]为然。

亚里士多德亦曾论及法律与衡平（Epikie）之关系。衡平亦具有法律之意义，但系指制定法之修正而非即制定法之谓。亚氏认为法律固系人类行为之一般的准绳，但在其性质上，必然是不甚完全无缺的，所以只有依据衡平的观念，予制定法以补充。氏以为法律有缺陷时，审判官可以为合理之措施。这种见解，与现代进步的立法如瑞士民法（第一条第二项）者，极相仿佛，而不能不令人钦迟。亚里士多德有言曰，法律只为一般的规定而已。在具体情形下，有某一事件之发生，而为一般的规定所未尝包括者，则其事必为当时立法者所未注意。为挽救一般的规定之失败起见，应预想立法者若知有此事情，必于法律作若何之规定，因此特予以补充，用以填补其缺陷。

---

〔1〕 "思维"原文作"思惟"，现据今日通常用法改正。——校勘者注。

〔2〕 "圣托马斯"原文作"圣托麦斯"，现据今日通常译法改正。——校勘者注。

六、晚期的希腊

在亚里士多德之后，希腊的国家哲学与法律哲学渐次衰退。在此衰退时期之共通的现象，则为主观主义、个人主义及相对主义之抬头。以苏格拉底学派为出发点，而趋向于主观方面者，则有道学派（kyniker）及 Kyrenaiker 之二派。此二派俱以主观的满足为绝对的目的，认个人为一切生活上活动之标的，则又接近于诡辩学派。Antisthenes（444B. C.）系道学派之代表，认文化应该回归于自然，人类必须抑制情欲，国家与家族，俱系无用之物。此种思想，与后世之卢梭及托尔斯泰所共同。道学派努力于贫者之精神之宣扬，使贫者受其哲学的教化，庶几于贫穷之中自求满足。Aristippost（35 B. C.）是 Kyrenaiker 派的代表，根据苏格拉底哲学中所含有之功利的见地发挥为快乐主义，把苏格拉底所谓"知"，解释为快与不快之情感，而且认正义乃恃人定而不基于自然。此一学派，借口于苏格拉底所云人类乃世界的市民之一语，依据其自私利己的见地，认爱祖国是愚者之所为。

纪元前三一〇年顷，Zeaon[1] 所倡导之克己学派（Stoic）[2]，却渊源于道学派。克己派的伦理学，系植基于物理学的构成之宇宙观之上。承认世界的绝对统一性、必然性与法则性。因此伦理学的渊源，便是适合于自然的生活原理，人类系遵从普遍自然法则而为行动。不过各人生活时最终目的则为幸福，凡与普遍的宇宙法则相一致者，便是道德。人类为追求幸福，应与外部的事物分离独立，依照普遍的法则与自己合理的本性而为行动。因此便超脱于患得患失的状态，而达到其知足不辱的心境。

克己学派的法律观，认普遍法则是国家及法律生活规范的渊源，亦复是正义渊源。所以克己派主张正义系基于自然，而非由于人定。斯派所谓自然的正义（physel dikaion），不仅指法律观念面言，实系适用于法律生活之世界法则，亦即后世所谓自然法是已。此一见解，对于罗马的法的法律思想影响至钜。

克己学派的国家观，亦如亚里士多德，认人类的本性是善营国家生活的。不过克己派的哲学，着重于主观的情绪，求人生终极目的之运到，而克享幸

---

〔1〕 即芝诺。——校勘者注。
〔2〕 即斯多葛学派。——校勘者注。

福与自足。言其立场，毋宁是个人的。国家之于人生的目的，殆居于次义，故对于国家的状态，颇为冷淡。远不如柏拉图与亚里士多德的哲学，特予国家以优越的地位者。要之，克己学派的国家观，纯属于个人主义的，其国家论的基础，求之于世界全体的统一性。统一体之于各部分〔1〕，依其本性而互相结合，人类的团结，亦唯自然的努力使然耳。这种人类团结而可能成为大同国家的思想，或者世界市民的思想，在法律思想史上为如此明显的揭橥者，不能不认为系克己派对于文化功绩之一大贡献。由此而反映到亚历山大〔2〕皇帝以及罗马支配世界的哲学之上。

乐天派〔3〕（Epikur，341 - 270 B. C. ）的学说，植基于原始的与个人主义的人类观。把法律的意义与价值，置诸功利之上。为求利益，所以服从法律，畏惧刑罚，所以不敢犯法。道德的行为，其本身不具有若何的价值，殆仅为快乐的原因而已。国家是个人的自由结合，本于契约而成立，而非基于人之本性。人世间只有功利的"保安契约"，而无所谓正义之存在。再者，希腊的怀疑派（Skeptic），则采诡辩派的立场，认法律视时代与地域而有殊，正义不过随人而定，绝对的正义，是不存在的。此 Timon 见解也。而斯派之中，亦有以为法律系强者的权力之表现者，此乃此乃 Karneades 之说也。

---

〔1〕 "部分"原文作"部份"，现据今日通常用法改正。——校勘者注。
〔2〕 "亚历山大"原文作"亚里山大"，现据今日通常用法改正。——校勘者注。
〔3〕 即伊壁鸠鲁学派。——校勘者注。

罗马法之渊源论[*]

丘汉平

一、共和时代之立法

罗马法之历史，始于《十二表法》。在此之前，传闻古昔王长[1]亦有立法事例。——当罗马共和奠基之时，[2]有柏比雷斯法者，[3]犹吾国李悝《法经》六篇也。迨至共和时代，弗烈格斯注释之，[4]后儒多为引用，然此辈泰半非治法专家。[5]且此等王律，教义居多，其于后来法律，无若何之影响也。[6]

至于《十二表法》，其价值不同王律。在罗马私法发展过程中，《十二表法》实为其源泉也。虽然，《十二表法》之制定亦非无因焉。[7]按当时罗马贵族与平民斗争甚烈，平民为防止贵族滥用司法权起见，因是要求重要部分之法律别为制定，俾便遵从。嗣后遂选任宪员十人专理其事，越年成十表，又一年。成后二表，以补前十表所未备者。[8]经军伍会（comitia centuriata）

---

[*] 本文原刊于《法学季刊（上海）》1931 年第 7 期，续刊于第 8 期。

[1] Krueger, *Geschichte der Quellen und Lilleratur des Remisehen Rechts*（P. Krueger, 2te Aufl），3 以后。

[2] Dig 1, 2, 2, 36. 在会典中，引文数见。据 *Sohms' Institues of Roman Law*（Ledlie's transl., 3nd ed），54（4）载此项王律之收集，约在共和之末期；与 Buckland 所言相出入。依其推测"王律"（Leges Regiae）之名称，或因以帝王为天意之发泄机关（天意 = fas），或因该项律令直接受帝王之保护也。

[3] Ius Papirianum = Law of papirius.

[4] Granius Flaccus 见会典：50. 16 144.

[5] 见 Girard, *Textes de Droit Romain*（P. F. Girard, 4 me éd），3 页以后所列之参考书。

[6] Buckland, *A texl—Book of Roman Law*（Cambridge, 1921），1.

[7] 参见拙著"罗马十二表法之研究"，《法学季刊》第 3 卷第 1 期，第 36 页至 42 页止。

[8] 参见拙著"罗马十二表法之研究"，《法学季刊》第 3 卷第 1 期，第 36 页至 42 页止。

决议颁布施行，时西历纪元前四百五十年事也。[1]

《十二表法》之内容，泰半取自旧昔拉丁习惯，其来自希腊法者亦颇不少。惜乎原文已失，今之所存者惟散见于后儒著述中而已。[2]间有数条，后儒谓系原文，然一观其文气，已非其旧，似难断其为原璧也。

至共和末季，《十二表法》之大部分早已失效。惟其权威，则不因时代之演进而稍衰。历代帝王，鲜有不奉为金科玉律者。即在优士丁尼帝之法典中，引证《十二表法》者亦屡见不绝。《十二表法》之威肃，于兹见之。

《十二表法》之范围，虽甚迂阔，然亦非包括罗马法律全部也。其所载者，不外私法上之一般原则而已。至于详细之规定及程式，多缺焉不详，听任法曹之自由斟酌取舍。古代罗马宗教法律不分，此为各原始文化之所同，固非罗马一国然也。且往古之世，宗教势力尤为膨胀。罗马之教侣，[3]擅解释一切人事之权，法律亦与焉。虽然，《十二表法》之如何修订，法律上固毫未规定也。法律既须随社会而演进，于是旧法之适用于新环境，遂有待于后来之解释。此种解释及拟议之权，其在罗马古代，独教侣专而有之。[4]虽其解释，固非尽得其当，然其有助于罗马法律之生长，殊非后人所可否认也。且《十二表法》亦恃此以吸取其新生命，年积月累，新解释之法律，俨成一部新法典焉。

自《十二表法》制定以迄共和中叶，立法之事甚少。有之，亦多属于宪政事项。[5]其在各种议会之中，当以集族会[6]为最老。议会组织，以各族为分子。此时罗马共分三十族，[7]族为选举单位，[8]每族由若干家团集合

---

[1]《十二铜表法》之颁布年代，迄今仍未确定；惟多数罗马法学者均以纪元前四百五十年为较靠之年代。详见 Greenide, *English Historicol Review*, 1905, 1; Girard, *Melanges de Droit Romain*; *Histotre de Sources*, (P. F. Girard) 1 以后。

[2] 见 Girard, *Textes* etc., 9 页以后。今儒所举之《十二铜表法》原文，已近忆测。即其排列次序，恐非昔日之赝品。

[3] 见前 Krueger 所引之书，27; Mommsen, *Romisches Staatsrechts* (Th. Mommsen, 3te Aufl.), II, 18 以后。教侣 = pontiffs.

[4] 会典中关于教侣与社会之关系，论之颇详。见会典 1, 2, 2, 6.

[5] 见 Buckland, Text—book etc, XLV II, LXXXV II.

[6] 集族会 = comitia curiata 国人有译为"贵族会"者，殊不甚通。近代罗马法学者之意见，大致认"集族会"之组织非仅限于贵族阶级，即平民亦与焉。见 Botsford, *Roman Assemblies* (1909), 8 ~ 15.

[7] 族 = curiae, 按罗马之原始部落有三：Romans, Tities, Luceres, 其考据见 Botsford, (前书) 2 以后。

[8] 族为选举单位，见 Buckland, 3.

而成。[1]家团间各分子之关系，视为亲属关系。[2]惟此种议会，曾有无运用立法权，殊难臆说。其职务虽居重要，[3]但大率均属仪式事项。且在此时期之罗马，其以立法为改革法律之步骤者，恐亦未之思也。[4]

其比较重要之议会，当以军伍会为滥觞。[5]自罗马共和奠基之后，军伍会之组织，已趋于末期，其分子几包括全体人民，即贵族与平民是也。[6]军伍会系一军事机关，后儒以此制为涂留士所创。[7]全会分成若干级，每级又分为队，队即为开政事会议时之选举团体。[8]级凡有六，一曰"骑兵级"，其余五级称为"步兵级"。[9]每级之队数又分为高年队与低年队，队数相若，惟骑兵级与第一级所得队数几占全数过半以上。[10]高年队恒住扎本国服务，故实际上之选举权为此辈年老资格所操纵。其后不服役之贫民集成一队，亦准其选举。[11]然其影响，不啻沧海之一粟；然若遇两方票数平等之际，贫民队亦可一献其重要也。[12]

议会之组织，既如上述，则其精神自趋于保守，自无待言。且此会之表决，须由主事官之提案方得为之。而此主事官在共和初季时代，恒为贵族者当其任，且议会往往先将提案提交元老院认许。此虽非法定之手续，然在实际上犹同法律规定也。每队之律令亦须取得"贵族同意"。[13]论者恒谓此系指元老院之贵族而言。迨《飞弄尼斯律》通过之后，[14]此项同意，须于付表决之前行之。第阅时未几，斯律则失其重要耳。

军伍会所立之法颇多，其较集族会为重要者，职是故耳。此外罗马尚有第

---

[1]　见 Mommsen，StaatarII. 9 以后 30 , 90.

[2]　家团 = gens, gentes.

[3]　Willams, *Droit Public Romain*，36 以后。

[4]　Buckland, 3.

[5]　军伍会或译兵员会 = comitia centuriata，详见 Bodsford，201—261.

[6]　Buckland, 3.

[7]　涂留士 = Servius Tullius；Bodsford ，引 Livy 之言为据。

[8]　见 Klebs，在 Zeitsch. d. Savignyst，XII（1892）.

[9]　骑兵级 = Equites；步兵级 = Pedites，见 Mommsen，Staatsr，III，362 以后。

[10]　Mommsen，III，154，267；Buckland，3 惟关于此点，不佞未敢妄评是非，按 Bodsford 书中所说各家学说，极不一致，见该书 221 以后。

[11]　Livy，I，43.

[12]　例如双方各有票数96则议决案难以成立，若贫民队不论在何方投一票，则胜可决。

[13]　Anctoritas Patrum，见 Mommsen，III，1037 以后。

[14]　Le Publilia Philonis 约在纪元前三百三十九年。

三种会议曰区域会，其组织以地方团体为选举单位。传说此项地方团体之设立，归功于涂留士。嗣后罗马版图日扩，地方团体日增，至纪元前二百四十年已臻为全盛时代。此时之地方团体有三十五个之多。[1] 其在初期，区域会在《十二表法》制定不久之后，则有立法之权，但在共和初叶，"法律"之制定甚鲜。

至共和末叶，法律渐趋俗化，不复为贵族之专利品。此时之教侣院，已失其往昔操纵解释之权；[2] 贵族往之藉以欺压平民者，今已荡然绝迹。阅时未几，教侣之解释法律专权，亦渐入平民之手。于是治法有家，遂养成法律之士，以为平民之顾问。若辈法家，既具专识之学，故常为官吏及私人之顾问。自罗马共和晚季之数世纪间，其影响私法上甚伟；法家之地位，缘是日显。[3] 虽此时代之著述存者甚鲜，然实为后来盛极一时法家著述之先河也。

此时期之会议立法，其范围虽日见辽广，但在私法上固未有若何重要也。军伍会所为无几，可得而述者，在其取得选任高级官吏之权力耳。惟区域会议之立法，颇有可观，但其泰半之法律似为另一"平民议会"所指定也。[4] 此会在古昔罗马，业已依照部落而成立；议会之主事官，由平民董之。其在最早之际，已有决议各种宪政问题之事，一经元老院之认许，遂成定宪，为全社会所遵从。其所立之议案，原名平民决议。然以其为社会之法宪，不容违反，故亦列为法规也。此项平民决议无须"贵族同意"，但若未经元老院之认许，其效力亦仅及于平民而已，他级人民，固不受其约束也，[5] 迨至纪元前二百八十七多年间，有《荷典希亚律》者，[6] 始废除此项条件。[7] 其后之立法事项，多由此项团体为之。第史之所载简焉不详，致吾人无由别耳。

由上观之，元老院在立法方面颇居重要。而在实际上，其重要又不止此。虽其发布命令多属行政一类，然其中不少有法律之效力焉。[8] 此等行政命令，要皆为咨训官吏之词。

至共和末季尚有一极重要事，吾人应注意者，厥为主事官有发告布令

---

[1] 见 Mommsen，Ⅲ，161 以后；Bodsford，48 以后。

[2] D. I. 2. 2 38.

[3] Jörs, Roman Rechtswissengchaft, I, Chapter 2, 18~25.

[4] Concilium pebis, 见 Mommsen, Ⅲ, 150 以后。

[5] Buckland, 5.

[6] Lex Hortensia.

[7] Mommsen, Ⅲ, 159.

[8] 见 Girard , Textes , 129, 130.

之权。〔1〕而内政官〔2〕之布令，在法律上，颇形重要。至于省长及外务执政官，〔3〕其职务既在司理意大利地域内及各省市民之诉讼，则在罗马法律史上自居更显要地位，毋待赘述。迨至共和末叶，内务执政官〔4〕之布令，实为刷新法律之最有力者也。

自执政官之制设，诉讼管辖遂由民政长〔5〕移至执政官之手，盖依纪元前二百六十七年之《李新提案》也。〔6〕然以诉讼程序仍为旧式制度，是亦不过形式而已。〔7〕迨纪元前一百四十年《之爱不智律》〔8〕始准用执政官所制定之比较伸缩程式，于是主事官之地位发生巨大变化。不惟执政官之程式随例而殊，且主事官所理案件，亦因此而有所更动。往昔之依"市民法"得受理者，今或无权为之；今之受理者，或非往之所有。〔9〕职是之故，遂渐产生适应需要之防卫方法，以及其他法律事项。在另一方面观之，则因此种变动之故，无形中产生二种不同之法律关系，一则严、一则宽。效力既殊，优胜劣败。曾几何时，法律遂由旧模而蜕变，另换一副面目。〔10〕第其递嬗成分似难辨别耳。至于执政官之任期，常有一定期限。〔11〕因之，如其任期内之布令，遇有瑕疵，继任之执政官自可去之。〔12〕若其效果甚佳，堪称良法，新任之官吏恒遵守之不变。况罗马土地日广，所谓会议，实难代表人民。故一群之集合，不啻杂众，奚益于立法哉？〔13〕

然自罗马之长时期内讧定后，奥格斯特士帝〔14〕自居战胜之主。及其放下屠刀，彼即深觉改组政府之必要，且坚信善良行政，端赖好政府。故共和

---

〔1〕　Ius edicendi，见 Mommsen，I，203.

〔2〕　内政官 = curule aediles.

〔3〕　外务执政官或译外事裁判官 = peregrine praetor.

〔4〕　内务执政官或译内事裁判官 = urban praetor.

〔5〕　民政长 = provincial governor.

〔6〕　李新提案 = Licinian Rogations.

〔7〕　其在此时期之权力颇滋疑义，见 Buckland，§ ccvii，ccxiv.

〔8〕　爱不智律 = Lex Aebutia.

〔9〕　Buckland，Text—book etc.，5.

〔10〕　见 Jörs，Roman Rechtswissengchaft，I，Chapter 2，158 以后。

〔11〕　一定年限自一年至三年不等。

〔12〕　实际上继续前任执政官之法令为多。

〔13〕　Buckland，6.

〔14〕　Augustus.

时代之旧式制度在内讧以前，既已衰颓者，自难再予恢复。[1]盖国家之地域日广，旧制已不符合新时代之需要。故恺撒耳[2]之专权，实亦时代成之也。虽然，奥帝亦非尽置旧制于不顾。凡足可以善其政者，奥氏莫不用之而不疑。[3]盖在过去一百五十年之专制，不论其政若何，益证其杌陧不安之现象。历史线索既如此，于是凡可以保守者，奥帝恒附从之。今可举一例证之。当内讧之际，民众议会受摧残无余，奥帝乃急为恢复，授以立法全权。[4]在别一方面，彼即总理全国政事，尽揽之而无遗。[5]其于任期一项，则以一年一任，绝不能有所建树，遂以已居终身之职焉。[6]

二、帝政时代之立法

吾人今进而述罗马帝政时代之各种法律渊源，首言其自共和时代存下之旧律者。

律令者，即公共会议所立之法案也。[7]史承记载此类决议寥寥，虽前后有五百余年之历史，故亦未能示其为私法之主要渊源也。及至研究律令所涉事项，尤可证斯言为不诬也。盖除《十二表法》外，律令多属宪政事项。[8]虽其后范围渐广，然亦限于治安问题。[9]即自奥帝登极之后，所立律令亦鲜有为私法事项者。在其统治任内，律令尚不少；[10]至提比略[11]时（Tiberius）时，数已不多；及克罗多斯[12]帝（Claudius）治下，仅有一二律令而已；终涅尔瓦[13]（Nerva）帝之身，律令之布告，不过一次耳。[14]自此之

---

〔1〕 Buckland，6.

〔2〕 Caesar.

〔3〕 Heitland，Shorter Hist，of the Rom. Repub. 508.

〔4〕 详见 Mommsen，No.，745～800.

〔5〕 详见 Mommsen，No.，745～800.

〔6〕 见 Buckland，6.

〔7〕 律令＝Leges（或曰为平民议会之决议）。

〔8〕 Buckland，§ Xli.

〔9〕 见 Mommsen.，202.

〔10〕 如释放令是。

〔11〕 "提比略"原文作"泰柏雷斯"，现据今日通常译法改正。——校勘者注。

〔12〕 "克罗多斯"原文作"克牢特斯"，现据今日通常译法改正。——校勘者注。

〔13〕 "涅尔瓦"原文作"乃哇"，现据今日通常译法改正。——校勘者注。

〔14〕 Krueger，Röm，Rechtsq.，89.

后，吾人可得而知者，仅有一"谕令"（Lex de imperio）加授新任帝王各种之权能而已；而议会不外一形式之机关耳。[1]

惟此宜注意者，则此时期之立法，并非人民立法机关之意思也。奥帝恢复议会之固有立法权，初非有属意于人民之自由立法也。彼实见乎旧制之威严，足资为其利用，非以议会之能尽立法能事也。议会在实际上从未有创制立法之权。其得决议之提案，限于主事官之所提出者，故议会之法案，视主事官之如何而定耳。奥帝既废弛选任之职，又自握朝审之大权，则召集平民会议，提交议案，自为权内之事。用是之故，重要之律令，多于此时期制定之。且于选任官吏之权，名虽属于议会，实则奥帝操其大权。盖关于推荐候选人员，彼固有绝对之权。于是凡由其推选者，议会莫不依其旨意而通过。由此观之，奥帝身兼立法行政，权力之大，实非常人所能知者。[2]迨泰柏雷斯帝即位，选任官吏遂由议会移至元老院。[3]此时之元老几皆为帝王之任选，故在上之旨意，常必依议施行。元老院仅擅否认之权，则皇权之扩张，固非偶然矣。

三、官吏之告令（或简曰官令）[4]

官令者，即主事官所布告之告令也。兹先将共和时代之官令略为述之。

奥帝既恢复旧制，在形式上自当保存其所为之律令。故凡官吏之告令，亦继续认其效力。以此之故，外务执政官，内政官，既省府之告令，迄数世而后废。惟关于省府告令一项，奥帝略有修正，以符时政。奥帝又就罗马之地域分为二种省区：一曰院辖省区，大抵保存旧有制度，置有共和时代之主事官。二曰直辖省区，若省之有军事上重要或其新由战争取得统治者，则置设新任官吏，其所选委之官吏之曰 legati caesnris，直接由其辖制。此种新任官吏之任期，殊无定例，视乎在上意志而转移。其权限兼执政官之所有；惟在实际上，无异帝王之代表，实非独立之官吏也。[5]此等新任官吏，亦一如其他主事官，具有发布告令之权。但在此等官吏设置之省区，内政官似无发

---

[1]　Girard, Textes, 107.

[2]　Buckland, 8.

[3]　Mommsen, III, 348.

[4]　官令 = Edicta.

[5]　Mommsen, Ii, 1087 以后。

施告令之权也。[1]

惟吾人须注意者，则此等告令虽依旧发行，其在法律渊源方面已日见减轻其重要。即在共和时代，告令已不复若往昔之重要。盖新任之执政官既依样接收前任之告令，新加者又无几，于是告令遂日趋僵化，代代相循，因袭日深。致新政设施之后，告令即改变其面目。旧者废弛，现存者因情事之需要而变更，新者则因事而增加。第此等变更，均非执政官有意之创制耳。所谓新令，大都援引比附而成，罗马法律之由旧入新，多由此也。虽其后执政之官，因事分别置设，然皆无发令之权。奥帝之所以分散执政官之事务者，无非欲谋职务之便利，固未尝有变更或扩充司法制度也。

岁月以还，告令日伙，哈德良[2]帝（Hadrian）为谋便利计，遂令尤利安[3]（Julian）编纂告令，以期划一。此举施行后，执政官之因时制法之权，于焉消沉。吾人今可得而知者，见于优帝之敕令中也。自兹之后，新订告令，经元老院决议颁布为法规，遂悬为定式。史载《郁令安》编订告令之功不绝，其重要尤为称之不已。[4]

法贵适时，而罗马之法律，自告令编订之后，遂使新令无以复生。盖域特里安帝明定新订之告令为定式；故纵有不符情事者，主事官亦不能以己意变之。此变更之权今已由皇旨（imperiales sanctro）定之，其严重则可知矣。是故自《郁令安》之后，告令不复为法律之渊源。新任主事官，虽亦依习于即任之初，发布告令，大抵因袭旧文，不敢妄更其内容也。

四、元老院谘议[5]

在共和时代，元老院未有立法之权，惟自共和末叶以后，元老院渐变为一国之执政枢纽。然亦因元老院之绝少变动，使其取得政权也。考元老院最初权力，仅在训导主事官吏而已。其在共和时代虽有不少元老院谘议形同法规，迨一考其内容，大都为训导官吏行政之方针，及其发施告令之准则，非有一般之规定也。其在初时，此项谘议，不外顾问性质。顾名思义，"元老院

---

[1] Buckland, 9.

[2] "哈德良"原文作"域特里安"，现据今日通常译法改正。——校勘者注。

[3] "朱利安"原文作"郁令安"，现据今日通常译法改正。——校勘者注。

[4] Girard, *Mélanges*, 200.

[5] Senatus consulta.

谘议"一词，尤足启吾人信其为意见书，实无拘束之力也。况乎主事官之告令，实际上由主事官自为之。

惟古昔法令之提案，俱须先经元老院之认许，后再征"贵族之同意"，方可悬为法规。此事直至共和末季，亦仍存其旧。法案之方式有瑕疵者，元老院得宣告无效。且在紧急之时，亦得命令停止其适用。因之主事官于适用法律时，元老院得禁止之；惟须经议会之批认耳。但自纪元前一五〇年后，此项手续亦不复存。至共和末季之最后半世纪间，往之限于紧急事项，今则并废之。权力既广，弊害自生，唱议削减其权力之议，时有所闻，但终未见施行。延至纪元前六十六年，法令始规定元老院须有法定人数二百以上之出席，并经大会之通过方得发生效力。[1]惟在行政方面，元老院仍拥有一部分之权力。可得而举者，如对外关系，分配主事官之职务，以及监督宗教团体之职务有关于国政者。至共和末季，且可修正议会或元老院之院例；并任免派往外地服务之人员等。凡此数端，均为砌成帝政时代立法之道路。由此观之，元老院之取得立法权，固非朝夕之功也。

及至罗马政制改体，由共和转入帝政后，元老院遂变为皇帝之议事机关。当奥帝政制之初，元老院之人数限额为六百，每年更换名单。遇有缺职时，则由皇帝任命补缺。至于元老院谘议，曾否有明文规定其法律之效力，吾人难以定评。史家意见，分歧不一。就情理言之，元老院之运用立法权，似在议会失掉立法权之后。此不独于史有证，且有旁证焉。[2]盖斯时元老院之谘议，向无定名。在帝政初期之立法，已别有特殊机关为之起草，元老院之决议不过名义而已，实不关重要也。自兹之后，帝王亦每亲自提案，付元老院决议。此种帝王之提案，名曰议案（oratio）。日久之后，治法之家，咸视议案本身已具法律效力；故元老院之决议，不外一形式耳。惟元老院谘议须在正式记录上经在场表决之元老七人以上之署名，所以证明其效力也。

五、君令[3]

奥帝既将罗马政制改弦更张，君权于是渐扩。往昔帝王，恒在法律威权

---

〔1〕　Willems, *Le Sénat Romain*, II, 118.

〔2〕　详见 Buckland, 14.

〔3〕　Principum placita.

之下，其地位一如统治之官而已。嗣后虽有豁免之法，然亦恒指特种法规而言，固未尝认帝王不受法律之制裁也。迨至第三世纪，君权大张，于是帝王遂凌驾法律之上，不复受制于法矣。

帝王立法之权，在共和末季已开其端，至域特里安帝治下，始完其绪。此时也，君令俨如法规，帝王可以己意裁夺，不受他项机关之制裁也。然在理论上，君令恒不若法规之威严。其后君令渐与法规不相轩轾，此可于当时法家之语意见之。格阿士谓此项君令为"legis vicem obtinent"（取得法律之地位），其后乌尔比安〔1〕则谓之"legis vigorem habent"（具有法律之效力），而在其书之后文改曰"leges esse"（即法律也）。帝王立法权之伸张，于兹见之。更就立法手续言之，尤可知君权之盛张。在帝政之初期，帝王立法时，犹他种之行政，别置机关辅之。及至第三世纪末季，帝王擅立法之权，不复有另置议法机关矣。

迨第四世纪之开始，罗马分为东西二国，各戴其主。惟在颁布法令方面，仍归一律。凡在东罗马颁行之法律，其在西部亦生效力；反之，凡在西罗马颁行之法律，其在东部亦生效力。然以各有其主，遂致法令纷纭，人民莫知适从。狄奥多西〔2〕大帝（Theodosius）乃于四百三十九年间颁行其纂订之法典；并明定其后东西二国之法令，如未有经他方君王之重行颁布者，不生法律效力。第阅时未几，西罗马则归湮殁，而狄奥多西大帝之计划，顿成泡影矣。

惟余于次不可不辨者，则兹所用"君令"一词，涵义较"宪令"为广。盖罗马之法家，其用"宪令"（constitutio）者，概不包括训令（mandata），且有以宪令与批令（rescripta）为对待之名。兹为避繁起见，特以"君令"一词赅之。然罗马帝政时代之君令，不一而已。且各令有其历史，殊不能一概而论。今特为分述之于下：

　　甲、布令

帝王以一统之尊，发施号令，具有法律之效力。故自奥帝之后，布令已有所闻。惟在初时，君主之布令，一如共和时代，不过就当时之法例加以修正，鲜有完全出于创制也。及至皇权日扩，君主立法遂不由旧昔途径。域特

---

〔1〕"乌尔比安"原文作"邬尔宾"，现据今日通常译法改正。——校勘者注。
〔2〕"狄奥多西"原文作"智尔祷寿"，现据今日通常译法改正。——校勘者注。

里安帝时，君主得随意施令立法，不复受限制矣。即在优士丁尼帝之时，此项布令仍络绎不绝，第所涉者，多系公法范围耳。然在较昔之布令，其涉及私法者颇伙，治罗马法者，固不可妄废也。

在共和时代，主事官之任期，仅为一年，且有一定地域，故其布令之效力甚有限也。自奥帝改制之后，易任期为终身，废弛域之限制，于是布令遂有较大之效力，然亦终其身而已。其继任帝王，每将前王之布令重谕其继续效力。年代既久，此项手续，且亦不过一形式。论者有谓此种布令与帝王俱殁，未免言之失实也。或问君王布令之权限何所据耶？曰布令为皇权之一也。不惟此也。其颁布手续，亦由天子一人直接为之，并非假手另一机关。此不可不辨也。

乙、裁决令

君主不惟有布令之权，且有裁决案件之权也。此裁决权包括：（一）鞫审、（二）复审、（三）告审、（四）特审四者。鞫审者，即君主立在主事官之地位，亲为审问当事人也。复审乃上诉审也。告审则由于私人之特别情形诉愿君主殿前行之。特审之权，似为后来之产物，而其权力则极重要。盖无论诉讼程序之若何，君主得以旨意指挥该案之判决。其所示之命令，则为法律。嗣后裁决权渐弛，所有上诉各案另由批令为之。批令犹如吾国今日之司法院解答法律之疑问也。其在罗马，由主事官将本案情节详呈皇上批阅。但裁决令之原来目的，非为制法而设；其后虽渐成法律，为时则甚短也。

丙、批令

批令者，即君主批复在下所询问之事也。其式有三：一曰吏批，君主批复官吏之呈文者属之；二曰民批，君主批答私人之请愿书者属之；三曰君批，即官吏未有呈问而君自为批论者属之。三者之中，要以前二类为伙。批令或以假定事实为之，或不问事实之真伪而仅言法文者。就其用途观之，批令约有四焉。其一为专批法律者；其二为特种案情规定适用法律之条文而不欲为一般之适用者；其三为变更法文具有一般适用情形者；其四为其所批之新法文而在事实上确系错误并不以之适用者。以其如此复杂，执政官吏每感援用之不便。其后虽略有更制，终未称善。即至优士丁尼帝时，批令之适用，仍未见解决也。

六、罗马法家及其解答

甲、法家之职务[1]

在罗马法律史上，法家之地位较任何立法人材为重要，而罗马法之能灿烂千古者，实此辈法家之力也。西塞罗[2]记载前代法家之职务颇详，不惟解答法律上之问题而已，甚至寻常之事，亦叩法家之门焉。[3]但至西氏时代，法家之解答，已限于法律事项。西氏谓当时法家之解答，为法律渊源之一，与其他批令法规有同一效力。[4]西氏所言，虽难免谬误，然其大概情形不无于史有证。今将其叙述职务种类[5]缕列于下，以资借镜焉。

（一）一曰顾问意见，即法家答复私人或法官及主事官之法律上问题也。其形式甚不一致，且可随时随地行之。即法家在公共场所闲步，亦可就之询问焉。[6]

（二）二曰指导意见，即法家指导辩护士如何办案也。惟法家本身只负指示法律适用之责，至于辩护一项，则由辩论家为之。西塞罗乃此辈之杰出人材也。

（三）三曰非诉事项，即法家对于法律上之事项予以正当手续之指导也。西塞罗所言法家常代人民作成法律文件者，意即指此。

除此而外，西氏又谓闻名法家尝兼教导之职。[7]所谓教导者，并非担任教授法律之职。法律教师，乃后来之制度也。当时之法家容或为法律馆之馆主，但其大部分之教导，即在于允许青年学子得亲听其发表意见。因之，此辈青年常藉机会就询问题。法家之受人崇奉，亦可见一斑。

法家之解答，恒用文书为之。若其与诉讼有关系者，则迳送司法官吏或由辩论家转达。此项解答，纯系一种意见，除非有拘束之效力也。[8]然因司

---

[1] Jörs, Römisch, Rechtwissenschaft der Republik, § XX—XXIV. Buckland, Equity in Roman Law (London, 1911) 7 以后。

[2] "西塞罗"原文作"施舍罗"，现据今日通常译法改正。——校勘者注。

[3] Cicero, De Orat, 3. 33. 133 ~ 135.

[4] Cic., Topica 5. 28.

[5] Cic., De Orat 1. 48. 212.

[6] Cic., De Orat, 3. 33. 133.

[7] Buckland, Text—book etc, 27 以后。

[8] Cic., Pro Caec. 24, 67 ~ 69.

法之官，泰半于法令懵然，故法家之解答，每为若辈所遵从。职是之故，法家解释之威力，实非吾人今日所能想象者也。此辈法家，纯系名誉职业，既非官吏，又不若今人之收受公费；其所恃以为活者，恒藉他项职业。虽然，法家之地位，亦非一无利益也。法家之名，既易博社会之信仰，又居社会之特殊地位，故其转入宦途甚易。[1]盖罗马之最荣誉职业有三，一曰军人；二曰辩论家；三曰法家。三者之中，其在帝政时代，尤以法家为最高尚之职。[2]

法家之影响罗马私法，犹不止此焉。此辈有时或为法院之会审官或为主事官之参审员。盖任主事之人员，常非法律之士，故关于法律事项，大多茫然不知，遂不得不赖法家之意见焉。以上所言，皆为法家对于职务上之贡献也。至于法家之著述，影响罗马法尤伟。罗马帝国虽亡，而其法制长存不衰者，端赖此辈之力也。

法家解答[3]之权，初无限制。凡有名之法家，均得发表其意见。至奥帝时代，论者谓经其特准之法家意见，对于案件则有拘束之效力。域特里安帝之后，始规定其效力及于将来之案件。[4]此论有谓系根据史乘之一二断片记载[5]而已，未可全信。然统观奥帝时代之政绩，则难定评。征之历史最早法家取得特准命令者，不外二人而已。一为提比略（Tiberius）年特准之沙敏诺士（Sabinus）；[6]一为第奥克礼充帝（Diocletion）时代者。[7]吾人研究罗马法之目的，为其能示法律之递嬗原则，此种考据，固无若何之重要也。

乙、法家之派别及其著述[8]

当域特里安帝之朝，法家分为二派。考其原因，则由于拉比（Antistius Labeo）[9]与卡必土（Ateius Capito）[10]之个人争竞及政见不同所致。盖拉比

---

[1] D. I. 2，2.37.

[2] Jörs，Römisch，Rechtwissenschaft der Republik，§ XX ~ XXIV. Buckland，Equity in Roman Law（London，1911），页225。

[3] 法家解答 = Jus Respondedndi.

[4] Buckland，Text—book etc，25 以后论此颇详。

[5] "记载"原文作"纪载"，现据今日通常译法改正。——校勘者注。

[6] D. 1. 2. 2. 48.

[7] 见 Krueger：Geschichte der Quellen und Lilleratur des Remisehen Rechts（P. Krueger，2te Aufl），页236.

[8] Roby, Introduction to Digest, cxxvii 以后；Buckland, 27 页以后。Krueger, 160 页以后。

[9] Sohm，Rom. L. 94.

[10] Sohm，Rom. L. 104.

为共和党人，具有卓识天资，富革命性。卡必土则崇奉帝制，趋于保守，服从威权。然其成为法家二独立之门户，恐非朝夕之功也。试观两派之卓越代表，皆为后来之法家。其附和拉比之言论者，称为普鲁鸠鲁派（Proculus）。普氏为涅尔瓦之门从，乃氏则拉比之门人也。其附和卡必土之言论，称为沙宾儒氏派（Sabinus），因沙氏树立门户以与普氏对抗故也。查两派聚讼颇久，但其日趋一致则无可讳言。论者有谓帕比尼安（Papinian）始集二派之大成，实则郁令安之后，此派已无形消灭。[1]况两派所见不同者仅琐细事项，其于要点实未见有何出入也。

自第二世纪至第三世纪之交，罗马法家辈出。最著者有盖尤斯[2]（Gaius）、帕比尼安（Papinian）、乌尔比安（Ulpinus）、保罗（Paulus）、莫特士丁诺士（Modestinus）等，为法界五杰。除莫氏外，各有重要著作贡献。此外尤利安一人，颇负时望。今各为简述之于下：

（一）尤利安（Julianus）[3]之名，虽未为法律引用条例列为特许法家，但其影响所及，则非后人所可逆料也。考引用条例未列入其名者，盖由于其年代过于湮远。尤氏在共和帝政交替时代，数居显职。但其名则殁后益彰，后代君主曾屡次赞扬其才干。尤氏一生发表法律意见甚伙，原文虽未得见，但观阿斐里甘儒斯（Africanus）屡论尤氏之解答，殊令吾人信其权威之大也。尤氏之巨著，首推《会典》（Digesta），内容次序似以布令为蓝本，其关于市民法与司法官之告示，论述颇详。优帝会典所引郁氏之著述，多至五百余段，故有谓优帝之法典编订委员曾用其书为底本，此则未免过甚其词矣。吾人细玩尤氏之著作则可知所以得时人之赞许者，要在其文笔之畅达，识地之深广，与夫认定法律观念之具有时代化。后人有称郁氏为时代之造者，诚非过言也。

（二）盖尤斯（Gaius）[4]之年代，迄今尚无可考。但其在罗马法律史上，颇占重要位置。盖氏生时，殊未见有何显要。征之当时法家言论，鲜有述盖氏其人者。惟自盖氏殁后，其名日噪。法律引用条例并列其名为五大法家之一。则盖氏著述之为后世推重，可以见矣。盖氏著述颇伙，其最受后人赞许者，乃为一部法律纲领。其后优帝编辑之法律纲领，泰半根据盖氏之书

---

〔1〕 Kipp，Geschichte der Quellen，3 te Aufl. §18.

〔2〕 "盖尤斯"原文作"格阿士"，现据今日通常译法改正。——校勘者注。

〔3〕 Buhl，Salvius Julianus.

〔4〕 Roby，Introd. to Dig.，elxxiv 以后；Glasson，Etude Sur Gaius；Ledlie，Great Jurist etc, 38.

成也。有谓私法之分类，为盖氏所倡。在其法律纲领一书共分三篇：一曰人法，二曰物法，三曰诉讼法。后儒多崇之。迨考之史承，盖氏之分类，似为因袭前人，实非格氏所自创也。

（三）帕比尼安（Papinianus）[1]之一生，曾居显要官职。有谓帕氏与在朝帝王塞维鲁[2]（Severus）有姻亲关系。适卡劣卡拉（Caracalla）帝之朝，帕氏推却发表关于谋杀 Geta 之证言，遂遭杀戮而终。帕氏殁后，其名大噪。后代法家，群推帕氏为空前之大师。法律引用条例特标帕氏之言论具有最大权威，其声价之重，于此可知。优帝虽废弛此种无理由之引用条例，然其推崇帕氏之言词，则一如前代。后世法家，始稍易其观念，有认尤利安帕氏之上。惟帕氏之为当代显要法家，亦非无因。查帕氏秉性温和，议论中肯，终生未施诡谲。其致名之由，此实居多。所发议论，则力求简括，故言不妄发，此亦帕氏思想之精透有以致之。帕氏著述不多，其中以《法律问答》一书为最佳，于学识之批评，别具卓识，固非时贤所可望项也。

（四）保罗（Paulus）[3]与乌尔比安同时，较帕比尼安为后。斯时罗马有此三法家，其蓬勃气象，实开空前绝后之历史。包氏数居最高官职，久为帝国议会之人员。包氏善著书，法律会典引其文者约占全书六分之一，实不亚于乌尔比安。其名亦为法律引用条例列入五大法家之中。优帝之前，保氏著作早已见重于人君，声名之隆，远乎盖尤斯之上。惟后儒意见纷纭，莫衷一是。有谓包氏具有超绝学识，聪颖天资；有谓保氏不外一编纂家，未见有何卓识。然就保氏遗下之著述观之，保氏酷好论评，尤喜比附事例，读其书者，恒能见之。

（五）乌尔比安（Ulpinus）[4]亦如保氏，数居权贵之职。曾一度流逐，后遭司法官之杀。乌氏著作占优帝法律会典全书三分之一。故保乌二氏著述，实居会典之半。乌氏既可扩览前贤之著述，兼以卓越天资，故可运用之于尽致。乌氏犹吾国之韩非，其学识虽不远过前人，然其集法家之大成，则厥功不可谓非伟。罗马法学之进展，至乌尔比安而迄止境。在中世时代，甚有月乌尔比安之名以代表罗马法者，乌氏声价之重，当可知矣。

---

〔1〕　Roby , Introd. Exci；Costa, Papiniano, 13. 以后。

〔2〕　"塞维鲁"原文作"舍勿罗士"，现据今日通常译法改正。——校勘者注。

〔3〕　Roby cci；Fitting, Atter and Folge , 81；Ledlie , etc.

〔4〕　Roby , cxcvi；Fitting , 99；Buckland , 31.

丙、法学之衰落

吾国法学，盛于周秦，至韩非而集大成。韩氏之后，法家不复再见；有之亦不外祖述先人之说耳。一观罗马，其法学之登峰造极亦至乌尔比安而止。乌氏之后，除马施安（Marcian）及莫特士丁诺士（Modestinus）外，他无闻焉。莫氏之名，虽亦为法律引用条例列为五大法家之一，然非一超等人材，未可与前贤比拟也。越百年，有亚揩地士（Arcadius）与黑莫更年士（Hermogenians）二人之著述，会典亦数见其言，但于罗马法律之阐发，毫无重要。罗马法之全盛已成过去。故后之视昔，犹叹羡不置也。[1]

罗马法学衰落之原因，论者不一。或谓罗马法律至乌尔比安已如昙花之怒放，无须继续之阐明矣。作此言者，其知法律之为物乎？法者所以治乱求平；故必与群俱进。因时立法，即此之谓也。群之进化既无已，则法之适应亦何可止耶？且一观罗马法学衰落之秋，正新兴耶教长驱直入之时，其影响罗马人之思想自不待言。[2]试一阅此时期之罗马法律，其变动较昔尤烈。治法之士，满布士林，但法之为学，已不复为时贤所崇奉矣。其所以然之故，缘由罗马自一统以来，势力膨胀；人安于习，著华日甚；升平之世，渐如斜阳之日落。及至海内鼎沸，战争连年，潮流所趋，渐以富贵为荣，势利是逐，人不谈法。故自罗马帝政之一二百年间，法学之所以蓬勃如春笋者，良以天下升平故也。及至战乱，天下纷扰，有为之士，多投笔从戎。致治法之士，率为庸常之辈，遂不复有柏禀尼安之一流人物矣。

丁、法律引用条例之颁布[3]

法学既日趋衰落，后继无人，于是前贤之著述，益见重要。昔孔子作《春秋》而乱臣贼子惧，删《诗》《书》而后贤遵从。此盖孔子殁后，继起之人，未有若夫子之圣也。罗马法学，则自乌尔比安之后，法家不复出世。其后治法之士，多狃于前人著述，或断章取义，或拘泥文字，遂使司法之官，茫然无措。至纪元后三百二十一年间，康士坦庭大帝（Constantine）乃下令关于乌氏之一部分注解及保罗之帕比尼安注解不得视为权威。[4]就此命令观之，吾人当可推知乌保二人之注解曾为当代之推崇，或因前代帝王有明文定

---

〔1〕 参看 Buckland, Text book etc., 33. 以后。

〔2〕 Krueger, Rom Recht sq；页二百九十七。

〔3〕 见 Codex Theodosianus 1.4.1～3.

〔4〕 C. Th. 1.4.1.

其权威。迨至三百二十七年间，对于保罗著述之效力，亦为承认。[1]然亦未见包括上述之注解也。自兹以还，法律上之争论问题，咸由帝王命令决之。然其取舍之标准，亦惟前贤之著述是判耳。直至四百二十六年始颁布《法律引用条例》，罗马法学之进展，亦止于此。该条例之内容，约有三端：[2]

（甲）凡帕比尼安、保罗、格阿士、乌尔比安及莫特斯庭诺士五人之著述，均有拘束效力：司法官吏得援用之以定案。但乌保等人之帕比尼安注解，不在此限。

（乙）凡前条规定之法家，其著述中引用前代法家之言论如施揩华拉（Scaevola）、沙宾儒（Sabinus）、尤利安（Julian）、马舍鲁氏（Marcellus）等人者，其引文具有同等之效力；但若其著作年代湮远而致疑者，得就原著比较之。

（丙）遇上举法家之意见有出入时，从多数；遇意见平分时，从帕比尼安。如帕氏著述未有涉及者，则由司法官吏酌情定之。

自此引用条例颁布之后，法官于适用法律方面较前称便。但罗马法学之衰落，亦随此引用条例而来矣。盖继起之法家，其言论已不复为法曹所注视，于是治法之士，渐移他业。此实为罗马法学衰落之重要原因也。且条例规定各点，不尽合理。盖同一问题之解答，若遇法家意见分歧时，当以理由最足者为适用之标准，方不悖乎情理。而引用条例对于此点，则只以意见多少为定评，此已谬矣。乃又规定柏氏之著述，遇双方意见同等时，认为有拘束效力，是亦武断之至。逮狄奥多西帝之朝，圣上酷好律学，曾一度创设法律学院，计划编辑法典工作，乃以人选俱属庸辈，致其原定计划，终未全部实现也。[3]至优帝时，始设立编辑法典委员会从事法律之编订，引用条例之效力，至是乃告一段落。

七、优士丁尼帝之立法事业

优帝之毕生事业其最值后人敬仰者，厥惟编订法典一举。登极未几（五二七年），彼即厘定整理法律之计划。但细观优帝与脱来旁宁（Tribonian）之

---

〔1〕 C. Th. 1. 4. 2.

〔2〕 C. Th. 1. 4. 3.

〔3〕 C. Th. 1. 1. 5.

关系，优帝对于立法之兴趣，似为脱氏所激成也。

优帝所编订之法典，其完成者约有下述数项：

（一）《第一法典》当五百二十八年间，优帝选派委员厘定一宪令之立法典。其编订原则有四：1. 凡现行宪令典章已废弛者，不得编入；2. 其应修正者，修正之；3. 其应重新释明者，释明之；4. 所有宪令应依其类编入，其不能编入或不宜编入固有之项目者，别类改正之。[1]未几，此事遂寝，只给吾人今日为读史之价值而已。

（二）《法律会典》[2]此系就历代法家之著述择其要者列入。优帝于五百三十年之时，选任委员十六人，以脱来旁宁董其任，专事编纂。[3]其厘定各家之学说，依照下列二原则：

1. 凡曾经赋与权威之著述者，均得斟酌编入。故其取舍范围，固不仅五大法家也。就编纂内容观之，其出于共和时代之法家者，计三人：曰施凯荷拉（Q. M. Scaevola）曰阿发糯士（Alfeuus）曰嘎鲁士（Aelius Gallus），余均出于帝政时代法家之著作，其中乌尔比安与包罗之著述约占全书之半；次则为柏禀尼安与郁令安二人之著述。故会典所引法家虽有三十九人之多，而其中除共和时代三人及二百五十年后之三人外，均为三世纪初叶之人物；亦可见罗马法学之盛衰段落矣。

2. 《会典》之编辑次序，以依郁令安之布令为原则。其不能依照者，始得别辟蹊径，分类列入。委员会对文词引句虽力求贯串，然矛盾之处，亦随时可见。《会典》一书，固为吾人治罗马法之最重要资料，但其中何者为古代罗马法，实难定评。

《会典》全书，计分七篇五十章，每章又分若干节。但第三十章至第三十二章，则未见分节也。第一篇计有四章，所载均系诉讼手续方面，如法院之管辖，开审，及辩护防卫等。第二篇计分七章，所载关于审判及其他事项，如奴役赔偿诈欺等。第三篇计分八章，专述物权及其契约。第四章则为特种物权之设定，兼载婚姻监护等事，共计八章。第五篇为九章，专载遗嘱。第六篇分为八章，关于继承，奴役，债权等之特别事项，均胪列之。第七篇分

---

〔1〕　见 Const ，"Haec quae necessario"．

〔2〕　版本以德人 Mmmseno 所校者为最精，凡二卷。

〔3〕　见 Const ，"Tanta" 9.

为六章，大致为契约与侵权行为之规定，末兼载犯罪，起诉及解释等。由此观之，所分篇数，决非依照事物之性质者，其分类大约因事实上与分配上之便利而为也。[1]

（三）《法律纲领》之编订，约在编订《会典》之末一年，但与《会典》同时颁布。此书之目的，在供习法者之用。优帝定为法律学校之教科书，其取材大致因袭格阿士之法律纲领。[2]惟优帝之书，其范围较文，且就内容观之，除格氏书外，尚有弗罗兰丁诺士（Florentinus）、乌尔比安、马施安等人著作之加入，而取自柏稟尼安者，亦灼然可见。优帝不惟列此书为教科书也，且明定其有法律之效力。[3]教科书具有法律效力，诚亦千古之创例也。以其为有法律效力之故，致与会典相互出入者时见，[4]徒滋纷争。若论优帝之《法律纲领》，不外一部系统的叙述现行法，兼以历史之说明而已，其叙述实不及格氏书也。

（四）《法令汇编》[5]自《第一法典》颁布之后，新法令又日见增多，于是优帝又命令修订，此则吾侪今日所有之修订本也。当时之修订委员计有五人，亦由脱氏主其事。其编订原则约与编辑《第一法典》相同。内容虽力求一致，但亦未见其能实现也。汇编专载现行法令，而其效力亦以至编订时为限。汇编成于五百三十四年，全书分为十二篇，又分为若干章。其法令性质包括寺院法、高级官吏之职务、私法、刑法、行政法等。法律会典与法令汇编宜并时参照，盖前者之所详，或为会典之所略。学者多病之。

（五）《新宪令》[6]自优帝编订法典告成功之后，原冀为后世之师表，不必再求新令。庸讵知法律之演进，又非优帝所能逆料耶？阅时未几，新令之继续颁布者，与年俱增。此新布之宪令，又集为一编，名曰《新宪令》，所以别于智尔祷寿帝法典也。《新宪令》所收集者，大抵公法居多，然其涉及私法之部分，亦甚重要。盖自脱氏法家殁后，私法上不惟时有更改，且废弛旧

〔1〕 关于会典之研究要以 Roby's Introduction to the Study of Justinian's Digest（Cambridge，1884）为最简赅。

〔2〕 见 Const，"Imperatoriam" "Tanta" 11.

〔3〕 见 Const，"Imp" 6.

〔4〕 试取 Inst. 3. 15. 3 与会典 4. 6. 43，较之，则可得矛盾矣。

〔5〕 法令汇编——Codex Repetitae Praelectionis 以 Krueger 所编者为最良版本。

〔6〕 新宪令——Novellce constituitiones；以 Schoell 与 Kroll 所编者为佳本。

理，阐明新理者，亦颇可观。今本之新宪令，乃后人就前各家所收集者汇订之，已非其真相矣。

（六）优帝《法典》之施行。优帝编纂《法典》之初，原冀颁布之后，全罗马之司法得以统一，然以东西二罗马之分治及人民习惯之牢固，故优帝《法典》终未见全国奉行也。即就优帝施行《法典》之东罗马而言，习惯依然越法而行。至于帝国之边陲，更无论矣。且在优帝《法典》之前，民间已有 Syro—Roman Law 一书流行。[1] 是书不惟集汇旧罗马法例，且亦兼载大部分之外国法也。自优帝法典施行之后，是书依然援用。论者谓在第七世纪期间，优帝法典已成具文。逮第十世纪之初，希腊文之优帝《法典》于焉出现，[2] 末附学说一篇，盖为第六世纪以后注释家之编订也。

以上所述，乃就罗马之明文法言之。然以罗马之大，历史之久，习惯固随地域异也。况一国法制，不能尽举人事而厘定之，其有待于地方或人民习惯之解释辅用者，盖彰彰甚明。故在罗马共和及帝政时代，且有认定良久之习惯足以废弛明文法律之举。惟在康士坦庭帝时，曾命令法律与习惯抵触时，依明文法律之规定。其后会典一书，所收律文，骤观之，似与康帝之命令相反。然详察康帝之所谓习惯者，乃指地方习惯言，而汇纂之习惯，则指全国习惯。故无所谓矛盾。

---

〔1〕 见 Sachau，Syrische Rechtsbücher.

〔2〕 Krueger，Röm Rechtsq.，415 页以后。

罗马法上几个问题商榷之一[*]

丘汉平

客有示不佞周枏、路式导合编之《罗马法讲义缘起》一文。展读之下，欣领二氏对拙著罗马法褒奖之余，蒙加指出缺陷颇多，使不佞增厚比门学问研究之兴趣，而在学术衰落之中国，得于同道为文字上之讨论，减少孤独之痛苦，诚属快慰！本文之作，非为答复二氏之批评，不过欲提出一二问题以与二氏相互切磋耳。

一、元老院之立法权问题拙著谓

"初时关于法令之提案，俱先经元老院之认许，后再征'贵族之同意'（周路二氏对此加以疑问记号），方可悬为法规，此事直至共和末季，仍存其旧"。周路二氏提出其意见曰："但依吾人所知，罗马初时之立法，系先由议会通过，嗣经元老院批准。纪元前339年，菩布利利亚斐罗尼士法（Lex publilia Philonis）始规定，由军伍会议（Comitia centuriata）通过之法律，只须于付议前取得元老院之同意。迨纪元前289年《霍尔腾西亚法》（Lex Hortensia）[1]（有谓西纪元前286年～289年间通过）予'平民会之决议'（Plebisicitum）以法律之效力，无须得元老院之参与。于是元老院对其他议会之立法权，亦失节制之权。此项变化，固有共和时代之事也。"窥周路二氏之意，似以其说为定论。然据不佞之所知，近代研究罗马法之学者对此问题别有说焉。

首先，"贵族之同意"系就拉丁文 auctoritas patrum 移译而来。拙著对于名词均以括弧为记号，以示未敢认为十分妥善。此外又参酌名家之注解以资

---

    * 本文原刊于《法学杂志（上海1931）》（第9卷）1936年第2期。
    〔1〕 "霍尔腾西亚"原文作"贺尔吞夏"，现据今日通常译法改正。——校勘者注。

会意。谬赫（Muirhead）著之罗马私法史三版第 79 页增注七对"贵族之同意"予以解释曰"By auctoritas patrum is appaiently here meant the sanction of the patricians"。

其次，二氏以"此事直至共和末季，仍存其旧"为不近事实，故征引纪元前 339 年及 289 年两法令以为证，而其结论则"此项变化，固皆共和时代之事也"。不佞所述"共和末季"，当然亦为"共和时代之事"。再查菩布利利亚斐洛尼士法及霍尔腾西亚法乃对平民决议案之效力加以规定，而非为元老院之整个立法权问题。拙著所言者为"法令"。究非单指平民之决议言也。周路二氏亦曰"罗马初时之立法"，当然指一般立法而言，其非平民之决议一事，已可概见。即就平民决议之效力一项考之，近代研究罗马法学者对《霍尔腾西亚法》通过后之效力如何，各家意见互有出入。如索尔陶[1]（Soltau）在其《平民决议之效力》一书（*Gulikeit der Plebiscite*）第 45 页及第 47 页指通说摭拾贺法为定案非是。

复次，元老院之立法权，近代权威学者均确定并非自霍尔腾西亚法通过之后，即失节制之权。讨论见 Mommsen，*romisches Staastsfrecht*，3，1037 以下。法译本可见 *Girard's Le Droit Public Romain*，p. 236 以下。英儒巴克兰参酌史料及各家意见为言曰："Another point to note is that in early times all project's of law were first approved by the Senate and bad，after enactment，to be approved by the *Patres*（*auctoritas patrum*）before they because law. It is not necessary to go into the confused story of the disappea – rance of these requirements as matter of law；the important for us is that theirs is good evidence that this consulta – tion of the Senate continually occurred as a fact in the later Republic. Further，the Senate could declare any law invalid for defect of formality or disregard of auspices." Buckland，*A Text – Book of Roman Law*，p. 13.

二、法家解答之效力问题

拙著以奥帝始规定法家解答之效力。周路二氏谓"奥帝当系哈帝之误，因在奥帝时，不论其有无公开解答权（jus publice respondendi）之法家之意见，不论其彼此之意见，是否相同，均无拘束之效力。丘氏所述之规定，即

---

〔1〕"索尔陶"原文作"苏兰陀"，现据今日通常译法改正。——校勘者注。

始嘎尤士（Gaius）所言之哈帝宪令也"。关于此点，不佞对于二氏之结论"均无拘束之效力"，敢略就管见所及提出一商榷焉。

奥帝开始规定法家之"公开解答权"已为一般研究罗马法学者所考订不讳。惟以会典中载有 Pomponius 之言曰："Et ut obiter sciamus, ante tempora Augusti publice respondendi jus mon a principus dabatur, sed qui fiduciam studioum suorum habebant, consuientibus respondebant：neque responsa utique signata dabant, sed plerumque iudicibus ipsi scribebant, aut testabantur qui illos consulenbant, primus divus Augustus, ut maior inris auctoritas haberetur, constituit, ut ex auctoritate eius responderent：et ex illo tempore peti hoc pro beneficio coepit."
D. 1. 2. 2. 49. 及优帝制《法律纲领》第一篇第二章第八段，与嘎尤士第一篇第七章所载文义上互有出入，遂引起法学解答之效力问题。巴克兰（Buckland）之言曰："The majority of writers however still hold to the view that it was Augustus who gave *responsa* binding force, and they explain the text of Gaius as meaning that Hadrian settled a difficulty which had arisen where conflicting opinions were given by equally privileged jurists. Apart from the foregoing texts this rests partly on a text of Seneca, written before Hadrian's time, which says incidentally that *responsa* of jurists *valent* though no reasons are assigned, and partly on a priori consideration such as the consistency of the device with the general policy of Augustus."（Buckland op. cit. pp. 23 ~ 24）。巴克兰个人虽对此多数学者之结论未敢深表赞同，却抒其己意曰："On the other hand the method of attaching the jurists to himself and making their power appear an emanation from his own, by giving the chief among them a sort of patent of precedence, which would inevitably in the long run mean *defacto* authority, was exactly on his lines……It seems clear that whatever the nature of Augustus' change it did not for unprivileged jurists from giving *responsa*'."
巴氏因未敢自认为是，故加以注曰："Of recent wri - ters Karlowa, *R. Rg.* 1. 660 and Krueger, Rim Reechtsq. 121. Hold that Augustus made them binding for the case Girard, Man. 79, inclines to this view but only as the more probable. Kipp, Gesch. D. Q. 110 and Cuq. Man. 53, reject it. Jars, Qullen 84, seems to leave the matter open."佐乐韦克志（Jolowicz）罗马法专家也，大体言之，亦从巴氏之言论，但引证 Kipp 以抒其意曰："It may be that an undesirable practice had grown up of citing the text of works published by a patented jurist as if were the text

of a statute and so binding in itself, and that Hadrian's rescript was intended to make it quite that only a definite common opinion to be discovered from the works of the jurists was to be taken as law. This would have been a restatement of what was already true during the republic, when the interpretatio of the jurists made civil law, with the important restriction that now only the opinions of those who had the jus respondendi were to count. " 并引 Wlassak, Prozessormel, 41. note 3 以为附注其言之出处。谬赫（Muirhead）为研究罗马法律史之专家，其大著罗马私法史有法西意等译文，对本问题亦如此言曰："The right of responding under imperial authority, first granted by Augustus and continued by his successors down to the time of Alexander Severus, was something quite different, and did not imply publicity……What it was presented ——for the judges were but private citizens, most of them unlearned in the law ——was bound to adopt it as if it had emanated from the emperor himself……Augustus does not seem to have contemplated the possibility of conflicting responses being tendered from two or more jurists equally privileged. " 见 Muirhead, *Hist. Int to the Private Law of Rome* (3rd revised ed), p. 282. 不佞之不惮引原文者，旨在阐明各家之意见，以示此问题非简单也。

其次，周路二氏谓拙著所言"康斯但丁大帝乃颁布令关于邬氏之一部分注解及包罗之柏禀尼安注解，不得视为权威"，认为原法令，"并无邬氏一部与全部之分"云云。此点殊有误解拙著之文意。盖拙著所言乃"邬氏之一部分注解"，并非指"邬氏之柏禀尼安注解之一部分"，此可参阅拙著52页"但邬包等人之柏禀尼安注解，不在此限"，则可明了。且查邬氏之注解，除关于柏氏外，尚有麻斯罗氏注解（Marcellus），固不仅对柏氏之注解而已，拙著言其为邬氏之一部分者，以别于麻氏之注解。行文之间，此或易引起读者之忽略，要亦不佞在序中所谓"晦涩之处"也。

复次，拙著言法律引用条例所载法家之著述，司法官"得"原因以定案，颇为周路二氏所非议，谓"得"字之文义将视为"随意"之解释，于此吾有说焉。夫法律引用案例之制定也，其主旨厥在规定前代法家之著述孰者具有权威，以为司法官吏有所适从，固非"强令"司法官吏必须援用也。易言之，苟司法官吏有援引法家之著述以定案时，则以此引用条例所列举之法家著述为限。倘改为司法官"应"援引以定案，则其当然之解释，将谓司法官审理任何按键必须援引法家著述以定案，显非引用条例之本义，固毋待喋喋也。

要之，罗马法之问题甚多，往之视为事实者，今或阙疑焉。彼毕生精力于此门之学者，尚未能得其全豹。不学如余，又安敢自信所言为无误耶？既承周路二氏之提出，拜领之余，谨为文略抒管见焉。

罗马法役权之研究[*]

丘汉平

一、役权之定义

役权（servtius，英文 servitude）为他物上权（jura in re，即 a real right in another's thing）之一种，为一定之土地或人役使他人所有物为目的之权利。[1] 凡罗马法系诸国，皆承认役权之存在（指人役权与地役权而言，详后）。因役权有为一定之土地或人之利益而存在，故其利益因为土地与为人而生性质上之差别。盖一为土地之关系，以增进有役权之土地（即需役地，详后）之使用为目的；其一为人之关系，对于一定之人与以终身间得使用某物之利益为目的。故吾人不能将二者混论也。役权之使用，随役权之种类而不同：

（甲）有为一种之收益权；（详后）

（乙）有为单纯之使用权；（详后）

（丙）有为一种之禁令权。（详后）

但仅就定义而判断役权为之何，则陷于执一端以断全局之弊。故吾人欲知何为役权，不可不问其性质也。[2]

二、役权之性质及其与债权之异殊

役权之性质有四：

（一）役权为物权，故役权对于物有直接之支配权也；

---

[*] 文原刊于《法学季刊（上海）》（第 2 卷）1925 年第 5 期。

[1] 参阅 *Mackeldey's Roman Law*，Dropsie 译一八八三年版，第二百三十七页。

[2] 关于罗马法役权之定义，梭姆言之颇详，可参考之。*Sohm's Institutes of Roman Law*，英人 Ledlie 译三版第三百三十九页。

（二）役权为他物上权之一种，故役权仅于他人所有物之上而存在也；

（三）役权之目的为便益需役权利而设，故得使用他人之物至适当限度也；

（四）役权无限制他人所有权之行使也。[1]

役权与债权（obligatory rights）有根本上之殊异：凡依债权关系而使用他人之物，非物权也——即非役权也。例如甲乙依契约之规定，由甲租其地与乙，此为债权之关系，其效力仅可拘束契约之当事人，对于第三者绝无生效。易言之，则乙对甲有使用其债权的使用权而已，乙得令甲以其地为其使用，而不能直接行使其权于物之上也。兹举其重要不同点于下：

（一）役权既为物权之一种，则对于物上有直接之支配，以物为目的；而债权为支配人之行为之权利，以人之行为为目的；[2]

（二）役权有追及权，债权无之；

（三）物权的使用权，所有者对于使用权利者仅有消极之义务；而债权的使用权，所有者负有积极的义务。

三、役权之一般原则

役权为罗马市民法（jus civiles，梭姆释曰 the Law of the city）最先承认之一种他物权，[3]故役权之一般原则，多可实用于其他物权（jura in re）。

（一）役权既为他物上权，故权利人得于物上直接行使必要事项。若被行使役权物之所有人或第三者有阻碍时，彼权利者得对抗之。[4]

（二）役权既为他物上权，详言之，即此项物权之发生，乃存在他人物上，故被行使役权物之所有人于其物上不能有役权也（nulli res suaservil）。

（三）役权为他物上权，故甲愿以其物供乙使用，不得称为役权也。因役权必须存在于供役物之上，非存在于供役物所有人之行为也。但如物之所有人，愿以其物供他人之使用，则发生债权关系，然非役权也。[5]

---

[1] 见梭姆之《罗马法》第三百三十九页，又马克尔特之《罗马法》第二百三十七页。

[2] 见梭姆，第六十节第三百零七页。

[3] 见 Mackeldey's《罗马法》第二百三十七页。关于役权及他上权之讨论。可参考 Savigny, *vam Basitiz*, p. 118; Unterholzner, *Verjahrungslehre*, Vol. 2, §191.

[4] 同上参考书同页。

[5] Sohm's《罗马法》第三百零八页。

（四）役权为他物上权，而此供役物权必为有体物者，故役权不能设在役权上，因役权为无体物者。

（五）役权必为需役人或需役地之便益。

（六）收役权之负担者仅负消极之义务。

四、役权之种类

役权之种类，举其大者约分为二：[1]

（甲）人役权（personarum servitus 即 personal servitude）即为一定之人之利益而存在之役权也。故遇权利人死后，人役权则归于消灭。

（乙）地役权（praediorum servitus，即 real 或 practical servitude）即为一定之土地之利益而存在之役权也。此役权之利益，吾国称为便益，受便益之地曰需役地（praedium dominaus，英美法称曰 dominant land）供便益之地，曰供役地（praedium serviens 英美法称曰 servient land）。

上列二种，不过举其主要者，兹二种又分数类，请示于次：

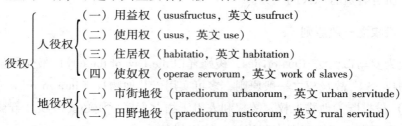

役权
　人役权
　　（一）用益权（ususfructus，英文 usufruct）
　　（二）使用权（usus，英文 use）
　　（三）住居权（habitatio，英文 habitation）
　　（四）使奴权（operae servorum，英文 work of slaves）
　地役权
　　（一）市街地役（praediorum urbanorum，英文 urban servitude）
　　（二）田野地役（praediorum rusticorum，英文 rural servitud）

以下逐一述之：

（甲）人役权

人役权者，即以他人之物供自己人之便益之权利也。其与地役权不同者：则地役权为供一定土地之便益而设，人役权为供一定人之便益而设也；前者之时期每较后者长，大凡人役权以特定役权人之终身便益为最长期限也。人役权具不可分之性质（indivisible）。何以言之，则权利人不得分开其役权与第三者。简言之，仅权利人享受此人役权也，[2]故人役权因权利人死后而消

---

〔1〕 英美法分 Easement 为（一）Easement appurtenant to land ；（二）Easement in gross。吾国民法物权编，仅承认地役权之存在，无所谓人役权也。

〔2〕 人役权不可分之性质云云，乃谓权利人不得以其人役权卖与他人，而已人与役权绝对分离也，若其权利租与他人，不得谓人役权分开也。

灭。然亦可遗留与其继承人者，惟此须有明白契约之规定方可。[1]据罗马法，人役权只有上列四种。兹分言之。

第一，用益人役权

（一）用益权之性质

用益人役权者，以他人之物供自己人使用收益之权利也。凡行使用益权物上之一切副产及利益，用益权人得使用收益之；惟不得损害权利物，致有不利于所有人也。[2]不论动产或不动产，皆得为其目的物。就不动产言之，对于土地家居均得设定人役权。此点与地役权不同，盖地役权专限于土地也。受此利益之人（彼仅有 fructuarius 或 usufructurius 或 usufructury），物之所有人（彼仅有 nuda proprietas，即 naked property）曰 proprietarius s. dominus proprietatis，行使用益权之物曰用益权目的物（resfructuaria）。[3]

（二）用益权之目的

古代罗马法（即市民法 jus civiles）谓供用益权之目的物须为"不可消费的"（inconsumable thing）。至于动产或不动产，法律则不问也。用役权之设定，原为他人之暂时便益而设，权利人对于目的物无处分之权。于权利消灭之时，应将目的物退还原主（所有人）。故权利之目的物如为"可消费的"，则用益权消灭之后，所有人不能收回其物。此用益权之目的物仅限于"不可消费的物"之理由也。惟后来之罗马法，[4]将用益权之目的物推广至"可消费的物"，遂有真用益权（verususfructus）与假用益权（quasiususfructus）之别。何谓假用益权？吾今举一例言明之。设甲与乙五百瓶之酒，乙得此酒为"可消费之物"；据上述理由"用益权之目的物须为不可消费的物"，则此例之乙不能得有用益权，盖所有权已于交付时移于乙。但法理上则不照此解释，乃谓乙为附有条件之所有权，于其死后应还甲以同量同质之酒或同等之货币

---

[1] 虽人役权可以明白契约规定遗留与其继承人，然法理上仍视前之人役权因死后而消灭；继承人所得之人役权，视为新设定之役权，而非继续前人之人役权也。（见 Mackeldey《罗马法》第二百三十九页注三）梭姆谓人役权"for Life, at most"（见其著《罗马法》第三百四十页至三百四十一页）。

[2] 马克尔特《罗马法》第二百三十九页及梭姆《罗马法》第三百四十页。

[3] "若行使用益权目的物变换原始状态，例如葡萄园变成矿区，用益权因此而消灭。且也，用役权人对于目的物，仅能享用收益物上之必要利益，不能任意滥收物上之全般利益也。……"梭姆《罗马法》第三四〇页。

[4] 始于何时，则无可考。请阅 Hugo Gresch, des Röm Recht, 第三六四页。

价值。故其结果与上述之真用益权同也。但严格言之，此不得谓之用益权，以其目的物不仅收益，且消费之。故称为"假用益权"，以与真用益权区别焉。用益权之特质，为用益权人须与目的物之所有人相当抵押品，以为担保权利消灭时，权利者将目的物退还所有人之履行。如有损坏等情，由用益权人赔偿也。

（三）用益权人之权利

用益权人之权利如下：

1. 得使用收益目的物上之特定必要利益，惟不得伤害或损坏该物之本身。于用益权开始之时，如用益权物上之产物未曾被所有人收益，彼用益权人可收益收用之。在役权行使期内之产物，亦归用益权人收益使用。然若至权利人死后或他原因而使用益权消灭，用益权物上之产物未曾被权利人收益，则此项产物因役权消灭归给主物所有人，用益权人之继承者不能藉口收取也。

2. 得使用主物之一切附属利益。[1]

3. 得以其用益权租与他人使用而取报酬。但用益权本身与用益权人为不可分之性质，故彼不得让与第三者，与其本人脱离也。

（四）用益权人之义务

用益权人虽有上列之权利，然亦有相当之义务在焉：

1. 负主物之一切租税及其他负担。

2. 负保护主物之义务，不得伤害或毁坏之。如物有损坏等情，用益权人须负赔偿之责。然若主物之维持及修理费过重时，彼可放弃其用益权，以免除此负担也。

3. 至用益权终止时（即消灭），用益权人应将主物退还其所有人。

4. 当用益权成立时，用益权人须与所有人相当之担保品为担保其履行上列之义务。此项担保品，于用益权消灭后，并已将主物送交所有人时，归还用益权人。如用益权人在用益权成立时，不将担保品交给所有人，所有人可向法庭请求被告退回主物或迫用益权人交出担保品。

（五）假用益权人之权利义务：

1. 得消费主物之全部；

---

[1] 此项根据马克尔特《罗马法》第二四〇页。

2. 于用益权终止时，应交于所有人同量同质同之物，或同等货币价值；

3. 于用益权成立时，交给所有人相当之担保品。

第二，使用人役权

使用权者，使用他人之物，依其性质之可能，以达己人之必要之权利也。由此定义，即可窥见使用权之权利人，仅能使用，不得收益，故权利人不得租借或转让其权利。此与前所言之用益权不同也。但使用权人于权利成立时，同如用益权，须交付相当之担保物与所有人，以保其履行义务。如有不履行义务，或破坏主物之行为，所有人得要求赔偿也。当权利消灭时，使用权人应交还主物，同时，所有人退还担保品，此与用益权同也。使用权亦因权利人死后而消灭。然若设定期限较此为短，则因期满后而消灭。此毋待赘言也。

第三，住居人役权

住居权者，住居他人之家居之权利也。表面上观之，此似与上述之用益权及使用权同。然其实则有数不同之点。在使用权或用益权之权利人，得自己定夺屋内之居住情形，不受所有人之干涉支配，但居住权之权利人，则无自己定夺之权利，听屋主之支配。惟住居者得退让出租其所余房间与人。住居权之设定，为使住居者能自己维持为目的。故此种役权，不因暂时落空而消灭，此与其他人役权不同之一点。

第四，使奴人役权

此为罗马法人役权之一种，现世各国均已取缔。使奴权者，使用他人之奴隶或奴仆，以达己人之便益之权利也。如本人不使用时，得租借他人以收取酬金。然其期限仍以原来之权利人终身为最长期限。例如甲得有使用乙之奴隶权，甲因本人现暂时可不用，出租与丙，收取报酬，若甲死后，则此项役权立即消灭。至于权利人与丙之契约，系被二人之事，不能因此而延长期限也。使奴权同如住居权，不因"不用"（non—usus）而消灭，虽 capitis deminutiominimum，亦不发生使奴权之丧失也。

以上四种人役权，为罗马法之重要者。欧洲大陆诸国，至今有存此种人役权者。惟于使奴权一项，则各国立法取同一之趋势，否认其存在也。欧洲学者，谓此三种人役权之存在，大足酿经济上之弊害。各国因古来之惯习传下，未能即改，仅特设法规以防闲后新民法成立时，则废除之。故今日之日本民法，无所谓人役权之存在也。但日本有所谓入会权，似为人役权之流亚云。[1] 吾国民法，系仿照日本，故亦无人役权之规定。

（乙）地役权

（一）地役权之性质

地役权为他物上权之一种，以他人土地供自己土地便益之权利也。地役权有二要素：（1）需役地，即受他之土地供己地之便益者也；（2）供役地，即供给他人土地之便益者也。此二地必须接近——虽然不必毗连——又必因实际情形有设定地役权之必要，地役权方可成立。地役权之性质，举其显著者，约有下列：

1. 地役权者，行使于他人土地上之物权也。地役权之目的物，必为地土，且被行使地役权之土地，须为他人之土地。故地役权不得行使于土地以外之物，或行于自己所有土地之上也。例如甲乙各有田地二块（如下图）假定甲之四围均为他人田地，则甲欲往其己地必须经过乙地，方可耕作。故甲与乙地因实际情形之必要，得有行使地役权。然若下图所示二块地皮，均属甲一人，则甲对于其近大路之地，无所谓地役权之发生也。地役权为他物上权之一种，已如上述，据物权之原则，谓凡为物权之权利人，均有直接支配物上权，故地役权人于其权利范围内，有直接支配供役地之物权也。因此，供役地之所有人对于地役权人，同时负有不为的义务。虽其所有权稍为限制，但对于需役地人不负有积极的或给付之义务也。

2. 地役权者，为土地所有人于他人土地上所有权之权利也。地役权因土地与土地之关系而生，又二种土地——需役地与供役地——必须为不属于同一所有人者。换言之，则供役地与需役地必为两所有人也。若二地皆属于一人，则地役权自归于消灭。故地役权之权利义务，以土地为主体，非如人役权之以一定为人为主体也。因之，地役权之权利，乃从属于需役地，不能独自存在。既地役权不能离需役地而独立，则凡需役地之所有人均得有地役权，盖地役权随需役地而转移也。例如甲乙各有一地，甲之土地为供役地，乙之土地为需役地，故乙于甲之土地上有行使地役权。其后乙将其地转让与丙，则丙于收接土地时，同时得有地役权也。

---

[1] 详见日本梅谦次郎博士之《民法物权》姚华编第二三七页及《民法财产》编第一一八页。

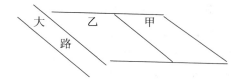

3. 地役权者，为以他人土地供自己土地便益之权利也。地役权之便益，必须以需役地之便益为主体，而非以人为主体。以地役权之目的，为便益土地之利益也。不但此也，供役地所供需役地之便益必须存于供役地之中，而非存于供役地所有人之行为者也。故地役权之结果，必须需役地因受便益而有增其所值，供役地因供便益，减其所值也。

4. 地役权者，为不可分性质之权利也。盖既设定权利，则其权利之内部须得为完全之行使。例如通行地役权，惟有欲通行则全为通行，不通行到全不通行。若行使其半，或几分之几，为事实上所不能，且悖乎法理也。故一部之地役权，罗马法不认其存在。地役权之取得，非得其全部不可；其丧失或消灭，亦必全部消灭，绝无一部消灭之理。故土地共有者之一人，不得按其应有部分设定役权与人，或向他人取得地役权。同理，土地共有者之一人，不得按其应有部分使为土地而存之地役权消灭，或存于土地上之地役权消灭。虽土地分割或让与一部，其地役权仍存于各部分之上或全部之上。

（二）地役权之普通原则

地役权之普通原则，约举之如下：

1. 地役权须必有增加需役地之价值或便宜。[1]

2. 地役权须必为永久性质（causam perpetuam）。详言之，即供役地由于自然之性质，有供役他地之必要，而供役地之所有人，无有负担积极的个人行为（manual act）也。

3. 地役权乃从属需役地。故其权利随需役地之所有人，而非随特定之所有人。此二者——地役权与需役地——不能自行分离独立。详言之，若需役地所有人分离其所有权与地役权，或仅让与其所有权而保留其地役权，或仅让其地役权而保留其所有权，或以地役权与土地所有权分人二人，或以其地役权作担保或赁借他人者，均为罗马法所不认许也。

---

[1] 但地役权对于需役地所有人本身，是否有增所值则可不问。（fr. 19. D. 8. 1.）若地役权让与一人：（甲）土地所有权属于他人；（乙）仅为前者个人便益计，不得称为地役权。（fr. 8. pr. D. 8. 1.）

4. 因地役权为不可分之性质，故不能部分取得或消灭也。[1]

5. 如无特别规定地役权之如何行使，需役地人对于其供役地上有完全行使权利。惟此等权利之如何行使，必限于需役地有行使之必要为度。如有特别契约规定地役权行使之期限，行使之范围，以及行使之款式等，法律认为有效。[2]

6. 地役权为需役地所有人行使之权利，此为共通之法则。惟若有特别契约规定仅原始受益人有此权利，认为例外。[3]

7. 地役权人因行使权利，得于供役地上为种种必要之事项。此等权利之行使，限于必要为度，此乃防需役地所有人滥行使役权，致害及或不利供役权主之利益也（servities civilis）。

8. 关于供役地上设置工作物或其他必要之设备，地役权人不得要求供役地主出资修缮，此为共通法则。此等设备费修理费等，应由地役权人自己负担。然若供役地人利用该项设备，或愿意担负修理义务者，则不无为例外。[4]

9. 关于供役地上行使役权之设备器具，其所有权皆属于所有人。

（三）地役权之种类

地役权可分为：[5]

1. 市街地役。（praediorum urbanorum，英文 urban servitude）

2. 田野地役。（praediorum rusticorum，英文 rural servitud）

市街地役，乃指关于建物而言。田野地役，乃指关于田地而言。故市街地役权者，为使用市街土地之权利也。田野地役权者，为使用野外土地之权利也。然有时市街地役而为田野地役之用。反之，有时田野地役为市街地役之用。遇此等情形之地役权，学者间称为"不循正地役权"。

3. 积极地役权。（affirmative servitude）

4. 消极地役权。（negative servitude）

---

〔1〕 关于此原则之限制及事项，可见 fr 23. §3. fr. 25. D. 8. 3；fr 140. §2. D. 45. 1；Henizelenanu, die Untheilbarkeit der servitutin Nord 1. 1854.

〔2〕 若地役权附有条件（例如 condition subsequent）限制之，亦无不可。事见 fr. 15. D. 7. 4；Const. 5. C. 3. 33.

〔3〕 此为学者间之一大争点，谓地役权之行使限制，应至何种程度，方为人役权。

〔4〕 见 Buckland, A Text—book of Romon Law.

〔5〕 吾国民法规定之地役权，阅者可参考之。

积极地役权者，谓地役权之行使因地役权人之积极行为而成。属于此之地役权，供役地所有人对于需役地所有人之积极行为，负有不加妨害及承认其行为之义务。故供役地所有人因此而受有约束。消极地役权者，谓地役权人对于供役地权所有人有禁止为或不行为之权利；而此等义务，为土地所有人平时不应当有之义务也。

5. 继续地役权。（servitutes continuae）

6. 不继续地役权。（servitutes discontinuae）

继续地役权者，即继续无间断行使于供役地上之役权也。例如引水地役权，自敷设水道后，需役地之水自然无所间断而流下于供役地，不需人之行为是也。不继续地役权者，谓地役权之行使，每次须地役权人之行为者也。例如汲水权通行权是也。

罗马法对于地役权之种类，实无限制。凡有与地役权普通原则符合者，均得为地役权。故上列之地役权种类，乃不过略其大焉者。

第一，市街地役权

罗马法中之最重要市街地役权，约如下列：

（一）建筑他人建物上之役权。罗马法称为 servitus tigniimmittendi（The right to rest one's building on the building, wall or pillars of one's neighbours），供役地人应依役权设定时之规定修缮及维持供役地之原始状态，俾地役权人得行使其役权。故无特别契约规定时，供役地主人负责保护及维持其供役地也。但供役地主人，亦可随时放弃其供役地之建物，以舍却其修缮之责任也。

（二）设置栋梁于他人墙上之役权。罗马法称为 servitus tigniimmittendi（The right of placing beams in a neighbour's wall），例为甲乙二家相连，甲因其自己家屋不固，恐有不测之虞，而设置一栋梁在乙之墙，以抵住其屋是也。若栋梁腐坏或因他故而失落，地役权人仍可重新设置。惟其设置之情状数目等，应照原始协定之规定也。

（三）建筑露台于他人空间之役权。罗马法称为 servitus projiciendi（The right to build a projection, such as a balcony or a gallery, from one's house in the open space belonging to one's neighbours）。

（四）通水地役权（stillicidicum et flumen）有二：

1. 引导自己家屋之檐水至他人之家屋或土地；

2. 引导他人家屋之檐水至自己家屋或土地，以为灌溉或其他必要之用途。[1]

（五）限制邻地屋舍高度之役权。罗马法称为 servitus altinus on tolendi（The right to prevent buildings being raised above a certain height on the adjoining land），若此役权消失或因他故而许解除此限制，谓之曰 jus altius tollendi。

（六）通光地役权。罗马法称为 servitus iuminum。

（七）观望地役权。罗马法曰 servitus de prospectus。[2]

（八）禁止邻地建筑物有阻碍自己家屋之地役权。罗马法曰 servitus ne luminibus offciatur。

（九）设置粪坑或其他类似之设备于自己土地上近邻舍之地役权。罗马法曰 servitus sterculinii。

（十）通渠地役权。罗马法曰 cloacae mittendae.

（十一）引导熏烟地役权。曰 fumi unmittendi s. cuniculi balneari habandi，即引导自己家屋之熏烟于他人土地之权也。

第二，田野地役

罗马法之田野地役权，其重要者如下：

（一）通行地役权（rights of way by land and by water），分为下列四种：

1. 限于人之通行地役权者（servitus itineris），乃准许通行者以步行或骑马或以他种轻便代步之轿通行之权也。

2. 及于动物之通行地役权者（servitus actus），即除前述之通行权利限于人外，并及于动物者。如驱牛马等。

3. 一般通行地役权（servitus viae）者，即除上述二项通行权外，举凡木石等笨重粗恶之物，均允通行者也。

4. 水路通行地役权（servitus navigandi）者，即经过他人河道而达其自己田地之权也。例如甲乙二人，甲有一地在乙河道之边，甲住居河道他边（如下图），甲欲达其田地非经过乙之河道不可是也。

---

［1］ 见马克尔地氏《罗马法》第二四六页。

［2］ 观望地役权者，乃于自己土地建筑家屋，不许他人于其（他人）土地上建筑家屋之权也。例如甲乙二地毗连，甲于其己地建筑家屋，其前树本繁盛，天然景致幽雅，可以任意观望。而与乙特定契约，不许其建筑或建筑至何种程度而止，务使不妨害其观望。此即观望地役权也。

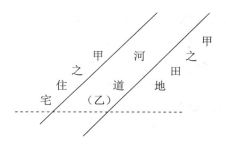

（二）牧畜地役权（servitus poscendi s. poscui）者，即自己之家畜放在他人土地上食草料之权利也。因欲行使此项权利，故前述之通行权及于动物者，为当然之结果。至于此项权利之行使期限及家畜之数目等，则视当事人之契约如何定之。若无特别契约之规定，下列原则准可实用：

1. 牧畜于他人田地上之地役权，其行使期限以在于未耕耘前及收获后为可行使期限。

2. 如无特别规定家畜之数目种类等，地役权人得以其所有家畜在供役地上食草料。惟以为可食草之家畜与无损害供役地者为限。

3. 如无例外之协定，供役地主人之家畜可在供役地上觅食草料。但若供役地上之草料不足饲养地役权人之家畜时，则地役权人得有全部行使之权利。然若其家畜数目种类无明白规定，供役地主人又欲共同饲养其家畜于役地上，致起无谓之争，有碍公共秩序，故遇此等情形时，应由深制衙门定之。

（三）引水地役权（servitus aquae ducendae）者，即引水由他人土地经过以达自己土地为自己灌溉之权利也。例如甲地无水、乙地有水，甲于乙地引水以供己地之用是。甲地为引水需役地，乙地为引水供役地是也。

（四）取水地役权（servitus aquae hauriendae）者，即需役地向供役地引取井水或泉水以为己地之用也。

（五）用水地役权（servitus pecoris ad aquam appulsus）者，即需役地之家畜在供役地饮水之权利也。

（六）通水地役权（servitus aquae educendas s. imittendae）者，即己地之水导流于他土地之权利也。

（七）其他地役权，可胪举之如下：

1. 斩伐他人树木权（The right of cutting wood in another's forest）；

2. 储藏己地产物于他人之屋舍权；

3. 设置草屋于他人土地上供畜牧之用权；

4. 掘取泥土权（jus cretae eximendae）；

5. 在他人土地烧灰权（jus calcis coquendae）；

6. 搬取他人土地之石权（jus lapidis eximendae）；

7. 在他人之土地掘穴权（jus arenae fodiendae）。

五、役权之设定

（甲）设定役权人之资格

役权既为一种物权，此物权又为他物上权，故役权为一种独立之物权。其发生物权之效力，当必有供役目的物。以此设定役权人之资格，不可无所限制。

（一）严格言之，仅物之所有人得设定役权。故若非物之所有人于其物设定役权，则受主（grantee）所得之权利，非为役权（jus servitutis），乃不过得一种属占有权性质之权利耳（juris quasi possessio）。[1]

（二）若所有人对于其物之所有权仅有一定之期限者（即 revocable ownership），则其负担役权之时期，不能较其所有权期限为长也。[2]

（三）共有所有人不得个人按其所有部分设定地役权，以地役权为不可分之性质也（此点已上言）。

（四）苟物之所有人曾以其物设定使用权与人，其自己仍可对其物设定役权。此项设定必须无妨碍使用权之行使为限。若设定此役权而有妨及使用权之行使时，则虽得使用权人之同意，法律亦不之认也。

（五）永佃权人（emphyteuta）与地上权人（superficiary），可不得物之所有人之同意设定其物上之役权。然此等役权之设定，究属有限制。遇永佃权或地上权消灭时，其物上设定之役权，亦因此而丧失也。

（乙）取得役权人之资格

关于役权之设定方法，俟后述之。今先就役权之取得人之资格言之。

（一）无论何人，有普通取得权利之法律行为者，得取得人役权。若地役权人之取得人，则非为土地之所有人不可，以地役权为附从土地故也。

---

〔1〕 罗马法谓役权得可占有取得者，不过此等占有非吾人所知之占有，乃"类似占有"（quasi possessio）也。

〔2〕 罗马法之通例：Resolutio jure concedentis, Resolvitur jus concessum.

（二）物之所有人，虽以其物受使用权之限制，但彼对于使用权行使之物，依然有物权（不过为 naked ownership 耳）。不必得使用权人之同意，得于其物取得役权。而此取得之役权，使用权人在其使用权有效期内，得使用受益。

（三）共有所有人不得个人取得全部地役权，又地役权既为不可分之性质，则共有所有人，不得按其应有部分取得地役权也。

（四）土地所有人不得代邻地取得地役权，彼仅可于己地取得地役权。

（丙）役权之取得

役权之取得方法，大别之约有五端。

（一）契约（in jure cessio；by convention；by agreement）。此种契约行为，非如今日各国通行之简便契约，仅依当事人协定，则可发生效力也。罗马市民法之所谓契约取得者，乃当事人二造合意设定役权后，由假定原告（fictitious plaintiff 即为受主易言之取得役权人也）向法庭假呈请求审判（fictitious vindicatio），由假定被告（fictitious defendant 即授主易言之设定役权人也）承认役权之存在，然后由裁判执政官（praetor）宣布假定原告有行使役权，役权于是设定。然亦可以"买卖形式"（mancipatio 即为假定之买卖式）设定地役权也。

上举二种形式取得，不能用以设定国有土地（provincial soils）也。梭梅（Sohm）谓古时意大利之田野地役权法，不但须有契约行为，且须有买卖形式的法律行为方可。不过此等形式繁复，不久"裁判执政官法令"（praetorian Law）即行取消此种形式。惟对于罗马国有土地，仍不得设定地役权也。及至优士丁尼法（Justinian Law），上列二种形式，始完全消失。依当事人之意思订立契约，即为有效。关于此点，梭梅言之颇详，阅者可参考之〔1〕。

在优士丁尼法时代简单契约形式即可设定消极地役权，学者多无异议。惟对此项契约是否可用于设定积极地役权，则学者间不无纷纷，莫衷一是。依据马克尔特氏（Dr. Mackeldey）之说，谓上述二种地役权均可以简单契约取得也。〔2〕

（二）遗言（servitus legata：by legacy）。物之所有人得以其取得役权，依最终遗言（last will）之效力，遗与役权与继承人。惟继承人须得有役权之目

〔1〕　见其著《罗马法》英译三版，第三百四十四页。
〔2〕　见其著《罗马法》，第二五三页。

的物，且此役权之继承必为不可分之性质。详言之，则该目的物无此项役权之附藉，必致于无用者，方可默与（tacit grant）。

（三）分割共有物之审判（adjudicatio in a partition suti）。审判上之分割方法，系视物本身之是否可以分割而定。故审判上之分割法可分为二：

1. 现物分割。何谓分割，乃对于现有之物或土地共有分归各人之谓也。共有物之分割，每依各人应有部分定之。例如甲乙共有田五亩，而二人之应有部分相同，则各人得有田二亩半。于是甲乙二人共有土地之地役权，各人得使用之。

2. 使用权与所有权分开。此即将共有物或土地之所有权归与一共有人，而准他共有人有于其物上行使用权之谓也。

（四）法定役权。此则法律于某物或土地，视有设定役权之必要，而不必由当事人之同意者也。

（五）时效。役权亦可因时效而取得。详言之，物所有人以所有之意于十年间（如当事人居住同地，inter praesentes）或二十年间（如当事人居住异地 inter absentes），在他人物上和平并公然行使役权（即须非以强权或秘密或请求取得者 nec vi，nec clam，mec precario），而非存恶意者，即取得其役权也。

六、役权之消灭

役权同为物权，故其消灭原因，除当事人协议取消外，有下列数种原因：

（一）行使役权人之抛弃。此项抛弃，必须出于行使役权人之本意。至于抑以明白契约抛弃，抑或默认抛弃，则不关重要也。

（二）目的物之灭失：

1. 人役权因权利人死后而消灭。

2. 地役权因土地之灭失而消灭。但若土地回复时，役权自然复活也。

（三）混同。地役权因需役地之所有人，依相续或其他原因取得供役地之所有权，或供役地之所有人依相续原因取得需役地之所有权而消灭。人役权因行使役权之物为权利人所有时而消灭。据罗马法家之理论，谓此种混同消灭，不过为暂时停止役权之存在而已。若混同重行分开之时，役权复活也。[1]

---

〔1〕 Mackeldey's Roman Law，第二五五页并注六 fr. 9 D. 8. 4；fr. 18. D. 8. 1；fr. 57. D. 24. 3；fr. 7. pr. D. 23. 5.

（四）役权因遗言中声明废除而消灭。

（五）时效。罗马法之役权，——不论人役权或地役权，——因中断无行使（non—usus）而消灭。[1] 时效消灭之期限，据优士丁尼法谓如当事人居住同省者（inter praesentes）以十年为限；如当事人居住异省者（inter absentes），则以二十年为限也。

1. 市街地役权，不以权利人暂时中断无行使役权而消灭；必须另外因供役地变迁其状态，而自然的免除役权之负担。罗马法曰 usucapio libertatis。

2. 居住权与使奴权，亦不以中断无行使役权而消灭（见梭梅《罗马法》第三四六页与马克尔特《罗马法》第二五六页）。

七、役权之效力

保护役权之诉讼，大致可分为二种。

（甲）请求诉讼（petitory action）

（一）因行使权利，得于供役物或土地上为必要之事项。若因此而受他人之妨碍或侵扰，权利人得以"请求承认诉讼"（actioconfessoria in rem）要求法庭禁止被告之侵扰，承认原告之役权并令被告负损害赔偿之责也。但原告当提起此项诉讼时，必须证明自己确有役权。否则，法庭将不与强制执行。

（二）物或土地所有人，如有他人在其地上滥行役权，所有人得"提起请求自由诉讼"（actio negotoria, s. Vindicatio libertatio）要求法庭禁止被告之滥行使用役权，及负损害赔偿之责也。

（三）因行使役权之必要，行使役权人得提起 actio publiciana in rem 向法庭请求，与以行使役权。原告不必证明其有行使役权之权利，仅证明彼由 traditio 占有役权已足矣。

（四）actio publiciana in rem 亦可请求己物之免除役权之负担者。原告可不必证明其所有权，只须证明彼为善意，由 traditio 占有已足，无需他人之证明也。

（乙）占有诉讼（possessory actions）

占有诉讼云者，即占有者对于其占有物有提起关于该物之诉讼权也。罗马法对于此种诉讼极其重要，于保护役权亦可用之。兹约略述其大概如下：

---

[1] 然不无例外。

（一）关于人役权，则可用 interdictum retinendae possessiones 与 interdictum recuperandae 请求法庭保护。此种请求原告不必证明所有权，仅证明为善意取得役权与有实在行使役权（Corpus），并对于此行使役权为自己意思者（animus）已足矣。

（二）地役权之保护，因役权之种类而异：

1. 若行使通行权人无得到正式之役权，而有实际上行使权利者；又其行使役权非以强力秘密或请求（nec vi, nec clam, nec precario）取得者，又其行使期限有三十日以上者，则可请求 interdictum de itinere actuque privato 以保护其行使权。

2. 通水地役权，行使人可请求 interdictum de aqua 惟原告须证明上年中有行使役权一次者。

3. 引水地役权之请求保护，为 interdictum de fonde 其必要条件须如上述二项。

（附注）马克尔特《罗马法》第二五八页，分地役权之救济法有二：（一）积极地役权、（二）消极地役权。[1]

---

〔1〕 马克尔特《罗马法》第二五八页，分地役权之救济法有二：（一）积极地役权、（二）消极地役权。

欧洲古代之商法[*]

郑保华[**]

  上古洪荒之世，史乘无稽，然亦有人称商法滥觞于埃及〔Egypt〕及亚述（Assyria）等国者。虽文献无征，难凭采信，然断简残篇[1]，亦足略窥其厓迹：如埃及时早已有金属货币之流通，依纪元前八世纪前后其债务法之断片记载，已有法定利率规定百分之三十，利息不得超过原本，法律行为原则上须书面订立，买卖及消费贷借等一般交易行为，均已发生，楔形文字亦已发明，一般商号如商事公司、信用买卖、供给契约、银行买卖、货币交易，每月之利息计算及复利禁止，抽象之债务负担证书，不特定之第三者负担义务之契约，保证及质，任意代理及债权让渡，无记名证券，指图证券，及其他票据等种种形式，均已存在，即可证之。盖当太古罗马未发达以前，商业发达，以地中海沿岸诸国为最，除埃及亚述等国外，其他如斐尼基（Phoenicia）、加塞基（Carthage）、希腊（Greece），诸国均称繁盛，因其均在地中海沿岸贸易，故遂有多少之惯例及法规，然皆不传于今日，其年月亦不详，惟希腊有金属货币，亚历山大[2]东征凯旋后，更许外国商人在法律上得同等待遇，

---

  [*] 本文原刊于《法学杂志》（第8卷）1935年第2期。

  [**] 郑保华（1905～1952年）字亚男，英文名 Cheng Pao Hua，浙江省慈溪县人（今属宁波市江北区慈城镇人）。1931年毕业于东吴大学法学院（第14届），获法学学士学位，1933年毕业于东吴大学法学院（第6届），获法学硕士学位。于1933年毕业后，经翁文灏前推荐，随一批法学精英前往英国、美国和德国考察、交流和讲学。返国后在上海开设律师事务所、会计师事务所，同时任东吴法律学院法学杂志社营业主任兼理编辑事务、上海信托公司法律部主任、上海大陆商场会计师、江苏高等法院二分院陪审员，并在东吴大学法律学院、复旦大学、沪江大学、江南学院等学府兼课。翻译了多篇国外法学名著：《法系概览》、《心证要旨节译》、《性教育论》等，著有《法律社会化论》、《泰国宪法概要》、《论遗产之分割》、《法治之基础》、《英美买卖法述要》等。

  [1] "断简残篇"原文作"断简残编"，现据今日通常用法改正。——校勘者注。

  [2] "亚历山大"原文作"亚力山大"，现据今日通常用法改正。——校勘者注。

其他如投机交易、海上贷借、保险要素、银行制度、任意代理、债权转让、担保附消费贷借、营业之赁贷借及让渡、交互计算、无记名证券及指图证券等均已发生，则考之古史，亦有足证者。此外如希腊之罗度斯（Rhodes）海岛，因介乎埃及小亚细亚之间，当交通之孔道，握商场之枢纽，凡欧洲之船舶，于途次遇有交涉事件，多在该岛解决，因之其地习惯，尤为遐迩所钦仰，立法者因集为成文之法律，名之曰罗度斯海法（Jus Navale Rhodiorum, Lex Rhodia），此约在纪元前九世纪时；此种海事法规，为雅典伊琴海（Aegeon Sea）各岛及地中海沿岸诸国所采用，俨然为国际法之一部，后世之海商法，实滥觞于斯，罗度斯海法，近日可考者甚少，后世学者，于该岛之海事法规，经多年之探讨，虽不无发现，然其可信与否，聚讼纷纭，莫衷一是。但其内容，专重于共同海损之一种，想可信也。

罗马亦为地中海沿岸之一国，开国虽较后于上述诸国，然其历史极长，版图极大。惟其国崇尚武力，而轻视商业，所注重者为军事与农务；当时政府虽鼓励商人至亚非利加州，西班牙及意大利南部各地购买粮食进口，但其目的专在供给罗马下级社会之需要，并非为提倡商业之故；高级社会之人民反受法律之限制，不得任意经商，故航海事业，在罗马不甚发达，法律上无详密规定之必要。人民固能尊重契约之自由，法官亦巧于听讼，故无须乎商法之特别规定。虽然，罗马法为近世各国民法之所宗，其中自亦有不少关于商事之规定，此证之优斯体尼亚鲁斯帝（Justinianus）（528~534 A. D.）编纂之法典而可信也。其法律汇编（Digest）章节中如关于契约之规定颇多，均适用于商业交易之法规也。又罗马法分市民法（Jus Givile）及万民法（Jus Gentium）；市民法仅支配于罗马之市民，外国人则仅适用万民法，各种交易买卖之法律行为，不受市民法之保护也。罗马市民有财产权者（commeroium）方取得财产及订结契约之权利，又奴隶之买卖，在罗马法上亦有规定，对于物之买卖〔1〕，如为要式移转物，依市民法之规定，常用曼兮怕蓄（maucipa-

---

〔1〕 在罗马法上有某种财产，规定完全不可作为买卖之标的物，而为私人之所有，如不可有物（Res extra nostrum patrimonium）或名之曰不融通物（Res extra。Commercia），凡神法物（Res divine juris）中之神用物（Res sacrae）、安魂物（Res religiosae）、神护物（Res sanctae）及人法物（Res humani juris）中之共用物（Res communa）、公有物（Res publicae）、府有物（Res universitatis）均属之。又自由人（Freeman）禁止为买卖之标的，惟父母有时在经济窘迫不得已之情形时，得出售其子女，又买受人对于买得之标的物，必须实际上有其买卖之利益，如买受人对其买受之物，早有所有权，不论知

tis）之方式〔1〕，其他如使用无偿赁贷借（commodatum）、寄托（depositum）赁贷借（locatio conductis）、保管物件赁贷借（locatio caustodias）、在物件上工作赁贷借（locatio operisfaciendi）、运输物件赁贷借（locatio operis mercium vehendarum）、代理、典质（pignus）、使用有偿赁借贷（lccatiorei）、消费贷借（mutuum）、转贷（sublocatio）、雇佣赁贷借（locaio conductio operarum）、承揽赁借贷（locatio conduction operis）、买卖（emptio venditio）〔2〕、交换（pemutatio）、合伙（societas）〔3〕、委任（mandatum）、保证契约（adpromissiones）〔4〕等。在罗马法上亦均有较详之规定。又债权契约通常出以口头订立，及要式口约（stipulatio）也，后至纪元前三世纪，银行等营业自希腊输入，文书契约（contractus litteris）〔5〕，逐渐发达。又如商业家委任经理人（institor）以营商业者，关于经理人之所为，商业家亦负责任〔6〕，故与经理

（接上页）之与否，又复买之，则买卖为无效，即罗马法上所谓 Res sua 之一种也。其他如买卖时本无买卖标的之存在，将来又无从产生（Res extincta），及买卖标的须受追夺担保之窃盗物（Res furtiva），与法律上所禁止之物（Things expressly forbidden），如毒药及售予野蛮人之军器，油，酒，传与敌人之谷米，铁，盐等皆是也。至于可供买卖之物，则凡私有物（Res singolorum）均为可有物买卖，故罗马法上又有希望买卖之名（Emptio spei）即物本非属于卖主所有（Res aliena），亦可买之，其他如无体物之买卖（Sale of incorporal things）及遗产之买卖（Sale of inheritance），罗马法亦允许之。

〔1〕 在罗马法上可分为要式移转物（Res mancipi）及略式移转物（Res nec mancipi）两种，要式移转物之移转方式，多用曼兮怕蓄，然亦有用拟诉弃权（in jure cessio）者，略式移转物，则无行上述各种方式之必要。自裁判官法出，上述两种方式，乃归废止，而并用引渡（Traditio）与时效（Praeseriptio）之法则。

〔2〕 买卖在罗马法上买主亦须负瑕疵及追夺担保之义务。请求解除契约，退还货物及返还价金之诉，曰（Actio redhibitoria），请求减少价金之诉，曰（Actio quantiminoris）。又物质错误在罗马法上可分为异物质错误（Error in substancia），如买金表实为铜表是；及类似物质错误（Error in qualitate），如买木质之床而非原来希望之木料。至于普通请求履行买卖契约之诉，则称之曰（Actio Emptio），苟有诈欺，则其提起之诉讼，曰（Actio dolio）。请求回复原状之诉，曰（Actio quod metus cause）。

〔3〕 在罗马法上合伙有两种：曰单纯合伙及产业合伙；产业合伙又可分为：一共产合伙（Societas totorum bonor um），合并全部财产，在家长权下之家子间及夫妇间见之；二特业合伙（Sccietas unis alicujus negotii）为特别事业之合伙，例如奴隶买卖事项，及订结合伙契约是。凡合伙均无法人之资格。

〔4〕 保护契约订立后，保证人在罗马法上尚有：一先诉抗辩之利益（Beneficium ordinis），二检索抗辩之利益（Beneficium excussionis），三代位之利益（Cedendarum actionum），四多数保证人分担之利益（Beneficium Divi－sionis）。

〔5〕 罗马法上之契约，可分为下述四种：一口头契约（Contractus verbis），二文书契约（Contractus litteris），三要物契约（Contractus re），四合意契约（Contractus consensu）。

〔6〕 此与近世法理颇相似，然自实质言之，经理人自身亦不能免除责任，惟罗马法则规定与之交易之商人，或货主可选择商业家或经理一人起诉之，与近世法理略有不同。

人相贸易者得对于本人起诉（actio institoria），又有给予〔1〕一定财产于家子或奴隶，令其营商者，在罗马法上曰（actio tributoria）。家子奴隶，因经商所负债务，债权人得于家子奴隶向家父主人所受领之财产之限度内，请求偿还；但家父主人，虽对其家子或奴隶另有债权，惟有与其他债权人按债权额偿还，无优先求偿权。至于设立公司，在罗马法上至少三人以上，并须经政府许可。利息标准在十二铜标法时代已设限制，至帝政时代，年息定为百分之十二，至优帝时代，复减为百分之六。

至于海商方面，如船舶所有人（exercitor）以自己之奴隶或自由人为船长（magister navis）时，委任其转运货物之货主，得对于船舶所有人起诉（Actio exercitoria）〔2〕。又依罗马法中极少部分之记载，亦曾采用罗度斯海法（按该项记载见于 Justinian 皇帝之法律汇编第十四编第二章题为 De Lege Rhodia de Jactu（即共同海损）。考罗马法之采用罗度斯海法，始于奥古士笃皇帝（Augustus）之世，该帝在位时，曾明令适用罗度斯海法，以裁判海事案件；嗣后安多尼努皇帝（Antoninus）登位时，于该岛法律之适用，亦有同样之表示。当时人民因船舶沉没而遭抢劫，伊即谕令依照该岛法律裁判该案，其理由为该岛法律有统治海上之权力。自是以后，罗度斯海法，凡遇罗马法无反对规定者，均适用于海事案件。尤以共同海损：（Lex Rhodia de Jactu）为著。又有所谓海上贷借（foenus nauticum），得以单纯之合意，设定利息，均其例也。惟优帝时代其利息限制为百分之十二。

关于海陆商共同适用者，如银行业之责任（receptum argentarii）及船主，旅店主人，动物旅舍主人对于受寄物之责任（receptum nautarum, cauponum, stabulariorum）等规定，均称详密。其他如因证明不可抗力（vis major），可免除其责任，亦有规定也。

又罗马时代，尚无特别法。然其末代之法律，较隆盛时，反较形退步，有不便于商业之势：例如（Lex anastasiana）之原则，限制债权之买卖，使买主不得超过自己所支付之价额，索取债务。又如"亏损过巨"之原则（Lasio

---

〔1〕 "给予"原文作"给与"，现据今日用法改正。——校勘者注。

〔2〕 货主或商人与船长交易者，得对船舶所有人或船长任择共一，向之起诉，悉听尊便，与对商业家及经理人同。

enormis），使卖主得以亏折之理由，撤销买卖〔1〕，其便于商人，显然可见。又当时寺院法禁止以金钱放取利息，及不加工于货物而转换得利益者，尤认为违背法理，亦足使商业发生阻碍，故后日乃有商法特别法之产生焉。

---

〔1〕 法国不动产买卖规则，亦有买卖不动产其价值低至市价十二分之七以下者，得取消买卖之规定，亦似有未合近代法之原理。再在罗马法买卖之价金（Pretium）必须确定，否则其买卖无效，惟有特约，日后另请第三者评定者，则当第三者出而评定价金时，其买卖仍属有效。

判例法在法国[*]

严赛珥著　李平山^{**}译

　　英国法与法国法，或者说，英法系与大陆法系根本不同。英法系是建立在不成文法上的，大陆法系是以成文法做根据的，最显著的如法国法典，内中又以民法典为最显明。英国的不成文法不论普通法或衡平法，是司法机关几千年审判案件的结果。所以两法系的区别就在一个是判例法，一个是经过编纂的法典。这个区别虽然不错，但是问题不是这么简单。法国亦有一主要部分是判例法。现在就讨论法国的判例法，并且与英国判例法作个精密的比较。

　　过去四五十年间，在法国有过许多著作讨论法律的渊源，几乎没有一个法学者不注重司法的判决——我们叫做法理学——在法国法律的进步上占重要的地位。希南（Gney）、兰勃脱（Lambert）、庞卡斯（Bonnecose）、白露（Parreau）的著作是很著名的。爱伦（Gr. C. K. Allen）对于法国法亦有新发现。本文目的不在转载各位法学家已经得到的结论，而是从比较法的观点重新研究这个问题，想不为无益的。他们几位学者很广泛的讨论：法国法律的渊源是什么？司法的判决是否真的法律渊源？这个问题至今仍有争论与英国讨论已久而尚未解决的普通法的法国照奥斯汀（Austin）说是创制法律，依黑石（Blackstone）说是宣告法律一个问题相映成趣。

　　这篇文章不想如此广泛的讨论这问题。英国法官在一个新案件中，不论

---

　　* 本文原刊于《法学杂志（上海1931）》（第8卷）1935年第2期。原文未采用现代标点符号，文中标点为编者所加。

　　** 李平山，1936年毕业于东吴大学法学院（第19届），获法学学士学位。本文作者严赛珥博士系巴黎大学比较法学会的秘书长，原文载在 The Journal of Comparative Legislations and International Law，VoL. XV1，pp. 1～17.

是他自己创造新法律规则，还是宣告已经存在的法律规则，他判定案件所包含的法律原则，对于以后的法官有拘束力，是无从否认的。商业往来，日常生活，都以判例作为行为的标准。所以从实际方面看，判决的影响是极大的。我们亦就从实际方面研究法国法律的问题，同时将英国法律上已经有的解决方法，作为参考资料。

现在分三步讨论：（一）法国承认判例法之障碍；（二）法国判例法已经被承认至如何程度；（三）与英国比较，判例法在法国占如何地位。

一、法国承认判例法之障碍

表面上，在法国讲判例法，有些似非实在的情形。事实上，法国法所有的特征，很足使承认判例法为不可能。判例法在法国法中究竟占如何重要地位，实有研究的必要。

英国判例法的性质，此处无庸讨论。但是我们认定，英国判例法与法国法比较时，逃不出二个特点：（一）没有统一的立法；（二）司法判例有拘束力的理论。

历史上言之，普通法的长成由于没有统一的立法。英国国内没有统一的法典，在日耳曼人侵入英伦三岛后之二三世纪，因为未接受罗马法律，对于风俗习惯如何运用，猜疑不定。就在这时期，英国法官苦心作成普通法的基本规则，直至今日，成文法只能包括英国法律的一极小部分，判例法仍是必不可少的。

从别方面来看，无论判例的起源、意义、范围如何，所及效力如何，因为判例有拘束力的结果，对于法官所制定的原则，加上极重大力量，是毫无问题的。没有司法判例，英国法决不能到今日地步。

英国所有的这二个重要特征，在法国是没有的。法国的立法是统一的，整个的；判决的力量只限于被判决的一件案件，承认判例法的根本条件，就没有存在，所以致此之历史上的原因，值得一提。

最要紧的当是拿破仑编纂的法典。自一八〇四年民法至一八一〇年刑法，法国共颁布了五种法典。这几种法典，虽有几部分经过修改与补充，但重要原则，仍旧一贯，仍在统辖法国。这次编法是极重要的，将一八〇〇年以前未统一的法国法统一了。英国法律在十二、十三世纪因法庭努力的结果已经统一了；法国法至十九世纪始由一种成文法的颁布而统一的。在其他方面，

《拿翁法》[1]，将法律规则明白确定，分成种类，影响及于国外。

这个就是法国不能承认判例法的主要原因。但是《拿翁法典》（Code Napoleon）之影响，亦不应过于夸张。若一八〇四年前法国已有判例法的主义及习惯，第一帝国亦不能用立法的方法制止判例法的运用的。其实，未革命前法国已有长时期的成文法习惯，这一点常有人不注意。法国普通法不能长成不是在一八〇四年，实在十六世纪。当时法兰西一帝命令一切习惯都用文字记载，从那时起，习惯就不能用由法官的判决来追认来实施了。每省都各有成文法典，法国亦成为一个成文法典的国度了。十七世纪路易（Louis XIV）十四的企图，十八世纪奥梭总理的命令都开十九世纪初叶编制法典的先河。

革命前，法国已有传统的成文法。一七八九年的革命对于成文法运动又加上力量。国民会议主张最有力的，就是宪法——成文宪法——及一部法典。希南（Gney）说得不错"十八世纪立法当作神圣的工作，制成十全十美的法律；法律应该是无所不包的，无懈可击的"。结果，法定主义撩头，只有成文立法或法令立法，才能创制法律的规则。《人权宣言》第五条，"法律未禁止的行为不能阻止。不得任何人强迫作法律未命令的行为"，即是这个意思。成文法是由国会用条文制定的，国会是选举出来的代表组成而所以代表全国的。这不但是法律学上的原则，亦是政治学上的原则。在法国，有一句已经一世纪的老话："法律是国家意志的表示"。

因之，法官的工作减轻不少，这种制度里的法官不是像黑石（Blackstone）所说，英国法官是活菩萨，创制法律规则[2]，而是成文法所载条文的庸附，甚至可以说是奴隶。一七八九年路易十六专制政府下的法院滥用职权，人民所受痛苦，不能忘怀，所以于革命后，不准法官干涉法律的执行，亦不准法官随意判决，自创一个规则，以致逐渐形成判例的集团，在那时（即路易十六时代）称为"规则判例"。同时将大理院归为立法机关（Corps Legisletif），每年向之提出工作报告书。

古代的暴虐情形随之灭绝。但是还有一点，就是以为法律的解释权未必当然的完全属于法院。在法国曾经长时期努力，想将解释权赋予立法机关，

---

[1]　即《拿破仑法典》。下同。——校勘者注。

[2]　黑石主张法官宣告法律，著者曾于五十三页与奥斯汀相提并论，兹又称英国法官制造法律，语气似有出入，存疑。

时至今日仍有超司法主义的形迹，未始不是矫枉过正的结果。超司法主义在法国所生影响，除掉变化史及主要部分已经学者研究外，尚有研究之价值。最有贡献的当推爱伦（Allen）。他的《法律在制造中》一书，用比较的方法，讨论这个问题。他说："超司法主义及超立法主义在法国占极重要地位。"又且说："民法注解不比民法本身的力量少。"这种议论，大受兰勃脱攻击。兰氏说得不错："超司法主义的人自以为有权力，这不过是理论上的；实际上司法机关从来不愿承认的。"法国法院曾经屡次拒绝采用法学家已经拟定之解决方法，所以不能说注解与民法条文有相同的权力。当然，这不是爱伦自己要这样说，他收到特殊的感觉；因为法国的法学者常有以自己意思解释法律的脾气，虽与法院的解释不合，自认他们的解释，才是法国法的真正意义。在许多情形下，譬如"先罚后免"学说（容下文解说），国际私法上的移送主义，法院有一种解释，学者又有一种解说。所以在法国书本上所讨论的法律，在学校里所教授的法律，与法院所采用的法律，不但不相契合，且常常背道而驰的。近来法学者虽常说这不但是他们自己的意思，且是法理学上公认的意义，但是总以为他们的解释，他们所拟定的法律答案才是最合法的。由此可知，不论兰勃脱（Lambert）怎么说，自十九世纪以来，学者受超司法主义的影响，认为自己的著作有法律上的力量，这种风气至今未衰。

超司法主义及司法判例的比较重要，不得不加以研究；因为这二种间的关系是法国法制的一种特征，同时亦足以说明法国所以不能承认判例法的重要，甚至判例法的存在。过去五十年间法国学者极力主张司法判决在法律的形成中占重要地位。但是真像爱伦说的："现代法国法理学理论离开承认判例有绝对效力还远呢！"法国学者大都不承认司法判决是法律的一种独立渊源。许多理论家，如伊思曼，竭力反对采取与英国普通法相似的制度。在法国反对承认判例法师世传的，有背景的；从理论上看，是因为三权分立，法律（成文法）是至高无上的，判例法在法国奇形怪状，就由此发生了。

但是，法国究竟有判例法，至于如何发生，如何样子，下节讨论。

二、法国判例法已经被承认至如何程度

过去半世纪内，关于法律的形成，法律的解释的理论，改变的多，已在上文提及。且可参考《比较立法杂志》所载庞卡斯（Bonnecase）的著作。十九世纪的大半世纪是注释学派的天下，就在法律业务上，亦是一样。法典的条文，严格遵守，刻板解释。今日，没有一个不承认司法判决的重要性，日日增长。大都承认这是现代法国法的特征之一。但是判例法如何克服上文列举的几种障碍呢？

第一，经验证明没有一部法典，不论经过如何精密的研究，能十全十美的。难免有漏洞，缺陷难解的地方。最显著的例子是德国民法，一经颁布，就有赖司法解释来补充的必要。《拿破仑法典》亦是一样，不同的就是没有需要司法解释的补充那样急切。况且，时远日移，一八〇四年法典已不能适应社会的需要；所以近来常有许多案件是第一次碰到的，而法律没有条文规定，而且这类案件亦与时俱增。照《民法》第四条规定："法官以法律无明文规定，或以法律虽有规定而不明确，不齐全为理由，拒绝审断案件时，得对之以拒绝主张正义罪起诉。"法官是有审判案件的责任的，法律是强迫法院制造立法机关未曾拟定的解决方法。虽《民法》第五条禁止法官代为立法，但这是一个重要的例外。事实上，因为法令没有条文规定，法国法院不得不在许多情形之下自己造成重要的主义；例如几乎全部的国际私法及人寿保险法。岳尔顿（Dr. F. P. Walton）说得很是："要解决这类问题，法院不得不跨过匍匐地上的法典，自己想法子去。"

而且，从前的立法职务日趋繁杂，制造出来的法令没有像从前的严切及完美。就在《拿破仑法典》里亦有许多部分规定从习惯的，如民法一七三六条（租赁），一一三四条（契约）是。这似乎是立法机关自动地将制法的第一位让与其他"法律的出处"；但是法律的其他出处非靠司法机关不能表现出来的。这种发法，应用日多。现在法令常赋予法官极大的权力，非如一七八九年或一八〇四年时代的观念，法官只能在极狭范围内裁量的。立法之规定主要的原则，至于如何运用原则，让法官去定。如大战时及大战后，制定许多法律调整地主与租户间的关系，都极紧要的。事实上，这类法律引出一大堆判例法。法院解释法令，制定解决纠纷的方法，都变作法的一部分了。

法国法院对于成文法的解释权有时大于英国认为法官应该有的。解释法律甚至可与制定法律者的意思相背。讲个极著名的例子（就在英国亦极热议的）：《民法》一五五四条规定妻之妆奁之不动产部分不能转让，但是法院解释作为动产部分亦不能转让，但《民法》认为这是法律条文以外的。再举一个例，《民法》的侵权行为章内，载有一条："一个人不但因自己行为所致之损害负责任，且由其负责的他人行为或由其保管的物所致之损害亦负责任"

（一三八四条第一项），这一项规定的目的，无非是以后几条规定的总则，本身没有什么意义的。以后几条没有规定因第三人所有物致生损害，负赔偿责任。被害人因之受损害时，必须依照一三八二条的原则证明之发生由于保管该物人的过失，方可要求赔偿。但是，过失不是容易证明的，被害人常常不能得到赔偿。为避免这个困难，法院就应用一三八四条第一项"判决因物致第三人受损害时，法律推定保管人有过失"。在这个原则之上，造成因汽车致损害人之责任问题的全部理论。致损害之行为人，推定其有过失。这种理论不是根据民法一三八四条，是根据几次三番的判决，其中以一九二四年大理院判决最显著。及至一九三〇年二月十三日大理院因上诉法院对于这个原则怀疑不服，才作最后的判决，确认这个原则。自一九二四年至一九三〇年，这个司法原则渐渐由判决例进化确定的，其方法与普通法上的方法没有什么不同。

以上都是关于条文解释方面的。一三八四条第一项虽然没有规定像大理院所确定的责任，但条文里总还有"负责任"三个字。其实，法院的工作，尚不止此；有时，甚至完全不根据条文，制定原则，或者作与条文意义相反的解释。譬如，一一四二规定："作为或不作为之义务因债务人之不履行变成损害赔偿之义务"，法国法通常不承认谕令切实履行义务或"禁谕"的救济方法的；但是，法院方面不管法学者如何反对，总是判令负履行义务的赔偿损害，赔偿数目自应履行未履行之日起，按日计算。结果，赔偿数目累积成为极大的，债务人宁愿履行义务；那时，法院再酌减赔偿数目，甚至全部免除，这就叫做"先罚后免"学说。司法判例造成的。这学说完全由法院创造的，在法国这样的例很多，只要注意到法院喜欢用系统的公平的原则，像善意、不当得利、欺诈行为、滥用职权、公共秩序、善良风俗等地方，就容易找出例子来。

结果，法国亦有实在的司法法律，和英国的普通法一样有力量，一样确定。事实上，法国司法判决，像"先罚后免"学说，及根据民法一三八四条的民事责任原则，非国会不能改变。所以，有少数国会法令，目的全在改变司法机关所指定的法律原则，但是这种法令不是都能改变司法原则的。例如，雇主无理由辞退被雇人是否负赔偿责任，至今仍是问题。法国法院曾经判决：被雇人必须证明雇主之辞退行为，依民法一三八二条有过失的，方得请求赔偿。这样证明几乎不可能。于一八九〇年国会颁布一法令，规定雇佣契约无理由解除者得为请求损害赔偿之原因。但法院仍旧适用自己创立的原则，虽则这个原则于一八九〇年法令字面意义不冲突。于是在一九二八年国会作第二次干涉，重新规定：这类案件中，法院必须于判决书中叙明雇主之理由，这就等于将举证责任，由被雇人移置雇主方面。这个法令的解释，至今还没有确定，但法院是否完全不采用从前自己创立的司法原则——至少一部分——实是疑问。

所以，判例在法国已有重大势力。而且另有自己的特征与方法。法学者潘罗（Mr. Perreaw）曾作司法原则的技术问题之研究。像英国法里学者将判例分成几类，潘罗亦将法国司法判决分成几种。普通判决是就已经公认的规则判决的，事实判决是就案件的事实判决的，原则判决法院是研究新法律问题而予以详细的完全的答案。这类原则判决，就是法国判例的主要部分。我们应当说明的：法国法院判决方法已经在逐渐改变；从前判决书内没有讨论书内没有讨论司法判例的，只说明可以适用的条文与法院认为正当的意义，有时亦暗示以前司法判决的原则；但从未采用个别判决，作为自己意见之根据的。但是现在不同了，新近判决书内法院常采用大理院或上诉院于某特定判决内所主张之理论，作自己判决的凭据。有时极明白的，他们在已有的几个法解释中，踌躇不决，诉讼进行中提出的判例，他们亦予以考究，或者拒绝采用。最近上诉院驳回一件关于破产有价证券的上诉案件，理由是初审法院援用大理院判例适当。可知判决与法典条文，一样可以适用。以推理方法，援引适当判例，足为判决的凭据。法国法与英国法固有的分别，像爱伦说的："法国的判决不是理由书"，离开事实已经很远了。其实，两者的分别，不能说得太严格。在法国亦有根据判例的司法法律。律师对于这个事实，已不能置若罔闻。譬如大理院的律师，宁愿引用一件不大相同的判例，不愿引证法学者确定的意见。

上文只讲到私法上的判例法。若是对于以判例造成的行政法，加以讨论，我们的意见更可以证明。但是我们不这样做，有三个理由：（一）法国没有一部行政法典，所以这一部法律在法国的成文法里占一个特殊的地位。（二）法国行政法院是专属管辖。若就行政法的历史方面说，国务院占极重要的地位。（三）行政法的方法与私法上的方法大不相同。但是在刑法中亦可找到判例法。刑法的一个重大原则是无法律明文规定行为不罚，在法国没有一个不承认；在刑事案件，法院的职权减缩到狭义的解释条文，但是在另一个文中，我们已经讨论过这个问题，所以现在说的只限私法。[1]

三、判例法在法国占如何地位

我想，我们已经证明判例法师法国法中重要成分。判例法怎么能够长久，亦已说明。现在要研究判例法的实在性质，要说明这点，非用比较方法，与英国判例法比较不可。这个比较要详尽，需要一篇长文章。所以我们的讨论只限三点：法国判例法的范围、判例法的方法、高等法院对于判例法的节制。

我们研究判例法的范围，在英国可说判例法有一定的区域，是在说，法律区域的一部分确是属于判例法的，如契约法，侵权行为法都是这部分的主要分子。在英国法系图上，可以用颜色表示判例法的地盘，无疑地，过去一世纪内，国会法令已将判例法的地盘割据不少，本事判例法的土地，现在变作成文法的地域了。但是，仍有一块土地是属于纯粹的判例法的。

在法国则不然。原则上，立法是私法的全部[2]。判例法不是在没有法令区域内自由发展的。恰恰相反，判例法是在法令的庇护之下，两个法令规定之间成长的。法令是判例法的限制，亦是帮助。所以，譬如说法国的侵权行为法是不成文法、是判例法，是不对的，因为明明根据民法的五条重要条文（自一三八二条之一三八六条）。在法国，判例法是接枝在成文法之上的。虽然，在一九三〇年保险法规颁行以前，保险法几乎全是判例构成的，但是，这类判例法即是附庸于成文法，所以其造成的方法，另有特点。英国判例法有一种特殊的原始的方法，主要的是在适合的权威者之中找出一判例可以作为判决现有案件的基础。波洛克[3]（Frederick Pollock）及爱伦都会对于这个方法加以阐明。爱伦并将成文法国家的演绎方法与判例国家的归纳方法作用相对比较。他说："法国法官须在用以记载抽象法律的具体条文里，找出主要原则；英国法官则在对于一个固定事实已有的理论中寻出原则来。"所以这个学者，于考察法国法后，推定法国判决是额米有理由上的解说的，只有在判决编写的注解，像萨冷（Sirey）、达洛斯[4]（Dalloz）所编的，有分析司法

---

[1] 本文著者 Marc Ancel。另有一文，叫《英国法与法国法的司法刑事判例》载在《比较立法学会会刊》。

[2] 除去关于法律间的冲突的少数事件。

[3] "波洛克"原文作"濮乐克"，现据今日通常译法改正。——校勘者注。

[4] "达洛斯"原文作"达罗"，现据今日通常译法改正。——校勘者注。

判例的研究。这样论调，法国人必定不能接受。法国人却以为英国判决是不载理由的，因为他们的判决的理由，只能在一堆法官判决之意见书中搜求，不用能简明而有力量的词句来说明。

其实，两者的方法，大为悬殊。法国法官对于法律问题不表示自己的意见，判决案件，总根据成文法，不代表个人意思。就例外的情形下，法国判决基立在司法判例之上的，亦不过是成文法的释义而已。大理院曾经判决：这反法理的判决不能上诉，违反法律的判决可以上诉。所以，若是一件新案件，法律没有明文规定，而法官又不能不审判，法官常常利用解释法律条文的方法或者引用不能使用的条文，判决案件。譬如"先罚后免"学说亦有谓是根据诉讼法上的条文，但是诉讼法何曾有这样意义的规定呢。

判例在法国纯粹是辅助法的性质，在解释成文法的幕帷后隐存着的。研究法律渊源的著名学者希南曾经说过，当法律没有明文规定时，法官必求助于自由的科学的探讨工作，这个工作就许他发现新的法律规则。法院不承认这样的理论，否认法官制造法律，以为法官只是使用成文法的条文。反之，法官方面倒是受法国著名学者沙累累（Saleilles）的主义的鼓励，沙氏的箴言："在民法之外，而由民发经过的"。当法院制定一条明发未规定的新原则，他总说他根据民法已有的规定，作为护身符。

这样方法，有一个利益：法律的解释，由大理院去节制，我们不是说过么？只有在违法判决上诉时，大理院才能节制，因之法国判例法性质实在都在大理院掌握中。但是，从这一点观察，法国法英国法就有很重大的分别。

在英国问题比较简单，因为判决的先效，以法院的等级为标准的。上级法院的判决，对于下级法院有拘束力。所以贵族院（House of Lords）的判决（贵族院认为自己的判决由拘束本院之力），实在与国会通过的法律有同等效力。

在法国，问题就困难了。

大理院的节制权，大体上有四个限制，大概是各个法院独立原则的结果。

（一）一个法院的判决，不能拘束其他的法院；就判决而言，法院无分等级的，法院只受法律——成文法——的约束的。

（二）若大理院撤销一个判决。发回与前审同级之法院更审，该法院不受大理院之主张拘束，得为与其主张相反之判决。此时，若再上诉至大理院，乃开全体庭审判，只有全体庭所下之判决，对于发回之法官有拘束力。

（三）大理院全体庭的判决，对于某特定案件有拘束力。这个判决不是判例，下级法院至治安批事（Jage de Paix）亦可在另一案件中拒绝采用。

（四）因为大理院的节制只是关于法律的解释，所以绝对限于法律问题。其事实问题不受节制，而法院从下级自主决定的。所以事实问题与法律问题的区别，是大理院的主要问题。譬如书信契约，在什么地方，什么时候成立，大理院认为事实问题，完全由下级法院去决定。

英国学者曾批评这种制度，但没有一个法国学者情愿舍弃之。法官的独立性（就是发回更审的法院亦是独立的）稳固了，才能对于所争的问题，详尽的审查研究。上诉院当然不愿意与大理院作对的，若是与之意见不合，使之不能不开全体庭再为审理，就足以证明所争问题的严重，大理院不得不再为考虑，正像在某种专政制度下，可以强迫立法机关对于某问题再仔细考虑一样。所以全体庭的判决，有极大的道德上价值。进而言之，判决没有拘束力，可以使法律的主义，逐渐进步，适应新需要，新环境，与时刻变化的日常生活需要相吻合，而不必与已经陈腐的判例作人为的区别。从这一方面看，法国判例法比普通法更加柔性。最后，因为大理院只限于法律问题的审理，判决更有力量。制定的法律，与事实完全分离，以纯粹的法律方式出之。这几种法律问题的审理，判决更有力量。制定的法律，与事实完全分离，以纯粹的法律出之。这几种限制是很厉害的，但是，仍不能使大理院于法国判例法历史上不占重要地位。法制教科书上常常说：大理院的最主要工作是使司法的主义统一化。大理院是一个调整机关，赖节制判决的权力[1]，设定统一的解决方案，以代替二十六个上诉法院各别的解决方案。常常已经争执多时的问题，一经大理院判决，律师都认为确定的解决了，应用方面就迁就于这个判决，使不确定的法律问题确定。在这种情形之下，执行律师业务之人，等候大理院判决，正像理论的法学家猜想一件法律条例一样。

这不是滥用职权的结果。法律明文规定，给与大理院这样节制的权力，而且靠特殊的制度——就是因革命时期的某条例产生的，为法律而上诉的制度，使之有强制的能力。假使一件司法判决，违反法律（或是即是错误），而不向大理院上诉；在这种情形，普通上诉是不可能，但检察官得提起非常上诉，若是判决因之撤销，当事人不受影响，因为当事人间的关系，已经于上

---

〔1〕 因为大理院是审判判决，不是审判案件。

诉时间后确定了。这种撤销，只有道德上，理论上的效力，其目的旨在废除一个法律上的错误判决，免得因时日而取得判例的地位。这种非常上诉，明白的指出，判决在法律的解释上发展上的重要，与大理院掌理法律公义，节制法律发展之占主要的地位。

以上都是法国判例法的主要特征。作个结论，我们可以说，法国的不成文法部分与英国普通法，根本的区别是这样：形式上，法国判例法未经正式承认，学者只认作一个事实，不承认是法律渊源之一；同时，律师常佯认为解释法律之结果。实质上的区别，在没有判例的效力及其结果。法国的司法判决，没有一个可以说是判例，已经判决的案件所制定的原则，明天是否置之不理，或者完全否定，没有一个人晓得。所以，判例法在法国不是由于一个有拘束力的判例作成的，是由于一运串相类似而遵循解释法律的判决成的。若是，偶然第一次的判决，作为以后同样案件的标准，只因为以后的判决接受该判决所含的原则。在法国，案件判决不是判例，不过是成文法律的例证，所以判例法主义，不是由于一个判决而产生的，而是由于一连串和谐的案件而发生的。这个状态不是与英国制度绝对不同，因为于确定判例有拘束力之前，英国制度差不多亦是这个样子。所以，我们现在可以引用曼斯菲的一句话来结束，这句话虽然不能使用与英国现在的情形了："判例的作用在于证实原则的存在，使之确定。但是法国法，除去由法令制定的成文法外，是依靠原则的。原则这个东西就在判决中显示出来，因为各个不同的案件判决，都可归属于各别的原则中。"

美国禁酒例之将来*

李中道**

读张之江〔1〕先生《纸烟与卫生》，因而慨及列强用纸烟为侵略工具之可惧。殊不知酒之为害，亦不亚于纸烟。目下外酒之输入，其价值虽不及纸烟之什一〔2〕，然日后其数渐增，其势必为帝国主义者侵略之工具，可无疑义。

尝闻人云："列强之侵略弱小民族，先之以剑，继之以《圣经》，后之以酒。"明乎此，则吾国人有同时戒酒之必要，而对于美国之禁酒〔3〕，决不应漠然置之也。

美自禁酒以来，已逾九载矣，然美人之饮酒者仍甚众多，因此而有人谓禁酒实行为绝望，与其法律等于虚设，不如提议修改，由政府专卖，报纸杂志之论调，大概不满意于第十八条修正案，处此情形，美国政府其当严厉执行该条法律耶？抑当废法弛禁，功亏一篑耶？

华盛顿曰："美之政府制度，根基于人民制造及修改宪法之权利，但不论何时存在之宪法，于未经全体人民明确修改之先，对于人民，有裨圣之拘束力；若人民欲建设政府之权力及权利之意思实现，必先预期人人有服从已建

---

* 本文原刊于《节制》（第 9 卷）1930 年第 5 期。原文未采用现代标点符号，文中标点为编者所加。

** 李中道，1924 年毕业于东吴大学法学院（第 7 届），获法学学士学位。

〔1〕 张之江（1882～1969 年），字紫珉，号子茳，别号天行，教名保罗，河北盐山人，西北军著名将领，中国国术主要倡导人和奠基人。曾任察哈尔都统西北边防督办、代理国民军总司令、国民政府禁烟委员会主席。他在禁烟时的决心和作风让群众赞为"第二个林则徐"。——校勘者注。

〔2〕 即十分之一。——校勘者注。

〔3〕 从 1920 年 1 月 17 日凌晨 0 时，美国宪法第 18 号修正案——禁酒法案（又称"伏尔斯泰得法案"）正式生效。根据这项法律规定，凡是制造、售卖乃至于运输酒精含量超过 0.5％以上的饮料皆属违法。直到 1933 年 2 月，美国国会通过第二十一条宪法修正案以取消禁酒之第八修正案。次年，全国性禁酒得以终止，但地方性的禁酒及其他有关措施却并未绝迹。——校勘者注。

设政府之义务也。"

林肯谓遵守法律，成一国之政治宗教。又曰："吾人将各种革命，比较其伟绩，若仅以极小之牺牲，除去最大之痛苦而言之，则节制革命，诚为全世界空前之举，异日得胜之日，地球上无一奴隶，无一醉汉，则助使此二种革命（反奴革命、反酒革命）成功之发祥地之名称，其荣幸将何如乎?"美之最大二伟人，其主张既如斯。今试将现今名人主张一论之。

耶鲁大学经济教授斐许之言曰："余酷爱自由，故亦深信禁酒。禁酒为解放的，而非限制的，使人类的能力及幸福得自由。今有人主张禁酒例妨碍自由，犹施行强迫教育之起初，有人主张系侵犯人之自由。盖禁酒使吾人免去毒物习惯之羁缚，效率低能之停滞，及酒店之操纵政治，其使吾人民享受自由，实无以过之。至酒实限制与妨碍吾人五官运用之自由，该自由乃上帝所赐予吾人者也，若美人不能将酒敌除去，难乎自称其为自由之邦也。"

亨利·福特[1]之言曰："禁酒例能救本国及其青年。现美有儿童一百万，彼等从未见过酒店[2]，且亦无从由本身或亲戚知酒之害，此良好之状态于反对禁酒报纸，及酒肆出资宣传消灭之时，将继续推广全国，决不有误也。本国酒业之废除，已若奴隶之废除，同样确定。此二种大改革，乃美国开国以来，已具有道德上之决心也。"

夫政治社会等问题，关系复杂；禁酒令之终久成功与否，难以预料，亦非本文所涉及，而且下究以如何主张为是，则斐许之说，颇宜为解决本题之导言也。盖自由本非一绝对之词，个人之自由以不妨害他人之自由为度；不但此也，今有人焉，肆意鲸饮，而至自丧其身，虽直接无伤于人，而自愿丧身，亦非法律所许也。是以谈禁酒例而扬言妨害自由，无以异于对于拒绝强迫种痘[3]，强迫教育，禁止蓄奴，禁止吸鸦片烟，禁止街道吐痰，而倡言其妨害自由也。按诸事实，美国普通人民，自禁酒后，其通行的物质上经济上之昌盛，殊为可惊。禁酒例之不违背宪法，因其不特不妨害自由，而适有以促进之也。昔林肯宣言释放黑奴，未尝不使奴隶之主人，丧失财产权，但

---

〔1〕 "亨利·福特"原文作"享利福特"，现据今日通常译法改正。福特在推行"五美元工作制"的过程中要求自己工厂的员工禁酒。他提出"不喝酒！不吸烟！发奋劳动！就是人生无上的快乐"的口号，禁酒令的支持者。——校勘者注。

〔2〕 指卖酒的商店。——校勘者注。

〔3〕 指天花疫苗。——校勘者注。

不能视为侵害蓄奴者之自由。揆诸法理，国家现时之法律，人民各宜遵守，不能因其难于执行，而视为无遵守之必要也。美国报纸上宣传反对禁酒，或为酒商一种恢复旧时势力之作用。而赞成禁酒者之人数，未尝稍减，彼等以为打倒酒敌，已成美国生活之一部分[1]矣。据医学博士赫茄德最近发表之意见，酒之危害，甚于鸦片；因有数种疾病，舍鸦片无救药，服用鸦片后，不特减少痛苦，并可救活生命，而酒之为物，不特为危险品，抑且无治病之效。今若有人主张谓由医生特许时，调剂可用酒品者，无不知若用仳物代替，有同等效验，而且有时其功效尤过之。美之报纸赞成禁止贩卖鸦片及其他麻醉物，而同时鼓励违反禁酒例，且百端设计，阻其实施，是诚令人百思而不得其解也。禁酒例之通过，在一九二〇年正月，至今日所以实施尚有困难者，因无充分之时机，予以试验之故，不能即谓实行为完全无望也。若四十年、五十年以后，而禁酒之成绩仍如今日者，届时再言修改第十八条修正案尚未迟耳。况美国一般人民，均信禁酒政策之确立，酒类营业之宜禁绝，虽执行之困难，终有解决之一日也。

吾国禁烟法施行已久矣，就上海而论，在法租界有烟铺甚多，彼售烟者或云，吸烟乃个人之自由也；或以为若烟片伤害人身，此乃吸烟者本身之事而已。殊不知吸烟者吞云吐雾，而其妻子同时有断爨之虞，则妻与子之自由何在哉？然则吾国禁烟当局，亦可视美国禁酒为殷鉴矣。

---

〔1〕 "部分"原文作"部份"，现据今日通常译法改正。——校勘者注。

美国排华之过去及现在[*]

丘汉平

一、绪论

我们提起国际关系，总要列太平洋对岸的美国是最好的友邦了。自从一八四四年第一次订友好条约到今，美国始终的政策是"门户开放利益均沾"，并无榨取中国特殊利益的要求，更无侵略我们领土的野心。不但如此，中国逢到遭其他列强侵害过分致将碍及美国"门户开放利益均沾"原则的时候，她不惜出来主张些公道话。即就文化事业来讲，美国在中国也是特别提倡退回庚子赔款，如果不是美国提倡在先，谁肯将偌大一笔款项在限制条件下退还中国呢？

所以从国交上说，美国无疑是我们最好的友邦，并且是和中国利害最少冲突的友邦！但是，我们若丢开国家与国家的关系而来观察两友邦人民的关系，那么情形就大大不相同了。美国人的鄙视华人心理及历来该国朝野上下所促成的种种歧视华人的律例，真是说不尽写不了的话。我们初时很引以为怪，为什么美国人的排除华人心理如此深重呢？是不是我们前世的祖宗和他们有什么仇隙？美国人为要排绝华人，用尽了种种惨酷无人道的方法。私刑呀，酷打呀，虐待呀，驱逐呀，暗杀呀，暴动呀，屠戮呀，……应有尽有，弄到中国人原是活人到美国，却变成白骨埋黄土！因为政党的竞选，排华问题，被攫为上台政策之一，愈演愈烈，各州的选举，更无论矣。初时原是散漫群众的激动，后来渐渐引起全国的注意，终而政府自动的从事排华工作。单单美国国会关于排华问题的记录已不下百万言，美国政府印务局印

---

* 本文原刊于《东方杂志》（第 31 卷）1934 年第 12 期。

行的排华文字册子达数十种，美国工商部关于排华律的施行种种规则较之我们实业部所有的法令还来得多。美国法院关于排华律的判决案件，大小达千余件，较之中华民国最高法院历年的民事判例来得多！美国对于排绝华人的工作人员以后实施的经费，自一八八二年到现在，不知耗费了几万万金元！

要之，美国为要杜绝六七万中国人在美国的足迹，不惜人力物力来贯彻，不惜撕毁中美条约，不惜违反立国政策，然而很奇怪，美国排华的事迹如此明显，留学生如此众多，历任的外交部长亦不少是在美国求过学的，却始终没有提及此问题。即研究者亦甚寥寥。就是中国政府的档案，对于此问题的过去文件还不知有无保存呢？至于美国排华的种种刊物、册子、法令、章则、判案，更不消说是没有了。以这种情况来处理外交，哪有不败之理？所以历来修改条约，只是政府自己闭门造车，却很少体贴侨胞的痛苦及国人在外国的情形怎样。如果条约是为了装饰门面，那就没有什么话可以说。倘条约是有关于国家地位和侨民利益的，则修改任何商约不可不顾到上述的二件事：国家的威严和侨民的利益。

美国给我们的待遇是如此，其影响侨民的利益姑且不谈，只述其影响于国家的地位来说。美国有一万万二千万的人口，这许多人民的印象自小学至大学，除了极少数外，没有不是鄙视中国人的。我在美国的时候，有一天跑到一个生长美国的侨民家里，这位侨生的祖父及父亲都生长在美国，所以他们都是土生美国人，他在美国中学校读的一本美国历史教科书，我翻来看一下，内面有一段叙述排除华人的情形。既是教科书，当然对于美国的排华举动认为是天经地义的。读者试想：以排华运动列入中等学校历史的教本，就可知道问题的十分重大了。这种排华心理，用教育的方法来灌输美国儿童，不是美国世代下去永远地鄙视中国人吗？

其次，因美国的排华而引起加拿大的排华，岂不是受美国的传染病吗？墨西哥人民的智识程度都和中国人差不多，他们入美也是在限制（不是排除）之列，初时一样的想尽方法偷入美境。现在呢，墨人亦排除华侨了，杀的、赶的、没收财产、毁坏营业等等，可以说是无恶不作。这种心理完全是从美国学过去的。

现在是二十世纪了，五十余年来排华工作算是完成了，中国人从此插翼也难飞入美国了，中国民族的意识亦渐次觉悟了，美国亦渐渐明了中国人的情形了，那么这一页秽史应该作一结束，不应继续写下去，因为再继续下去也没有材料可以供给了。不过我们要使这一页秽史不继续下去，我们一定先要促美国政府人民的注意和认识，但要促他们的注意和认识，我们自己应先明了排华律的过去及现在状况。否则，我们无以提出我们的立场。致本文的主旨，一面很忠实地叙述排华律的情况，一面提出废除的理由。

二、美国开放门户欢迎华人

当十九世纪中叶，美国人欢迎中国人到美国去，[1]可是当时的法律海禁甚严，禁止中国人出国，同时美国还没有与中国通商。[2]在交通方面，因为汪洋的辽阔，交通工具未发达，即使中国人要到美国，不但是困难，而且是件冒险的事。[3]而美国在这个时期却需要外来移民，特别是中国人，因为中国人可以在最低工资下生存，刻苦耐劳尚在其次。许多工作美国人不愿意或不能干的，都由中国人干。所以在工作方面，并没有发生竞争冲突。换句话说，中国人的工作是美国人或欧洲人丢下来的工作。[4]

历史本是偶然的，中国人到美国去尤其是偶然的。如果加省没有发现金矿，恐怕到今还很少有人到美国去，即使去了，也不过从事开辟的工作，没有多大的引诱力。只因金矿的发现，在采挤者方面当然需要大批矿工，同时，中国南部的人民听说"随地可以采金"，自然十分起劲地冒险越过重洋去采金。[5]在这个时候，由美国到中国的船只都带些宣传金矿的消息；终而派员到广东召集华工。所以初时中国人到美国去全为金矿号召而去。自加省金矿发现后的几年间，中国人到美国去年年增加，后来轮只交通较便，增加之数愈加惊人。在一八五三年的时候，中国人在美国总共不过八十四人，到了一

---

〔1〕 参看拙著 "The Chinese Exclusion Law and its Effects", *The China Weekly Review*, vol. 55, No. 3, p. 84 sqq.; J. Thoms Scharf, "Force of chinese Exclusion Laws", *North American Review*, Vol. CLXX VI, 1898; Daily Alta, May 12, 1851.

〔2〕 中美的正式通商是一八四四年。

〔3〕 太平洋邮船公司（Pacific Mail）在一八六七年正式开始中美通航。

〔4〕 见拙著 "The Chinese Exclusion Law and its Effects", *The China Weekly Review*, vol. 55, No. 3, p. 84 sqq.; J. Thoms Scharf, "Force of chinese Exclusion Laws", *North American Review*, Vol. CLXX VI, 1898; Daily Alta, May 12, 1851.

〔5〕 见 Daily Alta, May 12, 1851 的新闻。

八五四年（相隔不过一年），那一年到美国的中国人有一万三千一百名，这是个骇人的数目。如果当时的船只如今日之方便，那恐不止十倍了。[1] 其后每年都有数千名，截至一八六〇年，到美国的中国人已有四万一千三九七人。[2] 在这期间内，大体上说来，美国朝野上下是欢迎华人移民的。在一八五二年，加利福尼亚省省长马道谷尔（Governor John MacDougall）在加省议会的报告书中，有一段关于华人到美的情形，马氏的按语认为中国人是"最需要的归化国民"并建议加省"应制定法令优待中国人可以领地，藉以诱致华人的移入，使他们有永久居住的地方"。[3] 话还在耳，加省的排华运动不久就开始了。在同年的冬季，加省省长就建议华工入口应予限制。这种运动慢慢激成浓厚的空气，到一八五五年，居然由省议会通过一条议案，规定华人入口人头税，每名为五十五金元。其后变本加厉，更禁止华人或蒙古人入口，此外又通过许多限制和歧视华人的法案。但是在这个时期，美国政府的态度还顾全中美的邦交，否认排华是合法的举动，所以加省通过一切的法案都先后经加省高等法院及美国最高法院宣告无效。[4] 然而反对华人的运动，并不因此衰减。他们知道以一省的力量是不能够实现排华的目的，于是进一步的宣传和努力，无所不至的捏造种种华人丑秽的谣言，以耸一般民众的观听。惟此时的上层社会和报界还是欢迎华人，没有排华的心理。

等到美国内战爆发，需要人工较多，而政府为要急速的完成横贯两岸大陆的铁道，格外地需要大批工人。此时加省排华运动无形中渐告停顿，欢迎华人入口的空气复活。[5] 美国政府为了需要大批工人来筑路，曾经派员到中国南方招募，但是大清的律例是禁止中国人下海，这显明和美国的意思相反。当时美国驻华公使柏氏（Burlingame）居华颇久，熟悉中国情形，联络中国政府改善中美关系，美国外交部十二分的热诚希望中国来订定移民的条约，中国政府也就应允了。在一八六七年十一月二十二日，中国政府授权柏氏任为

〔1〕 见 "Annual Report of the Commissioner General of Immigration", 1926, pp. 170～181.

〔2〕 见 "Annual Report of the Commissioner General of Immigration", 1926, pp. 170～181.

〔3〕 Scharf, "Force of chinese Exclusion Laws", 详见拙著 "The Chinese Exclusion Law and its Effects", *The China Weekly Review*, vol. 55, No. 3, p. 84 sqq.; J. Thoms Scharf, "Force of chinese Exclusion Laws", *North American Review*, Vol. CLXXVI, 1898; Daily Alta, May 12, 1851.

〔4〕 见 Annual Rep. of the Commissioner General of Immigration, 1919, pp. 53～54.

〔5〕 见 Mckengie, Oriental Exclusion, p. 26.

中国赴美全权代表，并为赴美中国代表团的总代表。我们要记着，此时加省的排华运动业已开始。双方在美国京都商战颇久，终而订立一八六八年的《中美移民条约》，普通称为《柏氏条约》（Burlingame Treaty），但当时清政府搁置不"批准"，美国政府听了此消息，急令驻华公使设法劝导，结果《柏氏条约》是"批准"了，从此中美的移民悉以此约为据。

我们现在应讲美国订立上述条约的意义。美国迫使中国政府须容许人民自由迁徙，她说这是天赋的权利。国会在一八六八年七月二十七日宣言中曾这样说："自由迁徙变更国籍是一切人类应有的天赋的自然权利，是生命自由快乐的不可或缺的。"〔1〕为了这个原则，美国不惜与英国战争，即在欧洲方面，甚至为了谷斯达事件（Kosta Affairs）而引起与奥斯地利亚（Austria）冲突。根据这个原则，美国极力主张自由移民，并且认为是"time—honored policy"，〔2〕用尽种种方法迫使中国签字。换句话说，我们中国政府本不愿意国人到美国去，只因美国的要求，我们勉强承认。所以从举动方面来说，华工到美国是美国自动要求的。因为这个缘故，一八六八年的《中美条约》开章明义便说到彼此认同自由移民为个人的自由权利，双方政府不得加以禁止。〔3〕

在这个时候，美国舆论界对于这个条约都引以为喜。当时新任驻华公使不郎（J. R. Browne）报告外交部关于新约的情形中有一段是这样说的："据电载新约业经签字批准，这个消息博得加省报界的一致赞扬。在上层及有力的社会人士均无仇隙华人的情形存在。"〔4〕

故自一八四四年中美通商起至一八六八年止，华人到美国在大体上说来，是受人欢迎的。而这时的华人工作都很少和美人冲突。今将国人赴美的人数统计，截至一八六八年止列表于下：〔5〕

---

〔1〕 详见拙著"Sino—American Treaty Relations", *The Chinese Nation*, Vol. 1, No. 25, p. 570 sqq.

〔2〕 Mr. Brooks 说的话。

〔3〕 第五条。

〔4〕 见拙著"The Chinese Exclusion Law and its Effects", *The China Weekly Review*, vol. 55, No. 3, p. 85 sqq.

〔5〕 见拙著"The Chinese Exclusion Law and its Effects", *The China Weekly Review*, vol. 55, No. 3, p. 85 sqq.

一八五三年以前	42 人	一五八三年	42 人
一八五四年	13 100 人	一八五五年	3525 人
一八五六年	4733 人	一八五七年	5944 人
一八五八年	5128 人	一八五九年	3457 人
一八六○年	5467 人	一八六一年	7513 人
一八六二年	3633 人	一八六三年	7214 人
一八六四年	2975 人	一八六五年	2942 人
一八六六年	2385 人	一八六七年	3863 人
一八六八年	5157 人		

三、排华运动的酝酿及经过

无论哪一个人看完了前节文字，都会相信中国人从订约之后一定要受美国政府的保护，而过去的种种排华举动定要受政府的干涉。但在事实上却不是这样。不但美国政府不干涉排华的种种举动，结果且承认排华是"国家生存"的问题。[1]故自一八六八年起到一八八○年止，在这十二年期间内，可以说是美国民众排华的由酝酿到成熟的时期。自一八八○年起至一九○四年止是美国政府以国家的整个权力从事排华法案的原则时期。从一九○四年到现在，是排华律例的解释时期。现在依次分项说明。

甲、酝酿时期

加省的排华运动虽因内乱而稍息，但这是暂时的状态。这里有三个原因：一是内乱发生之后，中国人因为战事关系，人心恐慌，所以到美的华人比较战前减少几及数倍；二是这少数新进口的华人，大都在政府里服役，并不是如以前的大批流入金矿区域；三是加省过去排华运动不免给华人一个打击。故自一八六四年以来，每年到美的华人不过二千余名而已，这和以前的一年中到美的人数超过一万余名，相差甚远。在这种华人入口减少情形之下，美国政府不但无禁止华人入口意思，而且因为铁路急于完成之故，需要大批刻苦耐劳的华工。所以她在这个时期内，对于中国政府是威诱并用，劝导

---

[1] 见 Chae Chau Ping V. U. S. P. 581~611.

中国来和她订定一八六八年的移民条约。如果这个时期内的排华运动是十分的显明，这个条约绝不至于签订，更不会白耗了许多时间去引诱中国。只因美国自动的劝诱中国政府应准许人民自由迁徙，故自一八六八年签约之后，华人觉得从此有保障，不怕一部分的美国人来排除。试看一八六八年到美国的华人总数一跃到五千一百五十七名，其后二年之中，共达二万八千八百四十名之多，这种骇人的数目自然会引起南部的美国人深切的注意。〔1〕

到美人数虽然增加，如果不是美国发生经济恐慌与中太平洋铁道完成，也不至于发生剧烈的排华运动。据太平洋铁道的工人数字统计，其中华工达九千名。〔2〕该路于一八六九年完成，这大批的华工自然流入美国其他方面的事业寻觅工作。兼以经济恐慌之故，美国产业界缩小工作，减低工作，给华工一个良好机会，遂引起美国工人的嫉忌，激成大规模的排华运动。加省是华人的大本营，所以排华运动最为激烈。加省议会所通过的一切排华法案，此时既尽被司法机关宣告无效，不得不另觅途径：一面尽量的攻击华人。如一八七六年的加省旧金山市的代表向国会请愿时，其中有一段是这样说的："上帝创造的人类没有再比中国民族更卑劣了……我想没有比中国人更低下的……中国民族已受尽了四千年的罪恶贯盈……我想中国人是无灵魂可以拯救的，即使是有的话，也不配拯救呀。"〔3〕诸位读者，这段话是怎样地咒骂中国人呀！我们真的是最卑劣不配拯救的民族吗？这种话尚出于市代表的口，就可知道一般民众嫉恨华人入骨了。在一八七七年，加省之沙克拉门多（Sacramento）召集工人大会，议决废除一八六八年的中美条约。同年十月间，有一百五十名的排华运动中坚分子进行组织"工人党"（Workingmen's Party），推戴（Kearney）为领袖，以驱逐华人为号召，攻击政府当局。其口号是："驱逐华人出境，不计任何手段！"〔4〕加省经这数年来的激烈排华运动，虽不获联邦政府后法院的认可，但在事实上已获相当成绩。自一八七七年至一八

---

〔1〕 总计见 "Annual Report of the Commissioner General of Immigration"，1926，《移民报告书》。

〔2〕 Goolidge，"Chinese Immigration"，p. 63.

〔3〕 见拙著 "The Chinese Exclusion Law and its Effects"，*The China Weekly Review*，vol. 55，No. 3，引文。

〔4〕 "Get Rid of Chinese in States by all Means."

八〇年的四年间，每年入口的华人都大加减少。〔1〕

自一八六八年到一八八〇年的排华运动，以劳工方面为中心，联邦政府及法院尚未认为是合法的举动。〔2〕这里有二个原因：一是美国内乱之后，中央政府的政策是集中权力，尤其是外交上的种种问题。排华举动当然牵连到中美邦交，所以在这个时期内认排华不以为然。一是中美条约的阻碍。一八六八年的条约并无给美国限制的但出条文，排华运动根本是违反条约精神，联邦政府及法院为维持法纪及威信，当然不能容许的。

乙、立法时期

事实虽如此，但联邦政府却不能长此静默下去的。在党政竞选之下的美国，排华问题很可号召一部分民心。一方面排华运动由地方而扩大到全国，南部的工人又时时对华人发生暴动，上层社会人士也渐渐受排华空气的浸染，若不急定弥补方法，中美邦交将呈示危险状态。国会首先通过议决案，催促总统开始与中国政府修订一八六八年的条约，限制移民的办法。到一八七九年，国会召开第四十五次会议时候，又通过以前关于禁止华人入口的法案，送交赫斯总统（President Hayes）批准，但赫氏予以否认。附具理由说："关于第二项（即限制移民）事件，因关系两国政府的条约，不能片面自由办理。"〔3〕同时，赫氏亦认定移民事件的严重性，许以迅速的考虑。〔4〕旋即开始与中国政府商洽修约事宜，中国政府于一八八〇年十月七日致美国的复牒说："在过去几年间，本国人民移入加省后，各种事业都随之发达。美国人民所受惠于华人工作的不可谓不少。……不料贵国人民反以华人'工良价贱'为攻击理由，在从前，贵国需要劳工时候，唯一的恐惧是怕本国人民不肯去，今则因为竞争故，排斥犹恐不及。要知限制政策，显与贵国宪法相违背。惟事实上既因本国人民移入的增加而略有妨害，本国总理衙门已于去年同意和贵国代表史迪华商定禁止劳工、罪犯、娼妓、病人入境。"〔5〕这种措辞，不

---

〔1〕 这三年的到美华人如下：一八七七年 10 594 人；一八七八年 8992 人；一八七九年 9604 人；一八八〇年 5802 人。

〔2〕 In re Impanelling and Instucting the Grand Jury, 26. F. 749（1880）；In re Frbuícío Parriot. 1. 7. 481~521（1880）；In re Quon Woo, 137, 229（1882）.

〔3〕 见 Congressional Record, 45th Congress, 3rd Session, Vol. VIII, Pt. 1. p. 606.

〔4〕 见 Congressional Record, 45th Congress, 3rd Session, Vol. VIII, Pt. 1. p. 606.

〔5〕 见拙著 "The Chinese Exclusion Law and its Effects", *The China Weekly Review*, vol. 55, No. 3, 引文，第八六页。

能谓之无据。但美国复牒中反指出中国政府的言辞不合体，有指摘该国举动的嫌疑。中国政府虽有十足理由，否认限制华人入口为合法，结果也只可委曲求全承认美国限制的权利。双方彼此争执多时，遂订定："嗣后美国如认为华工前往美国或在各处居住，对于美国的利益实有妨害或足致妨碍，或在美国境内或任何地方的公共治安有所妨害时，中国政府准许美国得管理，限制或停止华工的入口，但并非完全禁止前往。至限制或停止为行使应该合理且系专指华人续往美国承工者而言，其他各项人等，均不在限制之列。所有定限律令及办法，只能按照管理上、限制上或停止上的必要办理，不得稍有凌虚或滥用。"[1]一八八○年的条约延至翌年才经中国批准，而美国国会遂于一八八二年制定停止华工入口的条例，原案规定以二十年为期，这因为条约只许美国"停止"并无"完全禁止"的权限。但是这个条例被总统否决，旋复修改为十年并许在美华人的自由往返，该案获总统的批准后即成法律。普通称此条例为"排华律"（Chinese Exclusion Law），美国十余年来朝野上下一致的排华运动至是始达到目的。其后一再通过许多限制条例，将在美的华工自由往返权利亦予禁绝。至一九○四年，因中美一八九四年条约届期，中国政府不予展长，美国就单独的通过一九○四年排华律修正案，一方面将以前的所有排华律例明令永远继续有效，不因条约的届期而废弛，一方面严格解释准许在限制条件下入口的华人身份。[2]自兹之后，美国二十余年来的排华立法大备，其严密已无以复加。而美国入二十世纪以来，由排华的经验而渐渐顾及整个移民问题。[3]近三十年来，对于"排华律"的解释，可以说是淋漓尽致，凡可以加紧排华的办法者，政府无不采纳。以是一般的移民律（即对白种人的移民律）除与排华律抵触部分外，亦适用于中国人。

　　丙、解释时期

　　倘使美国国会通过的一切排华律例，美国最高法院不予承认，那么排华运动业就不能达到成功。美国最高法院对于排华律的见解可分为前后二段时期，前段是否认排华律的合法，其根据是违背宪法和条约；后段是渐渐认识

---

　　〔1〕　第二条。

　　〔2〕　U. S. Statute，Vol. 33.，p. 429.

　　〔3〕　《排华律》对于禁止华人入口已成功，但是日本人移入则每年增加，大战以前以至大战以后美国复专力对付日人入口，日本人被排除后，墨西哥人替代之，近十年来复专力对付白种人的移入问题。

排华律是人民的要求，法院遂亦变更态度，认定排华律的合法，其根据也是宪法和条约。我们可以引美国最高法院推事斐尔（Mr. Justice Field）的前后审判来作一比较。当斐尔任职于加省联邦巡回法院的时候，他对于加省旧金山市限制洗衣作的地域范围之法案判决为违法。他的理由是："被害人是一个中国人，他在本国是一位外侨，受中美条约的保护，应享受条约上的种种权利。……他有职业的自由，不能加以任何法律的限制，尤其是市政法规。何况洗衣作并不是违反道德或妨害公共治安。故本件被害人应即释放。"〔1〕这是一八八二年的事件。后来斐尔擢升最高法院推事，就变更态度，判决排华律虽是违反条约，但为求民族之生存，国会有权通过限制法案，并声言中美条约是不平等，因为中国政府限制美国人居住通商口岸。〔2〕在二十年中，最高法院有一半的案件是斐尔推事手里判决的。但是我们也要说些公道话，最高法院中有三四位推事是同情于中国人的。如果案件到这几位推事手里，中国人的官司一定是胜的。有一位推事勿氏（Brewer）始终在判决书附载异议，有一次，他的异议理由多至前言，而结论是："最后，我有不能已于言者：现在中国不少青年学生到美国来求学，她的对美贸易日日增加，她的刻苦耐劳工人来建筑我们的铁道，她以我们美国为唯一的友邦。如果我们完全反其道而行之，如果这人口最多的中国仇视我们，熟悉历史的人尚能记得《经典》的话：'他们散下风种，他们将收获回风'，我们仇视的原因，只要回看过去二十年来我们待遇该国的人民是怎样！"〔3〕

到现在，美国的排华阵线是全国的政府、人民、法院站在一起。在初时只有人民行动，其后政府加入，最后法院来拥护。现在民间歧视华人的心理已成第二天性，这是过去五十年来的美国排华的成绩，我们不能不引为是中美邦交的巨大遗憾。

四、排华的理由〔4〕

美国何以要排除华人，歧视华人，痛恨华人，咒骂华人？他们所根据的

〔1〕 见 In re Quong Woo, 13 , 229.

〔2〕 见 Chae Chau Ping V. U. S. , 130 U. S, pp. 581～611.

〔3〕 见 194 U. S. , 161.

〔4〕 详见拙著 "Justifications of the Chinese Exclusions Law", *China Critic*, Vol. IV, No. 4, pp. 79～81.

理由是什么？现在摘要列后，并一一加以批评：

排除华人的第一个理由是"污秽"。据当时加省代表在国会的报告是这样的："中国人的住宅常以瓦和泥筑成，长凳以备煮饭之用，洗盆总是不干净，傍置臭肉的厕所，又常以厨房边的水沟同时充作小便处，再加以鸦片的气味，其混合的秽气，难以口述或笔描。这是事实，并不是过分的形容，并且是'唐人街'的一种普通现象。"我们姑认这是中国工人的不卫生属实，但是我们不要忘却当日华工赴美的情形是怎样。当时华工赴美都是广东"六行"所包办，这批华工的船费是由"六行"代垫，然后到美后由他们陆续抽还。至于六行的发生，也是美国人方面促成的。因为他们到中国来招工，为求便利起见，不得不委托住华的一个行号代招。等到这批人到美国后，美国社会或地方当局常将他们限制于一定区域内居住，而地方当局对于他们的卫生情形均不闻不问，任华人自生自灭。在这种情形，污秽当然是免不了的。受经济压迫的人，卫生是谈不到的。从前的美国人一样地污秽，一样地恶习，狄更斯（Charles Dickens）在他的《美国游记》（*American Notes*）里写得淋漓尽致。现在，因为美国物质的进步，人民注重卫生，同时政府亦实施卫生的办法。我们再看看欧洲几个的国家，他们的贫民和中国人一样的不卫生。所以单以污秽来反对华人，这是不合理的。

第二个反对理由是"中国人不能归化"。由种族方面来说，这也许有一部分的真理。但是从事实上来说，却不尽然了。夏威夷的土生华侨都已数典忘祖，一切习惯效仿美国人，即其故乡话也多忘记了。不但如此，美国社会如不歧视华人，同时政府待遇华人如和待遇白种人一样，中国人没有不被归化的。如米色色比洲的法律，规定土生的中国人（在法律上是美国籍）虽是美国公民，却应进黑人的学校读书。这个官司上诉到最高法院，搭佛审判长（Chief Justice Taft）认为并不违背美国宪法上的"平等"原则。试想，一个中国人自己已经忘却他是中国人了，却不把他并列于美国人之列，当然是激动他的反感，而以美国不是乐土了。美国根本政策既不容许华人归化，试问中国人如何归化呢？

第三个反对的理由是"中国人汇款回国，因而美国经济日趋枯竭"。这个理由根本不能成立。纵使在美国的六万余中国人每名每年都汇回中国一百金元，充其量亦不过六百万元，其影响于美国整个经济社会犹沧海之一粟。反之，美国人在华投资得来的利益汇回美国的，恐百倍不止。何况在美国的六万余中国人，大半是无力汇款呢？

第四个反对理由"华人堪足危害美国种族的生存"。是上至最高法院的推事如斐尔（Justice Field）者也认定容许中国人在美国，于美国的文化上种族上将发生极大的危险。他们的心目中好像以中国人为传染病的民族，恶贯满盈，不久要被上帝毁灭了！

结论起来，美国人的排华的种种理由都是空泛的无根据的。我想加省旧金山市长的话最足代表美国排华的中心思想。他说："我们排除华人，不是经济问题，也不是华人的工资高低，却是我们根本上要不要中国人。"[1]简单说，美国究竟高兴中国人，或是不高兴中国人呢？他们的结论是：中国人是最不需要的份子！

五、律例中关于华人的解释[2]

谁是"华人"？谁是"华工"？谁是"华商"？谁是"教师"、"学生"、"教士"、"海员"、"旅客"？谁是"生长美国的华人"？这许多问题，美国的排华律及法院判例都充分的解释。本文只可摘要的叙述一下，使读者明了美国人对我们所下的定义。

甲、谁是华人

美国第六十一次国会编订的《人种辞典》（Dictionary of Races or Peoples）第四十一页"中国人"条下注明说："美国法律是从政治的意味来下'中国人'的定义，就是说，'中国人'一词包括一切中国人。"依此定义，美国排华律例对于中国人是这样解释的：

第一，具有中华民国国籍之人民是中国人；

第二，虽无中华民国国籍而属于中国人种者，亦是中国人，至于现在国籍是英国或法国，均所不问；

第三，父母之一方为中国人，所生子女虽取得他国之籍，但在非华律范围内仍视为中国人。

这种解释，破天下之奇闻，但是美国排华律例却是如此定下解释的。[3]

---

[1] *North American Review*，Vol. IV，No. 4，pp. 79~81.

[2] 见拙著 "Judicial Interpretation of Chinese persons and Laborers in the U. S. A."，Vol. III，No. 36.

[3] In re Fisher, 21F. (2nd), 1007；Nagle etc V. Loi Hoa, 274. U. S. p. 475~482；Palo V. Weeding ect, 87. (2nd) p. 607.

乙、谁是华工

关于华工的解释，也很特别。先时法院比较合理，自一八八二年后，华工定义愈形广泛了。现在试引几个判例来作证明：

（1）商人兼理他人工作者，失去商人地位而取得华工身份。设甲自己开设杂货店，工余并充他人工作，美国法院判决甲为工人，而不认为是商人，应受排华律的驱逐。[1]

（2）开设酒肆菜馆者，美国法院先时都认为是"劳工"，故亦受排华律的禁止之例。自一八九四年著为判例[2]一直到一九一五年，才由最高法院稍为改正此种不合理的解释，判决开设酒肆菜馆是经营商业，不是劳动作工，[3]但若同时充作厨子或代他人工作，仍视为工人。[4]

（3）开设成衣铺并同时从事裁缝工作者，法律上认为是劳动，而列入华工之列。[5]

（4）华人经商犯法被判有期徒刑者，释放后认为是工人，应即驱逐出境。[6]

（5）妓女是劳动者，取得华工的身份，应受驱逐。[7]

（6）开设赌场的是华工。[8]

（7）工读学生是华工，应该驱逐出境。[9]

丙、谁是教师，学生，教士，海员，旅客

（1）教师限于专科以上的教员；换言之，小学或是中学的教员不是教师，在禁止入口之列。[10]这是旷天下奇闻。

（2）学生限于美国特许专科以上的学校，并且不能兼任工作。[11]

---

〔1〕 Lew Quen Wo V. U. S., 184 F, 685；Lew Juin V. U. S., C. C. A. 1895, 667, 953.

〔2〕 In re Ah Yow. (1894) 597, 561；U. S. V, Chun Ki Foon, (1897) 837, 143；Mar Bing Guey V. U. S. (1899) 977, 576；Lai May V. U. S., 14 C. C. A. 283；U. S. V. Yong Yew, (D. C.) 837, 832.

〔3〕 U. S. V. Lee Chee (1915) C. C. A. 649；Weedin V. Wong Jun, 77, (2nd) 311.

〔4〕 Low Yin (D. C. Mass. 1926) 137, (nd) 265.

〔5〕 Lai Moy V. U. S., C. C. A, (1895) 667, 954.

〔6〕 U. S. V. Wong Ah Hung (1894) 627, 1005.

〔7〕 Lee Ah Yin V. U. S., C. C. A. 1902, 1167, 614.

〔8〕 Ng Suey Hi V. Weedin, (1927) 217, (2nd) 801.

〔9〕 Ex Parte Tsiang His Tseng, (1928) 247, (2nd) p. 213.

〔10〕 见一九〇二年的条例。

〔11〕 见一九〇二年的条例及一九二四年的移民律。

（3）教士限于正式传教的人。[1]

（4）海员限于随船上下工作的人员。[2]

（5）旅客有一定期间的限制，并不得从事工作。

丁、谁是生长美国的华人

依照美国的宪法，凡是生长于美国境内的都取得美国国籍。中国人生长在美国，当然取得该国国籍。不过有一个问题，就是中国人在美国船只上生下来的子女是不是取得美国之籍呢？这个问题，已经反面判决，就是说，并不取得美国国籍。这是从可能的最狭义解释，也可见美国对于排华的心思了。[3]

六、美国移民局管辖华人入境的效力

这里曾有三个问题，现在都已解决了。一是入境违法问题，一是入境以后发觉违法问题，一是以美国国籍要求入境问题。第一项事件，现在统归移民局管辖。就是说移民局对于中国人到美国有检查审判的权。对于移民局不服的判决，得向工商部（今劳工部）提起诉愿，但工商部的判决是最终的，不得再行上诉。[4]第二项事件，初时国会及工商部都想管辖，后经最高法院判决为违法，认为这是法院管辖的事件。[5]第三项事件，初时准许由法院管辖，后来亦改归劳工部办理。[6]

七、结论

本文已将排华律的最要几点简单说了，现在我们要归结排华律应否废除。一个国家对于移民的限制，自然是行使统治权分内所应有的事，无论哪一国都不能加以訾议。不过我们所认为问题者是"平等待遇"。如果一个国家对于某国人民予以歧视，这是违背国际法的。依照美国现行的一般移民律，中国人应有的移民额也不过是"一百名"。此一百名的额数，现因排华律的存在而

---

〔1〕 见一九○二年的条例及一九二四年的移民律。

〔2〕 详见 U. S. C. Annored, Section 263, Subsection 4.

〔3〕 见一九二四年及一九二七年的移民律。

〔4〕 见 Lam Mow V. Nagle；Low Wah Suey V. Backus , 225 U. S. p. 460 ~ 476；Chang Chan etc. V. Nagle, 265 U. S. , 346~353；Weedin V. Chin Bow , 274 U. S. , 657~675.

〔5〕 LAN Ow Bew V. U. S. , 144 U. S. , 47~64.

〔6〕 Wong Wing V. U. S. , 164 U. S. , 228~244.

禁止。就是说，美国若是取消了排华律，中国人每年可以移民到美国的不过一百名。而此一百名的额数，又有种种的条件，那么对于美国是毫没有危险的。如果说每年一百名的中国人移到美国会发生什么不良的影响，这是说不通的。但是，我曾经说过，美国排华的原因纯出于种族的歧视。只基于种族的歧视，排华律才能存在。不过我们要问：在这万国互市的世界，中美两国过去的邦交，种族歧视应否继续存在呢？

同时，中国政府亦应担负相当的责任。我们对于华侨问题太忽略了，较之前清更忽略了。我们一面应设立移民局管理本国人民的外殖及外国人的移入，一面在修改条约时应注意到华侨的利害！

美国排华律例对于华工之解释*

丘汉平

　　"华工"一词，国人恒指操作劳动之工人而言，不佞旧亦蹈此见解，迨余研究美移民律，始恍然大悟曩昔所见之非也。

　　依美国历次之排华律例及判例，所谓华工者，其范围甚广。不佞曾就其解释编集成书，兹略述之介诸国人。

　　吾人欲知何为华工，则首当研究其何种中国人方不认为华工也。依一八六八年中美条约以后之解释，即所谓"豁免"条款者，不外左下[1]：

　　一、政府任命之官吏及其家眷、随员、仆丁、职员等。（见一八六八年中美条约）

　　二、专往美国经商之商人及妻子。（见 Cheung SnmShee etal. V. Nagle，45 sup Ct Rep 539.）

　　三、在一九二四年七月一日以前之侨美华商之妻子。（一九二四年之移民律）

　　四、教士及专门学校学院大学校之教员但以入美境之时曾任该项职业二年以上者为限。

　　上列[2]华人得携带妻子未满十八岁之子女：

　　五、曾合法侨居美境而得有永久允许之华商暂时出外者。

　　六、学生满十五岁者。

　　七、暂时住美国参观游历或料理事务者。

　　八、通过之美境者。

---

　　* 本文原刊于《暨南校刊》1930 年第 68 期。

　　〔1〕 原文为竖排版，此处应依现代横排版改为"下列"。

　　〔2〕 原文为竖排版，此处应依现代横排版改为"上述"。

九、已允许入美境之华人后由美国通过他国而再进入美境者。

十、善意海员。

除右列[1]之中国人外，余均禁止入境矣。

下列[2]中国人，美法院曾判为华工，而受排华律之禁止入口：

一、商人操业务以外之工作者。（见 Lew Ouen Wo V. US, 1911C. C. A. 184 F 685）

二、酒食店主人兼操工作者但最近之判例（一九二五年）则以酒食店主人兼操工作者非华工。[见 Im P. eAh Uow, Dis, Ct, wash, N. D. 1894. 59F. 561～562 Weedin V. Wong Sun, 1925, 7F（2d）, 311.]

三、商人暂时为他人役务报酬者。（见 LewJimV. U. S 1895. 66F. 953～955 Lew Jim V. U. S 1895. 66F. 953～955）

四、商人同时剪缝衣服由其店售卖者。（见 Lai Moy V. U. S 1895, 66 F. 954～956）

五、设立工厂专为他人制造者。（见 Ong Chew Lung V. Burnett, 1916, 262（f）853）

六、妓女。（见 Lee Ah Yim VU. S. 1902. 116F. 614）[3]

七、商人因他罪经法院判决有期徒刑者。（见 U. S. V. Wong A Hung, 1894, 62F. 1005）

八、工人之妻或子取得其夫或父地位。（见 Yee WonV. White, 256 U. S. 399～402）

以上各案之判例，余将别文述之。

十九（1930 年），五，廿九日民权律师团事务所

---

[1] 原文为竖排版，此处应依现代横排版改为"上述"。
[2] 原文为竖排版，此处应依现代横排版改为"下列"。
[3] 原文无后括号，此处应加。

464

美国排华律例的过去及现在[*]

黄应荣[**]

中美亲善！中美亲善！这个声调，无论在什么地方，在什么时候，我们都可以听得着的，好像是在这个世界里，只有大美利坚是中国的好友！美国对中国不但没有侵略的野心，并且常帮中国的忙，在巴黎和会及华盛顿会议，他都很尽力代中国争独立、争权利，这不是那些亲美派常说的亲善的明证吗？但是一国和一国的敦睦，不能够这样简单地断定的。假使美国和中国的确很友善的，那么[1]为什么有那些排华的律例？谈到排华的律例，不但是国内的同胞很少听到，就是曾住过美国的同胞，虽知道美国人的种族观念很深，对于黄种人，尤其是中国人特别的轻视，也是茫然不知有对华的种种苛例。就是知道的，也不能穷究说出。有一位外国人说，"你们的美国留学生有几万人，为什么没有一个人专门研究中美关系呢？"我们听了这句话，自己多么赧颜。因为这句话，迫得我来写这篇文字。美国排除华人的历史，为便利起见，约可分为三时期，现在先说明第一时期。

一、欢迎时期

美国人排华的理由很多，不能列举，其中一个理由是说，去美国的中国人大半是办理华工人口的商会的产物，这就是说当他们居留在美国时，他们是那个商会的奴隶。换句话说，他们反对华工的理由，是说华工是可买卖的

　＊　本文原刊于《世界杂志（上海1931）》（第2卷）1931年第1期。原文未采用现代标点符号，文中标点为校勘者所加。

　＊＊　黄应荣，1926年毕业于东吴大学法学院（第10届），获法学学士学位，后在东吴大学法学院任教。

　〔1〕　"那么"原文作"那末"，现据今日通常用法改正。——校勘者注。

奴隶。虽然自 1817 年[1]以来，美国已有"苦力"（Coolik）的买卖，但据可靠的报告，最初到美国的华工，是自由移民，或是由秘鲁、古巴逃来的契约工人。在十九世纪初叶美国的沿太平洋各地，急需开拓。后来发现金矿，内乱之后尤需铁路交通，于是一般资本家，亦觉得劳工缺乏的痛苦，所以来中国招请工人。我国工人因有利可图，自一八五二年往美国的人数因之逐渐增多。到 1860 年已增到 35 565 名[2]。在这个时候，美国还很欢迎中国人，因为中国人的性情和蔼，衣服特别，他们觉得很奇特的。到后来不但华工日增，美国工人由东移来的也日多，于是美华工人常起冲突。结果美国工人和华工的感情日恶，卒致产生"华人须去"的口号。因加利福尼亚州[3]，遂开始制造排华的种种律例，同时华人在五年内被杀害的，以千百计。但在那时，美国政府和清廷还很友善，并且因为急需完成横贯大陆的铁路，对于中国工人的移入，不但不反对，并且极力鼓励。所以在一八六八年和清廷订立所谓《蒲安臣条约》[4]。该约第五条说："大清国与大美国，切念人民前往各国，或愿常住入籍，或随时来往，皆须听其自由不得禁阻。今为贯彻此原则，所以中美两国，共完条约，除彼此自愿往来外，如有美国及中国人，将中国人迫带往美国，或运往别国者均依法治罪。"第六条又说："中国至美国，或游历各处，或常行居住美国，亦必须按照最惠国人民所得游历与常住的利益待遇中国人。"

二、限制时期

因为这个条约，华工到美国去的更多。及至铁路完成，市面上忽然产生数万美华无业的工人。不幸在这个时期，实业界又忽起衰落，于是几个野心家，利用时机，日以煽惑仇视华工为能事。到 1877 年，在加省萨克拉门托[5]集会，请求废除《蒲安臣条约》，并宣誓铲清华工，当时美国政府对于华人，还

---

　　[1]　"1817 年"原文作"一千八百十七年"，现据今日通常用法改正。下同。——校勘者注。

　　[2]　"35565 名"原文作"三五五六五名"，现据今日通常用法改正。下同。——校勘者注。

　　[3]　"加利福尼亚州"原文作"加利佛尼省"，现据今日通常译法改正。下同。——校勘者注。

　　[4]　即《中美天津条约续增条约》。1868 年 7 月 28 日，清朝全权特使蒲安臣与美国国务卿西华德（William Henry Seward）分别代表中美两国政府签订。该条约系中国近代史上首个对等条约。——校勘者注。

　　[5]　"萨克拉门托"原文作"三克门多"，现据今日通常译法改正。——校勘者注。

没有什么恶感，以后才渐渐为舆论所动，不得不谋补救的方法。到 1880 年，就向清政府商议限制移民，清廷方面因恐美国单独废除 1868 年的条约，不得不和美国订立所谓《北京条约》。那个条约第一条说："大清国与大美国共同商定：若嗣后大美国查得华工前往美国，或在各处居住，实与美国利益，有所妨碍，或与美国境内，或美国地方治安，有所妨碍，大清国准美国限制人数，或暂时停止，并非尽行禁绝。且于限制方面，应须合理。惟此种限制亦仅指华人往美国承工者而言，其余各项人等，均不在限制之列。凡续往美国承工者，只得令其按照限制进口，不得稍有凌虐。"第二条又说："中国商民、教师、教员、生徒、游历人等与及跟随雇佣之人，及现已在美国境内居住之华工，均听其往来自便，同受最惠国之利益。"这个条约正如亚德总统所说："这个条约是单务的，不平等的，不是互惠的，是中国政府将《蒲安臣条约》所得的权利完全让与美国。"

三、排除时期

因这一笔的错误，也是没有办法的错误，华侨遂饱尝种种痛苦。政府也无可奈何！美议院遂于 1882 年，通过一个条例，名为《An Act to enforce Treaty Stipulation to Chinese》[1]。那个律例共有十五条，最重要的是：（一）十年内华工不准入口；（二）凡船主故意带华工入口者，每带一名罚款五百元，或监禁一年；（三）华人离美时，须在美国海关登记；（四）经许可来美的华人，须领取中国护照。没有护照的，不准进口。违反此规定者，罚一百元或监禁一年；（五）所谓工人，系包括有技能的，和无技能的。这个律例通过没有几时，美国当局就觉得实用起来，很感困难，因为条文含糊不明。在 1884 年，议会又通过一修改案，这个修改案，最重要的几点是：（一）禁止华人由外国来美；（二）以证书为进口的唯一证据，这个条例也不能满足美国人排华的愿望。于是议院于 1888 年，又通过所谓《苏格特条例》，那条例第六条，是禁止华工返美国，除非在美国有合法的妻子，或父母，或一千元的财产，或债权。第七条是说："华人根据前条请求回美，在没有离境前，须于一个月内，向离境口岸的税务司请求许可，并须详细陈述本人的家属，财产账目等。该税务司得审查种种的证据，然后发给回美的'执照'。但回美的权利，以一年

---

〔1〕 即《关于执行有关华人条约诸规定的法律》。

为期。倘因疾病，或他种原因，不能依期回美时，那个期限，得延长最多一年，但须将理由向其住在地的美国领事报明，并取得证明书，以便取信于税务司。中国工人非呈明回美执照，不管由陆路或水路回美的，都不准入境。"自这条例颁布后，华工已受深重的束缚。然而美议院仍以为不足禁绝华人，于是在 1892 年，借口保护华工起见，特通过一律，名为《格例里条例》。翌年又将这个条例修改。照 1892 年的条例，其第四条载明华人不合法进美国的，须受一年以下的监禁，而第五条是说"华人请求回复自由状（Writ of Habeas Corpus）时，不得准许担保出外"。第六条更严厉的规定，凡在该条例颁布以前准许住在美国的中国工人，须于六个月内，依例注册，请求"住所证明书"，如到期无住所证明书的，概以"不法入境论"。对于此条，清廷虽屡次抗议，也是没有什么效果，到了 1894 年，清廷反和美国订立条约，承认排华的合法，不过对于限制期限规定为十年罢了，第一条规定：从批准日起算，以十年为限，准许美国完全禁止华工去美国。第二条重申苏格例第六条的规定：凡寓美的华工，在美国或有正妻，子女，父母，或一千元的财产，或同额的债权时，第一条就不能适用。第三条是说明中国政府人员、商人、教员、学生、游历者是不受限制的。从此以后，美国便再接再厉，将排华律施行他的殖民地。在 1896 年，檀香山已隶属美国，遂禁止华人去檀香山，或由檀香山到美国，在这个时期，太平洋沿岸排华的空气更紧张。在 1900 及 1901 年，美国工会好几次要求国会将限制华工的律例，重新修改，以便禁绝华人去美国。国会经过了长久的辩论，遂于 1902 并 1904 年，通过新条例，将排华的时效，永久适用，又扩充到美国岛屿属地。直到 1924 年，美国再颁布所谓 1924 年的《移民律》，但那个律例，关系世界各国，不止中国，其关于中国人入口方面，尤为变本加厉。例如学生赴美留学须经过许多手续，方许入口等是。因为这个条例很长，恕这里不能多述了。

四、排华的目的

从以上的观察，我们晓得美国的排华律，是由限制华工而来的。当时因清廷昏聩，不懂外交的术语，铸成大错，致禁例层出不穷，从限而禁、而绝。因为它的目的，是只有明文准许入境的，才许入境，不是非禁止的中国人，都可以入境，更确切点说，是（一）禁止中华民族的工人去美国，或离美后，复回美国；（二）中国籍民或外籍的中国人，须先取得中国，或他的隶属国的许可，并领得证明书，证明他不是工人，而那个证书，又要经美国的领事馆签字后，才算有效。因此在1884年修改律以前，禁律里所指的中国人，是专指中国籍民呢？还是包括外籍的中国人呢？法院当时的解释，莫衷一是。以后法院才有许多例案判断，中国人虽生长在英属，而取得英国籍的，仍旧要受排华律的束缚。晚近法院更进一步的解释，就是杂种含有中国血的人，也要受禁止的。换句话说，排除律不是以国籍为断，是以种族为根据。

五、排华的效力

（一）工人的解释

排华的目的，在上面已经说明，现在我们看他的效力怎样？要明白它的效力，最好是从工商的解释上看，什么是工人？在1882年以前，法院因为对华人的感情尚好，所以对工人的解释比较稍宽，照当时的解释，"工人"是专指以劳力操作的人，是只对无技能的工人来说，以后法院的解释才渐渐严厉，直到现在采取概括主义，无权入美的人，都以华工论，至对于华工的苛待，"注册"、请求"住所证"等，在排除律的历史里既说明，不必再说。

（二）商人的解释并对于商人的苛例

依中美条约及排除律，商人是不在禁律内的，但因法院的解释太过无理，商人差不多也要绝迹于美国了。现在我们且看法院对于商人的解释怎样。

1. 开酒馆餐馆的主人。对于这种人的解释，法院不能一致，最初法院在1884年的 Ah yours. U. S. 案里判断，开酒馆主人如铁匠、裁缝师、皮鞋匠一样不得当作商人。及后法院遂根据这个例案，判断开酒馆主人不是商人但在那些例案里，主人多半同时做厨师，或他种须劳力的工作。到1915年，法院又判断酒馆主人是商人。在最近1925年，法院亦取同样的解释，但在那个案里，该主人是个副经理，而从来没有出过劳力。假使他曾帮做厨子，或西崽，那么[1]法院恐怕又要判他丧失商人资格了！

2. 只有商店的股东是商人，其余店里的人员，如卖货员、司账等等，都不得算做商人。

3. 商人如有时代人打扫，也不得算做商人。

4. 为自己裁缝店帮做衣服，不是商人。

---

[1] "那么"原文作"那末"，现据今日通常用法改正。——校勘者注。

5. 商人受监禁后，就丧失商人的资格。

从上项的解释，我们可以知道美国的法院怎样的蛮横无理。但美议院，还以为不足禁绝华商，所以对华商返国复去美国，加以种种的困难。譬如（一）中国商人没有返国以前，须先于出口地方觅得两个白种人为证人，证明他曾在美国经商一年以上，中国人不能做证人。（二）他的证书，要证明他除了做商人外，没有别的工作。（三）返国一个月以前，须报名呈请护照，那个护照以一年为期，过了一年就无效，除非有疾病，或他种不能免得原因，那么[1]才可再延长，但最多不可过一年。

（三）关于中国人的权利的苛例

甲、关于住址权

当排华空气最紧的时候，加利福尼亚州，曾颁布所谓《敏咸条例》者（Bingham ordinance）。该条例规定，自条例颁布后六十日内，中国人在旧金山城市范围内，有住所或经商的，须移至旧金山范围外，或条例所指定在城市范围的地方。如违此例，以犯罪论，须受六月以下的监禁。这个例真可说是苛刻至极！幸喜法院尚讲公理，所以在一个中国人（M. Re Sing）的案里，巡回法庭说这种不公平的条例，因为排除特定民族的居所权，不但是违反美国的宪法，并且违反中美的条约。

乙、关于职业权

当1879年，工党在加利佛尼省成功后，因为仇恨中国人，所以在新宪法里特别的规定：（一）公司不得用中国人；（二）中国人不许受雇于公家职业；（三）不准归化的外国人对于本省的安宁有害无益，立法院须设种种的律例，限制这样的人民移来。根据这个宪法，省议院层出不穷地，颁布种种苛例。譬如（一）禁止给予华人职业许可书，除非有十二个公民或纳税美籍民的介绍；（二）禁止在一定的屋内，如木造或石造的房屋，或开设洗衣铺；（三）准许卫生官检查房屋，调查主人有无合卫生的机器，并禁止在早上六时，晚间十时，洗或熨衣服。对于第一第二两种禁例，法院都认为不法，都以为是违反中美的条约，及美国第十四次宪法修正案。而对于第三种禁例，大理院多数推事却以为像警律一样并没有违反中美条约，及第十四次宪法修正案的规定。

---

[1] "那么"原文作"那末"，现据今日通常用法改正。——校勘者注。

丙、关于中国人的子女的教育权

按密西西比州〔1〕1890年的宪法，第二〇七条规定。白种人的子女，和有色种人的子女，不得共同在公立学校里读书。中国人是有色种人，那么〔2〕中国人的子女，是否有和白种人的子女，共校的权利，对于这个问题，当时争论莫决。待至1927年美国大理院在华人案里，才判断中国人是蒙古种，和黑色棕色种一样，所以原告不能要求与白色人的子女，共在公立学校读书。如原告的父母不满意时，可将原告送入私立学校读书，这种禁例并不违反美国的宪法，因为教育人民的权利系属于各省，联邦政府不得干涉。

丁、禁止华人买地

从以上的种种苛例，我们知道加利福尼亚州，不但是排华的策源地，并且是对华人最多苛例的地方。该省的人民，仇视华人的恶感，终不稍懈。所以在1920年，该州〔3〕的人民，以创制的方法，通过禁止华人买地的条例，依此《土地法》的规定，（一）"不准归化"的外人除依条例外，不得购买、占有、或转移不动产，或属于不动产的利益。（二）倘使一个公司的股东，大多数是"不准归化"的外国人，那么〔4〕那个公司也不得购买土地。（三）"不准归化"的外国人，不得为未成年人的财产信托人。如该财产是"不准归化"的外国人，不能取得的。（四）自土地法颁布后，因抵押或其他债权，取得的占有权，其期间以二年为限。后来 Arizuna〔5〕省于一九二一年，Oregon〔6〕省于一九二三年，也通过和加利佛尼一样的禁例。除以上数省外，还有新墨西哥州并地拉华州〔7〕的禁例，但这两省的禁例，没有明文限制，抵押取得占有权的期限，而地拉华州的法律却较严，"不准归化"的外国人，除依条约，不得购买、占有、继承及转移不动产，及动产，或属于该项财产的利益。

至对于这些禁例的解释，目前还没有关于中国人的例案。但关于日本人

---

〔1〕 "密西西比州"原文作"密斯色彼省"，现据今日通常译法改正。下同。——校勘者注。

〔2〕 "那么"原文作"那末"，现据今日通常用法改正。——校勘者注。

〔3〕 "州"原文作"省"，现据今日通常用法改正。下同。——校勘者注。

〔4〕 "那么"原文作"那末"，现据今日通常用法改正。——校勘者注。

〔5〕 Arizuna，应为 Arizona，即亚利桑那州。——校勘者注。

〔6〕 Oregon，即俄勒冈州。——校勘者注。

〔7〕 "特拉华州"原文作"地拉华州"，现据今日通常译法改正。——校勘者注。

的，已有好几个了。照那些例案讲，大理院的解释，是土地财产权是属于各省的主权，倘不违背条约，或宪法，各省有权准许，或禁止某种人民购买土地，那些禁例，虽是专对某民族，但是还不能说是违背宪法。

戊、禁止中美通婚

（A）照俄勒冈州〔1〕关于禁止婚姻最早的律例，白种人和黑种人，或蒙古种人，或含有四分之一的黑血，或蒙古血的人，不得通婚，以后因"蒙古"二字，范围过广，故在州宪第二一六三条里，才明文规定，白种人和中国人，或含有四分之一的中国血的人，不得通婚。这种婚姻是绝对无效的，不但是婚姻无效，违犯上项禁例而婚嫁的，无论已成婚或未成婚，都要受三个月以上一年以下的监禁，同时为禁绝这种婚姻起见，凡有权依法证婚的人，故意证明这种无效的婚姻，经判断后，也要受三月以上，一年以下的监禁，并受百元以上，千元以下的罚金。

（B）依犹他州〔2〕的律例，蒙古种人和白种人的结婚也是无效。

（C）加利福尼亚州和犹他州一样的规定，白种人和黑种人，或黄种人的结婚为绝对无效，依照大理院的判例，这种律例，虽禁止白黑通婚，但并不排除某一种人，或某一民族，所以并不违反美国第十四次宪法修正案。

（D）依照密西西比州法律第五十章，第二七二七条的规定，白种人和黑种人，或杂黑种人，或八分之一的黑血的人，或蒙古种人，或含八分之一的蒙古血的人，不得通婚，这种婚姻是绝对无效的，违犯这种禁例的人，得依法受相当的刑罚，倘故意到别处举行婚礼，而结婚复仍会境内时，其婚姻也是和在境内结婚的一样无效。

（E）照密苏里州〔3〕修正法律第六三章，七二九五条，白种人不得和蒙古种人结婚，这种婚姻是绝对无效的，而有权发证书的人，明知当事人犯此条例，而给予证书时，须受拘役或罚金。

结婚权固然是一国人民的绝对的权利，但故意排斥华人，不但是违反国际公法，也是违背中美条约。因照中美条约，最惠国的条件，美国给予外侨享受的权利，中国人亦得均沾，且把中国人和黑种人，及黑杂种人立在同一

---

〔1〕 "俄勒冈州"原文作"乌雷共省"，现据今日通常译法改正。——校勘者注。

〔2〕 "犹他州"原文作"乌搭省"，现据今日通常译法改正。下同。——校勘者注。

〔3〕 "密苏里州"原文作"米苏里省"，现据今日通常译法改正。——校勘者注。

的地位，实是个奇耻大辱。

　　以上所述的，不过是美国排华律例的一部分，虽不能够窥其全豹但也可知道一般。在我们的眼光看起来，数万的中国人，移到美国去，不过是个很小的事情，但在美国朝野上下的意识里，简直是个黄祸。所以他们不惜化数千万的金钱，费数十年的心血，想出种种的方法，来消灭这个黄祸。在清末的时候，清廷虽很懦弱，对于这种侮辱，还能据理力争。到了民国，政府藉口内顾无瑕，就不闻不问了，好像是不必多说。而大美利坚，就会自动的改善那些苛例。我们要知道美国排华的问题，不是留美华侨的本身问题，是中华民族的整个问题。我们不谈民族主义则已，要讲民族主义，就不能承认自己是个卑劣的民族，就不能让那些苛例继续存在。所以很愿望国府的外交当局，一方面务要继续地抗议，以达到目的为止。另一方面须急谋对付的方法，才不失了保民的宗旨。

新俄罗斯的《民律》*

钱江春**译

（一）

苏俄的新《民律》已在一九二二年十月间所开全俄苏维埃中央执行委员会第九届大会的第四次会议席上通过了。从一九二三年一月一日起，此项法典，即为有效。以苏俄而采用此项保持及规定私产关系的法典，实可以认为他们政府党，已经放弃了过去三年半中所作共产试验的确证。为了此项试验，他们曾在国内建设一种使一切经济关系——无论在生产或分配方面——尽行国家化的制度。在此种制度下，一切工商业；一切生产的工具，不论大小；一切不动产，不论为工商业上，或住居之用；均脱离私人掌握而归国有。一切物品，均完全归国家支配。这时国家除为唯一的物权之主体外，更拥有总理全国实业事务的权力。这种制度实施时，更不按照社会主义上"国家化"三字的科学的意义，专谋生产的势力和关系之社会化，而乃承革命的余威，以没收一切个人及家用所必需的私产，如家具、服用、国内外货币、装饰品、图画、书籍等。凡超出了一定限度的（有时并无限度）皆在没收之列。这样的制度，一经实行后，在私产关系上便无问题。因为私产一废，人民便失订立契约的能力，而私产关系上的两项基本要素——客体和主体——也便同时消灭了。私产关系的打破，连通常所认为不能社会化的个人劳动制度，也一

＊ 本文原刊于《法学季刊（上海）》（第 1 卷）1923 年第 3 期。原文未采用现代标点符号，文中标点为校勘者所加。

＊＊ 钱江春，1925 年毕业于东吴大学法学院（第 8 届），获法学学士学位，后在东吴大学法学院任教。

并废除。他们所用的是强迫劳动的方法，雇主（国家）与雇工间的一切关系，不受私法——契约——而受公法——劳动法规——的约束，工价也由劳动委员会（Commissariat of Labor）规定。

私产关系既不存在，保护私产的《民律》和《民事诉讼法》，自然也无需了。不但不需要，凡共产主义的理论者和施行者，更都以为在共产国家里，当然不能有处处适用的固定的《民律》。对于人民间的关系，只有各按不同的事实，由民众审判官（People's Judge）凭着他们无产阶级的意识和社会主义的权利观念，分别去判断。根据此类哲学的基础，便试行了三年余的共产主义。因求主义的实现，又创设了一种使全国经济事务集中的特别制度，施用于极广漠的疆域中各色的人民和各色的经济关系上面。

这种制度的缺陷，不久便由共产党领袖们明白看了出来。结果便于一九二一年上发表了那"新经济政策"。其中要点，在认可资本制度基础的恢复，连带也承认了自由置产、自由分配及以私人的动机作工等。

他们一方施行此类计划，一方当然也有许多根据共产主义的理论而加以保留之处，但生活的要求比理论的保留更为切要。"新经济政策"在实际上遂渐渐冲破了一切共产主义的约束，而苏俄共产党也逐步退让。论终极的结果，"新经济政策"所挟的资本化倾向，既以经济生活上的需要为后盾，他的势力，自必胜过了一切抽象的理论。但在这种新式的经济生活中，却不能不生私产关系，既生私产关系，更不能不有固定的法律。于是以前那种视法官意思为转移的法庭，便不能应时势的要求，而一种处理物权的固定而可供法官遵守的法典，遂为不可少了。

以上述苏俄发生按照其他资本国家而制定《民律》的需要的经过情形。此种法典的大纲，遂于一九二二年初完全拟定。虽有苏俄共产党中左党的反对，但略加修改后仍为全俄中央执行委员会所采纳。委员会又指令司法委员（Commissariat of Justice）依据此项大纲，起草《民律》，备于下届执行委员会常会中提出。此后国中攻击修订《民律》的呼声四起，共产党之外，报纸杂志，也都发表言论，以为将来《民律》必成法庭和人民的偶像，而危及苏维埃共和国共产制度的根本。但潮流所趋，谁也不能阻遏。中央执行委员会认为有采用此项《民律》的必要，但留几处社会化之点，略与资本化的《民律》不同而已。此种不同处，将来一到民事关系上发生必要时，亦必逐渐改去无疑。

既有了《民律》以后，更不能不有《民事诉讼法》。保护物权的实际法，倘没有相连的手续法，是不能实现的。而手续法的实现，又与法院编制——法庭与律师的组织，有相连的关系。目前从工人中选出而素无法律训练的民众审判官，当然不能胜解此种精密繁复，须用法理的头脑去思索的法律的重任。这是显而又明的，《民律》既经制定后，审判官亦当改用有法律智识的人才。那时虽"非共产党"，甚或中流社会，亦必在选用之列，正如现时各种实业上只需专家，不问身世的性形一样了。同样司法独立亦必恢复如前，否则，《民律》亦不能有公平施用之望。

（二）

苏俄《民律》共四百三十五条，此外更有极简单的《补充条例》五条。这是各国现行民律中最简短的一部。苏俄新《民律》条文之少，第一因有几种在别国《民律》上占重大地位的项款，如家庭关系、雇用契约、不动产法等，都未规定；第二各种《民律》所定的制度，半因立法者不明民事上此等部分法理方面的重要，和他们所主管的情形的复杂，而未加以注意，半因故意使之简略而不规定，俾法庭应用法律时有伸缩余地，所以都未有完全的定义。

至于共产化的民律中与一般资本化的民律分歧之点，实在也只有两处。一处是关于不动产法的，一处是关于继承法的。其余共产主义都不加反对。但契约法是屡经近代法理学根据公决经济关系和限止契约自由的意思，而加以各种变更的。所奇者的是此种现行《民律》上的新潮流，只采用一切旧式资本化《民律》的制度法式，而并未把一点新原则加进去。

从大体论，苏俄的新《民律》，是依据旧日的《俄罗斯民律草案》而定的。此项草案，虽在革命前亦有一时适用，但实是不完全的、琐碎的、不确定的和自相矛盾的。常有普通的原则中杂以特殊的规定，公法的法规中杂以私法，契约关系中杂以主权之处；在大体上更有许多脱略不全，使人生疑窦和误解，而绝非法官之力所能解释的地方。

（三）

《苏维埃民律》的要点在财产的划分。这在《民律》中只占一小部分。第廿一条规定："土地为国家所有，因此不能为私契约的标的物。保有土地只许取使用名义。土地私有的制度，既经废止，动产不动产之分，亦即消灭。"

除了土地以外据第五十三条之规定，不属于私人商务范围的，有矿山森林，饮料，国营或市营的企业及其一切设备，铁路及其一切设备，国有船只，及国有或市有的建筑物等。这一类的财产，不能由主管的国家机关割让，或抵押，也不受债权人的扣押。国有市有的企业，船只建筑物等，都只可以依法出赁。此外如武器，燥烈物，军装，飞机，电信及放射电信用物，作废的股票债券，超出法定限度的浓酒，和剧烈的毒药等，都不能由私人买卖。[1]

那么[2]什么是私产的标的物呢？按《新律》第五十四条的规定，有下列各项：非市有的建筑物贸易企业、薪工人数不逾特别法定限度的工业、生产的工具、金钱、商业上票据及其他有价值的物品，（包括货币和国内外汇水等）家庭及个人消耗品、法律所不禁的商品和其他一切不能脱离私人业务范围的品物。合作社较个人多一种特权，就是可以经营不限定薪工人数的企业。[3]其余虽政府特许的也有这样的权利：他们私有财产的范围，可以概括不限薪工人数的企业，电信，放射电信和其他公共事业等。[4]

《新民律》与其他资本化的《民律》相似，也认可享有物权者在法定范围以内，有占有、使用和管理其财产之权；有权可以向违法占有者追还原物，也有权可以向损害权利者要求赔偿。且即非绝对占有的财产，亦可行使此项主权。但对于此项普通的规定，却有一个重要的例外：凡所有人的财产，已在一九二二年五月二十二日以前，按革命法律剥夺所有权，或已为劳工所占有的，不得再请追回。又一切家用物的原来所有人，亦不能向现时实际占有者追回此项产业：一九二二年三月十六日所发表允许此项追回物权的命令，

---

[1]《苏维埃民律》第二十二，二十三条。
[2]"那么"原文作"那末"，现据今日通常用法改正。——校勘者注。
[3]《苏维埃民律》第五十七条。
[4] 同上五十五条。

至此重又取消。〔1〕

就一般论，据全俄中央执行委员会对于实施新《民律》的决议，以前一切民事关系至此为一结束。法庭和其他机关不能受理发生于一九一七年十一月七日以前的讼案。凡发生于一九一七年十一月七日以后，与新《民律》实施以前的私诉，须按当时有效的法律办理。通常以三年为期的时效，当为《民律》实施前所发生财产关系而延长。〔2〕

为使历来所发表关于充公及没收的命令、决案，不与"新经济政策"相抵触起见，便宣布《民律》实施后以前一切命令的完全作废。又制定法令，以后凡非《民律》所规定者，不得充公或没收任何财产。在《民律》上充公的意义是："因公众必须故，国家有偿的强制私人或法人永久或一时的弃让其财产。"没收的意义是："经民众法庭，革命裁判所，非常委员会（在有权审判时）的判决，国家无偿的强制物权人弃让其财产，作为一种惩罚。"因特许而得的企业上财产，可以全照特许证的规定而充公或没收。倘是没收时，执行没收的官吏，必须为所有者留出一切家用物；一切家庭手工业上所必须，专用以谋生而不用以利用他人劳力的工具，以及足供受没收宣告者及其家属六个月用的食物。〔3〕

新律上又严密规定关于充公或没收时必须遵守的细则，于此特别注意的，是：税吏所执行的没收，海陆军队所执行的充公；及苏维埃联邦共和国境内向为敌人或及革命军队所占据的土地的充公或没收，对于当时自愿退出或被驱逐出境而终又回籍的各个人的关系等。新律又重申一九二〇年十一月十九日民众委员会所议定的决案："凡人民已逃出共和国境，或至今藏匿无迹者，其所有动产，概归俄罗斯社会党联邦苏维埃共和国所有。"

（四）

法律上和遗嘱上所赋与的继承权，是新律所认可的，但其有两重限制：第一关于遗产的数目，第二关于依法继承的人物。

---

〔1〕　同上五十八条，五十九条。

〔2〕　《苏维埃民律》第二，三，七条。

〔3〕　《苏维埃民律》第六十九条附件。

遗产继承的总数，除去死者债务后不得超出一万金卢布。倘超过此数时，当由法律上或遗产上继承人与国家——由民众财政委员会代表——摊分。倘遗产的性质，按经济上见地不易割裂时，可归继承人及国家共同所有，或由国家或继承人一方面出资收买，但须视此项处置方法有利于国家与否为断。[1]

对于此项限定遗产价值的普通的法规，也有一个例外，就是从国家机关与个人所订契约而得的权利，如由租借、特许或营造契约、所得的权利等。这类权利，可依法遗传，不限于一万金卢布。此外向与无遗嘱的死者的同居的法定继承人，也特许免受此项拘束——除奢侈品不能超过定额外，一切家用品物都可承继。

法律上或遗嘱上的继承人，限定是直系卑辈（儿女，孙儿女，曾孙儿女）生存的配偶，及贫乏无力而曾受死者死前一年以上完全扶助的人们。[2]

只有生存于所继人以后的人，或受胎于所继人死前而出生于所继人死后的孩子，是有权继承的。遗嘱人得于法定继承人中指定数人接受他的财产。[3] 他可以任意指定这数人中分配财产的方法。也可以摒弃这类受遗人的一部或全部。倘遇此等情形时，遗产的一部或全部，便收归国有。遗嘱人也可以使继承人中的一个对其余各个或全体负一种责任，余人也可以根据遗嘱强制这人履行他的责任。法律更认可遗嘱人在遗嘱上另定一人，备先所指定的一人，死在遗嘱人前或不愿接受遗产时的代替，但这替代人必须从法定继承人中选出。[4]

所继人死后民众法庭接到通知，即须执行保管遗产手续，但不必用公告等方法通知继承人。法庭经理遗产，以有继承人出现时为止，但时间不得超过六个月。倘于发表支配遗产令后，已过六个月而无继承人出现，或出现而正式拒绝接受者，该项产业，归国家法定机关所有。无论继承人是个人或国家，所负清还死者——无论有无遗嘱——债务的责任，以尽遗产所有为限。死者的债权者必须在支配令发表后六个月中提出清理的要求，否则债权更归

[1] 同上四一六，四一七条。
[2] 同上四一八条。
[3] 同上四一八条。
[4] 同上四二二至四二四条。

消灭。[1]

继承人资格是不必在法庭证明的。继承人倘离开遗产所在地时，在支配令发表后六个月中可以自由身或法律代理人前来保有。[2]法律或遗嘱上的继承人，更可以请求民众法庭的法官，发给继承权证书。

（五）

关于契约方面，新律与其他资本化《民律》相较时，凡革新之处，都不曾加入，上面已经说过。新民与他种《民律》的不同处，只在，对于契约上有许多关系特重的地方，并不加以确切的限定。其中所规定的契约关系有下列几项：（一）基地租借、（二）抵押、（三）产业租借、（四）买卖行为、（五）物品交易、（六）借贷、（七）营造契约、（八）保证、（九）法律上代理权、（十）合伙公司及（十一）保险。

以下我们可以把这几种契约扼要一讲。

基地租借，是一种租借城市中建筑用基地的契约。订约者的一方是市政局，他一方是合作社、其他的法人或自然人。期限：砖瓦建筑不得过四十九年，其他二十年。[3]建筑事务必须于订约后一年中起始。至少每五年完纳租金一次，每次按照契约所规定而征收。此项建筑权，可以由借地人转让或抵押。如遇借地人短付租金至一年以上，或违背契约上别项条件而约上本定有特种赔偿办法时，市政局可以按法定顺序扣押建筑权，当众拍卖；倘无人承买，由市政局收回。如发生此等情形或按约年期已满时，租地人须将一切建筑物，在完好状态中交付市政局，市政局须将交付时建筑物的价值。付还建筑者，建筑物的价值由沽价委员会沽定，此项委员会为市政局与劳农调查会代表所组织。委员会的沽价倘建筑者认为不满意时，可以呈请民众法庭公判。

关于租借产业的契约，有各种限止。租借的期间不得过十二年，年满后可以重订延期约。倘租借人是政府机关或企业雇工或雇员、公立学校学生、

---

[1] 同上四三一至四三四条。
[2] 同上四三〇条。
[3] 同上七十一条。

仰给于赤军的家属、劳工或废兵时，期满后可以不问出租人意思，自动的延长租期。又租借人倘为前项列举的人物时，租金的订定不能高出于当时执行委员会所定的限度。

买卖契约，限止尤严。非市有的住屋，是可以出卖的。但第一，买主本身，其妻、伊夫或未成年的子女，不能同时占有两处房屋。第二，卖主本身，其妻、伊夫或未成年的子女，每三年内只能处理他们的产业一次。[1]此外关于买卖契约有下列几点，必须注意：定数标的物的物权，于契约成立时由卖主转归买主；不定数而必须权量的标的物的物权，于交付物品时由卖主转归买主。[2]倘无特种约定时，意外损失的危险担负，随物权而转移。[3]倘实物与约定的品类不符，或因有损坏致减低约定或照例用途的价值或便利时，卖主必须负责。遇有此等损坏情形发生，倘契约上无特定条件，买主起诉的时效，以一年为限。[4]

借贷的数目，可以用金卢布[5]，也可以用苏维埃货币计算。若系用金卢布[6]计算，归还的数目当按归还时官定兑换率合算。国家银行可以收存一切存款、金银货币块条，或用原物归偿的国外货币等，但利息用苏维埃货币交付。[7]

依旧俄国[8]的《民律》[9]关于营造契约方面，《苏维埃民律》上除普通的法则外，也附加关于国家特许契约一条，其中规定了许多有利国库的特权。[10]

除因契约而生的责任外，《民律》上也规定无偿受惠（Benefit Without Consideration）者的责任，及负责者赔偿损失的责任等。

提起诉讼的时效，法律上若无特种规定时，普通为三年。计算此项时期，

---

[1] 同上一八二条。

[2] 同上六十六条。

[3] 同上一八六条。

[4] 同上一九五至一九七条。

[5] "卢布"原文作"罗布"，现据今日通常用法改正。——校勘者注。

[6] "卢布"原文作"罗布"，现据今日通常用法改正。——校勘者注。

[7] 同上二一○条。

[8] "俄国"原文作"俄率国"，现据今日通常译法改正。——校勘者注。

[9] 《俄罗斯帝国汇典》第十卷第一章。

[10] 《苏维埃民律》二三五条补充条例。

从控诉权发生之日起，若为请求即付之责任时，从订约时起。[1]

（六）

《新民律》普通的原则中，又略含一二处类似宪法的规定。

一切私权，除违反社会经济原理者，概受法律保护。除法律所规定外，不得侵夺或限制何人的私权。[2]

《新律》第四条内容如下："为增进国中生产力起见，俄罗斯社会党联邦苏维埃共和国以民事上能力（民事上权利义务的能力）授予一切未经法庭宣告限止私权的人民。凡男女、种族、国籍、宗教或传统的分别，对于此项民事上能力均不发生影响。"民事上有行为能力而得享受权利、负担责任的年龄，规定为十八岁。[3]

新律上外国人的身份极不确定。条文中并未提及外人，但在宣告《民律》有效时期的法令的第八节中，规定曾与苏俄订约国人民的权利。依据约文而定，若条约上并未订定且无别种手续议定者，此类外人，在苏维埃联邦共和国中旅行、营业、置产的权利，受联邦政府执行部明令的拘束。

新律更认为对于俄国人民私权的范围，须确定一种限止，这也是很可注意的。以现时国事的趋向论，此项限止必为暂时的现象。这就是其中的第十七条，规定凡俄罗斯社会党联邦苏维埃共和国境内的自然人或法人，经营国外贸易时，必须经国家之手，由民众委员会作国家的代表。且只许在法律特别规定，和民众委员会的监视下经营国外市场上独立的职业。

一九二三年九月廿三日于上海

---

[1]《苏维埃民律》四十四，四十五条。

[2] 同上一，六条。

[3] 同上第七条。

日本现代法律进化概略*

陈大勋**

  日本自明治维新以来仅数十年，吸收西洋文化，成绩甚佳进步甚速，不特工商经济发展，而法律制度尤能采取他人之精英，发扬而光大之。本篇取才从日本东京帝大教授高柳贤三提交于太平洋学会之论文，足资吾人之参考。原名为《西洋法学对于日本律思想之影响》。

  以是一国家而接受其他国家之法系，此种现象非自今日之始矣。昔者欧洲民族采用罗马法典，转而流行于拉丁美洲各国间。印度法律为英法之变相固无论已。德国民法之在日本、暹罗、土耳其、中国，均有相若之趋势。其结果及收效如此，致令哲学者发生法律一物其成也，是否根据全世界人类同性或为某一民族之特产之疑问焉。

  日本接受西洋法系及法学思想之沿革，可分五时期论之。

  第一期起于一八六九年而止于一八八八年皇室宪法[1]之采定。一八八九至九九年为各法典之完成及取消领事裁判权期。第三期则自二十世纪起至欧战[2]之发生止。欧战时为第四期。而第五期则自万岁里合约[3]之签订迄于今日。

  第一期中之皇室《誓约五条》，有如英国史定大宪章，实为民治政府目标

---

  * 本文原刊于《现代法学》（第 1 卷）1931 年第 8 期。原文未采用现代标点符号，文中标点为编者所加。

  ** 陈大勋，1930 年毕业于东吴大学法学院（第 14 届），获法学学士学位。

  [1] 指《大日本帝国宪法》。该法于 1886 年起秘密起草，1888 年 5 月其审议修改，1889 年 2 月发布，1890 年 11 月 29 日正式生效。——校勘者注。

  [2] 指第一次世界大战。——校勘者注。

  [3] "万岁里合约"为《凡尔赛和约》英文名称 Treaty of Versailles 的音译。——校勘者注。

之起点。由日皇室以宗教仪式，隆重礼节，宣誓而颁布之，使"凡各事物均纳于永恒之公平中"。他日扫除文盲之强迫教育，一九二八年成功普选运动，谓均发迹于此亦无不可。领事裁判权之继续存在，更为日人努力于法系西洋化之主要原因。

翻译法国商法典、民事诉讼法及刑事诉讼法等是为第一次之"西洋化"步骤。日本人慕学如渴，遂首得读西方法律思想之产物，其影响于日后立法事业及法庭判例者至巨。东京帝国大学为学术之前锋，首于一八七二及七四年分别设立法国法、英国法二讲座，是为进于西洋化之第二步。一八九七年该大学并置德国法系。第三步起于一八七五年，令各级法院，凡民事之判决，有条文者依条文，无条文者依习惯，无习惯者依情理。当是时法律既未备，习惯又难于确定，法官遂转而求诸西洋法学以为圭臬。于是欧美法理乃潜入日本之司法界矣。

一八七五年第一次民法编纂委员会成立，其后三年提出草案于政府，然未得认为满意。一八八〇年再请法国著名法学家博瓦索纳德（Boissonade）[1]重新起草，交付委员会审查而提交于贵族院。经数年详细之讨论四，于一八九〇年始行通问采用。同时日本法家自撰亲属继承二篇，于是民法完成，政府先行颁布，而此一八九三年一月一日为施行之开始。是后德法学家罗斯列（Roseler）被聘起草商法。然第一期中各法之施行者只有刑法，此法国刑法典为蓝本，而公布于一八八〇者也。

各项法典既于第一期之二十年中编成之矣，第二步即为公布之时代。一八八九年制定日本帝国宪法，次年第一次国会开会。其后法院编制法、民事诉讼法、刑事诉讼法相继颁行。然是时新旧二派之争起。一则以法律为普遍人性而产出之物，故法国法可全应用于日本，而主张即日施行制定各法。一则以法律有如方言，乃一民族性之特别表现，主张暂缓施行。此对一时"法律西洋化"之反动而生之两派矛盾，至今尚未解决者也。经几许争辩胜利率归之于旧派，民法全部延至一八九八年方始发生效力，而商法则于一八八九年公布及施行焉。

---

〔1〕"博瓦索纳德"原文作"巴哲纳德"，现据今日通常用法改正。博瓦索纳德（1825～1910年）：法国人，法学家、教育家，在日本滞留二十余年，历任日本太政官法制局御用主管、元老院御用主管、外务省事务顾问、国际法顾问等，曾为日本起草刑法典、民法典。——校勘者注。

第二期起于一九〇〇年至一九一三年。是期中也，各法典因修改、增订及法院之判例而臻于完善然。最堪注意之点，英德国法学在日势力之膨胀若，惟吾人不足以异之。盖是时法家努力于解释新法典而使其无缺。德国之法典注释学派者素负盛名，日法院既无前例为其指导遂乐于参考德之已成材料〔1〕。日各帝国大学之德国法学系亦与年俱进，竟起法英两学而过之，毕业生充任法曹。于是日之法学及司法界，均受德国法学无穷之影响。

欧战即兴，日本于一九一四年九月与德国宣战，对德法学渐生排斥之意，于是转入发展进程中之第四期。彼时立法亦多关于战争问题，"法律之自由运动"亦兴于此。日本法学家移其目标，对法典主张公平之解释而不遍于条文理论上之推断，且注意于法学基本原理之研究焉。

日本法律于亲属继承受其封建遗传之支配，而其他方面则取法西洋。如物权之绝对、契约自由、过失责任等均取此为根据。惟自第四期起，日法学家于此"万世莫易"之原则发生疑问渐倾向于法律社会化，表同情于物权及契约之限制矣。同时日本经济哲学各方面思想亦有是种趋势。一九一一年颁布一九一六年施行之工厂法，及国家律贴强迫教育法之采用即是种思想之实现，日本于是准备其独立法学之产生。

第五期随万岁里和约而发生，间接影响于国内法及国际法协作之事业。日本政府继续批日内互订定关于劳工法案之条约九种。调解制度之设置，以和解纷争——地主与佃户，雇主〔2〕与劳工之争及其他商业上之纠纷——为本期重要之工作。一九二九年司法部设立人事庭，此等办法其影响若何现，尚未可料度，然亦正为日法学者努力之目标，以改善昔自西洋假借而来之利益焉。

东京帝大教授高柳贤三论日本法律之将来为继续趋向于民治主义，最终则予妇女以选举权，修改家庭制度使妇女儿童在法律上有独立之人格。昔日封建制度之家庭将变为西洋之制，在物权一方面则更成为社会化，而同时保护工商之发展。司法者于解决纷争中注意日本社会情形，而以法律之精神应付，之不若往昔者只〔3〕限于法律条文之执行也。至若法学之发展，则有三

---

〔1〕 "材料"原文作"村料"，现据今日通常用法改正。——校勘者注。

〔2〕 "雇主"原文作"催主"，现据今日通常用法改正。——校勘者注。

〔3〕 "只"原文作"祇"，现据今日通常用法改正。——校勘者注。

途焉：一为注意于基本原则，二为对日本社会情形及需要为确切之研究，三则努力于健全之哲学中创造新法学。

上海、一九三一、九、十二 [1]

欧洲联邦运动之前途[*]

祝修爵^{**}译

"华工"一词，国人恒指操作劳动一个名词！这短短的五个字——欧洲合众国——原来就是改造人类的良方，解决二十世纪重大问题的灵药！你看，太平洋的对岸美利坚合众国，不就是一个成功的榜样吗？这位新大陆的主人翁，自采用那简单易行的联邦制后，一切土地人口等问题都迎刃而解，一跃而为世界唯一的强国。回顾欧洲，当神圣罗马帝国当权时，约有千余年的光景，许多国家，都能团结一气，相安无事。但自十五世纪罗马帝国崩溃后，统一局面纷纷瓦解，裂为无数互相残杀的国家。这样看来，欧洲局势，利于结合而不利于分裂。事实昭示，已不能否认的了。所以欧洲各国，若能再联合起来而组织一个合众国，一切问题岂不就都可解决吗？

但事情不是这样容易的。组织欧洲联邦，开始就遇到二个难题：一是中国和印度民族问题；二是苏俄和不列颠应否加入联邦问题。现在先论第一个问题。中国和印度两种民族的人数，几超过全世界民族之半，有压倒任何民族的可能。在这种人数悬殊的情形下，任何类似世界同盟的组织，是不可能的。再讲第二个问题。苏俄的国境兼跨欧亚两洲，既名欧洲联邦，则在欧洲的苏俄固应加入；但在亚洲的苏俄一部，又将怎样？再者，苏俄虽是世界联邦的忠实信徒，然他的所谓联邦是世界苏维埃联邦，和我们所谓欧联性质迥异。所以就令欧联欢迎她加入，她自己或未必愿意。至于那庞大的不列颠帝国，他若加入欧联，那么^[1]她的属地如南非、加拿大、澳大利亚等，也随

---

    * 本文原刊于《心声》（第1卷）1930年第2期。

    ** 祝修爵（1902~1964年），字威立，广东梅县人。1927年毕业于东吴大学法学院（第10届），获法学学士学位。

    〔1〕"那么"原文作"那末"，现据今日通常用法改正。——校勘者注。

之[1]加入吗？若随而加入，则不列颠的人数，将占全欧四分之一。将来若以人口为根据而分配代表，英国代表必占多数。这样，原与英国地位相等的国家，如希腊、瑞士等，必致无发言的余地。除这种人口多寡的不平外，英国的国外贸易和关税制度，与欧陆各国也是迥不相同，绝无联络的可能。

现在我们姑且[2]把英俄暂时丢开，来看看欧洲大路上的各国，究竟能否效法美国，组织一个性质相同的欧洲合众国？这里，我们又须问现在欧洲各国的情形，和美国成立联邦以前的情形，是否相同？

美利坚合众国的根基，这种在美国殖民时代以前，他的联邦宪法，实以一五七八年荷兰的由屈劳联盟（Union of Utreoht）做雏形[3]的。以后一六四三年的美国同盟草宪，一七五四年富兰克林[4]所草的殖民地同盟草案，以及一七七六年他在殖民地大会报告的联邦草案等，都以这个宪法为蓝本的。批准这宪法的十三州，在革命后固然一致，就在革命前，也是一致，从未有一州作单独的行动。南北战争，更是一个很好的试验，证明联邦制在美国的成功。所以简单地说一句，美国自一七五四年到现在，联邦制已深入人心，人人都认为唯一的政制，就是新加入的各州，也是这样。再者，美国的人民都来自英国或英之殖民地，所以民族间嫉妒仇视的现象在美国是罕见的。至于他们的言语、法律、政治、教育和商业上的习惯都沿自英国，各州亦是相同。由上述几点看来，美国的联邦是自然的结合，且有悠久的历史。

反观欧洲，自神圣罗马帝国瓦解后，拿破仑曾一度的把从前罗马帝国的遗留各国联合起来，成了法兰西帝国，挣了几年统一。但这已是欧洲联邦运动垂末之时，没有多久，这法兰西帝国崩溃，无数国家，又复分立。直到战前，分裂的趋势仍是继续未已。即如挪威、丹麦、瑞典、芬兰这几个有关系的民族，和巴尔干岛上的许多斯拉夫民族国家，也不见有并合的运动。现在欧洲唯一的联邦只有瑞士，但瑞士愿否加入欧联，还是一个疑问。其余欧洲同盟国家，便要推战前的奥匈王国和德意志帝国了。但奥国他自身虽为罗马帝国遗留的几个城市的结合，其他如匈牙利和邻近的土地，也是用武力并合的。所以国内的民族，未能一致，异常不和。一九一四年欧战爆发的原因，

---

[1] "随之"原文作"随了"，现据今日通常用法改正。——校勘者注。

[2] "姑且"原文作"姑"，现据今日通常用法改正。——校勘者注。

[3] "雏形"原文作"雏型"，现据今日通常用法改正。——校勘者注。

[4] "富兰克林"原文作"弗来克林"，现据今日通常用法改正。——校勘者注。

就是因为塞尔维亚人欲援救在奥匈境内的斯拉夫人。至于一八六七年的北德意志同盟和一八七一年的德意志帝国，确是欧洲的一个合众国，但不能说是全欧的合众国。在欧洲的国际联合，只有一九一四年的"三角同盟"和"三国协约"，但按他们的历史，又不能认为真正的联邦。欧洲过去的情形就是这样。至于现在，各国间的形势愈趋紧张，他们的感情益形恶化，尤其是从前旧国分裂出来的新兴国家。例如波兰，他在苏俄眼中，是个忘恩负义的叛徒，德国看来，却是偷窃普鲁士土地的盗贼。捷克共和国内的德意志人，无日不在怨望，以为受了捷克政府的不平待遇。其余如芬兰、匈牙利、罗马尼亚、南斯拉夫、土耳其、阿尔巴尼亚、保加利亚、希腊等国，国内民族的倾轧亦非常一烈。若联邦成立后，这种不满于自己所属政府的民族，都向联邦政府诉苦且请保护，那时的情形，又将怎样？这种民族间的争执和各不相容的心理，是美国成立联邦前所未有的情形，也为现在欧洲无法解决的问题。

其次，美国各州的经济情形，异常调和，凡工商业发达的各州，农业并不因之不振，反之，农业发达的各州，工商业亦极兴盛，从未有畸形的发展。即国内东西两部经济上的竞争，亦并不阻碍国家的统一。但在欧洲，有的国家是绝对的农业国，如罗马尼亚是。有的是纯粹的商业国，如瑞典是；像比利时又是完全的工业国。这种绝不能调和的经济情形，又和美国迥不相同。

再次，美国各州都采用民治政体。服从民意，已成为全国上下共认的通则，只要选民的愿意，政体也可变更。就是在芝加哥，人民亦有权力[1]使官吏入狱。在这一方面，欧洲的情形又和美国不同。欧洲许多国家，如西班牙、意大利、南斯拉夫、阿尔巴尼亚等，他们的政权都握在一二狄克维多的手里。这种狄克维多有自定法律宪法的权力。这类国家，将来加入联盟，所派代表，自然亦仅是狄克维多的代表，而不是人民的代表。所以在这联邦内，或许有许多受狄克维多压迫的人民，要向联邦政府申诉，请求援助，但欧洲联邦政府又怎样[2]能干涉各国内政，而解决他们的纠纷呢？

再次，美国各州，面积既都相仿，人口亦很平均。比较稍小的，是特拉华（Delaware）和哥伦比亚（Columbia）。特拉华的人口是 22 000，哥伦比亚为 540 000。但这两地的人口也较欧洲最小国家的人口多。欧洲小国，像那专

---

〔1〕 "权利"原文作"权力"，现据今日通常用法改正。——校勘者注。
〔2〕 "怎么"原文作"怎样"，现据今日通常用法改正。——校勘者注。

以赌博为业的摩纳哥（Monaco），只有八方里的国境和 22 000 的人口。还有林区坦斯坦（Lieohtenstein）和那专业邮票的圣马立诺（San Marino）二国，只有 12 000 人；还有全国皆兵的阿都拉（Andorra）只有 5000 人。在这种人口相差悬殊情形下，欧联的代表，将怎样产生？因采用真正的联邦制，自必像美国的设立上下两院。这样，下院中势必为大国所把持，因为若以人口为根据而分配代表，假定一百万人产生一个代表，那像法国样的大国，将占四十一人，而阿尔贝尼亚只有一人。反之，在上院中，若每一国家各占一票，则多数小国又有抑倒大国之可能。德、法、意、波兰、西班牙等国必将为几个一二万人口之小国所左右。这样，势将成尾大头轻之局。所以欧联的代表问题，又是很难解决的一个问题。

再次，欧洲各国言语不同。比较普通的是德、法、西班牙、意大利、波兰数种言语。但这数者之中，哪〔1〕一国的认识为官诂，又是争执的一点。

上述几点，已明示我们欧洲联邦的困难。按现在欧洲联邦的动机，无非是谋解决国际商业的困难。据我们看来，欧洲各国如真要统一大陆的工商业和分配制度，不妨各自互相订立关税条约，何必定要组织联邦呢？但现在欧洲的任何国家，一方要垄断本国的市场，一方又莫不想侵占他国的市场。在这种情形下，就是税率的统一，也是不可能的事吧！

本刊第一期有沈祖德先生做的一篇《欧洲经济联邦之推测》，他根据各种理由（参阅原文），认定这种计划迟早终要实现的。现在本篇作者美国哈佛大学教授赫德（Hart）氏，他从美国人的立场去推测欧洲联邦运动的命运，以为这个计划，必归失败。这与沈先生的结论，完全相反。特为译出以供研究本问题的人口参考。至于究竟谁的推测是对的，还待事实来证明罢。

---

〔1〕 "哪"原文作"那"，现据今日通常用法改正。——校勘者注。

法律史话（一）[*]

陈文藻

最后一个女法官

据古代的传说，最早的捷克族，是没有国王的，那时他们生活于一种部落民主制度之下，家族之间，实行共有财产制，统治机构中，最重要的是一位法官。他的职务是解决全族间一切纠纷。其时担任法官和领袖的是一个美丽的处女，名叫丽勃赛。一天有二个弟兄，因为父死争产，前来涉讼，丽勃赛乃召集民众，开庭审讯。丽勃赛的判决，是兄弟两人，应平分遗产。这种办法，是根据当时通行的习惯。她正把判决意旨，向民众宣示，请众复决时，那长兄（即诉讼当事人之一）攘臂而起，吼声如雷道："这是一个不公平的判决，遗产应当尽归长兄，幼弟不能平分。我们不能再忍受妇女的统治，我们要请求大众，推翻这个女子，让男子来统治男子。"丽勃赛听了此言，从容答道："民众们，你们都听到这些侮辱的话了。我不愿意再统治你们，从此以后，也不再做你们的法官，请选举一个男子为王吧。他不用公理而将用铁棒来统治。"于是，丽勃赛遂辞去法官，退隐林间，捷克族也遵守她的训示而选举国王。这是捷克古代最后一个女法官，也是"王制"开始的原因。

难决的奇案

古代希腊的最高法院，位于亚莱屋匹加斯山上。相传此山因奥莱斯加司

---

[*] 本文原刊于《新法学》（第 1 卷）1948 年第 1 期。

一案闻名。奥激于义忿，杀其淫乱之母，就在此山上受审，主持审判者，为女神雅典娜。女神觉其情堪悯恕，故加以宽宥，竟得开释，奥感其恩，乃在山上建筑正义之台，其后雅典的最高法院，即建于其地。在那里，许多著名的案件，曾经审讯，判决，并流传在民间。有一个案件，尤其传诵人口。当时有一位著名的辩护士名泼洛太果拉斯，收了一个学生名伊凡而赛斯，订立契约时规定，学生当于办理第一案胜诉时给付学费。这样，教师就开始授课，教了不久，即停止授课。因为教师认为学生的学业，已经完成，而学生则坚持未成，于是争论不决，涉讼法院。当案件进行时，教师谓其友曰："这案件无论胜负，我总打赢，如果我胜诉，对造必须付款，如果对方胜诉，则他打赢第一个案件，依约亦须付款。"学生也对其友说："这案件，无论胜负我总打赢，如果我胜诉，可以不付学费，如果对方胜诉，则我没有打赢第一个案件，依约亦无须付费。"法院对于此案，竟无法解决，遂宣告展期百年，再行审理。

殉法者

法学家巴比纳士是古代罗马最伟大的法家，据罗马法大家柯雅修斯说：巴比纳士在法界的地位，与希腊荷马在诗界的地位，同样地辉耀千古。巴氏为沙维勒斯皇帝的密友，历任显职，曾位至首相，并促沙帝削平不列颠的叛乱，在该处主持司法有年。沙帝崩后，其子喀拉喀拉与兄弟吉他争位，喀拉喀拉杀死吉他，恐不容于舆论，乃诣巴氏之门，请其赴议会演说，为他辩护。巴氏拒绝道："辩护杀人，决不若杀人之容易。"喀拉喀拉老羞成怒，竟杀巴氏。这种守法不阿、宁死不屈的精神，真是足以辉耀千古，永垂不朽了。书至此，记得隋朝时候，也有两个守法不阿的法官，附志于后：

刑部侍郎辛亶，尝衣绯裈，俗云利于官。上以为厌蛊，将斩之。绰曰：（赵绰时任大理寺卿）"据法不当死，臣不敢奉诏。"上怒甚，谓绰曰："卿惜辛亶而不自惜耶？"命左仆射高颎将绰斩之。绰曰："陛下宁可杀臣，不可杀辛亶。"至朝堂，解衣将斩，上使人谓绰曰："竟何如？"对曰："执法一心，不敢惜死。"上拂衣而入，良久，乃释之。明日，谢绰，劳勉之，赐绢三百段。时上禁行恶钱，有二人在市，以恶钱易好者，武侯执以闻，上令悉斩之。绰进谏曰："此人坐当杖，杀之非法。"上曰："不关卿事。"绰曰："陛下不以臣愚暗，置在法司。欲妄杀人，岂得不关臣事?"上曰："撼大木不动者，当退。"对曰："臣望感天心，何论动木?"上复曰："啜羹者，热则置之。天子之威，欲相挫耶?"绰拜而益前，诃之不肯退。上遂入。御史柳彧复上书切谏，上乃止。

还有一法官昱源师。炀帝即位，拜大理少卿，帝在显仁宫，敕宫外卫士，不得擅离所守。有一主帅，私令卫士出外，帝付大理绳之。师据律奏徒，帝令斩之，师奏曰："此人罪诚难恕，若陛下初便斩之，自可不关文墨，既付有司，宜归恒典。脱宿卫近侍者，更有此犯，将何以加之?"帝乃止。

写到这里，又记起昔时英国一个执法如山的法官林契先生。林契（Lynch）是盖尔威的市长兼法官。一天，有一个西班牙人前来访问，对于一位女士，非常亲热。林氏的儿子却是一个妒意甚深的人。他觉得忿不可遏，竟冒昧的将那外客杀了。林氏发觉后，当将其子提案审讯，并宣告死刑。他从容地和他诀别，和他同领最后的圣餐，但是他的部属，觉得这件事情太惨，没有人肯为他执行。林氏无法，就自己把他押赴刑场，亲手处决。当然，这对他是一个重大的打击。他还家以后，十分伤心，从此便弃官隐居，不问世事。后来不知为什么原故，美国暴民处死黑人的办法，称为林契法（Lynch Law）。大约其中另有一段传说罢！那位执法如山的法官，他的冷酷和严厉，直到现在，还在一般人们的心中，留着一个极深刻的印象。

诗意的刑罚

古代社会，对于犯人所施的刑罚，往往适合于所犯的罪名，这在法律史中，是一种很有趣味的事实。例如窃盗罪则割其手，伪证罪撕去舌头，或在颈项四周，悬以舌头之形，以示耻辱。强奸者则割去生殖器，善骂者将杂物塞其口中，禁止发声。偏听而犯罪者割去耳朵，说谎者割去上唇，或其一部分，使其形容难看，引起别人的嘲笑。面包商出卖重量短少的面包，则将面包挂满头颈，街头示众；鱼贩出卖臭鱼，则将臭鱼挂满肩膀，信奉犹太教的，令其食肉，瑞士的浸礼教徒，令其溺毙。古时英国的窃贼，都烙以 T（即窃盗）字，犯奸淫的则将红色的 A（淫乱）字挂在身上，当众受辱。我国古代刑罚，往往亦有此种意味，如丈夫淫则去其势，妇女淫则幽于宫；巫者以女子祭水神，西门豹即投之水中，这种刑罚，固然原始而残酷，但也颇幽默，故法学家齐林称之为"诗意的刑罚"。倘古代也有贪官豪门，囤积暴涨等事情，不知古人将处以一种什么诗意的刑罚咧？

断头台

提到断头台，就要联想到刑法史上许多悲惨的事情。首创此种刑具者为该洛汀博士（Dr. J. I. Gullotin）。他觉得当时的斩刑，厥状殊惨，故创制这个刑具，藉以减少犯人的痛苦。在人道上，确是一种相当的贡献。它的构造是一个木架，上有横梁，下承二根支柱，在支柱侧面，刻着沟槽，这样两个沟槽相对着，在沟槽中有一柄很重的斧头，可以滑下，把头斩断；在底下一根木材，刻成弯弯的凹洼，犯人的头颈，正嵌在里边，犯人覆卧在内，刃刀下来，正击在后颈上，他们的头颅，就滚在前面的篮中了。他在一七八九年向法国国会提出，一七九一年，就被正式采用。其时正是法国大革命时代，贵族的荒淫，贫民的愤怒〔1〕，激成了可怕的狂潮。无数不幸的人们，都在暴众的感情冲动下，毕命于断头台。国王与王后，贵族与教士，反对党，无神论者，以至无辜的平民，最后甚至激烈的丹敦，恐怖的罗伯斯庇自身，亦受刑于此台上，碧血长流，涂满了残酷的史页。据稗史记载，后来法国贵族，流亡在外，因感恐怖党的毒辣，余恨难消，王公贵妇，以金银制成雏形的断头台，用彩绸饰成恐怖党的木偶，在断头台上行刑。刀刃下来，血液飞溅，那时一种玫瑰色的香水，举动固属无聊，藉此亦可见乱世残酷之风，和人间的怨忿相报了。

---

〔1〕 "愤怒"原文译作"忿怒"，现据今日通常译法改正。——校勘者注。

法律史话（二）*

陈文藻

聪明的判断

古代的王和法官，都是民选的，在爱尔兰的法律史上，就有这样一段故事。

甲族的羊群，闯入乙族的牧地吃草，把地上的香草，完全吃完，乙族受损甚重，诉之法庭。法官当召集群众，开庭审理。法官宣示道："羊群闯入牧地，吃尽香草，使乙方受害，应将羊群断归乙族，以作赔偿。"旁听席中有少年高呼道："不对，应将羊毛作为赔偿，羊毛之以羊身，犹香草之于土地，所以羊群吃了香草，只须将羊毛赔偿。"民众同声称善，即选举少年为法官，这就是后来爱尔兰的麦考脱大王。

厌　　蛊

古代对于厌蛊、咒诅，处罚甚严。唐律"不道"条下，有造畜蛊毒、魇魅一项，是极严重的犯罪。在西洋法律史中，也有这一类的犯罪。原始民族中，存心害人者，常把加害者的消除物，如指甲、头发、眉毛、唾沫之类，设法取得，即足以代表他身体的一部分，再从他人所弃去的蜂房中，窃得蜂蜡，将削除物混和塑成仇人的形象，每晚在灯火上灼热，继续七天七晚，并咒诅道："我所灼的不是蜡像，而是仇人某某的心肝"。七昼夜以后，将人像

＊ 本文原刊于《新法学》（第1卷）1948年第3期。

焚毁，于是那加害的人就死了。此种记载与封神榜中拜星斗的故事，颇相类似。东西民族，完全隔绝，而在迷信方面的形式，往往相同，这真是文明进化史中，一种有趣的谜！

禁　忌

在原始或野蛮民族中，有许多禁忌，通常称为太朴（Taboo）。所谓太朴是接触神圣或污秽事物的禁忌，犯者必遭神怒，或受严重的刑罚。这种太朴，逐渐演进，成为最早的法律。在古代法律史中，可以看到野蛮民族在战争时，有许多禁忌，兹摘述三种于后：

战士出征时，留守后方的人们，必须静肃，绝对不得吵闹喧哗，否则敌人将预知消息事前遁逃；同时后方的人们，禁食其种浓厚的食物，如有故违，定遭严罚。在野蛮人的观念中，以为前方和后方是一体的，前方作战，后方必需紧张严肃；前方流血，后方不得贪享口腹。如果不遵守这种禁忌，必然遭到神罚无疑。这些观念固属原始的迷信，但以目前而论，前方苦战牺牲，后方拼命享受，使野蛮人见之，或将大惑不解也！在 Borneo 蛮族中间，战士出征，其家火不得熄灭；如果熄灭，则其人将阵亡，故认为一个重要的禁忌。因此，亲戚朋友，在战士出征期间，必小心谨慎，注意其家火，整理其被褥，加添其炉火，使其不致受寒；待天明时，则又趁早打开天幕，以免战士在黑暗中失眠，而被敌人所袭。他们一切所为，正如战士在他们中间生活一般，如有违反的，则必遭神谴。这自然是迷信。但由此可以推知他们对于出征战士的关切。在有些文明人中间，前方拼命喋血，后方却趁机发财；甚至有些人，不但忘却前方，更兴风作浪使后方的苦百姓，都无法生存，这些人们，却认为"成功者"，文明与野蛮的边缘，岂在斯欤！

在非洲野蛮人中间，相信一个住户，应该为他的邻居负责，祖宗应该为他的子孙负责，祖宗虽死，但其魂魄，则仍在人间，随时巡视察看他子孙的行为，以防其作恶。在他们中间，有一种称为"哀根根"者，就是这种风俗的象征。所谓"哀根根"者，是枯骨的意思，由一个活人乔扮为死而复活的祖先，身穿草衣，头戴面具，祖先的神灵，就附在他的身上。在出现的时候，他日夜踯躅在街头，呼啸舞蹈，做出种种可怖的形状。他的任务，是巡察民间的罪恶，人们如有恶行丑事，被他发觉的，受其咒诅，定要遭到不测的祸殃。他的身体是"太朴"，一经接触，立即死亡，所以人们都战战兢兢，避之惟恐不及。当某个季节，"哀根根"要出现时，土人中间，母戒其子，兄戒其弟，心中惴惴地不敢为恶，大家诚心正意地要做些善事，以免受到"哀根根"的咒诅。以假装的神灵为"太朴"，颇似我国乡间的瘟神会，不幸碰到瘟神的，必染疫死亡，这样就成了一种可怕的"太朴"了。以"哀根根"而论，因属野蛮人的迷信，却含有原始民族团体连带关系和神权制裁的性质，较之乡间的瘟神会，似有更深的意义了。神权和迷信的时代，早已过云，但真理与公道的鹄的，则距离尚远，人间没有公道，社会是无法维持的，尤是整个民族，生死存亡的关头。那些挖墙脚、抢火场的人们，必需用法律的铁腕，来加以制裁，这样，才能维持民族的生存，这样，才能挽救这危亡的局面！

汉谟拉比[1]法典

汉谟拉比法典是古代最著名的法典，也是巴比伦法系最伟大的贡献。汉谟拉比是巴比伦第一王朝的第六代王，文治武功，皆卓绝一时。这位君主，除在军事方面的成就外，更有行政上的天才。他对统治地的官吏，有严密的监督，和灵活的指挥，对一般民众的讼案，尤其关心，勤求民隐，力持公平，在古代史上确是一代的英主。这部法典，长埋荒土后，直至一九〇一年时，始被法国探险家摩尔根在波斯的苏萨山城上发现。他在土层中，偶而发现一大片黑闪绿岩，数日后，又另外掘出二片，配合之，证明属于同一石碑，为一长塔糖形的石柱，前后均勒有一行行的巴比伦尼亚文字。著名学者晒尔教授，立即开始工作，这样就揭开了法学界最伟大的史迹。这个石柱，原植于西伯拉的庙宇中，为其主要的装饰物，有千余年之久。到纪元前十二世纪时，以兰王侵入巴比伦，洗劫西伯拉，这石柱乃被移至二百里外的苏萨，作为战胜的纪念品。此后年深日久，历经沧桑，这法典就长埋地下，绝迹人间了。直至数千年后，始被掘出。石柱上部，刻汉王坐于玉座作虔敬状，由正义之神夏玛墟授以法典，原文二八三条，现存二五五条。该法制订后，巴比伦及亚述诸王朝，皆奉为准绳，凡千余年，至纪元前五五〇年伯沙撒王时，虽在强敌窥伺之中，仍残暴荒淫，沉湎酒色，其日以巴力士旦掠得的圣器，与妃

---

〔1〕"汉谟拉比"原文作"罕穆剌卑"，现据今日通常用法改正。下同。——校勘者注。

嫔群臣，欢宴作乐，忽见有指头显出在王宫与灯台相对的粉墙上作书，王见之失色，全身战栗，即命京都术士，来宫详解，但没有一人能够了解。乃命希伯来人但以理进宫，但曰："墙上所书的是'弥尼，弥尼，提客勒，乌斯理新'，意即上苍已计算汝国的年月日，到此为止，你将被放在天秤里，显出亏欠，就把你的国家，分裂为二，交于玛代人与波斯人了。"旧的圣经中传奇式的记载，结束了伟大的巴比伦帝国，和这古老的法系。国王伯沙撒，旋在战乱中身亡，而巍峨的巴比伦城堡也就沦为荒土了。

法律史话（三）*

陈文藻

神 判

神判，在迷信神权的古代社会，是很普遍的。《神异经》曰："东北荒中有兽，见人斗则触不直，闻人论则咋不正，名曰'獬豸'"。《论衡》曰："獬豸者，一角之羊，性识有罪，皋陶治狱，有罪者令羊触之。"用神兽来判罪，便是神判之一种。《墨子·明鬼篇》，也有神兽裁判的故事。其说曰："昔者，齐庄公之臣，有所谓王里国、中里徼者。此二子者，讼三年而狱不断，齐君恐杀之为不辜，释之为有罪，乃使二人共羊，盟于齐之神社。二人许诺，于是泚洫羊而漉其血，读王里国之文，既已终矣，读中里徼之文，未及半也，羊起而触之，折其脚。祧神之社而槁之，殪之盟所。当是时，齐人从者莫不见，远者莫不闻。"这种记载，多半是神话，但由此亦可见古代神判之流行了。在西方，神判的种类很多，其尤著者，如：

（一）水审——将被审人投之水中，以征神意，倘若有罪，其人必遭神弃，倘若无罪，将被神所承受。行仪式时，先使被审者虔诚祈祷，裸体而缚住手足，投入水中，就水之深度，施以测量，以定罪之有无。古代英国法，凡沉入水中若干深者，为无罪，否则为有罪，古代巴比伦疑妻子不贞者，得施以水审。第二种水审，基于正者不溺的信念，其根据与结果，适与前者相反。

（二）火审——使被告手捧热铁，或足蹈火焰，以证明其无罪，其方式分

---

* 本文原刊于《新法学》（第 1 卷）1948 年第 4 期。

为二种：

（1）燃火审。

（2）铁火审。

燃火审使被告将手突入火中，或用足步行火中，以伤之有无，决定其有罪或无辜。铁火审，使被告以手持热铁，步行九尺，然后以布裹伤，伤痕全愈，则胜诉，伤痕溃烂，则败诉；但亦有足蹈热铁版，舌舐热铁片者。《太平御览》："扶南有事，官烧铁令赤，以钳置掌中，行七步，无罪者手不烧，有罪者手即焦。"欧洲各国，皆曾采用这种方式。

（三）食审——使被告吞食某物，以验其罪，其方式有二：

（1）吞食物，——使被告各咽面包，或干酪，倘使吞食梗喉，其人有罪，否则无罪。

（2）吞毒物，——使被告食毒物，依其中毒与否，以决其罪之有无，惟所吞毒物，则随地不同。

（四）触审——使犯罪嫌疑人接触某物，依所现之变化，而决其罪之有无，其中最普通的为触尸审，即将犯罪嫌疑人轮流接触尸身，凶手接近时，尸身即流出血水，这样就可以发觉真正的犯人。有些地方，使犯罪嫌疑人，以二指触被害者的口与脐，如伤死则触其伤口，若尸体表现感觉之象，如由口吹泡，或伤口及口耳等部出血，即是有罪之证。此种审判方法，在十世纪，最为盛行，至十七世纪后叶，英伦及苏格兰等法院，尚采用之。

据野史记载，当时受审者，如事前贿赂教士，在火审后，即裹以灵药，敷以油膏，则火烫之处，即不致溃烂；或用化学方法，使烙铁在形式上烧得炽红，而实际上则并不烫人；或在举行仪式时，将祈祷时间延长，使烙铁冷却，手握后受伤甚微，立即敷以药膏，即不致溃烂；于是理曲者，便因此胜诉了。这种出卖"公道"的把戏，千古一辙，使多少人受尽痛苦，多少人沉冤莫白，多少人切齿痛恨"公道"这个名辞，但时代的巨轮，终于把这种不合理的方法，辗碎扬弃了，接着又产生了新的程序。

斗　审

六世纪初，布干地国王干德巴尔（King Gundibald of Bur gundy）因鉴于誓审制度伪证太多，乃下令废除，改用斗审，这样在欧洲，就产生了斗审制度。所谓斗审制，即使原被二造，互为决斗，依其胜败而决曲直，以腕力为最终之决定。照英国古法，斗审须经过下列程序；被告如欲请求斗审，在法庭前，投其手袋曰："我无罪，我以我的身体来防诉"原告如接受此请求，即抬其手袋曰："善，以身体与身体来证明此公诉。"这样，被告即手持圣经，与原告握手后，同念誓词。词毕，就用剑枪棍棒等武器开始决斗。被告若败而被杀，自为神罚无疑，若不被杀，而失却抵抗力，即送之绞台，若被告杀死原告，则为无罪而释放，若原告失却抵抗力，自求降伏，则认为无耻，剥夺其公权。其后逐渐演变，用长棍比武，自破晓至星现，至一方愿负为止。倘二造中间，有一造为女子，或残废者，可请亲友作代，由此可见当时人民的好勇斗狠了。这种制度，在英伦及大陆各国，沿用至数百年之久。借着这种方式，曾经决定了皇后的贞操、证言的真伪、强盗、杀人犯、叛国者的命运。在民事方面，也曾给予了寡妇的恤金，解决了婚姻的纠纷。在各国法典中，现定了各式各样的斗审，最普通的是刀盾和棍棒。在武士道时代，头戴羽毛、身穿甲胄的骑士们，挺枪跃马，作极英雄的比赛。最古怪的是日耳曼违背婚约的案件，男女斗审，男子须将左臂缚在背后，右手持棍，站在木桶中，女子则手系一袜，中实鹅卵石，四周乱窜，乘隙突击，这种斗法，在今日看来，是非常滑稽的。当时人们的信念是：上帝总援助理直者而抑制理曲者，所以决斗失败的一造，就是神意认定应该败诉的人了。

这种决讼的方式，是原始的、野蛮的、不合理的，所以时代的洪流也终于把它冲刷净尽了。但直至今日，国际上的争端，却还用此种"不人道"的方式来解决。因此战争的阴影，随时威胁着人类的生存。国际社会，何时始能步入"理性"的轨道呢？这不得不赖我们共同的努力了。

法律史话（四）[*]

陈文藻

英勇的建议

欧陆各国，盛行斗审的时期，甚至争夺王位，也采取这种方式来解决。当一〇六六年诺曼底〔1〕的威廉率师渡海，争夺王冕时，曾遣使通知英王哈罗德（Harold）为免除二军决战，生灵涂炭起见，愿以斗审方式，解决一切争端。换言之，即由威廉与哈罗德〔2〕，个人决斗来解决王位的继承问题。这个建议，是十分英勇的，同时在廷臣看来，也是一个公平妥善的办法。但卑怯的哈罗德王装腔作势地说：“唉，因为威廉惧怕我的劲旅，决战必败，所以故弄玄虚，作此建议，我是不愿上当的，如果欲决胜负，还是待诸‘战场吧’！”〔3〕

这样，一〇六六年十月十四日，在海斯丁（Hastings）的战场上，二军对阵，烟尘蔽天，无数的人仰马翻，无数的血肉横飞，自晨至晚，伤亡遍地，在凄凉的战场上，躺满了血污的尸骸，散布了残缺的武器。哈罗德王的劲旅溃灭了，诺曼底的威廉，获得了最后的胜利，同时也戴上了英伦的王冕。但当初，如果哈罗德王有胆气接受威廉的建议，用斗审来解决争端，历史的记载，或因之改观，多少无辜的将士，亦免曝骨沙场，横尸郊野了。数百年来，国际间的纠纷愈趋于复杂，而战争的方式，也日趋于残酷。人们厌恶战争，

---

* 本文原刊于《新法学》（第 1 卷）1948 年第 5 期。

〔1〕 “诺曼底”原文作“诺曼弟”，现据今日通常用法改正。——校勘者注。

〔2〕 “哈罗德”原文作“哈罗尔特”，现据今日通常用法改正。——校勘者注。

〔3〕 “哈罗德”原文作“哈罗尔特”，现据今日通常用法改正。——校勘者注。

但跳不出战争的魔掌。旧的创痕未复，而新的危机又迫在眉睫，人好像注定了要作战争的牺牲品，惟有愁眉苦脸静候悲剧的来临。但斗审程序，因其残暴不仁，被大众所厌恶，受时代的淘汰。一五四五年曲兰脱会议（Council of Trent）的宣言，激起了全世界的共鸣，应用很久的斗审程序，终于废弃。但国际间的决讼方式，何日可以改进呢？在战云密布的今日，不能不"感慨言之"了。

刑　讯

斗审和誓审的废除，人们渐渐注意到事实和证据，但怎样得到可靠的证据呢？当时人们相信，犯人的自白，是最有力的证据，如何得到此种自白呢？自愿供述者固毫无问题，不愿供述者，不得不求之刑讯了。在我国，刑讯之制，起源甚早，秦汉时代，已施用榜掠，其后棰楚炮烙，日趋惨酷，不知多少可怜的人们，婉转呼号，血肉横飞，牺牲于种种酷刑之下。今日翻阅史乘，看了那些惨酷的记载，尚觉得惊心动魄，辗转不能成寐咧。在西洋法律史中，有一件刑讯迫成的大狱，值得追忆的，那就是十四世纪初的"骑士会"案件。骑士会（Knights Templars）是基督教的一宗，其会友皆富于资产。法王菲利普[1]因为垂涎他们的资产，就藉端兴狱，来刬夺他们的财富。一三〇七年十月，该宗领袖戴马莱（De Molay）突遭逮捕，法官威迫利诱，责令承认该宗为"异教"。被告咬定牙关，抵死不认，法官即投之黑狱，施以毒刑，拷掠炮烙，吊架钉床，各种惨毒的刑具，无不备尝，戴氏在不堪忍受的痛楚下，终忍垢屈服了，画供签名，竟坐实了"异教"的罪名。根据这个供词，在英伦及欧陆，各国君主，皆大捕该宗信徒。这些人们，有的受尽酷刑，棰楚至死；有的不堪拷掠，忍痛诬服，结果非长幽黑狱，即送上绞台，他们成了宗教的叛徒，同时也成了虐审的对象。戴马莱被幽五载，终于在巴黎异教裁判所的法庭上，推翻了他的前供，慷慨就死。他觉得，因为受不了一时的痛苦，作了虚伪的供述，遂使千百同道，惨遭牺牲，这种精神上的苦痛，使他无沄偷生，所以他宁愿步上绞台，不愿再作可耻的屈服了。就在这种黑暗的裁判下，结束了他凄楚的残生，也造成了历史上著名的冤狱。戴氏死后，残暴的

---

〔1〕　"菲利普"原文作"菲列泼"，现据今日通常用法改正。——校勘者注。

菲利普王，就没收了该宗信徒的资财，获得了无数的珍宝，移入自己的仓库，在无辜牺牲者的血泊中，高高地举起了庆祝的酒杯。这种凄惨的冤狱，在历史上是数见不鲜的。每一个黑暗的时代，在暴君，或酷吏的统治下，总听到这种惨厉的哭声，看到殷红的血泊，在人类文明史上，染上了无数的污迹。但在长期的苦痛中，追求自由的勇士们不屈不挠地奋斗着，这种不良的制度终于废弃了。现在刑讯制度，已被认为"非法"与"野蛮"，人类在公道方面的保障，至少已经前进一步了。

梭伦法典

纪元前六二四年时，曾任雅典执政官的德拉固，制定一部极严厉的法典，凡偷窃园果或懒惰不做事的，皆处以极刑。故有血法之称。这部法典，大约施行了三十年，其后就由伟大的梭伦，制定了《梭伦法典》。当梭伦时代，雅典人民分为平原民、山岳民和海滨民。平原民富裕，山岳民贫穷，海滨民则介乎其中。贫富程度不同，利害因而冲突，其间轧轹争斗，迄无已时。贫民对于富民，往往负债，层层剥削，生活愈趋没落，甚至无法清偿，卖身为奴，凄惨之状，达于极点。不平之气，激成革命，社会骚乱，国本动摇，梭伦目击时艰，倍感忧伤，乃挺身出任执政官，图救危亡，修订法律，并调停贵族和平民的倾轧。这样，社会情形，才渐趋于安定。相传梭伦的就职宣言，是一篇哀诗。诗中慨叹埃阿尼陷于国难，旧市沦亡，贵族爱财不爱市，官吏暴戾虐民，富人骄奢淫逸，贫者苦于涂炭，陷为奴隶，梭伦睹此惨状，故不惜牺牲一身，出而主政，为国请命云云。民众读了这篇宣言，深为感动，相约竭诚奉法，维持社会秩序云。梭伦颁布法律时，曾请人民宣示[1]，在百年内。决心遵守，此后他就自动出国，流浪而死，藉着这种动人的行为，使雅典民众，自愿地养成守法的习惯。在此百年中，虽有庇士特拉妥的篡夺，但《梭伦法典》，在雅典整个存在的时期，依然维持其势力，不但施行于一地，同时希腊各邦，皆加以采用，后来就成为罗马立法的基础。《梭伦法典》早已成为历史的陈迹了，但他的人格和行动，历时愈久，却愈见其光辉。愿今之立法者和执法者，在"智者"梭伦身上，学习一些宝贵的教训吧！

---

〔1〕 同宣誓。

法律史话（五）*

陈文藻

聪明的辩护

一八三八年的某日，在依里诺爱斯州的斯泼林菲而地方，一群暴众，集于州狱门外，要求将杀人嫌疑犯威廉·曲莱勒（William Trailor）立即处死。被告的辩护律师林肯挣扎前进，至狱门石阶上，哀恳群众道："我是被告的辩护人，这是我从事辩护的第一个案件，请稍安毋躁，给我这个机会到法庭去辩护吧！"暴众道："曲莱勒的杀人已毫无疑问，毋庸再为辩护，立刻把他处死吧！"林肯紧扶被告，排众前进，一面高声道："被告请我这样乡下律师，是没有能力。把他脱罪的。所以请诸君放心，被告的判罪是必然的。请给我这个机会，代为辩护吧。"暴众仍紧迫不散，坚欲处死，林肯道："我们所要求的是审判后处刑，诸君必欲违法处死，那么，为保护我的当事人起见，请一个对一个的来和我决斗吧。"这样英勇的精神，是边区粗鲁的人们所钦佩的，所以他们让出路来给律师和被告走近了法庭。当审判开始时，林肯对法官道："我所提的证据只是一个人证和一句证言。这样本案就可以大白了。"证人走上证人栏，宣誓作证。林肯对证人道："请告诉法庭，你是活着，还是死的？"证人对法官道："我就是被害人，但我确是活着。"林肯笑道："这位证人就是本案的被害人，但是他是活泼泼地站在法庭前。刚才许多民众要求立刻处死，如果冒昧做了岂不冤死好人么？"

这就是伟大的林肯第一次聪明的辩护。

---

* 本文原刊于《新法学》（第 2 卷）1949 年第 1 期。

倔强[1]的陪审员

在伦敦倍莱法院的遗址上，竖着一块古老的纪念碑。那是纪念十七世纪初叶一件著名"维护正义"的[2]案件的。当时清教徒威廉·配恩（William Peun）与其会友同赴会堂，发现会堂大门，已被军警封锁。气愤之余，即在街道上举行崇拜。事后，即被拘捕，解送到倍莱法庭，控以非法集会的罪名。法官斯塔林爵士问他愿服罪否？配氏道："当前的问题，并不是愿否服罪，却是起诉是否合法呢？"配氏相信，信仰自由是天赋人权，也是法律上承认的权利。凭着这种权利来举行崇拜，是绝非违法的。法官大怒，即将配氏送入塔狱，并面谕陪审员宣告有罪。陪审主席蒲希耳（Bushell）与陪审员们退入会议室，详细商讨，应否定罪。一个陪审员说："此事似无商讨之余地，因为皇家法官已决定判罪。陪审仅为形式问题，如抗不尊命，恐怕我们自身，亦将受到迫害咧。"各陪审员议论纷纭，无法决定，最后蒲希耳站起来说道："现在，正是我们拥挤正义最适当的时候，让我们为权利英勇奋斗吧！我们要向法庭，宣告无罪。"陪审员道："我们违抗庭谕，也许将因此获罪入狱呢？"蒲希耳道："那样更好，监狱往往是争取正义最好的战场。我们英勇奋斗，千万人民，将为我们的后盾。苟有迫害，不但无须恐惧，反是无上的光荣呢！所以我主张宣告无罪。你们的意见如何？"凭着这种激励[3]，就是最懦怯的陪审员，也高高举手了。结果竟宣告无罪。法官怒极，控以藐视法庭罪（Contempt of Court）并送入狱中，绝其食饮，百般恐吓，责令改议。但这些人们，却绝不为动。凭着这种坚毅的奋斗，终于获得了最后的胜利，陪审制度的严尊也得到了更深一层的保障。法律是奋斗，法定的权利是在奋斗中始可得到的。

刑余者

一八二四年二月七日，美国密西西比州曾执行一绞犯潘维氏（Will Pur-

---

〔1〕 "倔强"原文作"崛强"，现据今日通常译法改正。——校勘者注。
〔2〕 "的"原文作"底"，现据今日通常译法改正。——校勘者注。
〔3〕 "激励"原文作"激厉"，现据今日通常译法改正。——校勘者注。

vis）临刑时，犯人向观众高呼道："你们将无辜者处死，实属冤枉！"绳圈套上颈项后，即抽去绞架下面的踏板，出乎意外地竟绳断人坠。犯人随即跃起，高呼道："请即重绞！"但观众狂呼，制止行刑，执行吏计无所出，乃将犯人解返狱中。当晚，受刑人即被人劫走，藏匿他处。后来州长发觉该案疑点甚多，请改判无期徒刑，一九一七年又予以特赦。其后有老人自述，他才是杀人凶手。潘氏因嫌疑被判绞刑，执行未死，死里逃生，真是天数咧。一九二〇年密州州议会，通过给予潘氏以冤狱赔偿金二千元，这重冤案，始行终结。若潘氏者，真可称为"刑余之人"了。

买来的公道

传说英国约翰王（King Jobw）时，有骑士到他王庭前叩求主持公道。约翰王挥其佩剑道："公道，自己用剑去争取。"骑士道："我的对造是一个著名的力士，现在毫无理由地来侵夺我的财产，我如以力争取，和他决斗，则比被杀无疑，所以迫不得已到王庭来叩求公道！"约翰王道："我无暇管这些琐事。"骑士道："公道为国王之要务，这是古有明训的。我请求依法审判，不愿诉之决斗。我的父兄，都曾为王牺牲生命，愿顾念前勋，加以哀矜！"王道："你付多少代价呢？"骑士道："当然要酌付代价的。"王怒斥道："你的敌人用暴力来劫夺你全部财产，欲求公道的保障，需贡献你全部金钱，始能开始审判。"那骑士忍痛低首道："我要求公道，当然要遵命缴纳的。"这样那可怜的骑士才获得了王庭的审判。这种不平的事情，暗暗地激起了许多骑士们心头的怒火。大家深深地觉得，国王的虐政，非革新不可了，于是在一二一五年六月十五日揭开了历史上新的一页。在（Runnymede）草原上，那些骑士们，强制约翰王签署了那著名的历史文献——大宪章。Magna Carta 在那宪章里写道："……凡属我们的权利，今后我们毋须购买……我人不再出卖、拒绝或迟延人民的权利和公道……"这样，公道可以不在购买，而变为人民应享的权利了。

东吴法学先贤文录编辑人员名单

总主编：

胡玉鸿

各分卷主编：

法理学卷：孙莉

法律史卷：方潇

宪法学、行政法学卷：上官丕亮、黄学贤

民事法学卷：方新军、胡亚球

刑事法学卷：李晓明、张成敏

商法、经济法、社会法学卷：李中原、朱谦、沈同仙

国际法学卷：陈立虎

司法制度、法学教育卷：胡玉鸿、庞凌

录入人员名单

魏 琪	邢凌波	殷凯凯	吴思齐	马健博	张昊鹏	倪文琦	陈 萍
梁艳茹	安子靖	张基晨	施嫣然	袁小瑛	戚小乐	陈康嘉	臧 成
苏 峰	王 杏	许瑞超	张盼盼	刘鑫建	刘文丽	安 冉	张秀林
陈雯婷	蒋 超	钱 佳	张 琦	崔皓然	陈钰炅	惠康莉	唐奥平
马 敏	徐湘云	赵 琪	吕森凤	孙蓓蕾	姜 瑛	胡寒雨	张 尧
阴宇真	王晓宇	李婉楠	卢 怡	柳一舟	丁 楚	孙 浩	宋 鸽
李臣锋							

校勘人员名单

魏 琪	邢凌波	殷凯凯	吴思齐	倪文琦	张昊鹏	张盼盼	金徐珩
陈雯婷	钱 佳	蒋 超	崔皓然	陈钰炅	唐奥平	徐湘云	赵 琪
吕森凤	姜 瑛	张 尧	卢 怡	丁 楚	王春雷	韩进飞	孙 浩
宋 鸽	刘冰捷	杨丽霞	李臣锋